북미 핵협상과 동북아질서

1990년대의 교훈

나남출판

남찬순

경북고등학교 졸업
서울대학교 문리과대학 정치학과 졸업
미국 시라큐스대학 대학원 국제정치학과 졸업(석사)
경남대학교 대학원 정치외교학과(정치학 박사)
〈동아일보〉 외신부・정치부 기자, 워싱턴 특파원, 논설위원, 심의실장
관훈클럽 총무
한국정치학회 이사
현재 순천향대학교 초빙교수

저서 및 논문
《평양의 핵 미소》,
"북미핵협상(1993~1994)에 대한 구조적 접근" 등

나남신서 1191

북미 핵협상과 동북아질서
1990년대의 교훈

2007년 2월 10일 발행
2007년 2월 10일 1쇄

저자_ 南贊淳
발행자_ 趙相浩
편집_ 방순영・정유진
디자인_ 이필숙
발행처_ (주) 나남출판
주소_ 413-756 경기도 파주시 교하읍
출판도시 518-4
전화_ (031) 955-4600 (代)
FAX_ (031) 955-4555
등록_ 제 1-71호(79. 5. 12)
홈페이지_ www.nanam.net
전자우편_ post@nanam.net

ISBN 978-89-300-8191-7
ISBN 978-89-300-8001-9 (세트)
책값은 뒤표지에 있습니다.

* 이 책은 한국언론재단의 언론인 연구저술지원으로 출간되었습니다.

나남신서 · 1191

북미 핵협상과 동북아질서

1990년대의 교훈

남 찬 순

NANAM
나남출판

The D. P. R. K - U. S Nuclear Negotiations & the Northeast Asian Political System

The Lessons of the 1990's

by

Nam, Chan-Soon

NANAM

NANAM Publishing House

책 머리에 :

2006년 10월 북한이 단행한 핵실험은 한반도의 장래를 좌우할지도 모를 중대한 사건이다. 북한은 자신들의 핵문제가 국제사회의 현안으로 대두된 지 약 15년 만에 그처럼 엄청난 모험을 감행했다.

미국과 중국, 일본 등 주변국가들이 기회 있을 때마다 경고하고 설득했지만 핵무기에 집착하는 그들의 정책에 별다른 영향을 미치지는 못했다. 북한이 핵실험을 단행한다면 김정일 정권의 붕괴가 불가피할 것이라던 얘기들도 이제는 자취를 감추었다. 김정일 정권은 핵실험을 하기 전과 같이 아직까지는 건재하다. 한 걸음 더 나아가 일부에서는 2차 핵실험 가능성도 제기되고 있다. 그럼에도 북한을 제재할 뚜렷한 묘수는 보이지 않는다. 주변국가들은 핵실험을 기정사실화하는 바탕 위에서 평양당국과 또 다른 접촉과 협상을 갖기 위해 동분서주하고 있을 뿐이다. 국제사회가 북한이 감추었다는 플루토늄만 추적하는 데 주력했던 1990년대 초반에는 상상도 못했던 일이 새롭게 전개되고 있는 것이다.

북미 핵협상이 시작된 이후 약 15년 동안 계속됐던 북한과의 수많은 협상과 회담의 성과는 무엇인가. 갈등과 대립, 화해와 합의를 되풀이하며 문제해결을 위해 쏟아부었던 외교적 노력의 대가는 어디에서 찾을 것인가. 결과적으로 북한이 핵보유국가로 등장하는 길만 닦은 것은 아닌가.

이 책은 북한의 핵문제를 해결하기 위해 치열하게 전개됐던 1990년대 북미 핵협상과 그 이후 시작된 남북한 및 미국, 중국 간의 4자회담을 추적·분석하면서 북한 핵문제의 본질을 파헤치는 데 초점을 맞추고 있다. 동북아정치체계를 분석수준으로 삼아 왜 그와 같은 결과가 나왔는지, 북미 핵협상과 4자회담의 실체는 무엇인지 규명하기 위해 노력했다. 그러면서 "북한 핵문제는 어떻게 될까"라는 '오늘의 화두'를 항상 염두에 두었다.

무수한 변수들이 작용하는 국제정치의 현실을 감안할 때 내일의 국제관계를 예측하는 것은 쉬운 일이 아니고, 그 정확도 역시 엄청나게 낮거나 아니면 완전히 빗나갈 수 있다. 사회과학은 항상 미래를 모르는 인간의 불완전한 능력을 담보로 삼고 있기 때문이다. 그러나 "어떻게 됐다"라는 과거의 행적은 "어떻게 될까"라는 미래에 대한 의문에 상당한 단서를 제공해 주는 것 또한 사실이다. 북한의 핵문제가 바로 그런 범주에 든다.

1990년대 초 북한의 핵문제가 대두됐을 때 미국이나 북한의 정책이 전개되는 과정을 추적해보면, 내용이나 형식은 비록 다르더라도 전반적인 흐름은 오늘날의 상황과 비슷하다는 생각을 지울 수 없다. 1990년대 북미 핵협상과 4자회담에 대한 동북아정치체계 수준의 분석은 오늘의 북한 핵문제와 6자회담의 장래를 예측할 수 있는 중요한 단서를 제공해줄 것이라고 확신한다.

당시 미국은 북한에 비해 모든 점에서 우위를 차지하고 있었지만 협상의 결과를 놓고 보면 북한이 더 많은 실리를 취했다. 평양 당국은 미국과의 핵협상을 통해 생존의 길을 열었고, 그 이후 한국과 미국이 제의한 4자회담도 교묘히 활용해 식량난을 극복하는 등 정권의 기반을 다졌다. 현재 북한은 1993년 '핵확산금지조약(NPT) 탈퇴' 라는 카드로 미국에 대응했던 것처럼 '핵실험'이라는 새로운 카드를 만들어 놓았다.

한국과 미국은 당시 4자회담을 통해 한반도문제의 해법을 구하려 했던 것처럼 지금은 6자회담을 추진하고 있다.

필자가 태초의 성지처럼 생각했던 바이칼 호수를 방문했던 때는 2004년 여름이었다. 자작나무 위로 펼쳐진 밤하늘에는 북두칠성과 북극성이 바로 머리 위에서 은빛을 토해내고 있었다. 시야에 들어오는 무변광대(無邊廣大)한 은하계! 얼마나 많은 별들이 저 우주에서 빛나고 있는가. 장구한 인류역사에 저 별들처럼 어느 한 공간을 차지하고 오늘날까지 회자되는 사람들 또한 얼마나 많은가.

학문의 바다는 끝없이 넓고 광대하다는 것을 실감한 지 얼마 되지 않는다. 국제정치학 분야만 해도 필자가 알고 있는 지식은 해변의 모래알 하나에 불과하니, 인간의 총체적 학문은 어떠하랴. 사실 필자가 그러한 학문의 세계를 처음 느낀 것은 1960년대 후반과 1970년대 초반에 걸쳐 있던 대학시절이 아니었다. 그때는 지성인을 자처했으나 가장된 지성인이었고, 학문을 탐했으나 허영과 진실을 구분하지 못하던 시대였다. 기껏해야 한두 차례 모임에 참석해 주워들었던 얄팍한 현실지식, 학점을 얻기 위해 뒤적이던 책장과 노트 자락의 손때 묻은 강의 내용이 필자가 갖고 있던 사유와 학문세계의 전 재산이었다.

학문의 세계가 더없이 넓고 광활하다는 것을 잠시나마 느낄 수 있는 기회는 1981년에 왔다. 군대를 마치고 복학해 대학을 졸업한 지 6년, 기자생활을 한 지 5년째 되던 해였다. 한국방송광고공사가 언론인 연수를 보내준다고 해서 손을 들었더니, 동아일보에서는 아무도 손을 드는 사람이 없어서 행운을 잡았다. 미국 뉴욕주 북부 나이아가라 폭포로 가는 길에 있는 시라큐스대학으로 연수를 갔다. 지금도 대학 기숙사의 파란 잔디가 눈에 선한, 인구 5만의 아름다운 도시였다. 대학원에서 정규학생으로 등록해 국제정치학 강의를 들었다.

정치학계에서는 한창 유행하던 행태주의이론들이 학생들에게 봇물처럼 쏟아지던 시기였다. 지금도 그때를 생각하면 얼굴을 들 수가 없다. 아무리 책을 봐도 내용은 생소한 데다 교수의 말은 귀에 잘 들어오지 않았다. 교수의 질문에는 항상 Yes, No의 답변 준비부터 먼저 하던 시절, 그러나 필자의 사유의 세계에는 어렴풋이나마 광대한 학문의 바다가 환상처럼 스쳐갔다. 필자는 캄캄한 우물 속의 아주 조그만 개구리였다.

다시 기자생활은 시작됐다. 사실을 목격하고 그것을 글로 옮기는 작업, 생생하게 있는 것을 전달하고 생각을 보태는 작업이 되풀이됐다. 그러면서도 시라큐스대학에서 1년 동안 윤곽이나마 잠시 스쳐 지나갔던 무변광대한 학문의 세계가 머리를 떠나지 않았다. 내가 갖고 있는 사유의 세계는 얼마나 좁고 협량한가. 나보다 훨씬 일찍 학문의 세계에 뛰어들어 흔적을 남긴 사람들은 또한 얼마나 고민하고 번뇌하며 나름대로의 이론과 주장을 만들었던가. 밤하늘의 별처럼 아직도 스스로 빛을 토해내고 있는 선각자들 또한 얼마나 많은가. 그러한 세계에 나는 한 방울 물이라도 더 보탤 수 없는가.

박사과정을 밟고 싶었다. 학문세계에 다시 한 번 발을 담그고 싶은 욕망에서였다. 2002년 경남대 박사과정에 입학해 3년 후 "북미 핵협상(1993~1994)에 대한 구조적 접근"이라는 논문을 제출할 수 있었다. 이 책의 제3장 북미 핵협상 부분은 학위논문을 바탕으로 작성한 것이지만 상당한 수정과 정밀한 분석을 추가했다. 북미 핵협상은 필자의 워싱턴 특파원 시절(1991~1994)과 겹친 시기에 일어난 일이어서 사실(*fact*)에 대해서는 누구보다도 많이 알고 있다는 자부심을 갖고 있었다. 그러한 취재경험을 바탕으로 1995년에는 《평양의 핵미소》라는 책을 출간하기도 했다.

박사과정을 하면서 20년 전에 시라큐스대학에서 잠시 느꼈던 광대한 학문의 세계가 다시 보이는 듯했다. 필자가 볼 수 있는 학문의 거리란 고작 몇 미터 앞에 지나지 않지만, 시야가 조금이나마 넓어지고 있다는 사실에 자신도 모르는 희열이 치솟아 올랐다. 그것만 해도 큰 축복이라는 생각이 들었다.

30년 가까이 사실을 모아 기사만 썼던 필자에게 왜(*why*)라는 의문에 대한 새로운 집착력이 생겼다. 북미 핵협상에서 힘으로는 비교가 되지 않는 북한이 미국을 상대로 큰 실리를 챙겼다는 사실은 기사로도 수없이 썼다. 왜 그렇게 된 것인가. 많은 학자들이 '왜'라는 화두를 잡고 여러 가지 이론을 전개했다. 필자도 취재를 통해 얻은 사실을 이론으로 체계화하고 싶었다. 이미 나보다 앞서 간 사람들이 보아도 크게 흠잡지 않을 책을 내고 싶었다. 좀더 그럴듯하게 이론이라는 거울을 통해 경험한 사실에 대한 논리를 세우고 분석해 보고 싶었다. 마침 국제정치학의 여러 이론들을 만나다 보니, 그 이론들 중에서 국제정치의 체계(*system*) 수준 분석이 북미 핵협상이나 4자회담을 가장 적실성 있게 설명할 수 있을 것이라는 판단을 하게 된 것이다. 탈냉전 이후 동북아 정치체계의 독특한 질서가 바로 북미 핵협상이나 4자회담에 결정적인 영향을 미쳤다는 주장이 바로 이 책 내용의 골간이다.

앞이 캄캄하면 어쩔 수 없는 일이다. 누구라도 붙잡고 물어 가야 한다. 마침 필자에게는 친절히 길을 인도한 사람이 적지 않았다. 언제라도 물어보고, 글을 보여주고, 그리고 그들의 얘기를 경청했다. 무조건 머리를 숙이고 겸허하게, 나보다 앞서 간 사람들의 견해를 듣기 위해 노력했다.

이화여대 남궁곤 교수는 학문의 바다에서는 한 방울 물만큼도 되지 않는, 그러나 필자의 일생에서 가장 보람있는 작업이었던 이 책의 완성에 정말 아낌없이 도움을 주었다. 바쁜 가운데도 언제나 스스럼없이 길을 안내한 남궁 교수에게 감사하다는 말씀을 드린다. 가톨릭대 박건영 교수는 신현실주의이론의 대가인 케네스 월츠(Kenneth N. Waltz)를 필자에게 소개(?)해 줘 그의 이론을 조금이나마 이해하게 됐다. 경남대 심지연, 함택영 교수, 인하대 김용호 교수와의 인연은 거의 40년이 되어간다. 마로니에 교정의 기억을 되살리며 항상 조언을 아끼지 않은 그 분들에게 감사하다는 말씀을 드린다. 원고를 일일이 다 검토하고 우정 어린 충고를 해준 나남출판의 조상호 사장님께, 그리고 책 구석구석을 돌보아 준 방순영 부장에게도 감사의 말씀을 드린다.

그리고 30년을 하루도 빠짐없이 성실하게 동행한 아내 권혁영에게도 이 기회에 고맙다는 말을 해야겠다.

2007년 1월

남 찬 순

나남신서 · 1191

북미 핵협상과 동북아질서

1990년대의 교훈

차 례

▪ 책 머리에 / 5

서 장 1990년대 북미 핵협상과 4자회담을 보는 눈 15

제 1 부 국제정치체계 분석과 동북아정치체계

제 1 장 왜 국제정치의 체계수준 분석인가 29

1. 국제정치를 분석하는 눈높이 / 30
2. 국제정치체계의 구조와 행위자의 미묘한 동거 / 38
3. 국제정치지형 바꾼 탈냉전 / 52

제 2 장 강대국이 판을 짠 동북아정치체계 59

1. 개성을 지닌 동북아정치체계 / 60
2. 북미 핵협상과 4자회담에 대한 체계수준의 분석 / 65

제 2 부 평양에 살 길 연 북미 핵협상

제 3 장 동북아정치체계 뒤흔든 탈냉전의 강풍 79

1. 미국의 선택 / 80
2. 어제의 동맹과 오늘의 동맹 / 85
3. 강대국 관계의 새판 짜기 / 90
4. 흔들리는 한반도 세력균형 / 97

제 4 장 핵카드로 비상구 찾은 북한 105

1. 왜 핵카드를 꺼내 들었는가 / 107
2. 대화의 문을 연 NPT 탈퇴선언 / 131

제 5 장 북미 핵협상과정의 제약과 기회 159

1. 동북아정치체계 약점 물고 늘어진 북한 / 161
2. 미국의 발목 잡은 동북아정치체계 / 213

제 6 장 강대국 손에서 논 국제기구 287

1. 부지런한 심부름꾼 IAEA / 289
2. 큰소리 한번 못 친 유엔 / 311
3. 미국의 길 막고 선 중국 / 322

제 3 부 태생적 한계 가진 4자회담

제 7 장 자리잡는 90년대 후반 동북아정치체계 335

1. '확대와 개입'정책으로 꾸민 미국의 패권정책 / 336
2. 정상들이 숨가쁘게 만든 동북아의 새 질서 / 341
3. 멀어지는 북한의 혈맹들 / 346
4. 평양과 워싱턴 간의 거리 / 356

제 8 장 4자회담의 등장 비밀 363

1. 목소리 요란한 북한의 평화공세 / 364
2. 외길에 선 김영삼 정부의 책략 / 370
3. 기형아로 태어난 4자회담 / 375

제 9 장 쌀 주고 막 올린 4자회담 385

1. 북한의 시간 벌기 / 386
2. 북한은 쌀이 급했다 / 402
3. 무대 뒤로 사라지는 4자회담 / 407

제 10 장 4자회담의 태생적 한계 423

1. 야누스의 얼굴 4자회담 / 424
2. 서로 다른 방향에서 시작한 협상 / 433

결 론 1990년대가 주는 교훈 …… 447
1. 그래도 대화는 필요했다 …… 447
2. 어떻게 될 것인가 …… 451

▪ 참고문헌 …… 459
▪ 찾아보기 …… 477

1990년대 북미 핵협상과 4자회담을 보는 눈 서장

왜 북한의 핵문제는 발생했으며, 미국과 북한은 어떤 과정을 거쳐 제네바 핵합의를 이끌어냈는가. 북미 제네바 핵합의에 절대적 영향을 미친 요소는 무엇인가. 4자회담이 제기된 동기는 무엇이고, 왜 아무런 성과를 거두지 못했는가. 이와 같은 질문들에 답변하는 방법은 여러 가지가 있을 수 있다.

어떠한 국제정치현상이라도 서술적(*descriptive*) 설명으로 답변은 가능하다. 서술적 설명은 무엇이(*what*) 일어났는가에 초점을 맞춘다. 서술적 답변은 예를 들어, 신문에 난 기사를 체계적으로 정리하거나 사건 연보에 따라 기록한 내용을 설명하는 방법이다. 또 다른 방법은 이론적 설명일 것이다. 이론은 무엇을 설명하기보다는 왜(*why*)에 의문을 두며 인과관계를 규명하려 한다.

국제관계이론은 국제적 사건이나 현상을 일정한 틀로 수렴해 설명을 가능하게 한다. 어떤 사건에 이론을 맞추는 것이 아니라, 이론을 갖고 사건을 분석하고 설명하는 것이다. 말하자면, 어느 두 나라 사이에 전쟁이 일어났을 경우 전쟁발발의 원인을 규명한 각종 이론을 동원해 그 전쟁을 일목요연하게 분석하고 설명할 수 있을 것이다. 국제관계이론들은 다양한 국제적 사건이나 현상을 재단(裁斷)하고 설명해주는 틀이며, 일반화된 유형을 제공해준다.

이 때문에 국제관계를 올바로 이해하기 위해서는 서술적 지식과 이론적 지식이 모두 필요하다. 하나의 국제적 사건을 놓고 볼 때, 그 사건을 단지 서술만 하는 것은 별 의미가 없다. 그것은 역사의 기록밖에 되지 않는다. 이론을 동원해 인과관계를 추적하고, 그 속에서 어떤 교훈이나 예시, 전망과 예측이 가능하도록 해야 한다. 반면에 이론이 순전히 추상적 수준에 머무를 뿐, 그 이론을 우리가 살고 있는 구체적이고 복잡한 현실세계에 적용하기가 불가능한 것도 별 의미가 없다.[1] 현실성 없는 추상적 이론은 이론으로서의 생명력이 없다.

그렇다면 국제정치현상은 어떤 한 가지 이론으로 모든 것을 조명할 수 있는가. 개인수준이나 국가수준 또는 국제정치체계 수준을 통괄하는 이론은 불가능하다. 국제정치현상은 어느 수준에서 보느냐에 따라 현상에 대한 이론의 정밀성이나 예측성, 합리성이 다를 수 있고 또 같은 이론이라도 분석수준에 따라 '볼 수 있는 부분'과 '볼 수 없는 부분'이 있기 때문이다.

의사는 자신의 전문 치료분야가 있다. 각자 그 분야의 지식(이론)을 갖고 치료행위를 한다. 병의 원인이 된 신체의 적절한 부위를 선택하고 그 부위에 대한 전문적 지식을 동원하는 것이 치료의 관건이다. 정신이상상태를 진단하기 위해서는 두뇌 부위를 검사하는 것이 가장 보편적인 의료행위이며, 흔히 속이 아프다고 할 때는 장기 검사를 한다.

국제정치학도 마찬가지다. 국제정치의 분석수준은 머리·가슴 등의 신체부위로 생각할 수 있고, 그 부위를 연구하는 데 동원하는 전문지식은 이론으로 비유할 수 있다. 장기 부위에 이상이 있는 환자에 대해 두뇌 부위에 대한 지식을 갖고 치료하는 것은 적절한 의료행위라고 할 수 없다. 국제정치현상을 탐구하는 행위도 이처럼 어떤 분석수준을 선택하고 어떤 이론을 적용하느냐 하는 것이 중요하다.

---

1) Joshus S. Goldstein, *International Relations*, 김연각·김진국·백창재 역, 《국제관계의 이해》(서울: 인간사랑, 2002), pp. 23~24.

1993~1994년의 북미 핵협상이나 1990년대 중·후반의 4자회담에 대해서도 다양한 분석방법이 있을 것이다. 행위자 중심, 즉 북한이나 미국의 외교정책, 한국정부의 대응 등을 중심으로 분석할 수도 있고, 국제정치체계 수준의 분석을 통해 국제질서와 국가행동의 인과관계를 살펴볼 수도 있다. 또 국제정치체계의 구조와 행위주체인 국가의 상호작용을 검토하는 방법으로 분석할 수도 있다. 국내적 변수와 국제적 변수를 슬기롭게 조화하는 방법도 있다. 사실 가장 좋은 이론은 이와 같은 여러 관점과 시각을 가능한 한 많이 조합하고 조화시킨 것이라고 할 수 있다. 국제적 요인뿐만 아니라 정책결정자들의 정책결정과정과 국내 변수들을 그야말로 합리적으로 결합한 이론일 것이다.

북미 핵협상과 4자회담을 다룬 저서나 논문은 일일이 열거하기 힘들 정도로 많다. 국내 언론인들이 취재 관점에서 협상의 전개과정을 추적해 쓴 단행본도 여러 권 있는데, 이들은 주로 저자들이 취재한 내용을 연대별이나 과정별로 엮은 것으로 학문적 분석보다는 협상의 전말을 상세히 기록하는 데 중점을 두었다.[2)]

외국 언론인의 입장에서 한반도의 전반적 상황과 북한 핵문제, 그리고 북미 핵협상을 다룬 대표적인 저서로는 〈워싱턴 포스트〉 기자였던 돈 오버도퍼(Don Oberdorfer)의 *The Two Koreas*와 역시 〈워싱턴 포스트〉 기자였던 셀리그 해리슨(Selig S. Harrison)의 *Korean Endgame*이 있다. 이들은 남북한관계의 과거사까지 조망하면서 그 과정에 북미 핵협상의 이면과 미국 정책의 허실을 지적하고 있다.[3)] 자신들이 개별적으로 만난 정책입안자, 전문가 등의 주장과 얘기를 중심으로 핵문제를 비롯한 한반도의 전반적 문제를 미국의 시각에서 풀어나간 것이 이들

---

2) 남찬순, 《평양의 핵미소》(서울: 자작나무, 1995); 김재목, 《북핵협상 드라마》(서울: 도서출판 경당, 1995); 이교관, 《레드라인》(서울: 한울아카데미, 2002); 정욱식, 《북핵, 대파국과 대타협의 분수령》(서울: 창해출판, 2005).

3) Don Oberdorfer, *The Two Koreas* (Washington: Basic Books, 1998); Selig S. Harrison, *Korean Endgame: a Strategy for Reunification and U.S. Disengagement* (Princeton: Princeton University Press, 2002).

저서의 특징이다.

특히, 미 국무부에서 근무하며 북미 핵협상에 직접 관여했던 조엘 위트(Joel S. Wit)와 대니얼 폰먼(Daniel B. Poneman) 그리고 로버트 갈루치(Robert L. Gallucci)가 공동으로 집필한 *Going Critical*은 북한과의 협상과정을 상세히 기록하면서 협상 당사자로서의 북한에 대한 인식과 미 행정부 내의 의사결정과정 등을 정리 분석했다.[4] 또 케네스 퀴노네스(C. Kenneth Quinones)의 *North Korea's Nuclear Threat "Off The Record" Memories* 역시 북미 핵협상에 직접 참여했던 미국 관리의 입장에서 협상상황과 그 뒷얘기를 공개하고 북한대표들과의 접촉과정과 그들과의 줄다리기, 그리고 워싱턴의 관료사회와 북한대표들의 협상태도 등도 상세히 기록했다.[5] 미국의 조지타운대 교수였던 마이클 마자르(Michael J. Mazarr)의 저서 *North Korea and the Bomb*도 북미 협상의 진행과정을 추적하며 양측의 입장을 중점적으로 조명했다.[6] 레온 시걸(Leon V. Sigal)은 *Disarming Strangers : Nuclear Diplomacy with North Korea*라는 저서를 통해, 북미협상에서 미국의 실패는 북한의 실상을 잘 몰랐던 외교정책결정자들의 잘못 때문이었다고 주장했다.[7]

이들의 저서는 대부분 학문적 분석과 취재형식의 기술로 북한문제에 접근하는 독특한 형식을 보이고 있다. 보다 생생한 기록이나 증언을 동원해 북미 핵협상을 둘러싼 이해 당사국들의 갈등이나 이익충돌, 국익추구 등 사실적 기술과 분석에 초점을 맞추었다. 이들 저서의 기본적 논리전개의 틀은 미국 국익중심의 분석을 하면서도 냉엄한 국제정

---

4) Joel S. Wit, Daniel B. Poneman & Robert L. Gallucci, *Going Critical*, 김태현 역, 《북핵위기의 전말》(서울: 모음북스, 2005).

5) C. Kenneth Quinones, *North Korea's Nuclear Threat "Off The Record" Memories*, 노순옥 역, 《2평 빵집에서 결정된 한반도 운명》(서울: 중앙 M&B, 2000).

6) Michael J. Mazarr, *North Korea and the Bomb*(Washington D.C. : St. Martin's Press, 1995).

7) Leon V. Sigal, *Disarming Strangers: Nuclear Diplomacy with North Korea*(Princeton, N. J. : Princeton University Press, 1998).

치학의 현실주의 시각을 담고 있는데, 여기에 공통점이 있다.

학문적 시각으로 북미 핵협상과정을 따라가며 분석한 단행본으로는 정옥임의 《북핵 588일》이 있다.[8] 북한의 협상전략이나 행태를 추적하면서 북미 핵협상을 다룬 국외 저서도 다수 있다. 척 다운스(Chuck Downs)는 *Over the Line: North Korea's Negotiating Strategy*라는 저서를 통해 휴전 이후 북한의 협상행태를 분석하면서, 북미 핵협상에서의 북한의 협상전략을 분석했다.[9] 스콧 스나이더(Scott Snyder) 역시 *Negotiating on the Edge*라는 저서에서 북한의 핵협상전술을 전반적으로 다루면서 북미 핵협상에서 나타난 평양정권의 특징이라고 할 수 있는 벼랑끝 정책을 분석했다.[10]

계간지나 학술지에 실린 논문들은 헤아릴 수 없이 많다. 이 논문들은 주로 북미협상과정의 어느 한 시기에 미국의 전략이나 북한의 정책을 분석하거나 협상이 끝난 후 그 결과를 총괄했다.[11] 이러한 논문들

---

8) 정옥임, 《북핵 588일》(서울: 도서출판 서울프레스, 1995).

9) Chuck Downs, *Over the Line: North Korea's Negotiating Strategy*(Washington D.C.: The AEI Press, 1999).

10) Scott Snyder, *Negotiating on the Edge*(Washington D.C.: Endowment of the United States Institute of Peace, 1999).

11) James A. Bayer, "The North Korean Nuclear Crisis and the Agreed Framework: How not to Negotiate with the North Koreans," *Asian Perspective* 19-2(1995); Kathleen C. Bailey, "The Nuclear Deal with North Korea: Is the Glass Half Empty or Half Full?," *Comparative Strategy* 14-2(April-June, 1995); Larry A. Nikch, "Comprehensive Negotiations with North Korea: A Viable Alternative or a Failed U.S. Strategy," *Korea and World Affairs* 18-2(Summer, 1995); Lee, Dong-bok, "Dealing with North Korea: the Case of Agreed Framework," *Journal of Northeast Asian Studies* 14-2(Summer, 1995); Michael J. Mazarr, "The U.S.-DPRK Nuclear Deal: Status and Prospects," *Korea and World Affairs* 19-3(Fall, 1995); 김용호, "북한의 대미 핵협상의 특성과 교훈," 〈통일경제〉 1995/3; 황진환, "북한 핵협상 행태에 관한 소고," 〈육사 논문집〉 49집(서울: 육사, 1995); 한용섭, "남북한 핵협상과 북미 핵협상의

중에는 특히 윌리엄 하비브(William M. Habeeb)의 비대칭모델(*Asymmetrical Negotiation Model*)을 북미 핵협상에 적용해 분석한 연구들이 눈길을 끈다. 약소국이 어떤 이슈를 두고 강대국과 협상할 경우 ① 원하는 바를 달성할 수 있는 실현 가능한 대안(*alternative*)을 갖고 있는가, ② 원하는 바를 달성하려는 욕망이나 필요성을 반영하는 집착력(*commitment*)이 어느 정도인가, ③ 일방적으로 자신이 원하는 결과를 가져올 수 있도록 하는 능력의 정도인 통제력(*control*)은 어느 정도인가에 따라 협상의 결과가 좌우된다는 것이다.[12]

이 모델에 따라 북미 핵협상을 분석하면, 북한이 대안이나 집착력, 통제력에서 미국보다 월등한 위치에 있었고 그것이 바로 핵협상의 성과로 나타났다고 한다. 북한은 총체적·구조적 힘보다는 상대방의 가능한 대안을 줄이고, 상대방의 집착력과 통제력을 약화시키는 방법으로 대미협상에서 성과를 거두었다는 분석이다. 강대국과 약소국 간의 협상은 대안이나 집착력, 통제력의 배합에 따라 목표달성 내용이 달라진다는 것으로, 북한의 대미정책이 효율적이었고 협상의 여건 또한 미국보다는 유리했다는 것이다.[13]

로버트 퍼트넘(Robert D. Putnam)의 양면게임이론을 남북한이나 북미의 협상에 적용하고 있는 연구도 있다.[14] 즉, 협상테이블 위에서의

비교평가와 교훈," 〈한국국제정치학회 연례학술대회〉(1994/12/9~10); 이동휘, "북한의 대미협상 사례분석: 전략적 이해를 중심으로," 〈외교안보연구〉 4호(2002/12), p. 105.

12) William M. Habeeb, *Power and Tactics in International Negotiation: How Weak Nations Bargain with Strong Nations*(Baltimore: Johns Hopkins University Press, 1988).

13) 김용호, "비대칭적 국가간 협상이론과 북미 핵협상: 북한의 협상형태 분석," 한림대 국제문제연구소 주최 〈협상이론과 한반도〉 학술회의 발표논문(1995/9/26); 전재성, "협상이론 관점에서 본 남·북·미 3국관계: 이익, 권력, 정체성 다면게임의 요소 분석," 〈국제지역 연구〉 11-2(2002년 여름), pp. 1~22.

14) 김태현·한태준, 《양면게임의 논리와 세계화시대의 국제협상전략》(서울: 오름, 1995).

협상과, 협상대표와 국민 간의 협상이라는 두 개의 현상을 상정하고 북미간의 협상이나 한미간의 협상, 그리고 남북한간의 협상이 어떻게 전개되는지를 분석하는 것이다. 게임이론을 통해 북미 핵협상을 분석한 논문도 흥미롭다. 이들은 죄수의 딜레마게임과 비겹자게임 그리고 전개형게임을 북미 핵협상에 적용해 갖가지 경우를 상정하고 검토했다.[15)]

이보다는 더 넓게 한반도의 안보문제나 남북한문제 그리고 미국의 대 한반도정책이나 핵정책을 다루는 저술이나 논문들 가운데도 북미 핵협상과 4자회담을 기술한 대목들이 적지 않다.[16)] 남북한간의 협상을 중심으로 북한의 협상형태를 분석하며 북미 핵협상에 대해 언급한 국내 인사들의 단행본도 많다.[17)] 북미 핵협상이나 4자회담은 이 밖에 간단히 협상 당사자인 북한을 중심에 놓고 북한 지도부의 협상기교나 전술 등 미시적 시각으로 분석되기도 했다. 이는 공산주의국가들의 협상전술이 대체적으로 어떤 것이었고 북한은 과거 어떤 협상전술을 구사했는지를 종합적으로 정리하면서, 이를 북미협상에 대입시키는 방법이다. 공산주의의 협상방식은 한국전쟁 당시 정전회담에 유엔군측 수석대표로 참석해 직접 북한과 중국측 협상대표와 10개월이라는 긴 시간

---

15) 김우상, 《新한국책략 : 동북아시아 국제관계》(서울: 나남출판, 2000), pp. 79~97. 전개형게임은 비겁자게임이나 죄수의 딜레마처럼 두 행위자가 동시에 선택을 해야 하는 동시(*simultaneous*) 게임의 상황이 아니고 두 행위자의 선택이 순차적(*sequential*)으로 일어나는 상황을 가정한 게임이다(p. 88).

16) 김달중 · 문정인 · 이석수 외, 《새천년 한반도 평화구축과 신지역 질서론》(서울: 도서출판 오름, 2000); 김유남, 《두개의 한국과 주변국가들》(서울: 학영사, 1999); 박건영, 《한반도의 국제정치》(서울: 오름, 1998); 김학준, 《한국문제와 국제정치》(서울: 박영사, 1999); 정종욱 · 이홍영, 《신국제질서와 한국의 선택》(서울: 인간사랑, 1993); 백종천 · 김태현, 《탈냉전기 한국 대외정책의 분석과 평가》(서울: 세종연구소, 1998).

17) 송종환, 《북한 협상형태의 이해》(서울: 도서출판 오름, 2002); 김계동, 《북한의 외교정책》(서울: 백산서당, 2002); 양성철 · 강성학, 《북한외교정책》(서울: 서울 프레스, 1995); 양성철 · 이용필, 《북한체제변화와 협상전략》(서울: 박영사, 1995); 곽태환 외, 《북한의 협상전략과 남북한관계》(서울: 경남대 극동문제연구소, 1997).

협상을 해본 터너 조이(C. Turner Joy) 제독의 경험담이 많이 인용되고 있다.[18]

남북한간의 협상을 주제로 삼은 저서들은 대개 북한의 외교정책결정 형태가 아주 치밀하고 합리적이며 계산적이라는 점을 전제로 이론을 구성하고 있어, 다소 현실과 유리된 듯한 느낌을 갖게 하기도 한다. 왜냐하면 과거 북한의 외교정책은 정상적 사회에서는 이해하기 어려운 행태를 나타내는 경우도 많았으며, 또 그와 같은 정책결정의 메커니즘도 분명히 드러나지 않았기 때문이다. 경우에 따라서는 개인적 기분이나 감정에 따라 내리는 독재자 한 사람의 결정이 대부분의 정책방향을 좌우할 때도 있는 것 같다. 또 모든 정책결정기관이 수평적 연계보다는 상하로만 연결되어 있어 예측이 불가능하고 불투명할 때가 적지 않았다. 이 밖에 핵문제를 다루면서 한반도와 북한의 핵문제에 대한 깊이 있는 분석을 한 저서들도 적지 않다.[19] 이들 핵문제관련 저서들은 대부분 국제적 관심사로 떠오른 북한의 핵문제를 논의의 핵심에 두고 있어, 북미 핵협상을 추적하는 데도 상당한 도움을 준다.

4자회담에 대한 연구나 분석은 북미 핵협상에 대한 연구나 분석보다 많지 않은 것이 사실이다. 북미 핵협상은 탈냉전 직후 아주 불투명한 국제정세 속에서 발생했고 극적 요소도 많아서 그만큼 관심이 높았다. 반면에 4자회담은 북미 핵합의가 이뤄지고 동북아정세가 비교적 안정기에 들어간 상태에서 제기됐다. 동북아체계도 북미 핵협상 때와는 달리 근본적 변화의 조짐이 크게 없었다. 4자회담을 다룬 논문이나 연구들은 대부분 다자주의 측면에서 남북한과 미국, 중국의 전략·전술을 분석하거나 한반도의 평화체제문제 등을 다루고 있다.[20]

---

18) C. Turner Joy, *How Communists Negotiate*(New York: The Macmillan, 1955).

19) 하영선, 《한반도의 핵무기와 세계질서》(서울: 나남출판, 1991); Alexandre Y. Mansourov & James Clay Moltz, *The North Korean Nuclear Program*, 박명서·정지웅 역, 《북한 핵프로그램》(서울: 사군자, 2000); 황영채, 《NPT, 어떤 조약인가》(서울: 한울아카데미, 1995).

북미 핵협상이나 4자회담에 대한 연구들은 이처럼 다양한 수준과 범위에서 논리를 전개하고 분석하고 있지만, 동북아정치체계 수준에 초점을 맞춘 사례는 상대적으로 적다. 다만 북한이라는 주체(*agent*)를 중심으로 남북한관계나 한반도의 평화체제 구축문제, 한반도의 냉전체제 해체문제 등을 현실주의나 자유주의 등 국제정치이론을 통해 분석해 보는 작업은 간혹 눈에 띈다.[21] 이들 연구는 냉전시대에는 현실주의이론이, 그리고 남북한의 화해와 협력이 이뤄질 때는 자유주의적 분석이 더 적실성이 있다는 식의 논리를 전개하고 있어 이론을 편의주의적으로 적용한 것이 아닌가 하는 생각도 든다.

우선 1993~1994년의 북미 핵협상은 미국과 북한이 단순히 핵문제만 놓고 가치배분을 위해 접촉하거나 타협한 것만은 아니었다. 북미 핵협상은 탈냉전 이후 전개된 새로운 국제적 현상의 결과로 등장한 국가간 행위의 총체적 산물이기 때문에 협상의 배경이나 전개과정에 특별히 주목할 필요가 있다. 탈냉전으로 급변한 동북아정치체계가 북미 핵협상을 낳게 했고, 주체인 개별국가들의 끊임없는 작용으로 국제질서가 변화하면서 그것이 다시 개별국가에 영향을 미쳤다. 1993~1994

20) 강원식 외, 《한반도 평화체제 구축방안》(서울: 민족통일연구원, 1996); 곽태환 외, 《한반도 평화체제의 모색》(서울: 경남대 극동문제연구소); 박영호·박종철, 《4자회담의 추진전략: 분과위 운영방안을 중심으로》(서울: 통일연구원, 연구총서 99-17, 1999); 이헌경, 《미국의 4자회담 전략과 한국의 대응책》(서울: 민족통일연구원, 1998); 김동성, "4자회담 전개과정과 향후전망," 〈한반도군비통제〉 25호(서울: 국방부, 1998/8); 김용호, "북한의 대미접근과 4자회담 전략," 민족통일연구원 편, 《4자회담과 한반도평화》(서울: 민족평화통일원, 1997); 류재갑, "정전체제의 평화체제 전환문제," 〈평화논총〉 1-2(1997년 가을·겨울); 차두현, "한반도 4자회담의 새로운 접근법," 〈한반도군비통제〉 25집(서울: 국방부, 1998/8).

21) 김학성, 《한반도 평화체제에 대한 이론적 접근: 현실주의 자유주의 구성주의의 비교》(서울: 통일연구원, 연구총서 00-06, 2000); 구갑우·박건영, "자유주의의 입장에서 본 남북관계"; 양준희, "현실주의 국제정치이론과 남북관계"; 김태현, "남북한관계의 이상과 현실: 현실주의 국제정치이론의 입장에서 본 남북한관계," 〈한국정치학회 추계학술회의〉 발표논문(2000/10/21).

년의 북미 핵협상은 탈냉전 직후 동북아의 정치체계 속에서 이뤄진 미국과 북한 그리고 모든 이해당사자들의 총체적 대외정책의 결집이다. 따라서 단순히 이해 득실을 따지고 이득을 배분하는 식의 협상은 아니었으며, 그와 같은 미시적 시각으로 분석하는 것은 시야가 좁고 한계가 있을 수밖에 없다.

4자회담도 탈냉전 이후 동북아정치체계 내에서 특히 북미 핵협상이 타결되고 새로운 국가관계가 설정되어 가는 과정에서 각국이 "무엇을 할 수 있는가"와 "무엇을 하기 원하는가"라는 문제의 관심에서 출발했다. 구성주의를 주장하는 사람들은 주체, 즉 국가가 외부의 자극에 의해 단순하게 기계적으로 반응하는 존재가 아니라 '사회적 상황에서 자신에게 가능한 선택에 의해 행동하는 기재'라고 말한다. 국가가 체계 내의 자신의 위치에서 "무엇을 할 수 있는가"의 문제와 더불어 다른 국가와의 관계 내에서의 자국의 인식에 따라 자신이 "무엇을 하기 원하는가"의 문제에 관심을 갖는다. 이는 개별국가의 능력과 함께 '의도'의 변수가 국제정치의 분석대상이 될 수밖에 없다는 것을 말해준다.[22]

탈냉전 후 동북아정치체계는 남북한이나 미국, 중국에 새로운 대외정책의 목표와 방향을 설정하도록 과제를 던졌고, 이에 개별국가들은 "무엇을 할 수 있는가"라는 체계 내에서의 자신의 능력을 확인하면서 "무엇을 하기 원하는가"라는 보다 적극적이고 목표지향적인 대외정책을 추진토록 했다. 북한은 미국과의 관계정상화가 자신들의 안보와 생존을 보장하는 유일한 수단이라고 확신하면서 그 가능성에 상당한 기대를 하고 있었고, 한국은 4자회담을 통해 남북한문제의 주도권을 행사하려 했다. 미국과 중국 역시 동북아정치체계 내에서 발언권이나 주도권을 강화할 수 있는 기재로 4자회담을 활용하려 했다.

이 책은 동북아의 정치체계가 북미 핵협상과 4자회담에 미친 영향과 그 인과관계를 분석하는 데 중점을 두었다. 탈냉전 직후 동북아의 정

---

22) 신욱희, "구성주의이론," 우철구·박건영 편, 《현대 국제관계이론과 한국》(서울: 사회평론, 2004), pp. 462~463.

치체계는 냉전시대의 질서를 벗어버리고 새로운 질서를 형성하기 위한 과도기적 특징을 갖고 있었다. 동북아지역에 대한 미국의 패권개념도 새롭게 검토해야 했고, 그러한 과정에서 기존의 동맹관계들은 와해되거나 변질되고 또 다른 동맹관계의 가능성까지 나타났다. 동북아질서의 재편성 움직임은 자연히 정세의 불안정성과 불투명성을 야기했다. 한편에서는 탈냉전으로 인한 화해와 협력의 분위기가 없었던 것은 아니나 근본적으로는 새로운 질서구축을 위한 혼란이 특징을 이루었다.

한마디로, 탈냉전 직후인 1990년대 한반도문제의 핵심 '사건'이었던 북미 핵협상과 4자회담은 다양한 수준에서 분석할 수 있겠지만, 그 중에서도 동북아정치체계 수준의 분석이 사실의 가장 많은 부분을 조명하고 설명할 수 있다는 것이 필자의 판단이다.

제 1 부

국제정치체계 분석과 동북아정치체계

제 1 장 • 왜 국제정치의 체계수준 분석인가
제 2 장 • 강대국이 판을 짠 동북아정치체계

왜 국제정치의 체계수준 분석인가 제1장

법칙은 '사실에 대한 관찰'이지만, 이론은 '사실을 설명하기 위해 도입된 사변적 과정들'이다. 법칙은 '그것들이 참인가'를 묻는 데 비해, 이론은 '설명력이 얼마나 큰가'를 묻는다.[1] 국제정치학은 무수한 변수에 영향받기 때문에 정통물리학과 같은 절대적 이론을 가질 수 없다. 학자의 관점에 따라 여러 가지 이론이 존재할 뿐만 아니라 역사와 시기에 따라 이론 자체가 변하기도 한다. 또 국제정치의 분석수준도 다양하며 각 수준마다 연구의 장단점이 있기 때문에, 그 선택문제는 전적으로 어떤 분석수준이 적절하고 유용한지에 달려 있다. 어느 한 분석수준에 초점을 맞춰놓고 국가간의 관계나 외교현상을 설명하려 하면 초점을 맞춰놓고 있지 않은 다른 수준에 대한 고찰은 사상(捨象)할 수 밖에 없다.

그렇기 때문에 국제정치학에서의 실증적 설명이론들은 여러 가지 분석단위, 기본가설, 세부가정 등을 가지고 같은 현상을 다르게 설명하기도 한다. 이들 이론은 서구의 거대이론인 현실주의, 자유주의, 세계주의처럼 모든 이론의 부분들을 내포하는 이론인 경우도 있고, 좀더

1) Kenneth N. Waltz, *Theory of International Politics* (Mass: Addison-Wesley, 1979), 박건영 역, 《국제정치이론》(서울: 사회평론, 2000), pp. 16~17.

직접적인 적용가능성을 위해 한정된 연구주제에만 집중한 세부이론인 경우도 있다. 동맹이론, 협상이론 등은 여러 거대이론들이 각각 자신의 입장에서 논의하는 좀더 세부적인 이론이라고 할 수 있다.[2] 국제정치학 전공자들은 단일한 이론틀이나 분석수준으로는 국제관계를 설명하는 데 무리가 따르기 때문에 복수의 분석수준과 다양한 이론의 조합에 더 많은 관심을 기울이고 있는 것도 사실이다.[3]

제 1 장에서는 국제정치의 분석수준과 국제정치체계의 본질을 개괄했다. 국제정치의 분석수준으로 국제체계를 강조하는 학자들은 대부분 국가행동이 국제정치체계의 존재양식과 작동방식에 영향을 받는다는 가정을 갖고 그 체계의 역할에 주목하고 있다.

1. 국제정치를 분석하는 눈높이

한 국가의 대외행동이나 다른 국가와의 관계, 특히 국가간의 분쟁을 이해하기 위해서는 그러한 행위의 결과에 대해 '어디'에 중점을 두고 '어떻게' 설명하는 것이 가장 적절한가를 먼저 생각하게 될 것이다. 여기서 '어디'라는 것은 분석수준을, '어떻게'라는 것은 이론을 지칭한다고 할 수 있다. 국제정치의 분석수준에 대한 논의는 일반적으로 국가간의 분쟁이나 갈등의 원인을 파악하기 위해 제기됐다.

예를 들어 전쟁이 왜 일어났는가를 분석하려 할 때 가장 기본적으로 개인적 수준의 원인을 추적할 수 있다. 우선 개인의 심리적 요인이나 사회심리적 요인을 그 대상에 올려놓을 수 있을 것이다. 원초적인 인간의 공격적 본성이나 파괴적 심리가 전쟁의 원인이 될 수 있다. 또 타

2) 전재성·박건영, "국제관계이론의 한국적 수용과 대안적 접근," 우철구·박건영 편, 《현대 국제관계이론과 한국》(서울: 사회평론, 2004), p. 612.

3) 현실주의만 하더라도 신현실주의, 공격적 현실주의, 방어적 현실주의, 신전통적 현실주의 등 다양한 이론들이 있다. 자유주의도 전통적 자유주의, 신자유주의 등이 있고, 세계주의도 맑스적 이론, 비맑스주의 등이 있다.

민족에 대한 사회적 거부감이나 나쁜 이미지가 전쟁을 유발할 수 있다. 온두라스와 엘살바도르 분쟁(1969, 1980)처럼 국가간 축구시합이 양국 국민 사이의 감정대립을 불러와 전쟁으로 비화된 사례도 있고, 유색인종에 대한 사회적 편견이 전쟁을 촉발한 경우도 있다. 또 전쟁 당사국 정치지도자의 정치적 야망이나 교육배경, 성격 그리고 리더십을 연구하는 것도 전쟁의 원인을 파악하는 데 유용한 방법이 될 것이다.

둘째는 국가사회수준의 분석을 하는 것이다. 국내체제가 독재국가나 전제국가처럼 호전적 특성을 갖고 있는가 아니면 민주국가처럼 평화지향적인가를 전쟁의 원인으로 따져볼 수 있다. 관료들의 행태나 국가 내 각종 이익단체의 특징, 정책결정과정 등도 전쟁의 발발원인을 분석하는 데 유효할 것이다. 관료들이 어떤 정보를 취사선택하고 어떤 대안을 만들어 최종 정책결정자에게 보고하느냐 하는 문제도 국가간 분쟁과 갈등에 지대한 영향을 미치고 있는 것이 사실이다.

셋째는 국제체계수준의 분석이다. 이럴 경우 국가간 힘의 분배나 상호의존성, 자본주의체제 등에 연구의 초점을 맞출 수 있을 것이다. 동맹이나 세력균형, 무정부상태와 국가이익 등을 분석하거나 국제법이나 국제조직의 존재여부와 그러한 제도의 평화지향적 역할을 분석하는 것도 국가간 갈등이나 분쟁을 이해하는 데 도움을 준다.

국제정치의 분석수준으로 볼 때, 국가의 특성이나 이해관계를 특별히 강조한 사람은 한스 모겐소(Hans J. Morgenthau)다. 그는 현실주의이론의 고전이라고 할 수 있는 *Politics Among Nations*를 통해 국가행동의 규정요인으로 인간성을 첫째로 들고 있다.[4] 모겐소는 인간의 본능이 권력을 추구하는 것처럼 국가도 자국의 이익과 권력을 추구하는 존재로 보았다. 그는 모든 국가는 '권력으로 정의된 국가이익'을 추구한다고 주장하고 이 주장을 바탕으로 모든 국가의 행동에 합리성을 부여하고 있다. 즉, 국가간의 정책결정 차이나 내부적 요인의 작용을

---

4) Hans J. Morgenthau, *Politics Among Nations: The Struggle for Power and Peace* (New York: Alfred A. Knopf, 1948).

검토하지 않고 권력과 이익을 추구하는 인간본성에 국가를 비유하면서, 모든 국가의 행동이 일률적 원칙에 의해 나온 것으로 설명했다. 그는 ① 정치란 인간성에 내재한 불변의 객관적 법칙에 의해 지배된다, ② 정치적 현실주의의 중심개념은 권력(*power*)으로 정의된 국가이익으로서 국가는 이러한 '권력으로 정의된 국가이익'을 추구한다, ③ '권력으로 정의된 국가이익'의 구체적 내용과 권력의 내용 자체는 고정불변의 것이 아니고 가변적이다, ④ 정치적 행위의 도덕적 중요성을 인정하며 도덕적 요구와 성공적인 정치적 행위의 요구 사이에 불가피한 긴장이 존재함을 인정한다, ⑤ 특정 국가의 도덕적 열망과 세계를 지배하는 보편적 도덕법칙을 동일시해서는 안 된다, ⑥ 현실주의는 정치적 영역의 자율성을 주장한다는 등의 6개 원칙을 갖고 개별국가의 대외행동을 분석했다.

현실주의가 이처럼 국가 내부의 변수에 관심을 두지 않은 반면, 정책결정이론은 개별국가의 정책형성과정이나 국가의 리더십, 관료정치 등에 초점을 둔다. 즉, 개별국가의 외교정책이 어떤 과정을 거쳐 결정되며 그와 같은 결정과정에서 국가내부적 변수들이 어떻게 작용하느냐에 초점을 맞춘 것이 외교정책결정이론이다. 현실주의가 국가 내부적 정책결정과정을 덮어두고 대외적 행태만 추적하는 데 비해, 외교정책결정이론들은 그 '암상자'의 뚜껑을 열어본다는 데 목표를 두고 있다.

외교정책결정과정에 대한 첫 연구는 1954년 리처드 스나이더(Richard C. Snyder), 브룩(H. W. Bruck), 버턴 사핀(Burton Sapin)의 '외교정책결정과정과 작용-반작용-상호작용모델이다. 이들은 독립된 행위자인 정책결정자가 어떻게 상황을 인식하고 정의하는가에 국가행위가 달려 있다고 보았다. 해럴드 스프라우트와 마거릿 스프라우트(Harold Sprout and Margaret Sprout) 부부는 1956년 외교정책결정환경과 투입-과정-산출모델을 제시했다. 또 제임스 로즈노(James N. Rosenau)는 외교정책결정수준과 예비이론모델을 제시했다. 그는 외교정책결정에 영향을 미치는 요인으로 개인, 역할, 정부, 사회, 체제 등 다섯 가지를 들었다.[5] 외교정책결정이론은 개인의사결정모델, 집단의사결정모델, 관료정치모델 등으로 유형화되면서, 현실주의 외교정책 연구가 포착하지 못하거나 소홀하게 취급한 정책결정과정의 문제를 다루었다는 점에서 그 공헌도가 높다.[6] 그러나 이 분석수준은 개별국가가 갖는 국가 내부의 다양한 차이에 초점을 맞추기 때문에 일반화된 설명이나 원칙을 도출하지 못하고 있다는 단점이 있다.

국제정치의 분석수준 문제를 가장 간단히 정리한 학자가 케네스 월츠(Kenneth N. Waltz)다. 그는 1959년, 즉 행태주의가 한창 성행할 때 국제정치에서의 분석수준을 다룬 *Man, the State and War* 라는 저서를 통해 국제정치현상을 개인 수준의 변수로 설명하려 할 경우(*the first image*), 국가의 특성에 초점을 맞출 경우(*the second image*), 그리고 국제체계의 특성에 초점을 맞출 경우(*the third image*) 등 세 가지 다른 경우가 있다고 주장하면서, 궁극적으로 국제체계에 초점을 맞춰야 한다고 강조했다.[7] 월츠가 의도한 목적은 물론 전쟁의 기본적 원인

---

5) 남궁곤, "외교정책결정이론," 우철구·박건영 편, 《현대 국제관계이론과 한국》(서울: 사회평론, 2004), pp. 300~305. Richard C. Snyder, H. W. Bruck & Burton Sapin, *Decision-Making as an Approach to the Study of International Politics. Foreign Policy Analysis Series* 3 (Princeton: Princeton University Press, 1954); Harold Sprout & Margaret Sprout, *Man-Milieu Relationship Hypotheses in the Context of International Politics* (Princeton: Princeton University Press, 1956); James N. Rosenau, "Pre-Theories and Theories of Foreign Policies," in Barry Farrell (ed.), *Approaches to Comparative and International Politics* (Evanston: Northwestern University, 1966).

6) 남궁곤, 앞의 글, p. 319.

7) System은 우리말로 '체제' 또는 '체계'로 번역할 수 있을 것이다. 그러나 월츠는 국제정치의 System을 일반적 System과 완전히 구분하고 있다. 즉, 일반적 체제이론의 System은 완전한 조직이고 특화된 기능을 수행하는 분화된 부분들로 위계적으로 질서지어진 것이라고 설명한다. 그러나 국제정치학에는 그와 같은 일반적 체제접근법을 타당한 것으로 만들어줄 명확한 질서와 위계적 배열이 없다고 주장한다(Waltz, 박건영 역, 앞의 책, p. 96). 따라서 필자는 월츠의 주장대로 그와 같은 차이를 구분하기 위해 신현실주의자들이 주장

을 규명하자는 것으로, 전쟁의 원인이 국제정치체계에 있다는 것이었다. 즉, 인간의 본성이 전쟁의 발발에 어떤 역할을 한다는 것은 의심의 여지가 없으나 그 자체로 전쟁과 평화를 설명해 주지는 못하고, 또한 '나쁜 국가가 전쟁을 일으킨다'는 것은 공허할 뿐만 아니라 틀린 주장이라고 말했다.[8]

1979년에 저술한 *Theory of International Politics* 에서도 국제정치학의 가장 적절한 분석수준은 국제체계이며, 국제체계가 연구의 중심이 되어야 한다고 주장했다. 월츠는 개별국가가 아무리 동일한 형태의 외교정책을 행동으로 옮기더라도 그 결과는 다르게 나타나거나, 반대로 상이한 외교정책을 펴더라도 동일한 결과가 초래된다는 점에 착안해 그 이유를 설명하고 있다. 국제정치의 역사를 돌아보면 많은 경우에서 행위주체들이 의도한 것과 실제로 나타나는 결과가 퍽 다르다는 것을 알 수 있으며, 개인적 특징과 동기에서는 발견할 수 없는 원인들이 행위자들 사이에 집단적으로 작용하고 있다는 것이다.[9] 다시 말하면, 국제정치체계가 그 자체로 개별국가의 행동을 제약하고 규제하기 때문에, 즉 체계의 특정한 존재양식과 작동방식이 국가의 행동이나 역할을 규정하기 때문이라는 것이다. 따라서 국제정치현상은 국제정치체계에 대한 분석이 없이는 그 실체를 파악하기가 불가능하다는 설명이다.

국제체계를 국제정치학의 주요 관심대상으로 올려놓은 사람은 모턴 캐플런(Morton A. Kaplan)이다. 그는 체계, 구조, 기능의 세 개념에 기초한 일반체계이론을 자연과학으로부터 도입하였다. 그는 국제정치의 체계와 과정에 초점을 맞추면서, 국제체계의 구성요소에 대한 관심을 뛰어넘어 체계 자체가 어떻게 조직되며, 하나의 전체로서 어떻게 작동하는지를 설명하고자 했다.[10] 캐플런은 개별국가, 즉 행위자가 어

하는 System은 '체제'가 아닌, '체계'로 번역한다.

8) 진장철, "냉전과 현실주의: 월츠의 구조이론을 중심으로," 우암평화연구원 편, 《정치적 현실주의의 역사와 이론》(서울: 화평사, 2003), p. 101.

9) Waltz, 박건영 역, 앞의 책, p. 105.

10) 진장철, 앞의 글, p. 95.

떤 방식으로 뭉쳐 있고 어떤 유대를 갖느냐와 그렇게 뭉쳐 있고 유대를 갖는 개별국가의 수가 얼마이냐에 따라 여섯 개의 다른 국제체계모델을 제시하고 있다. 즉, 세력균형체계(*balance of power system*), 느슨한 양극체계(*loose bipolar system*), 견고한 양극체계(*tight bipolar system*), 보편적 국제체계(*universal international system*), 위계적 국제체계(*hierarchical international system*), 개별국가의 거부권 보유체계(*unit veto system*) 등이 그것이다. 캐플런은 이러한 여섯 개 체계를 만들어놓고 이들 체계가 개별국가의 행동을 결정짓는다고 주장했다.[11]

국제정치체계에 대한 분석은 사실 국가간의 전쟁과 평화, 안정과 불안정이라는 주제를 놓고 왜 세계 역사의 어느 시점에서는 안정이 유지되고 전쟁이 없었느냐는 의문을 풀기 위한 탐구를 시작으로 많은 연구결과들이 발표됐다. 대체로 이들의 시각은 국제정치체계가 국가의 행동을 강하게 규제하고 제약하기 때문에 전쟁과 평화, 안정과 불안정의 원인을 규명하기 위해서는 월츠의 주장처럼 개인이나 국가수준보다는 국제정치체계를 보아야 한다는 데 의견을 같이 하고 있다. 그래서 캐플런이 제시한 6개의 국제체계모델을 염두에 두면서 어느 한 체계의 변화나 다른 체계로의 이동 등이 전쟁이나 안정의 원인과 동기를 제공해준다고 주장한다.

로버트 길핀(Robert Gilpin)은 단극체계, 즉 패권체계가 국제사회의 안정을 더욱 보장한다며 패권안정론을 주장했고, 조지 모델스키(George Modelski)는 패권국가의 변화를 설명하는 장주기이론을 제시했다. A. F. K. 오갠스키(A. F. K. Organski)는 지배국과 식민국 등 국제 위계질서를 체계화한 세력전이모델을 만들었다. 길핀은 안정된 국제체계에서는 명백한 힘의 위계질서와 도전받지 않는 패권국이 존재하나, 불안정한 체계는 그 체계 내부에서 경제, 기술 그리고 다른 변화들이 국제적 위계질서를 해치면서 패권국의 지위를 손상시키는 체계라고 주장한

---

11) Morton A. Kaplan, *System and Process in International Politics*(New York: Wiley, 1957).

다.[12] 모델스키는 약 1백 년간의 주기로 국제정치체계가 변하며, 그 변화는 패권국가의 등장과 쇠퇴를 중심으로 4단계를 거친다고 역사적 전쟁들을 예로 들며 설명하고 있다. 오갠스키는 지배국가와 강대국, 중위국, 약소국, 식민국으로 개별국가의 위상을 설정한 후 그 위상의 변화과정을 설명했다.

다극체계의 안정론은 대부분의 학자들이 옹호하는 전통적 견해다. 특히, 헨리 키신저(Henry A. Kissinger)는 양극체계의 위험성을 강조하며 1970년대 초 미소 양극체계에 중국을 끌어들여 강대국 3각체계를 구상, 중국과 미국과의 관계개선을 도모하기도 했다. 또 이미 언급했듯이 월츠 등은 양극체계의 안정론을 주장하고 있다.

이들 외에 일찍이 국제체계와 분석수준에 주목한 사람은 데이비드 싱어(J. David Singer)다. 그는 1961년 "국제관계에서의 분석수준"(The Level of Analysis Problem in International Relations)이라는 논문을 통해, 분석대상은 '단위'와 '체계'라는 두 가지 분석수준이 있음을 지적했다. 그는 단위수준의 분석, 즉 국가수준의 분석은 체계가 국가의 행동에 미치는 영향을 과소평가하고 있으며, 반면 체계수준의 분석은 국가에 대한 체계의 영향을 지나치게 강조하고 있다고 주장했다. 싱어는 그러나 이 두 가지 분석수준은 상호결합할 수 없기 때문에, 체계수준의 변수와 단위수준의 변수가 어떻게 상호작용하여 국가의 행동을 유발하는가를 설명할 수 있는 총체적 이론은 존재할 수 없다고 강조한다. 그 때문에 분석수준의 선택은 연구의 필요나 연구자의 관심과 관점에 달려 있다고 말했다.[13] 그는 국제정치체계의 안정성 측면에서 볼 때, 다극체계가 양극체계보다는 군비증강의 가능성이 적고 개별국가가

---

12) Robert Gilpin, "The Theory of Hegemonic War," in Robert I. Rotberg and Theodore K. Rabb(ed.), *The Origin and Prevention of Major War* (Cambridge: Cambridge University Press, 1989), ch. 2.

13) J. David Singer, "The Level of Analysis Problem in International Relations," Klaus Knorr and Sidney Verba(ed.), *The International System: Theoretical Essays*(Princeton: Princeton University Press, 1961).

취할 수 있는 정책의 대안이 많기 때문에 더 안정적이라고 주장한다.

반면 로버트 코헤인(Robert O. Keohane)과 조셉 나이(Joseph S. Nye, Jr.)는 체계가 구조(*structure*)와 과정(*process*)이라는 두 측면을 갖고 있다면서, 두 가지 모두를 분석대상으로 삼아야 한다고 강조한다. 이들은 과정이란 개별국가가 다른 단위와의 상호의존이나 국제레짐에 영향을 받고 대응하는 상호작용으로 보고, 개별국가에 기회와 제약을 주는 국제체계의 구조와 그러한 개별국가의 선호와 선택과정도 중요한 분석의 대상이 되어야 한다고 설명한다. 이들은 특히 국제체계수준의 이론들이 국제레짐의 부분적인 면을 이해하는 것을 돕는 것은 사실이나 국제레짐이 국내정치에 미치는 영향은 과소평가되어 있다며, 그러한 영향을 정확히 파악하기 위해서는 국가의 선호나 선택의 행위를 추적할 수밖에 없다고 주장한다. 개별국가가 외부적 환경과 제약에 어떤 영향을 받고 어떻게 대응하는가가 중요하기 때문에 국내정치와 국제정치체계 간의 상호작용에 대한 연구에 초점이 맞춰져야 한다는 것이다. 이에 따라 나이는 월츠의 세 가지 이미지, 즉 개인·국가·체계를 모두 분석대상으로 삼아야 하며, 그러나 분석의 시작은 적으면서도 많은 것을 설명할 수 있는 간결한 것이 되어야 한다고 주장했다.[14]

14) Joseph S. Nye, Jr., *Understanding International Conflicts: An Introduction to Theory and History*, 2000, 양준희 역, 《국제분쟁의 이해: 이론과 역사》(서울: 한울아카데미, 2000), pp. 59~63. 나이는 로버트 코헤인(Robert O. Keohane)과 함께 쓴 "Power and Interdependence Revisited," *International Organization* 41-4(Autumn, 1987)에서도 같은 주장을 했다.

2. 국제정치체계의 구조와 행위자의 미묘한 동거

정치체계란 무엇인가. 일반적으로 '체계'란 전체의 목표를 위해 상호작용하며 어떤 종류의 경계에 의해 그 환경으로부터 구분되는 구성요소나 단위의 집합을 일컫는다. 다시 말해, 구성요소로서 부분이 있고 이 부분이 상호기능적으로 연결되어 하나의 덩어리로서 전체를 이루며 주위의 환경과 구분되어 이러한 환경과 부단한 상호작용을 하는 것이 체계다.[15] 체계란 ① 구체적 경계(*boundary*)를 갖는 단위로서, ② 체계를 둘러싼 변수간 상호의존성(*interdependence*)과 ③ 체계 자체의 유지기능(*self-maintenance*)을 특징으로 하는 ④ 독립적·종합적인 동적 균형상태(*dynamic equilibrium*)를 의미하는 것이라고 정의하기도 한다.[16] 체계에 대한 이러한 정의는 다분히 자유주의적인 것이다. 현실주의나 구조주의가 보는 국제정치체계는 이와 다르다. 자유주의가 상호의존적 또는 기능적 측면에서 국제정치체계를 파악하고 있는 반면, 현실주의는 무정부적이고 이기적인 국가들의 집합으로 국제정치체계를 이해한다. 세계주의(*globalism*)는 국제정치체계를 국가간 지배와 착취의 개념으로 단정하고 있다.[17]

월츠는 국제정치체계가 개별국가를 상호기능적으로 연결하는 것이 아니며, 상호의존성도 없는, 즉 특화된 기능을 수행하는 분화된 부분

---

15) 박재영, 《국제정치패러다임》(서울: 법문사, 2000), p. 74.

16) 박현모, 《마인드 맵으로 본 국제정치학》(서울: 인간사랑, 2003), p. 141.

17) 세계주의(*globalism*)는 일반적으로 구조주의(*structuralism*)라고도 한다. 그러나 이 책은 다른 구조론과의 혼란을 피하기 위해 세계주의라고 표현한다. 세계주의에는 맑스적 이론도 있고 비맑스주의적인 이론도 있다. 맑스주의적 이론에는 종속이론(*dependency theory*)과 세계체계론(*world-system theory*)이, 비맑스주의적 이론에는 세계를 하나의 체계로 보고 제국주의를 설명하려는 존 갈퉁의 제국주의이론이 있다. 또 구성주의(*constructivism*)는 알렉산더 웬트(Alexander E. Wendt)의 이론을 중심으로 구조화이론(*structuration theory*)이라고도 하나, 역시 용어상의 혼란을 피하기 위해 구성주의라고 했다.

들로 위계적으로 질서 있게 특징지어진 조직이 아니라고 주장한다. 월츠에 따르면, 국제정치체계는 구조(*structure*)와 행위자(*actor*)인 개별국가로 구성되어 있다. 국제정치체계의 구조는 첫째, 조직 및 배열의 원리, 둘째, 단위들의 분화와 기능, 셋째, 단위간 능력의 분포라는 세 가지 요소로 정의하고 있다.

첫째, 국제정치구조의 조직 및 배열원리다. 국제정치체계를 구성하는 단위들의 조직과 배열이라는 측면에서 구조의 특징을 보면, 국제정치체계는 국내정치체계처럼 독점적으로 권한을 행사하거나 다스리는 권위체가 존재하지 않는다. 따라서 명령·복종의 관계가 형성되는 위계적 질서가 확립되어 있지 않다. 모든 국가는 국내 조직처럼 상하관계에 있는 것이 아니다. 국제정치체계는 '정부 부재의 정치'이기 때문에 질서와 조직이 결여되어 있는, 그야말로 무정부상태인 것이다. 이러한 무정부상태는 세계국가가 성립되기 전에는 절대로 변할 수 없는 항구적 속성을 갖고 있다.

둘째, 구성단위들의 분화와 기능에 관한 문제이다. 국내정치체계는 수많은 조직들이 역할과 기능을 분담하면서 일정한 규칙 아래 움직이고 있다. 국내정치체계를 보면 행정부와 입법부 그리고 사법부 등 정부 조직들이 각자 다른 역할을 하면서 일사불란하게 움직인다. 대통령이 있고, 그 밑에 국무총리가 있으며, 또 국무총리 밑에는 무수한 하부조직들이 있어 각자 다른 기능을 수행하고 있다. 그러나 국제정치체계에는 구성단위들, 즉 개별국가 사이에 역할분담이 되어 있지 않다. 어떤 나라는 농사만 짓고 어떤 나라는 어업만 하는 식의 업무분담이 없다. 따라서 이러한 국제정치체계의 구조 역시 항구적이다. 예를 들어, 세계국가가 등장해 A나라에게는 농업을, 그리고 B나라에게는 어업을 강제하지 않는 한, 현실국가의 기능분화는 있을 수 없는 것이다.

셋째, 능력의 분포에 관한 것이다. 무정부적 체계의 구성단위들은 기능적으로 분화되어 있지 않기 때문에 대체로 공통적 임무를 수행한다. 이에 따라 능력이 배분되어 있는 방식을 주시할 필요가 있다. 개별국가의 능력은 결국 그 국가의 힘이며, 힘은 인구와 영토 크기, 부존자원(賦存資源), 경제적 능력, 정치적 안정과 능력 그리고 군사력 등 총체적 요소로 형성된다. 국가들은 그들이 가진 힘에 의해 다르게 위치 지워진다. 국내정치 연구자들은 내각제와 대통령제를 구분한다. 이는 정부체계의 형태가 다른, 기능적 구분이다. 반면, 국제정치 연구자들은 국제정치체계 내의 강대국 수에 따라 국제정치체계를 구분하려고 한다. 월츠는 경제학에서 시장구조를 정의할 때 유능기업의 숫자에 따라 독점시장체제냐, 과점시장체제냐, 아니면 완전경쟁체제냐로 구분하듯이, 강대국의 숫자라는 변수로 국제체계의 힘의 배분을 정의하고 있다. 이러한 힘의 배분, 즉 체계 내 단위들의 능력분포는 배열이나 기능분화와는 달리, 체계의 구조를 변화시킬 수 있다.[18]

국제정치체계가 무정부상태에서 위계적 체계로 바뀌는 것은 이미 언급했듯이 세계국가가 등장하는 것과 같은 국제체계의 근본적 '체계변화'(*a change of system*)지만, 그와 같은 현상이 일어날 가능성은 거의 없다. 따라서 위계적 체계와 상호연관성이 있는 기능적 분화가 일어날 가능성도 거의 없는 것이다. 결국 구조의 요소 중 변화할 가능성이 가장 큰 것은 강대국의 숫자 등으로 나타나는 능력의 배분뿐이다. 강대국의 등장과 쇠퇴, 또는 기존 강대국에 새로운 강대국의 등장이라는, 권력분포 변화는 국제정치체계의 구조를 변화시키는 요인이다. 예를 들어, 독과점체제의 시장이 유력한 기업의 등장으로 과점체제의 시장으로 변하듯이 국제정치체계에서도 어느 신흥강대국이 등장해 힘의 배분이 바뀐다면 그 구조도 달라질 것이다. 단극체계가 양극체계나 다극체계로 변하는, 또는 그 반대의 현상도 가능하다. 이는 바로 월츠가 말하는 구조의 변화로 '체계 내의 변화'(*within system change*)라고 할 수 있다.[19]

국제정치체계이론가들은 이처럼 대체로 국제정치체계의 구조에 주목하며 국가행동이 그 구조에 많은 영향을 받는다는 데 공감한다. 국제정

---

18) Waltz, 박건영 역, 앞의 책, p. 154.

19) 박재영, 앞의 책, pp. 103~104.

치체계의 구조를 특별히 거론하는 이론을 든다면 신현실주의 이외에도 세계주의(*globalism*), 구성주의(*constructivism*)가 있다. 세계주의는 일반적으로 세계경제체계를 지배와 착취의 구조로 파악하며, 자본주의체계가 끊임없이 국가들의 행동을 제약한다고 주장한다. 알렉산더 웬트(Alexander Wendt)로 대표되는 구성주의학자들은 구조가 행위자를 일방적으로 제약하는 것이 아닌, 구조와 행위자의 상호작용을 강조한다.

월츠는 국제정치체계의 구조가 그 체계 내의 행위자, 즉 국가의 행동을 제약하며 규제한다고 주장한다. 월츠는 이를 미시경제이론을 통해 설명하고 있다. 즉, 시장은 개별기업들의 상호작용에 의해 구성되지만 그 시장을 구성하는 개별기업의 정책이나 경영방침과는 전혀 다른 독특한 메커니즘을 갖고 있듯이, 국제정치체계 역시 개별국가와는 전혀 다른 독자적 메커니즘을 갖고 있다는 것이다. 시장의 독특한 메커니즘이 기업의 생산량이나 정책에 영향을 주고 제약하는 것처럼 국제정치체계의 구조 또한 개별국가의 정책에 영향을 주고 제약한다는 것이다.

월츠는 이와 같이 국제정치구조와 단위국가들 사이의 관계를 개별기업과 시장에 비유해 설명하면서 환원주의이론을 비판하고 있다. 전통적 현실주의자들은 국제정치체계란 결국 개별국가의 합(合)에 지나지 않으며, 따라서 국제정치체계의 고유한 특성이나 영향력은 없다고 말한다. 국제정치의 체계가 만들어진다면 이는 단지 구성요소들의 결과물, 즉 국가행위의 결과물에 불과하다는 게 환원주의이론이다. 월츠는 그러나 한 나라의 대외정책에는 국내적 요구를 제약하고 규정하는 국제체계의 보이지 않는 구조적 요인이 작용하고 있는데 환원주의는 이를 무시하고 있다고 주장한다. 즉, 체계이론이 Outside-Inside Explanation이라면 환원주의이론은 Inside-Out Explanation이다.[20] 시장이

20) 월츠는 이와 같은 환원주의를 예를 들어 비판하고 있다. 즉, "그는 말썽쟁이다"와 "그는 말썽을 일으킨다"는 표현에는 간과할 수 없는 차이점이 존재한다고 한다. 만약 행위자의 속성이 결과를 결정하는 유일한 것이 아니라면, 두 번째 표현은 첫 번째 표현으로부터 당연하게 도출되는 것은 아니다. 말썽쟁

기업들의 수적인 합의기능만 수행하는 것이 아니고, 그 수적인 합의기능과는 별개의 또 다른 기능을 수행하고 있으며 그 기능이 개별기업의 활동이나 생산을 제약하는 것처럼, 국제정치체계도 개별국가의 행동을 일방적으로 제약하고 있다는 것이 월츠의 주장인 것이다.[21)]

월츠는 국제정치체계가 그 구조가 위계적이지도 않고 기능적으로 분화되어 있지도 않기 때문에 무정부상태라고 말한다.[22)] 이와 같은 무정부상태는 모든 국가들이 자신의 위치와 권력 확보를 위해 최선을 다하도록 강제한다. 개별국가들은 공통적으로 생존(*survival*)을 가장 심각한 문제로 받아들이면서 국가의 안보(*security*)를 무엇보다 시급한 목표

이가 말썽을 일으키지 않는 경우도 있는 것이다. 월츠는 만약 어떤 행위가 그 행위주체의 내적 특성뿐 아니라, 그를 둘러싸고 있는 환경의 결과라면 전자에만 의존하는 설명방식은 불완전할 수밖에 없다고 강조한다(Waltz, 박건영 역, 앞의 책, pp. 97~98).

21) 진장철, 앞의 글, p. 102.

22) 국제정치가 무정부적이라는 것에 대해서는 현실주의 학자들 사이에서도 이론이 많다. 신현실주의와 전통적 현실주의는 국가가 무정부적 조건에 어떻게 반응하느냐에 대해서는 차이를 보인다. 즉 전통적 현실주의는 무정부상태가 체계의 한 조건이기 때문에 국가가 위치, 크기, 국내정치 그리고 리더의 자질에 따라 다르게 반응한다고 주장한다. 그러나 신현실주의는 무정부상태 자체가 체계를 규정하기 때문에 모든 국가들은 무정부상태로부터 똑같은 제재를 받게 되고, 그렇기 때문에 체계 내에서 그들의 지위를 유지하기 위해 노력할 수밖에 없다는 것이다. 또 미국과 그 동맹국들의 관계는 무정부적이지만 구소련의 동맹국들 관계에는 분명한 위계(*hierarchy*)가 있다고 주장하는 학자도 있다(David A. Lake, "Anarchy, Hierarchy, and the Variety of International Relations," *International Organization* 50-1, Winter, 1996. pp. 1~33). 국제정치는 군사적·경제적 요인 때문에 자연적으로 위계가 형성된다는 주장도 있다(Katja Weber, "Hierarchy Amidst Anarchy: A Transaction Costs Approach to International Security Cooperation," *International Studies Quarterly* 41, 1997, pp. 321~340). 대부분 현실주의자들이 주장하는 국제체제의 무정부상태는 국내 정부와 같은 중앙정부가 없고 힘의 위계질서만 존재하는 상태를 지칭하나, 월츠는 이를 국제정치체계 구조의 특징으로 구별했다는 점에서 차이가 있다.

로 삼고, 그러한 생존과 안보를 확보하기 위해 자력구제(*self-help*)가 최우선 과제로 등장한다. 이에 따라 개별국가들은 내부적으로 군사적 능력을 향상시키기 위해 노력하고, 외부적으로는 동맹을 강화하는 경향을 보이는 것이다. 모든 개별국가들이 자신들의 안보와 생존을 위해 동맹을 추구하다 보면 개별국가의 의도와 무관하게 결국 세력균형체계가 나타나는데, 월츠는 세력균형에 참여하는 국가들의 수에 따라 양극적 세력균형(*bipolar balance of power*)과 다극적 세력균형(*multipolar balance of power*)으로 구분하고 전자가 후자보다 더 국제사회의 평화와 안정을 보장한다고 주장한다.

또한 극도로 안보에 대해 민감한 반응을 보이며 불안감을 갖는 국가는 항상 최악의 상황을 전제로 한 정책을 취한다. 최악의 상황을 전제로 한 정책은 피할 수 없는 선택이다. 즉 안보위기에 시달리는 국가는 '확률적 평가'(*assessment of probability*)에 근거해 정책결정을 내리는 것이 아니라, '분쟁의 가능성'(*possibility of conflict*)을 정책의 기본적 원칙으로 삼을 수밖에 없다는 것이다. '분쟁의 가능성' 이론은 고도의 심리적 불안감으로 인해 국가가 경제적 능력이나 다른 목적 성취보다 군사안보에 전력을 다하고, 군사적 사전방어조치가 침략에 대한 유일한 보장이라고 간주하기 때문에 경제적 능력이나 다른 국력 증가수단을 동원해 분쟁에 대비하려는 '확률적 평가'를 할 수가 없다는 주장이다.[23)]

---

23) Robert Powell, "Anarchy in international relations theory: The Neorealist-neoliberal Debate," *International Organization* 48-2(Spring, 1994). 신현실주의는 국가가 분쟁의 가능성(*possibility of conflict*)을 항상 염두에 두며 최악의 상황에 대비한다고 주장한다. 신현실주의는 전쟁의 참화를 익히 알고 있기 때문에 분쟁의 조그만 가능성에 대해서도 관심을 쏟는다. 반면 신전통적 현실주의(*post classical realism* 또는 *neo classical realism*)는 국가가 최악의 상황을 항상 염두에 두고 있는 것이 아니라, 안보문제와 관련된 확률적 평가(*assessment of probability*)에 근거해 정책적 결정을 내린다고 주장한다. Stephen G. Brooks, "Dueling Realism," *International Organization* 51-3(Summer, 1997). 브룩스는 이에 따라 possibility와 probability를 신현실주의와 신전통적 현실주의를 구분하는 화두로 삼았다.

현실주의자들은 그와 같은 안보에 대한 불신과 두려움이 국가로 하여금 안보딜레마에 빠지게 한다고 말한다. 존 허츠(John Herz)는 무정부적 국제정치체계는 각국이 언제 누구로부터 공격받을지 모른다는 불안 때문에 자기 혼자만이 자신을 방어해야 한다는 강박관념을 갖게 되며, 이는 끝없는 군비경쟁의 악순환을 낳는다고 말한다.[24] 안보딜레마란, 만약 A나라와 B나라가 안보협력을 하려 할 경우 A는 자신이 갖는 안보협력의 이익을 생각하는 것이 아니라, B가 갖는 이익을 우선적으로 우려하며 B의 이익이 자신에게 미칠 위해(危害)부터 먼저 생각하기 때문에 협력이 되지 않는다는 논리다. 즉, 상대적 이득(*relative gains*)에 관심을 두고 그 이득의 격차가 바로 자신의 안보에 영향을 미친다고 보기 때문에 A와 B 간의 안보협력은 이루어지지 않고, 각자의 안

신현실주의는 다시 '공격적 신현실주의'(*offensive neorealism*)와 '방어적 신현실주의'(*defensive neorealism*)로 구분하기도 하는데, 공격적 현실주의는 국제체제의 무정부성이 공격과 갈등을 촉진한다고 보고 따라서 전쟁이 일어나기 쉽다고 본다. 국가들은 공격적인 의도를 갖게 되고, 공격적인 전략을 세우지 않을 수 없게 되며, 생존을 위해 힘의 극대화를 추구하게 된다. 특히 강대국들은 다른 국가들이 적대적인 의도를 가지지 않을 것이라는 확신을 할 수 없기 때문에 가능한 한 권력을 많이 확보하려 하고 지배하려 한다. 그러나 방어적 신현실주의는 국제체계가 필연적으로 전쟁과 갈등을 야기하는 것은 아니라고 본다. 공격적 신현실주의가 국가를 힘의 극대화를 추구하는 존재로 바라보는 데 비해 방어적 신현실주의는 힘의 배분보다는 위협의 수준과 방향을 좀더 중요한 것으로 본다. 따라서 공격적 신현실주의자에게는 국제관계가 죄수의 딜레마게임이다. 세계화 시대에 국가간의 목표와 이익이 양립할 수 없기 때문에 무정부상태의 경쟁은 극심해진다. 반면 방어적 신현실주의자들은 정복이나 확장을 위한 군사력 사용은 그 군사력 사용으로 인한 손해 때문에 대부분의 지도자들이 회피한다고 주장한다. 전쟁은 극단적 군국주의 등 비합리적인 사고 때문에 발생한다고 말한다. 공격적 신현실주의는 aggressive neorealism이라고도 한다(Jeffrey W. Taliaferro, "Security Seeking under Anarchy," *International Security* 25-3, Winter, 2000. 1, pp. 128~161).

24) John Herz, *International Politics in the Atomic Age*(New York: Columbia University Press, 1959), p. 157.

보만 챙기다 보니 결국은 서로가 안보딜레마에 빠지게 된다는 것이다.[25] 국가들은 자신의 권력(국력)만 증대시키기 위해 '절대적 이득'(*absolute gains*)을 추구하고 이를 위해 협력과 동맹을 맺으려 하지만, 국가간 관계에서 제로섬게임(*zero-sum game*)과 같은 절대적 이득을 취할 수는 없다. 대부분의 정상적인 국가관계는 이득의 분배가 불가피한 것이다. 이득의 분배가 이뤄지지 않으면, 그것은 힘에 의한 약탈이나 강점에 지나지 않는다. 그런데도 상대방이 갖고 가는 이득은 항상 우려와 경계의 대상이기 때문에 협력과 동맹은 그 자체가 정상적으로 유지되기 어렵다는 주장이다.

현실주의자들의 안보딜레마 이론은 이처럼 각국의 권력과 안보 지향성을 전제로 한 인간성 차원의 논의라고 할 수 있다. 이러한 안보딜레마는 첫째로 상대방의 공격적 자세와 수비적 자세를 구분하는 것이 본질적으로 어렵기 때문에 발생한다. 즉, 상대방 국가가 방어를 목적으로 무기를 배치한다고 해도 그것이 정말 방어용인지 공격용인지 구분하기 어렵다는 것이다. 둘째는 상대방이 비록 평화적 의도를 갖고 있다 해도 그것이 지속될 것인가에 확신을 갖지 못한다는 점이다. 따라서 개별국가는 자신의 안위를 위해 다른 나라의 공격을 성공적으로 저지할 수 있는 우월한 군사력을 보유해야 하며, 이는 또 상대방의 군사력 증강을 부추기는 결과를 가져오고 군비경쟁의 끊임없는 악순환을 되풀이한다.[26] 월츠는 이와 같은 안보딜레마를 인간성이나 국가의 무한한 권력 지향성에서 찾지 않고 국제정치체계의 구조라는 독특한 요인에서 파악했다.

월츠는 세계경제질서 측면에서도 개별국가간의 협력이 잘 이뤄지지 않는 이유를 설명하고 있다. 자력구제의 원칙이 지배하는 국제정치체계의 무정부상태에서는 노동의 분화가 이뤄지지 않기 때문에 대부분의

---

25) Joseph Grieco, "Anarchy and the Limits of Cooperation: Realist Theory and the Problem of International Cooperation," *Journal of Politics* 50 (Summer, 1988).

26) 박재영, 앞의 책, pp. 174~175.

〈그림 1-1〉 월츠의 국제정치이론 개념도

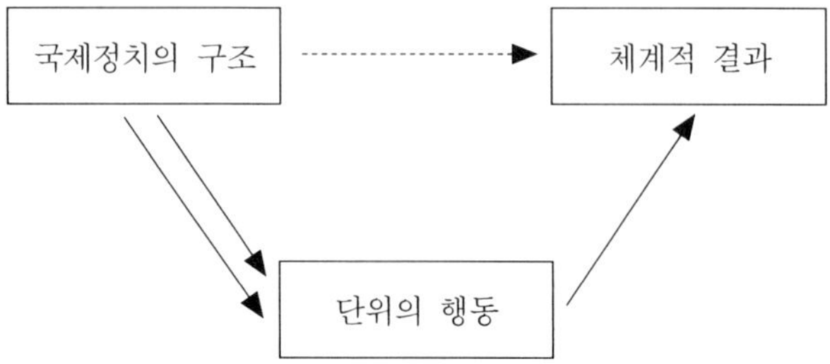

출처: Hans Mounritzen, "Kenneth N. Waltz : A Critical Rationalist between International Politics and Foreign Policy," in Iver B. Neumann and Ole Waeber(eds.), *The Future of International Relations : Masters in the Making?* (London: Routledge, 1997), p. 67, 이춘근, "신현실주의이론과 외교정책," 김달중 편, 《외교정책의 이론과 이해》(서울: 오름, 1998), p. 329에서 재인용.

국가들은 자급자족체제를 형성하고 있으며, 다른 국가들과의 협력과 서비스의 상호교환은 상대방 국가에 의존하게 되지 않을까 하는 불안감을 갖게 하고 이는 결국 협력을 제한하는 결과를 낳는다는 것이다. 또 상대방과 협력을 하더라도 절대적 이득과 상대적 이득에 민감한 반응을 보이지 않을 수 없다고 주장한다. 즉, 무정부상태의 개별국가들은 참여국 모두에게 이득이 된다는 개념보다는 그 이득의 양이 어떻게 분배되느냐에 더 관심을 쏟는다. 나의 경제적 이득이 비록 상대방의 이득보다 클 때도 상대방이 갖고 간 이득이 나에게 미치는 효과가 무엇인지에 초점을 맞춘다는 것이다. 그리고 그러한 상대방의 이득이 자신에게 해가 될지 모른다는 우려가 앞서 협력이 이뤄지지 않는다고 주장한다.[27] 특히, 개별국가의 전략산업인 경우에는 어느 나라든 대외의

27) Kenneth N. Waltz, "Reflections on Theory of International Politics: A Response to My Critics," in Robert O. Keohane(ed.), *Neorealism and Its*

존도에 상당히 민감한 반응을 보이지 않을 수 없다. 그러한 산업의 대외의존은 바로 국가안보에 직결되기 때문이다.

세계주의도 국제정치를 구조 또는 체계 차원에서 분석한다는 점에서는 신현실주의와 공통점을 갖지만 그 분석의 대상에서는 큰 차이가 있다. 즉, 신현실주의자들은 국제정치구조가 개별국가의 정책결정을 제한하고 강제하는 외부적 제약요인이라고 주장하지만, 세계주의자들은 구조를 자본주의 세계경제를 구성하는 기본원칙으로 파악하고 국가행위가 현실에 드러날 수 있는 것은 바로 그와 같은 구조적 틀을 전제하고 있기 때문이라고 설명한다.

따라서 세계주의의 패러다임은 신현실주의의 패러다임과 크게 다르다. 세계주의는 기본적으로 후진국의 발전문제에 관심을 갖고 출발했다. '왜 후진국들은 발전을 하지 못하고 있는가'에 대한 답을 찾기 위해 구조론을 제시하고 있는 것이다. 즉, 세계주의자들은 후진국들의 저발전 요인을 세계경제체계의 구조적 모순인 지배와 착취 때문으로 보고 있으며, 중심부의 자본주의 발전이 주변부의 발전에 절대적 영향을 미친다고 주장한다. 세계주의는 국제체계를 세계자본주의체계로 특징화했고, 이러한 구조적 특징이 끊임없이 국가들의 행동과 상호관계에 영향을 미친다고 본다. 세계자본주의라는 국제체계의 구조가 끊임없이 국가들의 행동을 제약하고 규제해, 주변부의 저개발국가들은 항상 중심부의 자본주의국가들의 착취대상으로 전락하고 있다는 것이다.

구성주의 역시 국제정치체계의 구조를 논의의 중심에 놓고 있다. 그러나 구성주의는 신현실주의와 신자유주의가 국가의 행동이 체계의 구조에 의해 더 영향을 받느냐 아니면 제도의 영향을 더 받느냐 등을 둘러싸고 논란을 벌이는 가운데 두 이론을 통합해 등장한 이론이다. 즉 신현실주의는 국제체계에 의해서, 신자유주의는 국제제도에 의해서 행위자의 정체성과 이익이라는 것을 주어진 것(*as a given*)으로 수용하기 때문에, 행위자가 자신의 정체성과 이익을 어떻게 확립해나가는지에

Critics(New York: Columbia University Press, 1986), pp. 322~345.

대한 설명을 제공하지 못하며, 또한 행위자들의 행동패턴이 달라질 경우 이러한 변화를 설명하는 것이 곤란하다고 주장한다.[28] 다시 말하면, 구성주의는 행위자의 정체성과 이익이라는 것을 행위자와 구조의 상호작용 이전에 이미 형성된 것으로 바라보지 않고 상호작용과정 속에서 형성되는 것, 즉 사회적으로 구성되는 것(*socially-constructed thing*)으로 전제하는 것이다.[29]

이들이 주장하는 구조는 사회적 구조이며, 사회구조란 물적 구성요소인 능력의 배분뿐만 아니라 행위자의 행동을 방향 짓는 구성원칙 및 규제원칙, 즉 국제제도로 구성되어 있는 구조다. 따라서 구성주의에서의 구조란 물적 구성요소와 규칙, 제도 모두를 포함하는 것으로 간주한다는 측면에서 행동에 대한 물적 제약만을 강조하는 신현실주의와 크게 다르다. 또 제도론자들은 국제제도가 국가의 행동을 규제하는 일면적 효과에만 초점을 맞추고 있으나, 구성주의는 국제제도들이 국가의 행동을 규제할 뿐만 아니라 국가들의 정체성과 이익을 구성하는 역할을 수행하며 한 걸음 더 나아가 국제질서의 기초로 작동하고 있다고 주장하는 것이다.

따라서 구성주의는 구조가 갖는 규제적 역할에만 치중하는 다른 체계이론과는 달리, 구조적 속성을 만들어내는 행위자의 주체성 부분에 균등한 이론적 비중을 두고 있다. 구조만 행위자에 대해 일방적이고 영속적인 영향을 미치는 존재가 아니라, 구조와 행위자가 서로 구성하는 관계에 있다고 주장한다. 행위자는 구조를 전제로 하는 한편, 구조는 행위자의 행위를 매개로 존재한다는 것이다.[30] 이 이론은 인과적 힘이나 관습 그리고 국가들의 이익 정의방식을 이론화하고 설명하는 '추상적' 분석과, 특정 사건에 이르게 되는 인과적으로 의미 있는 국가

28) Alexander E. Wendt, "The Agent-Structure Problem in International Relation Theory," *International Organization* 41-3(Summer, 1987), pp. 335~336.

29) 박재영, 앞의 책, p. 576~577.

30) 박건영, "국제관계이론의 역사와 계보," 우철구 · 박건영 편, 앞의 책, p. 62.

들의 선택과 상호작용의 진행과정을 추적하는 '구체적' 분석을 결합한 구조적-역사적 분석방법(*structural-historical analysis*)을 제시한다.[31] 즉, 국가도 인간과 마찬가지로 일정한 행위를 통해 그들이 존재하는 체제를 생산하고 변화시키는 의도적 주체이며, 국제체계는 이러한 단위 차원의 상호작용에 구조적 영향을 미치는 사회적 관계로 이뤄져 있다는 것이다. 신현실주의가 상정하는 구조가 구성단위 사이의 권력의 분포라는 물질적 요인을 의미하는 것에 반해, 구성주의는 이와 함께 체계나 단위 수준에서 존재하는 관념적 구조(*ideational structure*)의 영향을 중시하고 있는 것이다.[32]

따라서 웬트의 구조화이론에 따르면 국제정치의 구조는 늘 변화의 과정에 있어 불확정적이며, 그렇기 때문에 구조의 형성과정에서 개별 국가의 인식은 매우 중요한 역할을 수행한다. 행위의 주체인 개별국가는 다른 개별국가와의 상호작용 속에서 자기의 정체성(*identity*)을 갖게 되며, 그 행위의 주체가 다른 행위자를 어떻게 인식하느냐에 따라 구조의 형태가 좌우된다.

사실, 같은 물질적 조건과 무정부적 구조라고 해도 상대방에 대한 인식(위협이나 우호)에 따라 구조는 다르게 형성된다.[33] 예를 들어 같은 핵무기를 가진 영국이나 프랑스에 대한 미국의 인식은 핵무기를 가지려 한 북한에 대한 인식과 차이가 있으며, 이는 결국 다른 구조를 형성하게 한다는 것이다. 웬트는 또 주어진 물질적 구조가 행위자들의 행동을 크게 제약한다고 보는 신현실주의와는 대조적으로 그와 같은 물질적 구조의 제약은 아주 느슨한 것으로 생각한다. 개개의 행위자들은 사회화와 학습을 통해 자신의 이익을 재정의하고 도모할 수 있는 능력이 있다고 보기 때문이다. 웬트는 신현실주의나 세계주의가 행위

31) 신욱희, "미국동아시아정책의 역사적인 고찰," 국제관계연구회 편, 《동아시아 국제관계와 한국》(서울: 을유문화사, 2003), p. 81.

32) 신욱희, "구성주의이론," 우철구・박건영, 앞의 책, p. 462.

33) 박현모, 《마인드 맵으로 본 국제정치학》(서울: 인간사랑, 2003), pp. 106~107.

자인 국가나 구조 가운데 어느 한 쪽을 분석의 우위에 두기 때문에 국가의 행위양태를 이론적으로 포착할 수 없다고 주장하는 것이다.[34)]

이는 구조가 절대적 변수라며 행위주체인 국가의 내재적 요인을 무시하는 신현실주의 주장과 큰 차이가 있다. 한마디로 웬트는 국가와 국제체계가 만들어내는 구조의 속성들이 국제정치에서 벌어지는 개별적 사건들에 직접적으로 영향력을 행사하는 동시에 국가와 구조가 상호 연결되어 있다면, 두 가지 분석수준을 함께 포괄하는 것이야말로 국가행위를 이해하는 데 필수적 작업이라고 말하고 있다.

구성주의는 그렇기 때문에 무정부상태도 제도화되지 못한 무질서의 상태가 아닌, 주체와 구조의 상호작용에 의해 생긴 일종의 제도적 질서로 보며, 신현실주의가 주장하는 것처럼 무정부상태가 자력구제원칙을 필연적으로 도출하는 것이 아니라 다른 형태의 국가행위도 가능하다고 본다. 안보딜레마도 국가 차원에서는 상호성 또는 상호의존의 문제이며 구조의 차원에서는 역사적 현실을 반영하는 공유지식의 문제 때문에 발생하는 것이지, 필연적으로 또는 피할 수 없이 주어지는 상황은 아니라고 보는 것이다.

실재로 국제사회가 무정부상태라고 해도 무정부상태에 대한 모든 국가들의 반응이 신현실주의자들의 주장처럼 같은 패턴은 아닐 것이다. 러시아로부터 안보위협을 받았고 크리미아와 영토분쟁을 했던 우크라이나는 핵무기를 자진해서 포기했다. 핵무기를 유지하는 데 드는 비용은 물론이고 핵보유 때문에 생기는 외국원조나 시장감소로 인한 경제적 손실을 감안해 핵을 포기했던 것이다.[35)] 하지만 북한은 우크라이나와 같은 길을 가지 않았다. 또 무정부상태라도 중국과 같은 큰 나라와 벨기에나 스위스 같은 작은 나라가 그에 대응하는 정책이 동일할 수 없는 것도 사실이다. 사실 국제체계의 구조와 구성요소 어느 한쪽에 일방적 비중을 두기보다는 양쪽을 모두 중시해야 한다는 주장은 적지

---

34) Wendt, *op. cit.*, p. 369.

35) Stephen G. Brooks, "Dueling Realism," *International Organization* 51-3 (Summer, 1997), pp. 405~406.

않게 제기되고 있다. 앤서니 기든스(Anthony Giddens)는 구조는 구성요소에, 구성요소는 구조에 서로 영향을 미친다고 강조하면서, 구성요소의 자유로운 선택론과 구조론의 결정주의를 모두 비판하고 있다.[36)]

구조와 구성요소 간의 상호작용이나 영향을 강조하는 이론에 비하면, 월츠의 주장은 단선적이고 단정적인 측면이 없는 것도 아니다. 제라드 러기(Gerard J. Ruggie)의 비판대로 월츠는 과학실험실에서나 가능한 국제정치학이론을 제시하고 있으며, 그것은 특정한 역사적 단계와 사회세력 간의 복잡한 역학관계를 완전히 배제했다고 할 수 있다.[37)] 이 때문에 월츠도 자신의 엄격한 구조론적 입장에서 후퇴하는 듯한 태도를 취한다. 즉, 구조는 행위의 결과를 조건 짓고 있지만 전적으로 행위의 결과를 설명하지는 못한다는 것이다. 이는 체계수준의 요인뿐만 아니라 단위수준의 요인도 행위에 함께 작용한다는 말과 같다. 단위수준의 변수와 체계의 구조가 상호작용하고 있고 단위수준의 변수도 체계의 구조적 제한을 극복할 수 있을 것이라는 주장이다. 국가에 따라서는 체계의 구조적 제한을 뛰어넘을 수도 있다고 말해 절대적 구조론에서 벗어나고 있다.[38)] 이와 같은 측면에서 볼 때, 국제정치체계의 구조가 국가의 대외행동에 어떤 영향을 미치느냐는 문제에 대해서는 다양한 견해가 존재하고 있지만, 구성주의가 갖고 있는 이론적 포괄성은 그 어느 이론보다 크다고 할 수 있다.

그러나 어떻든, 인간적 관계나 경제·사회적 제도, 법칙, 규범 등 여러 가지 사회적 요소(*social fact*)들이 한 사회의 특징을 이뤄 인간의 행동을 규제(*constrain*)하고 있으며, 인간은 별 저항 없이 그러한 요소들에 순응하고 있다는 에밀 뒤르껭(Emile Durkheim)의 주장처럼,[39)]

---

36) Anthony Giddens, *New Rules of Sociological Method*(New York: Basic Books, 1976).

37) Gerard J. Ruggie, "Continuity and Transformation in the World Polity: Towards a Neorealist Synthesis," in Robert O. Keohane(ed.), *Neorealism and Its Critics*(New York: Columbia University Press, 1986).

38) Waltz, 1986, *op. cit.*, pp. 322~345.

국제정치체계의 구조 역시 그 본질과 내용이 학자들의 견해에 따라 다르기는 하지만, 국가의 대외행동에 영향을 미치고 있다는 점에서는 큰 이견이 없는 것 같다.

3. 국제정치지형 바꾼 탈냉전

월츠에 따르면 국제정치체계의 변화는 바로 강대국의 숫자로 규정지을 수 있는 극성의 변화다. 국제정치체계는 강대국 수에 따라 구분되고 강대국 수는 국제정치체계 구조의 변화를 뜻한다. 따라서 8개의 정당이 2개의 정당으로 줄어들었다면 다당제가 양당제로 바뀌었다고 할 수 있지만, 8개의 정당이 2개의 동맹세력으로 규합했다면 그것은 체계의 변화가 아니라는 것이다. 같은 논리로 3개 이상의 강대국이 2개의 동맹세력으로 나뉘어졌다 해도, 그러한 체계는 양극체계가 아니라 3개 이상의 다극체계라는 것이다.[40]

길핀은 국제정치에서의 변화란 체계 내에서 국가들간의 위계구조 자체와 이 위계구조에 바탕을 둔 국제관계의 패턴에서의 변화를 의미한다며, 이러한 변화는 사소한 변화도 있고 약소국들이 체계의 안정성을 해치지 않으면서 위계적 상승과 하락을 거듭하는 변화도 있지만 결정적인 것은 강대국들의 지위변화라고 말한다. 길핀에 따르면 강대국들의 지위변화를 체계 차원의 변화(*a systemic change*)라고 하며, 이는 곧 국제정치체계 차원의 위계구조 또는 지배권의 변화를 의미한다는 논리를 펴고 있다.[41] 그는 국제정치적 변화란 자신의 이익을 관철시키기 위해 국제체계를 바꾸려는 체계 내의 정치적 행위자들의 노력의 결과

---

39) Emile Durkheim, *The Rules of Sociological Method*, in George E. G. Catlin (ed.) (New York: Free Press. 1964), pp. 4~6.

40) Waltz, *Theory of International Politics*, 박건영 역, 앞의 책, p. 154~156.

41) Robert Gilpin, *War and Change in the World Politics* (New York: Columbia University, 1981), p. 40.

물이며, 역사상 변화의 주요 메커니즘은 전쟁이라고 보았다.

모델스키의 장주기이론도 국제정치체계가 1세기 정도의 기간에 특징적인 네 국면을 거친다는 변화모델을 제시하고 있다. 즉 대결정(*Macro decision*, 세계전쟁)의 단계는 심각하고 격렬한 폭력의 단계다. 이는 이행(*Implementation*, 세계국가) 단계로 옮겨가고 세계의 지도자로서 행동하는 한 국가가 등장, 세계를 이끌어간다는 것이다. 그러다 다음 단계에서는 그 국가의 지도력의 정통성에 의문이 제기되고 새로운 문제가 등장하는 안건설정(*Agenda setting*, 비정통화) 단계가 등장하며, 이어 지도력이 쇠퇴하고 도전자들이 새로운 연합을 결성하는 연합(*Coalitioning*, 분산화) 단계가 온다는 것이다.[42)]

오갠스키의 세력전이모델 역시 지도국(패권국)과 강대국 간의 세력전이과정을 복종, 안정적인 일방적 억지, 상호억지 또는 전쟁, 불안정한 일방적 억지, 복종 등 5단계를 거쳐 세력전이가 이뤄지는 국제정치체계의 변화과정을 설명하고 있다.

그렇다면 탈냉전이 국제정치체계에 미친 영향은 무엇인가. 우선 국제정치체계 자체를 변화시킨 것인가(*changes of the system*), 아니면 체계 내의 변화인가(*changes in the system*). 월츠는 냉전의 종식으로 미국과 소련 간의 양극체계가 무너지고 현재는 미국의 단극체계상태라고 주장한다. 즉, 극성의 변화에 따른 체계 내의 변화로 보며 현재 미국에 의한 단극체계, 즉 패권체계는 곧 다극체계로 전환될 것이라는 것이 그의 예측이다.[43)] 냉전체계의 양극시대가 더 안정적이었다고 주장하는 존 미어셰이머(John J. Mearsheimer) 역시 국제정치체계가 다극체계로 전환됐다고 본다. 그는 냉전시대의 안정이 핵억지력에 의한 것이었다며, 불안정한 다극체계를 안정적으로 유지하기 위한 방법으로 핵억지력을 들었다.[44)]

---

42) 김재한, "장주기와 세계전쟁," 김우상 외 편역, 《국제관계론 강의 1》(서울: 한울아카데미, 1997), p. 231.

43) Kenneth N. Waltz, "The Emerging Structure of International Politics," *International Security* 18-2(Fall, 1993), pp. 44~79.

스티븐 크라즈너(Stephen D. Krasner)와 나이는 탈냉전 이후 국제체계의 변화를 보다 다차원적인 것으로 분석하고 있다. 크라즈너는 탈냉전기의 국제정치체계를 미국에 의한 패권체계의 특징과 미국, 유럽연합(EU), 일본, 독일, 중국 그리고 러시아가 경쟁하는 다극체계의 특징이 동시에 공존하는 체계로 보고 있다. 나이는 탈냉전기의 국제체계를 군사적으로 미국이 정상에 위치하는 단극체계, 경제적으로 미국, EU, 일본이 각각 리더로 군림하는 삼각체계, 그리고 맨 아래층은 복잡하게 초국가적 상호의존관계를 이루는 다층적 상호의존체계로 특징짓고 있다. 그는 이러한 다층적 상호의존체계가 상호이익을 주고받는 상당히 유기적인 체계이기는 하나 구성원들 사이에 각층간 이동이 쉽지 않은 특징을 보인다고 강조한다.[45]

이처럼 탈냉전 이후의 국제정치체계의 변화 양태에 대해서는 다양한 견해가 존재한다. 양극체계가 붕괴한 이후 등장할 수 있는 국제체계의 여러 가지 형태에 대한 연구가 국제정치학자들 사이에 이뤄지고 있으며, 동시에 어떠한 새로운 국제정치체계가 전쟁을 방지하고 국제평화를 더 도모할 수 있는가에 대해 의견을 제시하고 있다.

필자는 현재의 국제정치체계가 과도기적 상황에 있으며, 그러한 과도기적 상황 때문에 국제정치체계가 불안정한 상태에 있다고 판단한다.

그 이유는 첫째, 시기적 상황 때문이다. 미소 양극체계의 붕괴는 아직 20년이 채 되지 않았다. 따라서 현재로서는 미국의 패권적 특성이 강하게 나타날 수밖에 없는 시기다. 양극체계의 한 극을 이루었던 소련이 붕괴하고 그 극을 대신할 국가가 아직은 나타나지 않았기 때문이다. 소련을 대체할 만한 국가가 등장해 양극체계가 된다고 해도 시기적으로 20년이라는 세월은 너무 이르다고 할 수 있다. 대체국가로 가장 큰 잠재력을 가진 국가는 중국이라는 견해가 많으나, 그것 역시 하나의 예측에 불과하다.[46]

---

44) John J. Mearsheimer, "Back to the Future: Instability in Europe After the Cold War," *International Security* 15-1(1990).

45) 박재영, 앞의 책, pp. 222~223.

실제로 월츠는 앞으로 미국세력에 대해 균형을 잡을 수 있는 가장 유력한 국가로 중국을 꼽았다. 그는 소련의 붕괴로 미국이 유일한 초강대국이 됐지만, 국제적으로 너무 많은 부담을 갖게 됨으로써 세력약화가 필연적이고 또 중국과 같은 강대국들은 지배세력에 대한 불안감으로 세력확장을 위해 노력할 것이기 때문에, 결국 양극체계가 될 것이라고 내다봤다.[47] 어떻든 탈냉전 직후 동북아의 정치체계는 미국과 중국 간의 미묘한 대립상태로 전개되는 양상을 보였다. 그런 점에서 미국의 영향력 확대에 대비하기 위한 러시아와 중국의 화해분위기는 미국의 패권확보를 둘러싼 당시의 동북아정세를 반영하는 자연스런 현상이었다. 앞으로 미국이 패권적 지위에 오를 가능성은 다른 어느 나라보다 크지만, 그것을 확신할 수 있는 단계는 아닌 것이다. 미국의 패권을 단정하기에는 시기적으로 너무 이르다.

둘째, 현재의 국제정치체계를 규정하기 위해 노력하는 학자들의 견해도 과도기적 상황임을 시인하고 있다. 미국의 패권과 다극체계의 특징을 동시에 갖고 있다는 크라즈너의 설명이나 다층적 상호의존체계로 보고 있는 나이의 설명은 국제정치체계의 과도기적 상황을 가정할 수 있는 주장들이다. 즉, 다극체계와 단극체계는 논리상 병존이 불가능하며 다극과 단극 아니면 양극의 어느 체계로의 이동과정에 있다는 의미가 된다. 월츠 역시 탈냉전 이후 국제정치체계는 다극성을 띠고 있으나 양극체계로 전환될 것이라고 주장한다.

셋째, 오늘날 국제정치의 현실로 볼 때도 군사력이나 동맹만이 국제체계를 규정하는 유일한 요소는 아니다. 군사력으로만 국력을 규정하는 시기는 지났다. 경제력은 한 국가의 위상과 경쟁력을 평가하는 새로운 요소가 되고 있다. 일본이나 중국, 인도, 유럽연합(EU) 등의 국제적 영향력 증가가 그 좋은 예다. 나이는 앞으로 30년 안에 개발도상국들의 경제력이 세계 총생산의 반 이상을 차지할 것이고, 미국이 차

46) Kenneth N. Waltz, "Structural Realism after the Cold War," *International Security* 25-1(2000), pp. 32~37.

47) *Ibid.*, pp. 27~28.

지하는 비율은 현재의 23%에서 15%로 떨어질 것이라고 주장한다.[48] 말하자면 강대국을 정의하는 기준이 다양하게 변하고 있고, 그러한 변화의 결과가 국제정치체계에 어떻게 투영될지는 더 두고 보아야 할 시점이라는 것이다.

넷째, 국제정치체계 내에서도 국가 외에 다양한 행위자들이 등장하고 있으며 그 행위자들의 역할이 증대되고 있다. 미국의 군사력은 첨단기술을 보유했기 때문에 미국중심의 판세(*hub-and-spokes*)를 형성할 수 있으나, 2001년 9·11 테러사건에서 보듯 항상 반격의 위험성에 노출되어 있다.[49] 미국은 테러주의자들의 대량파괴무기 사용을 우려하지 않을 수 없는 입장이기 때문에 군사력의 우위만 갖고 패권을 향유할 수 없는 입장이다. 이는 앞으로 어느 한 나라의 군사패권에 대한 저항세력이 국가 차원에서만이 아닌, 다양한 집단의 차원에서도 나타날 것이라는 점을 시사한다.

다섯째, 현재의 국제사회는 지배와 피지배, 또는 패권국·강대국과 도전국이라는 이분법의 권력구조가 형성되기 어렵다는 것이 필자의 판단이다. 미국은 현재 이라크에 대한 군사지배의 비용을 톡톡히 지불하고 있다. 이는 탈냉전 이후 미국의 '패권실험'이 제대로 되지 않고 있다는 증거이다. 반면에 중국이나 소련도 미국에 도전한다는 강력한 목표를 제시하지 않고 있다. 그러한 도전이라는 것 자체가 별다른 의미가 없기 때문이다. 탈냉전 직후 미국은 중국을 도전국가로 보고 패권정책을 취하려 하다가 곧바로 확대(*enlargement*)와 개입(*engagement*) 전략으로 전환했고, 중국 역시 그러한 미국의 정책을 수용했다. 이는 국제정치질서가 과거와 같은 분류방식으로는 단정하기 어려운 과도기적 과정에 있다는 것을 나타낸 것이라고 할 수 있다.

어떻든 탈냉전으로 국제정치체계는 아직 어떤 구체적인 형태를 갖추지 못하고 있으며, 앞으로의 상황전개도 다양한 변수들의 등장으로 인

---

48) Joseph S. Nye, Jr., *The Paradox of American Power* (New York: Oxford University Press, 2002), pp. 36~38.

49) *Ibid.*, p. 93.

해 그 방향을 예측하기 어렵다. 또 그러한 국제정치체계의 과도기적 변화에 직접적 영향을 받고 있는 동북아정치체계도 상당히 유동적인 성격을 띨 것이며, 개별국가들의 관계도 고정화되는 추세보다는 더욱 유동적이 될 가능성이 클 것으로 보인다.

강대국이 판을 짠 동북아정치체계 제2장

국제정치체계이론가들의 연구대상은 전세계적 국제정치현상이다. 그렇다면 지역적 정치체계는 이들의 국제정치체계이론과 어떤 상관성을 가질 수 있을까. 국제정치체계이론이 동북아정치체계를 설명하는 데도 유용한 논리적 근거를 제공하는가. 단순히 지역적 구분으로 본다면 동북아의 정치체계는 국제정치체계와 한반도정치체계라는 두 체계에 연계되어 있다고 할 수 있다. 그러나 이들 3개의 정치체계는 상호 독립적이며 하위체계나 지배체계의 특성을 갖는 것은 아니다.

동북아정치체계에도 구성요소인 다수의 행위자, 즉 개별국가들이 있지만, 국제정치체계와는 다른 독특한 속성과 환경 그리고 질서를 갖고 있다. 탈냉전이 동북아정치체계에 변화를 가져온 것은 틀림없으며 그 변화는 행위자, 즉 개별국가의 대외정책에 영향을 미쳤다. 구성주의이론의 지적처럼 그러한 변화에 대한 개별국가의 인식이나 판단은 각자 다른 형태로 발현됐다. 동북아정치체계를 무대로 한 1990년대 북미 핵협상이나 4자회담도 바로 그와 같은 발현의 대표적 예다. 이 두 '사건'은 크게는 공산권 붕괴라는 국제정치체계의 변화에 영향을 받으면서, 동시에 그 변화에 영향을 받은 한반도정치체계와 직접적으로 연관되어 있다.

제 2장에서는 국제정치체계와 동북아정치체계 그리고 한반도정치체계가 중층형태를 취한다고 보고, 탈냉전 이후 국제정치체계의 변화가 동북아정치체계에 직접적 영향을 미쳤다는 사실을 전제로 북미 핵협상이나 4자회담에 대한 분석수준을 동북아정치체계로 확대하는 것이 왜 다른 분석수준보다 더 적실성이 있는지에 대해 설명하겠다.

1. 개성을 지닌 동북아정치체계

케네스 월츠(Kenneth N. Waltz)를 비롯한 체계론자들의 주장대로라면 '국제정치체계'라는 단어가 갖는 의미는 전세계적 체계다. 다극체계가 더 안정적인가, 또는 양극체계가 더 안정적인가, 아니면 단극체계인가 하는 논의는 전세계적 정치체계를 염두에 두며 사용하는 용어다. 또 이러한 체계론자들의 1차적 관심은 국가간의 전쟁과 평화, 안정과 불안정, 분쟁과 갈등을 규명하는 데 있다. 그 때문에 국제질서의 중심에 있는 강대국의 행위나 역할이 항상 관심의 초점이 되고 강대국 중심의 이론이 만들어진다.

그러면 국제정치체계를 일부 지역으로 국한할 경우에도 그들이 주장하는 전세계적 담론은 유효할 것인가. 체계론자들이 대상으로 삼은 전세계적 정치체계는 다수의 지역체계로 구성되어 있다. 현실주의자들의 주장처럼 국제정치체계가 무정부적이고 위계나 기능적 분화가 없는 상태라면 지역정치체계도 예외일 수는 없다. 전체 속의 한 부분은 결국 전체의 속성이나 질서를 거부할 수 없는 위치에 있다. 국제정치체계의 구조는 당연히 지역정치체계에도 영향을 미치며 작용한다. 특히, 국제정치체계와 지역정치체계는 개별국가가 국제정치체계의 행위자인 동시에 지역정치체계의 행위자이기도 해서 더욱 불가분의 관계를 형성하고 있다.

그러나 각 지역정치체계는 나름대로 구분되는 질서나 환경을 갖고 있다. 즉, 지역정치체계는 독특한 질서나 환경을 갖고 있고, 그러한 질서와 환경은 국제정치체계의 구조처럼 지역정치체계 내의 개별국가의 정책이나 행동에 영향을 미치고 있다. 이러한 지역정치체계 내의 질서나 환경은 마치 구성주의가 국제정치체계의 구조에 대해 설명하듯이 개별국가들과 상호작용을 하며 국가의 대외행동을 형성한다. 또 이러한 지역정치체계의 질서나 환경의 합(合)이 결국은 국제정치체계의 질서와 환경을 만드는 바탕이 된다. 월츠는 그러한 합과는 다른 국제정치체계의 특성을 주장하고 있지만, 어떻든 지역정치체계의 질서와 환경은 개별국가처럼 국제정치체계와도 상호작용을 하고 있다.

따라서 전세계적 국제정치이론이 특정 지역의 정치체계를 분석하는 데도 유효한 틀이 된다는 사실은 부인할 수 없다. 우선 내용이나 실질 형태로 볼 때, 특정 지역의 정치체계라는 것이 국제정치체계이론과 상충되는 '외딴 섬'이 아니라는 점이다. 시장의 경우를 보더라도 시장이론은 보편성을 갖고 있으며 수요와 공급의 원리는 어느 시장에서도 통할 수 있는 원칙이다. 또 지역시장은 그보다 더 큰 국가적 차원의 시장과 연계를 맺고 있고 그 시장은 다시 국제시장과 연동하여 움직인다. 국제시장의 원유 값이 오르면 바로 국내시장에 영향을 미친다. 국제정치에서도 월츠의 주장대로 개별국가간 능력배분의 변화가 있어 강대국 수가 늘어난다든지 또는 줄어들 경우, 그러한 구조의 변화는 즉각 지역정치체계에 영향을 미칠 수밖에 없다.

냉전시기 미소 양극체계는 한반도에 직접적 영향을 미쳤고, 양극체계가 붕괴된 탈냉전이라는 변화는 또다시 한반도에 새로운 기류를 몰고 왔다. 반대로 동북아의 정치체계도 국제정치체계에 영향을 미쳤다. 냉전시대에는 미소 양극체계의 가장 민감한 분쟁가능성 지역으로 미소간 대립의 최전선이 되었고, 탈냉전 이후에는 북한의 핵문제가 국제사회에 새로운 문제를 야기했다. 동북아정치체계와 국제정치체계의 연관성은 1990년대 북미 핵협상에서도 단적으로 드러났다. 미국이 북한의 핵문제를 한반도문제에 국한하지 않고 국제적 문제로 다룬 것은 바로 지역적 정치체계가 국제정치체계에 직결되어 있다는 점을 잘 보여준 것이다.

지역적 정치체계와 국제정치체계의 체계변화문제는 서로 다른 영역과 의미를 갖고 있다고 봐야 할 것이다. 이미 언급한 것처럼 국제정치체계의 현실적인 변화는, 대부분의 체계론자들에 따르면 체계 내의 변화, 즉 단극체계냐 양극체계냐 또는 다극체계냐 하는 극성의 변화를 의미한다. 지역적 정치체계의 변화는 그러한 '극성의 변화'를 의미하는 것은 아니다. 극성의 변화는 전지구적인 것이기 때문에 특정 지역을 대상으로 그와 같은 극성의 변화를 논의하는 것은 큰 의미가 없을 것이다. 결국 지역적 정치체계의 변화는 국제정치체계의 변화와는 다른 그 지역의 독특한 정치질서나 환경의 변화로 보는 것이 더 적절하다는 것이 필자의 판단이다.

이렇게 볼 때, 국제정치체계는 중층형태이고 그러한 중층형태를 통해 서로 영향을 미치며 연계되어 있다. 〈그림 2-1〉은 북미 핵협상과 4자회담이 진행된 동북아정치체계의 중층형태를 나타낸 것이다.[1)]

이와 같은 중층형태는 하위체계 - 지배체계의 관계가 아니다. 국제정치체계의 구조적 특징은 무정부적이며 또한 명령 - 복종관계라는 위계적 질서가 형성되어 있지 않다는 것이 현실주의자나 신현실주의자들의 주장이다. 이러한 국제정치체계의 구조적 특징은 지역정치체계와의 관계에서도 그대로 적용될 것이다. 동북아정치체계는 국제정치체계의 영향을 받고 또 국제정치체계는 동북아정치체계의 영향을 받지만, 그 관계는 상하의 위계적 관계는 아니라는 의미다. 말하자면 세계정치체계가 양극체계라면 동북아정치체계의 질서나 환경도 그런 양극체계의 특

---

1) 한반도의 냉전구조를 설명할 때는 서로 연계되어 있고 상호 규정력을 가진 3개 층위로 나누기도 한다. 남북한과 주변 4강의 상호작용으로 형성되는 가장 큰 틀의 냉전구조와 한반도 냉전구조의 제 1행위자인 남북한이 만들어내는 대립적 상호관계 그리고 남북한 내부사회가 그것이다(박영규 · 이교덕, 《한반도 냉전구조 해체의 과제와 추진방안》, 서울: 통일연구원, 연구총서 99-19, 1999, p. 16). 그러나 이 책은 한반도 냉전구조를 분석하는 것이 아니라, 월츠의 국제정치체계론을 중심으로 탈냉전 이후의 북미 핵협상을 주제로 하고 있기 때문에 체계의 층위를 더 확대해 잡은 것이다.

〈그림 2-1〉 동북아정치체계의 중층형태

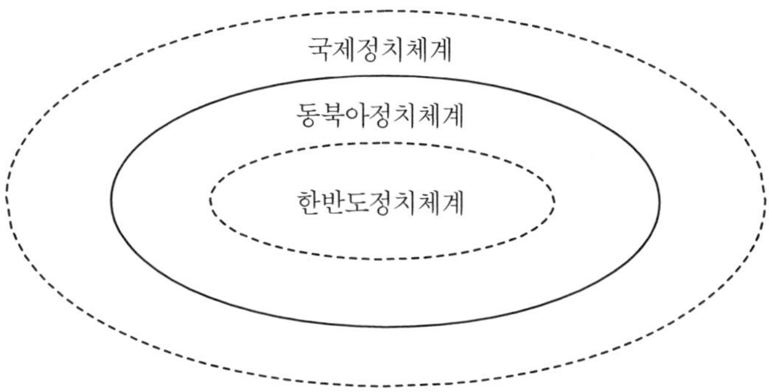

성을 띨 수밖에 없지만 동북아정치체계는 나름대로 독립성을 유지하고 있다. 동북아정치체계는 그 독자성이나 지역성 때문에 다른 지역정치체계와 구분되는 특성을 갖고 움직이고 있는 것이다.

문제는 국제정치체계와 지역정치체계의 상호작용과 연계성을 인정하며 지역정치체계수준에서 개별국가들의 대외정책을 분석할 때, 그 특수성을 일반적 국제정치체계이론과 어떻게 조화시키느냐 하는 점이다. 특정 지역의 체계는 국제정치 차원과는 다른, 그 지역의 특수성이 있을 것이고 독특한 메커니즘을 가질 것이기 때문이다. 공간적으로 좁게 볼 경우 국제정치체계의 일반성보다 지역적 특수성이 상대적으로 증가할 여지도 많다. 예를 들어, 동북아정치체계와 중동지역의 정치체계는 같을 수가 없다. 미국이 이라크를 공격할 수는 있어도 북한에 대한 군사적 공격은 실행하기 어렵다. 이는 바로 세계정치의 일반적 법칙을 추구하는 국제정치이론들 가운데 특정 이론이 지역의 특수성에 따라 상대적으로 우월성을 가질 수 있다거나 또는 이론의 적용과정에서 보조적 가정의 채택 내지 변수들의 가감이 필요하다는 것을 의미한다.[2]

---

2) 김학성, 《한반도 평화체제에 대한 이론적 접근-현실주의·자유주의·구성주의의 비교》(서울: 통일연구원, 연구총서 00-06, 2000), pp. 126~127.

동북아정치체계의 행위자는 남북한과 미국, 중국, 일본, 러시아를 꼽을 수 있다. 미국은 지리적으로 동북아와 연관된 것은 아니고 러시아 역시 아시아 국가라기보다는 유럽국가에 속하지만, 역사적 영향력이나 한반도 분단과 관련된 인과관계를 볼 때 동북아정치체계의 행위자임에 틀림없다. 이처럼 세계 4대 강국이 이해관계를 갖고 있는 지역이 바로 동북아다. 탈냉전 후 미국만이 초강대국이 되었다고 해도 중국이나 러시아는 미국에 도전할 수 있는 잠재력을 가진 나라들이다. A. F. K. 오갠스키(A. F. K. Organski)의 세력전이모델에 따르면, 동북아정치체계는 미국이라는 지배국과 중국·러시아·일본 등 강대국이 몰려 있어 세계 어느 지역보다도 세력전이의 촉매역할을 할 수 있는 곳이다. 또 중국과 미국과의 관계에서 볼 때는 패권경쟁의 시발점이 될 수도 있는 지역이다.

또 하나의 특징은 한반도의 분단상황이다. 냉전시대에 동북아정치체계가 국제정치체계에 바로 영향을 미치면서 직접적 연관을 맺게 한 요인 중의 하나가 바로 한반도의 분단상황이었다. 이러한 연관성은 탈냉전 이후에도 그대로 지속되고 있다. 미소간의 양극체계 붕괴라는 국제정치체계의 변화는 동북아정치체계의 질서와 환경에도 변화를 가져 왔다. 동북아정치체계의 주요 행위자(*actor*)라고 할 수 있는 남북한간의 힘의 균형에 변화가 생긴 것이다.

한국은 적극적 북방정책을 펴 독자적 영향력을 확대할 수 있는 기회를 맞게 된 반면, 북한은 우선 자신의 생존과 안보문제에 몰두하지 않을 수 없는 처지가 됐다. 신현실주의자들이 주장하는 것처럼 탈냉전으로 생존과 안보에 절대적 위기의식을 느낀 북한은 궁여지책(窮餘之策)으로 핵카드를 내놓았고 그 카드는 마침내 북미 핵협상을 불러왔다. 핵카드로 북한은 일단 생존과 안보위협의 짐을 덜게 됐지만 남북한간의 힘의 격차는 더욱 확대됐다. 또 남북한간의 힘의 격차는 동북아정치체계를 변화시키는 요인으로 작용하고 있다. 탈냉전 후에도 군사적 대립관계를 청산하지 못한 한국과 북한은 그와 같은 힘의 격차에 민감하게 반응하지 않을 수 없는 상황이고, 양측의 민감한 반응은 동북아정치체계의 새로운 불안정과 긴장의 원천이 됐다.

2. 북미 핵협상과 4자회담에 대한 체계수준의 분석

국가간 협상이나 회담에 대해서는 많은 이론들이 있지만, 그것들이 지니는 다차원적인 복잡성 때문에 어느 한 이론이나 분석의 틀로는 완벽한 결과를 도출할 수 없다. 협상구조는 미시적으로 보면 협상자, 협상이슈 그리고 협상타결과정 등으로 나눠 볼 수 있지만, 거시적으로 국가간 협상을 가정할 경우 정치적·군사적 문제에만 한정한다 해도 서로간의 권력 차이와 협상자가 대표하는 나라의 정치문화, 정치체제, 정부나 정권의 유형까지 고려해야 한다는 것이다.[3] 학문의 분야로는 경제학, 정치학, 심리학, 사회학 등에서 나름대로의 분석방법을 모두 동원해야 한다.

또 구체적 분석작업에 들어가서도 보는 시각에 따라 접근방법을 달리 할 수 있다. 우선 특정한 협상사례를 분석하자면, 그 기본구성요소인 상수로서의 핵심장애요인을 보거나 구조를 관찰하거나 또는 과정을 추적해나가는 등 크게 세 가지 접근방식이 가능한데, 그 하나하나의 일 또한 각 구성요소 내부의 세부사항들이 각각 중요한 작용을 하기 때문에 매우 어려운 작업일 수밖에 없다. 이러한 점은 협상에 미치는 제반요인을 종합적으로 감안하는 협상사례연구를 거의 불가능하게 만들고 있어, 현실적으로는 우선순위를 임의적으로 설정하고 이에 기초하여 협상사례를 분석하는 편의적 접근을 할 수밖에 없다.[4]

---

3) 양성철·이용필, 《북한체제변화와 협상전략》(서울: 박영사, 1995), p. 261.

4) 협상의 핵심 장애요인은 ① 이익구조 자체가 결합이익을 허용치 않는 제로섬 구조로 되어 있는 경우, ② 협상자간에 개인인식의 과정과 결과가 크게 다른 경우, ③ 협상자를 둘러싼 사회적 관계, 즉 소속기관이나 협상자가 대표하는 국가의 특성이 협상자에게 미치는 영향이 동일하지 않는 경우 등이다. 또 협상의 구조는 ① 근원적 이해관계와 유인 및 보상으로 구성되는 이해구조, ②

특히, 협상이나 회담이 열리게 된 원인을 국제체계수준에서 분석한다면 문제는 더욱 복잡해질 것이다. 그러나 이러한 국제체계수준의 분석은 국가들이 왜 협상하고 회담하게 됐는지 그리고 그 결과는 왜 그렇게 나왔는지를 분석하는 데 무엇보다 중요한 단서를 제공해줄 수 있다. 국제정치체계 자체가 바로 국가간 협상이나 회담의 모태라고 할 수 있기 때문이다.

1993~1994년의 북미 핵협상에 대한 지금까지의 연구들도 사실은 어느 한 관점에서 일정 부분을 분석하는 데 그칠 수밖에 없었다. 북미 핵협상에 대한 연구들은 주로 국가중심적 시각에서 서술적 분석을 하는 데 그친 감이 없지 않았다. 예를 들어, 3단계 북미 고위급회담에서는 미국이 어떤 정책을 취할 것인가 또는 북한은 어떤 전략을 취할 것인가라는 의문에서부터 시작해, 미국과 북한의 득실은 무엇인가, 미국이 양보하게 된 국내적 동기는 무엇이고 북한은 협상을 유지하면서 어떤 실속을 차렸는가 하는 분석이 주종을 이루었다. 여기에다 클린턴 행정부의 의도라든가 미국의 국내 사정 그리고 북한정권의 전략 등이 북미 핵협상을 분석하는 변수로 자주 등장했다. 즉, 모든 관점을 미국과 북한이라는 행위주체에 맞춰놓고 그 행위주체가 취하는, 또는 취할 협상의 전략과 정책적 인과관계에 대한 연구에 대부분의 노력을 기울였다. 탈냉전이라는 국제정치체계의 변화와 이 변화가 동북아정치체계에 미친 영향 그리고 그 영향 때문에 개별국가들이 어떻게 반응하고 어떤 결과를 가져왔는지에 대한 연구는 찾아보기 힘들다.

당사자의 수, 의제의 성질 및 의제의 수 등 협상의 범위를 규정하는 내적 조건, ③ 공개성·협상의 필수성·추후의 승인여부·주어진 시한 및 협상회수 등으로 구성되는 외적 조건을 들 수 있다. 협상과정으로서는 ① 협상단의 주체, 구성 및 구성원 간의 관계가 어떠한가라는 인적 요소와 함께 의사소통방법은 무엇인가에 따라 좌우되는 협상의 행태, ② 협상의 장소와 시기는 어떻게 되는가라는 협상의 방식문제, ③ 각 당사자가 동원하는 협상의 전술 및 의제에 부여할 수 있는 의제집중력 등 협상의 기법 등이 다같이 결합된 양태 등을 들 수 있다(이동휘, "북한의 대미협상사례 분석: 전략적 이해를 중심으로," 〈외교안보연구〉 4호, 2002/2, pp. 96~97).

4자회담에 대한 분석도 마찬가지다. 김영삼 정부가 4자회담을 제의한 동기가 된 당시 동북아정치체계에 대한 접근이 미약한 게 사실이다. 4자회담 자체는 한국과 미국이 공동제안한 것이지만 그와 같은 제의를 하게 된 요인과 아무런 성과를 거둘 수 없었던 배경에는 당시의 동북아정치체계의 독특한 질서나 환경이 작용했다. 한마디로 4자회담에 대한 연구 역시 국가중심의 협상론이나 외교정책과정론 등의 미시적 분석에만 치중함으로써 협상의 결과가 단순히 미국의 외교정책이나 북한의 협상술에만 의존되어 있는 것처럼 분석해, 클린턴 행정부가 무엇을 잘못했다느니 또는 평양정권이 무엇을 잘했다느니 하는 단순논리에만 빠졌던 것이다.

요컨대, 탈냉전 이후 진행된 동북아정치체계의 변화와 그 변화로 형성된 새로운 질서가 바로 북미 핵협상이나 4자회담을 낳게 한 동인이고 또 북미 핵협상과 4자회담 과정에 직접적 영향을 미쳤기 때문에, 동북아체계수준의 연구가 1990년대 이 두 '사건'을 이해하는 데 중요하다는 것이 필자의 판단이다.

따라서 첫째, 북한의 핵문제나 4자회담이 제기된 원인 중 가장 큰 원인과 배경은 탈냉전 직후 전개된 국제정치체계의 구조적 변화와 그에 따른 동북아정치체계의 변화이기 때문에, 당시 새롭게 형성된 동북아정치의 질서나 특징에 대한 연구는 기존 연구들이 다루지 못한 부분들을 조명해 줄 것이다. 탈냉전 이후 동북아의 정치체계는 북한의 핵문제를 국제사회에 노정(露呈)했고 북미 핵협상과 4자회담을 생성시켰다. 국가간 협상이나 회담에서는 당사자를 둘러싸고 있는 국제정치체계나 지역체계보다 더 큰 영향력을 행사할 수 있는 국내적 변수가 적지 않을 것이다. 그러나 당시 동북아정세를 감안하면, 탈냉전이 아니고 냉전이 계속됐을 경우 북한의 핵문제는 그런 형태로 국제문제화 되지는 않았을 것이다. 북미 핵협상이나 4자회담은 탈냉전에 의한 동북아정치체계의 변화로 생겨난 것이기 때문에, 탈냉전 직후 동북아정치체계의 특징과 질서를 분석하는 것은 지극히 당연한 일이라고 할 수 있다.

둘째, 동북아정치체계는 그 영향이 느슨하든 그렇지 않든 간에 행위자인 북한과 미국의 협상과정에도 영향을 미쳐, 한편으로는 제약을 가하기도 하고 다른 한편으로는 기회를 제공하기도 했다. 흔히 윌리엄 하비브(William M. Habeeb)의 비대칭이론을 북미 핵협상에 적용하는 학자들은 북한이 미국보다 협상대안(*alternative*)이나 협상에 대한 집착력(*commitment*) 그리고 협상통제력(*control*)에서 상대적으로 유리한 입장에 있었다는 점을 강조한다.[5] 그러나 북한이 그렇게 유리한 위치에 있게 된 근본원인은 탈냉전 이후의 동북아정치체계의 특징이나 새롭게 형성된 질서에 기인했다고 본다.

예를 들어, 북한의 벼랑끝 정책은 북한 지도부의 외교적 능력이나 기술이라고 할 수도 있지만 그러한 정책이 가능토록 한 배경에는 독특한 동북아의 정치체계가 작용했다.[6] 동북아정치체계의 가장 큰 특징은 탈냉전 후에도 계속된 한반도의 분단이었고, 그 분단은 북한으로 하여금 한국을 인질로 하는 벼랑끝 정책을 가능케 한 것이다. 협상에 대한 북한의 집착력도 따지고 보면 자신들의 생존과 안보가 걸린 문제였기 때문에 그렇지 않은 미국보다는 훨씬 더 강도가 높은 것이었다. 결국 북한은 동북아정치체계의 독특한 환경 때문에 미국과의 협상에서 '상대적 이득'을 취할 수 있었다.[7]

비대칭이론을 주장한 하비브도 그와 같은 요인을 지적하고 있다. 즉, "만약 약소국이 강대국보다 전략적 중요성이 있는 지역을 점령하는 경우에는 전자가 객관적 능력에 비례치 않는 협상 영향력을 행사할

---

5) William M. Habeeb, *Power and Tactics in International Negotiation: How Weat Nations Bargain with Strong Nations* (Baltimore: The Johns Hopkins University Press, 1988), pp. 21, 130.

6) '벼랑끝 전술'이라는 용어 대신에 '벼랑끝 정책'이라는 용어를 사용한 것은 북한의 이른바 벼랑끝 행동이 단순한 전술 차원의 아니라, 대미외교의 전반적이고도 일관된 정책으로 이해됐기 때문이다.

7) 신현실주의는 '상대적 이득'을 우려해 협상이 성립되지 않는다고 주장했으나, 북한은 미국이 취할 수 있는 그러한 상대적 이득개념을 극복하고 협상을 통해 자신에게 유리한 상대적 이득을 얻었다고 할 수 있다.

수 있다"(If a small state occupied territory of strategic importance to a larger state, it may be able to exercise bargaining influence disproportionate to its objective capabilities)는 것이다.[8] 이 가정을 좀 넓히면, 약한 나라라도 그의 지정학적 위치에 따라 강국의 힘을 상대적으로 무력화시킬 수 있다는 가설도 가능하다. 미국이 큰 제약을 받지 않고 힘을 행사했던 걸프 전이나 아이티 사태와는 달리, 세계 강대국들인 중국·러시아·일본의 중간에 위치한 한반도의 지정학적 특수성은 미국의 엄청난 권력의 우월성에도 불구하고 그것을 대북압력이나 제재수단으로 곧바로 활용할 수 없는 어려운 상황을 만든 것이다. 요컨대 협상은 그것이 어떤 장(場)에서 이뤄지고 있는가 하는 이른바 '활동의 장'이 대단히 중요하고, 따라서 북미 핵협상은 그 활동의 장에 대한 연구가 필수적임을 입증해주는 예라고 할 수 있다.[9] 여기에서 말하는 '활동의 장'의 특성이나 환경은 곧 탈냉전 이후 새롭게 형성된 동북아의 정치체계라고 할 수 있다.

셋째, 북미 핵협상과 4자회담이 열렸던 1990년대 한반도는 과거와 다름없는 냉전상태였고 국가이익을 위한 대립은 오히려 더 첨예화됐다. 탈냉전 이후 새로운 질서가 정착되지 않고 과도기적 혼란과 불투명성이 확대됐기 때문에 동북아정치체계는 불안정한 상태가 지속됐다. 이러한 불안정한 상태는 지역국가들의 행동을 더욱 제약하고 영향을 미치는 요소로 작용했다. 특히, 북한은 자신의 생존과 안보를 확보하기 위해 모든 수단을 동원해야 할 위급한 처지에 빠져 한반도의 장래에 대한 불가측성을 높여주고 있었다.

북미 핵협상에는 핵이 관련된 한반도와 동북아의 안보문제와 함께 북한의 생존문제가 직접 연관되어 있었다. 국가간의 경제적·지리적 이익을 다툰 협상이 아니었다. 4자회담 역시 북한에게는 생존과 안보가 직결되어 있다는 인식 때문에 평양당국은 근본적 해결책으로 주한

8) Habeeb, *op. cit.*, p. 6.

9) 양성철·이용필, 앞의 책, pp. 273~274.

미군 철수와 대미 평화협정 체결을 들고 나온 것이다. 한국 또한 이에 대응하기 위해 4자회담을 제의했다. 북한은 통미봉남(通美封南) 전략을 통해, 한국은 철저히 배제하고 미국과의 협상을 유리하게 이끌어 자신들의 생존과 안보를 위한 새로운 환경을 만들려고 했다.

넷째는 이론적 문제다. 일부에서는 1990년대 초반 동북아에 조성된 화해와 협력분위기를 예로 들면서 자유주의이론을 옹호한다. 또 신현실주의가 민족주의와 같은 국내적 요인을 무시하고 있다는 비판도 적지 않다.[10] 1990년대 초는 민족주의적 기류가 팽배했던 것도 사실이다. 그와 같은 민족주의적 기류는 통일이라는 기대 속에 열정적인 것이 되어 갔다. 그러나 북미 핵협상이나 4자회담을 보면 남북한간의 민족주의가 핵심변수는 아니었다. 민족주의의 열정이 한반도 정세에 영향을 미치기도 한 시기였지만, 여전히 남북한간의 국익과 안보문제에서 파생된 갈등이 정책결정을 좌우하고 있었다.

또 민족주의의 열정 속에 등장한 화해·협력분위기는 사실상 신현실주의자들이 주장하는 안보딜레마가 깊숙이 내재된 '가식적 현상'이었다고 할 수 있었다. 당시 남북한관계에 조성된 화해와 협력의 분위기를 볼 때, 자유주의이론은 강화된 반면 현실주의가 설 땅은 더욱 축소됐다고 주장하는 사람도 있지만, 남북한이 추구한 화해와 협력은 자유주의자들이 주장하는 화해·협력의 본질과 차이가 있었던 것이다. 자유주의자들이 본 당시의 한반도 상황은 다분히 권력 밖의 민족주의자들이 조성한 것이었고 남북한의 권력내부에서는 여전히 냉엄한 국가이익우선주의가 지배하고 있었다. 화해와 협력보다는 갈등의 잠재력이 더 컸고 그 갈등은 표피적으로 봉합된 상태에 불과했다.

대표적 예가 화해와 협력에 대한 남북한간의 서로 다른 목표설정이다. 한국은 북한정권의 몰락을 염두에 두고 상황의 주도권을 확보하기 위한 화해·협력을, 북한은 냉전체제 붕괴 이후의 생존과 안보위협을

10) 동구에서는 탈냉전 이후 민족주의문제가 새롭게 등장했으나, 월츠는 그와 같은 국내요인을 전혀 무시하고 있다는 비판도 적지 않다(박재영, 《국제정치패러다임》, 서울: 법문사, 2000), p. 127).

극복하기 위한 화해 · 협력을 추구했던 것이다. 남북한은 화해와 협력을 통해 이룰 수 있는 '절대적 이득'보다는 '상대적 이득'에 집착해, 협상은 번번이 깨지고 갈등은 오히려 고조됐다. 서로에 대한 의심과 불신은 한반도를 언제든지 적대와 대립의 장소로 변하게 할 수 있는 안보딜레마를 낳게 했던 것이다. 4자회담이 성공하지 못한 근본적 원인도 북한이 상대적 이득에 민감해 하면서 이 회담을 제의한 한국과 미국의 의도를 불신한 데 있었다.

특히, 국제제도와 국제기구 또는 국제규범의 역할과 영향력을 강조하는 자유주의적 제도주의이론은 북미 핵협상이나 4자회담의 경우 별다른 설득력을 갖지 못하고 있다. 국제원자력기구(IAEA)나 유엔이 북미 핵협상이나 4자회담에 미친 영향은 상당히 제한적이거나 미미한 것이었다. 특히 북미 핵협상의 경우, 미국은 유엔이나 IAEA를 통한 국제적 영향력을 동원하려고 끊임없이 노력했으나 중국의 거부 움직임으로 성과를 거두지 못했다. 유엔이나 IAEA는 신현실주의자들이 주장하는 대로 일부 국가의 이해타산 때문에 독자성을 잃고 자유주의자들이 예측한 개별국가에 대한 이해조정 역할을 수행할 수 없었다. 북미 핵협상의 경우 국제사회의 평화와 질서가 제도나 규범 그리고 규칙 등에 의해 유지될 것이라는 자유주의적 전제는 성립되지 않았던 것이다.

다섯째, 남북한의 군사적 대립상태가 완화되지 않는 상황에서 미국과 중국의 이익확장을 위한 경쟁 또한 심상치 않았다. 미국은 탈냉전 직후 경쟁상대였던 소련의 붕괴로 주한미군의 효용성에 대한 새로운 인식을 갖고 단계적 철수를 발표했다. 그러나 클린턴 행정부는 동북아 지역에서의 미국의 패권을 노골적으로 거론하며, 이 지역에 10만 명의 미군을 그대로 유지하겠다고 밝혔다. 이와 같은 미국의 패권정책에 중국과 러시아는 아주 민감한 반응을 나타내며 급속히 결합하는 양태를 보였다. 강대국이 밀집한 동북아정치체계에 큰 변화가 태동하는 듯했고, 그러한 기류가 북미 핵협상과 4자회담에 직접적 영향을 미쳤다.

여섯째, 연구의 방법론적 문제다. 개별국가의 내부 정책결정과정이나 지도자의 국가이익에 대한 인식은 그 나라의 대외정책에 상당한 영향을 미치는 것이 사실이다. 그렇기 때문에 체계가 구조와 과정이라는 두 측면을 갖고 있다고 주장하는 코헤인(Robert O. Keohane)과 나이(Joseph S. Nye, Jr.)는 국제체계가 부여하는 제약과 기회 그리고 다른 한편으로는 국가 내의 영향력 있는 지도자의 국가이익에 대한 인식을 동시에 연구해야 한다고 말한다.[11)]

북한의 경우, 김일성 주석이나 김정일 위원장의 국가이익에 대한 인식은 사실 북한의 언론이나 외부인사들의 면접을 통해 간헐적으로 드러났지만 왜곡되거나 대외전략·전술적 차원의 의견표명이 대부분이어서 학문자료로 활용하기에는 어려움이 있다. 분석의 대상이 될 만한 그러한 의견표명도 최고지도부 인사 몇몇에 의해서만 가능할 뿐이다. 따라서 북한을 상대로 한 협상이나 회담의 경우 공개사회처럼 정책결정과정이나 내부갈등관계를 거의 확인할 수 없다. 일반적으로 북한당국의 정치와 의사결정과정은 불투명하고, 따라서 북한의 의도를 파악하는 모든 평가작업에는 불확실성이 존재하기 마련이다. 북한의 행동을 평가하는 데는 신중함이 절대적으로 필요한 것이다. 정부가 내놓는 공식성명은 종종 애매하고 서로 모순된다. 공식발표 내용이 명백한 경우라 할지라도, 무엇이 진실이고 무엇이 전술적인 것인지 구별하기가 쉽지 않다.

벼랑끝 정책과 협박을 선호하는 평양의 성향은 북한을 이해하려는 노력을 더욱 힘들게 만들었다.[12)] 북한이 핵확산금지조약(NPT)을 탈퇴하는 내부과정은 어떠했는지, 북미간 협상이나 4자회담 과정에서 순간순간의 정책결정은 어떤 메커니즘으로 이뤄졌는지를 추적하기란 쉽지

---

11) Robert O. Keohane & Joseph S. Nye, "Power and Interdependence Revisited," *International Organization* 41-4(Autumn, 1987), pp. 725~753. 국제체계가 구조와 과정으로 이뤄졌다고 하는 이들의 주장에서, 과정이란 개별국가가 기존의 국제제도 등과의 상호작용을 하는 과정을 의미하며, 개별국가 내의 정책결정과정을 말하는 것은 아니다.

12) "북한의 핵도전에 대한 대처," 〈미 외교협회 한반도문제 테스크포스팀 보고서〉(서울: 통일부, 2003), p. 16.

않았다. 1990년대만 하더라도 극소수의 학자, 언론인, 기업인들이 평양을 방문한 여행담이나 부분적·파편적 관찰과 조사분석을 통해 북한의 실체를 엿볼 수 있는 것이 고작이었다. 북한이 내놓는 자료나 선전물들은 그 신빙성, 객관성, 정확성 등이 의문시되는, 그야말로 선전·선동물뿐이고, 매체들도 당이나 정부산하단체의 종속체여서 현실을 파악하는 데는 한계가 있다.

한마디로 북한당국이 내놓는 공간문헌 외에는 사실상 동원할 수 있는 1차 자료가 거의 없다. 공간문헌은 대부분 김일성이나 김정일을 찬양하는 문건이기 때문에 자료로서의 가치가 떨어진다. 북한에 들어간다 해도, 북한당국의 경직된 통제 때문에 연구자가 원하는 자료에 접근하기란 불가능하다. 또 당 관료들이나 군인, 주민을 대상으로 한 조사작업도 할 수 없다.[13] 북한에 대한 자료의 접근은 극히 제한되어 있기 때문에, '작동하는 현실'(*operational reality*)에 대한 정확한 접근을 통한 평가와 예측보다는 제한된 자료를 기초로 논리적 상상력을 동원하여 추측하는 작업이 주로 수행되었다. 즉 '작동하는 현실'과 '인식하는 현실'(*perceived reality*) 사이의 괴리가 적지 않았다.[14] 그래서 북한은 왜 그렇게밖에 할 수 없었는가 또는 북한의 외교정책을 제한하거나 그 외연을 넓혀준 국제적 환경과 배경은 무엇인가를 추적하는 것이 더 효과적일 수 있다.

그렇다면 동북아정치체계수준에서 1990년대 북미 핵협상과 4자회담을 분석하는 것은 어떤 한계를 내포하고 있는가. 올리 홀스티(Ole R. Holsti)의 지적처럼 신현실주의는 국가가 추구하려는 이익이나 그러한 이익의 선택, 대외행동의 근원적인 내부적 배경을 생략하고 있다.[15]

13) 류길재, "김일성 김정일의 문헌을 어떻게 읽을 것인가," 경남대학교 북한대학원 편, 《북한연구방법론》(서울: 한울아카데미, 2003), pp. 46~47.

14) 김달중·이석수, "김일성 사후 북한체제의 전망과 정책변화," 김달중·문정인·이석수 외, 《새천년 한반도 평화구축과 신지역 질서론》(서울: 오름, 2000), p. 38.

15) Ole R. Holsti, "Models of International Relations," in Charles W. Kegley

특히, 협상이나 회담은 개별국가의 역할을 주시해야 한다. 회담이나 협상의 등장배경이나 결과에 대해 분석한다면 그 협상과 회담의 장(場)인 동북아정치체계의 특징이나 질서를 조명하는 것이 상당히 유효할 것이지만, 협상이나 회담의 전략 그리고 진행과정을 분석하기 위해서는 개별국가의 행동을 추적하는 것이 중요하다.

양자회담이나 다자회담은 이미 개별국가의 국익을 추구하는 활동을 전제로 한 것이기 때문에 환경적 제약이나 기회부여의 논리만으로는 아무래도 설명이 부족하다. 필요에 따라서는 개별국가가 합리적 계산에 따라 행동을 결정하는 게임이론도 적용할 필요가 있는 것이다. 따라서 국제정치 현상을 국제체계의 수준에서 보더라도 단순히 그 체계에만 초점을 맞추는 것이 아니라, 개별국가의 정책결정과정이나 지도자의 특성 등 이른바 내부 '암상자'도 열어보는 것이 중요하다 하겠다.

그러나 데이비드 싱어(J. David Singer)의 주장처럼 국가수준의 분석과 체계수준의 분석은 상호결합할 수 없으며, 체계수준의 변수와 단위수준의 변수가 어떻게 상호작용하며 국가의 행동을 유발하는가를 설명할 수 있는 총체적 이론은 존재할 수 없다. 그 때문에 분석수준의 선택은 연구의 필요나 연구자의 관심과 관점에 따를 수밖에 없다는 논리가 유력한 것이다.

국제정치체계에 의한 분석을 특별히 강조하는 신현실주의이론은 바로 그런 장단점을 갖고 있다. 반면, 신현실주의를 비판하는 학자들이 내세우고 있는 '과정'이나 '구조와 행위자의 상호작용' 등에 대한 이론적 전개는 개별국가의 내부상황까지도 들여다보아야 할 만큼 더 세밀하게 현실을 분석하고 사실을 축적하며 추적해야 가능하다. 북한의 경우처럼, 그러한 작업은 쉽지 않고 때로는 불가능하다.

1993~1994년의 북미 핵협상과 4자회담을 다루는 이 책도 예외는 아니다. 필자는 국내적 변수나 지도자의 개별적 정책선택취향 등 이른바

---

and Eugene R. Wittkopf(ed.), *The Global Agenda: Issue and Perspectives* (New York: Mcgraw-Hill, 1992), p. 144.

개인(*first image*)과 정부(*second image*)수준의 분석은 주 고려대상에서 제외했다. 그러나 실제로 분석수준을 이렇게 한정한 것은 논리의 전개를 그만큼 편협하게 만드는 것도 사실이었다. 하지만 1990년대 북미 핵협상이나 4자회담을 체계수준에서 분석한 연구는 거의 없는 실정이기 때문에 이 책은 미시적 분석, 즉 협상 당사자 중심의 기존 연구 등이 미치지 못했던 부분을 조명할 수 있게 할 것이다. 행위자중심의 단순논리로 그려진 1990년대 북미 핵협상과 4자회담에 대한 기존 분석의 불완전한 그림을 완성시켜주는 데 기여할 수 있다고 본다.

제 2 부

평양에 살 길 연 북미 핵협상

제 3 장 • 동북아정치체계 뒤흔든 탈냉전의 강풍
제 4 장 • 핵카드로 비상구 찾은 북한
제 5 장 • 북미 핵협상과정의 제약과 기회
제 6 장 • 강대국 손에서 논 국제기구

동북아정치체계 뒤흔든 탈냉전의 강풍 제3장

세계적 탈냉전의 바람은 동북아시아의 정치체계에도 결정적 영향을 미쳤다. 공산권의 붕괴로 한반도를 중심으로 형성됐던 미국과 소련 간의 힘의 균형이 깨지고 세력의 진공상태가 생겼으며, 그 진공상태는 동북아정치체계를 불안정하게 만들었다. 특히 한반도에는 남북한간의 군사적 대립이라는 냉전의 전형적 현상이 계속됐기 때문에 동북아의 탈냉전은 세계 어느 지역보다 독특한 양상으로 전개됐다. 한편으로는 화해와 협력분위기가 생기면서도, 새로운 주도권 갈등으로 정세는 어느 때보다 불안정하고 불투명했다. 그러면서도 동북아질서는 전반적인 재편성의 과정을 밟지 않을 수 없었다. 동북아정치체계는 탈냉전으로 인해 급속한 변화의 과정에 들어갔다.

제 3장에서는 공산권 붕괴 직후 나타난 동북아정치체계의 특성을 분석했다. 우선 탈냉전 직후 미국의 패권문제를 분석하면서 기존 동맹관계의 변질과 와해, 미국의 패권경쟁국으로 여겨졌던 중국 등 강대국간의 갈등과 관계정립상황, 그리고 그에 따른 한반도 정세의 동요를 주제로 다루었다. 국제정치체계의 변화와 함께 1980년대 후반부터 1990년 초반까지 나타난 그와 같은 동북아정치체계의 특성은 북한의 핵문제를 대두시켰고, 북미 핵협상에 직접적인 변수로 작용했다.

1. 미국의 선택

공산주의의 몰락으로 유일한 초강대국이 된 미국은 상대적 위상 상승을 바탕으로 자연스럽게 세계질서의 주도권을 잡아나가면서도 패권 확보에 몰두했다. 1990~1991년 걸프 전은 그와 같은 주도권의 발현이었다. 그러나 미국이 주도해야 할 세계질서는 냉전체계 붕괴 이후 전혀 다른 모습으로 변하고 있었다. 새로운 세계질서는 이데올로기적 대립과 군사안보 우선주의로부터 경제와 환경, 인권, 빈부의 문제 등 다양한 과제를 안고 그 과제들을 둘러싼 갈등과 대립의 형태를 더욱 노골적으로 보이기 시작했다. 종래의 군사·정치 중심의 안보관계가 경제·환경측면의 안보도 등한시할 수 없다는 포괄적 안보개념으로 확대되고 그와 같은 안보개념이 세계질서형성의 중심에 자리잡게 됐다. 그런가 하면, 냉전체계 붕괴는 다양한 민족주의와 지역주의를 탄생시켰다. 공산권과 자본주의의 '지붕' 밑에서 비교적 응집된 형태로 남아 있던 세계 각국의 민족주의세력들이 자구(自求)와 자존(自存)을 외치며 독립된 개체로의 역할을 요구하고 나섰고, 동서 양 진영에 매여 있던 각국들은 이해관계에 따라 새롭게 이합집산(離合集散)하는 모습을 보였다.

특히 냉전체계 속에 강요됐던 질서가 붕괴되자 각국이 자국이기주의에 빠져, 인류의 보편적 가치나 공동선을 추구하기보다는 힘의 우위를 확보하기 위한 노골적 경쟁을 보이기도 했다. 구소련의 핵무기를 그대로 인수한 국가들은 핵폐기를 자진해 실천하려 하지 않았고, 일부 국가들은 핵경쟁과 핵개발 의사를 국제사회에 드러내기도 했다. 미국에게는 핵확산금지조약(NPT) 체제를 유지하는 일이 무엇보다도 시급한 현안이 됐다. 과거 소련과 적대적 의존관계로 유지되었던 핵문제에 대한 조절기능이 소련의 붕괴로 크게 약화되면서 핵무기가 구소련지역을 중심으로 분산됐기 때문이었다.

동북아정세도 불안정하고 혼탁한 양상을 보였다. 세계적 차원의 긴장완화와 화해·협력의 영향을 받아 역내 국가들간의 이해관계에 대한 재조정이 이뤄지고 경제·안보에 대한 다자간 논의가 진행됐으며, 상호교류 증대방안을 마련하기 위해 국가간 접촉이 활발히 이뤄졌지만 기본적으로 냉전적 요소를 탈피하지 못했다. 동북아지역은 세계 어느 곳보다도 냉전적 대립과 갈등이 첨예화됐던 지역인 데다 강대국들간의 이해관계가 복잡하게 얽혀 있었기 때문이다. 특히, 한반도는 냉전의 유물인 남북한 분단상태가 그대로 유지되었고 군사적 대립은 조금도 완화되지 않았다. 오히려 냉전체계 붕괴로 남북한관계의 장래가 불투명해졌으며, 일본과 중국 그리고 러시아 사이에 새로운 영토분쟁의 가능성도 제기됐다. 중국과 대만 간의 관계도 유동적이었다. 미국은 싫든 좋든 동북아의 질서유지를 위한 균형자 역할(*stabilizer*)을 효율적으로 수행해야 할 입장에 직면했다.[1)]

한마디로 동북아정세의 특징은 역내 강대국간의 세력관계 변화가능성으로 인한 '유동성'과 기존의 냉전적 구도가 탈냉전적 변화와 공존하는 '이중성'이라고 할 수 있었다.[2)] 미국이 당면한 문제는 이와 같은 '유동성'과 '이중성'을 어떻게 극복하고 이 지역의 새로운 질서를 주도하며 패권을 확보하느냐 하는 것이었다. 소련의 몰락으로 강력한 견제세력이 없게 된 미국은 자신의 패권에 도전할 가능성이 있는 일부 국가들에 대해 어떤 정책을 취해야 할지 고민하지 않을 수 없는 입장이 된 것이다.

동북아에서는 중국의 패권도전 가능성이 여러모로 대두되기 시작했다. 일본과 중국의 역내 주도권 확보를 위한 움직임도 노골적으로 드러나기 시작했다. 미국은 패권도 안전하게 확보하고 새로운 동북아질서를 구축하기 위해 균형자 역할도 할 수 있는 정책방향을 정해야 했다. 그러한 균형자 역할을 하자면 어차피 다른 국가들과 협조해야 하

---

1) Joseph S. Nye, Jr., "What New World Order?," *Foreign Affairs* 71-2 (Spring, 1992), pp. 83~96.

2) 정진위, "새로운 동북아 질서와 한국," 정진위 외, 《새로운 동북아 질서와 한반도》(서울: 법문사, 1998), p. 4.

지만, 반대로 패권유지는 협조나 공생의 원리로 가능한 것이 아니었다. 말하자면, 패권은 나누어 갖는 성질의 것이 아닌 일방적 독점에 의해 유지가 가능한 것이기 때문에 이에 도전하고 저항하는 세력이 항상 존재했고, 미국은 그와 같은 세력을 견제하면서 지역의 안보와 안정을 위한 균형자 역할을 수행해야 했다.

사실 탈냉전 직후 미국은 군사, 경제 모든 면에서 초강대국의 위치에 있었다. 패권이나 단극체계는 하나의 초강대국과 다수의 일류 강대국으로 구성되어, 초강대국이라고 할지라도 일류 강대국의 협조 없이는 주요 국제문제를 해결할 수 없는 상황이라고 할 수 있다.[3] 미국은 스스로 패권의 위치에 있으면서 어떻게 일류 강대국의 협조를 유도할 수 있느냐 하는 문제에 봉착하게 된 것이다. 미국은 군사력에서는 세계를 압도하는 위치에 있지만 여전히 한계가 있었다. 재래식 군사력에서는 다른 나라의 추종을 불허하는 상태지만 핵전력에서는 그렇지 못했다. 핵무기는 최소한 2차 보복능력만 유지하더라도 타국의 공격을 억지할 수 있기 때문에 러시아·중국·프랑스·영국 등에 대해서는 미국의 군사적 패권을 주장할 수 없는 상황이다.

더구나 경제적 측면에서 미국의 패권에는 한계가 있었다. 패권이론에 따르면 경제적 불균형 성장으로 패권국과 도전국 간에 힘의 전부 혹은 일부에서 격차가 상당히 좁혀졌을 때 도전국가는 국제질서의 제도와 규칙을 자국에 유리하게 재조정하려 하며, 이러한 갈등이 해결되지 않을 때는 경제력이 군사력으로 급속히 전환되고 세계는 패권동맹과 대항동맹으로 양분되어 헤게모니 쟁탈전으로 치닫게 된다.[4] 당시 세계 경제력 면에서는 유럽연합(EU)이 미국보다 더 큰 힘을 갖고 있었고, 중국의 경제력 또한 급격한 성장단계에 있었다. 패권을 어떻게 유지할 것이냐 하는 문제가 탈냉전 이후 등장한 미국의 최대 고민거리

3) Huntington, Samuel, "The Lonely Superpower," *Foreign Affairs* 78-2(Mar·Apr, 1999), pp. 35~49.

4) 장달중·임수호, "부시 행정부의 패권전략과 동아시아의 안보딜레마," 〈국가전략〉 10-2(경기 성남: 세종연구소, 2004), pp. 8~9.

였다.

조지 부시(George H. Bush) 대통령은 1992년 초 〈1994~1999년 국방기획지침〉(Defence Planning Guidance for the Fiscal Years 1994~1999)에서 '새로운 경쟁자의 재등장 방지'가 미국의 새로운 국방목표라고 말했다.[5] 이 국방기획지침에는 미국의 고민이 반영되었다. 누가 미국의 적대적 헤게모니가 될지 모르는 상황이었기 때문에, 중국과 러시아뿐 아니라 일본과 서유럽 등 미국의 동맹국들까지도 잠재적 경쟁국으로 지목하면서 이들을 견제하기 위한 전지구적 군사패권을 강조했다.

이러한 부시 대통령의 발언은 당시 많은 국가들의 저항과 미국 내 자유주의자들의 엄청난 반발을 샀다. 말하자면 노골적으로 패권유지를 선언했기 때문이다. 그러면서도 다른 한편으로 효율적인 균형자 역할을 수행하기 위해서는 다른 나라의 협력을 구해야 하는 상반된 입장에서 미국은 고민하지 않을 수 없었다. 패권유지와 균형자 역할은 이처럼 외부적으로는 보완하고 상응하는 모습이었지만, 내부적으로는 상당한 모순과 갈등을 내포하고 있었다.

이와 같은 미국의 고민은 1994년 7월 발표된 빌 클린턴(Bill Clinton) 대통령의 '확대와 개입전략'(*Strategy of Enlargement and Engagement*)으로 일단 해결이 된다.[6] 이 정책의 핵심은 미국이 국익을 극대화하기 위해 강력한 군사력으로 전세계적 패권을 유지하고, 동시에 자유시장과 민주주의의 확대를 통한 국가간의 협력과 조화를 추진한다는 것이었다. 즉 개입전략은 미국이 냉전에서 승리하고 철수하는 것이 아니라, 미군의 위기관리능력이나 안보공약을 실천하기 위해 전진배치한 군사력을 바탕으로 지역안보문제에 지속적으로 관여하겠다는 의지를 담은 안보책략이었다. 확대전략은 시장경제와 자유민주주의를 기반으로 하는 안정된 국가들이 미국의 안보와 번영을 증진시킨다는 경험에 기초한 것으로, 전통적인 비동맹국가들이나 적성국가들을 국제사회의

---

5) *The New York Times*, March 8, 1992.

6) The White House, *A National Security Strategy of Engagement and Enlargement* (Washington D.C. : U.S. G.P.O, 1994).

일원으로 순치(馴致)해 위협요소를 제거하고, 나아가 이들 체제를 미국의 국익과 상충하지 않는 체제로 전환시키기 위해 미국이 적극 나서겠다는 뜻을 담고 있다.[7] 미국은 유일 초강대국으로서 역내 국가간의 이해관계를 주도적으로 조정하기 위한 강력한 리더십을 행사하면서 경제적 연대를 강화해 국익을 도모한다는 이중적 목표를 세웠던 것이다.

이에 따라 미국은 한편으로 도전자를 제어하는 정책을 펴면서 지역과 쟁점에 따라 패권에 의한 지배체제를 강화하고, 다른 한편으로는 리더십을 행사해 균형자 역할을 수행했다. 즉 미국은 안보나 대량파괴무기 확산문제, 군사정책 등에서는 여전히 패권적 지배정책을 구사하면서도, 지역경제질서 구축이나 다자간 안보협력, 국제금융문제 등에서는 상대에게 적극적으로 역할을 분담시키거나 의견을 수용하는 리더십을 보였다. 이는 미국이 냉전시대처럼 자신들의 전략적 이익만 고려해 모든 분야에서 구조적 재편을 추구하고 일방적으로 패권을 행사할 수는 없다는 현실적 판단에 따른 것이다. 냉전시대와 같은 지배전략은 그 비용이 너무 높다는 판단 아래 지역국가들과 공동이익의 발굴 및 실천전략을 모색하고, 그 비용은 분담하는 방식에 비중을 둔 정책을 확정했다.[8] 탈냉전으로 인한 세계질서의 전환기를 맞아 패권의 지위를 안정적으로 유지하기 위한 미국의 고심이 반영된 이 전략은 소련이 붕괴한 후 5년 만인 1994년에야 결정된 것이다.

그러나 미국의 이러한 정책기조는 탈냉전 직후에는 아직 형성되지 않았기 때문에, 북미 핵협상은 미국이 대외정책적 기조를 잡지 못하고 사실상 방황하던 시기에 이루어졌다. 미국은 북미 핵협상 당시까지만 해도, 특히 중국에 대한 정책기조를 잡지 못하는 등 탈냉전 이후의 세계질서 주도에 대한 뚜렷한 청사진을 갖지 못해 정책혼선을 겪었다. 미국의 정책방향 혼선은 북한과의 핵문제 협상과정에도 그대로 반영된

---

7) 박건영, 《한반도의 국제정치 : 평화와 통일을 위한 새로운 접근》(서울: 오름, 1999), p. 73. 이 정책은 '확산과 참여정책'이라고도 하나, 이 책에서는 '확대와 개입정책'으로 부르기로 한다.

8) 최종철, "미국의 동북아 안보정책," 정진위 외, 앞의 책, p. 103.

것이다. 처음에는 무조건 북한의 핵개발 포기를 강제하는 냉전시대의 지배적 패권성향을 보이다가, 마침내는 대화와 협상으로 해결하는 데 중점을 두는 방향으로 선회했다. 그와 같은 정책선회의 명분은 북한을 국제사회로 끌어내, 내부적으로 개방과 개혁을 도모하게 하고 스스로 핵개발을 포기하도록 하자는 것이었다.

2. 어제의 동맹과 오늘의 동맹

탈냉전이 동북아 국제질서에 가져온 변화 가운데 가장 눈에 띄는 것은 냉전시대에 형성됐던 동맹관계의 변질과 와해다. 냉전시대 동북아 정세의 특징은 한반도의 남북한 분단을 중심으로 나눠진 공산권과 자본주의국가들 간의 대치·대립관계였다. 중국과 소련은 북한과 군사동맹관계를 유지하면서 공동으로 한국에 대한 군사블록을 형성했다. 미국은 한국 및 일본과 동맹관계를 유지하면서 북한의 침략을 막고 공산권의 영향력 확대를 저지하기 위한 봉쇄정책을 구사했다.

이에 따라 한반도 주변에 집중된 군사력은 세계 어느 곳보다 충돌 위험성이 높았고, 그러한 군사적 충돌은 자칫 강대국간의 분쟁으로 이어질 수 있는 가능성을 내포하고 있었다. 냉전시대 한반도는 지정학적으로 동북아의 전략적 요충지로서 동서 양 진영 중 어느 쪽에서도 세계전략적 차원에서 포기하기 어려운 지역이었다. 미국과 소련은 남북한을 각각 지원하며 세력유지의 축으로 삼았고, 중국은 북한과의 관계강화를 통해 미소 양국의 대치상황에서 두 강대국을 견제하는 영향력을 행사하고 있었다. 일본은 경제력을 바탕으로 미국과 강력한 안보동맹을 구축할 수 있었으며, 이는 일본의 국제적 지위를 강대국으로 격상시켰다.

냉전시대 한반도의 남북한관계는 이처럼 미묘한 상태에 있었지만, 그와 같은 상태는 오히려 강대국간의 세력균형 변수로 작용했다.[9] 서로가 충돌을 피하는 자제력을 보였기 때문이다. 어떻게 보면 적대적

의존관계가 형성되어 불안한 평화상태를 유지했다.

그러한 동북아의 정치체계가 탈냉전으로 인해 바뀌었다. 그 변화의 가장 큰 특징은 동맹관계의 변질과 와해 그리고 새로운 국가관계의 형성이었다. 북한의 핵문제가 국제적 이슈로 부각되고 북미 핵협상이 진행되던 1990년대 초는 동북아정치체계의 변화가 이처럼 활발히 진행되던 시기였다.

한반도 탈냉전의 가장 특징적 현상은 북한과 중국, 소련 사이에 형성됐던 이른바 북방삼각동맹의 와해라고 할 수 있다.[10] 소련이 붕괴되고 중국 또한 탈냉전의 기류에 편승함으로써 북한을 중심으로 한 북방삼각체제는 자연히 무너질 수밖에 없었다. 그와 같은 와해에 가장 직접적 영향을 미친 것은 한국의 소련 및 중국과의 수교였다. 북한이 과거 소련 및 중국과 맺은 동맹조약은 당장 폐기되지는 않았지만, 한국과 중국, 한국과 소련의 국교정상화로 북방삼각동맹의 의미가 사라졌다. 과거의 적대국과 관계정상화를 맺음으로써 동맹의 목적이자 대상이 없어졌고, 따라서 동맹 그 자체가 무의미하게 된 것이다.

북방삼각동맹의 와해는 냉전시대의 힘의 균형에 결정적 변화를 가져왔다. 한·미·일이라는 냉전시대의 이른바 남방삼각동맹은 여전히 굳건한 형태로 존속한 상태에서 북방삼각동맹만 와해됐기 때문이다. 이 북방삼각동맹의 와해는 북한에 가장 치명적인 안보위협을 가했다. 북한이 핵정책을 들고 나오는 등 자구책을 강구하고 나선 배경에는 이와 같은 북방삼각관계의 와해가 결정적인 영향을 미쳤다.

냉전시대 유지됐던 한미동맹과 미일동맹도 그 내용이 변질되지 않을 수 없었다. 한미동맹과 미일동맹은 동북아의 공산권을 견제하기 위한

9) 문정인·이석수, "한반도와 동북아 안보환경의 재조명," 김달중·문정인·이석수 외, 《새천년 한반도 평화구축과 신지역 질서론》(서울: 도서출판 오름, 2000), pp. 177~178.

10) 냉전시대의 북방삼각관계는 어디까지나 북한을 중심으로 한 동맹관계의 형태였다고 할 수 있다. 중국과 소련과의 관계는 동맹관계와는 또 다른 관계였기 때문이다.

목적으로 형성된 것이어서 공산권이 붕괴된 상황에서는 그 존재목적이 희석되게 마련이었다. 그렇다고 미국은 동북아의 전략적 중요성을 가볍게 여길 수 없는 입장이었다. 동북아는 한반도의 분단으로 인한 냉전적 요소가 여전히 남아 있는 데다가, 미국에 도전세력이 될 수 있는 강대국들의 이해관계가 서로 얽혀 있는 지역이다. 역내 국가간의 경제력 격차가 크고 민주적 시장경제체제와 사회주의적 시장경제체제 그리고 폐쇄적 공산주의국가가 공존하고 있다. 또 한반도문제를 비롯한 지역 현안문제들이 언제 분쟁과 갈등의 도화선이 될지 예측할 수 없는 지역인 것이다.

미국으로서는 불안정과 불확실성이 상존해 있는 동북아지역에 세계 어느 지역보다 전략적 관심을 기울여야 할 처지였다. 미국의 전략적 관심은 물론 동북아시아의 패권유지와 균형자로서의 역할 확대였다. 이를 위해 미국은 한·미·일 삼각동맹의 의미를 기존의 공산권 봉쇄 목적에서 동북아의 전반적 패권을 유지하기 위한 방편으로 삼고, 과거와 달리 동맹국들간의 역할분담을 추진하는 등 새로운 동맹전략을 구축한다.

미국이 새로운 동아시아 안보전략을 적극적으로 구상하기 시작한 것은 이미 언급한 대로 1990년 초부터다. 소련을 비롯한 공산권 진영의 팽창을 저지하는 데 목적을 두었던 냉전시대의 동맹은 전략적 전제가 본질적으로 바뀌었기 때문에 새로운 형태의 동맹과 발전방향을 검토해야 했다. 그 첫 번째 단계로, 아시아·태평양 지역의 안보 군사역할을 조정하고 이 지역에 주둔한 10만 명의 미군을 단계적으로 감축하기로 했다.[11] 이와 함께 미국은 한국과 일본 등 역내 동맹국의 비용책임분담 증대와 일차적 안보책임수행을 추구하기 시작한 것이다.

이에 따라 일차적으로 공산권의 침략을 방지하기 위해 결성된 한미동맹의 성격도 1990년대 초부터 바뀌기 시작했다. 미국 의회는 1991년

---

11) U.S. Department of Defence, *A Strategic Framework for the Asian Pacific Rim: Looking Toward the 21st Century*(Washington D.C: Government Printing Office, 1990·1991·1992).

말까지 주한미군은 3만6천 명 수준으로 축소하는 '넌-워너 법안'(Nunn-Warner)을 통과시켰다. 미의회의 압력을 받은 국방부는 1990년 〈동아시아 전략구상〉(*East Asia Strategic Initiative*, EASI-Ⅰ)을 발표하고 아시아지역 미군을 3단계에 걸쳐 철군하는 계획을 제시했다. 제1단계는 1990년을 기준으로 해 1~3년 안에 1만5천 명을 감축하는 것이었고, 2단계와 3단계는 기간만 설정하고 구체적 감축병력 수는 밝히지 않았다. 이에 따라 주한미군도 1992년까지 모두 7천 명이 감축됐다. 그러나 미국의 주한미군에 대한 정책은 1992년 발표된 EASI-Ⅱ를 통해 다시 수정됐다. 북한의 핵개발과 남침위협을 들어 주한미군 감축 계획을 중단한 것이다.[12)]

이와 같은 주한미군의 외형적 변화와 마찬가지로 그 성격에도 변화가 생겼다. 냉전시기 주한미군에 대한 한미간의 역할은 지배-복종 또는 상-하간의 명령전달체제였지만, 그 역할을 동반자적 관계로 격상시킨 것이다. 여기에는 한국의 경제력과 국력의 신장 등이 큰 작용을 한 것이 사실이기는 하지만, 공산권의 붕괴가 한미간의 후견-피후견 관계의 변화를 가져온 것이다. 한국이 공산권의 위협을 덜 느낄수록 미국에 대한 안보의존도는 그만큼 줄어들 수밖에 없다. 또 탈냉전은 한국의 민족주의를 고취시키는 결과를 가져와 미국의 군사적 역할에 대한 회의적 시각이 일기 시작했다. 미국도 구태여 엄청난 비용을 들이며 냉전시대와 같은 성격의 동맹관계를 유지할 필요가 없어진 것이다. 그 결과 한국은 1994년 평시작전권을 환수하고 한미연합방위체제를 주도적으로 운영하는 등 과거와는 다른 역할을 수행한다. 한미동맹관계의 내부적 변화라고 할 수 있다.

따라서 한미동맹의 본질도 북한의 침략에 대비한다는 군사적 특성을 강하게 띠는 것은 사실이나 동북아의 전반적 안보나 미국의 세계전략을 유지한다는 보다 일반화된 개념으로 확대됐다. 이는 한국이 한미동

---

12) 이민룡, "한미동맹의 이론과 현실," 우암평화연구원 편, 《정치적 현실주의의 역사와 이론》(서울: 화평사, 2003), pp. 397~398.

맹의 일방적 수혜국에 불과하다는 인식에서 벗어나, 미국의 세계전략에 따라 동북아의 안보에 기여하는 보다 적극적 위치에 설 수 있는 상황이 됐다는 것을 뜻한다. 북미 핵협상과정에서 활발히 진행된 한미공조나 양국간의 갈등은 바로 한미동맹관계의 그런 본질적 변화가 이루어지던 시기에 나타난 현상이었다. 북미 핵협상은 한미동맹관계에서 한국의 위상이 격상되고 역할이 확대된 데다, 탈냉전으로 인해 민족주의의식이 고양된 상황에서 진행됐기 때문에 김영삼 정부가 받은 국내적 압력은 어느 때보다 강력했다. 북미 핵협상에 적극 참여해 주도적 역할을 해야 한다는 한국 내 여론은 김영삼 정부를 압박했고, 그러한 압박이 결국은 한미갈등을 불러온 요인이 됐던 것이다. 김영삼 정부가 한국이 북핵문제의 핵심 당사자라고 줄기차게 주장한 이면에는 바로 이러한 배경이 있었다.

미일동맹도 탈냉전 이후 변화의 과정을 밟기 시작한다. 일본은 미국과의 동맹관계에서 한국보다 한발 앞서 상호의존적 위치를 갖고 있었다. 일본은 이미 1980년대 말부터 미국에 첨단 방위기술을 제공하는 등 일방적인 방위수혜국 위치를 벗어나기 시작했다. 탈냉전이 되자 양국은 상호주의의 원칙에 따라 군사협력을 가속화하기 시작했다. 그 한 예로 1994년 미일 양국은 국방장관 회담을 통해, 전역미사일방위계획에 합의하고 방위비의 분담을 약속하는 등 역할분담을 활발히 추진하는 모습을 보였다. 미일관계는 탈냉전을 계기로 범지구적 동반자관계(*global partnership*)로부터 시작해 범지구적 리더십분담(*global leadership sharing*)을 논의하는 단계로까지 발전하고 있었다.[13)]

탈냉전 이후 미국은 일본의 경제적 능력과 리더십을 세계의 경제질서는 물론 국제안보에 필수적 가치로 간주하면서 역할분담을 요구했다. 일본 내에서도 자위대의 해외파견 등에 대한 논란이 일기는 했지

---

13) 일본은 1990년 8월 걸프전이 발발하자, 걸프전 총 경비의 약 20%인 130억 달러를 전비로 지원했다. 일본은 또 1992년 '유엔평화유지활동에 관한 법률'(PKO 협력법)을 제정해 600명의 자위대를 캄보디아에 파견한다. 자위대가 해외에 파견되기는 이때가 처음이었다.

만 대세는 일본의 역할증대로 나타났다.[14] 여기에는 자위대의 지위변경 등 일본 내부에서 끊임없이 제기된 자주국방에 대한 요구가 결정적 동력으로 작용했다. 이러한 미일 안보관계의 발전은 1996년 미일 공동 안보선언으로까지 나아가게 된다.

그와 같은 동맹관계의 변질과 함께 북한의 핵문제와 관련한 한·미·일 3국간의 이해관계는 쉽게 공통점을 찾을 수 있었다. 북한이 핵무기를 가질 경우, 한국은 한반도문제를 논의하는 남북한 양자협상이나 국제사회에서 북한에 주도권을 빼앗길 가능성이 있다고 우려했고, 일본은 자신들에게 직접 가해질 안보위협을 생각하지 않을 수 없었다. 국제적 핵확산을 방지하기 위해 NPT 체제를 영구적으로 유지해야 할 입장에 있었던 미국은 당장 일본이나 한국이 북한에 대응해 핵무기를 개발할지도 모른다는 의구심을 버릴 수 없었다. 북핵문제에 대한 공동전선을 만들어 둠으로써 한국이나 일본이 핵개발 유혹에 사로잡히지 않도록 할 필요가 있었다. 이런 이유 때문에 특히 북핵문제를 둘러싼 한·미·일 3국간의 협력체제가 자연히 형성되고 운영된 것이다. 그러나 중국과 러시아는 그때까지만 하더라도 미국의 패권추구에 대한 자신들의 입장과 상호관계를 확실히 정립하지 못했고, 또 평양당국과의 관계도 탈냉전으로 인해 동요하던 상황이었기 때문에 북한 핵문제에 대한 분명한 목소리를 낼 수 없는 처지였다. 미국의 정책에 선뜻 동조하고 나설 수도 없었으며, 그렇다고 북한의 편에 서서 적극적으로 개입할 수 있는 상황이 아니었던 것이다.

---

14) 최종철, 앞의 글, p. 118.

3. 강대국 관계의 새판 짜기

탈냉전기 동북아정치체계의 또 하나의 특징은 중국과 러시아의 관계발전이다. 스티븐 월트(Stephen M. Walt)는 일반적으로 패권적 위치에 오를 가능성이 큰 국가는 이를 사전에 막기 위한 주변국들의 동맹에 의해 견제받으며, 반대로 주변국들은 현격한 힘의 차이가 있는 국가들이 아닌, 비슷한 국력의 국가들과 동맹을 맺는 경향을 보인다고 지적한다. 패권을 견제하기 위해 동맹으로 세력균형을 유지하려 하고, 동맹국들은 월등한 세력과 동맹을 할 경우 동맹 내에서 예속되는 것을 우려해 비슷한 수준의 나라와 동맹을 맺으려 한다는 것이다.[15]

1990년대에 들어와 중국과 러시아의 관계발전은 월트의 이와 같은 주장에 상당히 부합한다. 탈냉전 직후 미국에 대한 양국의 입장이라든지 양국의 국력을 비교해보면, 서로가 긴밀한 관계로 진입했던 것은 오히려 자연스러운 현상이었다. 중국과 소련은 단순히 정치적 화해와 적대관계의 청산수준을 넘어 경제 및 군사 분야에서 실질적 상호협력을 적극 모색하는 단계로 발전했다. 중국과 러시아가 국제정치에 미치는 영향력을 감안하면 양국의 군사관계 등에서의 발전은 동북아지역뿐 아니라 전세계에 지대한 영향을 미칠 잠재력을 갖고 있는 것이다.

중소간 적대관계 종식의 직접적 계기는 물론 미하일 고르바초프(Mikhail S. Gorbachev) 대통령에 의해 주도된 소련의 신사고 외교였다. 국내 경제체제의 개혁과 정치민주화에 매진하던 소련으로서는 서방에 이어 중국과의 관계개선이 절실했다. 중국과 긴 국경선을 접해 있을 뿐만 아니라, 중국의 경제적 잠재력이나 국제정치에 미치는 영향을 고려하지 않을 수 없었다. 중국 역시 미국의 패권을 견제하기 위해서는 소련과의 경제적 협력 못지않게 정치적 협력강화가 필요했다. 또

---

15) Stephen M. Walt, "Alliance Balancing and Bandwagoning," in Robert J. Art and Robert Jervis (ed.), *International Politics: Enduring Concepts and Contemporary Issues*, 3rd ed. (New York: Harper Collins, 1992), pp. 70~78.

근대화를 추진 중이던 중국으로서는 우선 주변의 안정과 분쟁해소가 무엇보다 중요했다.

이에 따라 양국은 탈냉전 이후 급속히 관계를 진전시켰다. 1989년 5월 고르바초프는 베이징(北京)을 방문해 양국간의 정치적 화해와 경제협력을 위한 관계 증진에 합의했다. 1990년 4월에는 중국의 리펑(李鵬) 총리가 소련을 방문해 양국간의 주요 현안이었던 국경주둔 병력을 감축하기로 합의했다. 이어 1991년 5월 중국과 소련은 장쩌민(江澤民) 당 총서기의 모스크바 방문을 통해 정식으로 양국간 적대관계의 종식을 선언했다.

특히 고르바초프 정권의 붕괴 이후에도 중국과 러시아는 군사교류와 협력을 본격화하는 등 급속도로 가까워지는 양상을 보였다. 1992년 12월에는 보리스 옐친(Boris N. Yeltsin) 러시아 대통령이 중국을 방문해 중국과 ① 상호간 적대동맹체제 불참, ② 패권주의 및 군비확산 반대, ③ 양국간 군사교류 증진 등에 합의했다. 중국과 러시아는 군 고위인사들의 활발한 교류와 무기거래 등을 추진해 동북아지역에 대한 미국의 패권에 크게 민감해 하는 듯한 모습을 보인 것이다.

탈냉전 직후 패권경쟁국간의 관계로 여겨졌던 미국과 중국 간의 관계 변화를 위한 갈등도 북미 핵협상이 제기되던 1990년대 초반 관심을 끌었던 국제적 현상의 하나였다. 새뮤얼 헌팅턴(Samuel Huntington)의 문명충돌론에 따르면, 미국의 패권에 가장 위협적인 국가는 중국이다. 그는 세계문명에는 미국과 유럽이 공유하는 서구문명과 이에 친화적인 남미와 아프리카문명, 그리고 그 반대쪽에 미국에 적대적인 중화문명과 이슬람문명이 있으며, 그 중간에 일본문명과 동방정교문명(러시아), 힌두문명(인도)이 있다고 말했다. 헌팅턴은 서구의 헤게모니를 지키기 위해서는 미국이 리더십을 발휘하여 대서양동맹의 결속을 다지고, 일본·러시아·인도를 끌어들여야 하며, 중국과 이슬람의 결탁, 특히 무기와 오일 커넥션을 저지해야 한다고 주장한다.[16]

---

16) 장달중·임수호, 앞의 글, pp. 12~13.

이처럼 중국은 미소 양극체계가 붕괴된 이후 미국의 잠재적 경쟁국으로 부상했다는 주장들이 적지 않았기 때문에, 어떻게 양국관계가 진행되느냐에 많은 관심이 쏠렸다. 두 나라간의 관계진행은 국제정치체계의 변화를 가져올지도 모르는 상황이었다. 미국으로서는 중국에 대해 과거와 같은 봉쇄정책을 취할 수 있는 형편이 아니었다. 냉전시대와 같은 봉쇄정책은 엄청난 국력소모를 가져올 뿐만 아니라, 어떤 국가가 그러한 봉쇄정책에 편승할지도 의문이었다. 중국에 대한 봉쇄정책은 두 나라간의 무력충돌을 불러올 가능성이 적지 않았고, 중국을 중심으로 한 새로운 동맹이 형성되어 미국의 패권에 결정적 도전을 해올 여지도 많았다. 무엇보다 탈냉전 이후 전반적 국제기류로 볼 때, 미국의 그와 같은 봉쇄정책은 미국 스스로 고립을 자초하는 결과를 가져올 가능성도 많았다.

미국이 봉쇄정책 대신 중국과 적극적 교류를 통해 관계개선을 도모하는 데도 문제가 없는 것은 아니었다. 급성장한 중국의 경제력은 패권이론의 주장처럼 결국 군사력으로 전환될 가능성이 적지 않으며, 그것은 패권동맹과 대항동맹의 헤게모니 쟁탈전으로 비화될지도 모를 일이었다. 어떻든 탈냉전은 양국에 새로운 관계정립을 강요했고, 북핵문제가 본격적으로 대두된 1990년대 초반은 바로 그와 같은 미국과 중국의 관계정립을 위한 과도기적 성격을 가졌다.

미국과 중국 간의 관계는 클린턴 대통령이 1994년 확대와 개입정책을 발표한 이후 점차 안정화되는 추세를 보였지만, 탈냉전 직후 미국의 중국에 대한 인식은 이처럼 미국주도의 세계질서를 견제할 세력으로 패권도전국이라는 시각이 강했다. 따라서 중국이 동아시아 전체의 안보와 번영의 운명을 좌우하지 못하도록 견제하는 것이 미국의 최우선적 정책목표인 것처럼 보였다. 1990년대 초반만 하더라도 미국이 냉전시대에 중국에 취했던 봉쇄정책이 이후에도 그대로 유효할 것이라는 관측이 많았다. 앞서 언급한 부시 대통령의 〈1994~1999년 국방기획지침〉에 나오는 새로운 '경쟁자'는 바로 중국을 겨냥한 발언이기도 했다.

1989년 천안문사태 때 부시 대통령은 여론과 의회의 압력을 받아 대

(對) 중국 제재조치를 발표했다.[17] 이후 미국의 이라크에 대한 유엔 군사제재 결의에 중국이 기권을 함으로써, 미중관계는 조금 호전되는 듯했으나 클린턴 행정부 출범 이후 양국관계는 다시 악화됐다. 클린턴 행정부는 중국의 인권과 민주주의문제를 들고 나와 중국을 압박했다. 미 의회는 클린턴 행정부에 중국에 대한 최혜국대우(MFN)를 중단할 것을 요구하는 등 중국의 인권문제와 무역정책을 연계하도록 했다. 그렇게 해서 클린턴 대통령은 1993년 5월 행정명령을 통해, 중국이 1년 후에 계속 최혜국대우를 받으려면 인권에 대한 세계의 보편적 선언을 실천하고, 적십자 대표의 정치범 방문을 허용할 것이며, 중국의 무역차별정책이 철회되어야 한다고 밝혔다.

미국은 중국에 대해 표면적으로는 인권문제와 경제문제를 거론하고 나섰지만, 실제로는 탈냉전 이후의 패권유지와 세계질서를 주도하기 위해서는 중국을 봉쇄하고 견제해야 한다는 심리가 크게 작용했던 것이다.

반면, 1990년대 초 중국의 국가목표는 분명했다. 무엇보다 경제성장과 발전을 이룩하는 것이 급선무였고, 이를 위해 국내적으로는 정치통합을, 그리고 대외적으로는 평화적이고 안정적인 주변환경을 확보해야 했다. 그러나 중국 지도부 역시 신국제질서 태동과정에서 미국의 패권적 지위강화 조짐에 따른 중국의 상대적 위상과 권위의 실추를 우려하지 않을 수 없었다. 중국의 국가목표달성을 위해서는 미국의 협력이 절대적으로 필요하다고 인식하면서도, 미국의 압력에 대해 굴종적으로 순응해야 할 것인지와 미국의 신국제질서 구축전략에 밀려서 아시아 지역정치에 대한 주도권 추구를 일단 포기해야 하는지에 대한 고민에 직면했던 것이다.[18]

중국이 1992년 초 유엔 대표부를 통해 발표한 외교원칙은 그와 같은

---

17) 제재내용은 다음과 같다. ① 정부간 군사장비 판매중단과 민간인의 군사관계 수출 금지, ② 양국간 군인사 교류중단, ③ 미국 유학 중국학생들의 체류연장 호의적 검토, ④ 기타 양국간 프로그램과 활동에 대한 재검토.

18) 김동성, "신국제질서의 태동과 중국의 대응," 정진위, 앞의 책, p. 175.

우려와 고민을 충분히 반영한 것이었다.[19] 주요 내용은 국가간의 주권은 평등하며 이를 준수해야 하고, 모든 국가들은 스스로 자기의 진로를 선택할 수 있기 때문에 타국이 내정에 간섭하지 말아야 하며, 분쟁해결에서는 평화적 협상과 조정의 원칙이 준수되어야 하고, 호혜원칙에 따라 경제협력이 이뤄져야 한다는 것 등이었다.[20] 중국의 그와 같은 외교원칙은 종래의 외교원칙과 내용이 비슷하지만 미국의 일방적 국제질서 주도를 거부한다는 의사의 표시라고 할 수 있다.

그러나 중국으로서는 미국의 계속적인 자본과 기술의 투자가 필요한 때였다. 천안문사태 이후 중국 내부에서도 미국에 대한 반발이 거세게 일어났지만, 중국의 개혁·개방과 경제발전을 위해서는 미국의 도움이 절실하다는 것을 누구나 느끼고 있었다. 반미 감정이 여러 곳에서 분출되는데도 덩샤오핑(鄧小平)은 "중국과 미국 사이에는 이념적 차이가 존재하나 근본적 이해에서 갈등은 존재하지 않는다"고 말하기도 했다. 중국의 입장에서 볼 때는 시기적으로 미국의 패권에 도전할 때가 아니었다. 베이징 지도부는 미국의 패권에 노골적으로 편승하는 것은 용납할 수 없기 때문에, 비록 기회주의적이기는 하지만 일정한 거리를 두고 보는 것이 국익을 도모하는 길이라는 판단을 확고히 하고 있었다. 중국의 이와 같은 대미 접근정책은 미국 내에서도 상당한 반향을 불러일으켰다. 즉, 미국 내의 한편에서는 '중국 위협론'을 내세워 중국이 동아시아지역에 대한 주도권을 추구하지 못하도록 사전에 중국에 대한 압력을 행사할 것을 주장하는가 하면, 다른 한편에서는 중국에 대한 미국식 인권기준을 강요하는 것은 잘못이며 중국의 존재라는 현실을 인정하고 새로운 파트너십을 형성해야 한다고 주장했다.[21]

---

19) PRC Mission to the United Nations, "China's Position on Certain International Issues," *Press Release* (January, 1992), pp. 14~15.

20) 중국은 북미 핵협상의 과정에서도 그와 같은 원칙을 강조하며, 미국의 일방적인 결정에 제동을 걸었다.

21) John R. Faust, "East Asia's Emerging Security System," *The Journal of East Asian Affairs* 18-1 (Winter · Spring, 1994), p. 89.

미국과 중국은 이러한 갈등과정을 거치면서 북미 핵협상이 막바지에 이르렀던 1994년 관계정립을 위한 발판을 마련한다. 클린턴 행정부가 발표한 개입과 확대전략이 바로 그것이었다. 확대전략은 냉전시대에 사활적 이익(*vital interests*)을 공유하는 국가들과 동맹 네트워크를 결성하여, 이념과 전략적 이익에서 대립관계에 있는 국가들을 봉쇄하는 전략으로부터의 획기적인 이탈이자, 탈냉전의 국제환경에 대한 체계적 대응전략이다.[22] 확대전략은 봉쇄전략의 대상이었던 국가를 주대상으로 해 이들 국가에 시장민주주의 공동체를 확산하자는 것이었다.

동북아시아에서의 이러한 개입과 확대전략의 대상국가는 물론 중국과 북한이었다. 이들 국가에 민주적 시장경제체제를 도입시키는 것이 미국의 패권 확보와 리더십 유지에 가장 유용한 방법이고, 또 그렇게 하는 것이 지역의 평화와 안정을 도모하는 길임을 미국 스스로 확인했던 것이다.

이와 같은 중국과 러시아의 관계 증진과 미중관계의 재정립, 그리고 기존 동맹관계의 변질과 와해는 탈냉전기, 특히 북한의 핵문제가 불거지기 시작한 1990년대 초반 동북아 정치안보질서의 특징이라고 할 수 있다. 그러한 와중에서 미국은 동북아지역의 힘의 공백을 메우고 패권을 유지하기 위해, 기존의 동맹관계를 새로운 방향으로 강화하면서 중국 등 패권도전 잠재국가들에 대해서는 개입과 확대전략을 통해 도전의 기회를 없애려는 정책으로 방향을 잡았던 것이다.

이처럼 1990년대 초반 북한의 핵문제가 국제적 이슈로 떠오르기 시작했을 때는 동북아의 전반적 정세가 탈냉전의 소용돌이를 완전히 벗어나지 못했다. 탈냉전으로 인해 중국의 위상은 하루아침에 더욱 강화됐으나, 그러한 위상을 국제정치에 어떻게 활용할 것이냐에 대해서 베이징당국 역시 분명한 방향을 잡지 못하고 있었다. 중국에 대한 미국의 정책도 정립되지 않았다. 동북아정치체계는 불투명하고 불안정한 상태를 유지하면서 새로운 질서의 태동을 강요당하는 과도기적 성격을

22) 최종철, 앞의 글, p. 109.

띠고 있었다.

4. 흔들리는 한반도 세력균형

탈냉전으로 인한 동북아 질서의 재편성은 남북한이 냉전으로 대치중이던 한반도의 세력균형도 뒤흔들기 시작했다.[23] 공산권이 붕괴되자 노태우 정부는 1980년대 후반부터 축적한 경제력과 외교력을 바탕으로 본격적인 북방정책을 추진했다. 반면 북한은 공산권 붕괴와 북방삼각동맹의 실질적 와해로 체제위기를 맞고 있었다. 냉전시대에 팽팽히 유지되던 한반도의 균형이 한국의 절대적 우위로 반전되는 상황이 된 것이다. 그러나 이와 같은 불균형상태에도 불구하고 남북한은 여전히 냉전시대의 엄청난 군사력을 그대로 유지했다. 탈냉전을 맞아 생긴 남북한간의 구조적 불균형상태는 군사적 충돌로 연결될 가능성도 적지 않았던 것이다.

1988년 출범한 노태우 정부는 소련이 '개방'(*glasnost*)과 '개혁'(*perestroika*) 정책을 적극 추진하면서 미소간에 새로운 화해분위기가 무르익자 적극적인 대소(對蘇) 접근정책을 추진했다. 소련과 중국이 1988년 '서울올림픽'에 참가한 것은 북방정책의 성공을 예고하는 것이었다.[24] 당

---

23) 동북아의 세력균형은 러시아·중국·일본 등 한반도를 둘러싸고 있는 세 강대국들 중 어느 한 나라도 한반도에 결정적 영향을 줄 수 있는 일방적인 패권을 행사할 수 없는 구조를 뜻한다. 따라서 동북아 세력균형은 미국이 필요한 견제역할을 해주기를 상정하고 전제하는 것이다. 결국 우리가 그동안 말해온 세력균형이란, 미국의 힘에 의존하여 소련과 일본, 중국을 견제한다는 의미를 갖는 것이었다(이삼성, "21세기 미국과 한반도," 오기평 편, 《21세기 미국 패권과 국제질서》, 서울: 오름, 2000, p. 615). 그러나 이 책에서의 한반도 세력균형이란 좀더 협의인 남북한관계를 중심으로 한 세력균형을 의미했다.

24) 북방정책이라 함은 한국과 이념 및 체제가 상이하면서도 한반도의 평화정착과 궁극적인 통일여건조성을 위하여, 한반도의 안보환경에 직·간접적으로 영향을 줄 수 있는 소련·중국 및 동구권 등 주요 사회주의국가들과의 관계

시 노태우 정부가 북방정책을 추진한 목표는 다음 세 가지로 요약할 수 있다. 첫째, 북한과 북한의 동맹국인 소련·중국을 비롯한 북방 사회주의국가들과 정상적 국교를 수립한다. 이는 남북한간의 경쟁에서 한국이 결정적으로 승리하는 계기가 되고, 한국의 국제적 지지기반을 넓힐 것이다. 둘째는 북한으로 하여금 한반도의 현실을 인정하게 하고 개혁·개방정책으로 국제사회의 책임 있는 일원이 되도록 유도해, 한반도 및 지역체제의 평화정착과 통일환경을 조성하는 데 기여한다. 즉, 북한 스스로 국제환경의 변화를 실감케 함으로써 자신들의 정책을 수정할 수 있는 기회를 준다는 것이다. 셋째, 동구국가들에 대한 한국의 진출과 자원공급원 확보를 위한 국가의 실리를 추구한다. 한국의 경제력은 이미 동구공산국가들에게 상당한 매력을 주고 있었으며, 한국의 기업 역시 동구에 진출하기 위해 노력하는 상황이었기 때문에 북방정책이 이를 목표로 삼은 것은 당연했다.[25)]

이러한 북방정책을 추진한 결과, 한국은 1989년 2월 헝가리와 정식 외교관계를 맺었다. 이를 시작으로 폴란드(1989. 11. 1), 유고(1989. 12. 27), 체코(1990. 3. 22), 불가리아(1990. 3. 23), 루마니아(1990. 3. 30), 알바니아(1991. 8. 22) 등 동구권의 모든 국가와 대사급 외교관계를 수립했다. 특히, 한국은 소련과 1989년 4월 무역사무소를 교환 설치하기로 합의한 이후 1년도 채 안 된 1990년 2월 한소 영사처를 설치하고 그해 9월 30일에는 정식 외교관계를 수립했다. 중국과는 1991년 1월 30일 베이징에 무역사무소를 설치한 이후 1992년 8월 24일 정식으로 국교를 맺었다. 냉전체제 아래 형성됐던 북한·소련·중국의 북방 삼각체제는 한국이 소련, 중국과 국교를 수립함으로써 별다른 의미가 없게 된 것이다. 이와 같은 북방정책의 성공에 힘을 얻은 한국은 1989

개선을 적극적으로 도모하고, 북한과도 새로운 관계를 설정코자 하는 정책을 의미한다(외교통상부, 《한국외교 50년》, 서울: 외교통상무부, 1999, pp. 145~146).

25) 최호중, "한국 북방외교의 현실과 과제," 《국제정세》(서울: 국제학술원, 1990), pp. 36~45.

년 9월 '한민족 공동체 통일방안'을 내놓는 등 적극적으로 대북 평화제의를 했다.[26]

반면 북한은 체제수립 이후 최대의 위기를 맞는다. 북한은 1980년대까지 세계사회주의 구조를 통해, 피난처를 구하고 미국의 위협에 대한 전략적·군사적 방어체제를 제공받을 수 있었다. 한마디로 냉전체계는 북한이 안주할 수 있는 공간이자 장소였다. 소련과 중국은 북한에 대해 안주할 수 있는 공간과 장소를 만들어준 버팀목이었다. 그러나 그러한 안주 공간과 장소가 탈냉전으로 없어진 것이다.

특히, 한국과 소련 간의 관계개선은 북한에 치명적이었다. 과거 북한에 대한 소련의 역할은 후견인 이상이었다. 북한은 주체사상에 기초해 대외적 자주노선을 표방하기도 했지만, 소련은 김일성 지배체제의 생존과 발전을 위한 필수적 방벽역할을 했다. 소련은 북한에 대한 미국의 직·간접적 공격의 저지세력으로, 막대한 군사원조뿐만 아니라 북한경제의 유지와 발전을 위해 많은 지원을 했다. 소련의 붕괴는 이처럼 북한이 누리던 '혜택'을 근본적으로 박탈한 사건이라고 할 수 있다. 더구나 공산주의의 몰락과 함께 소련과 중국 그리고 북한을 잇는 한반도의 북방삼각동맹이 붕괴되면서, 평양정권은 대외적으로 형성됐던 동맹체제를 모두 상실하고 국제적으로 심각한 고립상태에 놓였다.

1985년 고르바초프 집권 이후 북한에 대한 소련정부의 정책변화는 1987년 4월 14일자 〈프라우다〉(*Pravda*)지의 북한경제 비판기사를 시작으로 소련의 언론인과 학자들에 의해 선도됐다.[27] 직접적인 정부 차원

---

26) 이 통일방안은 재야권 및 운동권에 의해 제시된 '국가연합제' 내지 '국가연방제'와 같은 통일방안을 염두에 두면서 정부가 제시한, 국민여론을 바탕으로 해 만들어진 최초의 통일방안이라는 데 그 의의가 있다. 다시 말해, 당시 김대중 총재를 중심으로 한 평민당의 '3단계 통일론', 김영삼 총재를 중심으로 한 통일민주당의 '한민족 연합방안', 문익환 목사를 중심으로 한 재야권의 '연방제 통일방안', 그리고 제 5공화국에서 제시되어온 '민족화합, 민주통일 방안'을 비교 분석하여 만든 종합판의 의미를 갖고 있다는 것이다(전득주 외, 《남북한 통일정책 비교》, 서울: 숭실대학교 출판부, 2000, pp. 154).

27) 〈프라우다〉(*Pravda*)는 1987년 4월 14일자에서 북한에는 현재 많은 미해결의

의 대북한 비판보다는 정부 주변조직들의 평양정권에 대한 비판이 눈길을 끌었다. 1988년 4월, 북한 외교부장 김영남이 소련을 방문했을 때 북한과 소련 간의 갈등은 노골적으로 나타났다. 과거와는 달리 '한반도에서의 미군병력과 핵무기 철수'를 지지한다는 발표가 처음으로 사라진 것이다. 이어 1988년 12월 소련 외상 에두아르트 셰바르드나제(Eduard A. Shevardnadze)가 평양을 방문했을 때 셰바르드나제는 북한에 대해 보다 직접적 충고를 한 것으로 알려졌다. 셰바르드나제는 평양정권에 대해 개방과 개혁을 강조하며 국제사회 일원으로서의 역할을 권고했다는 것이다.

그러는 사이 소련은 북한과 점차 거리를 두는 정책을 실천했다. 소련의 북한에 대한 정책변화는 처음에는 소련의 대북원조 삭감으로 나타났다. 소련의 대북원조는 1985년 9천6백만 달러였던 것이 1987년에는 6천2백만 달러로 격감했다.[28] 1989년 북한은 중국을 방문하는 고르바초프를 평양으로 초대해 양국관계를 복원하기 위한 계기로 삼으려 했으나 고르바초프는 이를 거절했다. 소련이 중국과 화해하는 것은 양국관계의 불화를 이용해 실리를 취해온 북한에게는 당혹스런 일이기도 했다. 왜냐하면 북한이 중국과 소련 사이에서 균형자 역할을 할 만한 공간이 없어졌기 때문이다.[29]

이어 1990년 평양에서 열린 양국간의 경제, 과학 및 기술에 대한 협의회에서는 물물교환 형식으로 이뤄지던 교역관행을 1991년부터 국제시장 가격에 입각한 경화(硬貨)결제 형식으로 전환하기로 해 북한경제

경제문제가 산적해 있다고 보도했다. 〈프라우다〉는 이어 1987년 10월 7일자에서도 북한의 식량사정을 비판하는 기사를 게재했고, 〈이즈베스티야〉(*Izvestiya*)는 1987년 12월 27일 김일성의 대형기념물 건축을 시대착오적인 스탈린주의적 유산으로 지적하는 등 북한체제 전반에 걸친 비판적 보도를 게재했다(정종욱·이홍영, 《신국제질서와 한국의 선택》, 서울: 인간사랑, 1993, pp. 110~111).

28) 위의 책, p. 119.

29) Don Oberdorfer, *The Two Koreas* (Washington D. C. : Basic Books, 1997), pp. 206~207.

에 대한 압박이 가중됐다. 그동안 지속되던 군사적 우호관계도 1991년 한소 수교와 러시아의 등장으로 막을 내렸다. 소련이 1988년 북한에 미그 29기(MIG-29) 5대를 비롯한 첨단무기 제공을 마지막으로 더 이상의 군사원조는 제공되지 않았으며, 양국의 합동군사훈련은 1989년 9월 동해에서 한 것을 끝으로 사실상 막을 내렸다.[30] 여기에다 소련은 경제난 때문에 극동군사력을 전반적으로 줄였고, 이에 따라 북한의 대소 의존도는 급속도로 축소됐다.

소련과의 동맹관계가 허물어지자 북한은 적극적으로 중국에 접근했다. 그러나 중국도 개혁·개방정책을 효율적으로 추진하는 데 몰두하고 있었다. 베이징정권은 기존 질서의 현상유지라는 소극적 입장보다는 자국의 대내외 정책방향에 맞는, 장기적 차원에서 국가이익을 최대화하는 방향으로 주변환경을 조성한다는 적극적 태도를 보이기 시작했다. 동북아 역내 국가들과의 경제교류와 협력을 강화하고 세계적 차원에서 중국의 정치·경제·군사적 영향력을 확대하기 위한 정책을 취했기 때문에 한국과 중국 간의 관계강화는 필연적 추세였다. 이러한 중국의 움직임에 대해 북한은 전통적 '혈맹'(血盟)이라는 정서적 유대를 강조하고 나섰다.[31] 중국마저 자신들과 멀어져간다는 우려와 두려움이 북한을 엄습했고, 이에 따라 평양정권은 어떻게 하든 베이징정권과 관계강화를 서둘러야 한다는 강박관념에 사로잡혔던 시기였다.

그러나 중국은 이미 1990년 3월 14일 장쩌민 국가주석의 평양 방문 이후 '두 개의 한국'이라는 정책을 분명히 밝혔고, 1년 후인 1991년 5월 4일 리펑 총리는 북한을 방문해 중국으로서는 한국의 유엔 가입을

---

30) 정영태, 《북한 군사정책의 전개양상과 핵정책 전망》(서울: 민족통일원, 연구보고서 93-11, 1993), pp. 50~51.

31) 김일성은 중국지도부의 환심을 사기 위해 1990년 8월 《덩샤오핑문선》을 번역·출판했다. 그해 9월에는 부주석 이종옥을 베이징에 파견하고 곧이어 김일성 자신이 베이징을 방문한다. 같은 해 11월에는 다시 연형묵 총리를, 그리고 1991년 1월에는 로동당 중앙위원회 서기 김용순을 베이징에 보내 현안문제를 논의하게 했다.

거부할 명분이 없다는 뜻을 전했다. 북한은 중국의 뜻을 거역할 처지가 아니었다. 중국의 환심을 사기 위해 북한도 어쩔 수 없이 그해 5월 27일 갑자기 유엔가입 의향을 선언하지 않을 수 없었다.[32] 남북한 유엔 동시가입은 한반도의 분단을 고정화시킨다며 극렬히 반대했던 북한이 유엔 가입 의향을 표시한 것은 놀라운 변신이라고 할 수 있지만, 내면적으로 보면 불가피한 선택이었다.

1991년 9월 27일 남북한이 유엔에 동시 가입한 직후인 10월 24일, 김일성은 39번째 중국을 방문하지만 북중관계의 강화를 위한 방안을 마련하지 못했다. 중국은 다시 한반도의 안정과 평화를 강조하면서 북한이 개혁·개방의 방향으로 나가도록 권유했다. 나아가 중국은 1992년 8월 24일 한국과 정식국교를 맺고, 대북한 군사지원을 중단할 뿐만 아니라 경제원조까지 줄였다. 1992년 12월 중국은 평양정권에 대중국 수입대금을 바터(*barter*) 형식이 아닌 경화결제로 바꿀 것을 요구했다. 북한은 중국에 대해 외채상환을 못하겠다고 버티면서 중국 접경지역을 통제하고 수시로 중국 지도부를 비난하는 경우도 나타났다. 이 때문에 양국간의 관계가 악화되는 것이 아니냐는 분석도 있었지만, 북한으로서는 중국의 뜻을 노골적으로 거역할 수 있는 위치에 있지 못했다. 북한과 중국 간의 관계가 과거와 같이 무조건적인 혈맹의 우의(友誼)를 강조하는 것이 아니라, 현실적이고 실리적인 것으로 전환됨에 따라 북한의 입지는 더욱 약화된 것이다. 물론 1961년 체결된 '조소 우호협력 및 상호원조조약'이나 '조중 우호협력 및 상호원조조약'은 유지됐지만, 그러한 조약들이 갖는 의미는 급격히 격하된 것이다.[33]

노태우 정부의 북방정책은 노골적으로 북한을 압박해 한국과의 협상 테이블에 나오게 하려 했던 5공화국의 정책과는 달리, 북한이 국제사회의 책임 있는 일원으로 참여할 수 있도록 도와주겠다는 대의명분을 내걸고 이를 의도적으로 홍보했다. 말하자면 북방정책은 표면적으로

---

32) 양성철·강성학, 《북한외교정책》(서울: 도서출판 서울프레스, 1995), p. 247.

33) 러시아와 북한은 1995년 '조소 우호협력 및 상호원조조약'을 폐기하고 군사개입조항을 배제한 새로운 우호선린조약을 2000년 체결했다.

볼 때, 북한을 고립시키고 배제해 북한 스스로 어쩔 수 없게 만든다는 압박정책에 목적을 둔 것이 아니라 반대로 북한을 부추겨 국제사회로 나오게 하려는 정책이었다. 노태우 정부는 북한이 국제사회로 나오면 당장 한반도에 군사적 위협이 격감되고, 이어 자본주의경제가 흘러들어가면 평양정권의 성격이 변할 수밖에 없다는 계산을 하고 있었다. 즉, 내면적으로는 북한붕괴와 남북통일을 겨냥한 정책이었다.

탈냉전의 시대흐름을 탄 한국의 북방정책은 점차 강화되고 가속화될 수밖에 없었다. 한국과 중국, 그리고 한국과 소련 간의 관계강화는 필연적 추세였다. 그러나 위기를 맞은 평양정권은 탈출구를 찾기가 쉽지 않아 한층 위축되고 약화되는 상황이었다. 이 때문에 남북한 분단 이후 유지됐던 한반도의 힘의 균형은 크게 동요했다. 적대적 상호의존관계로 버텨오던 힘의 균형이 동요됨에 따라 한반도의 장래는 더욱 불투명해졌다. 북한의 붕괴로 인한 한반도의 무력충돌 가능성이 공공연히 제기된 시기였다.

핵카드로 비상구 찾은 북한 제4장

북한의 핵문제는 탈냉전 직후 동북아 질서의 재편과정에 나온 것이어서 더욱 국제적 관심의 대상이 됐다. 동북아정치체계가 어느 때보다 불안정하고 불투명한 상황에서 불거져 나와 무력충돌을 촉발시킬 수 있는 인화성을 갖고 있었다. 더구나 냉전체계 붕괴 후 핵무기에 대한 국가적 장악력이 약화되어 전세계적 관심이 미국의 핵정책과 핵확산금지조약(NPT)체제의 연장 등에 쏠려 있던 시기였기 때문에 북한의 핵문제는 더욱 과민한 반응을 불러일으켰다.

1993년 3월 12일 북한의 NPT 탈퇴선언으로 한반도의 긴장수위는 갑자기 높아졌고, 북한의 핵문제는 앞을 가름하기조차 힘든 난제로 등장했다. 그러나 3월을 지나면서 대화와 협상의 기류가 형성되고 이에 따라 북한이 NPT 탈퇴선언을 하면서 미리 예견했든 아니면 궁지 탈출을 위해 무조건 일(NPT 탈퇴선언)부터 저지른 것이든, 한반도 주변의 기류는 북한을 상대로 한 협상분위기로 흘러가기 시작했다.

제4장에서는 특히 평양정권으로 하여금 NPT 탈퇴선언을 유발케 한 배경에 주목했다. 불안정하고 불투명했던 탈냉전기 동북아정치체계는 냉전 종식에 따른 환경변화에 적응할 수 있는 내부동력을 갖추지 못한 북한을 체제위기상태로 몰아넣었고,[1] 이에 따라 평양정권은 자력구제

의 노력으로 핵개발이라는 카드를 국제사회에 던졌던 것이다. 그렇게 등장한 핵문제가 북미대화로 연결된 요인이 무엇인지를 분석하고, 특히 NPT체제 연장 등의 과제를 안고 있던 미국이 어떻게 입장을 전환하게 됐는지에 관심을 기울였다.[2]

〈그림 4-1〉 북한의 위기와 자력구제

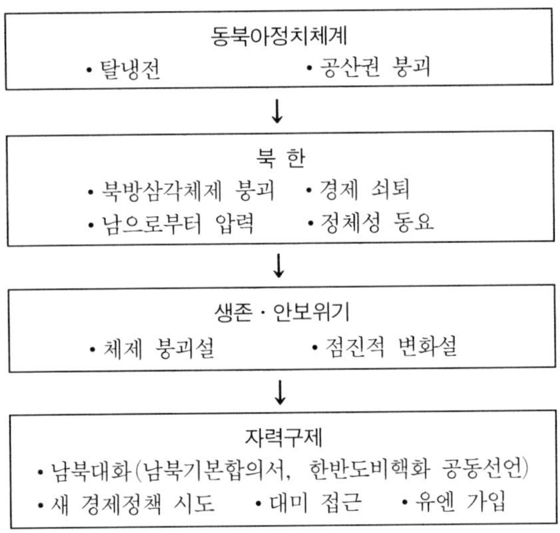

1) 북한체제의 위기에 대해서도 견해가 다양했다. 우선 위기를 체제위기(*regime crisis*)로 보는 견해다. 체제위기란 첫째, 체제의 대내외적 문제를 다루는 정책능력이 감소하고, 둘째, 체제의 변화가 발생할 가능성이 있는 상황을 의미한다. 그리고 위기란 계기적이고 순간적인 것이 아니라, 상당기간 지속적인 성격을 지니는 것으로 파악한다(김달중 · 문정인 · 이석수 외, 《새천년 한반도 평화구축과 신지역 질서론》, 서울: 도서출판 오름, 2000, p. 50). 그러나 위기지표를 4~5년 이내의 단기적 사태발생을 예고하는 지표와 장기적으로 체제변동요인이 되는 지표로 차등화해, 전자를 급변사태가능 지표로, 후자를 점진적 위기진행 지표로 구분해 위기를 분석한 연구도 있다(이종석, 《새로 쓴 현대북한의 이해》, 서울: 역사비평, 2000, pp. 568~574).

2) NPT는 1995년까지 유효한 것이어서 다시 연장을 해야 할 처지에 있었다. 소련의 붕괴로 핵무기에 대한 장악력이 떨어졌고, 세계 각처에서 핵무기개발 움직임이 일고 있어 미국으로서는 어떻게 하든 NPT체제를 유지해야 했다.

1. 왜 핵카드를 꺼내 들었는가

1) 생존과 안보딜레마 그리고 자력구제

탈냉전기 평양정권이 직면했던 위기는 북방삼각관계의 붕괴 등으로 인한 대외적 안보위기와 한국의 적극적 대북 압박정책에 따른 정통성 위기 그리고 경제문제 등으로 인한 국내위기라는 복합적 성격을 띠고 있었다. 평양정권은 이러한 대내외적 위기를 한꺼번에 해결해야 할 처지에 직면했다.

평양정권의 그와 같은 곤혹스런 입장은 우선 대남 통일정책의 변화에서 잘 나타나고 있다. 노태우 정부는 1989년 9월 '한민족 공동체 통일방안'을 제의했다. 이에 대한 반응으로 김일성 주석은 1990년 5월 24일 북한 최고인민회의 제 9기 제 1차 회의 시정연설에서 이른바 '조국통일 5대 방침'을 발표했다.[3] 이 5대 방침은 국제적 화해 · 협력분위기에 호응하는 형태를 취하면서도, '전민족 통일전선' 운운하는 등 적화통일의 원칙을 바탕에 깔고 있었다.

그러나 김일성 주석은 그로부터 약 7개월이 지난 1991년 신년사를 통해 기존의 연방제에 대해 수정을 가한 '1민족 1국가 2정부 2제도'라는 통일방안을 내놓았다.[4] 이 통일방안에는 사실상 북한체제의 붕괴 위험성을 자각하고 그에 대비하려는 의도가 역력히 나타나 있다. '통일

---

3) 내용은 다음과 같다. ① 한반도의 긴장완화와 통일을 위해 평화적 환경을 마련해야 한다. ② 분단장벽을 철거하고 남북 자유왕래와 전면개방을 실시해야 한다. ③ 통일에 유리한 국제적 환경을 마련해야 한다. ④ 평화통일을 위해서는 남북대화를 확대 발전시켜야 한다. ⑤ 전민족 통일전선을 형성해야 한다.

4) 내용은 다음과 같다. "남북에 서로 다른 두 제도가 존재하고 있는 우리나라 실정에서, 조국통일은 누가 누구를 먹거나 누구에게 먹히우지 않는 원칙에서 하나의 민족, 하나의 국가, 두 개 제도, 두 개 정부에 기초한 련방제 방식으로 실현되어야 한다", "하나의 국가, 하나의 제도에 의한 제도통일론은 분열을 끊임없이 지속시켜 결국 통일을 하지 말자는 것이기 때문에 제도통일은 후대에 맡기자," 〈로동신문〉 1999년 1월 1일자.

을 후대에 맡기자'는 내용이 이 통일방안에 포함된 것을 보면, 북한체제의 생존에 대한 위기감이 어떠했던가를 짐작할 수 있다. 김일성 주석은 또 "최근 다른 나라의 흡수통일방식에 현혹된 남조선 당국자들은 '북방정책'을 내걸고 청탁외교를 벌이면서 남의 힘을 빌어 우리나라에서도 그런 방식을 실현해보려는 어리석은 꿈을 꾸고 있다"고 말하는 등 체제위기에 대한 속내를 노골적으로 드러내기도 했다. 북한이 이처럼 전례 없이 제도통일을 반대하며 '1민족 1국가 2정부 2제도'를 들고 나온 것은 독일의 흡수통일에 충격을 받은 때문이었다.[5]

1992년 7월 4일자 〈로동신문〉 사설은 탈냉전 이후 그들의 생존(*survival*)에 대한 관심을 노골적으로 표현했다. 이 사설은 "그들(한국)은 자주의 원칙을 버리고 민족 내부의 문제인 통일문제를 외세의 힘을 빌어 남이 하는 방식으로 먹고 먹히는 방법으로 해결해보려고 어리석게 기도하고 있으며, 제국주의자들의 '평화적 이행전략'에 편승하여 우리에 대한 개방유도로 이른바 자유민주주의체제에 기초한 '흡수통합', '승공통일' 해보려고 꿈꾸고 있는 것이다. 그러나 이것은 어리석은 망상이다"라고 주장했다.

당시 북한의 이와 같은 반응은 한국으로부터의 '압력'을 얼마나 심각하게 받아들이고 있었느냐를 보여준다. 북한은 한국으로부터 가중되는 압력 때문에 체제위기를 더욱 느끼면서 대내외적으로 그 압력을 둔화시키고 무력화해야 하는 어려운 시기를 맞았던 것이다.

북한은 이처럼 외부적 환경이 악화된 상태에서 권력승계작업을 실질적으로 마무리해야 할 단계에 있었다.[6] 이 권력승계작업은 최악의 상

---

5) 통일교육원, 《통일문제의 이해 : 통일환경과 남북한관계》(서울: 통일교육원, 1999), p. 130.

6) 1980년 10월 조선로동당 제6차 대회에서 중앙위원회 군사위원으로 임명된 김정일은 1990년 5월 인민회의 제9기 제1차 회의에서 국방위원회 제1부위원장에 선출됐으며, 1991년 12월에는 인민군 최고사령관으로 추대됐다. 1992년 4월에는 국방통수권을 주석의 권한과 분리해 김정일은 인민군 최고사령관과 국방위원장에 공식 추대됐고, 이로써 김정일은 실질적인 군권을 장악

태로 치닫는 북한의 경제사정과 이념의 약화현상으로 어려움을 겪지 않을 수 없었다. 권력승계를 순탄하게 이루기 위해서는 경제호전과 공고한 이념적 기반이 필요했다.

그러나 북한경제는 1990년대 들어 침체의 늪에 빠져들었다. 그 근본 원인은 사회주의경제의 모순에 기인하는 산업구조의 불균형 심화, 근로자들의 생산의욕 상실 및 노동생산성 정체, 자본·기술·경영관리 능력의 부족, 사회간접자본 미비 등 한두 가지가 아니었다. 또 군사비를 과다하게 집행하고 체제강화와 대외홍보 등 비경제 분야에 투자재원을 지나치게 소모해 국가경제에 상당한 부담요인으로 작용하고 있었다.[7] 특히, 소련 및 동구제국의 붕괴 이후 국제질서가 자국 실리주의 경향으로 재편됨에 따라 이들 국가와의 정치적 유대에 기초했던 북한의 대외거래 기반이 무너지기 시작했다. 북한경제는 대내외적으로 큰 어려움을 겪게 된 것이다.

북한은 결국 "여러 사회주의나라들과 세계사회주의 시장붕괴로 이 나라들과 맺었던 장단기 무역협정들이 헝클어지고 그 이행이 거의 중단됐다"면서, 제 3차 7개년 계획의 실패를 스스로 인정할 수밖에 없는 상황에까지 갔다.[8] 북한이 스스로 경제계획의 실패를 인정한 것은 처음 있는 일이었다. 북한정권과 사회주의경제체제에 대한 자존심을 생각하면 그와 같은 실패 인정은 그들의 처지가 얼마나 심각한 상황에 직면했는가를 짐작케 했다.

북한경제의 악화는 주민들 사이에 불만을 야기했다. 1990년 들어서

했다.

7) 홍용표, 《김정일 정권의 안보딜레마와 대미·대남정책》(서울: 민족통일원, 연구보고서 97-10, 1997), p. 22.

8) 통일부, 《2000년 북한개요》(서울: 통일부 정보분석국, 1999). p. 305. 제 3차 7개년 계획(1987~1993)에 대한 평가는 제 6기 21차 당 중앙위원회 전원회의(1993. 12. 9)에서 이뤄졌다. 3차 7개년 계획의 수행실적을 보면, 국민소득이 목표대비 61% 수준, 연평균 대외무역실적은 목표의 52.5%, 그리고 기타 주력산업부분의 목표수행률은 20~50% 수준에 머문 것으로 나타났다.

부터 식량배급체제가 붕괴되기 시작했다. 부족한 식량이 1991년에는 정곡기준으로 165.8만 톤이던 것이 1992년에는 207.3만 톤으로 늘어나 만성적 기근현상이 본격적으로 나타났다. 1992년부터 하루 두 끼 먹기 운동이 시작됐으며, 대부분 지역에서 식량배급이 제대로 되지 않았다. 경제사정의 악화는 주민통제를 불가능하게 만들고 체제의 정통성을 뒤흔드는 요인이 됐다. 국가가 일반주민에게 최소한의 식료품마저도 보장해 주지 못함으로써 일반주민의 국가에 대한 의존이 약화되기 시작했다. 국가의 행정조직은 신뢰를 잃고 일반주민들과 간부들 사이의 갈등이 심화됐다.[9]

그럼에도 북한은 국방정책을 강조하지 않을 수 없는 형편이었다. 김정일의 권력기반이 군(軍)이기 때문에 군사력은 어떤 경우에도 다른 것에 희생될 수 없는 상황이었다. 가능하다면 경제성장과 군사력증강을 동시에 추진해야 하지만, 당시 북한의 사정으로는 어느 한쪽을 희생하거나 포기하지 않으면 안 될 처지였다. 군사투자를 어느 정도까지 해야 하며, 경제성장을 위해서 어느 정도 투자를 배분해야 하는가 하는 것이 북한의 과제였지만, 그 균형을 잡기 위해 노력할 수 있는 상황이 아니었다.

1990년대 초반 북한상황을 보면 군사력은 일정 수준 유지가 되지만 경제는 계속 마이너스 성장을 했다.[10] 이는 군사력과 경제성장 중 어느 한쪽을 선택해야 할 경우 군사력을 우선시할 수밖에 없는 북한의

---

9) 북한의 GNP는 1990년 231억 달러였다. 경제성장률은 1989년 보다 3.7% 감소했다. 1991년 GNP는 229억 달러로 1990년 보다 2억 달러가 줄었고, 경제성장률도 5.2% 감소했다. 1992년은 211억 달러로 1991년보다 18억 달러나 줄었고, 경제성장률도 7.6% 감소했다. 1993년은 205억 달러로 1992년보다 6억 달러 줄었고, 경제성장률은 4.3% 감소했다. 북한은 1994년부터 GNP(212억 달러)가 올라간다(김달중·이석수, "김일성 사후 북한체제의 전망과 정책변화," 김달중·문정인·이석수 외, 앞의 책, p.65).

10) 북한의 공식자료는 군사비가 매년 총예산의 10% 이상을 차지하고 있다. 서진영 편, 《현대 중국과 북한 40년》(서울: 고려대학교 아세아문제연구소, 1991) pp.206~207.

상황을 잘 설명해 준다. 군사적 능력만이 국가의 힘(*power*)을 보장하며, 경제적 능력은 그와 같은 군사적 능력을 대체할 수 없다는 군사력 절대주의 사고가 뿌리깊게 박혀 있었던 것이다.[11] 북한은 군사력만이 국가의 안보를 보장하는 유일한 수단이라고 생각하고 있었다. 그러다 보니 경제는 더욱 압박을 받게 되고 주민들의 불만은 고조됐다.

평양정권은 탈냉전 초기에 변화를 위한 시도를 하는 것처럼 보이기도 했다. 그러나 그 변화를 위한 노력은 적극적인 정책개발 수준이라기보다는 소극적 대응수준에 불과했다. 변화를 적극 수용하려고 하니 권력체제의 기반이 흔들렸고, 변화를 전적으로 외면하려 해도 체제유지의 어려움이 도사리고 있었다. 그래서 북한은 탈냉전 이후 동북아정치체계의 새로운 변화에 적응하기 위한 나름대로의 시도를 하지만, 근본적 한계를 갖고 소극적 접근을 할 수밖에 없었다. 즉, 변화에 대한 적응노력 자체가 체제의 생존과 안보에 직접적 영향을 줄 것이라는 우려 때문에 적극적인 변화정책을 추진하지 못했다. 예를 들어, 북한이 1991년 9월 17일 한국과 함께 유엔 가입을 하고 1992년 2월 19일 〈남북기본합의서〉 채택과 1992년 12월 31일 '한반도비핵화 공동선언'에 기꺼이 나선 것은, 북한이 적극적 자세를 보인 것이라기보다는 동북아의 정치체계가 급변한 데 따른 어쩔 수 없는 선택이었다. 정권의 안보와 생존을 위해서는 당장 그렇게 할 수밖에 없는 절박한 상황에서 한 선택이었던 것이다.

북한의 변화적응 노력은 우선 동구국가들의 붕괴에 따른 대내적 동요를 막기 위한 사회주의이념 강화로부터 시작됐다. 북한은 동북아정치체계의 변화에 직접 노출됨에 따라, 국가 정체성의 재생산과 그 정치적 활용의 필요성이 높아진 것이다.[12] 대내적으로 사회주의 이데올

---

11) 월츠는 국가의 안보는 궁극적으로 군사력에 의해 유지되며 경제력은 그 대안이 될 수 없고 국력은 군사적 능력이라고 주장한다. 반면 길핀은 군비태세와 경제적 능력은 교환(*trade-off*)이 되며, 국력은 군사력만이 아닌 경제력과 기술·자원의 총체라고 주장한다(Stephen G. Brooks, "Dueling Realism," *International Organization* 51-3, Summer, 1997, pp. 459~460).

로기의 정통성을 재확인하고 이를 주민들에게 주지시키는 일이 무엇보다 시급했다. 사회주의 몰락의 도미노현상을 차단하고 변화의 물결이 북한사회에 침투하지 못하도록 주민들을 단속하는 정책을 강화했다. 이에 따라 1980년대 말부터 북한정권은 '우리식 사회주의'와 '조선민족제일주의'라는 구호를 대대적으로 사용하기 시작했다. 1990년 1월 1일 김일성 주석이 발표한 신년사는 이를 잘 반영한 것이다. 김 주석은 "인민대중은 어떤 일이 있더라도 제국주의를 반대하고 사회주의로 나가야 한다는 근본원칙에서 이탈하지 말아야 하며, 당을 더욱 강화하고 당의 영도적 역할을 높이며 우리식대로 살아가자"고 역설했다.[13] 북한정권은 '우리식 사회주의'가 영원불멸의 탁월한 주체사상에 기초한 가장 독창적이고 우월한 사회주의, 다시 말해 인류의 참된 복지생활이 보장되는 이상사회를 구현한 정치제도라고 주장하며, 주민들에게는 어떠한 시련이 닥쳐오더라도 한 걸음 물러서거나 주저함 없이 김정일 중심으로 굳게 뭉쳐 주체사상을 구현한 '우리식 사회주의'를 끝까지 지켜나가자고 교육했다.[14] 북한정권의 정체성 강조는 나름대로 탈냉전으로 인한 동북아정치체계의 변화에 가장 효과적으로 대응할 수 있는 수단이었다. 정체성 강조는 주민 단합과 통치조직의 강화를 위해 무엇보다

---

12) 국가의 정체성이란, 국가의 특성과 목적을 나타내는 다양한 이데올로기와 국가별로 특수한 주권을 말한다. 북한의 국가정체성은 크게 집단주의의 일종인 민족주의적 정향과 특수주의의 하나인 독자적 사회주의를 말할 수 있다(서보혁, "탈냉전기 북한의 대미 정체성 정치," 〈한국정치학회보〉 37-1, 2003년 봄, p. 201).

13) 〈동아일보〉 1990년 1월 4일자. 김정일 역시 1991년 5월 5일 발표한 "인민대중 중심의 우리식 사회주의는 필승불패이다"라는 연설을 통해 "나라와 민족들 사이에 지배와 예속, 불평등을 반대하고 온 세계의 자주화를 실현하는 것은 자주성을 옹호하는 주체사상의 중요한 요구"라고 주장했다. 그는 국제관계에서 지켜야 할 원칙으로 자주성, 평등, 상호존중을 들었다("인민대중 중심의 우리식 사회주의는 필승 불패이다," 《김정일 선집 제 11권》, 평양: 조선로동당출판사, 1997, p. 40).

14) 통일부, 《2000년 북한개요》, p. 86.

서둘러야 할 작업이었다.

북한정권은 그러면서 경제개방과 개혁정책을 조심스럽게 추진하는 조치를 취했다. 1992년 4월 헌법을 개정하여 외국기업의 권리와 이익 보호규정을 삽입했다. 또 1992년 말에는 외국인 투자법, 외국인 기업법, 합작법 등을 제정했으며, 1993년 2월 6일 이에 대한 후속조치로 외국인 투자기업 및 외국인 세금법, 외환관리법, 자유경제 무역지대법 등 세 가지 외국인 투자관련법을 제정 발표했다. 북한이 그처럼 해외투자를 끌어들이기 위한 법적 조치를 취한 것은 피폐한 경제를 살리기 위한 자구의 몸부림이었지만, 전반적으로 국제사회의 경제현실을 반영하지 못해 투자유인에는 별다른 효력을 발휘하지 못했다. 북한의 외국인 투자관련법은 한편으로는 국제사회의 실정에 어두웠고 다른 한편으로는 체제유지의 강박관념을 버리지 못한 법제였기 때문에 현실성이 크게 떨어지는 한계를 갖고 있었다.

북한의 유엔가입 역시 평양정권으로서는 등을 떠밀려 마지못해 선택한 정책이었다. 북한은 유엔에 남북한이 동시에 가입하는 것은 분단을 고착시키는 일이라며, '한 개의 의석에 의한 공동가입'을 남북한 유엔 동시가입 4개월 전인 1991년 5월 6일까지 주장했다.[15] 그러나 북한의 그와 같은 입장은 한 달도 지나지 않은 1991년 5월 29일 완전히 바뀌었다. 북한은 이날 "조선민주주의인민공화국 정부는 남조선 당국자들에 의해 조성된 일시적 난국을 타개하기 위한 조치로써 유엔에 가입하는 길을 택하지 않을 수 없다"는 외교부 성명을 발표했다. 북한의 유엔가입은 동북아정치체계의 변화와 그 변화에 따른 어쩔 수 없는 선택이었다. 1991년 5월 3일부터 6일까지 북한을 방문한 중국의 리펑(李鵬) 총리는 북한의 '단일의석 공동가입' 안이 비합리적이라고 말하고, 한국의 단독가입에 거부권을 행사해달라는 북한 요구를 거절한 것으로 알려졌다. 중국은 한국의 유엔 단독가입이 분단을 고착화시키는 것이라

---

15) 강석주 북한 외교부 제 1부장의 1991년 5월 4일 국제의회연맹(IPU) 총회 기자회견, 〈한겨레〉 1991년 5월 6일자.

는 북한 주장을 받아들이지 않았다.[16] 북한은 결국 자신들의 종래 주장을 철회하면서까지 유엔에 가입한 것이다.

북한의 입장에서 보면 미국과의 대화도 더욱 절실해졌다. 북한은 탈냉전 이후 미국을 비롯한 서방국가들과의 관계개선을 위해 과거의 외교정책을 급격하게 수정했다. 공산주의권과 제 3세계 국가들과의 관계증진에 모든 외교력을 투입했던 북한은 1990년대 들어서 외무성 내 미국 과(課)와 일본 과를 합쳐 미·일 국(局)을 만들고 이것을 다시 미국 국과 일본 국으로 확장했다.[17] 이는 곧 미국과 일본과의 관계개선이 북한체제의 안전을 보장해 주는 유일한 길임을 자각하고 그 쪽으로 외교의 역량을 집결시키겠다는 뜻이었다. 특히 북한은 워싱턴을 경유하지 않고는 주요 서방국가들과 어떠한 대외관계도 개선할 수 없다는 사실을 알게 됐고, 1991년 초 발생한 걸프 전은 그런 미국의 위력을 다시 실감할 수 있는 계기를 마련했다. 현실적으로는 중국과 소련이 '두 개의 한국정책'과 '남북한 등거리 외교'를 모색하고 나서자 북한으로서는 우선 미국으로부터 그와 유사한 안보상의 체제보장을 받을 필요가 있었다. 미국과의 정치·군사적 대화를 확대해 체제유지의 불안감을 제거하고 군사적 안전장치를 마련함으로써 정권의 생존을 보장하는 일이 무엇보다 시급한 과제였기 때문이다. 이는 북한이 새롭게 미국에 편승동맹을 추구한다기보다는 그보다 하위수준이라고 할 수 있는 생존과 안보에 대한 위협을 제거하려는 노력이었다.[18]

---

16) 중국은 1990년 3월 14일 장쩌민 국가주석의 평양방문 이후 '두 개의 한국'이라는 정책을 분명히 하며, 한국의 유엔가입을 거부할 명분이 없다고 공공연히 밝히고 있었다.

17) 북한 헌법 제 17조는 "국가는 자주성을 옹호하는 세계인민들과 단결하며, 온갖 행태의 침략과 내정간섭을 반대하고, 나라의 자주권과 민족적·계급적 해방을 실현하기 위한 모든 나라 인민들의 투쟁을 적극 지원하다"라고 규정하고 있다. 이는 곧 공산주의권과 제 3세계국가들과의 관계강화를 강조한 북한 대외외교의 원칙이라고 할 수 있다.

18) 편승(*bandwagoning*)은 힘이 강하거나 위협적인 세력의 편에 서서 안보를 보장받는다는 의미를 갖고 있다. 국가들은 이득을 얻을 수 있을 것이라는 전망

또 경제적 측면에서도 미국과의 협상이 중요했다. 미국으로부터의 경제적 지원을 받는 것은 물론이고, 국제사회로 개방하는 데도 미국의 지원이 필수적이라는 인식을 북한 지도부는 갖게 됐다. 국제기구의 차관을 얻는 데도 미국의 동의가 필요하며, 국제사회의 신용을 얻기 위해서도 미국의 보증이 있어야 한다는 사실을 북한은 피부로 느끼기 시작했다. 평양정권은 자신들에게 불리한 외교환경을 개선하는 묘책이 미국의 손에 있다는 점을 알게 된 것이다.

한마디로 북한은 미국을 체제생존의 '중심고리'로 생각했다.[19] 중심고리전략이란 "중심고리를 찾아내고 거기에 공격을 집중하는 것"을 의미하는 것으로, 북한은 1990년대 초 대미관계 개선을 그 중심고리로 설정했다.[20]

2) 감춰 온 북한의 핵카드

북한의 핵문제는 탈냉전 이후 적극적으로 변화의 기류를 탈 수도 없고, 그렇다고 외면할 수도 없었던 평양정권에게 결과적으로 궁지를 탈출할 수 있는 수단이 됐다. '결과적으로'라는 표현을 쓴 이유는 북한의 핵개발 의도와 목적이 처음부터 분명히 확립된 것이었는지, 즉 핵문제를 통해 탈냉전 직후의 위기를 극복하려 했는지 분명치 않아서이다. 어떻든 북한은 핵문제를 점차 자력구제의 수단으로 인식하면서 이를 활용해나갔다.

에 따라 강자편에 합류하려 한다는 것이다(Randall Schweller, "Bandwagoning For Profit: Bringing the Revisionist State Back In," *International Security*, Summer, 1994, pp. 72~107).

19) '중심고리'는 "혁명발전의 매 시기 매 단계마다 복잡하게 제기되는 수많은 과업들의 련쇄 가운데서 어느 한 과업이 해결되면, 그에 따라 모든 과업들도 쉽게 해결될 수 있는 그러한 가장 중요한 고리"를 말한다(사회과학 출판사 편, 《정치용어사전》, 평양: 사회과학출판사, 1970, p. 558).

20) 조선로동당출판사 편, 《김일성선집 6》(평양: 조선로동당출판사, 1960), p. 463.

북한이 처음으로 핵기술 개발에 착수한 것은 1956년 3월이다. 당시 북한은 소련과 '조소(朝蘇) 원자력 평화적 이용에 관한 협정'을 맺고 매년 수십 명에 이르는 핵관련 과학자들을 소련의 두브나 핵연구소에 파견했다. 그로부터 6년 후인 1962년 북한은 지금의 영변에 원자력연구소를 설치한다. 다음 해인 1963년 6월에는 소련으로부터 소형 연구용 원자로 IRT-2000을 도입해 본격적인 핵개발에 착수했다.[21] 북한은 이어 1974년 9월 국제원자력기구(IAEA)에 가입하고 1977년 9월 IRT-2000에 대해 IAEA와 '부분핵안전조치협정'[22]을 체결했다. 북한이 NPT에 정식 가입한 것은 1985년 12월 12일이다. 북한은 1985년 12월 소련과 '조소 원자력발전소 건설관련 경제기술협력협정'을 체결하고 소련으로부터 440MWe급 원자력 발전소 4기를 도입하기로 한다. 이 과정에서 소련은 북한에 대해 NPT 가입을 권유했고 북한은 이를 받아들였다.

그러나 1960년대 초반부터 1980년대 초반까지 평양의 핵관련 활동은 소련과의 합의사항 범위 안에서 진행됐으며, 군사적 용도를 위해서 독자적으로 핵기술을 개발하지는 않았다. 북한이 그러한 시도를 하기 위해 필요한 과학적·물리적 수단을 보유하고 있었다는 증거가 없다. 더욱이 북한이 소련 및 중국과 체결한 안보 및 우호협력조약은 북한에

---

21) 이와 같은 북한의 핵개발 착수시기는 한국의 착수시기와 거의 같은 때다. 한국이 미국과 '원자력의 민간이용에 대한 한국과 미국정부의 협력에 관한 협정'을 체결한 때가 북한과 소련의 원자력협정 체결보다 1개월 정도 빠른 1956년 2월이고 보면, 남북한이 핵개발연구에 나선 것은 시기적으로 일치한다(과학기술처, 《원자력관계 법령집》, 서울: 과학기술처, 1979, p. 809). 한국이 최초로 TRIGA-MARK II 연구용 원자로를 설치한 것도 1962년 3월로 북한보다는 약 1년 3개월 앞섰으나 거의 비슷한 시기다.

22) IAEA 부분안전조치협정: 핵확산금지조약(NPT) 제3조는 핵무기 비보유 당사국에 대해 IAEA와 전면 안전조치협정을 체결할 의무를 부과하고 있으나, NPT 비가입국은 이 의무에 귀속되지 않는바, IAEA는 원자력의 평화적 이용을 위해 NPT 비가입국이나 핵보유 NPT 당사국을 대상으로 '부분안전조치협정'을 맺고 사찰 등 안전조치를 실시하고 있다(외교통상부, 《한반도문제 주요 현안 자료집》, 서울: 외교통상부, 1998, p. 4).

게 충분한 핵우산을 보장하고 있었기 때문에 북한이 스스로 핵을 군사적 용도에 이용해야 할 필요성은 적었다. 북한이 핵무기를 개발하고자 하는 낌새를 보인 것은 1980년대 후반부터인 것으로 보인다.[23)]

북한은 1985년 체결한 NPT상의 의무인 IAEA 안전조치협정(Safeguards Agreement) 체결을 계속 지연시키는 등 핵무기개발 의혹을 살 만한 행동을 하기 시작했다.[24)] 북한의 핵무기개발 의혹이 처음 서방언론에 보도된 것은 1987년과 1988년 사이지만, 그 의혹이 더욱 증폭된 것은 1989년 9월 프랑스 상업위성 SPOT(해상도 10M)이 찍은 영변 핵시설 사진이 공개되고 난 뒤부터다. 이 위성사진은 북한이 1987년 이후 가동중인 자체 설계의 5MWe급 실험용 원자로 외에 50MWe급, 200MWe급 원자로 및 핵 재처리시설을 새로 건설중이라는 사실을 확인시켜 주었다. 이보다 앞서 미국 정보기관들은 북한이 핵개발을 하고 있다는 사실을 인지한 것 같다. 1989년 2월 미 국무부 한국과장인 해리 던롭(Harry Dunlop)은 소련과 중국을 방문해 북한의 핵개발에 대한 정보를 전달하고, 제임스 베이커(James Baker) 국무장관은 "우리의 외교적 전략은 북한에 대해 국제적 압력을 행사, 북한이 핵안전협정에 가입해 IAEA의 사찰을 받게 하는 데 있다"고 밝혔다.[25)]

북한이 핵산업을 핵무장 쪽으로 전환하고 있다는 의심을 처음 한 나라는 중국이었다. 중국관리들은 1987년 초부터 그와 같은 의심을 갖고 북한에 파견된 핵기술자들을 모두 철수하는 등 기술전수를 중단했다는 것이다.[26)] 북한이 군사용 핵개발 의도를 노골적으로 드러낸 때는 1990

---

23) Natalya Bazhanova, "북한의 독자적 핵개발 결정," Alexandre Y. Mansourov & James Clay Moltz, *The North Korean Nuclear Program*, 박명서 · 정지웅 역, 《북한 핵프로그램》(서울: 사군자, 2000). pp. 193~194.

24) 이 안전조치협정은 NPT 가입 후 18개월 이내에 체결해야 할 의무가 있으나 북한은 계속 이를 거부해, IAEA를 비롯한 국제사회는 북한의 핵프로그램 동향을 예의 주시하기 시작했다.

25) Don Oberdorfer, *The Two Koreas*(Washington D. C. : Basic Books, 1997), pp. 255~256.

26) Michael J. Mazarr, "The U. S. - DPRK Nuclear Deal: Status and Pros-

년 1월이었다. 예두아르트 셰바르드나제(Eduard A. Shevardnadze) 소련 외무장관이 1990년 1월 평양을 방문했다. 한국과 소련의 국교 정상화가 본격적으로 추진되던 때였다. 김영남 외무상은 셰바르드나제를 만난 자리에서 "소련이 북한을 배신하기로 결정한다면 북한 지도층은 대량파괴위력을 지닌 무기를 개발하지 않겠다는 의무조항에서 풀려나는 것으로 간주할 것이며, 쿠릴열도에 대한 소련과의 국경 분쟁에서 일본 편에 설 것이고 미국과 직접적인 외교관계를 수립하기 위해 협상을 시작할 것"이라고 공표했다는 것이다.[27] 김영남의 발언은 소련의 배신으로 이제는 자력구제의 길을 택할 수밖에 없고, 생존수단으로 군사용 핵개발을 해야겠다는 절박한 심정을 나타낸 것이었다. 생존을 위한 전략으로 핵무기개발이라는 새로운 길을 선택하겠다는 의미였다.

사실 북한의 핵무기개발정책은 생존과 안보를 담보할 수 있는 기재였다. 핵무기는 탈냉전으로 위기를 맞던 북한에게는 국내외용으로 활용할 수 있는 위기돌파수단이 될 수 있었다. 핵무기개발을 대외에 과시함으로써 국제사회의 주목을 끌고 그것을 계기로 국제사회에 진입하는 다리로 삼을 수도 있다. 국내적으로는 경제에 허덕이는 주민들에게 자부심과 용기를 주어, 체제안정을 도모할 수 있을 것이다.[28] 북한이 핵개발을 통해 가정할 수 있는 이득을 좀더 자세히 분석하면 다음과

pects," *Korea and World Affairs* 19-3(Fall, 1995), p. 82.

27) Alexander Platkovskiy, "핵협박과 북한의 양지 찾기," 박명서·정지웅 역, 앞의 책, p. 152.

28) 허문영, 《북한의 핵개발계획 인정과 우리의 정책방향: 대미협상 행태변화를 중심으로》(서울: 통일연구원, 연구총서 02-24, 2002), pp. 33~35. 그는 '안보모델', '국내정치모델', '상징모델'은 스콧 사강이 핵무기 확산원인을 설명하기 위해, '경제모델'은 홍용표 박사가 북한의 탄도미사일 개발원인을 제시하기 위해, '협상모델'은 자신이 북한 핵무기개발 의혹을 분석하기 위해 상정해 본 것이라고 말했다(Scott D. Sagan, "Why Do States Build Nuclear Weapons?: Three Models in Search of Bomb," *International Security* 21-3, Winter, 1996·1997; 홍용표, 《북한의 미사일 개발전략》, 서울: 통일연구원, 연구총서 99-20, 1999, pp. 7~14).

같다.

첫째, 자체의 안보용으로 이용할 수 있다. 공산주의의 몰락으로 체제안보에 직접적 위협을 느끼지 않을 수 없었던 북한은 아무리 재래식 무기에서 우위에 있다 해도, 미국의 핵우산 아래 있는 한국에 대한 군사적 열세를 면치 못할 것이라고 판단했을 것이다. 그래서 북한의 내란을 이용한 한국의 북침이나 IAEA 사찰을 거부한 데 대한 미국의 선제공격에 대비해서라도 공격저지용의 핵무기는 필요할 것이라는 생각을 할 수 있다. 즉, 핵무기 한두 개가 공격에 대해 얼마나 억지력을 갖고 있는지에 대해서는 평양정권 스스로 의문을 갖고 있었다 해도, 핵무기를 갖는 그 자체가 심리적 안도감을 줄 수 있는 것이다. 또, 그와 같은 방어용뿐만 아니라 북한이 한국을 공격할 때도 핵무기는 유효한 위협수단이 될 것이라는 계산을 했을 것이다.[29)]

국제정치체계의 무정부상태에서는 어느 국가든 군사적 이익을 경제적 능력향상보다 앞세움으로써 단기적 안보와 생존의 목적을 달성한다는 것이 신현실주의의 주장이다.[30)] 북한의 핵개발은 단기적 생존과 안보에 목적을 두었던 국가정책의 한 전형이라고 할 수 있겠다.

실제로 일부 핵전략가들은 비록 약소국가라도 핵무기를 한두 개 갖고 있으면 강대국에 대한 억지력은 될 수 없어도 안보에 상당히 유용한 수단이 될 것이라고 주장한다. 그들은 '고슴도치 작전'이라는 용어로 이를 설명한다. '고슴도치 작전'이란, 비록 약소국가라도 핵적재 미사일 한 개만 보유하고 있으면 강대국도 이를 소홀히 할 수 없다는 것이다. 이런 약소국가를 공격하는 것은 마치 고슴도치를 건드리는 것

---

29) Kongdan Oh & Ralph C. Hassig, "The North Korean Bomb And Nuclear Proliferation in Northeast Asia," *Asian Perspective* 19-2(Fall · Winter, 1995), pp. 154～157.

30) Brooks, *op. cit.*, pp. 450～453. 1930년대 영국이나 1980년대 후반 소련은 군사적 안보와 경제능력 향상을 교환(*trade-off*) 한 대표적인 예다. 신현실주의자들은 합리적인 선택을 하는 국가는 경제능력과 같은 다른 목적을 추구하기에 앞서 군사적인 안보부터 챙긴다고 주장한다.

같아서 강대국 쪽에서 손해를 보게 되니까 외면해버릴 수밖에 없는 효과를 노린다는 것이다.[31] 다시 말하면, 핵무기는 그 개발능력이 아무리 불완전하고 조잡해서 강대국을 실제로 공격하지 못한다 해도 보복하겠다는 위협만으로 가상의 적이 공격하는 것을 견제하는 효과가 있다는 것이다.

둘째, 핵무기의 경제학이 고려됐을 것이다. 북한으로서는 경제희생을 최소화하면서 군사력을 보강해야 할 입장이었다. 따라서 재래식 전력을 만회할 수 있는 군사적 대안으로 핵무기와 같은 대량 살상무기를 개발하려 했을 가능성이 크다. 일부에서는 핵병기 개발이 지나치게 비싸기 때문에 북한경제에 오히려 부담을 가중시키는 결과를 초래할 것이라는 주장도 했다.[32] 그러나 현대의 첨단장비들은 통상무기든 핵무기든 엄청난 비용이 든다. 또 핵전력 개발에 투자한 비용의 많은 부분은 사실상 국가의 전반적 국민경제와 경제활동 분야에 파급되고 있음을 고려할 때 핵전력 개발의 이점은 더욱 커질 수 있다. 북한은 자체 경제능력을 감안해 지나치게 소모적인 재래식무기 증강책을 지양하면서, 이를 보완하기 위한 대안으로 이미 개발해오던 핵개발체계를 더욱 발전시킬 필요성을 절감했을 것이다.[33]

셋째, 김정일의 권력승계를 앞두고 있던 시기였기 때문에 군부의 기반을 다지는 수단으로 이용됐을 수 있다. 군부에 정권의 기초를 두고 있는 북한정권은 핵무기를 개발함으로써 군부의 위상을 강화하고 그

---

31) 황영채, 《NPT, 어떤 조약인가》(서울: 한울아카데미, 1995), p. 227. 그러나 핵억지관계를 유지시켜주는 것은 적의 공격으로부터 살아남아 반격할 수 있는 제 2공격능력의 확보에 있기 때문에 '고슴도치 작전'은 단순히 상징적 효과에 불과한 것이 사실이다.

32) 2차 공격능력을 갖추기 위해서는 상대방이 모든 핵탄두와 운송수단을 파괴할 수 없도록 상당량의 핵탄두와 운송수단을 개발해야 하고, 핵탄두나 운송수단을 분산배치하거나 항상 이동배치할 수 있는 운송체제를 갖추어야 하기 때문에 엄청난 비용이 든다(김우상, 《新한국책략 : 동북아시아 국제관계》, 서울: 나남출판, 1998, pp. 132~133).

33) 정영태, "북한은 핵카드를 포기하지 않는다," 〈신동아〉 1994/3, p. 171.

강화된 위상으로 정권승계를 하겠다는 의도를 가질 만했다. 군 내부의 강경파들은 핵무기에 대한 유혹을 느낄 것이며, 평양정권은 그와 같은 군부의 입장을 수용함으로써 군부의 지지를 강화하려 했을 것이다. 또 주민들에게 긴장을 고조시켜 생활고로부터 관심을 돌리고 강한 지도자의 이미지를 부각해 권력에 대한 두려움을 갖게 하는 등 내부통제에 유용한 수단이 될 수 있었다. '우리도 핵무기를 가졌다'라는 대내용 선전은 북한주민들에게 전쟁에 대한 경각심을 고취시키면서 일종의 자신감을 갖게 해 체제에 대한 신뢰와 충성을 유발할 수 있었을 것이다.

넷째, 핵무기개발은 이성적이기보다는 감정적이며 심리적인 것이라고 볼 수 있다. 탈냉전 이후 심한 고립감과 배신감을 가졌던 평양정권은 주변 국제사회에 대해 보복심을 느꼈을 것이다. 1990년 1월 셰바르드나제 소련 외상을 만난 김영남 외무상의 핵무기개발 의사표명은 바로 그런 심리의 표현이었다. 또 좌절감이나 배신감 때문에 외부에 자신을 과시하기 위한 수단으로 핵무기를 개발하려 했을 수도 있다. 핵무기는 북한의 성취의 상징이며 국제사회에서 북한의 위상을 높일 수 있는 수단이라고 생각했을 것이다. 즉, 핵무기를 보유하거나 개발하는 것은 한 국가의 근대성과 정체성을 반영하는 상징역할을 할 수 있다는 것이다. 국가의 자존심이나 위엄 등을 반영함으로써 자신의 지역적 역할을 강화하고 내부적으로는 국민적 통합을 도모하는 수단으로 이용할 수 있다.

다섯째, 미국과 협상을 하는 데는 핵이 가장 유용한 수단이라는 판단을 미리 했을 가능성도 있다.[34] 북미 핵협상은 1993년부터 본격적으로 시작되지만 북한은 이미 군사용 핵개발을 결정할 때부터 그런 계산을 하고 있었을지도 모를 일이다. 말하자면 다른 것을 얻기 위한 협상용으로 핵개발을 시작했다는 뜻이다.

북한이 군사용 핵을 개발하려는 목적은 위에서 예로 든 어느 한 가

34) Natalya Bazhanova, "북한의 독자적 핵개발 결정," 박명서 · 정지웅 역, 앞의 책, pp. 206~208.

지만이 아닌 복합적인 것일 것이다. 그러나 핵의 실체를 완전히 드러내면 그러한 목적을 효과적으로 달성할 수 없다. 우선 핵의 실체를 드러냈을 때 서방이 '별 것 아니다'라고 평가하면 북한은 더 이상 핵카드를 효과적으로 이용할 수 없을 것이다. 별 것 아닌 것으로 드러나면, 북한이 목표로 하는 협상카드로서의 효력을 가질 수 없다. 반대로 핵 실체가 국제사회에 엄청난 위협을 주는 것으로 판명되면, 미국은 물론이고 북한에 인접한 중국이나 일본, 러시아 등도 북한에 대한 제재에 동참하게 될 가능성이 컸다. 말하자면 더욱 집중적 압력을 받게 될 것이며, 그 핵카드를 실제 가용성은 엄청나게 줄어들 수밖에 없다. 북한이 스스로 그 카드를 사용하려면 생사를 건 모험을 하는 것이나 다름없기 때문이다. 그래서 북한은 핵무기의 존재나 핵개발 정도를 분명히 밝히지 않는 모호성 정책을 취했다.[35] 때에 따라서는 의도적으로 핵프로그램 증거를 흘리고, 관심이 집중되면 그것을 다시 거둬들이는 정책을 취하면서 자신의 안보와 생존을 위한 협상용으로 이용한 것이다.

북한이 핵개발을 군사용으로 전환하고 또 그에 대한 모호성 정책을 취해 얻은 첫 성과가 바로 남북한 핵협상이었다. 북한은 1990년 2월 IAEA가 핵안전조치협정 체결과 사찰을 촉구하자 ① 핵보유국의 비핵국가에 대한 핵위협 금지, ② 한반도 핵무기 철수, ③ 대북한 핵무기 불사용 보장 등 자신들의 안보유지를 위한 조건들을 내걸었다. 결과적으로 그와 같은 조건들은 남북한간의 핵협상을 통해 상당히 성취되는 양상을 보였다.[36]

3) 겉 다르고 속 다른 남북한 핵협상

남북한 핵협상은 한국의 입장에서 볼 때는 북한과의 대화를 추진하

35) 정영태, 앞의 글, p. 186.

36) 여기서 "양상을 보였다"고 한 표현은 남북한 핵협상도 결국은 성과를 거두지 못했기 때문이다. 그러나 북한의 요구조건은 협상과정에서 상당부분 반영되는 분위기였다.

기 위한 하나의 고리였고, 북한의 입장에서는 앞서 기술한 대로 탈냉전의 위기를 돌파하기 위한 시험장이었다. 핵문제는 탈냉전 이후 국제적 관심의 대상이었기 때문에 남북한간의 핵협상은 양측 모두 국제적 주목을 받으며 실리와 명분을 확보할 수 있는 기재였다. 특히, 북한이 체제를 유지하며 탈냉전의 분위기에 편승할 수 있는 수단으로 핵문제 외에는 다른 방법이 없었다. 북한의 속사정과 탈냉전 이후 핵문제의 심각성을 감안한 한미 양국은 남북대화의 테두리 내에서 핵문제를 해결하기로 하고, '남북비핵화 공동선언'과 '남북 상호 핵사찰추진'을 통해 북한의 핵개발을 저지한다는 목표를 세웠다. 그러기 위해서 북한의 핵안전조치협정 가입을 무엇보다 우선적 과제로 삼았다.[37]

한국과 미국은 북한을 핵협상 테이블에 끌어들이기 위한 명분을 만들어주기 위해 고심했다. 마침 조지 부시(George H. Bush) 대통령이 1991년 9월 27일 미국은 해외 전술핵무기를 모두 철수한다고 발표했다.[38] 해외에 있는 지상배치와 해상배치 전술핵무기를 모두 철수한다는 것이다. 이에 따라 한국에도 공중투하 전술핵탄두 60개 정도만 남겨두고 모든 핵무기가 사실상 철수했다. 미국은 탈냉전 이후 전세계적 핵무기문제를 해결하면서 동시에 북한의 핵무기문제도 해결하겠다는 이중목적을 가지고 그와 같은 전술핵무기 철수를 선언했던 것이다.

미국은 한국과 북한과의 핵문제 해결을 위해 이 60개의 공중투하 전술핵탄두도 완전히 철수, 한반도에 미국 핵의 부재를 선언하기 위한 교섭을 벌였다. 미국은 전술핵 철수 후, 북한으로 하여금 핵무기가 있

---

37) 외교통상부, 앞의 자료집, p. 5.

38) 부시 대통령이 그와 같은 발표를 하게 된 동기는 소련연방의 붕괴 때문이다. 소련의 강경파들은 1991년 8월 중순 고르바초프 대통령을 몰아내기 위한 쿠데타를 일으켰으나 실패했다. 그러나 그 쿠데타는 보리스 옐친이 권력을 잡는 계기가 됐고, 소련연방은 해체된다. 이와 같은 상황에서 미국은 소련이 갖고 있던 핵무기들이 우크라이나 등의 수중에 떨어지는 것을 우려하면서 이를 제거하기 위한 명분을 삼기 위해 먼저 그와 같은 발표를 했다(Oberdorfer, *op. cit.*, p. 259).

던 군산의 미군기지도 사찰한다는 제안을 하려고 계획했다. 미국은 이와 같은 계획을 마침 유엔총회에 참석 중이던 노태우 대통령에게 밝히고, 한국에서 미국의 핵무기가 철수되더라도 한반도는 여전히 미국의 핵우산 밑에 있다는 사실을 확인한다.[39] 이는 한국의 안보우려를 해소하기 위한 미국의 내밀한 약속이었지만, 현실적으로 볼 때 한반도비핵화 선언의 진실성을 의심케 하는 것이기도 했다.

이렇게 해서 발표된 것이 1991년 11월 8일 노태우 대통령의 한반도비핵화 선언과 1991년 12월 18일의 한반도에는 더 이상 핵무기가 없다는 핵부재 선언이다. 그와 같은 한국정부의 조치에 따라 북한도 일단 핵협상에 응한 것이다. 남북한은 1991년 12월 26일부터 31일까지 3차에 걸친 핵협상을 가졌으며, 그 결과 '한반도비핵화 공동선언'이라는 새로운 합의문건을 발표했다. 이 공동선언 합의에 따라 한국은 1992년도 한미 팀스피리트 훈련중단을 발표하고(1992. 1. 7), 북한은 IAEA와의 핵안전조치협정에 서명했다(1992. 1. 30).[40] 이는 표면적으로 볼 때 탈냉전 이후 남북한이 화해와 협력을 위해 이룩한 가장 큰 진전이었다.

그러나 남북한의 '한반도비핵화 공동선언'은 출발부터 문제를 안고 있었다. 우선 서로 추구하는 목표와 비중을 두는 분야가 달랐다. 미국은 남북한간의 비핵화 선언을 국제법화하려고 시도했다. 즉, 남북한간의 합의를 국제적 협정 또는 의정서에 의해 국제적으로 공인하는 절차를 밟으려 했다. 당시 미국이 생각하던 것은 한반도의 비핵화를 실현하기 위해 브라질과 아르헨티나 등 남미국가들간의 핵통제협정인 틀라텔롤코(Tlatelolco)식의 합의였다.[41] 남북한간의 합의와 주변 핵보유국

---

39) 이보다 앞서 1990년 들어와 주한미군 관계자들은 한국에 구태여 전술핵을 배치할 필요가 없다고 주장했다. 전술 핵이 없더라도 한반도는 항모 등을 이용해 미국의 핵우산 밑에 둘 수 있기 때문이다. 한국에 배치된 전술핵은 1972년 763기였던 것이 1989년 100기로 줄었고, 1991년 60여기만 남은 상태였다(Oberdorfer, *op. cit.*, pp. 257~258).

40) 이 핵안전조치협정은 1992년 4월 10일자로 발효됐다.

41) 1962년 쿠바의 미사일 위기로 인해 설립이 논의되던 이 조약은 1967년 2월

과의 보증을 통해 한반도의 비핵화를 제도적으로 추진하고, 북한의 핵 문제를 국제적 틀 속에 일방적으로 묶어두려는 계획이었다. 그러나 한반도가 분단되어 냉전의 기류가 여전히 흐르고 있고, 미국·중국·러시아·일본 등 주변국가들의 이해관계가 첨예하게 대립되어 있는 동북아의 정치질서가 남미와 같을 수 없었다. 미국의 틀라텔롤코식 구상은 처음부터 잘못된 의도였던 것이다.

한국은 한반도의 비핵화 선언을 하더라도 여전히 미국의 핵우산 밑에 있을 것이라는 보장을 받았다. 한반도에 핵무기가 없더라도 미국의 핵우산만 보장되면 안보상의 우려는 없는 것이다. 미국의 핵무기들은 비록 한반도에는 없지만 유사시 언제든지 곧바로 사용할 수 있는 근접 위치에 둘 수 있었다. 예를 들어, 미국의 핵항모나 잠수함, 핵탑재 전폭기 등은 한반도에 핵우산을 충분히 제공할 수 있었다.

북한 역시 비핵화 선언을 이용했다. 북한은 한반도 비핵화라는 상징성을 표면에 내세워 대외적 이미지개선을 노리면서도 한국에 핵무기가 유입될 수 있는 가능성을 대비해 비핵화 선언의 내용에 '함정'을 만들었다. 이 선언의 제 4조는 사찰대상을 '상대측이 선정하고 쌍방이 합의하는' 시설로 정했다. 이는 쌍방이 합의하지 않는 시설, 즉 한쪽이 반대하는 시설에 대한 사찰은 불가능하다는 뜻으로 세계군축사상 유례가 없는 내용이었다.[42] 한 당사자가 반대하는 시설에 대한 사찰은 불가능하다면 또 다른 당사자도 사찰반대시설을 내놓을 것이고, 그렇게 되면 결국 아무런 사찰도 실시할 수 없는 것이다. 북한은 바로 그와 같은

14일 라틴아메리카 22개국에 의해 서명되고 1968년 4월 24일 발효됐다. 조약 당사국의 기본적인 의무를 규정한 제 1조는 체약 당사국의 경우, 자국의 관할하에 있는 핵물질 및 시설을 오직 평화적 목적만을 위해 사용해야 하며, 각국의 영토 내에서 어떠한 형태로든 핵무기의 실험·배치·사용·제조·생산 및 획득과 핵무기의 인수·저장·설치 또는 어떠한 형태의 소유도 금지하도록 하고 있다. 이 조약의 의도는 군사적 비핵화를 추진하는 것이며, 원자력의 평화적 목적까지 금지하지는 않고 있다. 이 밖에 지역적인 비핵조약은 남태평양 비핵지대(*Rarotonga*) 조약 등이 있다.

42) 〈조선일보〉 1993년 3월 7일자.

〈표 4-1〉 한반도비핵화 공동선언 성립과정

일 자	내 용
1991. 9. 27	부시 대통령, 해외 전술핵무기 철수 발표
1991. 11. 8	노태우 대통령, 한반도비핵화 선언 발표
1991. 12. 18	노태우 대통령, 한국의 핵부재 선언 발표
1991. 12. 31	남북한, '한반도비핵화 공동선언' 합의

내용을 제의해 제4조에 포함시켰다. 여차하면 핵사찰을 받지 않겠다는 뜻이었다.

한반도비핵화 선언은 이처럼 당사자들이 서로 다른 속셈을 갖고 있었음에도 모두가 유익한 방향으로 활용했다. 각자의 국내 사정에 부합하는 정책으로 이용한 것이다. 미국의 한반도비핵화 구상을 등에 업고 어떻게 하든 북한의 핵의혹을 규명하려는 입장이었던 한국은 국내적으로 상당한 갈등을 겪고 있었다. 당시 노태우 정부 내부에는 북핵문제를 놓고 '안보파'와 '대화파'로 나누어졌다. '안보파'는 주로 외무부와 국방부 인사들로 북한의 핵문제가 먼저 해결되어야만 남북대화가 가능하다는 주장이었다. 그러나 통일원과 재야 쪽에서는 민족적 과제를 우선 해결해야 하며, 그러기 위해서는 대화가 선행되어야 한다고 주장했다. 이 두 주장을 한데 묶어 핵문제와는 별도로 남북 정상회담이나 경협문제를 추진하는 이른바 투 트랙(*two track*)정책을 구사했다. 비핵화 공동선언으로 북한의 핵개발을 막으면서, 경제협력을 적극 추진해 북한의 개혁·개방을 촉진시키겠다는 투 트랙정책은 두 마리 토끼를 모두 잡는다는 식의 정책으로 일단은 합리성이 있어 보였다. 또 당시 한국정부는 북한에 대항하기 위한 핵무기개발을 하는 것이 얼마나 무모하고 비경제적인지를 너무나 잘 알고 있었다. 즉, 한국이 비핵화 선언에 역행해 핵무기개발을 서두른다고 해도, 성공적으로 소량의 핵탄두를 생산할 가능성은 거의 없다는 판단이 지배적이었다. 우선 한국이 자체 핵무기를 개발하려 해도 현실적으로 국제정치적 부담이 너무 클 것이 분명했다. 1970년대 중반 박정희 정부의 핵개발 가능성에 대해 미국정부가 보인 예민한 반응을 생각해보면 이를 충분히 예측할 수 있었다.[43] 따라서 한국은 미국의 핵우산 아래서 핵보호막을 찾든지, 아니면 지역 내에 핵무기의 제한적 선제불사용원칙 도입을 성취하여 주변 핵보유국들로부터의 잠재적 위협을 최소화하는 것이 최선의 길이라고 판단했다.[44] 비핵화를 선언해 북한으로 하여금 동참케 하고, 그러면서도 미국의 핵우산 보호를 받을 수 있다면 한국으로서는 최상의 선택이 될 수 있는 것이다.

그러나 북한이 비핵화 공동선언에 합의한 의도는 다르다. 선언의 실효성에 대해서는 전혀 믿지 않으면서도, 자신의 생존과 체제보장이라는 측면에서 대외적 지지획득의 수단이 될 수 있다는 판단을 했다. 여기서 더 나아가 현실적으로 인식되는 한국이나 미국으로부터의 안보위협을 제거하기 위한 하나의 방법으로 비핵화 선언에 합의했다. 그 좋은 예가 한국으로부터 얻어낸 팀스피리트 훈련의 중단이었다.[45] 북한

---

43) 한국에서 핵무기에 관한 논의가 처음 일어난 것은 1972년 프랑스로부터 핵연료 재처리시설을 구입하기 위한 협의를 진행할 때부터였다. 당시 동북아는 닉슨 대통령의 중공 방문 등 엄청난 안보상의 변화가 있었고, 이에 따라 한국의 안보문제도 내부적으로 심각히 거론됐었다. 박정희 정부는 1975년 초까지 프랑스와 재처리공장 구입을 위한 협상을 계속했고, 박정희 대통령은 베트남이 패망한 직후인 1975년 6월 12일 기자회견에서 핵무기에 대해 처음으로 언급하면서, 미국이 핵방어벽을 철수시킬 경우 자체적인 핵능력을 개발할 것이라고 밝혔다. 미국은 1975년 말경 프랑스로부터 핵재처리공장 구입을 취소하라고 박정희 정부에 압력을 가했고, 1976년 1월 한국은 이 계획을 포기했다 (하영선, 《한반도의 핵무기와 세계질서》, 서울: 나남출판, 1991, pp. 149~150).

44) 김우상, 앞의 책, p. 133.

45) 한미 팀스피리트 훈련은 한국과 미국이 아무리 방어훈련이라고 주장해도, 북한은 북한체제를 전복시키려는 '침략훈련'이라고 강조했다. 또, 현실적으로도 한국에서 팀스피리트 훈련을 하게 되면, 북한도 그에 상응하는 군 동원체제를 가동해야 하기 때문에 경제적·심리적으로 엄청난 부담을 갖고 있었다. 미국이 김정일 정권의 붕괴를 유도하기 위해 최근 만들었다는 '작전계획 5030'

은 팀스피리트 훈련이 실시되면 대응태세를 갖추어야 하기 때문에 엄청난 압박을 받고 있는 처지였다. 물론 북한도 아무리 한반도에서 핵무기가 철수된다 해도, 한국이 미국의 핵우산 밑에 있다는 사실을 모를 리 없었을 것이다. 한반도에서는 핵무기가 철수됐다고 해도 유사시에는 미국의 핵항모나 잠수함이 언제든지 한반도 주변에 출현해 핵우산을 제공해줄 수 있다는 사실은 누구나 아는 상황이었다. 북한이 그럼에도 한반도 비핵화에 합의한 것은 팀스피리트 훈련을 중단시키는 등 주한미군의 전력을 축소시킨다는 부수적 효과를 노렸기 때문이었다. 자신들의 생존과 안보를 유지하기 위해서는 미국이 가하고 있는 군사적 위협을 경감시키는 것이 무엇보다 시급한 처지였기 때문에, 비록 한반도비핵화 선언이 아무런 효용가치가 없다 해도 그것을 담보로 팀스피리트 훈련을 못하게 한다면 북한으로서는 비핵화 선언을 마다할 이유가 없는 것이다. 결국 비핵화 공동선언을 가운데 두고 남북한이 각각 갖고 있던 속셈은 이어진 양측간의 핵협상에서 드러났고, 그와 같은 서로의 다른 속셈 때문에 협상은 결렬됐다. 남북한이 〈표 4-2〉에서 보는 것처럼 사찰원칙이나 사찰방법, 사찰대상에 대한 이견이 생긴 것은 기본적으로 핵문제에 대한 서로 다른 속셈 때문이었고, 각자 그 속셈에만 몰두해서 생긴 결과였다. 남북한은 1992년 3월 19일부터 1993년 1월 25일까지 10개월이 넘는 기간에 본회의 13회, 위원접촉 8회, 위원장접촉 1회 등 잦은 접촉을 가졌지만, 서로의 주장은 좁혀지지 않았다.[46)]

도 팀스피리트 훈련과 같은 효과를 노린 것이라고 볼 수 있다. '작계 5030'은 미군이 기습적으로 1주일 정도 군사훈련을 실시하거나 북한영공에 근접비행을 해, 북한의 부족한 자원을 고갈시키고 북한군부를 교란한다는 내용을 담고 있다(*U.S. News & World Report*, July 21. 2003).

46) 이 협상의 가장 핵심적인 쟁점은 북한이 은폐 및 증거인멸을 시도한 것으로 확인된 영변지역 2개소의 미신고 의심지역에 대한 사찰문제였는데, 북한은 이를 군사시설이라고 주장하면서 사찰대상에 포함시키기를 거부했다. 대신 북한은 선전적인 차원에서 '주한미군 핵기지'에 대한 사찰실시를 집요하게 주장했다. 즉, 북한은 관심의 핵심이었던 특별사찰은 거부하면서 자신들의 군

〈표 4-2〉 남북한 핵협상 주요 쟁점

구 분	남 한	북 한
사찰원칙	상호주의 원칙	의심 동시해소 원칙
사찰방법	정기사찰과 특별사찰 병행실시	특별사찰 거부
사찰대상	-핵물질, 핵시설, 핵관련 군사기지 -성역(군사기지 등) 불허	-모든 주한미군기지 -북측 군사기지는 제외
사찰내용	대칭사찰	비대칭사찰

반세기의 반목과 군사적 대립상태를 유지해온 남북한간의 핵협상은 신현실주의자들이 주장하는 '상대적 이득'게임의 한 전형이라고 할 수 있었다. 표면적으로는 협력을 추구하지만, 그 협력의 결과 상대방이 얻을 이득이 자신의 안보에 어떤 영향을 미치느냐에 일차적 관심을 갖기 때문에 진정한 협력이 이뤄지지 않는 것이다. 체제의 생존과 안보위기에 직면한 북한으로서는 한국과 아무리 협상을 하고 합의를 한다 해도, 그것이 한국의 흡수통일 정책에 기여할 것이라는 우려를 지우지 못했다. 협상과 합의가 남북한의 이익에 공동으로 기여한다기보다는 한국의 이익을 더하게 해 결국은 북한의 안보와 생존에 위해가 될 것이라는, 이른바 안보딜레마에 빠져 평양정권은 합의를 하면서도 그것을 실천하려 할 때는 항상 다른 구실을 내세워 이를 비껴가는 태도를 취했다. 국제적 화해·협력분위기를 도외시할 수 없는 데다 미국과의 대화를 위해서는 특히 한국과의 대화가 필요하다는 사실을 잘 알고 있

사기지는 제외하고 주한미군기지에 대한 사찰을 주장한다. 한국은 서로가 하나하나씩 보아가는 상호주의원칙(대칭사찰)을 주장하나, 북한은 모든 것을 동시에 해결하자는, 일괄주의방안을 고집하면서 주한미군기지의 사찰만 강조(비대칭사찰)하는 것이다. 북한의 그와 같은 주장 속에는 핵협상 자체가 북한의 안보를 위협하려는 한국과 미국의 불순한 의도가 개입된 것이라는 강한 불신이 개입되어 있다. 북한은 현실적으로 협상을 거부할 명분이 없기 때문에, 한국과 미국이 수용할 수 없는 방안을 내놓고 일단 협상을 궁지로 몰고 간다.

었던 북한은 결국 한국과의 대화를 이용할 수밖에 없다는 결론을 내리고, 표면적으로는 보다 적극적 자세로 남북대화에 응하는 모습을 취했지만 내부적으로는 깊숙한 대화를 피하는 정책을 취했다. 말하자면, 한국과의 대화는 겉과 속이 다른 '의사(疑似) 대화'의 성격이 짙었다.

신현실주의에서는 국제적 협력의 가능성이 다분히 제한적이라고 주장한다. 국가는 국력분포 형태로 결정되는 체계구조 내에서의 자국의 상대적 국력에 매우 민감하고, 자국의 생존이 타국에 의존하는 것에 두려움을 느낀다는 것이다. 이러한 안보불안감은 국가들간의 협력을 저해하는 요인이 되고, 국가들간의 지나친 의존(*dependence*)이나 상호의존(*interdependence*)에 대한 두려움을 갖게 한다.[47] 1990년대 초반 북한은 그러한 안보불안감과 두려움을 동시에 갖고 있었다고 볼 수 있다. 북한의 통치 엘리트들은 미국이 북한을 서방세계로 끌어내려는 목적이 궁극적으로 북한체제의 변화를 겨냥하고 있다는 사실을 잘 알고 있었다. 그러나 그들은 개방 자체가 북한체제의 침식과 붕괴를 가져올 것이라는 두려움을 갖고 있었다. 그렇다고 개방하지 않으면 경제는 그나마 회생의 기대조차 갖기 어려워, 이렇게도 저렇게도 할 수 없는 진퇴양난의 형국에 있었다.[48] 북한은 미국이나 한국과 협력할 필요가 있다는 사실을 피부로 느끼고 있으면서도, 그것이 급격한 자본주의의 유입을 초래해 결국은 미국이나 한국에 의존하는 상황이 될 것이라는 불안감을 가졌던 것이다. 그와 같은 진퇴양난의 형국에서 그들은 무엇보다 북한의 체제보장을 위한 장치를 마련하는 것이 시급하다는 사실을 깨달았다. 다시 말하면 우선 미국과의 관계개선을 통해 안전을 보장해 놓고, 서서히 개방과 개혁을 해나가겠다는 생각이었다.

미국과의 관계개선을 통해 안보를 보장받은 후 개혁과 개방을 도모하려 한 북한의 정책은 탈냉전 이후 불어닥친 동북아정치체계의 변화에 적응하기 위한 평양정권의 불가피한 선택이었다.

---

47) 김우상, 앞의 책, p. 24.

48) 김학준, "미국 우위의 세계질서 속에서 미국의 동북아시아 정책과 한반도," 오기평 편, 《21세기 미국패권과 국제질서》(서울: 오름, 2000), p. 270.

2. 대화의 문을 연 NPT 탈퇴선언

1) 북한의 NPT 탈퇴 배경

북한의 NPT 탈퇴선언 배경이나 원인에 대해서는 여러 가지 분석이 나와 있다. NPT 제10조에는 회원국이 조약상의 문제와 관련된 비상사태가 자국의 최고이익을 위태롭게 했다고 결정하는 경우, 조약에서 탈퇴할 수 있다고 허용하고 있어 북한의 NPT 탈퇴에 따른 법적 문제를 논하는 것은 무의미하다.[49] 북한의 NPT 탈퇴선언에 대한 국내정치적 배경에 대해서는 북한이 사찰기간에 체면이 손상된 것에 대한 좌절감, 뿌리깊은 국가적 과대망상증, 강경파와 온건파 간의 권력투쟁, 김일성에서 김정일로 넘어가는 세습정치, 러시아가 조소 방위조약을 재해석한 데 대한 분노, 심지어 존재하지도 않는 것을 증명하라는 요구에 대한 분노 등이 거론됐다.[50] 당시 권영해 국방부장관은 국회 외무통일위원회에서 북한의 NPT 탈퇴선언을 ① 개방 등으로 와해위기를 맞고 있는 체제를 유지하기 위한 고도전략, ② IAEA의 핵사찰 거부를 통해 핵무기 제조를 위한 시간 벌기, ③ 충격요법을 통한 한국·미국·일본·중국·러시아 등의 대북정책 변화유도 차원으로 설명했다.[51]

이 중에서도 특히 김정일 체제의 강화를 위한 수단으로 NPT 탈퇴를 선언을 했다는 분석은 눈길을 끌었다. 로버트 스칼라피노(Robert A. Scalapino) 박사는 "NPT 탈퇴를 전후한 북한 내 일련의 상황을 보면, 김정일은 자신의 위상을 제고하고 이와 함께 극도의 경제 궁핍에 처해 있는 전국민을 동원하기 위해 이를 이용하고 있다는 견해가 설득력이 있다. 북한군부가 문제시설의 사찰을 허용하지 말도록 강력히 주장하

---

49) 그러한 조항이 있음에도, 이를 이용해 탈퇴선언을 한 나라는 북한뿐이었다.

50) Chuck Downs, *Over the Line: North Korea's Negotiating Strategy*(Washington D. C. : The AEI Press, 1999), 송승종 역, 《북한의 협상전략》(서울: 한울아카데미), p. 328.

51) 〈세계일보〉 1993년 3월 17일자.

면서 NPT 탈퇴도 요구했을 가능성이 많다. 그게 사실이라면 김정일이 군부와의 유대를 강화하기 위해 이번 NPT 탈퇴를 강행했다는 진단이 가능하다"고 말했다.[52)]

이러한 모든 상상 가능한 원인들을 나열하고, 어느 변수가 북한의 NPT 탈퇴선언을 유발한 가장 유력한 변수냐 하는 문제를 규명하는 일은 쉽지 않을 것이다. 더구나 불투명하고 임의적 성격이 강한 북한의 정책결정구조를 생각하면 그런 노력이 탁상론에 그칠 가능성도 없지 않다. 지금까지의 경험으로 보아 북한의 정책결정과정은 외부에서 사용하는 합리적 방법이나 도구로 분석하기에는 어려움이 있는 것이 사실이다. 실제로 북한의 외교정책 결정과정을 보면, 관련부서의 적극적 참여가 결여되어 있고 특정 부서가 폐쇄적으로 최고위층과 연관되어 정책을 결정한다. 공식적 외교관계를 대표하고 전담하는 외무성만 하더라도, 내각에 속해 있지만 내각총리 지휘체계 밖에 있으며 김정일에게만 보고(報告)라인을 갖고 있는 특별부서인 것이다. 독재자 한 사람의 즉흥적 정책결정이나 비상식적이고 비합리적인 국가수준의 행위를 논리적 잣대로 규명하고 분석하는 일은 상당히 어려운 일임에 틀림없다.

그 때문에 북한의 NPT 탈퇴선언이 미국으로부터 생존과 안보를 보장받기 위해 처음부터 계획적으로 한 행동이었는지, 즉 NPT 탈퇴선언에 그런 전략적 함의가 있었는지, 아니면 NPT 탈퇴선언을 해놓고 보니 미국으로부터 생존과 안보를 보장받는 수단으로 활용할 수 있다고 판단하고 그 방향으로 나갔는지에 대한 분석조차 쉽지 않다. 현재로서는 NPT 탈퇴선언이라는 북한의 행동을 규명하기 위한 그러한 개인수준이나 국가수준의 분석은 후일 당사자들의 증언이나 문서가 나오고, 북한사회가 공개사회로 전환되어야 보다 적실성 있는 이론을 구성할 수 있을 것으로 보인다.

실제로 북미 협상의 미국대표였던 로버트 갈루치(Robert L. Gallucci)는 "나는 우리가 북한의 총체적 전략이 무엇인지에 대해 확실히 아는

---

52) 〈세계일보〉 1993년 3월 31일자.

바가 없다는 결론을 도출하게 됐다. 우리는 북한이 5년, 10년 혹은 15년 앞을 내다보며 한국, 미국, 일본 및 여타 국가들을 상대로 지속적 목표나 일관된 전략을 갖추고 있는지의 여부도 모르고 있다"고 실토했었다.[53] 이처럼 북한을 상대로 로버트 코헤인(Robert O. Keohane)과 조셉 나이(Joseph S. Nye, Jr.)가 주장하는 것과 같은 체계의 과정이나 내부 사정을 정확히 파악하는 것은 현실적으로 어렵기 때문에, 북한을 NPT 탈퇴선언으로 몰고 간 외부적 요인을 중요한 분석대상으로 삼는 것은 어쩔 수 없는 일이다.[54]

따라서 동북아정치체계가 북한에 미친 영향을 분석하고 그 영향에 북한이 표면적으로 어떤 대응을 했는가가 중요한 분석의 근거를 제공해준다고 하겠다. 우선 겉으로 드러난 사실만 보면, 북한은 NPT 탈퇴선언을 하면서도 협상을 통한 문제해결 가능성을 배제하지 않았다. 탈퇴성명에서 북한은 미국이 핵위협을 중지하고 IAEA가 독자성과 공정성을 회복할 때까지 NPT 탈퇴입장에 변함이 없을 것이라는 단서를 달았다. NPT 탈퇴와 관련된 모든 성명은 협상에 의한 문제해결에 초점을 맞춘 것이다. 이렇게 북한이 협상에 의한 문제해결을 내비친 것은 미국과의 협상을 유도하기 위한 좀더 장기적 목적을 갖고 있기 때문일 가능성이 적지 않았다. 또 다른 한편으로는 그런 장기적 목적보다는 NPT 탈퇴라는 벼랑끝 정책을 취하는 데 대한 위험부담을 줄이기 위해 일종의 여백으로 협상을 시사했을 수도 있다. 북한이 NPT 탈퇴를 선언할 당시의 상황을 보면, 북한은 IAEA나 국제사회로부터 엄청나게

---

53) 로버트 갈루치, "1994년 제네바합의에 또 다른 접근방법이 가능했을까?" 〈평화논총〉 4-1(서울: 아태평화재단, 2000년 봄·여름, 7호), pp. 31~32. 그는 북한의 핵무기와 탄두미사일 프로그램은 방어전략적 의미의 제어장치로 구상된 것일 수도 있고 공격전략용 제어장치로 이용될 수도 있을 것이지만, 그중 어느 것인지 분명치 않다는 견해를 폈다. 갈루치는 2000년 2월 25일 아태평화재단이 주최한 국제학술회의에 참석해 이와 같은 논문을 발표했다.

54) Robert O. Keohane & Joseph S. Nye, Jr., "Power and Interdependence Revisited," *International Organization* 41-4(Autumn, 1987).

궁지에 몰리고 있어 그런 장기적 분석을 할 여유가 있었겠느냐는 의문이 드는 것도 사실이다.

가장 현실적인 시각으로 판단하면, 북한의 핵문제를 제기하고 그 문제를 해결하기 위해 특별사찰이라는 수단을 동원한 국제사회의 압력이 북한의 NPT 탈퇴선언을 유발한 가장 직접적인 원인이었다. 북한의 NPT 탈퇴선언은 NPT체제를 정면 거부해 외부로부터 가해진 특별사찰이라는 압력을 피하기 위한 응급조치였다. 그렇다면 북한과 같은 행위자라고 할 수 있는 IAEA는 왜 특별사찰문제를 제기했는가. 북한의 NPT 탈퇴선언을 가져온 IAEA의 특별사찰문제 제기는 우선적으로 분석해봐야 할 대상이라고 하겠다.

북한은 1992년 1월 30일 IAEA와 핵안전조치협정에 서명하고 1992년 5월 4일 보유중인 핵시설에 관한 〈최초보고서〉(Initial Report)를 제출했다. IAEA는 이로부터 약 20일 후인 5월 25일부터 6월 5일까지 제1차 대북 임시사찰을 실시했다. 이어 1993년 2월까지 계속된 총 여섯 차례의 임시사찰을 실시했는데, 이 과정에서 북한의 핵활동에 대한 의심점을 발견한 것이다.

첫째, 북한이 주장하는 이른바 방사화학실험실은 사실상 핵재처리시설로 판명됐다.[55] 둘째, 북한이 신고한 플루토늄 추출량과 IAEA 추정치 간의 중대한 불일치(*discrepancy*)가 발생했다. 즉, 북한은 1990년 3월 5MWe 원자로의 손실된 연료봉을 꺼내 방사화학실험실에서 단 한 차례 재처리를 통해 90g의 플루토늄을 추출했다고 주장했으나, IAEA 측은 북한이 최소한 3회(1989, 1990, 1991) 재처리를 통해 kg 단위의 플루토늄을 추출한 것으로 추정했다.[56]

---

55) 당시 이 방사화학실험실은 외부공사가 80%, 내부공사가 40%정도 완료된 상태였다.

56) 핵재처리작업은 사용 후 핵연료에 남아 있는 유효성분(주로 플루토늄)을 화학적으로 추출해내는 작업이다. 재처리작업은 핫셀(*hot cell*)과 글로브 박스(*glove box*)등 특수 차폐시설이 필요하다. 이 플루토늄의 순도가 93% 이상이어야 핵무기제조에 사용할 수 있다(〈문화일보〉 2003년 4월 19일자).

북한은 단 한 차례 플루토늄을 추출했다며 IAEA에 플루토늄 샘플을 보냈으나, IAEA는 다시 그 플루토늄을 생산하고 난 후의 핵폐기물 샘플을 북한에 요청했다. 이 핵폐기물 샘플이 북한의 거짓말을 입증하는 결정적인 단서가 됐다. 즉, 북한이 먼저 샘플로 제출한 플루토늄과 IAEA의 요청으로 나중에 제출한 핵폐기물의 동위원소 비율이 달랐다. 이는 문제의 그 핵폐기물이 북한이 주장하는 90g의 플루토늄을 생산하는 과정에서 나온 것이 아님을 뜻하고, 이는 결국 또 다른 플루토늄을 생산했다는 것을 의미하는 것이다.[57] 이와 같은 의문점을 해결하기 위해 IAEA는 1992년 가을, 다시 북한에 들어가 샘플을 채취하고 이 샘플에 대한 광범위한 분석작업을 통해 1989년과 1990년 그리고 1991년 등 세 차례에 걸쳐 플루토늄을 생산했다는 결론을 내렸다. 이때부터 북한이 이미 1개의 핵폭탄을 만들 수 있는 플루토늄을 보관하고 있다는 전문가들의 주장이 여기저기서 나타난다.[58] 남북한간의 핵협상도 교착상태에 빠졌고, 한미 국방장관은 10월 워싱턴에서 1992년에 중단한 팀스피리트 훈련을 남북한간의 상호 핵사찰에 진전이 없을 경우 다음 해인 1993년에 재개한다고 발표했다. 북핵에 대한 특별사찰문제를 둘러싸고 한반도 주변에 다시 긴장이 고조된 것이다.

더구나 1993년 2월 22일 IAEA이사회에 미국의 중앙정보국(CIA)은 1991년 겨울과 1992년 여름에 촬영한 북한 영변의 핵시설 사진을 제출했다.[59] 북한 인부들이 핵시설 주변에서 작업하는 장면과 일반시설로

---

57) 남찬순, 《평양의 핵미소》(서울: 자작나무, 1995), p. 19.

58) 전문가들은 핵폭탄 1개를 제조할 수 있는 플루토늄의 양을 4~7kg 정도로 보고 있다.

59) 당초 CIA는 이 사진들을 IAEA에 제출하면서 상당한 신경을 쓴다. 우선 미국이 북한의 핵문제에 개입한다는 인상을 주지 않으려는 것이고, 둘째는 CIA의 정보수집능력을 감추기 위해서였다. CIA는 의도적으로 아주 흐리게 사진을 만들어 식별이 불가능한 사진을 준비했다. 이 사진을 촬영한 인공위성의 정확한 정보능력을 숨기려는 의도였다. 결국 IAEA는 백악관에 보다 선명한 사진을 달라고 호소하고, 백악관 지시에 따라 CIA는 다시 선명한 사진을 제출하나 이 사진 역시 컴퓨터로 상당부분 수정한 것이라고 한다. 당초 CIA는 이

〈그림 4-2〉 CIA 첩보위성이 탐지한 북한 핵시설

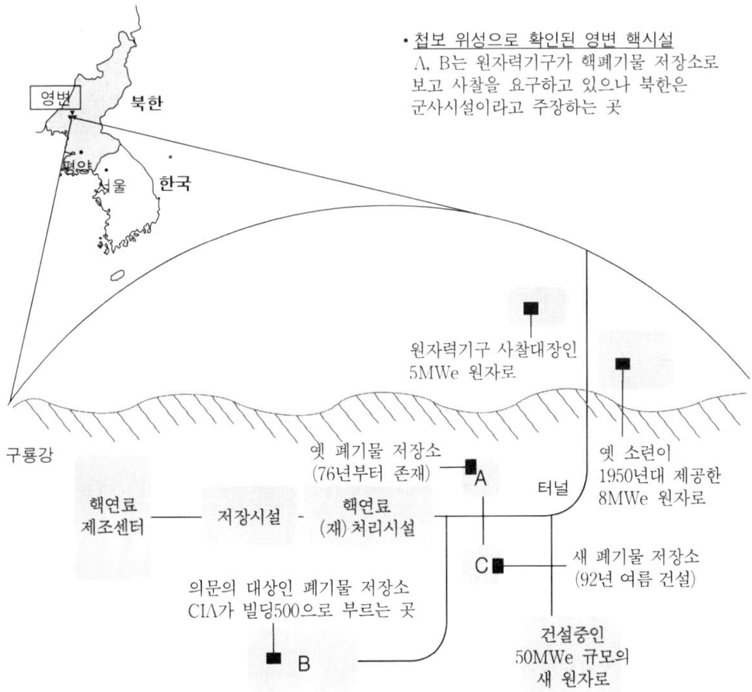

주: CIA가 1991년 겨울에 입수했다는 사진은 창고처럼 보이는 건물(B, 빌딩 500으로 명명)에서 노동자들이 언 땅을 파고 있는 것이었다. CIA는 이 창고를 핵폐기물 보관창고로 추정했다. 노동자들은 북한이 1976년 건설한 핵폐기물 저장소(A)와 빌딩 500을 연결하는 파이프 매설작업을 하는 것으로 분석됐다. CIA가 제공한 또 다른 사진들은 빌딩 500의 지붕이 갑자기 콘크리트로 봉해지고 그 지붕 아래를 노동자들이 흙으로 덮는 모습이었다. 1992년 여름 미국 첩보위성은 노동자들이 새로운 창고(C)를 급히 짓는 모습을 촬영했다. IAEA 사찰단이 1992년 늦가을 그곳을 사찰하기 며칠 전 미국의 첩보위성은 (A)가 흙으로 덮여 있고, 그 위에 급히 심은 듯이 보이는 나무들이 있는 사진을 촬영했다. 북한은 당시 사찰단을 (A)로 인도한 것이 아니라 갑자기 새로 지은 (C)로 인도했다. 사찰단이 그곳을 나온 며칠 후 CIA는 (A) 위에 심어놓은 나무들이 말라죽는 모습의 사진도 확보했다. 북한은 (A)의 사찰을 피하기 위해 그와 같은 위장을 했다는 분석이었다.

출처: 남찬순, 앞의 책, pp. 16~18.

사진들이 우연히 IAEA에 흘러들어간 것처럼 위장하려고 했었다(남찬순, 앞의 책, pp. 24~28; Oberdorfer, *op. cit.*, pp. 276~279).

위장된 장면을 찍은 사진들이었다. 이 두 개의 시설에 대해서는 IAEA가 이미 수 차례 방문사찰을 요구했으나, 북한은 이 시설들이 핵과는 무관한 군사시설이라고 주장하면서 사찰을 거부했다. IAEA측은 이 시설들이 핵재처리의 가장 직접적 증거인 액체 핵폐기물 저장소인 것으로 추정했다.

이에 따라 IAEA는 이사회를 통해 북한이 특별사찰을 수용해야 한다는 특별결의안을 채택했다. 북한은 이즈음 유럽 각국 대사관을 통해, 미국과 IAEA가 북한을 위협하고 있다며 대대적인 선전전을 벌였다. 북한은 세계언론을 상대로 특별사찰 수용거부와 핵안전협정 폐기 가능성을 거론했다. 그러나 IAEA이사회에서 미국 CIA가 제공한 두 장의 사진이 공개됐고, 국제사회는 이제 북한의 거짓에 대한 의혹을 더욱 강하게 갖게 됐다.

북한은 더 이상 버틸 수 없는 상황이 됐다. 여기에다 한국과 미국은 이미 예고한 대로 1993년 3월 9일, 규모는 약간 줄었지만 7만 명의 한국군과 5만 명의 미군이 참여하는 팀스피리트 훈련을 개시했다. 북한의 김정일은 팀스피리트 훈련이 재개되기 하루 전 전국에 전쟁준비령을 내리는 비상사태를 선언한다. 한반도의 위기감은 최고조에 달하고 그런 시점에서 북한은 NPT 탈퇴선언을 한 것이다.

결국 북한의 NPT 탈퇴선언은 외부적 압력에 대한 반발과 그 압력을 벗어나기 위한 궁여지책의 성격이 강했다고 볼 수 있다. 〈뉴욕타임스〉(*The New York Times*)는 "2월 하순 비엔나에서 열린 IAEA이사회에 참석했던 북한대표가 미국측이 촬영한 영변사진과 IAEA가 조사한 플루토늄 샘플조사 결과를 직접 보고, 더 이상 자신들의 핵개발 사실을 숨길 수 없다고 판단했기 때문에 NPT 탈퇴라는 정면돌파의 마지막 카드를 선택했다"고 보도했다.[60] 즉 자신들의 핵개발 사실이 백일하에

60) *The New York Times*, March 13. 1993. 북한은 2월의 IAEA이사회에 최학근 원자력공업부 부장(장관)과 이종혁 국제식량농업기구 대사를 내보내 북한의 입장을 설명했으나, 아무런 성과를 거두지 못했다. 비엔나주재 북한대사관의 윤호진 참사관은 미 CIA가 IAEA에 제공한 영변의 사진을 보고 "요즈음은 사

드러났고, 이에 대한 국제적 여론이 악화될 대로 악화된 상태이기 때문에 평양정권은 NPT 탈퇴선언 외에 다른 대안이 없었다는 것이다.

당시 평양당국의 주장이나 북한 내부의 움직임을 보면 북한이 외부로부터 어떤 압력을 느꼈고, 또 어떻게 대응하려 한 것인지 짐작할 수 있다. 북한당국은 NPT 탈퇴선언이 국가의 안보를 유지하기 위한 비상수단이었다고 줄기차게 강조했다. 북한이 NPT 탈퇴를 선언한 것은 1993년 3월 12일 중앙인민위원회 제9기 7차 회의에서다. 이 회의에서 채택됐다는 성명은 '나라의 최고이익을 수호하기 위한 조치'로 NPT 탈퇴를 결정했다고 밝혔다. 성명은 '민족의 자주권과 국가의 안전이 위협받는 엄중한 사태가 조성됐다'고 전제했다. 미국과 한국이 핵전쟁연습인 팀스피리트 훈련을 재개했으며, IAEA는 핵활동과 아무런 관련이 없는 북한의 군사대상들에 대한 특별사찰을 강요하는 결의안을 채택했다는 것이다. "이것은 우리 공화국의 자주권에 대한 침해이고, 내정에 대한 간섭이며, 우리의 사회주의를 압살하려는 적대행위이다"라는 것이 북한의 주장이었다. 성명은 또 "남조선에 있는 미국의 핵무기, 핵기지에 대한 사찰은 진행되지 못하고 있으며, 이로 인해 미국의 핵위협에 대한 우리 인민의 우려는 의연히 해소되지 않고 있다"며 미국의 전술핵 철수선언에 대한 강한 불신을 나타냈다.

북한은 13일 조국 평화통일위원회 성명, 14일 조선사회민주당 성명, 15일 외교부 비망록 등을 잇달아 발표하며 NPT 탈퇴조치가 "온 겨레를 전쟁의 위험에서 구출하고 민족의 자주권과 존엄을 지키는 가장 정당하고 혁명적인 대책"이라고 주장했다. 또 북한이 NPT 탈퇴선언과 함께 NPT 가맹국 외무장관 앞으로 보낸 서신이나 유엔 안전보장이사회에 대한 탈퇴통보문은 특별사찰 수용요구와 팀스피리트 훈련이 "조선을 무장해제하고 사회주의체제를 압살함으로써 조선의 최고이익을 위태롭게 하는 공공연한 강권행위"라고 주장했다.[61] 북한의 이러한 주

진기술이 좋아, 그 정도의 사진은 어디서나 만들 수 있다"며, "완전히 조작된 사진"이라고 주장했다(남찬순, 앞의 책, p. 31).

61) NPT를 정식 탈퇴하기 위해서는 유엔과 가맹국에게 일일이 통보해야 하고,

장들은 공통적으로 자신들의 생존과 안보에 대해 우려를 표명하며 이에 대응하겠다는 결의를 나타내고 있었다.

사실 IAEA이사회는 3월 25일까지 북한이 특별사찰을 받지 않으면 유엔안보리에 넘기겠다는 통보를 이미 해놓은 상태인 데다, 한미 양국은 제17차 팀스피리트 훈련을 3월 10일부터 예정대로 시작했다. 북한의 표현대로라면 '북침을 위한 예비전쟁이자 핵시험 전쟁'이 시작된 것이다.[62] 한마디로 국가의 안전을 위한 자위조치로 NPT 탈퇴선언을 했다는 것이다.

그러나 북한이 특별사찰을 받으라는 국제사회의 요구를 얼마나 심각하게 받아들였고, 또 그것이 자기들의 생존과 안보에 얼마나 치명적인 영향을 미치는 것으로 판단했는지에 대한 내부적 분석은 또 다른 차원의 연구대상이다. 평양정권은 특별사찰 요구가 자신들의 안보와 생존에 직접적 영향을 미치는 것으로 판단하면서도 한편으로는 그 위기성보다는 생존과 안보라는 명분을 내세워 특별사찰을 피하기 위한 국제적 여건을 만들고, 그것을 다시 대내적 체제강화수단으로 이용하려는 움직임을 동시에 보였다. 북한의 그와 같은 의도는 NPT 탈퇴선언 며칠 전부터 나타났다.

북한은 NPT 탈퇴선언을 하기 며칠 전부터 강도 높은 군중대회를 잇달아 열면서 "한 손에는 낫과 망치를, 다른 손에는 총을 들고 긴장하고 전투적으로 일하며 생활할 것"을 촉구하는 등 주민들에게 전쟁의식을 고취시켰다.[63] 또 NPT 탈퇴선언 직후에는 국경을 폐쇄했으며, 북한 거주 외국인들의 국내여행을 금지했다. 13일 밤에는 평양에서 등화관

그로부터 90일이 지나야 탈퇴가 확정된다. 그러나 북한은 가맹국에 개별통보한 것이 아니라 일괄통보를 해, 서방측에서는 법적 요건을 갖춘 통보가 아니라는 주장도 있었다.

62) 김정일은 3월 8일 최고사령관 명령 0034호로 준전시상태를 선포하면서, 팀스피리트 훈련을 그같이 규정했다(남찬순, 앞의 책, p.38).

63) 평양시 집회(3.9). 사회안전부 군무자 집회(3.10). 평남 군중대회(3.10). 김일성대학교 직원·학생집회(3.10). 개성시 집회(3.11). 강원도 집회(3.14).

제훈련을 실시했으며 14일로 예정됐던 부주석 이종옥의 방글라데시 방문을 취소했다. 북한언론들은 전쟁이 언제 터질지 모르는 일촉즉발(一觸卽發)의 사태라며 연일 긴장감을 고조시키는 보도를 했다. 다분히 의도적인 것이었다. 주민을 동원해 전쟁분위기를 고조시킴으로서 내부 단결을 꾀하고, 대외적으로는 한반도의 긴장분위기를 이용해 돌파구를 마련해보자는 속셈이었던 것 같다. 북한의 NPT 탈퇴선언과 그 뒤의 행동은 다목적 성격을 갖고 있었다.

북한이 이처럼 NPT 탈퇴를 선언한 것은 사실상 하나의 도박이었다. 북한은 외부에서 볼 때 안보문제와 관련된 '확률적 평가'(*assessment of probability*)에 근거해 정책결정을 내린 것이 아니라, '분쟁의 가능성'(*possibility of conflict*)을 선택해 죽느냐 사느냐 식의 제로섬게임을 한 것이라고 볼 수 있다. 안보에 대한 심한 불안감 때문에 최악의 상황을 가정한 정책을 취했다.[64] 최악의 상황을 가정한 정책은 그 자체가 극단적인 것이 될 수밖에 없다. 탈냉전으로 인한 체제와 안보에 대한 극도의 불안감에다 핵문제로 인한 외부의 압력이 북한으로 하여금 그런 정책을 취하게 한 주요 원인이었다. 북한이 당시 처한 상황은 평양당국자들이 '확률적 평가'를 고려할 여유를 주지 않았고, 오직 직접적인 군사적 수단만이 안보와 생존을 유지하는 유일한 길이라고 판단했던 것으로 분석된다. 독재국가는 일반적으로 무력만이 국가권력의 핵심이며 국가의 생존을 지탱하는 유일한 수단이라고 생각하는 습성이 있다. 북한은 바로 그와 같은 전형적인 국가였다. 더구나 체제생존의 위기에 몰린 평양당국으로서는 당장 군사력만이 유일한 대안이라고 판단했을 것이다.

---

64) Brooks, *op. cit.*, p. 64. '분쟁의 가능성'(*possibility of conflict*) 이론은 고도의 심리적 불안감으로 인해 국가가 경제적 능력이나 다른 목적성취보다는 무엇보다 군사안보에 전력을 다하고 군사적 사전방어조치가 침략에 대한 유일한 보장이라고 간주하기 때문에, 경제적 능력이나 다른 국력증가수단을 동원해 분쟁에 대비하려는 '확률적인 평가'(*assessment of probability*)를 하지 않는다는 주장이다.

2) 미국의 대응과 NPT체제 유지문제

미국은 탈냉전으로 북한에 대한 대화 유인요소를 갖고 있었다. 냉전기 미국의 세계전략은 주로 소련이라는 한 국가를 상대하는 것이었기 때문에 비교적 단순하고 분명했다. 그러나 소련이 붕괴된 후 생긴 힘의 공백은 또 다른 갈등과 분쟁을 불러왔다. 대량파괴무기의 등장이나 지역분쟁 등 냉전시대에는 큰 문제가 아닌 문제들이 새롭게 대두된 것이다. 반면에 탈냉전으로 인해 냉전비용으로부터 상당히 벗어날 수 있는 여유도 갖게 됐다. 이에 따라 미국은 앞서 밝힌 것처럼 군사적 지도력을 유지하면서 경제적 주도권을 회복하기 위해 '확대와 개입의 국가안보전략'(*A National Security Strategy of Enlargement and Engagement*)을 수립했다. 미국에게는 북한을 이 확대와 개입전략에서 구태여 배제할 이유가 없었다.

무엇보다 미국의 관심을 끈 것은 탈냉전으로 인한 대량살상무기의 확산가능성이었다. 소련에 집중되어 있던 핵무기가 주변국들로 분산되는 데 대한 대책이 시급한 때였으나, 그에 대한 국제적 통제능력은 상대적으로 약화되고 있었다. 인도, 파키스탄, 이라크, 이스라엘 등이 이미 핵무기 보유능력을 갖고 있거나 핵무기개발능력을 보유하고 있었다. 우크라이나는 1991년 소련의 연방해체 이후 과거 소련이 갖고 있던 SS-19, SS-20 미사일에 부착된 핵미사일 176개와 핵탄두 1,800개를 보유하는 3대 핵강국으로 떠올랐다. 우크라이나는 당시 러시아의 공격가능성을 들어 핵무기 폐기를 거부하고 있었다.[65] 탈냉전 후 핵문

---

65) 우크라이나의 핵문제는 1994년 미국과 영국, 러시아 3국이 우크라이나의 안전보장에 서명하고, 이어 우크라이나가 그해 12월 12일 NPT에 가입한 후 1996년 6월 보유하고 있던 핵무기를 완전히 폐기해 해결됐다. 1994년 미국과 영국, 러시아가 우크라이나의 안전보장을 위해 마련한 비망록은 ① 우크라이나의 독립·주권·영토를 보장한다, ② 자기방어목적 이외에는 우크라이나의 주권과 영토에 대해 군사위협이나 무력행사를 가하지 않는다, ③ 우크라이나로부터 공격을 받더라도 핵무기 공격이 아니라면 핵무기로 대응하지 않는다,

제가 새롭게 등장해 핵사찰을 강화해야 한다는 국제적 목소리가 높아진 것이다. 이와 같은 국제적 분위기 속에서 북한의 핵문제가 대두됐고, 따라서 미국으로서는 자연히 평양정권에 관심 갖지 않을 수 없었다. 평양정권을 공산권의 한 세력으로 묶어 보던 미국은 이제 북한을 독자적으로 한 위치를 차지하고 있는, 상대해야 할 필요가 있는 나라로 인식하게 됐다.

이에 따라 탈냉전 분위기가 무르익자 북미관계에 변화의 조짐이 일기 시작했다. 미국은 한국이 1988년 7·7선언을 발표하고 북방외교에 나서자 그해 10월 30일 곧바로 북한에 대북제재 완화조치를 취했고, 이어 12월에는 베이징에서 북한외교관과 접촉한다.[66] 평양과 워싱턴 양측에서 호의적 시그널이 오가기 시작했다. 한국도 그와 같은 시그널을 과거처럼 극렬히 반대하지 않고, 오히려 환영하는 쪽으로 반응했기 때문에 북미관계의 개선원칙에는 별다른 이의가 없어 보였다.

북한과 미국 사이에는 자연히 교류가 증진됐다. 미국은 북한의 학자와 관리들이 미국에 올 수 있도록 문을 열기 시작했다.[67] 미국은 여전

---

④ 우크라이나가 외부로부터 재래식 또는 핵공격을 받으면 3국은 즉각 유엔안보리를 통해 우크라이나를 돕는다, ⑤ 경제제재를 하지 않는다, ⑥ 합의사항에 문제가 생기면 3국은 서로 협의한다는 것 등 여섯 가지였다(〈동아일보〉 2003년 10월 2일자).

66) 미국의 대북제재 완화내용은 ① 비자규정의 테두리 내에서 북한 체육인·학자·문화인들의 비공식적인 민간 차원의 미국 방문 장려, ② 미국인들의 북한 방문제한 완화, ③ 인도적 차원에서의 미국의 대북한 교역허용, ④ 미국외교관의 북한외교관 접촉완화 등이다(〈동아일보〉 1988년 11월 1일자). 미국이 북한의 접촉요구에 처음 응한 것은 1988년 12월이었다. 한국의 노태우 정부가 1988년 7월 7일 발표한 선언을 통해, 한국정부가 북한의 동맹국인 소련 및 중국과 수교를 추진하는 대신 북한은 한국의 동맹국인 미국 및 일본과 수교를 추진해도 반대하지 않겠다는 뜻을 밝힌 것을 계기로, 미국은 북경에서 주중 미국대사관 정무참사관과 주중 북한대사관 정무참사관 사이의 대화를 시작한 것이다. 그러나 이 접촉은 비공식 접촉으로 이해되었을 뿐 정부 대 정부의 공식회담은 아니었다.

67) 1990년 5월 워싱턴에서 열린 〈동북아 전문가 회의〉에 북한의 군축평화연구소

히 대북관계 개선 전제조건으로 ① 핵사찰문제의 해결, ② 남북대화의 진전, ③ 테러리즘 포기, ④ 반미적대 선전활동 중지, ⑤ 미군유해 송환문제 해결을 요구했지만, 북미관계는 북한이 남북기본합의서를 채택하고 한반도비핵화 선언에 합의함으로써 더욱 진전됐다.[68)]

1992년 1월 22일 뉴욕에서 열린 북미 고위급회담은 북미관계에 하나의 획을 긋는 사건이었다. 북한과 미국의 고위관리가 공식적으로 만나 양국관계에 대한 의견을 교환한 것은 1953년 정전회담 이후 처음이었기 때문이다. 이 회담은 북미간 고위급회담의 선례가 됐다. 비록 미국대표인 아놀드 캔터(Arnold Kanter) 국무부 정무차관(국무부의 제3인자)은 이 회담을 갖는 것 자체가 북한에 대한 미국의 큰 '배려'라는 점을 강조하면서 북미관계 개선문제에 대해서는 의도적으로 언급하지 않고 오직 북한의 핵사찰 수용만 촉구했지만, 당시로서는 이미 미국이 북한을 협상상대자로 격상시킨 것이나 다름없었다. 미국이 북한을 협상 상대자로 인정한다는 것은, 바로 북한의 실체를 인정하고 현안 해결을 위한 논의의 당사자로 받아주겠다는 뜻을 함축하고 있었다.

캔터 차관은 북미 외교정상화를 위한 조건으로 북한에 대해 ① 국제핵안전지침을 준수한다, ② 미사일 수출을 중단하고 화학 및 생화학무기를 폐기한다, ③ 한국과 대화와 화합을 추구한다, ④ 테러리즘을 포기한다, ⑤ 한국전쟁 당시 북한에서 전사한 미군 유해의 발굴과 송환에 협조한다 등 다섯 가지를 제시했다.[69)] 반면에 북한은 주한미군 철수와

부소장과 연구원 및 유엔대표부 부대표가 참석했다. 1991년 6월에는 한 시해 조평통 부위원장이 미국을 방문해, 3자회담을 주장하며 카터 전 대통령을 북한에 초청했다.

68) 반면 북한은 미국에 대해 ① 북미 협의채널을 참사관에서 공사 또는 대사수준으로 격상할 것과 북미 직접대화, ② 북한에 대한 핵 불사용선언, ③ 주한미군과 핵무기 철수 및 팀스피리트 훈련중지, ④ 휴전협정의 평화협정으로의 대체, ⑤ 미군유해 송환을 위한 정부간 협의체 구성을 요구했다(허문영, 《북한의 대일·미 교섭현황과 수교전망》, 서울: 민족통일원, 1992).

69) C. Kenneth Quinones, 노순옥 역, 《2평 빵집에서 결정된 한반도 운명》(서울: 중앙 M&B, 2000), p. 35.

휴전협정의 평화협정 대체를 요구했다. 이처럼 이 회담은 양측의 서로 다른 주장 때문에 어떤 합의가 나오기는 어려운 상황이었다. 미국은 워싱턴의 '뜻'이 북한 수뇌부에 전달되는 것으로 만족한다는 입장이었다. 그러나 북한은 입장이 달랐다. 비록 미국과의 견해 차이가 크더라도 이 회담을 관계개선의 계기로 삼겠다는 의도가 분명했다. 북한의 김용순 로동당 국제담당 비서는 다음 회담을 갖거나 그렇지 않으면 공동성명이라도 내자고 주장했던 것이다.[70] 미국은 북한의 요구를 시기상조인 것처럼 여기며 거절했지만, 북한으로서는 탈냉전의 충격으로부터 벗어나 생존과 안보를 확보할 수 있는 기회를 잡은 것이다. 북한은 그 기회를 최대한 이용하기 위해 8일 후인 1992년 1월 30일 IAEA 핵안전조치협정에 서명하면서 IAEA의 임시사찰(*ad hoc inspection*)을 수용했다.[71] 미국의 요구를 적극적으로 받아들이는 호의적 정책을 취한 것이다.

그러나 막상 북한이 바로 1년 후인 1993년 NPT를 탈퇴한다고 선언하자 미국으로서는 큰 충격이 아닐 수 없었다. 우선은 북한이 그렇게 당장 NPT를 탈퇴하겠다고 선언하리라고는 예측하지 못했고, 또 그 탈

70) Oberdorfer, *op. cit.*, p. 267.

71) ① 임시사찰(*ad hoc inspection*) : IAEA와 핵안전조치협정을 체결한 당사국은 IAEA에 최초보고서를 제출하게 되어 있는데, 이 최초보고서의 내용이 실제와 같고 정확하고 안전한지를 확인하기 위한 사찰이다. ② 일반사찰(*routine inspection*) : 최초보고서에 의한 임시사찰이 끝난 핵시설 및 핵물질에 대해 변동사항을 검증하는 제도. 통상 원자력발전소는 연 4회, 연구용 원자로는 연 1회 IAEA 일반사찰을 실시한다. ③ 특별사찰(*special inspection*) : 임시사찰이나 정기사찰을 통해 미진한 부분이나 핵시설 또는 핵물질의 존재가 의심스러울 때 IAEA와 당사국간 합의에 따라 필요한 사찰을 받는 제도(외무부, 앞의 책, p. 7). 즉, 특별사찰은 첫째, 당사국이 IAEA에 제출한 특별보고서에 따라 실시하거나, 둘째, 당사국이 제공한 정보와 임시·일반사찰을 통해 획득한 정보가 협정에 따른 책임이행에 충분하지 못하다고 IAEA가 판단하여 당사국에 요청하여 실시된다(이은철, 《북한 핵과 경수로 지원》, 서울: 서울대학교 출판부, 1996, pp. 69~70).

퇴선언이 국제적으로 엄청난 파장을 불러일으킬 것이 분명했기 때문이다. 클린턴 행정부는 보스니아 사태, 러시아 지원문제, 중동 평화회담 재개 등을 주요 외교현안으로 챙기고 있던 중에 북한의 NPT 탈퇴선언이 나왔다. 더구나 클린턴 행정부가 출범한 지 40일이 조금 지난 시점이어서 외교라인조차 완벽하게 갖추지 못한 상황이었다. 너무나 예기치 못한 사태 발전이어서 미국은 곧바로 대응책을 마련하지 못했다.

클린턴 행정부에게는 북한의 NPT 탈퇴선언이 이해할 수 없는 도전행위로 여겨졌으며, 핵무기를 생산하기 위한 필사적 노력으로만 비쳤다.[72] 이 때문에 북한이 NPT 탈퇴선언을 한 직후에는 새로운 정책을 제시하기보다는 기존의 노선이나 원칙을 강조하는 데 그칠 수밖에 없었다. 클린턴 행정부로서는 북한에 대해 핵무기를 가져서는 안 된다는 입장을 되풀이하는 길 외에 다른 방법을 찾기가 쉽지 않았다.

당시 미국이 심각하게 고민한 것은 탈냉전 이후 대두된 대량파괴무기 확산저지였다. 미국은 대량파괴무기의 확산을 저지해야 할 충분한 명분과 시급성을 갖고 있었다. 우선 대량파괴무기들이 확산되면 지역분쟁시 미국의 임무수행을 극도로 복잡하게 만들 수 있다. 아무리 작은 나라일지라도 핵무기를 갖게 되면 유일 초강대국인 미국의 행동을 제약할 수 있기 때문이다. 미국은 또 탈냉전 이후 핵공격에 대한 억지수단을 제대로 갖출 수가 없는 상황이 됐다. 냉전 때는 소련에 대한 보복공격을 억지수단으로 활용했지만, 이제는 그런 억지수단이 통하지 않는 시기가 된 것이다. 예를 들어 어느 나라가 자살공격식으로 미국을 공격한다면, 보복공격은 그와 같은 도발에 대해 아무런 억지효과를 가질 수 없었다.[73] 자살공격식으로 미국을 공격하는 테러국가에게는 보복공격이 아무런 의미가 없기 때문에 그것이 공격의 억지수단이 될 수가 없는 것이다.

그래서 미국은 당장 NPT체제를 유지하는 것이 중요했다.[74] NPT체

72) Oberdorfer, *op. cit.*, p. 280.

73) Michael J. Mazarr, "Going Just a Little Nuclear," *International Security* 20-2 (Fall, 1995), pp. 22~23.

제를 대량파괴무기의 남용이나 자살공격식 테러를 원천적으로 막는 국제적인 망으로 삼아야겠다는 것이었다. 이에 따라 미국은 이미 인도, 파키스탄, 이스라엘 등 핵보유국에 대해 NPT 가입을 촉구하고 있었고, 1995년에는 NPT체제 갱신을 위한 국제적 노력도 본격적으로 시작했다.

북한의 NPT 탈퇴와 핵무장은 특히 NPT 회원국으로 은밀히 핵프로그램을 추진 중에 있던 이라크와 이란을 고무시킬 것이 분명했다. 특히 우크라이나는 핵무기 1,700여 기를 보유하고 있으면서도 NPT 가입을 유보하고 있었다. NPT를 탈퇴하겠다고 선언한 나라는 NPT가 1968년 3월 발족한 이래 북한이 처음이며, 그와 같은 탈퇴선언은 좋지 못한 선례가 될 수 있었다.[75] 또 NPT 탈퇴선언을 한 북한에 대해 탈퇴선언 철회의 대가로 협상을 하거나 보상하는 것은 그와 같은 협상이나 보상을 바라는 다른 나라의 NPT 탈퇴를 유발할 가능성도 적지 않았다. 무엇보다 한국과 일본을 자극해 동북아에 또 다른 핵경쟁을 유발할지도 모른다는 사실을 미국은 항상 유의하고 있었다. 한국은 1976년 프랑스와 핵재처리기술 및 시설구매 상담을 하다가 미국의 저지를 받은 적이 있다. 일본 역시 어느 때나 핵무기를 갖출 수 있는 능력을 보유한 것으로 국제사회가 의심하고 있는 상태였다.[76] 그래서 북한이 NPT에 복귀해야 한다는 주장은 미국이 어떻게 하든 고수할 수밖에 없는 원칙이었다. 클린턴(Bill Clinton) 대통령이 3월 15일 북한이 그들의 결정을 다시 한번 생각해서 IAEA의 사찰이 재개될 수 있도록 "아주 대단히 희망하고 있다"고 북한 핵문제에 대한 자신의 강력한 의사를 밝힌 것도 그런 원칙에 입각한 것이었다.[77]

---

74) NPT(*Treaty on the Non-Proliferation of Nuclear Weapons*)는 미국·영국·소련 등 핵무기 보유국들이 앞장서 1970년에 발효된 조약이다. 시효는 25년으로 1995년에 만료하기로 되어 있다.

75) 〈국민일보〉 1993년 3월 13일자.

76) *The Washington Times*, July 13. 1993.

77) 〈동아일보〉 1993년 3월 16일자.

클린턴 행정부의 이와 같은 입장표명은 북한의 NPT 탈퇴문제가 타협이나 협상의 대상이 아님을 분명히 한 것이었다. 당연히 지켜야 할 국제적 의무를 지키지 않는다면, 국제법에 따른 제재가 있을 뿐이지 그것을 두고 타협하거나 협상한다는 것은 있을 수 없는 일이라는 논리였다. 북한의 핵문제를 단순히 국제법적 차원에서 해결하려 했기 때문에 평양당국과의 협상 같은 것은 염두에 두지도 않았다. 즉, IAEA 등 국제기구가 국제법에 따라 북한의 핵문제를 해결해야 한다고 판단했다. 미국은 그 때문에 북한이 NPT 탈퇴선언을 하기 직전까지만 해도 북한의 핵문제가 IAEA의 활동범위 안에서 해결되기를 기대하면서 IAEA에 대한 내부지원을 아끼지 않았다.[78] 국방부 일각에서는 김일성과 직접 담판해 핵문제를 일거에 해결해야 한다는 주장도 있었으나 신생 클린턴 행정부로서는 아직 그런 준비를 할 수 있는 처지가 아니었다.[79]

그러나 이러한 강경한 입장을 고수하던 클린턴 행정부 내부에서도 북한과 접촉해야 한다는 의견이 나오고 있었다. 우선 국제법적 차원에서 북한 핵문제를 해결하려는 데 대한 반론이 적지 않았다. NPT 제10조 1항은 자국의 중대한 이익이 침해받을 시 탈퇴 3개월 전에 조약 탈퇴를 사전 통고할 수 있도록 규정했기 때문에, 북한의 NPT 탈퇴선언을 두고 이를 법적으로 규제하려는 것은 맞지 않다는 주장이 제기됐다. 즉 NPT조약 탈퇴는 가입국의 자유로운 권한이기 때문에 타국이 간섭할 수 있는 사안이 아닌데도 미국이 일방적으로 국제법이나 국제적 의무를 강요하는 것은 사리에 맞지 않다는 것이었다.

현실적으로 볼 때도 북한에 대한 새로운 접근이 필요하다는 의견이 적지 않았다. '참호' 속에 들어앉아 억지를 쓰는 북한을 일단 밖으로

---

78) 북한이 NPT 탈퇴를 선언하기 직전인 1993년 2월 20일, IAEA 정기이사회에 미 CIA가 입수한 북한 영변의 사진을 비밀리에 제공한 것도 미국이 북핵문제의 당사자로 나서기를 꺼려했기 때문이다.

79) Michael J. Mazarr, *North Korea and the Bomb* (Washington D.C: St. Martin's Press, 1995), pp. 170~172.

끌어내 국제사회의 목소리나 미국의 확고한 원칙을 알아듣도록 해주자는 것이었다. 북한의 태도에 대한 미국의 우려나 관심이 크게 고조되어 최대 외교현안 중에 하나가 되고 있으며, 북한의 태도는 국제사회 전체의 우려대상이라는 점을 평양측에 인지시켜야 한다는 것이다.[80)] 북한과 접촉해야 한다는 클린턴 행정부 내의 주장은 북한과 대화를 해야 한다는 한국과 중국의 주장 때문에 더욱 힘을 얻고 마침내 정책이 되어 서서히 모습을 드러냈다. 클린턴 행정부는 북핵문제에 대해 핵무기 비확산이라는 원칙을 고수하며 강경하게 대응한다는 방침을 밝혔음에도 실제로는 원칙을 지키고 대응할 수 있는 뚜렷한 정책을 찾지 못한 상태였다. 안보불안에 직면한 한국과 중국은 그런 클린턴 행정부에 대해 평양과의 대화를 제의하고 나선 것이다. 한국이나 중국은 미국과 북한 간의 마찰이 동북아 전체의 안보구조를 위태롭게 할 수 있다는 우려 때문에 북한과의 대화를 적극 권장할 수밖에 없는 입장이었다.

3) 동북아 정치질서와 대화

남북한관계는 세계 어느 나라간의 관계보다 안보복합체적 성격을 갖는다.[81)] 배리 부잔(Barry Buzan)의 표현을 빌리면, 우호적으로 상호의

---

80) 1993년 3월 29일 워싱턴에서 한 민간연구소의 주관으로 북한의 핵문제를 논의하기 위한 한반도전문가 연석회의가 열렸다. 이 자리에서 윌리엄 크로 백악관 해외정보자문위 의장은 북한을 궁지로 몰아세워서는 아무런 이득이 없다며, 북한과의 접촉을 제의했다(〈세계일보〉 1993년 4월 3일자).

81) 배리 부잔(Barry Buzan)은 주된 안보관심사가 서로 밀접하게 연계되어 일국의 국가안보를 다른 국가의 안보와 구분하여 생각할 수 없는 일군의 국가를 안보복합체(*security complex*)라고 불렀다. 안보복합체의 주된 특징은 둘 혹은 그 이상의 국가 사이에 상호적으로 느끼는 고도의 위협과 두려움이라고 지적했다(Barry Buzan, *People, States and Fear: An Agenda for International Security Studies in the Post-Cold War Era*, 김태현 역, 《세계화시대의 국가안보》, 서울: 나남출판, 1995, pp. 223~226). 부잔의 안보복합체이론은 체계이론과 상당히 밀접한 관계를 갖고 있다. 월츠는 체계가 구조와 단위로 구

존적인 안보복합체가 아니라 극도로 부정적인 적대적 상호의존관계라고 할 수 있다. 이와 같은 상호의존관계는 서로가 팽팽한 힘의 균형이 있어야 유지된다. 어느 한쪽이 균형을 깨는 정책이나 군사력을 행사하려 하면 바로 적대적 충돌국면으로 돌입하는 위기를 맞는다. 탈냉전 직후 형성됐던 동북아 정치안보체계의 불안정성과 불확실성의 주된 근원은 사실 한반도라고 할 수 있었다. 남북한이 냉전 당시의 군사력을 그대로 유지하면서 대치하는 한반도는 새로운 질서형성의 과도기적 상황에 가장 민감할 수밖에 없었다. 북한의 NPT 탈퇴선언과 미국에서 일고 있던 강경대응책은 그와 같은 남북한간의 적대적 상호의존관계를 깨고 무력충돌을 불러올 여지가 적지 않았다.

한반도의 무력충돌은 강대국들의 이해관계가 첨예하게 대립된 지역인 데다, 탈냉전의 혼란상태가 계속되었기 때문에 쉽게 해결할 수 없는 상황으로 치달을 가능성이 컸다. 그러한 사태진전은 분단이라는 한반도의 정치안보구조와 더 넓게는 강대국들간의 이해관계가 대립하는 동북아의 정치체계를 볼 때 피할 수 없는 상황처럼 인식됐다. 그 때문에 어느 쪽에서든 먼저 대화와 협상론이 나오지 않을 수 없는 상태였다. 그래서 한국이 가장 먼저 대화를 주장했고 중국이 그것을 강력히 뒷받침하고 나서는 상황이 된 것이다. 말하자면 무력충돌의 인화성이 강한 동북아정치체계가 대치국면으로 치닫는 행위자들의 행동을 규제하는 환경이 조성됐다.

1993년 북한의 NPT 탈퇴선언이 나오자 한국사회에는 당장 전쟁 얘기가 나오고 그 파장은 사회, 경제 등 모든 분야에 미쳤다. 북한은

성되어 있다고 주장하지만 부잔은 체계가 구조와 단위 외에 상호작용도 포함하는 것으로 보고 있어, 두 사람의 이론간에는 차이가 있다. 그러나 안보복합체라는 것은 결국 구조의 한 특징을 말하는 것으로 그와 같은 구조의 특징이 단위, 즉 국가의 행동을 제약하거나 규제한다는 점에서는 월츠의 주장과 상통한다고 할 수 있을 것이다. 부잔은 체계=단위+상호작용+구조로 보고 있다(위의 책, p. 184). 따라서 그는 코헤인이나 나이의 이론에 동조하는 듯하지만, 기본적으로 국가를 분석수준으로 삼는 현실주의자라고 할 수 있다.

NPT 탈퇴선언이 자신들의 생존과 안보 그리고 체제유지를 위한 비상조치였다고 주장했지만, 한국은 북한의 행동에 대해 위협을 느끼지 않을 수 없었다. 반대로 당시 한국과 미국의 팀스피리트 훈련에 대한 북한의 입장도 마찬가지였다. 1993년 3월 10일부터 시작된 한미 팀스피리트 합동훈련은 한반도를 긴장분위기로 몰아넣었다. 곧이어 3월 12일 NPT 탈퇴선언을 한 북한은 미국의 공습에 대비한다는 명목으로 영변에 대공포를 배치하는 등 전쟁태세에 돌입했다고 밝혔다. 한미연합사도 준(準)전시에 발령되는 '워치콘 2'의 전 단계인 '워치콘 3'를 발령했다.[82] 당시 한국의 권영해 국방장관은 국회 국방위원회에서 "필요하다면 18일 끝나는 팀스피리트 훈련의 미국병력을 일부 잔류시키는 방안도 신중히 검토하겠다"고 밝혀, 한국 내부의 긴장은 더욱 고조됐다.[83] 그와 같은 긴장분위기는 갓 출범한 김영삼 정부에게는 큰 부담이 되었다.

급기야 김영삼 정부는 먼저 긴장의 고리를 푸는 작업에 들어가지 않을 수 없었다. 한국군이 실질적 대비태세에 들어간 지 이틀 후인 3월 18일, 당시 황인성 국무총리는 국무회의에서 "북한의 NPT 탈퇴로 국민들 사이에는 긴장이 고조되고 있으나 현 상황에서는 전쟁이 없다는 사실을 국민들에게 주지시켜야 할 것"이라고 관계부처에 지시했다. 이에 따라 국방부는 북한의 준 전시상태가 팀스피리트 훈련에 대비한 '한시적 조치'라는 판단을 내렸다며, 팀스피리트 훈련에 참가 중인 미군의 잔류요청을 하지 않기로 했다고 발표했다. 이어 당시 포항 근해에 정박 중이던 항공모함 인디펜던스 호와 수원기지에 있던 스텔스 117A 전투기, 그리고 B1B 폭격기 등 미국의 첨단 군사무기들이 원대 복귀하기 시작했다.[84] 북한으로부터 느끼는 위협에 대해 또 다른 위협으로 대응하는 것이 아니라 스스로 긴장의 도를 낮추는 정책을 취한 것이었

---

82) 한미연합사는 1976년 8월 판문점에서 북한군이 미군을 살해한 도끼만행사건 직후와 1988년 서울올림픽, 그리고 1992년 12월 중순 한국 대통령선거 직전에 '워치콘 3'를 발령했었다.

83) 〈동아일보〉 1993년 3월 17일자.

84) 남찬순, 앞의 책, p. 42.

다. 북한에 대해 또 다른 위협으로 대응하는 것은 위협의 연쇄작용 때문에 결국 전쟁의 길로 가는 것이고, 그렇게 되면 한반도의 상황은 더욱 파국으로 치닫게 될 것이 뻔했다. 그런 상황이다 보니, 총리가 나서 국방장관이 며칠 전에 한 말을 거두는 해프닝이 벌어졌다. 북한에 대한 제재나 위협의 효과보다는 그 제재나 위협으로 인해 발생할지도 모르는 전쟁의 대가가 너무나 크다는 현실인식 때문에 김영삼 정부는 더 이상 북한에 대한 물리적 수단을 강구할 수 없었던 것이다. 김영삼 정부는 자진해서 긴장의 고리를 풀지 않을 수 없는 입장이었다.

북한 역시 3월 24일 준 전시상태를 해제했다. 계속 준 전시상태를 유지할 여력도 부족한 데다 팀스피리트 훈련 종료와 한국의 대응해제 등을 감안한 조치였다. 고도의 긴장이 오래 지속되는 것은 평양정권에도 큰 부담이 아닐 수 없었다. 또 협상을 모색하기 위해서는 긴장상태를 푸는 작업이 필요했다. 한국과 미국의 팀스피리트 훈련과 북한의 NPT 탈퇴선언이 맞물려 고조됐던 한반도 안보위기는 그렇게 서로 위기의 강도를 줄이는 표면적 조치로 일단 진정되는 분위기였으나, 그 위기는 북한의 핵문제와 이를 해결하려는 이해 당사국들간의 노력에 영향을 미쳤다. 한국과 중국은 북한의 예상치 못한 돌발행위가 한반도의 평화를 깨고 동북아 안보를 위협하는 현실을 다시 직시하게 됐고, 북핵문제는 평화적 방법으로 해결되어야 한다는 점을 실감하지 않을 수 없었다. 그래서 미국을 북한과의 대화 쪽으로 밀어 넣었다. 탈냉전 이후 제자리를 잡지 못해 불안정한 상황에 있던 동북아정세가 북한의 NPT 탈퇴선언으로 더욱 동요하게 되자, 이해 당사자들간의 대화의 필요성이 강조될 수밖에 없었다. 결국 동북아정치체계로 볼 때 미국은 북한과 대화를 할 수밖에 없었고, 그 대화 중재 역할은 한국과 중국이 맡을 수밖에 없는 상황이 된 것이다.

북한이 NPT 탈퇴선언을 하자 당시 한승주 외무부 장관은 ① 북한이 결국 핵무기를 생산해 한반도의 전략적 상황을 바꾸어 놓을 가능성, ② 미국과 다른 국가들이 너무 강력히 대응해 한반도에 전쟁이 발생할 가능성, ③ 북한의 핵개발 계획에 자극 받아 한국 내부에서도 핵개발문제가 대두되고 그것이 일본까지 자극해 국제적 핵확산 방지 노력이 무산될 가능성 등을 염두에 두면서 한국의 입장을 정리했다.[85] 한 장관은 이와 같은 가능성을 전제로 한국의 정책을 정리해, 3월 25일 워싱턴을 방문했다. 한 장관은 이른바 '당근과 채찍'전략을 중심으로 한 '로드맵'을 미국에 제시했다.[86] 북한에게 압력만 가해서는 안 된다는 한 장관의 주장에는 어떤 일이 있어도 한반도에서 전쟁이 일어나는 것은 막아야 한다는 김영삼 정부의 기본입장이 들어 있었다. 이에 따라, 한국정부는 먼저 미국에 대해 북한과의 대화를 제의한 것이다.[87]

한 장관의 주장은 미 국무부의 견해와 상당히 같았으나, 미 국방부와 의회 쪽에서는 북한에 대한 강경분위기도 없지 않았다. 북한과는 어떤 일이 있어도 협상을 해서는 안 된다는 주장이었다. 그러나 그럴 경우 협상하지 않고 어떻게 하겠다는 것이냐는 질문에 대해서는 뚜렷한 답변이 없는 상황이었다. 이 때문에 협상론은 북핵문제 해결의 유력한 방안으로 힘을 얻는다.

중국도 이미 북한의 NPT 탈퇴선언에 대한 입장을 밝혀놓고 있는 상태였다.[88] 중국 외교부는 북한이 NPT 탈퇴를 선언한 다음날인 13일, "중국은 한반도의 비핵화를 일관되게 지지했다. 그러나 이 문제의 실현은 무리나 강압을 사용하기보다 대화와 협상으로 추진할 것을 희망한다. 그래야 문제해결에 도움이 될 것이다"라는 성명을 발표했다.[89]

---

85) Oberdorfer, *op. cit.*, pp. 281~282.

86) '로드맵'전략이나 '당근과 채찍'정책이란, 북한에 대해 강경책과 온건책 등 이중의 정책을 구사하되, 부동의 목표를 설정하고 경직성을 노정하기보다는 상황에 따라 탄력적으로 대응해 나가면서 그 목표를 달성한다는 전략이다. 또 북한의 태도에 따라 그들에 대한 반대급부가 결정되고 극단의 방법을 추구하기 이전에 모든 외교적 수단을 소진시키겠다는 의지의 표현이라고 할 수 있다(정옥임, 《북핵 588일》, 서울: 도서출판 서울프레스, 1995, p. 40. 주석 97).

87) 당시 주한 대리대사였던 Raymond Burkhardt는 한국이 북미대화를 먼저 제의했다고 밝혔다(Oberdorfer, *op. cit.*, p. 283).

88) 북한의 NPT 탈퇴선언에 대한 중국의 입장은 '제 5장 국제기구의 한계 : 미국의 역할과 중국의 벽'에서 상세히 분석했다.

중국은 특히 북핵사찰에 대한 북미회담을 환영한다는 공식입장을 표명하면서 북핵문제가 북한과 IAEA, 미국 그리고 한국 간의 대화로 해결될 문제임을 주장했다. 북한에 대해 먼저 당근부터 제공해보자는 중국의 입장은 한국과 맞아떨어지는 것이었다. 묘수를 찾지 못하고 강경일변도의 입장만 견지해 오던 미국으로서는 한국과 중국의 주장에 귀를 기울이지 않을 수 없었다. 북핵문제에 어느 나라보다도 직접적 연관이 있는 한국이나 북핵문제 해결에 어느 나라보다도 도움을 줄 수 있을 중국의 입장을 클린턴 행정부는 받아들이기로 한다.

이렇게 해서 미국은 북한과 대화를 하겠다고 나섰다. 〈워싱턴 타임스〉는 4월 14일, "클린턴 행정부는 북한의 NPT 탈퇴선언 철회와 핵사찰 수용을 위한 마지막 카드로, 평양측에 고위 외교관급 회담을 제의할 가능성이 있다. 북한이 오랫동안 요구했던 그와 같은 고위급회담에서도 성과가 없다면, 미국은 유엔의 경제제재조치와 같은 더 강경한 조치를 모색할 것이다"고 보도했다. 북한이 NPT 탈퇴를 선언한 지 약 50일 만인 4월 22일 서울을 방문중이던 피터 타노프(Peter Tarnof) 미국무부 정무차관은 마침내 미국이 북한 핵문제 해결을 위해 미북접촉을 고위급회담으로 격상시킬 예정이라고 밝혔다.[90] 이와 때를 맞춰 북한에서도 먼저 미국에 대화를 제의했다. 비록 국무부 일부에서는 북한과의 대화 가능성을 의도적으로 표시하고 있었지만, 정작 협상의 길을 열 수 있는 방법이 없던 차에 북한으로부터 대화제의 연락이 온 것이다. 1993년 5월 중순, 북한의 유엔주재대사 허종으로부터 미국측에 "나는 우리 정부로부터 귀 정부에 양측 정부가 서로 만나 쌍방의 문제를 논의할 수 있는지 여부를 알아보라는 권한을 위임받았습니다"라는 전화가 왔다. 사실상 대화제의였던 것이다.[91] 그렇게 해서 북미 고위급회담은 발 빠르게 진행됐다.

---

89) 〈동아일보〉 1993년 3월 14일자.

90) Douglas Jehl, "U.S. Agrees to Discuss Arms Directly With North Korea," *The New York Times*, April 23. 1993. p. A10.

91) Quinones, 노순옥 역, 앞의 책, p. 135.

그 고위급회담은 베이징에서 있던 참사관급 접촉과는 성격이 달랐다. 베이징의 참사관급 접촉은 워싱턴과 평양 사이에 하나의 연락창구 역할만 하는 데 불과했다.[92] 그러나 고위급회담은 그야말로 북한과 미국에서 고위급인사가 참석해 양국의 현안을 논의하는 자리다.[93] 북한의 핵문제를 놓고 미국과 북한이 해결책을 논의하면서 서로의 이해관계를 따지는 국가와 국가 간의 협상이 시작되는 것이다. 탈냉전 이후 유일 초강대국이 된 미국은 평양정권의 위상을 그만큼 상승시켜 주었고, 북한으로서는 국제사회가 주시하는 가운데 미국과 대등한 협상을 한다는 국가적 자부심을 충분히 가질 수 있는 회담이었다.

하지만 미국은 그런 고위급회담을 염두에 두면서도 처음에는 '엄격한 선'을 설정해 놓고 있었다.[94] 우선 회담의 주제를 북한의 NPT 탈퇴문제에 국한하고 북한의 탈퇴선언 철회를 설득하는 데 1차적 목표를 두었다. 그러기 위해 북한의 NPT 탈퇴가 국제사회에 어떤 파장을 일

---

92) 1988년 가을에 개설된 북경창구는 협상이나 회의라기보다는 서로의 입장을 전달하는 창구에 불과했다. 즉, 워싱턴으로부터 전문을 받은 북경주재 미국대사관 정치과는 북한대사관에 전화를 걸어 언제 어디서 메시지를 전달할 것인지를 협의했다. 곧이어 양국 정치담당 공사의 간단한 회동이 이어지나, 양측 공사는 만나서 인사와 메시지를 교환할 뿐이다. 북한은 메시지의 내용을 확인하는 질문을 할 수 있지만, 미국에서는 확인만 해줄 뿐 메시지의 본질에 대해서는 자세히 설명할 수 없었다(*Ibid.*, p. 32). 북한과 미국은 북한이 NPT탈퇴를 선언한 3월 12일 이후인 3월 17일 북경에서 30차 참사관급 접촉을 가졌다. 그러나 이 접촉은 미국이 북한의 NPT탈퇴에 대한 강경한 입장을 전달하기 위해 먼저 요청한 것이었고, 북한은 이틀 후인 19일 북경주재 참사관을 통해 미국의 요구를 거부하는 답신을 보낸다(남찬순, 앞의 책, p. 48).

93) 1992년 1월 뉴욕에서 가진 북한의 김용순 로동당 비서와 미 국무부의 캔터 정책담당 차관의 회담이 북미간의 유일한 고위외교관급 회담이었다.

94) 미국은 당초 북한과의 대화를 협상이나 회담으로 표현하지 않고 미팅(*meeting*)이라고 표현할 정도로 격을 낮추었다. 미국이 '미팅'이라는 말을 고집한 이유는 북한의 NPT 탈퇴나 핵사찰 수용문제는 흥정거리가 될 수 없고, 이 문제가 해결된 바탕 위에서 협상이나 회담이 가능하다는 원칙을 세웠기 때문이었다(〈동아일보〉 1993년 4월 24일자).

으키고 북한에 어떤 해(害)를 갖고 오는지 설명하겠다는 의도였다. 말하자면 협상의 성격을 엄격히 제한해 놓고, 그 범위나 선을 넘는 협상이나 타협은 하지 않겠다는 것이었다. 그래서 미국은 북한이 우선적으로 NPT에 복귀해야 한다는 원칙을 정해 놓고, 그후 관계개선문제를 논의하자고 제의했다. 미국은 이미 앞에서 설명한 것처럼 북핵문제에 관한 평양측과의 협상이 좋지 않은 선례가 되지 않을까 우려했지만, 어떻든 북한을 상대로 협상해야 할 입장이 된 것이다.

미국의 입장은 고위급회담의 대표선정에도 그대로 반영됐다. 미국은 고위급회담의 대표로 국무부의 갈루치 정치군사 담당 차관보를 임명했다. 갈루치 차관보는 핵문제 전문가로 이라크의 핵무기와 화학무기를 제거하는 데 능력을 발휘한 사람이다. 그는 지역문제 전문가가 아니며, 특히 한국에는 단지 5일 동안 머문 경험만 있는, 한반도문제에 대해서는 그야말로 문외한이었다. 미국이 그런 경력을 가진 갈루치 차관보를 고위급회담의 대표로 임명한 데는 첫째, 북한과의 회담을 핵문제에 국한시키겠다는 의도였고, 둘째, 보다 정치적 성향이 강한 지역문제 전문가, 예를 들어 동아시아태평양 담당 차관보를 대표로 임명할 경우 한국을 놀라게 할지도 모른다는 생각 때문이었다.[95]

김영삼 정부는 당시 북한의 핵문제를 포함한 한반도문제를 미국과 북한이 독점하는 것이 아니냐고 우려하고 있었다. 한반도문제는 어디까지나 한국이 당사자가 되어 해결해야 한다는 입장을 미국에 강력히 밝히고 있었다.[96] 김영삼 정부는 북한체제에 대한 우월감이 팽배해 있

95) Oberdorfer, *op. cit.*, p. 284.

96) 한국정부는 미국이 북한과 접촉을 하더라도, 사전에 한국과 충분히 상의하고 그 만남 자체를 공개하며 북한과 나눈 얘기도 충분히 설명해주어야 한다는 입장이었다. 또 북미회담도 북한 핵문제에 국한되어야 하며, 이를 계기로 회담 자체가 정례화되어서는 안 된다는 주장이었다. 이와 같은 한국의 입장은 한반도문제 논의에 한국이 소외되지는 않을까 하는 조바심과 우려 때문에 나온 것이었다. 김영삼 정부는 결국 북미 고위급회담이 윤곽을 잡아가고 있던 1993년 5월 20일 북한에 남북 고위급회담 대표접촉을 제의한다(〈동아일보〉 1993년 5월 21일자).

었던 시기였기 때문에, 남북한문제의 해결을 위한 주도권 행사에 무엇보다 관심을 갖고 대북한 접근책을 구사했다. 따라서 클린턴 행정부가 한반도문제를 직접 다루는 동아시아태평양 담당 차관보를 대표로 임명할 경우, 미국이 북한과 정치적 흥정을 할 것이라는 의구심을 강하게 가질 만한 입장이었다.

고위급회담의 대표 수준에 대해서도 미국은 의도적으로 차관보급을 택했다. 1992년 1월 뉴욕에서 열린 첫 북미 고위급회담에는 국무부의 제3인자인 캔터 차관이 참석했다. 그래서 이 고위급회담에도 같은 급인 국무부의 타노프 차관이 참석할 것이라는 예측이었으나, 그보다 격이 낮은 갈루치 차관보가 참석한 것이다. 반면 북한은 수석 차관급인 강석주 외교부 제1 부부장을 수석대표로 참석시켰다. 북한은 처음부터 고위회담을 정치 외교적 문제로 이끌어 갈 심산이었다. 또 회담의 격이 높을수록 좋다는 판단 아래, 미국의 갈루치 차관보가 수석대표로 참석하는 데 불만을 표시하기도 했다.[97]

고위급회담에 임하는 미국의 입장은 5월 26일 갈루치 차관보가 처음으로 미 상원 외교위 동아시아태평양 소위원회에 출석해 한 증언에 잘 나타난다. 그는 "우리는 국제사회로부터 적절한 대응을 받지 않고 NPT를 탈퇴하는 선례를 남겨서는 안 된다. 동시에 탈퇴 위협으로 정치적이든 군사적이든 경제적이든 국제사회의 양보를 얻을 수 있다는 선례도 남겨서는 안 된다. 핵문제가 해결되지 않는 한 북한과는 어떠한 여타문제도 논의하지 않겠다"고 말했다.[98] 그러나 갈루치 대표의 증언은 그대로 실천되지 않았다. 미국과 북한과 고위급회담을 하기 전에 가졌던 원칙과 입장은 제1단계 고위급회담에서부터 허물어졌다. '적절한 대응을 받지 않고 NPT를 탈퇴하는 선례를 남겨서는 안 된다'

---

97) 북한은 1단계 회담이 끝난 후 2단계 회담부터는 미국의 협상대표를 타노프 정무차관으로 격상해줄 것을 정식 요구했다(Marc Lerner & Michael Breen, "S. Korea: North must allow check," *The Washington Times*, June 13. 1993).

98) 〈동아일보〉 1993년 5월 27일자.

고 했으나 북한은 탈퇴선언에 따른 별다른 '대응'을 받지 않았다. 오히려 미국으로부터 상당한 양보를 얻어 일단은 체제위기를 벗어났고, 워싱턴과 평양은 북한의 핵문제가 완전히 해결되지 않은 상황에서 관계정상화문제를 논의하기 시작했다. 갈루치 대표가 북미협상 직전에 한 증언 내용은 이처럼 완전히 빗나갔다.

북미 핵협상과정의 제약과 기회 제5장

탈냉전 이후 북한의 생존과 안보에 근원인 문제를 제기하면서 평양정권을 위기로 넣었던 동북아의 정치질서는, 그러나 협상이 시작되자 거꾸로 북한이 위기를 탈출할 수 있는 기회를 제공했다. 불투명하고 불안정했던 탈냉전기의 동북아 정치정세는 북한이 한반도에 무력충돌이라는 극단적 상황을 몰고 올지도 모른다는 위기의식을 감돌게 했고, 평양당국은 그러한 분위기를 바탕으로 한국을 '인질'로 삼는 강온(强穩) 양면전략을 적절히 구사했다. 동북아정치체계는 북한이 벼랑끝 정책과 남북대화 등을 미국과의 협상에 이용할 수 있도록 하는 근거와 토양을 제공했던 것이다.

반면 미국의 경우에는 동북아정치체계의 특성 때문에 협상력을 제대로 발휘하지 못하고 행동의 제약을 받아야 했다. 미국은 북한과의 협상에서 평양정권에 치명적인 경제봉쇄와 군사력 사용을 검토했지만 결국 이를 실천하지 못했다. 당시 상황은 미국이 그러한 행동을 할 수 없는 한계를 가졌다. 또 한반도 갈등의 특수성과 북핵문제에 대한 견해 차이 때문에, 한미공조체제도 효과적으로 운용되지 않았다. 내부적으로도 미국의 대북 핵정책은 혼선을 거듭했다.

제 5장에서는 북미 핵협상의 전과정을 추적하면서 동북아 정치정세

가 북한에게 어떤 정책을 구사할 수 있는 기회를 주었고, 한국과 미국에게는 어떻게 행동의 제약을 가했는지, 그리고 그러한 기회와 제약이 협상과정에서 어떻게 나타났으며, 한미간의 갈등은 어떻게 전개됐는지에 대해 분석했다. 이와 같은 분석은 북한이 미국에 비해 상대적으로 이득을 취할 수 있었고 미국은 그럼에도 타협을 할 수밖에 없었던 이유를 규명하는 데 도움을 줄 것이다.

〈그림 5-1〉 동북아정치체계와 북미 핵협상

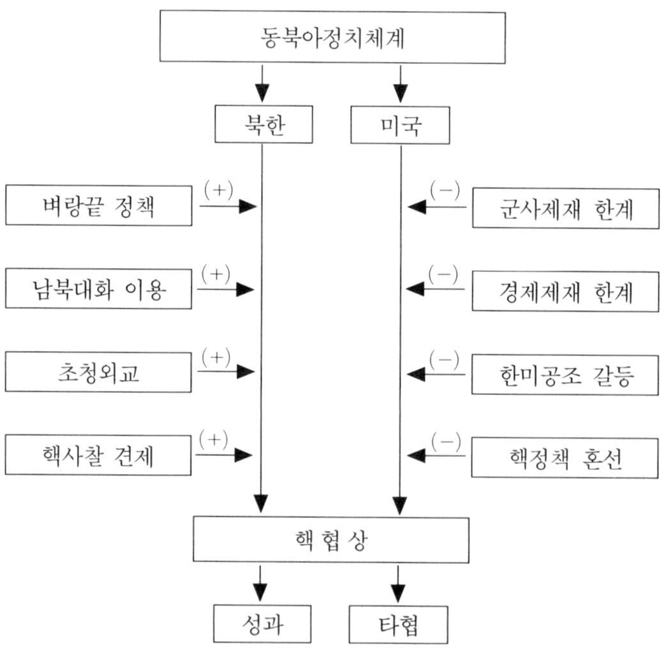

*주: (+), (-)는 협상결과에 순기능을 한 것과 역기능을 한 것을 각각 표시함.

1. 동북아정치체계 약점 물고 늘어진 북한

1) 협상의 전개과정과 평가

(1) 협상의 과정

북한의 핵문제를 대화로 해결한다는 클린턴 행정부의 정책방향이 설정됨에 따라 북한과 미국이 처음으로 뉴욕에 접촉창구를 연 것은 1993년 5월 17일이었다. 이 뉴욕창구의 개설은 북미관계에 하나의 이정표가 되는 중요한 사건이었다. 한반도 분단 이후, 미국과 북한 사이에 처음으로 공식적 협상창구가 개설된 것이다. 베이징참사관 접촉은 단순히 양국의 의견을 전달하는 통로에 불과했지만 뉴욕접촉에는 협상과 타협도 할 수 있는 수준의 관리들이 참석했다. 이 접촉에서 양측은 6월 2일 뉴욕에서 고위급회담을 갖기로 합의했다.[1]

북한은 처음부터 이 고위급회담을 정치회담으로 규정하고 ① 북한에 대한 미국의 핵무기 불사용, ② 팀스피리트 훈련 중지, ③ 한국 내 미군기지 공개, ④ 미국의 한국에 대한 핵우산 제공중지, ⑤ 주한미군 철수, ⑥ 북한 사회주의체제 존중 등 6개 항을 제시했다.[2] 북한은 국제사회가 주시하는 가운데 미국을 상대로 자신들의 체제위기를 극복할 만한 보장을 받고, 한반도문제의 주도권을 행사하겠다는 의도였다. 북한은 평양정권이 수립된 이후 그와 같은 기회를 갖는 것이 처음인 데다가 안보불안상태를 해소해야 할 시급한 현안까지 해결해야 할 입장이어서, 북미 고위급회담에 모든 외교적 역량을 집결할 수밖에 없었다. 고위급회담은 오로지 핵문제 해결에만 집중하겠으며 이 회담에서 핵문제가 해결되지 않는 한 북한과 어떠한 여타문제도 논의하지 않겠다는 미국의 단순한 입장과는 큰 차이가 있는 것이다.[3]

---

1) 당시 북한인사는 허종 유엔주재 부대사였고, 미국인사는 국무부의 한국데스크였던 찰스 카트먼(Charles Kartman)이었다.

2) 남찬순, 《평양의 핵미소》(서울: 자작나무, 1995), pp. 84~85.

3) 5월 26일 로버트 갈루치 차관보의 미 상원 외교위 동아시아태평양 소위원회

미국은 이 회담 일정도 6월 2일 하루 정도로 잡았다. 6월 1일 미 국무부는 미국의 입장을 분명히 밝혔다. "미국은 첫째, 북한이 핵확산금지조약(NPT)을 탈퇴치 않고, 둘째, 국제원자력기구(IAEA)에 대한 그들의 임무를 다하도록 하며, 셋째, 남북한간의 비핵화 선언이 완벽하게 실천되도록 한다는 데 목적을 두었다. 당시 6월 2일 하루 동안만으로 계획된 회담은[4] 4차 회담까지 이어져 6월 11일 끝났다.[5] 북한은 NPT 탈퇴선언이 효력을 발생하는 6월 12일 직전까지 회담을 끌고 가면서 버텼다. 당초 미국의 의도와는 달리 1단계 고위급회담은 양국간의 정치·외교적 문제에까지 의제를 넓혀가기 시작한 것이다. 미국은 고위급회담에서 무엇보다 북한의 NPT 탈퇴선언을 철회하고 특별사찰을 받는 등 IAEA의 안전협정을 준수하고 한국과 비핵화협정을 이행하도록 촉구했다. 반면 북한은 광범위한 정치문제들이 의제에 포함되어야 한다고 강조했다.

증언.

4) 리처드 바우처(Richard Baucher) 대변인은 고위급회담이 열리기 하루 전인 1993년 6월 1일 국무부 정례브리핑시간의 질문에 다음과 같이 밝힌다(남찬순, 앞의 책, p. 89).

- 무엇을 논의 할 것인가.

"미국은 첫째, 북한이 NPT조약을 탈퇴하지 않고, 둘째, IAEA에 대한 그들의 임무를 다 하도록 하며, 셋째, 남북한간의 비핵화 선언이 완벽하게 실천되도록 한다는 데 목적을 두고 있다. 북한이 이 세 가지를 지키도록 압력을 가할 것이다."

- 이 회담은 계속될 것인가.

"현시점에서는 2일 회담이 유일하게 계획된 회담이다. 현시점에서 계획된 접촉은 2일의 단 한 번뿐이다."

북한도 6월 6일 평양으로 돌아가는 비행기 좌석을 예약한 것을 보면, 회담이 6월 11일까지 길어질지 예측을 못한 것 같다. 그러나 북한은 회담을 오래 끌려고 했고, 미국은 빨리 끝내려 했다.

5) 고위급회담의 회수가 1단계, 2단계 등으로 구분된 것도 이때부터다. 6월 2일부터 시작된 첫 회담이 우여곡절을 겪으며 4차 회담으로까지 이어지자, 이를 모두 합해 1단계 회담이라고 명칭을 붙인 것이다.

1993년 6월 2일부터 열린 제1단계 북미 고위급회담은 이처럼 미국의 대북 핵문제에 대한 주장과 북한의 대미 정치공세가 맞서 4차 회담까지 연장됐다.[6] 시간을 끌며 미국과의 회담을 계속하는 것은 북한에 절대적으로 유리한 일이었다. 미국과 대화 기회를 갖는 것 자체가 북한이 노리던 것이었기 때문이다. 북한은 NPT 탈퇴가 확정되는 6월 12일이 다가오자, 마침내 NPT 탈퇴를 번복할 의사를 비쳤다. 그렇게 해서 NPT 탈퇴선언이 효력을 발휘하는 6월 12일을 하루 앞둔 6월 11일 양측은 극적으로 합의사항을 만들어냈다. 즉, 북한은 NPT 탈퇴를 유보하고 양국은 고위급회담을 지속하기로 한 것이다. 북한의 입장에서 볼 때, 미국과의 고위급회담 지속은 앞으로 미국으로부터 체제안전을 보장받을 수 있는 통로를 마련했다는 의미를 갖고 있었다.

미국은 1단계 고위급회담이 끝난 후 북한이 NPT체제를 유지하기로 한 것이 가장 큰 성과라고 주장했다. 또 예상외로 핵문제에 대한 북한 대표들의 태도가 아주 솔직해, 앞으로 협상을 통한 해결방식에 기대를 갖게 했다는 것이다.[7] 미국의 입장에서 볼 때는, 북한을 NPT체제에 묶어 둠으로써 NPT 자체를 유지하는 데 크게 기여한 회담일 수 있고 북한이 보인, 핵문제를 해결하겠다는 의지에 고무될 수 있었을 것이다. 북한의 태도는 북한이 협상대상이 될 수 없는 독재국가라는 미국인들의 부정적 인식을 해소하는 데 도움을 준 것도 사실이었다. 특히,

---

6) 미국대표단은 6월 4일 회담을 중단하고 워싱턴으로 철수하는 등 회담이 극한 대결로까지 갔다. 그같이 회담이 어려웠던 것은 핵문제에 대한 양측의 심각한 의견차이 때문이기도 했지만, 그 차이를 더 복잡하게 만든 것은 상호무지와 불신이었다고 한다(C. Kenneth Quinones, *North Korea's Nuclear Threat "OFF THE RECORD" Memories*, 노순옥 역, 《2평 빵집에서 결정된 한반도 운명》, 서울: 중앙 M&B, 2000, p. 155).

7) 그때까지만 해도 미국의 일반적인 인식은 북한이 협상이나 타협을 할 줄 모르는 아주 폐쇄적인 집단이라는 것이었고, 따라서 핵협상에 참석하는 대표들도 그런 부정적인 태도를 보일 것으로 추측했다. 그러나 1단계 고위급회담 이후, 미국대표들은 북한에 대한 그와 같은 이미지를 바꾸게 됐다는 것이다. 즉, 북한을 여느 나라와 같은 협상 상대자로 생각하게 됐다는 것이다.

북한 수석대표인 강석주 외교부 부부장의 태도는 로버트 갈루치(Robert L. Gallucci) 대표가 공개적으로 칭찬할 정도로 세련됐다는 것이다.[8] 그와 같은 긍정적인 대북한 인식은 과거에 갖고 있던 지나치게 부정적이던 인식의 반작용이라고도 할 수 있지만, 북미협상을 진행하는 데 상당히 긍정적 영향을 미친 것이 사실이다.

그러나 양측이 발표한 공동성명 내용을 보면, 북한이 NPT 탈퇴에 대한 자신들의 행동에 또 다른 여지를 만들어놓았다는 것을 알 수 있다. 북미 공동성명은 "북한정부는 NPT 탈퇴효력을 필요하다고 생각되는 기간만큼 일방적으로 정지시키기로 결정했다"고 되어 있다. 북한이 NPT 탈퇴선언을 무조건 철회한다는 것이 아니라, '필요하다고 생각되는 기간만큼' 탈퇴효력을 정지시킨다는 것이다. 여기에는 앞으로도 북한은 필요에 따라 NPT를 자유롭게 탈퇴할 수 있다는 의미가 포함되어 있다.[9] 즉, NPT 탈퇴여부에 대한 판단은 어디까지나 북한의 주권에 관련된 것이기 때문에 어느 나라도 그러한 주권을 침해할 수 없다는 주장이었다. 미국은 이를 두고 북한을 NPT체제에 묶어 두는데 성공했다고 풀이한 것이다.

더구나 이 공동성명에는 그동안 IAEA와 북한 간 갈등의 핵심이었던 특별사찰문제가 전혀 언급되지 않았다.[10] 북한은 이 1단계 회담에서 특별사찰을 받아들일 경우, 모든 비핵국가는 미국의 정보만 있으면 군사기지마저 개방하지 않을 수 없는 나쁜 선례가 될 것이라며 특별사찰을 완강히 거부했다. 오히려 특별사찰에 대한 IAEA의 불공정성을 추궁하는 것이 옳다고 주장했다. 1단계 회담을 마친 갈루치 대표는 특별사찰문제는 어떻게 됐느냐는 기자들의 질문에 "우리의 목표는 영변의 미신고시설 두 곳에 대한 IAEA의 사찰을 받아들이게 하는 데 있다"고 애매한 답변을 했다. 이 미신고시설 두 곳은 바로 특별사찰의 대상으

8) Don Oberdorfer, *The Two Koreas* (Washington D. C. : Basic Books, 1997), p. 286.

9) 남찬순, 앞의 책, p. 95.

10) 특별사찰문제는 이때부터 북미간의 접촉에서 밀려나기 시작한다.

로 지목된 곳이지만 갈루치 대표는 '특별사찰'이라는 용어를 피하면서 그 같이 말했던 것이다. 당시 미국의 입장에서는 북한이 특별사찰이라는 말에 지나친 거부반응을 보이고 있는 마당에 구태여 그 말을 사용할 필요가 있겠느냐 는 현실적인 판단이 있었던 것 같지만 어쨌든 특별사찰의 의미는 희석되기 시작했다.

반면 북한은 1단계 고위급회담에서 나온 공동성명을 역사적 문건으로 평가했다. 공동성명에는 ① 양국은 핵무기를 사용하지 않으며 이러한 무력으로 위협하지 않는다는 것을 보장한다, ② 포괄적 핵안전조치의 공정한 적용을 포함, 한반도의 비핵화 및 평화와 안전을 보장하며 상대방의 자주권을 상호존중하고 내정에 간섭하지 않는다, ③ 한반도의 평화적 통일을 지지한다, ④ 양국은 평등과 공평의 기초 위에서 대화를 계속한다고 되어 있어, 표면적으로 보면 북한의 요구사항들이 반영되어 있는 게 사실이다. 북한으로서는, 미국이 핵무기를 사용하지 않겠다고 약속함으로써 불가침조약이나 평화조약의 전(前) 단계 작업을 마무리 지은 것으로 해석할 수도 있는 입장이었다. 더구나 미국이 특정 국가를 상대로 핵위협을 가하지 않겠다고 한 것도 처음 있는 일이기 때문에 북한으로서는 상당히 자긍심을 가질 만했다.[11] 북한은 회담 초부터 미국이 아직도 한국에 핵무기를 배치하고 있고 이는 자신들에 대한 직접적 위협이 된다며, 핵무기와 한미 팀스피리트 훈련을 적극 거론하고 나섰다. 북한은 핵무기와 팀스피리트 훈련문제를 거론함으로써 특별사찰문제를 희석시키려는 의도를 보였고, 북한의 그런 의도는 일단 공동성명에 반영된 것처럼 해석됐다.

이와 같은 평가에 대해, '핵무기를 비롯한 무력사용 위협 불(不) 행사'는 이미 미국이 수차 공개적으로 천명한 내용이었고, '상대방에 대한 주권존중'과 '내정 불간섭'은 UN헌장 2조의 원칙이며 남북기본합의서의 제 1, 2조 내용과 유사한 것이기 때문에, 별다른 새로운 내용이 아니라는 것이 미국의 주장이었다. 미국은 원칙적 입장만 되풀이했다

---

11) 〈동아일보〉 1993년 6월 12일자.

는 것이 미 국무부의 설명이었다.

그러나 이 공동성명은 북한에 중대한 의미가 있는 것이었다. 약 1년 전인 1992년 1월 뉴욕에서 열린 첫 북미 고위급회담에서는 부시 행정부의 거부로 그와 같은 공동성명이 나오지 못했다. 따라서 1단계 북미 고위급회담에서 공동성명이 나온 것은 그것만으로도 미국이 북한정권의 합법성을 인정하면서 협상을 했다는 증거가 된다. 이는 곧 북한의 생존과 안보를 위해하는 의도적 행동을 하지 않겠다는 보장의 성격도 있었다. 북한은 핵문제를 제기함으로써 갑자기 미국에 중요한 나라가 됐다.[12] 북한과 미국은 또 북한의 유엔주재대사관을 대화창구로 만들었다. 양국은 1988년부터 베이징대사관을 비공식적 창구로 삼아 참사관급 접촉을 했으나, 이제 그와 같은 접촉과는 비교가 되지 않는 대화창구가 개설된 것이다.

결국 미국이 제1단계 고위급회담에서 북한을 불완전하게나마 NPT 체제 안에 붙잡아 둔 것은 사실이지만, 그 대가를 크게 치렀다는 평가였다. 이에 따라 미국 내에 북한으로부터 얻은 것이 없다는 강경파들의 목소리가 더욱 높아졌다. 특히, 남북대화에 대한 언급이 없어 김영삼 정부의 소외감은 커질 수밖에 없었다. 북한의 핵문제에 대해 주도권을 잃지 않으려고 노력한 한국정부의 입장에서는 제1단계 북미회담 결과가 아주 불만스러운 것이었다. 미국은 1단계 고위급회담이 시작되기 전 ① 북한의 NPT 탈퇴선언 철회, ② 특별사찰 수용, ③ 남북한 비핵화 실천 등을 목표로 추진하겠다고 했기 때문이다. 그러나 북한은 NPT 탈퇴선언을 철회한 것이 아니라 일정기간 유보한다고 했고, 특별사찰 얘기는 아예 성명에 포함되지도 않았으며, 남북한 비핵화 실천에 대해서도 추상적 언급만 있을 뿐 구체적 합의가 없었다.[13]

---

12) Oberdorfer, *op. cit.*, p. 286.

13) 김영삼 대통령은 1993년 6월 25일 영국의 BBC방송과의 인터뷰를 통해, 미국은 북한에 너무 많은 것을 양보하고 있다고 비난했다. 또 7월 2일에는 〈뉴욕 타임스〉와의 회견에서 "북한은 핵무기개발에 필요한 시간을 벌기 위해 미국과의 협상을 교묘히 이용하고 있다. 미국이 2주일 뒤에 있을 제2단계 고위급

왜 그와 같은 결과가 나온 것일까. 우선 지적할 수 있는 것은 북한이 협상시한의 데드라인을 적절히 이용한 반면, 미국은 협상시한에 쫓겼다는 점이 지적됐다. 북한의 NPT 탈퇴는 6월 12일이면 확정되는데, 북한은 회담을 6월 11일까지 끌고 가는 끈질김을 보였다. 미국은 북한에 압력을 가하기 위해, 6월 7일 중국을 제외한 유엔안보리 상임이사국간의 비공식 협의를 갖고 안보리 결의안 초안까지 마련해 돌렸다. 북한이 NPT를 탈퇴하게 되면, 곧바로 유엔안보리를 통해 제재조치를 취하겠다는 것이었다. 그러나 북한은 오히려 NPT 탈퇴선언 유보의사를 은근히 시사하는 등 미국의 강공을 피하면서 막판까지 끈질기게 버텼다. 6월 12일이라는 시한은 북한에게도 무시할 수 없는 데드라인의 성격을 갖고 있었지만, 미국의 입장에서는 사실 북한이 그 데드라인을 넘어섰을 경우 어떻게 해야 할지 확고한 대책을 갖고 있지 못했다. 비록 유엔안보리를 통한 제재방안을 마련했더라도, 중국의 반대와 동북아 정치·안보 상황의 현실적 문제 때문에 그것이 실현될 가능성도 없었다. 그래서 핵확산 방지를 외교정책의 최우선 순위로 꼽고 있던 클린턴 행정부에게는 자신들의 NPT 잔류가 큰 '선물'이 될 것이고, 그 '선물'의 가치는 막판까지 버티면 버틸수록 커진다는 계산을 북한은 하고 있었다는 분석이다.

북한은 1단계 고위급회담이 끝난 후, 제 2단계 고위급회담을 뉴욕이 아닌 다른 장소에서 열자고 제의했다. 뉴욕은 회담 여건상 북한에 불리하다는 판단에서였다. 이에 따라 미국측은 IAEA 본부가 있는 비엔나를 제의했고, 북한은 공정성을 잃은 IAEA 본부가 있는 곳에서는 회담할 수 없다고 주장해 결국 제네바가 2단계 회담장소가 됐다. 회담도 제네바의 미국대표부와 북한대표부를 오가며 열기로 했다. 북한은 미

회담에서 북한에 끌려 다니지 않기를 바란다"고 말해, 한미간에 마찰이 생기기도 했다(〈동아일보〉 1993년 7월 2일자). 이에 대해 미 국무부는 뉴욕에서 열린 북미 고위급회담은 한국이 강력히 요청해 열린 것으로, 이제 와서 그 성과가 어떻다느니 하며 논란을 일으키는 것은 이상하다는 반응을 보였다(〈한국일보〉 1993년 7월 10일자).

국과 동등한 회담을 한다는 상징성을 노렸던 것이다.[14)]

1단계 고위급회담 후 한국이나 일본에서 나온 불만은 미국이 북한의 특별사찰문제와 한반도비핵화 실현을 위한 남북대화 재개문제에 너무 소극적으로 대응했다는 것이었다. 이에 따라 미국은 1993년 7월 14일 제네바 북한대표부에서 열린 제2단계 고위급회담에서 북한으로 하여금 어떻게 하든 IAEA의 특별사찰을 받도록 하고, 북한이 사찰을 받겠다고 보증하지 않는 한 무한정 대화에 나서지 않을 것임을 분명히 할 계획이었다.[15)] 미국은 또 남북한 상호 핵사찰에 대한 북한의 약속이행을 촉구할 예정이었다.

제네바 2단계 회담에서 가장 주목할 일은 북한이 공식적으로 경수로 건설문제를 제기했다는 사실이다. 북한이 경수로 건설에 관심을 보인 것은 이미 1980년대 중반 소련과 원자로 건설문제를 협의할 때부터였지만 실현되지 못했다. 이어 1992년 5월 한스 블릭스(Hans Blix) IAEA 사무총장이 평양을 방문했을 때, 북한은 정식으로 경수로 건설에 대한 지원을 요청했고 블릭스 총장은 이를 약속했다. 그로부터 두 달 후인 1992년 7월 북한의 김달현 부총리가 서울을 방문했을 때도, 남북한이 협력해 휴전선 근방에 경수로를 건설하자고 제의했다.[16)] 말하자면 경수로 건설은 북한의 숙원사업이었던 셈이다.

북한은 그런 경수로를 이번에는 미국이 지원해달라는 것이었다. 그러나 갈루치 대표는 경수로 지원이 막대한 자금이 소요되는 사업이기 때문에 당장 분명한 약속을 할 수 없는 처지였다. 미국은 경수로 건설이 북핵문제 해결의 대안이 될 수 있다고 판단을 하면서도, 1기에 10억 달러 정도 드는 건설비용을 마련하기가 쉽지 않다는 사실을 잘 알고 있었다. 그래서 경수로 건설문제는 2단계 고위급회담의 가장 큰 이

---

14) 남찬순, 앞의 책, p. 108.

15) Daniel Williams, "U. S. Warns N. Korea On Nuclear Weapons: In Seoul, Clinton Demands Treaty Compliance," *The Washington Post*, July 11. 1993.

16) Oberdorfer, *op. cit.*, p. 290.

슈로 부각됐고 결국 양측은 "미국은 핵문제를 종국적으로 해결하는 방안으로 경수로문제의 해결이 실현될 수 있다는 것을 전제로 하면서 경수로 도입을 지지하며, 그를 위한 방도를 조선민주주의인민공화국과 함께 탐구할 용의를 표명한다"는 공동발표문을 내놓았다. 북한은 공동발표문의 '함께 탐구할 용의를 표명했다'라는 대목을 들어 다음에 다시 미국과 회담할 구실을 잡았고, 미국은 경수로 지원이 북한에 제공할 큰 '당근'이 될 것이라는 사실을 확인했다.

그러면서도 북미 양측은 미묘한 입장 차이를 드러냈다. 북한 발표문은 "조선민주주의인민공화국과 미합중국은 경수로 도입과 관련된 기술적 문제를 포함해 핵문제 해결과 관련된 현안들을 토의하며, 조선민주주의인민공화국과 미합중국 사이의 전반적 관계개선의 기초를 마련하기 위해 2개월 안으로 다음 회담을 진행하기로 했다"는 것이다. 그러면서 북한은 IAEA와 사찰의 공정성문제를 토의하고 한국과 대화하겠다는 뜻을 밝힌다. 그러나 북한은 특별사찰문제를 또 피해갔다. IAEA와 우선 사찰의 공정한 실시문제를 논의하겠다며, 특별사찰문제에 대해서는 전혀 언급을 하지 않았다. 북한의 기본입장은 특별사찰이 불공정하다는 것이기 때문에 사실상 특별사찰을 받을 수 없다는 주장과 같았다.

이에 대해 미국 수석대표인 갈루치는 앞으로 회담에서 원자로의 구조변경문제에 대한 미국의 지원문제, 즉 경수로 지원문제를 의제에 포함시키기로 했지만, 북한이 약속한 대로 ① IAEA 및 한국과 핵문제 해결을 위한 진지한 노력을 하지 않거나, ② 북한이 NPT로부터 탈퇴하거나, ③ 추가로 핵처리작업을 실시하거나, ④ 일반사찰을 수락하지 않는다면 대화는 계속할 수 없다는 점을 분명히 했다. 갈루치 대표는 이 대목에서도 '핵문제의 진지한 해결노력' 속에는 북한의 과거 핵활동 규명을 위한 특별사찰의 의미가 포함되어 있다고 설명했다. 특별사찰문제는 이제 보편적이고 일반적인 표현 속에 매몰된 것이나 다름없게 된 것이다.

제2단계 고위급회담에서 보인 미국과 북한 간의 입장 차이는 분명했다. 북한은 IAEA나 한국과의 대화는 자신들이 추구하는 미국과의 협상이나 관계개선에 아무런 도움이 되지 않는다고 판단했다. 미국과의 대화만이 유일한 길임을 확인하면서 IAEA나 한국과의 대화는 미국과의 대화를 위한 하나의 보조수단으로만 여겼다. 그러나 미국은 북한과의 대화를 핵문제에만 엄격히 국한시키면서, 북한이 한국과 IAEA와의 대화에 적극 나서야 평양측이 원하는 관계개선문제를 논의할 수 있다는 입장이었다. 이와 같은 입장 차이 때문에 북한과 IAEA, 북한과 미국, 그리고 남북한 사이에는 갈등과 대립이 계속되고, 2개월 안에 열기로 합의한 제3단계 고위급회담은 실현되지 않았다. 제2단계 고위급회담 이후인 1993년 8월부터 제3단계 고위급회담이 열린 1994년 6월까지 북한의 핵문제는 해결의 실마리를 찾지 못하고 공전만 거듭했다.

2단계 고위급회담 이후 미국은 북한에 대해 3단계 고위급회담의 전제조건으로 IAEA와 북한, 그리고 남북한간의 대화가 이뤄져야 한다는 점을 분명히 했다. IAEA는 IAEA대로, 한국은 한국대로 북한이 대화에 응하지 않는다고 불평하고 있는 마당에 미국 혼자만 북한의 요구대로 대화를 이끌어 나갈 수 없었다.

1994년 2월 25일 북한과 미국은 뉴욕실무회담에서 ① 미국은 팀스피리트 훈련 중단을 발표하고, ② 북한은 핵사찰을 받으며 기간은 IAEA와 북한이 다시 정하기로 하고, ③ 남북한 특사교환을 위한 실무자 접촉을 판문점에서 가지며, ④ 3단계 고위급회담은 3월 21일 제네바에서 갖기로 합의했다. 이와 같은 합의는 1년 전 북한이 NPT 탈퇴선언을 하기 직전의 상황과 비교해 볼 때 북한의 일방적 성과였다. 즉, 북한은 팀스피리트 훈련 중단이라는 미국의 양보를 받아내면서도 사찰문제에 는 아무런 양보도 하지 않았다. 북한은 1993년 2월 사찰 이후, 어떠한 핵물질도 핵무기를 만들기 위해 전용되지 않았다는 사실을 증명하기 위한 이른바 '안전조치의 계속성' 사찰만 다시 받기로 한 것이다.[17] '안전조치의 계속성'이란 북한 핵문제를 현재의 투명성상태로 지

17) *The New York Times*, February 27. 1994.

속시킨다는 의미였다. 여기에는 과거 핵문제 등 불투명한 부분을 더 이상 추궁하지 않는다는 뜻이 함축되어 있다. 당시 북한의 의도는 분명했다. 1993년 하반기부터 1994년 1월까지 계속된 강경분위기를 완화시킬 필요가 있는 데다 팀스피리트 훈련도 못하게 하려는 속셈이었다. 그래서 일단 핵사찰을 받겠다고 미국과 2월 25일 합의한 것이다.

그러나 이 합의는 원초적으로 실현되기 힘든 문제점을 내포하고 있었다. 합의문에 담겨진 핵심내용은 IAEA의 사찰, 남북 특사교환, 팀스피리트 훈련 중단, 북미 3단계 고위급회담 개최 등 네 가지로, 북한이 가진 카드는 IAEA 사찰수용과 남북한 특사교환이었고, 미국이 가진 카드는 팀스피리트 훈련 중단과 북미 고위급회담 개최였다. 북한과 미국은 서로 '동시적 조치'를 취하기로 합의했으나 사실상 동시적 조치가 불가능한 사안들이었다. 따라서 서로가 신뢰를 갖고 자진해서 먼저 자신의 카드를 내놓으면 좋겠지만, 미국과 북한은 그렇게 상호신뢰할 수 있는 관계가 아니었다. 신현실주의자들이 말하는 '절대적 이득'을 도모하기 위해 양보와 협력을 할 수 있는 처지가 아니었다. 서로간에 불신이 팽배한 상태에서는 그런 '절대적 이득' 도모가 불가능한 것이다. 그러다 보니 상대방이 먼저 카드를 내놓아야 내 카드를 내놓겠다고 버티는 입장이 됐다. 서로가 조금만 다른 행동을 취해도 의혹을 부풀리는 부정적 관계였기 때문에 합의가 실천될 수 없었다.[18]

---

18) 남찬순, 앞의 책, pp. 208~211. 미국과 북한의 공동발표문의 요지는 다음과 같다.

"미국과 북한은 대화를 통해 핵문제를 해결하기 위해 일련의 접촉을 가졌다. 이러한 접촉에 따라 양측은 1994년 3월 1일 다음의 네 가지 동시조치들을 취하기로 했다. ① 미국은 한국이 팀스피리트 94합동군사연습을 중지하는 데 동의하기로 결정했음을 발표한다. ② 1994년 2월 15일 IAEA와 북한이 합의한 대로 핵안전조치 계속성 유지에 필요한 사찰이 시작되며, 합의한 기간 내에 완료될 것이다. ③ 남북특사교환을 위한 실무접촉이 판문점에서 재개 된다. ④ 미국과 북한은 제 3단계 고위급회담을 1994년 3월 21일 제네바에서 시작한다는 것을 발표한다. ⑤ 본 합의문 이행을 위해서는 이와 같은 동시조치들이 모두 이뤄지는 것이 필요하다."

이렇게 상반된 양측 입장은 1994년 2월 25일의 공동발표문 외에 각자 내놓은 발표문에 잘 나타나 있다. 먼저 미국의 발표문은 다음과 같다. "미국은 IAEA 사찰이 완전하게 실시되고 핵문제 및 여타문제 논의를 위한 남북한 특사교환이 이뤄진다는 전제 아래, 1994년도 팀스피리트 훈련 중단 및 제3단계 미북 회담 개최에 동의한다." 미국은 여기에다 한국의 요청이라며 괄호 안에 "이는 남북특사교환이 실현되기 전에는 북한과 3단계 고위급회담을 갖지 않겠다는 의미임"이라는 글을 추가시킨다. 반면 북한의 발표문은 그 내용의 순서가 거꾸로 되어 있다. 즉, "북한은 1994년도 팀스피리트 훈련이 중단되고 제3단계 북미간 대화가 개최될 것이라는 전제하에 1994년 2월 15일, 북한과 IAEA 간에 합의된 바 있는 안전조치계속성 유지에 필요한 사찰을 완전히 이행하고 핵문제를 포함한 여타 현안문제에 대해 남북대화를 가질 것에 동의한다"는 것이었다.

북미간의 공동 발표문은 네 가지 사안을 동시에 조치한다는 것이었으나, 사안의 성격상 동시조치가 불가능한 데다 북미 양측은 각자 상대방이 먼저 조치를 취해야 한다는 점을 강조했다.

이와 같은 합의에 따라 북한과 미국은 일단 서로 취할 조치를 실천에 옮기는 모습을 보였다. IAEA 대표단이 평양에 들어가고 한미 양국은 팀스피리트 훈련 중지를 발표했다. 남북한 특사교환회담도 3월 3일 판문점에서 열렸다. 당장은 3월 21일 제네바에서 제3단계 고위급회담이 열릴 것 같았다. 그러나 2월 25일의 합의가 3월 21일 3단계 고위급회담으로 이어지기는 처음부터 시기적으로 불가능했다. 북한과 미국 그리고 북한과 IAEA, 한국과 북한 사이의 현안은 그렇게 단시일 안에 해결될 성질의 것이 아니었다.

북한은 3월 3일 남북한 실무자의 판문점 접촉에서 한국에 대해 '핵전쟁연습 중단'과 '국제공조체제 포기'[19] 그리고 '패트리어트미사일 등 신

그러나 북미 양측은 이와 같은 합의 외에, 각자 내용이 조금씩 차이가 있는 발표문을 내놓았다.

19) 이 두 가지 조건은 북한이 1993년 10월 한국과의 대화를 거절하기 위한 빌미

형무기 배치 중단'과 '핵무기를 가진 자와는 대화할 수 없다고 한 김영삼 대통령의 발언 취소'를 요구했다.[20] 누가 보아도 북한의 요구는 한국이 수용할 수 없는 것이었다. 요구 자체가 한국과는 더 이상 접촉하지 않겠다는 의도가 포함된, 접촉중단용 요구였다. 이어 북한은 3단계 고위급회담이 열리기 이틀 전인 3월 19일까지 한국과 여덟 차례 접촉을 갖지만, 결국 북한대표가 '서울 불바다' 발언을 해 회담은 깨지고 3단계 고위급회담도 자연 무산됐다.[21] 3월 초 평양에 들어간 IAEA 사찰단의 활동도 전혀 진전이 없었다. IAEA 사찰단은 북한의 냉대만 받고 아무런 소득 없이 되돌아왔다. 3단계 고위급회담이 열리기는커녕 북핵문제를 둘러싼 동북아의 기류만 더욱 험악해졌다. 긴장이 다시 고조되기 시작한 것이다.

3단계 고위급회담이 열리게 된 결정적인 동기는 6월 15일 지미 카터(Jimmy Carter) 전 대통령의 평양 방문이었다.[22] 당시 미국은 북한의 연료봉 인출에 대해 유엔안보리의 제재를 준비중이었으나, 카터의 북한 방문으로 북미간에는 다시 대화분위기가 조성됐다. 미국은 첫째, 북한이 IAEA에 3월 금지한 사찰을 허용하기로 했고, 둘째, 한국이 4월에 북미 고위급회담과 남북한 특사교환회담을 동시에 해야 한다는 주장을 철회했으며, 셋째, 북한이 수거한 연료봉을 점검한 결과 플루토늄을 추출하지 않았다는 사실이 확인되어, 북한과 3단계 고위급회담을 하게 됐다고 밝혔다.[23] 그렇게 해서 미국과 북한은 6월 27일, 3단계 고위급회담이 7월 8일 제네바에서 열릴 것이라고 공식발표했다.

로 내놓은 것이다. 미국과의 합동훈련이나 공조포기 등은 한국이 도저히 받아들일 수 없는 조건인데도 북한은 이를 고집했다.

20) 〈동아일보〉 1994년 3월 3일자.

21) 3월 1일 북한에 간 사찰단도 방사화학실험실 등에 대한 시료채취를 하지 못해 성과를 거두지 못하고 3월 15일 철수했다.

22) 카터의 방북에 대해서는 이 장의 "북한의 초청외교"에서 상술했다.

23) Larry A. Niksch, "Comprehensive Negotiations with North Korea : A Viable Alternative for a Failed U. S. Strategy," *Korea & World Affairs* 18-2(Summer, 1994), pp. 250~251.

3단계 고위급회담은 김일성의 갑작스런 죽음과 한국의 조문문제, 한미간의 불협화음, 경수로문제 등으로 난항을 거듭하다가 마침내 10월 21일 갈루치 미국대표와 강석주 북한대표는 다음과 같은 합의사항을 내놓았다.[24)]

1. 미국은 2003년까지 총 2,000MWe 용량의 경수로를 북한에 제공하기 위해 국제 컨소시엄을 조직한다. 이에 대해 북한은 현존 원자로와 관련시설의 모든 활동을 동결하고 IAEA 사찰단의 계속적 감시를 허용한다. 첫 원자로에서 이미 수거한 8,000개 연료봉은 북한 밖으로 반출될 것이다.
2. 북한은 5년 이내가 될 것으로 예상되는 경수로 주요 부품 인도 전에 특별사찰을 수용하는 등 IAEA의 요구를 완전히 수용한다. 북한의 현존 핵시설들은 경수로가 완성될 것으로 보이는 10년 내에 완전히 해체된다.
3. 미국은 경수로가 가동될 때까지 북한의 에너지 난을 해소하기 위해 매년 50만 톤의 중유를 제공한다.
4. 양국은 현존 무역 및 투자 장벽을 줄이고 관계정상화의 첫 단계로 양측 수도에 연락사무소를 개설한다. 미국은 북한에 대한 위협이나 핵무기 사용을 하지 않겠다고 공식적으로 보장한다.
5. 북한은 1991년의 남북기본합의서를 이행하고 남북대화를 재개한다.

(2) 협상의 대차대조

북한 핵문제가 국제사회의 주목을 받게 된 것은 북한의 미신고시설 두 곳에 대한 IAEA의 특별사찰문제가 제기됐기 때문이었다. 이 특별사찰은 북한의 과거 핵활동을 규명하기 위한 것으로 IAEA와 국제사회는 북한이 밝힌 플루토늄 추출활동에 대해 강한 의구심을 갖고 이를 규명하려 했던 것이고, 이에 따라 IAEA는 1993년 2월 25일 북한에 대한 특별사찰을 결의했으며, 북한은 이 결의에 반발해 3월 12일 NPT

---

24) Oberdorfer, *op. cit.*, p.357.

탈퇴를 선언한 것이다.

특별사찰 요구는 편견과 선입관을 갖고 핵안전조치를 적용하려는 것이며, 또 IAEA는 영변의 두 개 군사시설과 같은 미신고시설에 대한 사찰권한을 갖고 있지 않다는 것이 북한의 주장이었다. 걸프 전 후 이라크를 제외하고는 어떤 경우에도 제 3자가 제공한 정보를 이용해 특별사찰을 요구하지 않았던 IAEA가 그와 같은 행동을 하는 것은 스스로 미국의 주머니 안에서 놀고 있다는 증거이며, 북한을 패전국인 이라크처럼 다루려는 속셈이라는 주장이었다.[25]

그러나 미국은 북한과 1단계 고위급회담을 개최하기 전까지만 해도 회담의 전제조건이 선(先) 특별사찰이었다. 이 전제조건이 1단계 고위급회담을 거치면서 사라진 것이다. 1단계 회담 당시 미국과 북한은 특별사찰문제를 놓고 논란을 벌였지만, 북한은 공동성명에 특별사찰이라는 단어가 실리는 것 자체를 완강히 거부했다. 그러다 결국 특별사찰이라는 단어 대신에 전면적(*full scope*) 사찰이란 단어를 사용하기로 합의했다. 미국은 이 '전면적'이라는 단어 속에 특별사찰도 들어 있는 것으로 해석했으나, 북한은 IAEA의 특별사찰을 수용한다는 뜻이 아님을 분명히 했다. 미국은 북한의 과거 핵활동도 규명해야 하지만, 현재와 미래의 핵투명성을 보장하는 일이 더 중요하고 시급하다는 입장으로 정책이 바뀌었다. 그러다가 경수로문제가 협상의 전면에 등장함에 따라 특별사찰문제는 다시 경수로문제와 결부된다. 즉, 경수로 핵심부품이 북한에 도착하기 전까지 특별사찰을 받는다는 것이었다.[26]

---

25) James A. Bayer, "The North Korean Nuclear Crisis and the Agreed Framework: How not to Negotiate with the North Koreans," *Asian Perspective* 19-2(1995), pp. 195~196. IAEA가 제 3자가 제공한 정보를 바탕으로 한 미신고시설에 대한 특별사찰을 할 권한이 있느냐 하는 문제는 논란의 대상이 되고 있는 게 사실이다(Eric Chauvistre, "The Future of Nuclear Inspections," *Arms Control* 14-2, August, 1993, pp. 23~64).

26) 한국은 선(先) 특별사찰, 후(後) 경수로 지원을 주장했지만, 이것이 관철되지 않았다.

〈그림 5-2〉 북미 합의내용과 일정

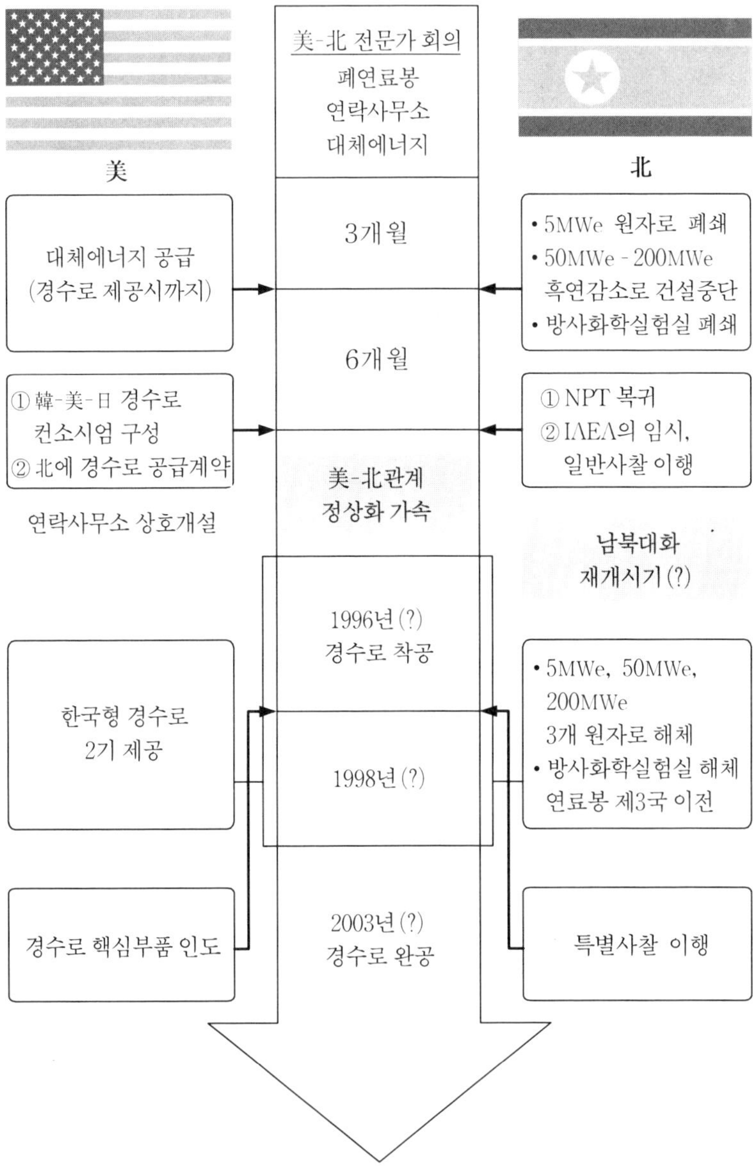

남북대화 역시 1단계 고위급회담이 시작되기 전까지는 북미 고위급회담의 전제조건이었다. 제 1단계 북미 고위급회담 일정이 발표되자 한국은 북핵문제 협의를 위한 남북 고위급회담 대표접촉을 제의했고(1993. 5. 20), 북한은 이를 받아 고위급회담을 위한 특사교환을 제의했다(1993. 5. 25). 그러나 북한은 자신들이 제의한 특사교환을 위한 실무접촉도 중단시켰다(1994. 3. 19). 한국은 제네바합의가 무르익어 가던 1994년 8, 9월에도 북미 핵협상 타결의 전제조건으로 남북대화가 이뤄져야 한다는 점을 미국에 강조했으나 미국은 남북대화를 전제조건화하는 것 자체를 거부했다.

북한은 합의문에도 남북대화문제를 넣지 않으려고 했다. 미국은 '가장 가까운 시간'(*at the earliest time*)에 남북대화를 갖는다는 공약을 하자고 해 결국 "이 합의문이 남북대화를 촉진시키는 분위기를 창출할 때 북한은 남북대화를 할 것이다"(*The DPRK will engage in* North-South *dialogue as this agreed framework will help create an atmosphere that promotes such dialogue*)로 합의(합의문 제 3조)가 됐다. 합의문에 이처럼 남북대화문제가 들어갔지만 그 실시 시기 등은 불투명했다. 실제로 북한은 이 합의를 남북대화에 응하지 않는 구실로 이용했다.[27] 이처럼 미국이 처음 북미 고위급회담의 전제조건으로 강력히 주장했던 특별사찰과 남북대화는 3단계 고위급회담에서 그 우선순위를 완전히 잃거나 효력을 상실하게 된 것이다.

북한이 NPT 당사국으로 잔류하며 이 조약상의 안전조치협정 이행을 허용한다는 것과 임시 및 일반사찰을 재개하고 문제가 된 방사화학실험실을 즉각 폐쇄하기로 한 것(합의문 제 4조)은 미국이 거둔 성과다. 그러나 합의문 4조도 따지고 보면 북한의 핵상태와 그에 대한 사찰을 19개월 전인 북한이 NPT를 탈퇴하기 이전 상황으로 되돌려놓은 것에 불과하다. 북한은 1993년 2월까지 여섯 차례의 사찰을 받았다. 이 여섯 번의 사찰로 북핵의 현재와 미래에 대한 투명성은 보장됐다고 할

27) Oberdorfer, *op. cit.*, p. 356.

수 있으나, 사태가 여기까지 온 것은 따지고 보면 과거 핵활동문제 때문이었다. 그런데도 과거 핵활동을 규명하기 위한 특별사찰은 '경수로 주요 부품 인도가 이뤄질 때' 실시하기로 해 이 문제는 다시 막연하게 지연됐다. 다시 말해, 북한은 핵무기개발능력을 동결했을 뿐 포기하지는 않았던 것이다. 핵시설의 폐기와 폐연료봉의 제3국으로의 이전은 경수로 1기가 공급될 때까지 실현되지 않아도 됨으로, 북한은 그때까지 핵무기개발작업을 언제든지 재가동할 수 있었기 때문이다. 즉, 북한은 경수로 1기가 공급될 때까지 계속 유효한 핵카드를 보유하게 된 것이다.

북한은 이처럼 자신들의 핵문제를 의도적으로 '문제화'해놓고 이를 협상 초기의 상태로 원상회복시키는 협상만 하면서 미국으로부터 엄청난 '보상'을 받았다. 가장 중요한 '보상'은 미국과의 관계개선을 위한 길을 텄다는 사실이다. 미국과의 관계개선은 북한이 무엇보다 바라던 바였다. 양측은 정치적·경제적 관계의 정상화를 추구(합의문 제2조)하기로 하면서 미국의 대북제재조치 완화와 상호 연락사무소 개설, 그리고 대사급 수교로까지 간다는 합의를 했다. 북한은 또 미국으로부터 핵무기 불사용 등 그동안 꾸준히 제기한 안보를 보장(합의문 제3조)받게 됐다. 북한정권이 무엇보다 값진 성과로 여기는 것은 클린턴(Bill Clinton) 대통령이 김정일 위원장에게 보낸 '담보서한'(*letter of assurance*)이었다. 북한의 요청으로 제네바협정 서명 하루 전에 전달된 이 서한에서 클린턴 대통령은 김정일을 '조선민주주의인민공화국의 최고영도자'로 호칭했다. 미국 대통령이 김정일을 그렇게 호칭한 것은 엄청난 상징적 의미가 있었다.[28] 여기에다 북한은 미국으로부터 경수로 2

---

28) 고병철, "북한 핵문제와 경수로 사업: 전망과 과제," 백영철 외, 《21세기 남북관계론》(서울: 법문사, 1999), pp. 243~244. 클린턴 대통령의 편지내용은 다음 참조(Quinones, 노순옥 역, 앞의 책, pp. 334~335).

평양 조선민주주의 인민공화국 최고지도자 김정일 각하

각하, 나는 나의 모든 직권을 행사하여 조선민주주의 인민공화국에 제공될 경수로 발전소 대상의 자금보장과 건설을 위한 조치들을 추진시키며, 1

기 건설과 경수로가 건설될 때까지 매년 50만 톤의 중유를 제공한다는 약속까지 받아냈다.

이와 같은 합의에 대해 미국은 북한에 명분을 주고 실익을 확보하는 방식으로 협상을 끝냈다는 분석도 있었다. 즉, 북한의 입장에서 보면 이 합의는 자기들이 요구한 것을 다 관철시킨 것이지만, 미국이 손해 본 것은 하나도 없다는 주장이다. 연락사무소 설치나 경수로 지원, 대체에너지 공급 등은 북한이 대응조치를 이행하지 않을 경우 실천되지 않을 것이기 때문에, 북한은 먼저 핵동결을 하고 사찰을 받아야 할 입장에 있다는 것이다. 미국측은 '대의명분'과 '시간의 경과'를 교묘히 저울질하면서 합의를 도출했다는 분석이다.[29] 그러나 〈뉴욕 타임스〉는 "이제 북한은 돈 한 푼 들이지 않고 경수로를 받게 된 마당에 이란에게 경수로 구입을 허용해서는 안 된다고 어떻게 러시아와 중국에 말할 수 있겠는가. 또 NPT를 위반한 북한에 대해서는 상을 주면서 어떻게 이란이 이 조약을 준수할 것이라고 기대할 수 있겠는가"라고 신랄하게 비판했다.[30]

호 경수로 발전소가 완공될 때까지 조선민주주의 인민공화국에 제공될 대용에너지 보장에 필요한 자금조성과 그 이행을 위한 조치들을 추진시키겠다는 것을 귀하에게 확언하는 바입니다.

이와 함께 나는 이 원자로의 대상이 조선민주주의 인민공화국의 책임이 아닌 다른 이유들로 하여 완공되지 못할 경우, 나의 모든 직권을 행사하여 미합중국 국회의 승인하에 미합중국이 직접 맡아 완공하도록 할 것입니다. 동시에 나는 대용에너지가 조선민주주의 인민공화국의 책임이 아닌 다른 이유들로 하여 제공되지 못하게 되는 경우, 나의 모든 직권을 행사하여 미합중국 국회의 승인하에 미합중국이 직접 맡아 제공하도록 할 것입니다.

나는 조선민주주의인민공화국이 미합중국과 조선민주주의인민공화국 사이의 기본합의문에 지적된 정책들을 계속 이행해나가는 한, 이 행동방향을 견지할 것입니다. 경의를 표합니다.

미합중국 대통령 빌 클린턴, 1994년 10월 20일 워싱턴 백악관

29) 〈세계일보〉 1994년 11월 8일자. 일본인 칼럼니스트 시게무라 도시미쓰(重村智計) 칼럼 연재.

30) *The New York Times*, October 20. 1994.

이처럼 비판이 거세자 백악관과 국무부는 경수로를 건설하는 데는 10년이 걸릴 것인데 그동안 북한정권이 붕괴할 것이 틀림없으며, 그때가 되면 북한은 이미 한국에 흡수되어 존재하지 않을 것이라고 말하기도 했다. 〈워싱턴 포스트〉의 칼럼니스트 짐 호글랜드(Jim Hoagland)는 "공개적으로 말하지는 않지만, 클린턴의 외교정책 보좌관들은 고립되고 가난한 북한체제가 경수로 건설 이전에 붕괴할 것이며, 그리하여 미국은 약속을 지켜야 할 책임에서 벗어날 수 있을 것이라고 가정했다"고 썼다.[31]

북미 핵협상에서 북한과 미국이 거둔 성과의 대차대조표는 시간이 경과해봐야 확실히 나올 성질의 것이었다. 그러나 북미 핵협상의 계기가 된 북한의 NPT 탈퇴선언 이전의 상황과 3단계 고위급회담이 끝난 후의 상황을 비교해보면, 북한이 현재와 미래에 핵동결을 하기로 한 데 대한 '보상'은 당초 예상하기 어려웠던 수준이었다고 할 수 있다. 북한은 미국으로부터 물질적 보상 외에도 관계정상화 약속을 통한 생존과 안보의 보장을 받았기 때문이다. 북한은 미국과의 협상에서 어떻게 그와 같은 보상을 받을 수 있었을까. 협상의 주역이었던 갈루치 대표가 협상이 끝난 6년 후인 2000년 2월 25일 서울의 한 세미나에서 밝힌 얘기는 그 물음에 대한 해답을 제시한다. 갈루치는 "미북기본합의서를 결말지을 의도나, 경수로 건설을 위한 50~60억 달러의 비용지출 및 연간 5천만 달러의 중유제공의 의사도 없이 북한의 핵무기 프로그램을 저지할 방법은 무력을 사용하여 전쟁을 행하는 길 외에는 없는 것으로 보였다"고 말했다. 갈루치 대표는 미국이 전쟁을 일으키지 않고는 북한의 핵무기개발을 막을 만한 다른 적절한 대안을 갖고 있지 못했다는 사실을 시인한 것이다.[32] 그것은 결국 동북아정치체계가 물

31) Selig S. Harrison, *Korean Endgame: a Strategy for Reunification and U.S. Disengagement* (Princeton: Princeton University Press, 2002), 이홍동 외 역, 《코리안 엔드게임》(서울: 삼인, 2003), p. 44

32) 로버트 갈루치, "1994년 제네바합의에 또 다른 접근방법이 가능했을까?" 〈평화논총〉 4-1(서울: 아태평화재단, 2000년 봄·여름, 통권 7호), pp. 38~39.

리적 제재수단을 강구하려는 미국의 행동을 제약하고 규제했기 때문에, 북한의 핵프로그램을 저지하기 위해서는 평양정권에 보상해주는 길 밖에 없었다는 의미이기도 했다. 반면 북한은 동북아정치체계가 가하는 그러한 미국의 행동에 대한 규제와 제약을 들여다보며, 자신들에게 제공된 기회를 최대한 활용해 핵프로그램 중단에 대한 보상을 받아낸 것이다.

2) 북한의 벼랑끝 정책

(1) 벼랑끝 정책의 분석

북한의 협상전략과 전술에 대해서는 많은 연구가 있다. 주로 한국과의 협상에서 그들이 구사한 협상술은 많은 학자들의 관심거리였다. 그러나 '벼랑끝 정책'(*brinkmanship policy*)이라는 말은 1993~1994년 북미 핵협상 때부터 자주 사용된 용어다.[33] 스콧 스나이더(Scott Snyder)는 협상 상대방의 측면에서 볼 때 가장 빈번히 관찰되는 유형으로 위기외교나 벼랑끝 전술, 협상 지렛대 창출 등을 들었다. 그러면서 그는 '벼랑끝 전술'이란 '공격적이고 도발적인 전술을 결합해 놓은 것으로 무조건 요구하거나 고함지르기, 허세 부리기, 위협하기, 교묘히 발뺌하기, 협상시한의 설정 외에도 심지어는 협상장소에서 퇴장하는 등의 행위'가 포함된다고 말했다.[34] 벼랑끝 전술은 역사적으로 볼 때 북한이

그는 전쟁에 연루되기 싫어서 무력사용을 원치 않는다면, 남은 방안은 협상과 포용정책이 될 것이라고 주장하기도 했다.

33) 경우에 따라서는 벼랑끝 외교보다 벼랑끝 정책이라는 말이 더 적합할 때도 있다. 예를 들어, 북한의 NPT 탈퇴 등은 미국과의 협상이 시작되기 전이기 때문에 벼랑끝 정책이 더 적합할 것이다. 또 북한이 한국과의 협상에서도 '벼랑끝 행동'을 보인 실례가 있기 때문에 벼랑끝 외교라는 말보다는 벼랑끝 정책이라는 말이 더 포괄적인 것 같다. 그러나 벼랑끝이라는 말은 미국과의 협상과정에서 나온 용어이기 때문에, 벼랑끝 외교와 벼랑끝 정책을 혼용해도 큰 차이는 없을 것으로 보인다.

34) Scott Snyder, *Negotiating on the Edge*(Washington D. C. : Endowment of

처한 고립적 상황으로 생겨났으며, 공산주의 협상방식과 전술의 영향으로 더욱 강화된 일방적 전략이라는 것이다.

그러나 스나이더의 벼랑끝 전술에 대한 분석은 1993~1994년 북미 핵협상에서 북한이 구사한 벼랑끝 정책과는 개념상의 차이가 있어 보인다. 북한은 한국과의 협상에서는 스나이더가 주장한 고함지르기, 허세 부리기, 위협하기 등 벼랑끝 전술의 특징적 태도를 자주 취했지만, 미국과의 협상에서는 그런 식의 협상태도가 특징을 이루지는 않았다. 북한 협상대표였던 강석주 외교부 부부장은 보다 직설적이고 의욕적인 인물이었으며, 이념주의자라기보다는 실용주의자로 평이 나 있었다. 다른 어떤 북한 외교관보다도 서방세계에 경험이 많은 사람이었다.[35] 갈루치는 1단계 고위급회담이 끝난 후 "강석주는 자신이 상대했던 이라크사람들 보다 훨씬 더 이성적이었으며 핵문제에 대해 여러 가지 타협가능한 방안들을 시사하는 융통성 있는 자세를 보였다"고 말했다.[36] 미국사람들의 눈에 비친 북한사람들은 비이성적이고 폭력을 좋아하며 예측 불가능한 사람들이었지만, 강석주와 첫 협상을 한 갈루치 미국대표의 눈에는 강 부부장이 그렇게 보이지 않았다는 것이다. 벼랑끝 전술은 협상 상대자로부터 최대한의 양보를 이끌어내기 위해 위협이나 허세, 공갈 등의 방식을 이용하는 것이지만, 적어도 강석주와 갈루치와의 회담에서는 그런 언동이 엿보이지 않았다.

따라서 북미 핵협상에서 북한이 보인 태도는 단기적인 벼랑끝 전술로 분석하기보다는 핵정책 전반에 대한 정책이나 목표 등 보다 광범위한 전략까지도 포함한 벼랑끝 정책이라는 표현이 더 적절할 것이다. 북미 핵협상을 염두에 두면서 벼랑끝 정책을 정의하면, 외부의 압박을 피하기 위해 정권의 붕괴까지 초래할지도 모르는 극한적인 대외행동을 통해 상대방에게 두려움을 주고 목적을 달성하려는 비합리적 정책으로 이해할 수 있다. 북한은 자멸과 공멸을 전제로 내거는 협박과 공갈

---

the United States Institute of Peace, 1999), p. 119.

35) Oberdorfer, *op. cit.*, p. 284.

36) *Ibid.*, p. 286.

(*bluff*)로 협상의 이(利)를 취하는 정책으로 미국과 협상했다.[37)]

북한이 대외협상에서 가장 강력한 무기로 사용한 것은 한국을 '인질'로 한 한반도 안보에 대한 위협이었다. 국제관계에서 종종 권력행사의 수단으로 사용되는 위협은 행위자가 만약 자신의 요구에 따르지 않을 경우의 결과를 암시하면서 상대방이 무언가 하도록 압력을 가하는 행위다.[38)] 위협은 언제나 합리적 계산에 바탕을 두지만, 그러나 항상 그런 계산에 근거하는 것은 아니며 강한 감정적 요인도 있다. 감정은 곤경에 처한 지도자들의 좌절감이 그들의 영광·명예·권위에 대한 인식과 결합될 때 결정적 요인이 된다.[39)] 북한의 위협은 바로 그러한 감정적 요소가 개입된 것이었기 때문에 더욱 신뢰성을 갖고 있었다. 북한은 비이성적이고 예측불허의 존재이기 때문에 언제나 전쟁을 일으킬 수 있고 그 전쟁의 결과는 참혹할 것이기 때문에, 서방세계에는 협상만이 유일한 대안이라고 생각하는 사람들이 많았다. 더구나 북한은 그런 인식을 이용해 교묘하게 전쟁 가능성을 시사하며 위협의 효율성을 높였다. 휴전선 근방에 장거리 포대를 노골적으로 배치하고, 이를 대내외에 과시하기도 했다. 한국에 대한 위협을 적절히 구사하며 협상과정을 조작했다는 것이다. 북한이 미국과의 핵협상에서 구사한 이른바 벼랑끝 정책도 바로 그러한 조작을 통해 나온 결과였다.[40)]

---

37) 스나이더는 이와 비슷한 용어로 벼랑끝 전술과는 별개로 '위기외교'라는 말을 사용했다. 북한의 협상방식 중 하나인 위기외교는 매우 효과적인데, 이런 외교방식은 미국이 북한과의 협상 의안을 최우선순위에 두게 만들려는 북한체제의 입장과 빨치산 게릴라전법의 역사적인 잔재에서 나온 것이라고 설명했다(Snyder, *op. cit.*, p. 124).

38) John M. Rothgeb, *Defining Power*(New York: St. Martin's Press, 1993), 이시형·김일수 역, 《국제정치의 신패러다임》(서울: 오름, 1999), pp. 155~166.

39) 위의 책, p. 166.

40) Chuck Downs, *Over the Line: North Korea's Negotiating Strategy*(Washington D.C.: The AEI Press, 1999), 송승종 역, 《북한의 협상전략》(서울: 한울아카데미, 1999), p. 402.

북한이 벼랑끝 정책을 구사할 수 있었던 것은 한마디로 동북아정치체계의 특수성 때문일 것이다. 일반적으로 벼랑끝 정책이 성립될 수 있는 객관적 조건은 ① 우선 대내외적 위협이 존재해야 하고, ② 극단적 방법을 통한 이익 극대화의 가능성에 기대를 가질 수 있어야 하며, ③ 상대국이 민감한 반응을 보이는 환경이 있어야 한다.[41] 북한과 미국이 핵협상을 했던 1990년대 초반의 동북아정세를 보면, 바로 위에 든 벼랑끝 정책의 조건들이 충족되어 있음을 알 수 있다. 즉, 북한은 탈냉전으로 인해 대내외적으로 생존과 안보에 엄청난 위협을 받아야 했다. 그러한 엄청난 위협을 당하면서 한국을 '인질'로 하거나 한반도 전쟁을 불사한다는 강력한 의지를 보이면, 결국은 자신들의 이익을 극대화할 수 있는 공간이 열린다고 기대했을 것이다. 또 결과적으로 한국이나 동북아 국가들은 북한의 그러한 협박과 공갈에 민감한 반응을 보이지 않을 수 없는 환경에 있었다. 북한정권의 예측 불가성이나 무모한 도발행위는 그들이 하는 협박과 공갈에 무게를 실어주는 효과도 있다. 결국 안보상 취약한 동북아의 정치체계는 북한에게 아주 유용한 협상카드를 제공했다. 협상초기 유리한 입장에 있었던 미국은 그 카드 때문에 유리했던 입장을 끝까지 유지할 수 없었다.

구체적으로 북한의 벼랑끝 정책이 가능했던 배경과 구조를 살펴보면 다음과 같다. 첫째, 한반도를 중심으로 한 동북아정치체계가 무력충돌 가연성(可燃性)을 항상 내포하고 있다는 사실이다. 북한이 전쟁을 택할 수도 있다는 서방측의 믿음이 벼랑끝 정책의 바탕이 됐다. 북한이 돌이킬 수 없는 궁지, 즉 군사적 공격을 받아 붕괴직전으로 가거나 한국에 흡수통일이 되는 위기에 몰릴 경우, 그 예방책으로 북한정권은 한국에 선제공격을 감행할 수 있다는 견해였다. 그럴 경우 전쟁을 피할 수 있는 방법이 무엇이냐에 일차적 관심이 갈 것이고, 그것은 결국 북한의 입장을 들어주며 협상을 할 수밖에 없지 않느냐는 논리로 발전

41) Scott Snyder, "A Framework for Achieving Reconciliation on the Korean Peninsula: Beyond the Geneva Agreement," *Asian Survey* 35-8 (August 1999), pp. 76~91.

한다. 북한이 북미 핵협상이 진행되는 동안 최후수단으로 전쟁도 불사하겠다는 메시지를 간헐적으로 보낸 것은 바로 이러한 한국이나 주변국들의 난감한 처지를 노려 협상에서 유리한 위치를 차지하려는 의도였다.[42] 북한이 1994년 3월 18일 남북한 실무자 접촉에서 '서울 불바다' 발언을 할 때도 그런 뜻을 갖고 있었다.

둘째, 무력충돌에 가장 민감한 한국이 존재하고 미국과 중국 등 강대국의 이해가 첨예하게 얽힌 동북아의 정치체계의 특징을 감안할 때, 북한은 자신들이 벼랑끝 정책을 구사하더라도 그에 따른 위험, 즉 미국이나 한국 등으로부터의 보복에는 한계가 있다는 점을 충분히 계산하고 있었던 것 같다. 우선 한국 스스로 미국의 그러한 대응전술의 강도를 약하게 하고 폭을 제한하는 역할을 할 수밖에 없다고 판단했을 것이다. 당시 김영삼 정부는 대외적으로 어떻게 하든 한반도의 전쟁은 막아야 한다고 강조했다. 6·25를 경험한 한국사회는 전쟁에 대한 공포가 어느 사회보다 컸으며, 전쟁은 경제적 성취를 하루아침에 물거품으로 만들 것이라는 우려가 팽배했기 때문이다. 남북한의 경우 안보관심사가 서로 밀접하게 연계되어 있어 북한의 안보와 한국의 안보를 구분하여 생각할 수 없는 안보복합체라는 사실을 북한은 최대한 이용한 것이다. 북한의 일거수일투족은 사실 한국사회에 큰 파장을 몰고 왔

---

42) 북한이 보낸 그런 메시지 하나를 소개하면 다음과 같다. "우리는 6·25 때 제공권을 잃어 불바다가 됐다. 전쟁이 터져도 우리가 공군으로 미국을 제압할 길은 없다. 돈도 없고 기름도 없다. 우리는 탱크로 밀고 갈 힘도 없고 총알도 없다. 하지만 우리는 그동안 엄청나게 많은 장거리포와 다연장 로켓포를 생산했다. 장거리 미사일은 개발중이다. 남쪽이 침공하거나 미군이 우리에게 손을 대면, 일시에 우리가 갖고 있는 포를 발사할 것이다. 남쪽 땅 1㎢ 당 2~3발씩은 떨어진다. 남쪽은 불바다가 될 것이고, 우리는 땅굴 속으로 숨을 것이다. 남쪽이 다 망가진 후 우리를 꺾는다고 누가 이긴 전쟁이라고 하겠는가"(박관용, 《나의 삶, 나의 꿈, 그리고 통일》, 서울: 중앙 M&B, 2003). 저자는 누가 어떤 통로로 어떤 형식을 갖춰 그런 메시지를 보내왔는지에 대해서는 밝히지 않았지만, 그가 당시 대통령 비서실장이었던 점에 비춰 북한이 의도적으로 한국에 통보한 것으로 보인다.

다. 실제로 북한이 NPT 탈퇴를 선언했을 당시 한국사회의 동요와 그에 따른 김영삼 정부의 당혹감은 적지 않았다. 김영삼 정부는 북한의 NPT 탈퇴선언이 있은 지 얼마 되지 않은 3월 25일 한승주 외무장관을 미국에 보내 북한과의 협상을 강조했다. 이는 북한에게 아주 좋은 선례가 됐다. 즉, 북한이 벼랑끝 정책을 사용해 아무리 미국이나 서방세계의 신경을 건드리더라도 그것이 한반도의 안보와 평화문제에 연결되는 한, 한국이라는 디퓨전(*defusion*) 장치가 작동할 것이라는 점에 자신을 가진 것이다.

셋째, 중국의 존재를 의식하고 있었다. 즉, 벼랑끝 정책으로 북한이 최대의 위기에 몰리게 되면 결국 중국이 자신들에 대한 '구조'에 나설 것이라는 기대와 함께, 거꾸로 전반적 동북아정세로 보아 중국의 존재 때문에 자신들이 벼랑끝 정책을 취하더라도 미국이 어쩔 수 없을 것이라고 예측한 것으로 보인다. 북한이 1961년 중국과 체결한 조중 우호협력·상호원조조약은 제2조에 "조약을 체결한 한쪽이 한 개 또는 몇 개 국가들로부터 무력침공을 당해 전쟁에 처할 경우, 조약 체결 상대방은 모든 힘을 다해 지체 없이 군사적 및 기타 원조를 제공한다"고 규정하고 있다. 북한은 이 조약에 따라 '제3국의 침략시' 상호협력에 관한 의무조항대로 중국이 하나의 잠재적 '핵방어물'이 될 것이라고 확신한 것 같다. 이러한 의무조항들은 북한과 중국 간의 연대가 '입술과 이빨'이라는 중국 지도자들의 발언에 의해 계속 확인되고 있었다.[43] 사실 중국은 일관되게 국제적 협상에 직접 참여하는 것을 회피하면서도, 북한에 대한 어떠한 제재나 무력조치도 반대한다는 입장을 꾸준히 피력했다.

넷째, 북한은 벼랑끝 정책을 통해 한미동맹의 균열과 공조체제의 붕괴를 노렸다. 북한의 벼랑끝 정책에 대응하는 수준과 강도는 한미간에 다를 수밖에 없었다. 벼랑끝 정책의 직접적 영향은 한국의 경우 당장

---

43) Vladimir F. Li, "북한과 핵확산금지조약 체제," 박명서·정지웅 역, 《북한 핵프로그램》(서울: 사군자, 2000), p. 213.

안보위협으로 나타난다. 북한의 벼랑끝 정책이 미국의 안보에 미치는 영향은 한국사회가 느끼는 것처럼 그렇게 위협적인 것은 아니었다. 이러한 차이는 벼랑끝 정책에 대응하는 수단에서도 이견을 노출시키는 요소가 됐다. 결국 북한이 벼랑끝 정책을 적절히 구사하면 그것이 바로 한미간에 틈을 만들 것이라고 계산했을 가능성이 많았다.

(2) 벼랑끝 정책의 한계

북미 핵협상 중 북한이 취한 벼랑끝 정책의 대표적 사례는 1993년 3월 12일의 NPT 탈퇴선언과 1994년 5, 6월의 핵연료봉 인출 그리고 6월의 IAEA 탈퇴 등을 들 수 있다. 그러나 북한이 NPT 탈퇴선언을 할 때만 하더라도, 북한은 그 탈퇴선언 자체가 북한의 안보와 생존에 어떤 영향을 미칠지 상당히 우려했으며 벼랑끝 정책을 선택한 스스로의 결정에 자신을 갖지 못했던 것 같다. 그 예로 북한은 NPT 탈퇴 4일 전인 1993년 3월 8일 내린 준전시상태 선포를 3월 24일 자진 해제하기도 했고, 핵문제 해결을 위한 협상을 계속 시사하기도 했다. 3월 13일 조국평화통일위원회가 NPT 탈퇴지지 성명을 발표한 것을 제외하고는 NPT 탈퇴와 관련된 북한의 모든 의사표명은 협상에 의한 문제해결에 초점을 맞추었다.[44] IAEA가 1993년 4월 1일 북핵문제를 유엔안보리에 상정했을 때도 대화와 협상을 통해 해결할 수 있는 문제를 유엔안보리에 상정한 것은 북한의 사회주의를 말살하기 위한 것이라고 비난했다.[45] 이처럼 협상의사를 강력히 비추면서 NPT 탈퇴선언 이후의 대외입장을 관리한 것이다.

북한의 1994년 3월 19일 '서울 불바다' 발언도 한반도 안보의 취약성을 담보로 해 북미협상에서 실익을 얻으려는 또 다른 벼랑끝 정책의 한 실례다. 이 3월 19일이라는 시점은 북한과 미국이 제3단계 고위급

---

44) 전성훈, "북한의 핵개발 의도와 변화," 《북한 핵문제와 남북관계의 진로》(서울: 통일연구원, 2002), p. 23.

45) 북한외교부 성명, 〈로동신문〉 1993년 4월 6일자.

회담을 제네바에서 갖기로 한 3월 21일을 이틀 앞둔 때였다. 당시에는 벌써 3월 21일의 제 3단계 고위급회담 개최가 불가능하다는 것이 확인됐었다.[46] 북한은 이 때문에 의도적으로 한반도의 긴장을 고조시키면서 남북대화를 파국으로 몰고 갔다. 북한은 당시 벼랑끝 정책의 당연한 결과라고 할 수 있는 한반도의 위기고조가 미국과 한국의 정책결정에 어떤 영향을 미칠 것인지를 익히 계산하고 있었다.

불바다 발언 이후 고조되기 시작한 한반도의 긴장은 북한이 국제사회의 사찰요구를 거부하고 1994년 5월 12일부터 폐연료봉 인출작업을 시작함으로써 절정에 이른다. 북한은 폐연료봉을 인출하지 않을 경우, 심각한 안전상의 문제가 있다면서 IAEA의 요구를 무시하고 작업을 시작했다. 당시 미국은 북한에 대한 외교적 압력이 더 이상 효력이 없다고 결론 내리기 직전이었다. 북한에 대한 군사공격문제가 심각하게 논의되고 있었다. 그러한 미국의 위협을 피부로 느끼면서도 북한은 계속 연료봉 인출작업을 진행했다. 유엔안보리는 5월 30일 북한에 대해 추후 계측이 가능한 방법으로 연료봉을 수거하라는 의장성명을 채택했다. 북한이 이를 거부할 경우에는 이제 어쩔 수 없이 유엔안보리가 물리적 제재에 나설 수밖에 없는 처지가 된 것이다. 그런데도 북한은 폐연료봉 수거작업을 그대로 진행했다. 5월 12일부터 시작된 8,000여 개 연료봉 수거작업은 한 달도 채 되지 않은 6월 8일 완료됐다. 이에 대한 보복으로 IAEA이사회는 6월 10일 중국이 기권한 가운데 56만 달러에 이르는 대북 기술지원을 중단하기로 결의했다. 그러자 북한은 다시 벼랑끝 정책으로 나왔다. 3일 후인 6월 13일 북한은 IAEA를 탈퇴한다고 선언한 것이다. 미국은 서둘러 북한에 대한 물리적 제재방안을 마련해 유엔안보리 상임이사국들과 협의에 들어갔다. 상황이 초읽기에 이른 것이다.

북한이 벼랑끝 정책을 마감한 것은 6월 15일이었다. 이 날 카터 전

46) 북한과 미국은 1994년 2월 25일 뉴욕접촉에서 북한에 대한 IAEA 사찰재개 · 남북특사교환 · 팀스피리트 훈련 중지 · 북미 3단계 고위급회담 개최를 합의했으나, 이 합의는 북한에 대한 IAEA 사찰문제로 지켜지지 않았다.

대통령은 판문점을 넘어 평양에 들어가고 김일성과 역사적 담판을 벌인다. 그리고는 제3단계 고위급회담의 문을 열었다.

카터 대통령의 평양 방문은 카터 대통령이 희망한 것이기도 하지만, 당시 북한정부는 이제 벼랑끝 정책의 한계가 왔다고 판단하고 그의 입국을 의도적으로 이용했을 가능성이 크다. 북한의 벼랑끝 정책에 대한 그와 같은 판단은 갈루치 대표의 증언에서도 나타났다. 그는 2003년 5월 19일 워싱턴의 국제전략문제연구소(CSIS) 토론회에서 “카터 전 대통령이 1994년 김일성과의 협상에서 성공한 이유는 미국이 여차하면 군사행동을 한다는 것을 북한이 알고 있었기 때문이었다”고 말했다.[47] 과거와는 달리 국제사회의 물리적 제재가 바로 눈앞에 다가오고 있음을 정확히 읽고, 이제는 더 이상 벼랑끝 정책이 효과를 발휘할 수 없다는 판단을 했기 때문에 극적으로 국면을 전환시키는 작전을 취한 것으로 풀이된다.

당시에는 북한의 벼랑끝 정책이 가능했던 국제적 환경의 변화도 이미 시작됐다. 중국은 6월 8일 IAEA가 대북지원을 중단하기로 했을 때도 표결에 기권했다. 베이징당국은 안보리가 북한에 대한 제재결의를 하더라도 이제는 북한의 편에 설 명분이 크게 약화된 상태였다. 평양당국은 중국에 더 이상 기댈 수 있는 상황이 아니었다. 한국도 북한에 대한 제재를 당연시하는 분위기였다. 벼랑끝 정책이 성공하려면 상대방이 위협에 대해 민감한 반응을 보여야 한다. 그러나 북한에 대한 제재 논의가 진행된 1994년 5, 6월의 한국사회 분위기는 북한이 NPT 탈퇴를 선언했던 1년 전과 크게 달랐다. 북한에 대한 한국사회의 위기의식 정도가 크게 떨어졌다. 안보적 동요가 거의 없었다. 말하자면 북한의 벼랑끝 정책에 대한 면역성이 이미 생긴 것이다.

북한은 주변환경의 변화로 벼랑끝 정책이 더 이상 협상의 효과를 거두기 어렵다고 판단한 데다 미국의 군사적 대응방침이 확정되어 가자 극적인 상황반전을 위해 카터 전 대통령을 초청했다. 벼랑끝 정책이

---

47) 〈중앙일보〉 2003년 5월 21일자.

통하던 시기가 지난 것이다.

(3) 북한의 남북대화 이용

1980년대의 남북한 대화는 표면적으로는 통일과 민족적 문제해결에 초점이 맞춰진 듯 했으나, 내부적으로는 서로 상이한 목적을 갖고 추진되었다. 북한은 대남 적화통일의 기본 틀을 바꾸지 않은 가운데 한국에 대한 압력수단의 하나로 대남접촉을 이용하려 했으며, 한국은 국내정치상황을 긍정적으로 변화시키기 위한 노력의 하나로 남북대화를 추진하는 경향을 보였다. 즉, 북한은 한국사회의 격변을 이용해 대남 적화통일이라는 목적을 실현하기 위한 수단으로 다양한 접촉을 전개했고, 제5공화국은 군사정권이라는 국내적 불안요인을 희석하기 위해 대북접촉을 적극 추진한 감이 없지 않았다. 이에 따라 1980년대의 남북대화는 공동이익을 도모하기보다는 체제경쟁수단으로 더욱 활용됐다.[48] 탈냉전 직후 남북대화는 동북아정치체계의 변화로, 체제경쟁이라기보다는 한국의 공세적 자세와 북한의 수세적 자세가 뚜렷이 대조된다. 한국은 탈냉전으로 북한체제가 더 이상 지속하기 힘들 것이라는 전망 아래 적극적으로 대화를 추구했고, 북한은 변화에 적응하면서 체제의 생존과 안보를 위해 미국과의 대화를 갖기 위한 보조수단으로 한국과의 대화에 응했다.

그러나 북미 핵협상 시기에 있었던 남북한간의 대화는 또 다른 성격을 갖고 있다. 한국의 적극적인 대북 대화의지는 오히려 북한의 정책에 이용당하는 양상을 보인다. 한국은 북한과의 대화를 통해 한반도문제 해결에 주도권을 잡겠다는 의욕을 보였지만, 북한의 핵문제가 미국과 북한 간의 문제로 굳어져 가는 것을 우려하지 않을 수 없었으며 그

---

48) 남북대화의 필요성을 기준으로 구분해보면, 분단 이래 1960년대 말에 이르기까지는 협상이 이뤄질 수 없는 '분단확정기', 1960년대 말부터 1970년대에 이르는 시기는 남북한 상호간 실력을 타진하기 위한 '협상실험기', 1980년부터는 '체제경쟁기'로 나눌 수 있다(김도태, 《남북한 협상형태의 비교》, 서울: 민족통일원, 연구보고서 94-29, 1994, pp. 37~40).

러한 우려 때문에 김영삼 정부는 더욱 성급하게 남북대화를 추구했다. 북한은 그러한 성급한 한국의 의욕을 북미 핵협상에 이용했다. 결과적으로 남북대화에 관한 한 초조한 쪽은 한국이 됐고, 북한은 오히려 여유를 갖는 입장으로 전환됐다.

북한은 진정으로 한국과의 대화를 희망하고 문제를 해결하겠다는 차원에서 대화에 나선 것이 아니라, 미국과의 협상을 위한 보조수단으로 한국과의 대화를 이용했다. 북한은 실제로 한국과 대화해야 할 절박한 사정에 있지 않았다. 자신들이 당면했던 체제위기를 해결할 수 있는 것은 남북대화가 아니고 북미대화라는 철저한 상황인식을 하고 있었기 때문이다. 북한은 냉전 종식 후 국제적 환경이 엄청나게 변해 단순히 '다른 수단의 전쟁'(*war by other means*)이라는 전형적인 공산주의 협상 전략을 사용할 수 없게 됐고, 오히려 정권의 생존에 필요한 이득을 얻기 위해 미국과 타협해야 할 처지에 놓였다.[49] 이에 따라 북한은 NPT 탈퇴선언을 한 이후부터 자신들의 문제가 한국이나 국제기구에 의해 거론되는 것을 철저히 배제하려는 태도를 취했다. 문제를 해결하고 갈등을 줄이는 수단으로 진지하게 참여하는 협상을 '진의협상'이라 하고, 협상을 위한 협상, 즉 협상개최 사실에만 의미를 두는 협상을 '의사(疑似) 협상'이라고 한다면 북한의 대남협상 자세는 더욱 '의사협상'에 가까웠던 것이다.[50] 의사협상은 협상 그 자체와는 관계없이 북한의 위상에 긍정적 영향을 미치게 하거나 한국에 이득이 되는 것을 막는 등의 부

---

49) Scott Snyder, *Negotiating on the Edge*(Washington D.C.: The Endowment of the United States Institute of Peace, 1999), 안진환·이재봉 역, 《벼랑끝 협상》(서울: 청년정신, 2003), pp.37~39. '다른 수단의 전쟁'(*war by other means*)이란 공산주의식 협상의 특성을 말하는 것으로, 레닌의 1929년 연설에서 따온 것이다. 즉 레닌의 말, "우리가 상대방의 강요에 의하여 제공하게 되는 특권은 다른 형태의, 다른 수단에 의한 전쟁의 연속이다. … 특권에 관한 평화적 협정이 자본주위자들과의 평화적 협정이라고 믿는 것은 큰 실수다. 이러한 협정은 전쟁과 같은 것이다"에서 따온 것이다(송종환, 《북한 협상형태의 이해》, 서울: 도서출판 오름, 2002, p.67).

50) 김도태, 앞의 책, pp.37~40.

차적 목적을 추구한다.

반면 김영삼 정부는 북한의 핵문제가 미국과 북한만의 문제가 아니라 한국도 그 당사자이며, 따라서 논의에 배제되어서는 안 된다는 국내 여론의 압박을 강하게 받고 있었다. 그래서 한국정부는 미국이 북한과 접촉하더라도, 사전에 한국과 충분히 상의하고 그 만남 자체를 공개하며 북한과 나눈 얘기도 서울에 충분히 설명해 주겠다는 미국의 약속을 항상 강조했지만, 시간이 지날수록 한국은 제3자적 위치로 전락하고 있었다. 김영삼 정부의 부담도 점점 더 커져갔다. 북한은 이러한 한국의 속사정을 북미 핵협상에 이용한 것이다. 동북아 정치질서는 이처럼 북한이 활용할 수 있는 공간을 만들어줬다.

한반도의 긴장이 북미간의 고위급회담 분위기로 가라앉고 있을 때인 1993년 5월 20일 한국은 남북 고위급회담대표 접촉을 북한에 제의했다. 김영삼 정부는 북미회담이 가동되더라도, 한반도문제의 당사자로서 제 위치를 찾아야 한다는 여론이 팽배해 이렇게 제의한 것이다. 북한도 미국과의 고위급회담 개최가 익어가는 당시의 분위기로 봐서 한국의 제의를 거부할 명분이 없었다. 오히려 더욱 적극적으로 나왔다. 한국의 제의가 있은 지 5일 후인 25일, 북한은 "남북 정상회담 개최 등 현안을 논의하기 위해 김영삼 대통령과 김일성 주석이 임명하는 부총리급 특사를 상호교환하자"며 이를 위해 5월 31일 판문점 북한 통일각에서 차관급 실무접촉을 갖자고 제의했다. 한국은 이에 대해 6월 2일 "핵문제와 정상회담 특사교환을 논의하기 위한 남북접촉을 판문점에서 갖자"고 다시 제의했다. '핵문제'를 의제에 넣은 것이다.

그러나 6월 5일 북한은 "특사교환만을 논의하기 위한 실무접촉을 판문점에서 갖자"며 핵문제 논의를 거절했다. 시기적으로 볼 때 뉴욕에서는 북미 고위급회담이 한창 무르익고 있었다. 한국으로서는 핵문제가 고스란히 남아 있는데 정상회담 특사교환문제만 논의할 수는 없는 입장이었다. 그러나 북한은 미국과 고위급회담이 진행되는 상황에서 구태여 한국과 핵문제를 논의할 필요가 없었다. 그렇다고 한국의 대화 제의를 거부하는 것도 명분에 맞지 않았다.

'핵문제 논의'는 거의 한 달 동안 남북한간의 논쟁 주제가 됐다. 그러다 북한은 마침내 자신들이 먼저 내놓은 특사교환 제의도 거둬들인다. 북한은 6월 26일 "남조선 당국자들은 우리의 특사교환 제안에 핵문제 토의를 대치시키면서 북남 대화에 인위적 난관을 조성해왔다"며, "남한측의 부당한 태도로 말미암아 우리의 북남 최고위급 특사교환 제안이 무산됐다"고 주장했다. 한국은 북한의 핵문제를 민족문제나 통일문제에 연관시켜 주도적으로 해결하려 했고, 그러기 위해서는 남북한간의 핵문제 협상이 꼭 필요하다는 생각이었으나, 북한은 핵문제의 경우 남북한간에 해결해야 할 사안이 아니라는 것을 분명히 했다.

또 한 가지 주목할 사항은 북한이 자국의 특사교환 제안이 무산됐다고 발표한 시점이다. 바로 그날 미국과 북한은 제2단계 고위급회담을 제네바에서 갖기로 합의했다. 북한의 입장에서는 남북대화가 북미대화의 선행조건으로 내걸린 만큼, 미국과 제2단계 고위급회담을 하기 위해서는 한국과의 대화 제스처를 취하지 않을 수 없었다. 따라서 북한은 한국이 고위급회담을 하자고 제의하자 특사교환회담을 하자고 했고, 다시 한국이 핵문제까지 논의하자며 특사교환회담을 수용하자 핵문제는 안 된다는 식으로 한국과의 접촉을 거절한 것이다. 말하자면 한국과 대화분위기를 유지해 제2단계 북미 고위급회담의 일정을 잡아놓고 그 일정이 확정되자 한국과의 대화를 거부했다. 이는 북한이 당시에는 진정으로 한국과 대화할 의사가 없었다는 것을 나타낸 것이다.

그렇게 해서 핵문제를 남북한간의 대화 테이블로 끌어들이려던 한국의 노력은 수포로 돌아갔다. 반면, 북한은 한국의 제의에 대해 특사교환 제의를 내놓으면서 교묘하게 남북대화를 피하고 대외적으로는 자신들이 남북대화를 거부하는 것이 아니라는 모습을 보인 것이다. 이는 남북대화를 요구하는 한국의 요구와 이를 수용할 수밖에 없는 미국의 입장을 북한이 교묘히 이용하면서 북미 고위급회담을 추진하려는 술책이었다. 남북대화가 안 되면 북미대화도 있을 수 없다는 한국의 주장을 우회해 피하려는 계산이었다.

한국은 북한의 이와 같은 거부에도 불구하고 7월 14일부터 19일까지 제네바에서 열린 제2단계 고위급회담의 결과에 힘입어, 8월 4일 다시 북한에 비핵화 선언의 이행과 남북한 동시사찰 이행문제 등을 협의하기 위한 핵통제공동위원회를 재가동하자고 제의했다.[51] 제네바 2단계 고위급회담에서 나온 북한 발표문은 "조선민주주의인민공화국과 미합중국은 조선반도의 비핵화에 관한 북남공동선언 이행의 중요성을 재확인했다"며 "조선민주주의인민공화국은 핵문제를 포함하여 쌍방 사이의 문제들에 대한 북남회담을 가능한 한 빠른 시일 내에 시작할 용의를 의연히 가지고 있다"고 명시했다. 한국은 이와 같은 발표문에 고무되어 다시 핵문제 논의를 위한 협상을 북한에 제의한 것이다.

그런데도 북한은 8월 9일 한국의 핵통제공동위원회 재가동 제의를 정식 거부하면서 자신들이 내놓은 특사교환 주장을 다시 했다. 이 핵통제공동위원회 재가동 제의를 거부한 시점을 보면 IAEA 사찰단이 북한의 미신고시설 두 곳에 대한 사찰에 실패하고 평양을 빠져 나오기 하루 전이다. 북한은 제네바 제2단계 고위급회담에서는 경수로문제에 대한 미국의 합의를 끌어내기 위해 한국과의 대화의사를 밝혔으면서도 핵문제는 논의하지 않겠다는 주장을 견지했다.

그러던 북한이 9월 1일 비핵화문제를 포함한 남북현안을 논의하기 위해 최고위급이 임명하는 임의의 급 특사교환을 한국에 제의했다.[52] 김영삼 정부는 우선 북한이 비핵화문제를 의제의 제1순위에 올렸다는 사실에 크게 고무됐다. 북한은 그러나 9월 6일 "남한이 핵전쟁연습을 하지 않고 국제공조체제를 추구하지 않는 데 대해 납득할 만한 태도를

51) 제2단계 고위급회담에 따라 IAEA 사찰단은 8월 3일 미신고시설에 대한 사찰을 하기 위해 평양에 들어갔다. 그러나 이 사찰은 북한이 거부해 사찰단은 8월 10일 거의 빈손으로 평양을 떠났다. 당시 한국의 황인성 총리는 북한의 강성산 정무원총리에게 전화통지문을 보내, 1993년 1월 25일 이후 중단됐던 핵통제 공동위원회를 개최하자고 제의한 것이다(남찬순, 앞의 책, p. 117).

52) 북한은 회담의제로 한반도의 비핵화문제, 긴장완화와 기본합의서 이행을 위한 공동대책 마련문제, 전민족 대단결문제, 그리고 최고위급회담 실현을 위한 제반문제를 제의했다(〈동아일보〉 1993년 8월 31일자).

밝혀 9월 10일 판문점에서 실무대표접촉을 갖기를 희망한다"는 강성산 총리 명의의 전통문을 황인성 총리에게 보냈다.[53] 북한의 입장은 약 일주일 만에 크게 바뀐 것이다.[54] 1993년 9월 5일 북한의 중앙방송과 9월 7일 평양방송은 미국과의 3단계 고위급회담과 관계개선의 필요성과 당위성을 강조하면서, 한반도의 핵문제는 북미협상만이 유일한 해결방안이고, IAEA와의 협상과 남북대화의 진전이 제 3단계 고위급회담의 전제조건이 될 수 없다고 주장했다. 이는 한국과는 핵문제에 관해 대화할 뜻이 없다는 것을 밝힌 것이다. 북한이 '비핵화문제를 포함한 현안을 논의하기 위해 남북대화를 갖자'고 해놓고 이처럼 일주일 만에 태도를 바꾼 이유에 대해서는 분명히 드러난 것이 없다. 다만 북한 권력층 내부에서 남북대화에 대한 혼선이 있었다는 추측만 가능할 뿐이다.

한국이 이를 받아 9월 8일 "팀스피리트 훈련 등은 핵전쟁연습이 아니라 방어적 차원의 훈련이다", "국제공조체제는 북한을 고립시키기 위한 것이 아니라 핵확산금지조약 가입국으로서의 의무를 수행하기 위한 것이다"라고 해명하며, 9월 10일의 판문점 접촉을 거듭 주장하자 북한

53) 핵전쟁연습을 하지 않는다는 것은 팀스피리트 훈련 등 한미간 기존 공동훈련을 하지 않는 것을 의미하며, 국제공조체제를 구축하지 않는다는 것은 핵문제에 관한 한 미국이나 일본 또는 IAEA와 협조관계를 갖지 않는다는 것을 뜻한다(남찬순, 앞의 책, p. 120).

54) 북한이 9월 1일 비핵화문제 등을 협의하자고 제의했다가, 다시 미국과의 군사훈련 중지 등 한국이 도저히 받아들일 수 없는 제안을 하고 나선 것에 대해서는 여러 가지 추측이 있다. 그 중에서도 북한 내부의 강온파간 대립현상 중 하나라는 지적이 유력하다. 즉, 온건파가 한국과 비핵화문제 등을 협의해보자는 의견을 내 이를 발표했으나 곧이어 강경파가 거부했다는 것이다. 경수로문제 때문이라는 분석도 있다. 당장 제 3단계 회담을 가져도 경수로문제 해결에 별다른 진전을 볼 수 없을 것이라는 판단 아래 좀더 시간을 벌기 위한 의도였다는 것이다. 강석주 등 대표단이 남북대화가 3단계 고위급회담의 전제조건이라는 점을 상부에 보고하지 않고 있다가 그것이 드러난 때문이라는 추측도 있다(정옥임, 《북핵 588일》, 서울: 도서출판 서울프레스, 1995, pp. 61~62).

은 9월 23일까지 핵전쟁연습과 국제공조체제에 대한 명백한 태도를 밝히라고 다시 요구했다. 한마디로 북한은 한국이 도저히 들어줄 수 없는 제안을 들고 나왔다. 김영삼 정부는 북한이 핵전쟁연습이라고 하는 팀스피리트 훈련을 무조건 취소할 수 있는 입장에 있지도 않았고, 더구나 국제공조체제, 즉 한미공조체제는 어떤 경우에도 유지해야 할 필요불가결한 것이었다.

현실적으로 보면 북한은 미국과 제3단계 고위급회담을 갖기 위해서는 어떤 형태로든 한국과 대화하고 IAEA의 사찰도 납득할 만한 수준에서 받아야 한다. 그러나 북한은 사찰에도 적극 호응하지 않아 IAEA의 분노를 샀으며 남북대화도 의도적으로 기피했다. 이에 따라 미국은 9월 20일 갈루치 차관보의 명의로 "제3단계 고위급회담 개최에 필요한 조건들이 이행되지 않아 이 회담을 가질 계획이 없다"는 내용의 서신을 평양에 보낸다.

1993년 10월 1일 IAEA 정기총회에서 대북 결의안이 채택되는 등 국제적 압력이 가중되자 북한은 10월 2일 특사교환을 위한 실무대표 접촉을 또 제의했다. 핵문제 논의는 물론 의제에서 제외된 제의였다. 그럼에도 어떻게 하든 북한과 대화하겠다는 한국은 마침내 북한의 특사교환 제의를 받아들였다. 한국으로서는 어쩔 수 없는 선택이었다. 처음부터 한국은 북한에 대화하자고 하는 입장이었고, 북한은 이를 피하는 입장에 있기 때문에 가능하다면 대화의 빌미를 잡고 물고 늘어져야 한다는 것이 김영삼 정부의 판단이었다. 이에 따라 10월 5일 마침내 특사교환을 위한 제1차 남북한 실무회의가 열렸다. 이 실무회의는 그러나 별다른 진전 없이 다음 회의를 갖자는 것만 합의하고 끝났다.

그러던 중 북한은 10월 12일 IAEA와의 대화 중단을 일방적으로 선언했다. 미국 내에서는 북한의 핵문제를 두고 강경분위기가 다시 고조됐다. 유엔총회는 북한을 규탄하는 결의안 채택을 준비하고 있었다. 남북한은 그러한 분위기 속에서도 10월 15일 남북 특사교환을 위한 제2차 실무접촉을 가졌지만, 그 접촉이 성과를 거둘 것이라고 전망한 사람은 거의 없었다. 그냥 정해놓은 날짜에 의례적으로 만나는 것 이상

〈표 5-1〉 북미협상 당시 남북접촉 일지

<table>
<tr><th>일 시</th><th>남 한</th><th>북 한</th></tr>
<tr><td>1993. 5. 20</td><td>핵문제 등 논의 고위급회담 제의</td><td></td></tr>
<tr><td>5. 25</td><td></td><td>남북 정상회담을 위한 특사교환 제의</td></tr>
<tr><td>5. 25
~6. 25</td><td>특사회담에 핵문제 포함 주장</td><td>특사교환을 위한 차관급 실무접촉 제의(5. 31)
핵문제 포함 불가</td></tr>
<tr><td>6. 26</td><td></td><td>특사교환제의 무산됐다고 발표
2차 북미고위급회담 시작</td></tr>
<tr><td>9. 1</td><td></td><td>비핵화문제 등을 논의하기 위한 특사교환제의</td></tr>
<tr><td>9. 6</td><td></td><td>핵전쟁연습과 공조체제 중단을 위한 협상제의</td></tr>
<tr><td>10. 2</td><td>핵문제 논의 철회</td><td>특사교환 실무접촉 제의</td></tr>
<tr><td>10. 5</td><td colspan="2">특사교환 1차 실무접촉</td></tr>
<tr><td>10. 6
~11. 1</td><td>팀스피리트 훈련중단과 특사교환 동시발표 주장</td><td>팀스피리트 훈련중단 요구</td></tr>
<tr><td>1994. 3. 3</td><td></td><td>4차접촉 거부</td></tr>
<tr><td>3. 19</td><td colspan="2">특사교환 8차 실무접촉(북한 불바다 발언)</td></tr>
<tr><td>4. 15</td><td>남북대화, 북미회담의 전제조건 포기</td><td></td></tr>
<tr><td>6. 18</td><td></td><td>남북 정상회담 제의</td></tr>
<tr><td>6. 26</td><td colspan="2">정상회담 일정합의</td></tr>
<tr><td>7. 8</td><td colspan="2">김일성 사망으로 정상회담 무산</td></tr>
</table>

의 의미를 부여할 수 없는 접촉이었다. 결국 이 특사교환을 위한 남북대화도 3차 접촉을 마치고 아무런 성과 없이 끝났다.

그러나 북한은 당시 남북접촉을 다른 목적을 위해 이용하려는 속셈을 노골적으로 보였다. 팀스피리트 훈련 중단을 남북한 특사교환과 맞바꾸려는 계획이었다. 즉, 한국이 1994년도 팀스피리트 훈련을 고집하지 않을 경우 남북한 특사교환에도 긍정적 자세로 나오겠다는 것이었다. 북한의 제의는 다분히 의도적이었다. 한국이 주장한 핵문제 논의는 제쳐놓고 팀스피리트 훈련취소를 위한 대화만 해보겠다는 발상이었다. 한국과 미국은 11월 3일부터 이틀 동안 서울에서 제25차 연례안보협의회(SCM)를 열기로 되어 있으며 이 자리에서 팀스피리트 훈련문제를 논의하기로 했다. 남북한간 3차 실무자 접촉에서 북한은 한국이 팀스피리트 훈련을 중단하겠다고 먼저 발표하면 특사교환을 11월 중 실시하겠다고 제의한다. 북한은 SCM에서 팀스피리트 훈련중단을 선언하고, SCM이 끝나면 4차 실무접촉을 갖고 특사교환을 논의하자는 것이었다.

그러나 한국은 팀스피리트 카드를 그렇게 소진시킬 수는 없었다. 무엇보다 SCM에서 팀스피리트 훈련 중단을 발표할 경우 북한이 정말 특사교환에 적극적으로 나올 것인지가 의문이었다. 남북한간의 오랜 반목·대립으로 인한 불신이 서로간에 작용하던 시기였다. 그래서 남북한은 4차 실무접촉을 SCM이 시작되는 11월 3일 열기로 합의했다. 팀스피리트 훈련 중지와 특사교환 발표를 동시에 하자는 뜻에서였다. 하지만 북한은 SCM이 열리기 하루 전인 11월 2일 느닷없이 4차 접촉을 하지 않겠다고 선언했다. 이유는 "한국의 국방장관이 2일 KBS와 가진 기자회견에서 북한에 있지도 않은 핵개발을 들어 군사대응도 불사할 계획이라는 폭언을 했다"는 것이었다. 당시 국방장관은 기자회견에서 극히 통상적인 군부의 입장을 밝혔을 뿐이었다. 북한은 IAEA와의 대화도 단절하고 남북대화도 스스로 중단하면서까지 국제적 긴장의 도를 높였다.

북한이 왜 그처럼 스스로 긴장의 도를 높였을까. 북한이 공식적으로는 처음으로 일괄타결안을 내놓은 것이 1993년 11월 12일이다.[55] 북한의 모험적 행동으로 한반도의 긴장이 고조된 가운데 강석주 부부장이 공식발표한 이 일괄타결안은 당장 국제적 관심을 끌기에 충분했다. 북한은 일괄타결안을 발표할 때, 그와 같은 국제적 관심을 끌기 위해 의도적으로 긴장의 도를 높인 것은 아닐까. 그러면서 가장 합당한 해결방식으로 일괄타결안을 선전하고 미화시키려는 의도가 아니었을까. 어떻든 남북한 특사교환문제는 북한이 제의한 일괄타결안과 1993년의 연말 분위기에 휩싸여 묻혀버렸다.

다시 남북한간에 특사교환회담 문제가 제기된 것은 앞서 언급한 1994년 2월 25일의 북미간 합의였다. 특사교환을 위한 남북한 실무접촉은 3월 3일 4차 실무접촉을 시작으로 3월 19일 8차까지 계속됐다. 그러나 4차 실무접촉 때부터 난관은 조성됐다.[56] 북한은 회담이 시작되자마자 1993년 10월에 내걸었던 조건, 즉 '핵전쟁연습 중단'과 '국제공조체제 포기'를 다시 들고 나왔다. 여기에다 한반도에 패트리어트미사일 등 신형무기를 배치하지 말고, "핵무기를 가진 자와는 대화할 수 없다"고 한 김영삼 대통령의 발언을 취소하라는 것이었다. 미국과 3월 21일 북미 고위급회담을 갖기로 합의한 북한이기 때문에, 이번에는 꼭 특사교환이 실현될 것이라고 기대했던 한국의 판단은 또 빗나갔다. 그

55) 일괄타결안(*package deal*)은 10월 9일 북한의 초청으로 방북한 게리 애커먼(Gary Ackerman) 미 하원 아태소위원장의 수행원이었던 미 국무성의 북한담당관 퀴노네스가 10월 13일 서울로 갖고 온 것이 처음이다. 북한이 전달한 이 비공식 문건은 북한이 NPT체제에 영구히 남고 남북한 비핵화 선언의 이행을 약속할 경우, 미국은 팀스피리트 훈련을 중단하는 등 북미 평화협정을 체결하고 경수로제공에 책임을 지며, 북미간 완전한 외교관계를 보장한다는 내용을 담고 있다(〈동아일보〉 1993년 10월 14일자).

56) 북한이 4차 접촉에서부터 난관을 조성한 것은 그때부터 벌써 3월 21일 열기로 합의한 3단계 고위급회담의 실현이 불가능할 것으로 판단했기 때문인지, 아니면 유리한 고지를 점하기 위한 협상술이었는지는 분명치 않다. 김 대통령의 발언에 대한 사과 등 두 가지 조건을 더 추가한 것을 보면, 처음부터 특사교환 접촉을 깨겠다는 의도가 더 많았던 것처럼 보인다.

러다가 3월 19일 제8차 실무접촉에서 북한대표는 '전쟁이 일어나면 서울은 불바다가 되고 만다'는 발언을 해 1993년 5월부터 남북한간에 제기됐던 대화는 다시 종지부를 찍는다.

북한대표가 '불바다 발언'을 한 것은 남북한간의 대화가 더 이상 효용성이 없다는 판단에 따른 것이었다. 그동안 북한과 미국 그리고 IAEA 사이에도 긴박한 분위기가 이어졌다. IAEA 사찰단은 3월 1일 북한에 들어가 2주 동안 사찰을 실시했으나, 북한은 시료채취 등을 통해 과거 핵활동을 파헤치려던 IAEA 사찰단의 활동을 거부했다. 사찰단은 북한의 핵문제를 다시 유엔안보리에 넘기는 수순을 밟고 있었다.

이미 설명한 대로 한국은 북미 핵협상의 전제조건으로 남북대화를 꾸준히 주장했고, 북미대화가 시작되자 남북고위급회담을 하자고 요구하며 북한의 핵문제 해결에 나름대로의 역할을 하려고 시도했다. 그러나 북한은 처음부터 자신들의 핵문제에 대해서는 한국과 협의할 의사가 없었다. 남북한비핵화 공동선언을 할 때는 탈냉전의 급격한 변화에 적응하려는 어쩔 수 없는 선택을 해야 했지만, NPT 탈퇴선언을 하고 난 후에는 상황이 바뀐 것이다. 북한은 생존과 안보의 수단으로 핵문제를 제기했고, 그 생존과 안보를 유일하게 담보해줄 수 있는 나라는 미국뿐이라는 확신을 굳히면서 미국만을 핵문제의 협상대상으로 삼았다. 그 때문에 적어도 북한의 핵문제에 관한 한 한국이 끼여들 여지가 없었다. 북한은 애초부터 그런 여지를 봉쇄하고 있었으며, 다만 미국과의 핵협상을 위한 보조도구로 남북대화를 이용했던 것이다.

북한의 그와 같은 의도와 현실을 깨닫고 한국이 북한과의 회담을 포기한 것은 북한의 핵문제로 한반도 주변의 긴장이 막바지로 치닫던 때인 1994년 4월 15일이었다. 한국정부는 "남북 특사교환 추진 방침을 무조건 철회하고, 특사교환을 포함한 어떤 남북대화도 더 이상 미국과 북한의 3단계회담의 전제조건으로 삼지 않겠다"고 발표했다. 한국이 내세운 명분은 남북대화 재개보다 핵문제 해결이 우선이었다.

한국은 왜 그토록 집착하던 남북대화를 자진해 포기한 것일까. 당시 북한 핵문제를 둘러싼 국제 분위기는 미국이 물리적 제재조치를 취하는 쪽으로 상황이 전개되고 있었다. 북한의 핵문제를 두고 미국과 북한이 급격한 대치국면으로 들어가고 그렇게 되면 다시 한반도에는 긴장이 고조될 수밖에 없다. 김영삼 정부는 그와 같은 긴장을 막기 위해서도 북미 핵협상의 전제조건으로 내세운 남북대화를 스스로 철회해 협상의 걸림돌이 되지 않도록 해야 했을 것이다. 이 분석은 김영삼 정부가 결국 남북대화라는 명분보다 한반도의 긴장을 사전에 막기 위해 대화를 자진해 포기했다는 뜻이 된다. 어떻게 보면 실리적 결정이라고 할 수 있었다. 그러나 그렇게 강조하던 북한과의 대화를, 그것도 북한에 끌려가며 '구걸하듯' 해왔던 대화를 스스로 포기하는 김영삼 정부의 모습은 국민들에게 상당히 의외의 모습으로 비쳤다.

남북대화를 북미협상에 이용했던 북한이 정식으로 대화에 나서기로 한 것은 카터 전 대통령의 평양 방문과 그에 따른 남북 정상회담 개최 제의라고 할 수 있다. 6월 18일 북한은 남북 정상회담을 제의했고 6월 28일 남북 정상회담의 일정에 합의한다. 당시에는 이미 북미협상이 대전환을 할 때이고 더 이상 남북대화가 걸림돌이 되지 않을 시기였다.

북한은 카터의 방북을 통해 미국과 협상을 마무리하겠다고 판단한 것 같다. 이제는 얻을 것을 거의 얻었고 합의를 도출하는 것이 최선의 길이라고 판단했을 것이다. 그러나 남북한이 모처럼 합의하고 개최전망도 거의 확실해 보이던 남북한 정상회담도 김일성 주석의 사망으로 무산됐다.

결국 북미 핵협상과정에서 제기됐던 남북한간 대화문제는 북한이 주도권을 행사할 수밖에 없는 사안이었다. 한국이 아무리 노력해도 당시 한반도 주변의 정치체계를 볼 때 주도권 행사는 불가능한 상태였다. 모든 환경과 조건이 북한에 유리한 방향으로 전개되고 주어졌기 때문이었다.

(4) 북한의 초청 외교

북한은 긴장을 고조시키는 벼랑끝 정책을 구사하면서도 결정적 순간에는 스스로 그 긴장의 수준을 낮추는 정책을 취했다. 미국이 더 이상 북한의 위협을 받아들이지 않고 강경정책으로 선회하려 할 때, 또 한국이 미국의 그러한 대북 강경정책을 견제하려 하지 않는다고 판단했을 때는 한발 뒤로 물러서면서 대화의 제스처를 취했다. 북한은 그런 메시지를 미국에 전달할 수 있는 '중개자'를 평양에 초청했다.[57] 북한은 그 '중개자'를 통해 미국에 자신들의 입장을 전달하면서 협상의 문을 다시 두드렸다. '중개자'는 북한의 '선의'를 미국에 전달하는 메신저 역할을 했다.

평양측이 '중개자'의 역할을 효과적으로 이용할 수 있었던 것은 북한이 외부세계에 잘 알려져 있지 않은 '은둔의 나라' 성격이 강했기 때문이다. 누구나 북한에 다녀오면 비록 피상적이나마 할 얘기들이 많았다. 김일성을 만난 사람들은 그의 건강이나 말투, 외모까지 서방세계에 충실히 전했다. 평양시내의 풍경이나 북한주민들의 생활 모습, 그리고 그들과 나눈 대화마저 기사거리가 되고 분석대상이 됐다. 그만큼 북한에 대해 아는 것이 없었던 시절이었기 때문에, 평양당국이 방북을 허용하거나 초청하면 이를 북한사회나 정책을 분석하는 절호의 기회로 삼았던 것이 사실이다. 평양을 다녀온 사람들의 말 한마디 한마디는 뉴스가치가 있었고 학문적 분석대상이 되기도 했다. 따라서 대부분의 인사들은 북한의 초청이나 방문허용을 상당한 호의를 베푼 것으로 받아들였고, 서방세계에 돌아와서도 가급적 북한을 비방하거나 비판하는 행동을 자제하는 분위기였다. 그렇게 해야만 또 북한을 방문할 기회가 생기고 북한전문가로서의 경력을 쌓을 수 있기 때문이었다. 북한정부도 이 '중개자'들의 방북 뒷얘기를 추적하면서 되도록 친북 인사로 만

57) '중재자'가 아닌 '중개자'로 표현한 것은 북한으로부터 초청을 받은 사람들의 역할이 미국의 입장이나 한국의 입장을 전달하고 이를 북한과 조율하는 것이 아니라, 대개는 북한의 입장을 서방에 전하는 메신저역할을 했기 때문이다. 반대로 카터 전 대통령은 '중재자' 역할을 했다고 할 수 있을 것이다.

들기 위한 노력을 소홀히 하지 않았다.

북한은 시기적으로 한반도의 긴장이 고조되고 있을 때나 북미협상이 교착상태에 빠져 북한에 대한 강경론이 우세할 때 '중개자'를 초청했기 때문에, 이들은 북한에 들어갈 때부터 이미 북한으로부터 현상타개를 위한 어떤 메시지를 갖고 나올 수 있을 것이라는 기대를 갖고 또 그에 집착했다.[58] 북한이 기대에 차지 않는 태도를 보이거나 메시지를 흘려도 이미 언론의 주목을 받는 입장이 됐기 때문에 이를 과대포장하는 경향도 보였다. 말하자면 생생한 북한 정보를 서방세계에 전하기도 했지만 북한의 의도에 따라 정보를 왜곡하는 경향도 보였다.

북한의 NPT 탈퇴선언으로 긴장이 고조된 가운데 한편으로는 북미 고위급회담 등 협상분위기가 조금씩 일고 있던 1993년 5월 8일 미국의 캘리포니아에 있는 노틸러스퍼시픽연구소의 피터 해이스(Peter Hayes) 소장이 평양을 방문했다. 그는 11일까지 평양에 머물면서 북한의 김용순 로동당 대남 사업담당 비서와 두 차례나 회담을 가졌다. 이 자리에서 김용순은 핵문제가 사찰로 해결될 수 있는 것이 아니고, 미국과 전반적인 신뢰구축과 관계정상화가 이뤄져야 가능하다는 점을 강조했다. 해이스 소장은 미국과 북한 간에 고위급회담이 조만간 열릴 경우 북한 핵문제 해결의 돌파구 마련을 위한 중요한 진전이 있을 것이라고 말했다. 김용순은 고위급회담이 열리면 문제해결이 가능하며, 결과를 낙관적으로 본다는 점을 여러 차례 강조했다는 것이다.[59] 해이스 소장은 이어 5월 24일 〈월 스트리트 저널〉의 기고를 통해 "평양의 관리들은 침체된 경제에 도움을 받을 수 있으면 핵확산금지조약 탈퇴를 재고할 것이라고 말했다"면서 미국이 무역금수조치를 해제하고 투자하기를 원하고 있다고 밝혔다.[60] 북한은 당시 북미 고위급회담에 대한 기대와 희망을 해이스 소장을 통해 서방세계에 전달하면서 고위급회담 분위기 조성을 위한 작업을 한 것이다. 미국 내 비둘기파로 알려진 해이스 소

58) 〈조선일보〉 1994년 6월 22일자.

59) 〈동아일보〉 1993년 5월 16일자.

60) 〈동아일보〉 1993년 5월 25일자.

장은 평양을 방문하기 전인 1993년 3월 한미 양국은 불필요한 팀스피리트 군사훈련을 중지하고 북한과 전격적 외교관계를 수립해야 한다고 주장했다. 그는 나아가 동북아지역의 강대국이 참여하는 '동북아 비핵지대안'을 제안하기도 했다.[61] 말하자면 해이스 소장은 북미대화에 대한 평양당국의 희망을 전하면서 그럴 경우 북한도 NPT 탈퇴를 유보할 수 있다는 입장을 서방세계에 전한 것이다.

1993년 10월 초는 북한이 IAEA의 사찰을 거부해 한반도의 긴장이 다시 고조될 때였다. 2단계 고위급회담에서 2개월 안에 열기로 약속한 3단계 고위급회담이 완전히 무산된 때였다. 이번에는 미국의 게리 애커먼(Gary Ackerman) 하원 아시아태평양 소위원장이 북한에 초청됐다. 애커먼 위원장은 8월부터 북한 방문을 희망해 왔는데 평양측은 10월 9일부터 10월 13일까지 5일 동안 그를 초청했다.

북한은 애커먼 위원장을 초청해 할 말이 많았다. 북한 당국자들이 그에게 하는 말은 그가 하원 아태소위원장이기 때문에 당장 행정부에 영향을 미칠 수 있었다. 김일성 주석은 애커먼 위원장을 만나 북한이 핵무기를 생산하지 않고 앞으로도 생산하지 않을 것이라고 말했으며, 미국과의 대화가 중요하다는 점을 강조했다. 북한은 미국과의 대화 노력을 계속하고 있다는 점을 국제사회에 보이면서 미국 의회의 온건파들을 겨냥한 평화적 제스처를 취한 것이다. 그 평화적 제스처의 가장 중요한 부분이 애커먼 위원장의 판문점을 통한 귀환이었다. 북한은 1966년 베이징주재 스웨덴대사에게 판문점을 통한 입북을 허용한 이후, 판문점을 통한 입북이나 서울로 가는 것을 일체 허용치 않았다. 애커먼 위원장은 북에서 남으로 판문점을 통해 온 최초의 외국인이 되었다.[62]

---

61) Peter Hayes, "The Method in N. Korea's Madness," *Chicago Tribune*, March 18. 1993.

62) 〈동아일보〉 1993년 10월 9일자. 많은 인사들이 판문점을 통해 입북하거나 서울에 오려 했으나, 북한은 정전협정을 평화협정으로 대체해야 한다는 명분으로 정전협정의 산물인 판문점 통과를 거부했다. 애커먼 전임인 스티븐 솔라

더 중요한 것은 애커먼 일행을 통해 북한은 북한 핵문제의 이른바 일괄타결안(*package deal*)을 미국에 전달했다는 사실이다. 북한이 애커먼 위원장을 수행한 케네스 퀴노네스(C. Kenneth Quinones) 미 국무부 한국 담당에게 전한 북한의 핵문제 해결제안은 획기적인 것이었다.[63] 그 내용은 IAEA 사찰문제는 일괄타결 해결책의 일부로 해결되어야 하며, 3단계 북미 고위급회담에서 일괄타결 해결책이 타결되면 북한은 IAEA의 정기 및 임시사찰을 받겠다는 것이다. 둘째, 미국이 3단계 고위급회담을 개최하기 불편하면 이에 앞서 비공식 정책단계 소회담을 열 수 있다며, 이 소회담에서는 일괄타결안 대강의 원칙, 미국의 대북 팀스피리트 훈련 및 핵위협 중단 발표일시, 3차 북미회담 개최일시 등을 논의하자는 것이었다. 셋째는 3단계 고위급회담이 열리면 핵무기를 포함한 무력사용금지 및 위협금지를 포함하는 법적 구속력이 있는 평화협정을 체결하고 미국은 핵문제 해결을 위해 경수로 제공에 책임져야 하며, 상호주권존중과 내정 불간섭을 보장하는 외교관계의 완전 정상화에 합의하자는 것이다. 이 밖에 평화적 남북통일을 지향한다는 견지에서 미국은 균형잡힌 남북한 정책을 시행해야 하고 이러한 사항을 계속 논의하기 위해 실무접촉을 계속하자는 것이었다. 반면 북한은 미국과 한국이 팀스피리트 훈련을 중단하며 대북 경제제재조치를 철회하고 관계정상화 등 광범위한 현안들을 논의하기 위한 3단계 고위급회담을 연다면, NPT에 남아 IAEA가 요구하는 특별사찰문제 등을 논의할 용의가 있다는 것이었다. 이는 모든 문제를 한꺼번에 해결하자는 것으로 단계별로 문제를 하나하나(*step by step*) 해결하자는 과거 방식과는 큰 차이가 있었다.[64] 말하자면 핵사찰문제를 북한에 대한 미국

즈(Stephen Solarz) 전 아태소위원장도 수 차례에 걸쳐 판문점 통과를 시도했으나 이루지 못했다.

63) 퀴노네스는 이 핵문제 비문서(일괄타결안)를 북한관리로부터 비밀리에 받았으며, 이를 애커먼 일행에게도 비밀로 했고, 바로 미국정부에 전달했다고 한다. 또 '최고지도자'도 비문서 내용에 만족했다고 한 점을 들어, 김일성이 최종 재가를 한 문서라고 주장했다. (Quinones, 노순옥 역, 앞의 책, p. 242).

의 외교적 승인과 팀스피리트 훈련 중단 등 여러 현안들과 연계해 처리하자는 제안이었다. 이 일괄타결안은 그 이후 북미 핵협상의 주요 지표가 되었다.[65]

부트로스 갈리(Boutros Ghali) 유엔사무총장이 판문점을 통해 북한을 방문한 것은 1993년 12월 24일이었다. 북핵문제가 진전을 보지 못하고 해를 넘기면서 북한은 갈리 총장을 초청했다. 갈리 총장의 한반

〈표 5-2〉 북미 핵협상 중 방북 인사

일 시	방북 인사	방북 내용
1993. 5. 8	피터 해이스 (노틸러스퍼시픽연구소장)	북: 고위급회담 강조
10. 9 ~ 10. 13	게리 애커먼 (미 하원 아태소위원장)	· 북: 일괄타협안 비밀리에 제안 · 판문점을 통해 귀환
12. 24 ~ 12. 26	부트로스 갈리 (유엔사무총장)	· 판문점을 통해 방북 · 북: 유엔불간섭 주장, 한반도위기설 부인
1994. 1. 27 ~ 2. 1	빌리 그레이엄 (미 목사)	클린턴과 김일성 메시지 교환
9. 15	미언론인 대거초청	김일성 82회 생일
6. 4 ~ 6. 11	셀리그 해리슨 (북한전문가)	김일성 핵동결 시사
6. 15 ~ 6. 18	지미 카터 (전 대통령)	김일성과 북핵문제 타결

64) Oberdorfer, *op. cit.*, p. 293. 북한은 이 제안을 영어로 직접 써서 냈다고 한다.

65) 남찬순, 앞의 책, pp. 133~136. 애커먼의 방북 약 1개월 후인 1993년 11월 12일 평양 중앙방송은 강석주 외교부 부부장의 명의로 이 일괄타결안을 공식 제의한다. 즉, 3단계 고위급회담을 열어 미국이 북한에 대한 핵위협과 적대시정책을 포기하는 실천적 행동을 취하고, 북한이 NPT조약에 그대로 남아 담보협정을 전면적으로 이행하게 되면 핵문제는 원만하게 해결될 것이라는 주장이었다.

도 방문은 유엔총장으로서 유엔과 북핵문제에 관련된 어떤 특별한 임무가 주어진 것이 아니었다. 갈리 총장은 26일까지 북한에 머물면서 김일성 주석 등 북한 고위인사들을 만났다. 갈리 총장은 남북한을 동시에 방문하는 친선방문이라고 말했으나[66] 북한은 갈리 총장의 방문을 최대한 이용했다. 첫째, 북한은 미국과의 협상이 긍정적으로 진행되기 때문에 유엔은 이 문제에 개입할 필요가 없다는 북한의 입장을 보다 명백히 밝혔다.[67] 둘째, 그동안 핵문제로 제기됐던 이른바 '한반도 위기설'이라는 것이 실체 이상으로 다소 과장된 것이라는 사실을 확인시켰다.[68] 갈리 총장은 자신이 김일성 주석과 김영남 외교부장 등 평양측 지도자들을 만나본 결과 그들 역시 대화와 협상을 통한 문제의 평화적 해결을 바라고 있으며, 그에 대한 기대를 버리지 않고 있음을 발견할 수 있었다고 말했다. 북한으로서는 미국과의 협상의지에 변함이 없다는 사실을 강조하며, 한반도에 고조된 위기의 도(度)를 갈리 총장의 방북을 통해 다시 완화시키는 입장을 취한 것이다. 갈리 총장의 방북 소감은 사실 북한의 이미지를 개선하는 데 상당한 효과가 있었다.

미국의 패트리어트미사일 한국 배치문제 등 한반도의 군사적 대결에 대한 논란이 고조되던 1994년 1월 27일 미국의 빌리 그레이엄(Billy Graham) 목사가 북한을 방문했다.[69] 그레이엄 목사 일행이 평양에 도착했을 때 공항 근처로 이동하는 대공포미사일이 목격됐으며 군인들이 활주로 근처에서 참호를 파는 모습도 보였다고 전해진다. 그레이엄 목사는 2월 1일까지 평양에 머물면서 김일성 주석을 만나고 북한주민을 대상으로 설교도 했다. 그레이엄 목사는 김일성 주석에게 클린턴 대통

66) 〈대한매일〉 1993년 12월 17일자.

67) 김일성 주석은 12월 25일 평양의 주석궁에서 갈리 총장과의 단독면담에서 이렇게 밝혔다(〈한국일보〉 1993년 12월 27일자).

68) 〈동아일보〉 1993년 12월 28일자.

69) 그레이엄 목사는 그의 부인이 어린 시절 평양에 있는 미국인 학교에 다닌 적이 있어 북한에 대한 유별난 관심을 갖고 있었다. 그는 1992년에도 평양을 방문해 평양의 교회에서 설교한 적이 있다(Oberdorfer, *op. cit.*, p. 299).

령의 메시지를 전달했고 김일성 주석은 그레이엄 목사를 통해 자신의 메시지를 클린턴 대통령에게 전했다. 김 주석은 특히 북한의 핵프로그램에 대한 클린턴 대통령의 포기 요구에 눈에 띌 정도로 화를 내면서 "미국은 있지도 않은 핵문제를 꺼내 북한을 압박하려 한다"고 주장했다는 것이다. 김 주석은 클린턴 대통령에게 보낸 메시지에서 "북한은 핵무기를 개발하지 않고 있으며 미국과의 관계개선을 희망한다"고 밝혔다.[70] 이어 김 주석은 "현재 북한은 100% 내가 직접 챙긴다"라고 말했다.[71] 당시 서방세계는 김정일이 핵문제를 비롯한 모든 현안을 챙기고 김 주석은 2선으로 물러나 있는 상태인 것으로 알고 있던 때였다. 그레이엄 목사의 북한 방문이 북미 핵협상에 직접적 영향을 미쳤다고는 단정할 수 없으나, 이로부터 약 보름 후인 2월 15일 미국과 북한은 뉴욕에서 실무접촉을 재개하고 2월 25일 양측이 IAEA 사찰실시, 남북특사교환, 팀스피리트 훈련 중단, 미 북한 3단계회담 개최라는 네 개 현안을 동시조치 한다는 합의를 내놓았다.

1994년 3월 하순은 다시 IAEA가 북핵관련 결의안을 채택(3. 21)하고 유엔안보리의 의장성명이 채택(3. 31)되는 등 북핵위기가 고조된 때였다. 네 개 현안 동시조치 합의가 한 달도 채 되지 않아 완전히 깨진 때문이었다. 4월 15일 북한은 김일성 주석의 82회 생일을 맞아 미국의 CNN방송 등 서방언론인들을 대거 평양에 초청했다. 4월 16일 김 주석이 가진 서방언론들과의 공동기자회견은 약 두 시간 반 동안 CNN방송을 통해 미국 전역에 중계됐다. 이 회견에서 김 주석은 "미국을 방문해 사냥과 낚시를 하고 친구도 사귀고 싶다"는 등 자신의 이미지 개선을 위한 노회한 제스처를 취했다. 물론 자신에게 적대적인 서방 시각

---

70) 〈대한매일〉 1994년 2월 8일자. 이 메시지는 북한당국이 직접 작성한 것이 아니라 김 주석의 구두 메시지를 그레이엄 목사가 정리한 것이라고 한다.

71) 김일성은 그레이엄 목사가 2년 전 방북했을 때는 "나는 2선의 후견인이고, 김정일이 모든 것을 하고 있다"고 말했다(〈동아일보〉 1994년 3월 26일자). 김 주석이 "내가 100% 모든 것을 챙기고 있다"고 한 말은 그가 북미 핵협상을 직접 지휘하고 있다는 얘기도 된다.

을 바꾸기 위한 의도적 행동이었다.

특히 김 주석은 CNN과의 방송회견에서 북한은 핵무기를 보유하지 않고 있으며, 보유하지도 않을 것이라고 강조하고, 핵무기를 보유하는 그 자체가 아무런 소용이 없다고 말했다. 김 주석은 또 전쟁이 일어나면 북한은 큰 피해를 볼 것이라며, 전쟁을 원하는 사람들은 제정신이 아니라고 주장했다.[72] 김 주석은 북한의 핵무기개발에 대한 국제사회의 의혹의 눈길을 피하면서 자신은 전쟁을 원치 않는 평화주의자임을 내세운 것이다. 북한은 이처럼 평화공세를 하면서 5월부터 폐연료봉 수거를 통해 또 국제적 긴장을 고조시켰다. 그러면서 북한은 미국의 카네기국제평화재단의 북한전문가 셀리그 해리슨(Selig S. Harrison)을 초청(6. 4~11)하고,[73] 마침내 카터 전 대통령을 평양에 오게 해 미국과의 핵협상을 매듭짓는 전환점을 마련했다. 김일성은 해리슨을 만난 자리에서 "우리가 경수로를 제공받을 수 있도록 확고히 보장하는 데 합의한다면, 우리는 확실히 그렇게(핵동결) 할 수 있소. 그러나 당신 나라가 당신들의 결정을 지킬 수 있을지 어떻게 우리가 확신할 수 있겠소? 당신네들이 관계를 정상화할 것이라고 우리가 어떻게 믿겠소?"라며 자신의 희망사항을 털어놓았다.[74] 해리슨의 이와 같은 회견내용은 미국 신문에 크게 보도됐다.

카터 전 대통령의 방북시기는 북한이 NPT 탈퇴선언을 한 1993년 3월 12일 이후 긴장의 수위가 최고점에 이를 때였다. 미국 여론은 북한의 핵시설을 파괴하기 위한 군사공격을 해야 한다는 쪽으로 기울어 있었고, 미 행정부도 북한의 핵시설 폭격을 위한 계획을 마련하고 있었다.[75] 미국은 또 외교적으로도 대북제재 초안을 만들어 안보리 상임이

---

72) 남찬순, 앞의 책, p. 243.

73) 해리슨은 1970년대 초 〈워싱턴 포스트〉지의 동북아 특파원을 지냈고, 1987년과 1992년 평양을 방문해 김 주석과 회견한 바 있다. 1994년 6월 방문에서는 김 주석이 북한에 경수로를 제공해주면 핵동결을 할 수 있다고 한 것으로 밝혔다(Oberdorfer, *op. cit.*, pp. 321~322).

74) Harrison, 이홍동 외 역, 앞의 책, p. 351.

사국들에 돌리는 등 북한에 대한 물리적 제재방안을 강구하고 있었다. 북미 핵협상을 둘러싼 위기는 미국이 적극적인 물리적 대응방안을 강구함에 따라 북한이 더 이상 유리한 입장에만 있을 수 없는 상황으로 치닫고 있었다.[76] 그런 위기의 시기에 카터 전 대통령이 6월 15일 판문점을 거쳐 평양에 들어간 것이다.

카터 전 대통령의 방북은 북한이 1991년 초부터 초청한 것이었다. 그러나 그의 방북은 부시 행정부의 거부로 이뤄지지 않았다. 그러자 평양당국은 1993년 1월 말 유엔주재 북한대사였던 허종을 카터 전 대통령에게 보내 공식초청장을 전달하는 등 끈질긴 방문요구를 했다. 이에 국무부 한국 담당이었던 퀴노네스는 거의 매달 한 번씩 북한 방문이 옳지 않다는 클린턴 정부의 의사를 카터에게 보냈다고 한다.[77] 그러던 중 북핵문제가 폭발 일보직전까지 가자 카터는 다시 앨 고어(Albert Gore) 부통령에게 방북 허가를 요청했다는 것이다. 미 행정부 일부에서는 카터를 활용해야 한다는 의견이 없지는 않았다. 그에게 특사자격을 부여하는 것에 대한 논란도 있었다. 카터는 평양으로부터 6월 15일 이후 방문해 달라는 통보를 받고, 미 행정부에 "나는 북한을 방문하기로 결정했다"면서 허가를 요청했다. 클린턴 행정부도 더 이상 그의 주장을 막을 방법이 없어 개인시민 자격의 방북을 허용한 것이다.[78]

북한도 그와 같은 상황을 모를 리 없었다. 김일성은 체면을 살리면서 협상카드를 내보여 위기를 피해야 할 방도를 찾고 있었다.[79] 그러던 차에 카터 전 대통령의 방북 문의가 온 것이다. 북한은 이 문의에 대해 "초청은 유효하며 김 주석과 회담을 가져주기를 희망한다"는 답을 했다. 비록 북한 방문을 주도한 것은 카터 자신이지만, 북한은 위기를

---

75) 당시 〈뉴욕 타임스〉와 CNN의 공동여론조사는 북한이 계속 사찰을 거부할 경우, 51%가 북한의 핵시설 파괴를 위한 군사행동에 찬성한 것으로 나타났다.
76) Oberdorfer, *op. cit.*, p. 336.
77) Quinones, 노순옥 역, 앞의 책, p. 122.
78) Harrison, 이홍동 외 역, 앞의 책, p. 340.
79) Oberdorfer, *op. cit.*, p. 336.

모면할 또 다른 '중개자'를 찾고 있었을지도 모른다. 김 주석은 다음날 카터와 약 3시간 동안 회담에서 바로 핵동결을 약속했고 경수로 제공을 희망했다. 이에 따라 미국은 북한에 대한 물리적 제재방안을 유보했다. 한국에 군사력을 증파하려던 계획도 유보했다. 북미 3단계 고위급회담도 개최하기로 했다. 김 주석은 또 카터 전 대통령에게 남북한 정상회담을 제의해 한반도에는 새로운 대화의 물결이 일었다.

그러나 카터 전 대통령의 북한 방문에 대한 클린턴 행정부의 초기 반응은 냉담했다. 클린턴 대통령은 카터 전 대통령이 같은 민주당 출신이지만, 그가 대통령직을 성공적으로 수행하지 못한 대통령으로 인식되고 있었기 때문에 그가 전면에 나서는 것을 바라지 않았다.[80] 카터는 이미 에티오피아 전쟁 중재자로 활동했고 파나마와 니카라과 분쟁의 중재에도 성공을 해 명성을 얻고 있었지만, 클린턴 행정부에서는 카터의 북한 방문요청에 별로 호응하지 않았다. 카터는 1991년에도 북한을 방문하려 했지만 부시 행정부는 이를 허용치 않았다. 그러나 당시 주한 미국대사였던 제임스 레이니(James Laney)가 카터의 방북을 적극 주선하고 나섰다. 레이니 대사는 카터 센터가 있는 에머리 대학 총장을 지냈기 때문에 카터와는 친분이 두터웠다. 클린턴 행정부도 북한에 대한 최후의 선택을 하기 전에 평양정권과 한 번쯤 담판을 지을 필요가 있었다. 그렇게 해서 카터는 클린턴 행정부의 동의를 구할 수 있었다. 그러면서도 클린턴 행정부는 카터의 중재가 실패할 경우를 대비해 그의 평양 방문은 완전히 개인적 방문임을 전제로 했다.

카터의 북한 방문에 대한 한국정부의 태도도 냉담했다. 우선 미국의 전직 대통령이 평양을 방문한다는 것 자체가 별로 탐탁지 않았다. 카터가 중재에 실패할 경우 오히려 한반도의 위기는 더욱 고조될 가능성이 컸으며, 또 전직 대통령이라는 그의 직함이 북한의 자존심만 부추길지도 모를 일이었다.

---

80) 클린턴 대통령은 1992년 선거전이 치열하게 전개될 때도, 카터 전 대통령과의 차별화를 선거전략의 중요한 원칙으로 삼았다. 카터 전 대통령에게는 실패한 대통령이라는 이미지가 항상 붙어 있었기 때문이었다.

카터 전 대통령이 평양을 방문해 한 행동도 이례적인 것이었다. 5월 16일 민간인 신분으로 김일성 주석과 만난 그는 마치 클린턴 행정부로부터 전권을 이양받은 것처럼 독단적 결정을 하고, 이를 일방적으로 워싱턴에 통고하는 형식을 취했다. 카터는 김일성과의 1차 회담내용을 워싱턴에 알리고는 바로 CNN방송을 통해 온 세계에 공표했다.[81] 김 주석은 북한이 NPT를 탈퇴하지 않겠다는 점을 강조했고, IAEA 사찰단의 활동을 계속 보장하는 등 핵동결을 하겠으며, 한반도의 비핵화를 위해 노력한다는 등 고무적 입장을 밝혔다는 것이다. 이에 따라 미국은 유엔에 내놓은 북한에 대한 제재안을 철회해야 할 것이라고 카터는 주장했다. 카터의 회견을 CNN을 통해 지켜볼 수밖에 없었던 클린턴 행정부는 김 주석의 얘기에 의문을 두면서, 김 주석의 제의가 사실이라면 이를 받아들이되 유엔에서의 제재 협의는 계속된다는 행정부 방침을 카터에게 전달했다. 그러나 카터는 김 주석과 다음날인 17일 제2차 회담을 갖고 백악관의 방침에는 아랑곳없이 다시 CNN을 통해 "백악관에 확인해본 결과 미국은 조건부로 유엔 제재를 중단하고 3단계 고위급회담을 갖기로 했다"고 말했다.

클린턴 행정부도 할 수 없이 유엔에서의 제재 방침을 철회하고 북한과 대화를 시작하지 않을 수 없었다. 카터의 일방적 행동이 클린턴 행정부의 외교방향을 완전히 다른 곳으로 틀어놓은 것이다. 카터의 방북이 개인적인 것이었든 어떤 것이었든 간에, 북한은 카터의 방북을 이용해 북미 핵협상을 새로운 궤도로 진입시키는 데 성공한 것이다.

---

81) 당시 백악관에서는 한반도의 군사력 증강문제를 논의하고 있었다. 북한에 대한 물리적 제재를 검토하기 위한 회의로 주한미군 사령관까지 참석한, 한반도의 운명을 바꿀 수도 있는 중요한 회의였다. 한참 회의가 진행되고 있는 도중에 카터로부터 전화가 왔다. 갈루치 대사가 그 전화를 받았다. 카터는 김일성 주석이 북한의 핵동결과 NPT 잔류의사를 밝혔다며, 이를 CNN방송을 통해 공개하겠다고 일방적으로 갈루치 대사에게 통보했다는 것이다(Oberdorfer, *op. cit.*, pp. 329~333).

2. 미국의 발목 잡은 동북아정치체계

1) 협상과 제재 위협

한 국가의 대외행동, 특히 전쟁에 대한 분석을 할 때 국가의 합리적 판단을 전제로 하는 분석이 많다. 합리적 선택이라고 할 때 무엇이 그와 같은 합리성을 제공해 주는 것일까. 전통적 현실주의자들은 인간성을 국가에 비유해 설명한다. 상대방도 합리적으로 행동할 것이라는 전제 아래 상황의 대응책을 마련하는 게임이론이나, 지도자들이 기대효과를 극대화하기 위해 행동한다는 억지이론들은 모두 행동의 효용에 대한 판단과 그에 따른 국가의 선택을 인간의 행동 차원에서 분석한다. 그러나 정치지도자들이 합리적 정책결정을 하려 할 경우 가장 중요한 판단의 근거는 개별국가를 둘러싸고 있는 국제적 환경이나 질서일 것이다. 말하자면 국제체계의 구조나 환경이 '합리적 판단'의 1차 자료를 제공해 준다. 이는 국제체계가 정치지도자의 판단을 제약하거나 구속하는 요인이 된다는 체계중심의 설명과 같다.

북미 핵협상의 이(利)와 불리(不利)를 분석할 때도, 미국이나 북한은 사실 동북아정치체계가 전제가 된 상황에서 스스로의 행동을 선택하고 결정했다. 동북아정치체계는 미국이나 북한의 행동을 제약하고 구속했기 때문이다. 북한이 구사했던 벼랑끝 정책은 동북아정치체계라는 바탕 위에서나 가능했던 정책이었다.

일반적으로 위협에 속하는 외교수단 및 장치의 효과는 상당수의 변수에 의해 좌우되며 이들 변수는 상대방, 쟁점, 상황 및 환경 등에 따라 다른 효과를 나타낼 수 있다. 특히, 위협의 효과는 그 신빙성과 밀접한 관계가 있다. 그러나 어떤 특정 위협을 이행할 것으로 상대방이 믿어준다는 것만으로는 그 위협이 의도한 목적을 달성할 수 없다. 상대방이 스스로 세웠던 Y라는 목표를 포기하는 것이 오히려 X라는 위협의 실현으로부터 파생되는 결과보다는 바람직하거나 어느 정도 유익하다고 판단할 때 위협의 효력이 발생하는 것이다.[82] 즉, X라는 위협이 실현되어 손해를 보는 것보다는 오히려 위협의 대상이 된 Y라는 목표를 포기하는 것이 더 유익하다고 판단, Y를 포기할 때 X의 효과가 나타나는 것이다. 미국이나 한국은 바로 한반도의 전쟁이라는 위협의 실현을 피하기 위해 북한의 벼랑끝 정책의 효력을 인정하지 않을 수 없었다. 그러한 인정은 동북아의 지정학적 특성 때문에 어쩔 수 없었다.

특히 북한이 사용한 위협이 내포하는 신빙성에 대해서는 미국보다 한국이나 주변국가들이 더 민감한 상태였고, 그것이 미국의 협상력에 영향을 미치는 결과를 가져왔다. 한국이나 주변국가들은 '북한이란 집단은 어떤 야만적 행동이라도 할 수 있다'는 식의 생각을 하고 있었고, 따라서 그 벼랑끝 정책에 대한 신빙성을 인정하지 않을 수 없었다. 한국의 경우에는 북한이 미국과의 협상과정에서 극단적이거나 격렬한 저항 움직임을 보일 때면, 그 영향이 바로 파급되어 벼랑끝 정책에 대한 두려움을 피부로 느껴야 했다. 두려움의 정도를 높여주었다는 것은 결국 '위협의 약효'가 강했다는 의미이기도 하다. 즉, 북한의 위협에 순응하는 것이 그것으로부터 파생되는 결과보다 유익하다고 판단했기 때문에, 그런 위협을 핵심내용으로 한 평양당국의 벼랑끝 정책은 효과를 발휘한 것이다. 한국이나 주변국가들은 북한의 위협을 현실적인 것으로 인정하고, 이를 북미 핵협상에 투영시키는 보조역할을 한 셈이 됐다.

반면 미국이 구사하려 했던 위협은 그 내용으로 보아 북한에 치명적일 수 있는 위협이었지만 벼랑끝 정책과 같은 효과를 거두지 못했다. 위협이 효력을 갖기 위해서는 행위자가 상대방에게 위협행위를 실제로 행하려는 의지를 갖고 있다고 확신시킬 수 있는 능력이 있어야 한다.[83] 그러나 미국은 북한에게 그런 확신을 심어주지 못했다. 미국은 위협을 실현할 수 있는 능력을 갖추고 있었고, 또 걸프전 등을 통해 위협을 실행했던 '경력'도 있었다. 그런데도 북한에 대한 미국의 위협은 그 목적을 달성할 수 없었다. 북한은 동북아의 정치체계상 미국이

82) 구영록, 《인간과 전쟁》(서울: 법문사, 1976), pp. 96~97.

83) Rothgeb, 이시형 · 김일수 역, 앞의 책, pp. 171~175.

위협을 실현할 수 없을 것이라는 판단을 갖고 미국의 압력에 대처했기 때문이었다.

미국이 북미 핵협상과정에서 북한에 가한 위협은 대표적으로 물리적 제재의 위협을 들 수 있다. 이 물리적 제재의 내용은 북한에 대한 군사공격과 경제제재였다. 미국이 북한에 가한 그와 같은 군사공격과 경제제재 위협이 협상에 얼마나 큰 영향을 미쳤는가. 이를 분석하기 위해서는 우선 미국이 북한에 보인 군사공격과 경제제재 위협의 신빙성에 대해 북한이 어떻게 생각했는지를 판단해볼 필요가 있다. 북한의 입장에서 보면 미국이 정말 자신들에 대해 군사공격이나 경제제재를 가할 수 있을까, 가한다면 그 피해는 어떻게 될까 하는 문제부터 고려했을 것이다. 또, 한편으로는 미국의 위협에 순응할 경우와 거부할 경우의 대차대조표를 만들어 그 손익도 따졌을 것이다.[84] 북한은 미국이 물리적 제재조치를 취한다면 자기들에 치명적인 것이 될 것임을 잘 알고 있었다. 반면 물리적 제재조치라는 위협에 굴복한다면 북미 핵협상은 미국의 일방적 주도로 진행될 것이며, 핵협상을 통해 얻을 수 있는 이득은 크게 줄어들 것이라는 점도 계산했을 것이다.

북한의 경우에는 미국의 물리적 제재위협에 순순히 항복할 수 없는 국내적 요인도 있었다. 생존과 안보문제가 지상과제로 대두된 이상 이를 위해서는 이른바 '죽기 아니면 살기 식'의 극단적 행동도 불사할 수밖에 없다고 판단하게 되면 외부의 위협에 더욱 과감히 맞설 수 있다. 또 국내 체제유지를 위해서는 주민들에게 미국의 위협에 굴복했다는 인상을 주지 말아야 한다. 주체사상의 우월성을 강조하며 자주외교를 자랑했던 북한정권으로서는 어떻게 하든 자국의 자존심을 살릴 수 있는 정책을 취해야 했을 것이다.

---

84) Roger Fisher는 미국의 푸에블로 호 납치사건과 관련해 북한의 선택이라는 측면에서 이러한 위협의 대차대조표를 만들었다. 그는 북한이 함정과 승무원을 송환할 때와 함정과 승무원을 억류할 때로 나누어 각각 얻게 되는 것(+)과 잃게 되는 것(−)을 구분해 정리했다(구영록, 앞의 책, p. 101).

〈표 5-3〉 북한의 선택에 따른 득실 구분

물리적 제재 위협에 굴복했을 경우		물리적 제재 위협에 저항할 경우	
+	체제붕괴의 극단적 상황완화	−	체제붕괴의 극단적 상황직면 가능성
+	국제관계 향상(남북관계 포함)	−	국제관계 악화(남북관계 포함)
−	협상력 약화(핵카드 상실)	+	협상력 유지 또는 재고(핵카드 유지)
−	대미투쟁 명분 상실, 통치에 부정적 영향	+	대미투쟁 명분 활용, 통치에 긍정적으로 이용
−	한국에 대한 입지 약화	+	한국에 대한 위협수단 유지
−	한미갈등 조장능력 저하	+	한미갈등 조장능력 향상
−	통치체제의 정체성 훼손	+	통치체제의 정체성 유지

주1: (+) : 득(得), (−) : 실(失)
주2: 피셔가 북한의 푸에블로 호 납치 직후 만든 대차대조표를 활용한 것임.

하지만 이러한 모든 국내적 요인을 감안하더라도 북한이 결정적으로 미국의 위협에 굴복하지 않은 것은 동북아의 정치체계상 미국의 물리적 제재가 실천될 수 없을 것이라는 전제를 하고 있었기 때문으로 판단되는 것이다. 즉 북한의 국내사정 즉 주민들의 자존심이나 체제의 우월성을 지키기 위해 미국의 위협에 버텼다는 것은 부수적 성과물은 되겠지만 핵심적 이유는 되지는 않는 것 같다. 이는 북한이 1992년 유엔에 가입할 때의 상황을 보면 짐작할 수 있다. 북한은 남북한 유엔 동시가입이 민족분열을 영구화하는 것이라며, 유엔 가입 몇 개월 전까지도 국내외 선전매체를 통해 강력히 반대했다. 그러나 북한은 그야말로 하루아침에 태도를 바꾸어 유엔에 가입했다. 이는 북한정권이 원하는 방향으로 주민들을 선동하고 이끄는 데 어느 독재국가보다도 탁월한 능력이 있음을 의미한다. 북한체제의 속성으로 보아 미국의 위협에 굴복하더라도 그에 대한 새로운 논리전개와 선전으로 주민들을 통치하는 데는 큰 어려움이 없을 것이라고 추측할 수 있다. 따라서 주민들의 자존심이나 정권의 정체성이 상하는 것을 우려해 미국의 위협에 버틸 수밖에 없었다는 분석은 하나의 설명은 되지만, 그것이 결정적 설득력을 갖지는 않는다.

또 북한은 자기들 스스로의 행동에 따라 미국의 물리적 제재를 바로 그 직전에 차단할 수 있다는 자신감을 가진 것 같다. 전쟁의 악순환이론을 개발한 로버트 노스(Robert C. North)의 주장에 따르면, 전쟁으로의 '행진'(*progression*)은 전쟁 당사자들간의 갈등의 악순환이며 이는 상호위협의 지각에서 비롯된다. 전쟁 이전에 상호간의 안보위협에서 파생하는 긴장과 갈등이 상승작용을 하는 연쇄적 사태가 전쟁을 유도하는 결과를 낳게 된다고 한다.[85] 이러한 전쟁으로의 행진은 궤도수정이 어렵다는 것이 노스의 주장이다. 노스는 국가간의 관계에서 지각(*perception*)과 심상(*image*)이 중요한 역할을 하는 것으로 보았다. 즉, A국이 B국의 동기에 관계없이 B의 움직임을 위협적이라고 지각할 때 A는 이에 대응하여 위협 및 적대행위를 취하게 된다. 이러한 경우 A의 지각은 왜곡된 것일 수도 있으나, 그 왜곡된 심상이 A에게는 실제며 또 진실일 것이다. 따라서 A의 적대행위와 위협은 다시 B로 하여금 적대적인 것으로 받아들이게 해, B도 방어적 또는 적대적 행위로 대처하게 될 것이 틀림없다. 이러한 적대행위가 연쇄적으로 작용하면 결국 전쟁으로 연결된다는 것이다. 노스의 주장처럼 북한은 미국이 핵문제를 이용해 자신들의 체제를 붕괴시키려 한다는 지각과 이미지를 갖고 있었으며, 그것은 결국 양국 사이의 긴장과 갈등을 고조시키는 원인이 됐다. 그의 주장대로라면 북한과 미국 간의 전쟁으로의 행진은 궤도수정이 어렵다.

그러나 노스의 견해는 기계적이고 단순하다. 국가든 인간이든 파국으로 진행되는 상황이라면 기계적으로 그 상황에 휘말려 가는 것이 아니라, 무수한 생각과 판단을 하면서 끊임없이 새로운 방안을 모색할 것이 분명하다. 칼 도이치(Karl W. Deutsch)는 그처럼 새로운 대응이나 방안을 모색하는 과정에 초점을 맞추었다. 즉 양국의 정책결정자들

---

85) 위의 책, pp. 145~147.

이 전쟁을 원하지 않기 때문에, 그들이 다른 대안을 보유하고 있는 정도만큼 행동의 자유가 노스가 말하는 전쟁으로의 행진궤도를 수정할 수 있을 것이라고 주장했다.[86] 북한은 바로 그와 같은 전쟁으로의 행진궤도를 수정할 수 있는 카드를 자신들이 갖고 있다고 판단했다.[87]

북한이 미국의 물리적 제재가 실천될 수 없을 것이고 또 설사 실천된다고 해도 그 직전에 이를 와해시킬 수 있다고 판단한 근거는 바로 동북아의 독특한 정치질서였을 것이다. 동북아의 정치안보상황을 보면 미국이 전쟁으로까지 치닫는 물리적 제재를 감행해도 그것은 그야말로 최후의 선택일 것이기 때문에, 그 사전단계에서 핵문제에 대해 조금 유연한 태도를 보이거나 새로운 제안을 하면 '전쟁으로의 행진'을 멈추게 할 수 있을 것이라는 자신감을 가졌던 것 같다. 아무리 북미간의 관계가 폐쇄적이라고 해도 북한은 그런 유연한 태도를 자체언론보도나 제3국을 통해 워싱턴에 간접적으로 단시간 내에 전달할 수 있었다. 또 언제라도 원한다면 뉴욕채널이나 기타 외교채널을 가동할 수 있는 위치에 있었기 때문에 커뮤니케이션의 장애는 없는 상태였다.

실제로 북한은 미국의 물리적 제재 움직임을 사전차단하는 행동을 취하기도 했다. 1993년 5월 북한은 미국에 먼저 대화제의를 했고, 그 대화제의는 약 1개월 후 있었던 북미간 제1단계 고위급회담의 길을 여는 하나의 이정표가 됐다.[88] 핵위기가 고조되던 1993년 10월과 11월 사이에도 북한은 직·간접적으로 포괄적 해결책을 미국에 제의했고

---

86) Karl W. Deutsch, "Mass Communications and the Loss of Freedom in National Decision-Making: A Possible Research Approach to Interstate Conflicts," *Journal of Conflict Resolution*, June (1957), pp. 200~211.

87) 정확히 어떤 상황이 전쟁으로 진전되느냐를 판단하기는 어려운 게 사실이다. 역사상 전쟁은 여러 다양한 요소들에 의해 발생했으며, 그것을 하나의 잣대로 분석할 수는 없다. 따라서 전쟁에 대한 이론도 수없이 많고, 노스의 악순환이론도 그 하나에 불과하다. 그러나 노스나 도이치의 주장은 1993~1994년 북한의 핵문제를 둘러싸고 전개됐던 한반도의 위기상황을 설명하는 데 상당히 도움을 주고 있다.

88) Oberdorfer, *op. cit.*, p. 283.

1994년 2월에는 핵사찰을 받겠다는 의사를 밝히기도 했다. 북한의 핵연료봉 수거로 긴장이 최고조에 이르던 1994년 5~6월 북한의 태도를 보면, 위기를 고조시키면서도 IAEA 사찰단의 수거현장 참관을 허용했고 마침내는 카터 전 대통령을 통해 긴장과 위기를 와해시키는 극적인 자세를 보였던 것이다.

다음에 설명하는 군사제재의 한계와 경제제재의 한계는 바로 북한도 인지하고 있었을, 동북아의 정치체계가 미국의 물리적 제재를 제약하고 규제했던 내용들이다. 북한은 미국이 취하려 했던 물리적 제재의 한계를 읽고 있으면서, 최악의 상태로 상황이 진전될 경우 이를 피하기 위한 결정적 정책을 구사했다. 말하자면 동북아정치체계는 북한이 이용할 수 있는 기회를 마련해 준 반면, 미국에 대해서는 협상 능력을 제약하는 요인으로 작용했다.

2) 군사제재의 한계

(1) 군사제재의 실체

미국이 생각했던 경제제재는 주로 유엔을 통한 사실상의 경제봉쇄조치였고 군사적 제재는 북한의 영변 핵시설에 대한 선제폭격에 초점이 맞춰져 있었다.[89]

군사적 제재는 그 강도 때문에 바로 전쟁으로 연결될 수 있다. 북한이 1993년 3월 12일 NPT 탈퇴선언을 하고 1994년 10월 21일 북미 제네바합의가 이뤄질 때까지 미국 내에서는 여러 차례 군사적 제재논의가 있었다. 클린턴 행정부의 군사적 제재구상은 한국정부에도 전달되면서 엄청난 충격을 주었다. 미국이 생각했던 군사제재는 주로 영변 핵시설에 대한 폭격이었다. 김영삼 전 대통령은 핵위기가 최고조에 달

89) 경제제재의 경우 선제폭격이 아닌 대응공격에 초점이 맞춰져 있었다. 즉, 미국이 북한에 대해 강력한 경제제재조치를 실천할 경우 북한은 한국을 공격할 것이며, 그럴 경우 어떻게 대응하느냐가 논점이 됐다.

했던 1994년 5, 6월 한반도의 전쟁 일보직전 순간을 이렇게 표현했다.

> 클린턴 대통령하고 나하고는 실질적으로 친한 사이인데 싸우다시피 했습니다. 제일 오래 통화할 때는 31분을 했습니다. 그때 클린턴 대통령은 전쟁도 불사한다, 이유는 '북한의 버릇을 고쳐놓아야지 이대로는 안 된다'고 했습니다. 내가 전화로 싸운 것은 '당신이 우리나라를 무대로 전쟁해서 당신의 목표를 달성하려고 그러는데 내가 대통령으로 있는 한 70만 군대 중 한 사람도 동원하지 않겠다, 내가 국군 통수권자다, 내가 지시해야 움직인다, 그런데 당신이 우리 땅을 빌려서 폭격하려 하는데 그것은 절대 안 된다'고 했습니다. 그때 미국 항공모함이 동해안에 와 있었는데 3분 20초 만에 평양을 폭격할 수 있는 거리에 있었습니다. 몇백만이 죽을지, 몇천만 명이 죽을지 모르는 상황이었습니다. 만약 평양을 폭격하면 북한이 가만있겠습니까. 공격하면 동시에 휴전선에 배치되어 있는 모든 포가 우리를 공격하게 되고 그러면 서울은 불바다가 되고 부산, 광주, 제주도까지 불바다가 됩니다.[90]

김 전 대통령의 이와 같은 증언은 북한의 핵문제가 한반도를 전쟁의 참화 속으로 몰고 갈지도 모를 심각한 상황에 있었다는 사실을 말해준다. 박관용 당시 청와대 비서실장의 증언도 미국의 대북 공격의지를 잘 나타내고 있다.

> 미국은 한국에의 통고나 무력집중, 주재민 피난 등의 사전조치들이 북한에 무력공격의 빌미를 제공할 수 있다고 판단, 현 상태에서 바로 공격하려 했다.[91]

---

90) 함성득, 《김영삼 정부의 성공과 실패》(서울: 나남출판, 2001), pp. 37~38. 김영삼 전 대통령이 2000년 10월 20일 고려대에서 한 연설을 수록해 놓았다.

91) 박관용, 앞의 책, pp. 142~143. 저자는 1998년 워싱턴을 방문했을 때, 1994년 당시 백악관 안보회의 멤버였던 대니얼 폰먼 핵 비확산 담당 특별보좌관으로부터 그와 같은 얘기를 듣고 "우리의 운명이 이렇게 결정되고 있었구나"

북한과 미국 그리고 IAEA 사이에 핵사찰문제가 진전되지 않고 갈등이 고조될 때에는 북한에 대해 군사적 제재조치를 취해야 한다는 미국 내의 강경파 목소리가 힘을 얻었고 그럴 때마다 한반도에는 긴장이 감돌았다. 강경파들은 주로 국방부와 중앙정보국(CIA) 그리고 의회 일각에 자리잡고 있었다. 헨리 키신저(Henry A. Kissinger) 전 국무장관이나 브렌트 스코크로프트(Brent Scowcroft) 전 백악관 안보담당 보좌관 등은 북한과 일괄타결을 하면 이란 같은 나라들로 하여금 자신들도 '핵공갈'을 해봄 직하다고 오판할 것이라며, 군사적 제재수단을 통해 사찰압력을 강화하는 방안을 모색해야 한다고 주장했다.[92] CIA나 국방정보국(DIA)은 북한이 붕괴될 가능성이 매우 높은 것으로 보고, 미국과 한국이 원조 등을 통해 평양정권이 지탱하도록 돕기보다는 오히려 붕괴를 촉진시키기 위해 그들을 약화시키고 고립시키는 정책을 모색해야 할 것이라고 강조했다. 그들은 대부분 북한정권은 미국과 도저히 화해할 수 없을 만큼 반목해 있고 양보를 통해서 달랠 수도 없다는 견해를 갖고 있었다.[93] 그들의 견해는 때때로 클린턴 행정부의 정책방향에 영향을 주면서 한반도의 긴장분위기를 고조시키는 기폭제가 됐다.

한반도에는 북한이 NPT를 탈퇴하던 1993년 3월에도 엄청난 긴장분위기가 조성됐었다. 북한이 NPT 탈퇴선언을 하기 4일 전인 1993년 3월 8일 오후 5시 북한군 최고사령관 김정일의 이름으로 북한군에 대해 준 전시상태를 선포하고, NPT 탈퇴 하루 후인 13일 영변 주변에 공습에 대비한 대공포를 배치했다는 사실을 외신들이 보도하자[94] 한국군도 16일부터 실질적 대비상태에 들어갔다. 준 전시에 발령되는 '워치콘 2'의 전 단계인 '워치콘 3'가 발령된 것도 한반도의 위기상황이 어느 정도였나를 보여주는 실례다. 그만큼 긴장이 고조됐으나, 당시에는 아직

하는 허탈감을 느꼈다고 술회했다.

92) 셀리그 해리슨, "미국의 대북한 정책갈등의 내막," 〈신동아〉 1994/3, pp. 199~200.

93) 위의 글, p. 201.

94) 〈동아일보〉 1993년 3월 13일자.

북한에 대한 물리적 제재방안이 거론되지는 않았다. 미국이나 한국 모두 신정부가 출범한 지 얼마 되지 않은 시점이어서 경제제재나 군사적 제재를 거론할 만한 처지가 아니었다. 긴장을 완화하기 위한 외교적 노력에 집중할 수밖에 없었다.[95]

북한에 대한 군사적 제재문제가 고개를 든 것은 제2단계 북미 고위급회담이 끝나고 2개월 안에 갖기로 한 제3단계 고위급회담이 열리지 못하는 등 북한과 미국, 북한과 IAEA 그리고 남북한이 뒤엉켜 갈등을 겪던 시기다. 제3단계 고위급회담은 북한의 IAEA 사찰수용과 남북한 대화가 전제조건이 되어 있었으나, 그 조건이 충족되지 않고 있었다. 당시의 상황을 간단히 살펴보면 IAEA는 북한과 공정성문제 시비로 안전조치 합의에 실패했고(1993. 9. 4), 평양당국은 마침내 IAEA와의 접촉을 끊고 미국만을 상대로 협상하겠다고 선언한다. 이에 따라 IAEA는 이사회결의안(1993. 9. 23), 총회결의안(1993. 10. 1)을 채택했고, 유엔총회도 역사상 처음으로 북한 핵문제에 관한 결의안을 채택(1993. 11. 1)하는 등 북한에 대한 압력을 가중시켰고, 남북한간의 대화도 특사교환을 위한 실무접촉을 가졌으나 별다른 성과 없이 세 차례 접촉으로 끝이 났다(1993. 10. 25).

이렇게 되자 미국 내에서는 다시 대북강경론이 세(勢)를 얻기 시작했다.[96] 북한이 핵사찰을 거부해 한반도에서 무력충돌 가능성이 있다는 전망이 미국의 고위인사들을 통해 나오면서,[97] 한반도의 미 군사력

95) 한국정부는 팀스피리트 훈련에 참가한 미국군이 철수할 것이라고 의도적으로 밝히고, 한승주 외무장관을 워싱턴에 보내 '당근과 채찍'론을 제시하며 북미협상을 강조하는 등 국면전환을 위해 노력했다. 미국도 북한과 북경에서 두 차례 정치참사관 접촉(1993. 3. 17, 3. 19)을 갖는다. 그 결과 분위기는 자연스럽게 북미 고위급회담으로 향했다.

96) 북한이 발표한 1993년 11월 29일의 외교부 성명은 미국 내 강경론을 더욱 자극했다. 북한은 이 성명을 통해 미국이 제2단계 고위급회담에서 합의한 원칙을 저버리고 회담을 중단시킨다면 NPT 탈퇴유보조치를 철회할 것이라고 발표했다(〈동아일보〉 1993년 11월 30일자).

97) 제임스 울시(James Woolsey) CIA국장, CNN방송 대담프로, 1993년 11월

강화문제가 표면적으로 거론되기 시작했다. 〈뉴욕 타임스〉는 “클린턴 대통령이 북한에 대한 외교적 노력에 실패할 것에 대비한 듯 국방장관과 합참의장에게 미 국방부의 한국 방어계획을 자신에게 보고하도록 지시했다. 북한의 군사적 공격에 대한 저지력 강화방안은 미국에 대한 경계태세를 높이는 것에서부터 첩보위성의 활동 증가, 한반도에 항공모함 파견 등이 있다. 현재 국방부가 고려 중인 방안에는 북한의 스커드미사일 공격에 대항할 패트리어트 대공미사일의 한국 배치, 공군 비행중대와 육군부대의 한국 증파 등도 포함되어 있다”고 보도했다.[98]

1994년 1월에도 한반도에서의 무력충돌 가능성은 꾸준히 흘러나왔다. 〈뉴욕 타임스〉는 1월 26일 미국이 한국에 36기의 패트리어트미사일을 배치하기로 했다고 보도했다. 이어 아파치헬기와 항공모함의 배치문제도 심각히 거론되고 있다는 것이었다. 같은 시기에 제임스 울시(James Woolsey) CIA 국장은 상원 정보위원회에 출석해 “CIA는 북한의 핵무기개발 노력, 전쟁준비 계획, 미사일 수출 등 세 가지 분야의 도전에 대해 정보활동의 초점을 맞추고 있다”며, “미국은 북한에 대한 첩보활동을 강화하기 위해 한국에 미 국가정보지원팀을 새로 배치해 1월 중순부터 가동하고 있다”고 밝혔다. 북한에 대한 미국의 군사적 위협이 노골적으로 나타난 시기다.[99] 실제로 주한미군 사령부는 이 시기에 전쟁 프로그램을 다시 개정했다. ‘작전계획 5027’로 명명된 이 전쟁계획은 종전의 방어적 개념을 휴전선 이북으로의 공격적 개념으로 전환한 것이었다.[100] 이 작전계획 5027은 전쟁발발 시 ① 1단계로 미군의

30일 보도.

98) *The New York Times*, December 2. 1993.

99) 미국이 의도적으로 패트리어트미사일을 팔기 위해 그와 같은 긴장을 조성했다는 분석도 있었다. 군산복합체가 각종첨단무기를 시험하고 싶은 유혹을 갖고 있던 데다 한국에 무기를 수출할 수 있는 기회로 생각했다는 것이다. 실제로 당시 패트리어트미사일 제조회사인 레이티언 사는 주미 한국특파원을 초청하는 등 적극적인 홍보활동을 벌였다. 레이티언 사는 결국 한국에 패트리어트미사일을 판매하는 것은 실패하지만, 이 미사일은 약 3개월 후인 4월 주한미군에 배치된다(남찬순, 앞의 책, pp. 199~203).

신속 전개 억제전력 배치, ② 2단계로 서울 이북지역에서 북한군 남침 저지, ③ 3단계로 북한 주요 전투력 격멸 뒤 북진, ④ 4단계 평양 고립, ⑤ 5단계는 한국 주도의 통일로 되어 있었다. 즉, 북한이 선제공격할 경우 휴전선 밖으로 물리친다는 개념에서 휴전선 이북까지 전선을 확대해 한반도 통일을 추구한다는 보다 적극적인 대응전략이었다. '작전계획 5027'에 따르면 유사시 미군은 지상군 69만 명과 4개 항모전단 등 병력을 대규모로 증원한다.[101)]

1994년 3월 북한의 '서울 불바다' 발언이 나오고 유엔안보리가 다시 의장성명을 채택(3. 31)하는 등 고조되기 시작한 한반도의 긴장은 북한의 5월 12일 폐연료봉 인출작업 시작으로 최절정에 이르렀다. 스코크로프트 전 백악관 안보보좌관과 아놀드 캔터(Arnold Kanter) 전 국무차관은 북한이 IAEA의 요구를 받아들이지 않을 경우 미군은 영변 핵시설을 폭격해야 한다고 주장하는 등 강경파의 목소리가 더욱 확산됐다.[102)] 이들은 미국이 목소리만 크게 내고 행동하지 않을 경우 미국의 위상 자체가 흔들릴 것이며, 탈냉전 후 국제질서를 주도적으로 유지하기 위해서는 북한에 대한 폭격은 불가피한 선택일 수밖에 없다는 논리를 폈다. 이때부터 미국의 클린턴 행정부는 북한에 대한 물리적 제재 방안을 더욱 구체적으로 논의하기 시작했다. 국방부는 이미 5월 초 뉴

---

100) Oberdorfer, *op. cit.*, p. 312.

101) 〈동아일보〉 2003년 7월 18일자. 전시작전권을 갖고 있는 미군이 주도적으로 작성한 '작전계획 5027'은 수시로 개정됐다. 예를 들어 1998년판 5027은 북한이 확실한 도발징후를 보일 경우 선제공격을 하는 것으로, 2002년판 5027은 김정일을 제거하는 데 목적을 두며 한국의 상의 없이 북한에 대한 선제공격을 한다고 되어 있다. 이 밖에 1990년대에 만든 '작전계획 5029'가 있다. 특히 최근에는 '작전계획 5030'이 언론에 노출되어 주목을 받았다. '5030'은 예고 없는 대규모 기동훈련과 북한에 대한 근접정찰 등 무력시위를 통해 북한 내부의 붕괴를 유도한다는 것을 핵심내용으로 하고 있다. 즉, 팀스피리트 훈련과 같은 기동훈련을 함으로써 북한을 뒤흔들어 붕괴시킨다는 것이다.

102) Brent Scowcroft and Arnold Kanter, "Korea: Time For Action," *The Washington Post*, June 15. 1994.

멕시코 알라모의 국립연구소에서 수 명의 상원의원과 핵전문가 윌리엄 페리(William Perry) 국방장관의 보좌관 군장성들이 모인 가운데 북한의 핵시설에 대한 가상공격을 실시했다. 페리 장관은 미 공군이 방사능을 크게 확산시키지 않고, 신속하고도 효과적으로 영변 핵시설을 폭파할 수 있다는 보고를 받았다.[103] 한반도에서 전쟁이 발발할 경우를 대비한 준비가 진행된 것이다. 의회에서는 SR-71블랙버드기 3대를 도입하기 위한 방위비 1억 달러가 가결됐다. 휴전선 부근에 전방배치된 한국군의 취약성을 보완하고 유사시 미군 증파방안도 논의됐다.[104]

해리슨도 1994년 5~6월에 벌어진 북한과의 긴장된 대결국면은 미국이 전쟁에 바로 빠져들 수 있음을 극적으로 보여줬다고 밝혔다.[105] 북한이 1994년 5월 8일 영변 원자로에서 폐연료봉을 수거하기 시작했을 때, 일부에서는 북한이 일괄타결 협상에 미국을 끌어들이려는 노력을 가속화했다고 강조했지만, 워싱턴의 다수 견해는 북한이 핵무기개발에 대한 단호한 결의를 내보임으로써 사태는 이미 루비콘 강을 건넜으며, 군사적 압력만이 유일한 대응이라고 주장했다는 것이다. 5월 18일 존 섈리캐슈빌리(John Shalikashvili) 미 합참의장은 전세계에 주둔한 4성 장성과 제독을 불러 한반도에 전쟁이 일어날 경우에 대비한 주한미군의 지원문제를 논의했고, 5월 24일에는 존 매케인(John McCain) 상원의원이 상원 연설에서 영변 재처리시설에 대한 공중폭격과 크루즈미사일 공격을 주장하기도 했다. 이는 미 의회도 미국의 영변 폭격을 승인하지 않을 수 없다는 대내외적 시그널의 성격을 갖는 것이었다. 서울의 레이니 주한 미국대사는 긴급소개계획을 마련했으며, 당시 서울에

---

103) Oberdorfer, *op. cit.*, p. 323. 94년 당시 페리 국방장관의 지시로 영변 공격계획을 입안했던 애슈턴 카터(Ashton Carter) 전 국방차관보는 94년 당시 북한은 핵개발을 멈추지 않을 것으로 판단하고 영변 선제공격계획을 만들었으며, 그것이 실행됐을 경우 북한의 핵시설은 완벽하게 파괴됐을 것이라고 말했다(〈조선일보〉 2003년 5월 1일자).

104) 정옥임, 앞의 책, p. 209.

105) 해리슨, 앞의 글, pp. 202~203.

〈표 5-4〉 한반도 작전계획(OPLAN)의 종류와 내용

종류	작성 연도	주요 내용
작계 5026	1994년	북핵시설 정밀 선제타격, 북 반격대비 첨단전력 한반도 배치
작계 5027	1974년 작성 이후 1, 2년마다 수정	작계 5027: 전쟁발발시 미군 69만 명 증원, 북한군 격퇴 작계 5027-98: 북 확실한 도발징후시 선제공격 작계 5027-02: 김정일 제거, 한국과 상의 없이 북 선제공격 가능 작계 5027-04: 북 미사일 공격대비 미사일 방어(MD) 체제 가동
작계 5029	1990년대	난민유입 등에 따른 북체제 붕괴로 인한 돌발사태 대비
작계 5030	수립중	예고 없는 대규모 기동연습과 근접정찰 등 무력시위를 통해 북한 내부 붕괴 유도

출처: 미군사 전문사이트 글로벌 시큐리티(www.globalsecurity.org); 〈동아일보〉 2003년 7월 18일자.

체류중이던 자신의 딸과 세 손자들에게 미국으로 돌아가라고 말했을 정도로, 미국의 영변 폭격은 바로 눈앞의 현실로 다가왔다.

김영삼 전 대통령의 증언이나 해리슨의 설명에 따르면 1994년 5, 6월 한반도는 미국의 북한에 대한 물리적 제재로 분명히 무력충돌이 일어날 수 있었던 상황이었다. 클린턴 대통령은 실제로 1994년 6월 16일 한반도와 그 인근에 미군병력을 크게 증강하는 '비상계획'에 서명할 준비를 모두 마친 상태였다.[106] 서명을 하고 D-day를 잡아 공격명령만 하달하면 될 정도로 급박한 순간까지 간 것이다.

미 국방부가 6월 중순에 마련한 한국과 한국 주변에 병력을 증강하고 공격태세를 강화하기 위한 세 가지 방안은 다음과 같다. 첫 번째 안은 신속배치를 위한 2만 명의 병력을 파견하고, 이어 군수행정 보급

106) 이 행동계획을 확정하는 회의를 하고 있을 때, 평양을 방문중이던 카터 전 대통령이 전화로 '김일성 주석이 핵동결을 약속했다'고 알려와 일단 실천이 유보됐다.

요원을 파견하며 대공포 레이더와 정찰기를 추가한다는 것이다. 두 번째 안은 F-117 스텔스기와 장거리 폭격기 등을 한국 근처에 배치해 긴급 출동할 수 있게 한다는 것이었다. 이를 위해 1만 명 이상의 전투병력도 추가배치한다는 것이었다. 세 번째 안은 수만 명의 육해공군을 추가하자는 것이었다.[107] 국방부는 이와 같은 안을 집행할 수 있도록 6월 16일 클린턴 대통령의 재가를 받을 계획이었다.[108]

클린턴 행정부가 북한에 대해 물리적 제재라는 위협의 신빙성을 실감케 하고, 그것으로 북핵문제 해결의 전환점을 만들려고 한 것은 사실인 것 같다. 그렇다고 미국이 영변에 선제폭격을 하고 북한은 무력대응을 해, 한반도는 피할 수 없는 '전쟁으로의 행진'으로 휘말렸을까. 1994년 5~6월에 만든 클린턴 행정부의 비상계획은 카터 전 대통령의 북한 방문으로 일단 취소되지만 카터의 방북이 없었다면 어떻게 됐을까. 그대로 실행이 됐을까, 아니면 결정적 순간에 다시 보류됐을까. 카터의 북한 방문이 미국의 군사적 제재조치를 막는 데 결정적 영향을 미친 것은 사실이지만, 그럼에도 '카터의 방북'이라는 사건이 없었다면 한반도에 전쟁이 일어났을 것이라고 단정하는 것은 무리일 것이다. 전쟁이 일어나는 일보 직전까지도 무수한 변수가 작용할 수 있기 때문이다.

사실 미국이 한반도를 물리적 충돌국면으로 몰고 갔다면 클린턴 행정부가 감당하기 힘든 엄청난 위험을 감수해야 했을 것이고, 당시의 동북아 정치안보상황은 클린턴 행정부에 대해 '전쟁으로의 행진'이 수반할 그와 같은 위험을 예고해주며 마지막 순간까지 행동에 제약을 가했을 가능성이 높다. 또 대북 협상대표인 갈루치를 비롯한 온건파들은 북한 핵문제를 최종 타결하기 위해선 정치·군사·경제적 양보를 할

107) Oberdorfer, *op. cit.*, p. 325.

108) 이 계획은 최근 밝혀진 '작전계획 5029'와 내용이 일치한다. 즉, 당시 만든 '5029'는 북핵시설과 지휘부를 제한적으로 선제타격하는 내용을 담고 있었다. 선제타격을 받은 북한이 휴전선에 집중 배치한 장사정포와 야포를 동원해 반격하는 것에 대비, 첨단 폭격기와 요격기를 한반도에 배치한다는 것이다(〈동아일보〉 2003년 7월 18일자).

수밖에 없다는 입장이었다. 페리 국방장관은 상원인준 청문회에서 조심스럽게 무력과시 가능성을 피해갔고, 합참 멤버들도 북한 핵시설에 대해 군사적 공격을 감행해서는 안 된다고 일관되게 조언했다. 더구나 한국의 김영삼 정부는 '전쟁으로의 행진'을 막기 위해, 필사적 노력을 했을 것이다. 북한 역시 스스로 긴장을 조성하다가도 그 긴장이 폭발 위험의 수준에 이르렀다고 판단하면, 남북대화에 나선다든지 아니면 IAEA의 사찰에 응한다든지 하는 방법으로 결정적 순간을 피해가기 위한 선의의 제스처를 취했을지 모를 일이다. 김일성 주석이 카터 전 대통령을 평양에 초청해 클린턴 행정부의 군사적 행동을 무산시킨 것도 그러한 북한의 정책 가운데 하나였다.

(2) 군사적 제재의 한계

북한에 대한 미국의 군사행동은 방어적 개념과 선제공격적 개념을 함께 가진 것이다. 방어적 개념은 북한에 대한 경제제재조치 등을 취했거나 또는 북한이 자체적으로 붕괴될 상황에서 남침할 경우를 가상한 것이었다. 그러나 선제공격(*preemptive strike*)은 이보다 더 적극적인 군사행동으로 북한의 핵확산을 무력으로 저지한다는 개념이었다. 북한의 핵개발 정책을 무력화시키기 위한 결정적 수단인 셈이다.

미국은 북미 핵협상과정에서 선제공격을 검토한 것으로 알려졌고, 때에 따라서는 이 선제공격론이 언론이나 정치가 또는 강경파들의 입을 통해 흘러나와 북한에 대한 협박(*bluffing*)으로 이용되기도 했다. 사실 북한에 대한 미국의 군사행동 가능성은 항상 평양지도부가 우려하는 것이었다.[109] 그러나 그와 같은 선제공격은 한반도의 지정학적 특징과 기술적 문제 때문에 실천하기 어려운 측면이 많았다. 동북아의

109) 미국의 싱크탱크인 랜드(RAND)연구소의 브루스 베넷 박사도 2003년 5월 21일 동아일보와의 인터뷰에서 "미국이 군사적 제재를 배제하지 않는 이유도 북한 지휘부가 섣불리 반격에 나서 자멸을 택할 가능성이 낮기 때문"이라고 말했다. 미국이 군사공격을 하더라도 북한은 반격을 강행하기 어려울 것이라는 분석이다(〈동아일보〉 2003년 5월 21일자).

정치안보상황이 미국의 군사행동을 제약하고 규제한 것이 가장 큰 원인이라고 할 수 있다.

첫째, 미국이 가장 관심을 두어야 할 부분은 북한에 대한 군사공격으로 인한 동북아 정치질서의 급변 가능성이었다. 미국・소련・중국・일본 등 4강의 첨예한 대립으로 상징되던 한반도의 정치질서는 탈냉전으로 화해와 협력의 기류에 싸여 있었다. 그러나 미국이 북한을 공격한다면 그와 같은 분위기는 하루아침에 새로운 냉전상태로 급변할 가능성이 있었다. 중국은 북한과 우호협력 및 상호원조조약을 맺고 있어, 북한이 '한 개 또는 몇 개 국가로부터 무력침공을 당해 전쟁에 처할 경우 모든 힘을 다해 지체 없이 군사적 및 기타 원조를 제공'해야 하는 입장이었다.[110] 러시아 역시 북한과의 관계는 얼마간 소원한 상태였지만, 조소 우호협력 및 상호원조조약을 지켜야 할 처지였다.[111] 만일 중국이 미국의 공격을 받은 북한을 지원한다든지, 화해분위기가 일고 있는 중국과 러시아에 반미 전선이라도 형성된다면 미국으로서는 세계질서 주도에 큰 차질을 빚지 않을 수 없었다. 그렇다고 미국이 북한을 공격하기 전에 중국이나 러시아의 사전 동의를 얻을 수 있는 일도 아니었다. 특히 그와 같은 상황이 발생하면 중국은 직접적인 피해자가 될 것이다. 미국의 헤게모니 강화와 선점에 따라 중국의 위상은 크게 실추될 것이 분명했다. 중국으로서는 바로 코앞에서 미국의 무력공격이 감행되는 현장을 목격해야 할 처지이기 때문에 두 나라는 물리적 대결상태로까지 가는 최악의 상황도 예상됐다. 한반도의 현상유지를 바라는 일본의 입장도 마찬가지였다. 일본은 북한 미사일의 사정권 안에 있기 때문에 한반도에서 전쟁이 일어날 경우 또 다른 인질이 되지 않을까 항상 우려했다. 클린턴 행정부로서는 일본과의 관계도 심각히 생각해야 할 처지였다. 더구나 미국은 냉전체제 붕괴 이후 중국에 대한 확대정책을 추진하면서 되도록 적대적 경쟁관계에 들어가지 않겠

110) 조중 우호협력・상호원조조약 제2조.

111) 조소 우호협력 및 상호원조조약은 1995년 자연스럽게 폐기되고, 양국은 2000년 2월 군사개입조항을 배제한 새로운 우호선린조약을 맺었다.

다는 대전략을 세워놓고 실천 중이던 시기였기 때문에 중국과의 물리적 대결이나 마찰은 상상조차 하기 어려운 도박이었다.

둘째, 무엇보다 큰 장애는 선제공격의 직접적 피해대상국이 될 한국의 반대다. 미국이 선제공격할 경우 한국의 협조를 얻는 게 필수적이다. 그런데도 한국의 동의를 얻지 못하거나 동의를 강요한 선제공격을 한다면 미국은 선제공격의 명분을 전혀 확보할 수 없을 것이다. 북한의 핵문제가 위기국면으로 치닫고 한반도의 긴장이 고조될 때마다 한국정부가 보인 반응을 보면 미국의 선제공격은 한국정부의 지지를 절대로 받을 수 없다는 것이 명백했다. 앞서 인용한 김영삼 전 대통령의 언급은 한국정부가 미국의 대북공격 움직임에 어떤 입장이었는지를 생생히 보여준 실례다.

셋째, 한국전이 발발할 경우 예상되는 막대한 인명손실문제였다. 클린턴 대통령은 1994년 5월 19일 페리 국방장관 등과 함께 미국이 선제공격했을 경우 어떻게 될 것인가에 대해 논의했다. 이 자리에서는 미국의 선제공격이 분명히 북한의 반격을 유발할 것이고, 그렇게 되면 개전 90일 만에 미군은 5만 2천 명, 한국군은 49만 명이 부상하거나 사망할 것이라는 결론이 나왔다. 여기에다 한국인 민간인의 피해는 엄청날 것이며 전비도 최소한 610억 달러가 들 것이라는 계산이었다.[112] 클린턴 행정부는 엄청난 인명피해를 감수하면서까지 북한에 대한 군사공격을 가할 만한 자신과 용기가 없었다. 군사적 공격은 전혀 보복능력이 없는 군사력을 갖고 있거나 동맹이 없는 나라, 그리고 핵이나 생화학무기의 능력을 갖추고 있더라도 효과적 사용이 불가능한 나라에는 효력을 발휘할 수 있을지 모르나 북한은 그런 나라가 아니었다. 북한의 군사력은 세계 4위로 평가받고 있고, 미국이 북한을 선제공격할 경우 우방인 한국과 일본은 언제나 북한의 '인질'이 될 가능성이 많다. 당시 국방부 안보보좌관인 조셉 나이(Joseph S. Nye, Jr.) 하버드대 교수도 미국이 북한에 대해 선제공격을 할 수 없었던 이유를 다음과

112) Oberdorfer, *op. cit.*, p.315.

같이 밝혔다.[113)]

> 과거 내가 미 국방부에 근무할 때 영변 폭격을 검토한 적이 있다. 그러나 휴전선 일대에 배치된 1만 1천여 문의 대포가 서울을 겨냥하고 있다는 점 때문에 계획을 철회했다. 당시 평화를 돈 주고 사는 것이 군사적 행동을 감행하는 것보다 낫다고 판단했다. … 북한이 핵무기를 개발하지 않아도 곡사포 때문에 미국이 공격하지 못한다는 점을 안다면 굳이 핵개발을 할 필요가 없을 것이다.

넷째, 한반도에 전쟁이 발발할 경우 미국이 주도권을 잡을 수 있는 하이테크 전쟁이 불가능하기 때문에 피해가 더욱 엄청날 것이라는 분석도 있었다. 약 50%에 이르는 북한의 군사시설은 대부분 지하로 들어가 있어 핵전쟁이나 하이테크 전쟁보다는 탱크와 박격포로 치고받는 재래식 전쟁이 될 것이라는 전망이었다. 이 때문에 미국은 걸프전 때의 다국적군(항모 6척, 지상병력 50여만 명)의 몇 배를 투입하지 않는 한 승리를 거두기 어려울 것이라는 분석이었다.[114)]

다섯째, 미국이 선제공격하더라도 정작 북한의 핵무기를 없애기는 어렵다는 판단이었다. 1994년 5월 초 알라모국립연구소에서 실시된 영변 폭격 모의실험에서도 그와 같은 사실이 드러났다. 컴퓨터 화면에는

---

113) 〈조선일보〉 2003년 4월 15일자.

114) 정영태, "북한은 핵카드를 포기하지 않는다," 〈신동아〉 1994/3, pp. 190~191. 최근 미국의 이라크 공격은 미국 첨단무기의 정교성을 더욱 과시했다. 북한이 아무리 산악지대라고 해도 그와 같은 첨단무기는 10년 전 예상과는 달리 큰 효과를 발휘할 수도 있을 것이다.

미국은 북한 등을 1차 목표로 삼은 지하시설 파괴용 차세대 핵무기(RNEP)를 빠른 속도로 개발하고 있다고 한다. 이는 고강도 지하목표물 파괴용 핵폭탄으로 핵미사일과 생물화학무기 등을 숨긴 지하기지 및 적국 지휘부의 벙커, 이동터널 등 지하군사시설을 공격하기 위해 고안한 무기다. 수소폭탄으로 알려진 이 핵무기는 지하 50m 이상 파고들어간 뒤 땅속에서 터져 최고 지하 350m 깊이의 목표물까지 파괴하는 것을 목표로 삼고 있다는 것이다(〈중앙일보〉 2003년 7월 9일자).

영변의 핵발전소 등 핵시설들이 완전히 파괴된 것으로 나타났지만, 북한이 이미 만들어 갖고 있는 것으로 가정한 핵폭탄을 폭파시킬 수 있는 방법은 없었다. 북한 전역은 대부분 산악지대인 데다 수천 개의 땅굴이 있고 그 땅굴 어디엔가 핵폭탄을 숨기고 있을 터인데, 그것을 발견하기란 불가능하다는 것이다. 북한이 갖고 있다고 추정되는 플루토늄 양을 따져봐도 축구공 안에 다 들어갈 수 있다. 영변을 폭격했을 때는 이미 그 플루토늄을 어디로 숨겼을지 모를 일이고,[115] 그렇다고 북한 전역에 폭격을 가할 수는 없는 노릇이었다. 이스라엘이 이라크의 오시라크 원자로 공격에서 보여준 것처럼 아무리 완벽한 군사공격을 하더라도 그것이 핵을 완전히 제거하지는 못할 것이다. 핵만 지하로 숨어들어 검증이 더 어려워질 수밖에 없다.

여섯째, 방사능 누출도 큰 문제였다. 당시 영변지역에는 165 메가퀴리에 해당하는 방사능 물질이 집적되어 있는 것으로 추정되었다. 영변지역이 완파되어 이 것들이 모두 방출되면 히로시마 원폭투하 때의 약 6천 배에 이르는 오염강도가 될 것이라는 계산도 있었다.[116] 더구나 북한이 한국의 원자로를 파괴한다면 방사능 누출은 한반도는 물론 동북아 전역에 치명적 결과를 초래할 것이라는 우려가 적지 않았다. 이에 따라 알라모국립연구소 모의실험에서는 1차 목표물을 50MWe 원자로로 삼았으나, 방사능 오염 가능성 때문에 원자로를 폭발하지 않고 원자로를 정지시키는 방안이 강구되었다. 정밀하게 조준된 폭탄으로 터빈발전기와 냉각설비를 명중시켜 작동을 마비시킨다는 것이었다. 또 미군은 방사화학실이라고 불리는 핵연료 재처리공장만 집중공격하고 인근의 미신고시설과 핵폐기물 저장소에 대한 공격은 자제해야 한다는 것이었다. 그러나 결론은 어떻든 방사능 유출 가능성을 심각히 고려해

---

115) Michael J. Mazarr, "Going Just a Little Nuclear," *International Security* 20-2 (Fall, 1995), pp. 113~114.

116) 차종환, 《재미있는 핵 이야기》(서울: 좋은 글, 1995), p. 221. 성인 1인의 1년간 방사능 허용치가 20 마이크로 퀴리라고 하면, 165 메가 퀴리는 전세계 인구에게 3만 번씩의 X-레이를 찍을 수 있는 양이라고 한다.

봐야 한다는 쪽으로 났다. 방사능이 유출된다면 당장 한반도 전역은 물론이고 일본과 중국에도 영향을 미칠 것이기 때문이었다.

일곱째, 그와 같은 모든 위험을 감수하고 북한에 대한 군사공격을 성공적으로 끝낸다 해도, 북한을 핵국가대열에서 이탈시킬 수 있는 방법이 간단치는 않았다. 핵확산국이 섬처럼 완전히 고립되어 있고 선제공격에 대한 국제적 합의가 완벽히 구축됐다고 해도, 핵무기개발을 멈추게 하는 유일한 수단은 그 핵확산국가를 완전히 정복해 새 정부를 세우는 수밖에 없을 것이다. 그렇게 하기에는 너무나 엄청난 비용이 드는 것이다.[117] 북한은 지정학적으로 섬처럼 완전히 고립되어 있지 않고, 새 정부를 세우는 것은 김정일 정권의 붕괴를 전제로 해야 했다.

이와 같은 모든 사항들을 고려하면 클린턴 행정부가 영변의 핵시설을 선제공격하기가 쉽지 않아 보인다. 당시 상황으로는 카터의 북한 방문이 미국의 군사공격 가능성을 무산시킨 요인이 된 것처럼 보이지만, 카터의 방북이 없었더라도 클린턴 행정부가 최종결정을 내리기는 어려웠을 것이다. 클린턴 행정부는 당시 유엔을 통한 대북 경제제재조치를 강력히 추진하고 있었다. 따라서 미국의 군사행동은 우선 경제제재조치를 취하고, 그에 대해 북한이 도발할 경우를 대비한 측면이 많은 분위기였다.

3) 경제제재의 한계

(1) 미국의 대북 경제제재

미국은 1950년 6·25전쟁 발발 직후부터 북한에 대한 경제제재조치를 취했다. 그와 같은 제재조치는 북미 핵협상과정에서 미국이 유엔안보리를 통해 추진했던 대북제재조치와는 성격상 차이가 있다. 미국은 동서냉전의 과정에서 공산국가에 대해 적용했던 보편적 경제제재조치를 북한에도 그대로 활용한 것이다. 1980년대 후반에는 테러국가에 대

117) 이라크에 대한 공격과 점령이 그 좋은 예다.

해 적용했던 경제제재조치를 북한에도 적용했다. 말하자면 미국이 북미 핵협상 이전에 이용한 대북 경제제재조치는 공산국가나 테러국가 등 일반적 범주의 국가를 대상으로 한 제재조치의 하나였다. 공산국가에서 테러국가로 그 범위가 축소되기는 했지만 북한에만 특별히 적용되는 그런 경제제재조치는 아니었다.

이 때문에 제재조치 내용도 어떻게 보면 소극적 측면이 있었다. 미국이 북한과 적극적으로 거래를 해야 할 이유도 없었고, 또 북한에 대한 제재여부가 미국경제에 영향을 미치는 것도 아니었다. 그렇기 때문에 미국은 대북 경제제재에 큰 관심을 두거나 정책의 중요성을 특별히 강조할 입장은 아니었다. 동북아의 정치체계와 한국과의 동맹관계를 고려하면서 냉전의 한 축으로 공산주의국가를 견제하고 넓게는 국제질서의 헤게모니를 유지한다는 차원에서 그와 같은 제재조치를 취한 것이라고 볼 수 있다. 그러나 북미 핵협상과정에서 나온 미국의 대북 경제제재조치의 본질은 그와 같은 보편성을 가진 것이 아니라, 북한만을 특별히 겨냥한 것이었다. 북미 핵협상 이전의 대북제재가 일정 분야에 대한 것이었다면 그 이후의 제재는 북한의 모든 대외 경제활동을 봉쇄한다는 것이었다. 제재 차원을 넘어 북한의 모든 대외 경제활동을 막겠다는 발상이었다. 그 방법도 다면적 압박을 가하기 위해서는 주변국가들의 적극적 도움이 필요할 것이기 때문에 유엔을 통한 제재조치를 강구했던 것이다.

먼저 1950년 6·25전쟁 발발 직후부터 취하기 시작한 미국의 대북 경제제재조치 내용부터 개괄하기로 한다. 미국이 6·25전쟁 발발 이후부터 취한 제재조치는 대체로 대북한 수출금지와 금융거래 금지 및 북한 자산동결, 무기금수, 국제테러 지원국에 대한 제재, 공산국가에 대한 제재, 그리고 미사일수출통제규정(MTCR) 위반에 따른 제재 등으로 나눌 수 있다. 북한에 대한 미국의 경제제재는 6·25 발발 직후부터 적용한 적대국에 대한 경제제재에 국제테러 지원국가, MTCR 규정 위반 국가에 대한 제재조치가 중복적으로 적용된 것이다. 이에 따라 북한이 어느 한 쪽으로부터 제재조치를 해제당한다고 해도 다른 법률

등에 다시 걸리기 때문에, 전반적 해제조치를 취하지 않고는 미국의 제재조치를 효과적으로 벗어나기 어려운 실정이었다.

미국은 6·25 발발 3일 후인 1950년 6월 28일 수출통제법(Export Control Act)에 따라 북한에 대한 전면적 금수조치를 취했고 1950년 12월 17일에는 적성국 교역법(Trading with the Enemy Act)에 따라 미국 내 북한자산을 동결하면서 북한과의 교역과 금융거래를 사실상 전면 금지하는 조치를 내렸다. 미국은 또 1962년 8월 1일 공산국가에 대한 제재조치로 북한에 대한 최혜국대우(MFN)를 거부하고, 1975년 1월 3일에는 일반특혜제도(GSP)도 거부하는 조치를 취했다. 미국은 이 밖에 1986년 10월 15일 북한에 대해 수출입은행의 보증보험 또는 차관제공을 금지한다고 발표했다.

〈표 5-5〉 미국의 대북제재 내용과 법적 근거

제재조치 내용	관련 근거	제재 변경절차
대북한 물 수출 금지 - 단, 홍보자료와 기본 인도적 물자는 수출 가능	수출관리법	행정부 정책사항 (상무부)
대북한 금융거래 금지 및 북한자산 동결 - 단, 비정치목적 여행, 홍보자료 및 인도적 물자 수출입목적 금융거래는 가능	적성국 교역법(외국자산 통제규정)	행정부 정책사항 (재무부)
대북한 무기금수	국제 무기거래 규제법	행정부 정책사항 (국무부)
국제테러 지원국가로서, - 교역, 방산물품 판매, 수출입은행 보증금지 - 국제금융기구 차관 등 반대	수출관리법 등	행정부 정책사항 (국무부)
공산국가로서, - 최혜국대우, 원조, GSP, 수출입은행 지원금지	교역법, 대외원조법 등	의회의 법개정 필요
MTCR 규정위반 국가로서 - 방산물자 수출입 금지	수출관리법 등	행정부 정책사항 (국무부)
유엔주재 북한외교관 행동범위(반경 25마일) 제한		행정부 정책사항 (국무부)

출처: 외교통상부, 《한반도문제 주요 현안 자료집》(외교통상부, 1998), p. 92.

이어 1987년 북한이 대한항공(KAL) 폭파사건을 일으키자 미국은 북한을 테러지원국으로 규정하고 국제테러 지원국가에 대한 포괄적 제재조치를 적용했다. 테러지원국에 대한 미국의 제재조치는 대외원조법(Foreign Assistance Act)이나 국제금융기관법(International Financial Institution Act) 등에 따른 것으로, 미국은 북한에 대해 수출입은행의 보증금지는 물론, 국제금융기구에서의 차관 및 사업지원을 위한 표결을 할 때 반대한다고 밝혔다. 미국이 이처럼 표결에 반대할 경우 북한은 해외로부터 차관을 얻기가 거의 불가능한 상태였다. 왜냐하면 국제경제기구의 대부분이 미국의 영향력 아래 있기 때문이다.

그러나 미국의 이와 같은 엄격한 대북한 경제제재조치도 공산주의 붕괴와 남북대화 재개 움직임이 일기 시작한 1989년부터 일부 완화되기 시작한다. 미국은 노태우 정부가 북방정책을 시작하며 남북대화를 주도해 나가는 움직임을 보인 1989년 1월 3일, 미국인 단체 또는 개인의 비상업적 북한여행은 허용하는 조치를 취했다. 즉, 학술·스포츠·문화·가족상봉 등 비정치적 목적의 북한여행은 가능토록 한 것이다.[118] 또 한 달 후인 2월 2일에는 북한의 서적·잡지·필름·레코드 등 순수정보자료의 합법적 반입이 가능하도록 했으며, 그해 4월 24일에는 상무부의 개별허가를 얻어 식량이나 의약품, 의료기재 등 인도적 물품의 교역을 허용했다.

북한에 대한 미국의 제재조치는 1992년 들어 다시 강화된다. 북한이 중동지역에 미사일을 수출하는 등 무기거래가 적발됐기 때문이다. 미국은 1992년 3월, 북한정부 사업체가 이란에 대해 미사일 기술을 수출하고 그해 6월에는 시리아에도 미사일 기술확산에 관여한 것으로 드러나자 MTCR에 따라 각각 2년 동안 군수품 통제품목에 드는 품목에 대해 미국정부와 계약을 금지시키는 등의 제재조치를 취했다.[119] 미국의

118) 단, 여행알선은 미국 시민권자가 운영하는 여행사로서 재무부의 개별허가를 받은 업체를 통해서만 가능하게 했다.

119) 구체적 내용

(1) 대북한 수출 금지

대북한 경제제재 가운데 가장 관심을 끈 것은 미국의 북한에 대한 테러지원국 해제였다. 북한은 쿠바와 함께 미국의 가장 강력한 전면금수 조치의 적용을 받는 나라로 그 조치의 핵심이 바로 테러지원국 지정에서 나오고 있었기 때문이다. 그러다가 북미 제네바합의가 이뤄진 후인 1995년 1월, 미국은 북한의 동결자산을 일부 해제하고 미국민의 북한 여행을 자유화하는 등 폭넓은 제재조치를 해제한다.[120]

대부분 물자의 대북한 수출을 금지하되 다음과 같은 것은 예외로 허용했다.

* 400달러 이내의 개인의 선물송부
* NGO의 인도적 물품지원
* 취재용으로 휴대하는 기자재의 임시반출
* 수출 또는 재수출된 물품의 설치, 가동, 유지 및 수리를 위해 필요한 최소한의 기술(*operational technology*) 또는 소프트웨어의 수출 및 재수출
* 물품의 판매, 임대 등을 위한 견적, 입찰을 뒷받침해 주는 자료의 수출 및 재수출
* 합법적으로 수출된 물품의 수리를 위한 부품수출 및 재수출
* 합법적으로 수출 또는 재수출된 소프트웨어의 고장을 교정하기 위한 소프트웨어 updates의 수출 및 재수출
* 개인 또는 승무원의 소요물품 중 의류 등 개인소지품, 가정용품, 자동차, 여행용품 등의 반출(승무원의 경우 개인소지품 및 가정용품만 해당)
* 미국에 일시 기착한 외국의 민간항공기는 일정한 조건 충족시에는 북한을 포함한 어떤 목적지로도 출발가능
* IAEA 등 국제기구, 미국정부기관 및 여타 협력국 정부기관에 대해 핵안전을 위한 물품수출 및 재수출

(2) 대북한 금융거래 금지 및 북한자산 동결

북한인과 미국인 간의 금융거래 금지 및 미 관할권 내에 있는 일체의 북한 자산을 동결했다. 이는 미국인 관할권에 속하는 자연인과 법인 모두에 적용시켰다. 그러나 홍보자료와 인도적 물자의 구입과 운송, 비상업 목적의 여행에 직접 관련된 경비는 제외했다.

(3) 대북한 무기금수

북한과의 무기거래는 일체 금지시켰다.

120) 당시 해제조치로는 ① 미국은행 시스템 이용허가, ② 북한산 마그네사이트 수입허용, ③ 미북 직통전화 개설, ④ 언론기관 사무서 개설허용 등을 들 수 있다. 미국은 또 1995년 6월 미국기업의 대북투자를 허용하고 북한의 국제

미국은 북한이 연료봉을 빠른 속도로 인출하고 있을 때인 1994년 6월, 이와 같은 기존의 제재조치 외에 유엔안보리에 제출하기 위한 또 다른 제재결의안 초안을 만들었다.[121] 그 초안의 핵심내용은 북한에 무기와 무기부품을 팔거나 사는 일을 금지시키는 무기금수조치를 취하겠다는 것이었다. 북한은 당시 이란, 시리아 등과 연간 5천만~1억 달러어치의 무기 및 무기부품을 거래했던 것으로 알려졌다. 이와 같은 무기거래를 중단시키기 위해 해상봉쇄조치도 취하겠다는 등 강경한 입장이었다. 또 무기 밀거래를 막기 위해 정기노선의 민간항공기외에 특별기나 전세기 등 모든 항공기의 북한 내 이착륙을 금지하겠다는 것이었다. 유엔을 통한 경제지원 중단도 포함되었다. 북한은 유엔산하기구인 유엔개발계획, 유엔아동기금, 유엔인구조사위 등으로부터 연간 3천7백만 달러의 경제원조를 받고 있었다. 이 밖에도 북한의 국제금융도 전반적으로 거래를 중단시키겠다는 내용이었다.

(2) 경제제재의 한계

미국이 북미 핵협상과정에서 고려했던 경제제재조치는 대북 경제활동 금지가 아닌, 북한의 대외 경제활동 봉쇄였다. 해상봉쇄와 국경봉쇄 그리고 공중봉쇄까지도 포함하는 광범위한 것이었다. 1963년 쿠바의 미사일 위기 때 사용한 해안봉쇄전략을 미국은 생각한 것 같다. 당시 미국은 태평양지역의 모든 군함을 활용해 마약이나 밀수 해적행위 등을 단속하는 것 이상의 고강도 '선상(船上) 검색'을 단행했다. 기존의 대북제재방안에는 북한이 이미 익숙한 데다, 그에 대한 자생력도 갖춘 만큼 북핵문제의 압박수단으로는 별다른 효험을 가질 수 없다는 것을 클린턴 행정부도 잘 알고 있었기 때문에, 그처럼 북한에 치명적인 영향을 줄 수 있는 수단을 강구하려 한 것이다. 그러나 미국이 그

농업개발기금(IFAD) 차관 공여여부를 결정하는 표결에 불참했다. 1997년 1월에는 미국적 항공기의 북한 비행정보구역(FIR) 통과를 허용하기도 했다.

121) 남찬순, 앞의 책, p. 273.

러한 구상을 실천하는 데는 군사적 제재방안과 마찬가지로 여러 가지 장애가 있었다. 클린턴 행정부가 대북 경제봉쇄정책을 취하기 위해서는 동북아의 정치체계상 엄청난 위험을 감수하지 않을 수 없는 상황인데다 주변국들의 협조를 얻기도 어려워, 쉽게 선택을 할 수 없었기 때문이다.

첫째, 미국의 경우 북한에 대해 강력한 경제제재조치를 하려면 무력충돌의 가능성을 염두에 두어야 할 상황이었다. 북한은 경제제재조치에 대응해 한국에 대한 선제공격 가능성이 충분히 있었다. 북한은 유엔안보리가 자신들에 대한 경제적 제재조치를 결의한다면 이는 곧 선전포고로 받아들이겠다는 주장을 거듭해왔다. 미국의 강경파들은 경제제재조치에는 반드시 해상봉쇄조치가 포함되어야 한다고 주장했다. 북한에 대해 해상봉쇄조치를 취하지 않는다면 북한은 이란에서 원유를 공급받는 등 '해상보급책'들의 지원에 힘입어 살아남을 수 있다는 것이다.[122] 특히 북한의 미사일 수출 등 대외활동을 막기 위해서는 해상봉쇄가 필수적이라는 주장이었다. 그러나 미국의 선박들이 동해나 서해상에서 북한을 출입하는 모든 선박들을 해상 검색할 경우를 가정하면 그것은 엄청난 사태발전으로 이어질 수 있을 것이다. 더구나 북한 비행장을 이착륙하는 모든 항공기에 대해 미국이 모니터를 하고 추적해 검색한다면 어떻게 되겠는가. 북한과의 교전상황을 가정하지 않고 그와 같은 조치를 취하는 것은 상상할 수 없을 것이다. 따라서 미국의 강경파들이 주장하는 대북 공중봉쇄나 해상봉쇄는 북한에 대한 압력의 효과는 높일지 모르나, 그것은 무력충돌을 각오하지 않으면 결단을 내릴 수 없는 방안이었다.

둘째, 미국이 대북 봉쇄조치를 취하려고 할 때 일본이나 중국 등 주변국들과의 관계가 어떻게 될 것인가 하는 점이다. 일본만 하더라도 대북 봉쇄조치는 일본의 안보에 곧바로 연결되어 있다. 일본은 미국과 협조해야 할 상황이 되겠지만, 그것은 바로 북한에 공격빌미를 제공할

122) 해리슨, 앞의 글, p. 200.

지도 모른다. 북한의 미사일은 일본을 충분히 공격할 수 있는 사정거리를 갖고 있었다. 일본은 정세가 아예 그와 같은 상황으로 발전되지 않기를 기대할 것이다. 특히, 중국은 자기들의 코앞에서 미군의 봉쇄조치가 취해질 경우 이는 곧 중국에 대한 미국의 패권행사로 받아들이지 않을 수 없는 입장이었다. 미국과 중국과의 관계는 클린턴 행정부 출범 초기와는 달리 점차 호전되는 중이었다. 미국의 세계전략에서 중국의 위상과 역할이 차지하는 비중이 냉전시기보다 더욱 중요해짐으로써 탈냉전 이후의 불확실성에 대처하기 위한 중국의 협조가 클린턴 행정부에게는 필수적 요소로 등장한 것이다. 그래서 중국의 무역관행이나 인권문제, 무기판매문제 등을 내세워 중국을 압박하던 클린턴 행정부는 중국을 봉쇄(*containment*)하기보다는 적극적으로 개입해 변화를 촉진시켜야 한다는 쪽으로 방향을 선회했다. 미국의 대북한 봉쇄정책은 영변 폭격과 마찬가지로 중국의 반발을 사고 양국간의 갈등을 증폭시켜 결과적으로 중국에 대한 워싱턴의 정책을 전면적으로 다시 수정해야 할 입장에 놓일 것이다.[123] 러시아 역시 중국과 같은 입장을 가질 것이며, 그것은 곧 중국과 러시아가 반미전선을 형성하는 계기로 작용할 수도 있었을 것이다. 당시만 해도 미국의 대북 경제봉쇄정책은 결과적으로는 무력충돌을 야기해 동북아지역의 세력구도에 큰 변화를 가져올 수 있었다.

셋째, 주변국들이 북한의 붕괴를 바라지 않는다는 사실도 미국의 대북 경제봉쇄정책에 장애요인이 됐다는 분석이다. 무력충돌 가능성 없

---

123) 클린턴 행정부는 처음에는 '중국의 인권상황 개선 및 민주주의 존중'이라는 명분을 내걸고 대중국 압박정책을 취했다. 중국이 미국에 위협적인 국가로 등장할 것이라는 봉쇄정책론자들은 중국이 미국에 대등한 경쟁자로 부상하는 것을 막아야 한다는 이른바 중국 위험론을 주장했다. 그러나 개입정책론자들은 중국을 봉쇄하는 것은 중국과의 대결을 전제로 하는 것으로 미국의 세계정책을 더욱 불확실하게 만들 것이라며, 중국을 미국의 국익에 부합하는 쪽으로 끌어들이는 것이 중요하다고 주장했다. 후자의 정책을 취한 클린턴 행정부는 1993년 11월 장쩌민 중국 국가주석과 시애틀에서 정상회담을 개최하는 등 본격적인 관계전환에 나섰다.

이 미국의 대북 경제봉쇄정책이 성공하더라도 그것은 결국 북한의 붕괴를 초래할 가능성이 많았다. 그러나 중국이나 한국, 일본, 러시아 등은 북한의 갑작스런 붕괴를 초래할지도 모를 정책에 상당한 불안감을 갖고 있었다.[124] 북한이 스스로 미국의 경제제재조치에 굴복한다고 해도 그것은 결국 북한체제의 붕괴로 연결될 것이며 저항해도 얼마나 버틸지는 의문이었다. 북한의 붕괴는 동북아 국가들에게도 결정적 영향을 미치게 되어 있었다. 대량난민의 발생 등 한반도 정세는 극도로 혼란스러워질 가능성이 컸다. 한반도 정세의 혼란은 안정적 경제성장과 개혁·개방을 추구하는 중국에도 치명적 영향을 미칠 것이 분명했다. 특히, 북한의 붕괴는 미국의 영향력을 확대하는 계기가 될지도 모르며, 그것은 미국과 중국 간의 완충지대가 없어지는 것을 뜻하기도 했다. 그와 같은 동북아정치체계의 변화는 새로운 갈등과 긴장을 고조시키는 요인으로 작용할 가능성이 많았다.

넷째, 미국이 대북 봉쇄조치를 취하려면 우선 현실적 난관을 극복해야 했다. 미국이 유엔안보리를 통해 대북제재조치를 강행하려 해도 중국과 같은 상임이사국이 거부권 행사를 한다면 미국으로서는 이를 극복할 어떤 유용한 수단이 없다. 중국의 거부권 행사로 미국의 기도가 무산된다면 미국의 체면이 손상되는 것은 물론이고 북한은 오히려 더 의기양양해 질 수 있었다. 더 이상 국제적 압력이 성사될 수 없다는 사실은 다른 핵확산국가에 아주 나쁜 선례가 된다. 실제로 미국은 유엔에서 중국이라는 '벽'에 부딪쳤고, 그럴 때마다 뒤로 물러서서 중국의 동의를 얻는 조치를 취했다. 유엔안보리가 북한에 대해 구체적 제재조치를 취하지 못하고 의장성명 등 형식적 목소리를 내는 데 그친 것도 미국이 유엔에서 갖는 어쩔 수 없는 한계 때문이었다.

다섯째, 북한에 대한 경제제재조치의 효력문제도 생각해봐야 할 필요가 있었다. 미국은 사실상 1950년대부터 북한에 대한 경제제재조치

---

124) Michael J. Mazarr, "The U. S. - DPRK Nuclear Deal: Status and Prospects," *Korea and World Affairs* 19-3 (Fall, 1995), p. 110.

를 취했으나 그와 같은 제재조치가 북한에 얼마만큼 큰 압력으로 작용했고 그것이 미국의 대북한정책에 어느 정도 기여했는지에 대해서는 논란이 많았다. 과거 북한은 미국이 아무리 제재조치를 취해도 소련이나 중국 등 공산권 국가로부터의 지원이 있었기 때문에 큰 타격을 받지는 않았다. 공산권이 몰락한 1990년대 초 북한의 경제사정은 최악의 상태로 치달았다. 그런 상황에 재일 한국인으로부터의 송금과 친인척에 대한 선물, 그리고 연 5억 달러에 이르는 투자형태의 외화 및 북한 내 외국인 투자의 70%를 차지하는 일본관련 자금이 일본의 무역규제와 조총련을 통한 송금차단 등의 조치로 막히면 북한은 큰 타격을 받을 것이 분명했다.[125)]

그러나 문제는 미국이 대북제재를 아무리 완벽히 단행했다 해도 북한의 붕괴를 원치 않는 중국이나 한국은 인도적 의미의 지원 등을 통해 북한을 도울 가능성이 적지 않았다. 인접한 긴 국경을 통해 북한으로 들어가는 지원물량을 미국이 어떻게 다 봉쇄하겠는가. 중국으로부터 북한에 들어가는 원유·의류·식량 등의 물량흐름은 그 형태, 방식 및 장소가 다양하여 설사 중국이 대북 금수에 참여하려는 정치적 의지를 가졌다 해도 효과적 차단은 극히 불가능한 실정이었다.[126)] 한국의 북한에 대한 지원도 마찬가지다. 한국사회의 민족적 감정이나 인도적 차원에서 나오는 대북지원을 미국이 막기에는 너무나 정치적 부담이 클 것이며, 반미감정을 더욱 고양시킬 지도 모를 일이었다. 일본의 대북교류를 막는 일도 간단하지는 않다. 조총련이 일본정부의 눈을 피해 북한에 송금할 수 있는 길은 여러 가지가 있을 수 있다. 홍콩과 같은 제3국을 통해 송금할 경우, 이를 포착하기란 거의 불가능하다는 것이다. 더구나 일본정부가 대북송금을 적극 차단하려고 할 경우 국내에서의 테러 가능성도 무시할 수 없었다. 재일 한국인들이 북한에 보내는 자금은 사실상 그곳에 억류된 친족의 대우를 보장하는 몸값이기 때문

125) 정영태, 앞의 글, pp. 191~192.

126) 정옥임, 앞의 책, p. 158.

에 모든 수단을 동원해 북한으로 송금을 하려 들 것이다.[127] 사실 일본에 거주하는 70만 명의 재일 한국인 중 40%가 북한과 공식적 유대관계를 맺고 있는 것으로 알려졌다. 그들은 북한에 있는 가족이나 혈육을 위해 자발적으로 대북지원에 나섰다. 북한정권도 그런 사정을 이용해 인질처럼 그들을 잡고 있는 듯한 상황이었다.

여섯째, 오랫동안 폐쇄정책을 취해 온 북한은 체제의 특성상 아무리 대외적 제재조치를 받는다고 해도 그 충격이 당장 표면에 나타나지는 않을 것이라는 점이었다. 북한당국은 오히려 제재조치를 주민 동원과 체제강화의 수단으로 이용할 것이 분명했다. 더구나 이미 수십 년 동안 극도의 폐쇄정책을 취하면서 독재체재를 유지했기 때문에, 주민들은 밖에서 보는 것처럼 북한 외부의 경제제재조치에 대한 불편이나 어려움을 그렇게 실감하지 않을 가능성도 많았다. 북한은 당시 전체 소비의 10%만 수입에 의존하고 있었다. 북한체제에 대한 북한주민들의 충성심 고양은 경제적 어려움이나 고통을 상당히 경감시키는 '진통제 역할'을 할 수 있는 것이다. 북한의 주민 동원체제는 북한정권이 당면한 현실적 난관을 극복하는 아주 유용한 수단인 것이 사실이다.

일곱째, 북한은 상당한 해외 공작망을 갖고 있고, 이 공작망은 북한경제를 위한 활동을 수행하고 있었다. 북한은 해외 공작망을 통해 무기, 마약, 위조달러 등을 밀거래했다. 외부에서 경제제재조치를 취한다 해도 해외 공작망의 활동을 전면적으로 봉쇄하기는 어려울 것이다. 북한은 이미 공작망 운영의 상당한 노하우를 축적한 상태인 데다 노출도 되지 않아 국제사회의 단속이 거의 불가능한 상태였다. 북한의 해외공관까지 음성적으로 외화벌이에 나서는 실정이다. 북한에 대한 경제제재조치가 취해지면 비밀 공작망의 활동은 더욱 확대될 것이고, 그것은 결국 국제사회에 또 다른 혼란을 초래할 가능성이 많았다.

이처럼 북한에 대한 경제제재조치는 한반도 주변의 독특한 환경과

---

127) David E. Sanger, "North Korea Is Collecting Millions From Korean Who Live in Japan," *The New York Times*, November 1. 1993.

북한 체제의 특성 때문에 미국이 기대하는 만큼의 효과를 거두기는 어렵다는 분석이 많았다. 반면 그 경제제재조치에 따른 역효과는 쉽게 예측할 수 있는 것이었다. 미국이 유엔안보리를 통해 가장 적극적으로 추진했던 1994년 5, 6월의 대북제재가 중국의 반대를 무릅쓰고 행동으로 옮겨졌다면, 그것은 곧 동북아정치체계에 또 다른 변화를 초래했을 것이다. 미국의 봉쇄에 대한 북한의 반작용이 오늘날과는 크게 달리 나타났을 것이 분명했다. 1990년대만 하더라도 북한은 자신들의 생존과 안보에 더욱 각박한 인식을 갖고 있었기 때문에, 2006년 10월 북한의 핵실험 후 취한 미국의 봉쇄정책과는 또 다른 결과를 초래했을 가능성이 컸다. 동북아가 새로운 갈등의 현장이 되었을 경우, 분명한 사실은 이 지역에 대한 미국의 패권이 강화되든 약화되든 그것에 큰 변화가 생겼을 것이라는 점이다. 그러나 그와 같은 동북아 정치안보질서의 변화가 미국에 지금보다 더 국익에 부합하는 환경을 조성했을 가능성은 거의 없었을 것이다.

4) 미국의 대북 핵정책 혼선

(1) 북핵정책의 원칙과 해결방법의 혼선

미국 내에서는 북한의 NPT 탈퇴선언을 어떻게 대응하고 해결해야 하느냐 는 방법과 원칙론에서는 다양한 의견들이 나왔지만, 왜 북핵문제를 해결해야 하느냐 는 북핵문제 해결의 근원적인 목적에 대해서는 다른 의견이 있을 수 없었다. 북한의 NPT 탈퇴선언이 도미노현상을 초래해 NPT체제 자체가 붕괴되는 일을 어떻게 하든 막아야 했고, 또 북한의 핵개발로 인한 동북아정치체계의 동요도 미국으로서는 엄청난 부담이었다.

미국에게 NPT체제라는 것은 결국 탈냉전 이후의 핵질서를 유지할 수 있는 유일하고도 가장 효과적인 장치였다. 북한의 NPT 탈퇴선언이 냉전체제 붕괴로 제대로 정착되지 않는 국제 핵질서에 하나의 선례가 되어, 북한을 뒤따라 다른 국가들이 기존의 핵질서를 파괴하고 나올 경우 미국의 세계질서 주도는 난관에 봉착한다. 미국은 냉전체제의 붕괴로 소련이 보유했던 핵무기에 대한 전면통제가 어려워지는 등 핵확산의 위험성을 새삼 인식하고 있었다. 우크라이나, 벨라루스, 카자흐스탄이 핵보유국이 됐으며, 그들의 손에 있는 핵무기가 언제 어떻게 사용될지도 모르는 상황에 직면한 것이다. 반세기 동안 냉전의 한 축으로 버텨왔던 소련이 붕괴되고 이제는 더 이상 경쟁국가가 없어졌지만, 이들 국가들에 흩어져 있는 핵무기는 미국의 안보에 직접적 영향을 미칠 수 있다는 우려를 하지 않을 수 없었다. 과거 소련은 핵무기를 한 손에 통제하면서 미국과 억지력을 유지했지만, 소련의 붕괴로 그런 중앙집권적 통제가 불가능하게 됐다. 과거 소련과 유지했던 핵억지력은 더 이상 의미가 없어졌기 때문에 미국으로서는 어떻게 하든 NPT체제를 확고히 유지해야할 할 필요가 있었다. 핵무기를 소유한 측이 비이성적 행동을 할 수도 있고 또 어떤 우발적 사태가 발생할지도 모르는 불투명한 현실을 미국은 인정해야 할 입장이었다.

미국이 무엇보다 우려했던 것은 북한의 핵개발이 가져올 동북아정세의 변화였다. 북한이 핵무장을 하게 될 경우, 이는 분명히 한반도의 안정을 해침과 동시에 한국의 핵무장, 나아가 일본 핵무장의 빌미를 제공할 수 있을 것이며, 또 대만 등 제3세계에로의 핵확산이 가속화될 우려도 있었다. 만약 북한이 핵무장을 하여 일본도 핵국가로 나아갈 경우 러시아와 중국은 어떻게 하겠는가. 걷잡을 수없이 전개될 북한의 NPT 탈퇴 후유증을 사전에 차단하고 여파를 줄여야 한다는 데에는 당시만 해도 이론이 있을 수 없는 상황이었다. 그렇기 때문에 미국으로서는 북한의 NPT 탈퇴선언에 대해 어떤 회유나 보상을 고려할 처지가 아니었다. 북한을 무조건 NPT체제에 잔류시켜야 한다는 것이 제1과제였다. 그래서 미국은 북한이 NPT 탈퇴를 선언한 직후, 북한과는 NPT 잔류문제를 둘러싼 어떠한 협상도 있을 수 없다는 입장을 보였다. 선(先) NPT 잔류가 무엇보다 최우선 요구였다. 미국이 한국 등 주변국들의 입장에 영향을 받아 제1단계 고위급회담을 갖기로 했을 때도 북한의 선 NPT 잔류를 그 전제조건으로 내걸었다. 북한이 NPT에 잔류해 IAEA가 요구하는 특별사찰 등 '핵안전협정상의 의무'를 다해야 북미간의 의사소통이 가능하다는 주장이었다.

북한이 NPT 탈퇴선언을 하자 미국 내에서는 문제해결을 위한 다양한 주장들이 제기됐다. 이와 같은 주장들을 묶어보면, 대체로 대북정책의 기준을 어디에 둘 것인가 하는 원칙문제에서부터 어떻게 해결해야 할 것인가의 구체적 방법론 문제, 그리고 북한정권을 어떻게 보아야 할 것인가의 대북 인식론문제 등으로 나눌 수 있겠다. 이러한 주장들은 다시 관점에 따라 서로 다른 카테고리를 형성하거나 결합하는 등 복잡하게 얽히는 모습을 보여주었다.

첫째, 원칙문제다. 이른바 핵 비확산론자들(*non-proliferationists*)은 북한을 유도하여 NPT체제에 잔류시키고 핵개발 사업의 투명성을 보장받아야 한다며, 전세계적 차원의 핵 비확산에 초점을 맞추어야 한다고 강조했다. 이에 대해 지역주의자들(*regionalists*)은 한반도와 북한체제의 특수성을 고려하여 미국의 기존 세계전략의 예외를 인정하는 정책이 실효성이 있다고 주장했다.[128] 핵 비확산론자들은 대체로 북한의 핵문제 해결책을 법적 차원에서 찾아야 한다며, IAEA의 핵안전협정이나 NPT에 의해 문제를 해결해야 한다고 강조했다. 따라서 미국은 북한의 핵문제를 해결하는 직접 당사자가 될 것이 아니라, 되도록 제3자적 위치에 있어야 한다는 것이었다. 즉, 북한 핵문제는 국제법 차원에서 다자간에 해결되어야 한다는 것이었다. 그러나 지역주의자들은 정치적 해결을 주장했다. 북한의 NPT 탈퇴선언 의도가 자신들의 생존과 안보를 확보하기 위한 것이기 때문에 이를 핵 비확산체제 등 국제법 차원에서 접근하면 문제가 풀리지 않을 것이라는 주장이었다. 특히, 한반도는 남북분단이라는 특수상황과 4대 강국의 이해가 교차하는 미묘한 지역이기 때문에, 법적 해결책보다는 정치적 해결책이 더 실효성이 있다는 것이었다. 이러한 지역주의자들과 핵 비확산론자들 간의 주장은

---

128) 지역주의자들은 대체로 미 국무부의 지역국에 근무하는 인사이며, 정책국 인사들은 세계의 핵문제 등에 대해 전반적인 정책수립을 하는 인사였다.

북미 1단계 고위급회담의 미국 대표를 선정하는 과정에서도 맞부딪쳤다. 이른바 지역주의자들은 당연히 국무부의 대한반도 정책 책임자인 동아시아태평양 담당 차관보가 미국 대표를 맡아야 한다고 주장했다. 그러나 클린턴 대통령은 한반도의 정책에 대해서는 아무런 경험이 없는 핵전문가를 미국 대표로 임명한 것이다.

둘째, 구체적 해결방법론 문제였다. 북한이 NPT 탈퇴선언을 하자 미국 내에서는 평양을 NPT체제에 묶어두기 위해 외교적 노력을 할 것인가, 아니면 유엔의 경제제재를 추진하는 등 한 단계 높은 압력을 가해야 할 것인가를 두고 논쟁이 벌어졌다. 외교적 해결을 주장하는 사람들은 대체로 북한과의 대화를 염두에 두면서, 정치적 해결을 강조하는 지역주의자들과 맥락을 같이했던 온건론자들이었다. 북한이 내심 요구하는 것이 무엇인지 파악하고 들어줄 것이 있으면 들어주는 등 유연한 태도로 접근해야 한다는 것이었다. 당시 갈루치 대표는 북한과의 대화 필요성을 강조했다. 그는 북한의 행동을 지배하는 것은 날카로운 민족적 자존심이며 평양을 NPT에 잔류하도록 유인할 수도 있지만, 그것은 오직 외국의 압력에 굴복하지 않은 것으로 보일 때만 가능하고 미국은 그 대신 일부를 양보해 무엇보다 그들의 안전을 보장해줄 필요가 있다는 점을 강조했다.[129] 북한에 대해 군사공격이나 경제제재 등 강경책을 주장한 사람들은 주로 다음에 설명할 북한에 대한 부정적 인식을 갖고 있는 인사들이었다. 이들은 대부분 공화당 정권에서 힘을 통한 외교를 강조하던 인사들로 북한과의 대화 자체를 인정하려 들지 않았다. 북한과의 대화가 불량국가에게 또 다른 선물을 주는 것이며, 이는 좋지 않은 선례를 남기는 것이 될 것이라는 주장이었다.

셋째, 클린턴 행정부는 이와 같은 미국 내의 다양한 주장들 때문에 북한의 진정한 의도를 파악하지 못했다.[130] 미국은 북한에 대해 절대

---

129) Harrison, 이홍동 외 역, 앞의 책, p. 329. 갈루치의 입장에서는 당연히 대화를 강조했을 것이다. 그는 북한과 대화를 해야 할 미국대표였기 때문이다.

130) 북한에 대한 정책혼선은 평양의 의도를 파악할 만한 믿을 만한 정보가 없는데도 그 원인이 있다고 한다. 북한의 매스미디어, 북한 고위층이 일반인을

로 핵무기를 못 가지게 하겠다는 방침을 정하고도 상당 시간이 흐르도록 북한을 유인할 만한 수단을 제공하지 않았다. 즉, 미국은 핵문제가 해결될 경우 평양당국이 가질 이득을 명확히 제시하지 못한 것이다. 미국이 이처럼 북한에 '당근'을 제시하지 못한 것은 북한의 의중을 정확히 파악하지 못했기 때문이라는 지적이다. 북한이 미국에 대해 무엇을 말하려 하는지를 몰랐기 때문에 미국의 대북정책은 겉돌기만 했다는 것이다. 해리슨은 국무부 중간관리로 북미협상에서 주요 역할을 담당했던 찰스 카트먼(Charles Kartman)의 얘기를 다음과 같이 인용했다.[131]

> 매번 북한과 협상을 하기 전에 내부적으로 우리가 무엇을 원하는지를 토론을 통해서 찾아냈다. 비확산체제의 모든 이론들을 거기에 대입했다. 그 다음에는 한국과 협상해야 했고, 그 내용 또한 거기에 반영시켰다. 이 두 가지 과정을 거치고 나면, 더 이상 북한에 줄 당근은 남아 있지 않았고 협상은 사라졌다. 우리는 이것을 북한사람들과의 협상테이블에 올려놓고 조율하려 했다. 갈루치 대표가 실질적으로 협상에 개입하기 전까지는 어느 누구도 북한 쪽의 얘기를 들으려 하지 않았으며, 그들이 진정 말하고자 하는 것에 우리의 입장을 맞춰보려 하지 않았다.

우선 비확산체제를 유지하기 위한 논리에 집착했고, 그 다음 이를 갖고 한국의 입장을 조율한 후 그것을 북한과의 협상테이블에 올렸다는 설명이다. 북한이 진정으로 무엇을 원하는지, 그리고 그들에게 줄 '당근'이 무엇인지는 전혀 생각하지 않고 협상했으니, 그 협상이 제대로 될 수 있었겠느냐는 지적이다. 북한이 필요로 한 '당근'은 바로 미

상대로 하는 연설이나 선언, 한국정부에서 나오는 정보 등이 있었지만, '장님 코끼리 더듬기'나 진배없었다는 것이다(Quinones, 노순옥 역, 앞의 책, p. 139).

131) Harrison, 이홍동 외 역, 앞의 책, pp. 327~328.

국과의 관계개선을 통한 체제의 안전보장 유지였다. 양국간의 관계개선문제는 IAEA나 NPT체제로 해결될 수 있는 성질의 것이 아니었다.

넷째, 북한정권에 대한 기본적 인식차이가 대북정책의 차이로 나타났다. 일부에서는 북한의 인권상황이나 독재국가의 강압정책 그리고 테러행위, 군사도발 등을 들며 북한을 아예 대화조차 할 수 없는 국가로 낙인찍고 있었다. '깡패국가'니 '불량국가'니 하는 용어들은 이러한 북한에 대한 인식으로부터 나온 말이다. 북한은 지구상에서 사라져야 할 나라라고 주장하는 사람들도 적지 않았다. 북한의 NPT 탈퇴선언 자체를 깡패의 행패 정도로 인식하면서, 그런 행패를 단호히 응징하지 않고 대화하거나 심지어는 무슨 보상까지 한다면 세계 유일 강대국으로서의 도덕성이나 리더십에 큰 타격을 받게 될 것이라는 주장이었다. 반면, 탈냉전 이후 한국의 대북정책을 지지하며 남북한 대화가 결국은 미국의 동북아 정책에도 기여할 것이라는 주장들도 적지 않았다. 안전하고 번영하는 한반도가 아시아·태평양 지역의 새로운 질서형성에 도움을 줄 것이라는 전제 아래, 북한의 개방·개혁을 촉진시킬 수 있는 평양정권과의 대화를 더 이상 기피해서는 안 될 상황에 와 있다는 것이었다. 실질적으로 미국은 1988년 한국정부가 대북 포용정책을 기조로 한 7·7선언을 발표하자, 미국 외교관들이 제3의 장소에서 북한 관리들을 접촉할 수 있게 했고 인도적 차원의 대북 수출을 허용하는 조치를 취했다. 이들의 주장에 따라 미 행정부는 북한이 NPT 탈퇴선언을 하기 전까지만 해도 김용순-캔터 회담을 갖는 등 조심스럽게 대북정책을 완화했던 것이다.

이러한 대북정책에 대한 이견들은 대체로 의회와 행정부 그리고 의회 내의 공화당과 민주당, 행정부 내의 국방부와 국무부 등 부서에 따라 모여 있는 정도가 약간씩 다르기는 하지만 거의 혼재하는 경향을 보였다. 의회 내에서도 북한과 대화를 주장하는 공화당 의원들이 적지 않았고, 민주당 의원이 대북 강경정책 연설을 하는 경우도 많았다. 또 같은 국방부내에서도 강·온론이 갈라지기도 했으며, 국무부도 마찬가지였다. 미국의 대북정책에 대한 갈피를 잡기가 쉽지 않은 상태였다.

다섯째, 당초 북핵문제에 접근하는 클린턴 행정부의 방법문제다. 클린턴 행정부는 우선 북한의 핵문제를 국제법의 테두리 안에서 다루려는 태도를 보였다. 이에 따라 미국은 법률가인 블릭스 사무총장이 이끌었던 IAEA에 주역을 맡기는 결과를 낳았다. 부시 행정부 역시 탈냉전 이후 핵확산을 막고 비확산체제를 정비해야 한다는 인식을 갖고, 전술핵무기의 철수 등 세계전략적 차원의 핵정책을 실천했다. 북한의 핵문제는 미국과 북한 간의 문제가 아니라 북한과 IAEA 간의 문제 또는 북한과 유엔 간의 문제로 삼으려 한 것이다. 이는 미국이 국가이익을 위해 핵확산 금지에 최우선권을 두어야 할 것이라는 점을 인정하면서도 북한의 핵확산 금지가 상대적 가치이지 절대적인 것은 아니라고 생각하는 근거를 제공했다.[132] 즉, 중국이나 인도가 핵무기를 가졌다고 해서 미국이 그들과 구태여 싸울 필요가 없는 것처럼, 북한의 경우에도 그들이 노골적으로 핵무기 프로그램에 총력을 다하지 않는 한 직접 나서서 무리하게 핵연구를 멈추게 할 필요는 없을 것이라는 판단이 미 행정부 내의 주류를 이루고 있었다. 여기서부터 대북 핵정책의 혼선이 시작된 것이다.

미국은 이처럼 북한의 핵문제가 국제법적 차원에서 다자간에 해결되어야 한다고 생각했기 때문에 스스로는 이 문제에 대한 분명한 정책목표를 설정하지 않고 있었다. 미국은 어느 정도가 한반도의 핵확산 금지에 성공한 것인지에 대한 절대적 수준을 상정하지 않는 상태였다. 말하자면, 한반도에서의 핵확산 금지의 궁극적 목표에 대해 뚜렷한 결론이 나있지 않았다.[133] 그러나 북한이 NPT 탈퇴선언을 하고 나서자 출범한 지 50일 정도인 클린턴 행정부는 당황하지 않을 수 없었다. 이는 국제법 테두리 안에서 해결해야 한다고 생각한 북한 핵문제가 국제법 테두리를 벗어나려는 움직임을 보였기 때문이었다. 미국으로서는 이제 북한 핵문제를 심각하게 고민하지 않을 수 없는 상황이 된 것이

---

132) Mazarr, *op. cit.*, pp. 22~24.

133) *Ibid*, p. 97.

다. 북한이 결국 NPT를 탈퇴할 경우 그 파장이 어떠하리라고는 능히 짐작할 수 있었으며, 이는 클린턴 행정부가 직접 팔을 걷고 나서지 않을 수 없는 상황을 만들었다.

여섯째, 클린턴 행정부가 북핵문제를 미국 내 정치상황과 연계시켜 정책 혼선을 가져왔다. 클린턴 행정부는 한반도에서 위기가 고조된 1994년 초에는 미국 내 방위업체와의 관계 때문에 패트리어트미사일을 한국에 팔아 배치하려는 움직임을 보였다. 이 패트리어트미사일 배치 문제는 북핵문제를 더욱 악화시켰고 한국의 거센 반발을 샀다. 일부에서는 1994년 6월 북한에 대한 물리적 공격을 노골적으로 추진한 것이나 카터 전 대통령의 방북을 승인한 것도 클린턴 대통령 자신의 섹스 스캔들에 대한 국내의 관심을 돌리기 위한 것이었다고 지적했다. 미국이 3단계 고위급회담을 조속히 추진하려 한 것은 중간선거전에 합의를 이끌어내 북핵문제 해결을 정치적 성과로 부각시키자는 계산이 작용했다는 분석도 자주 나왔다. 클린턴 대통령은 북핵위기를 이용, 미 국민들의 관심을 그쪽으로 돌리게 해 자신의 취약했던 국내 기반을 보완하려 했다는 것이다.[134]

이와 같은 미국의 대북정책 혼선 때문에 결국 북한의 핵문제는 법적 차원의 문제보다는 정치적 문제로, 그리고 다자간의 문제보다는 북미 양국간의 문제로 전환되는 계기가 서서히 마련됐다. 핵문제의 본질도 절대로 핵무기를 갖게 해서는 안 된다는 원칙 아래 과거 핵규명을 무엇보다 우선적으로 해야 한다는 주장으로부터 북한 핵의 현재와 미래 상태에 더 중점을 두는 방향으로 미국의 정책이 옮겨갔다.

클린턴 행정부는 정책적 취약성과 외교정책의 미숙함에도 불구하고 어떻게 하든 평양정권이 핵무기를 갖지 못하도록 막아야 했다. 이에 따라 미국은 처음부터 IAEA의 임시사찰과 일반사찰을 완전히 정상적으로 실시토록 하고 핵물질의 생산활동 중단과 완전통제를 실현하기 위해, 5MWe 원자로의 연료봉을 교체할 경우 IAEA가 입회할 수 있어

134) 정옥임, 앞의 책, p. 263.

야 하며 북한은 핵재처리를 중단하고 그 재처리시설에 대한 검증을 통해 핵폐기를 철저히 감시받아야 한다는 입장을 기회되는 대로 북한에 전달했다. 또 남북한의 비핵화 선언을 실천하도록 해 한반도의 비핵화를 실현하고, 이를 통해 NPT체제에 대한 미국의 주도적 역할을 확인하면서 동북아시아의 안정을 유지시키겠다는 계산이었다. 그러나 미국의 그와 같은 절대적 원칙과 목표는 북한과 협상하면서 변질되거나 아예 부수적인 것으로 가치가 떨어지는 현상을 보인 것이다.

(2) 핵정책의 변화

북한이 절대로 핵무기를 가져서는 안 된다는 것은 당초 클린턴 행정부가 무엇보다 강조하던 원칙이었다. 그래서 북한의 과거 핵활동을 규명할 수 있는 특별사찰을 고위급회담의 전제조건으로 삼은 것이다. 클린턴 대통령도 1993년 11월 7일 북한은 단 한 개의 핵무기라도 개발하게 허용할 수 없다고 분명히 밝혔다.[135] 클린턴 대통령의 이 발언은 북한의 핵개발을 멈추기 위해 군사적 행동까지도 고려하고 있다는 뜻으로 해석됐다.[136] 레스 애스핀(Les Aspin) 국방장관도 1993년 12월 "우리는 북한이 핵보유국이 되도록 놔두지는 않을 것이다"라고 클린턴 대통령의 발언을 뒷받침했다. 적어도 클린턴 행정부는 1993년 말까지도 아무리 1~2개라도 북한이 핵무기를 갖게 해서는 안 된다는 확고한 원칙을 강조하고 있었다.

그러나 북한이 핵을 갖는 것은 절대로 허용할 수 없다는 클린턴 대통령의 단호한 정책표명에도 불구하고, 이미 워싱턴 주변에서는 북한핵의 과거에 대해서는 더 이상 '비난'하지 않는(*no blame*) 정책을 취하는 것이 바람직하다는 주장이 나오고 있었다. 8개월 전 북한이 NPT

---

135) 클린턴 대통령은 NBC방송의 〈Meet the Press〉 프로에 출연해 그같이 단호한 입장을 밝혔다(Oberdorfer, *op. cit.*, p. 295).

136) 그러나 클린턴 대통령의 이 말은 수 주 후 미국관리들이 북한은 최소한 1개의 핵무기를 이미 갖고 있다고 발언해, 북한의 핵능력에 대한 미국의 판단에 의구심을 갖게 했다.

탈퇴선언을 했을 때 "우리가 북한과 대화하지 않으면 무슨 다른 해결책이 있겠는가" 라는 온건론자들의 주장이 다시 고개를 든 것이다. 북한이 지금이라도 핵활동으로부터 손을 씻는다면 과거 핵활동에 대한 거짓말은 용서해주어야 한다는 것이었다. 거짓말이 밝혀진다고 해도 지금부터 IAEA 사찰에 적극 협조한다면 면죄부를 주자는 얘기였다.[137] 나아가 1994년 들어 '핵무기는 단 한 개라도 갖게 할 수 없다'는 절대적 비확산정책의 성공 가능성에 대한 회의가 워싱턴 내부에서 생겼다. 북핵문제에 대한 미국의 공식적 정책이 북한 핵무기의 '미래'에 초점이 맞춰지는 쪽으로 바뀐다. 과거의 핵활동을 규명하기 위한 특별사찰문제는 북한 핵관련 논란에서 점차 밀려나는 것이다.[138]

신임 페리 국방장관은 1994년 1월 2일 상원 군사위원회 인준청문회에서 "미국의 북한 핵문제에 대한 정책의 초점은 북한이 장차 핵강국이 되지 않도록 하는 데 맞춰져 있다"고 말했다. 이와 같은 페리 장관의 발언은 우선 북한의 과거 핵활동보다 미래 핵활동을 겨냥한 것이었다. 이는 북한이 핵무기 제조경험을 바탕으로 향후 핵무기를 대량제조해 한국과 일본을 위협함으로써 한국은 물론 일본의 핵무장을 앞당기는 여지를 봉쇄하기 위한 것으로 이해됐다.[139] 또 백악관은 1994년 1월 초 "북한이 단 한 개의 핵무기도 개발할 수 없다"고 한 클린턴 대통령의 발언은 "북한이 핵국가(*nuclear power*)가 될 수 없다"는 뜻이었다고 수정했다. 이는 북한이 이미 핵무기 1~2개를 가졌을 수도 있다는 주장들이 꾸준히 나오는 데다, 만일 그것이 사실이라면 어떻게 할 것이냐는 답하기 어려운 문제를 모호하게 넘기려는 태도로 비쳤다. 또, 달리 해석하면 백악관의 설명은 만일 북한이 극소수의 핵무기를 보유하더라도 한반도 안전에 큰 위협이 된다고는 반드시 단정할 이유가 없다는 의미이기도 했다.[140] 북한의 핵무기에 대한 미국의 입장 선회는 북

137) Mazarr, *op. cit.*, p. 247.

138) Jim Hoagland, "Containing North Korea," *The Washington Post*, March 10. 1994, p. 45.

139) 정영태, 앞의 글, p. 192.

한과의 핵협상을 보다 현실적 차원에서 외교적으로 해결하겠다는 클린턴 행정부의 의지표명이기도 한 것이다.

미국의 그와 같은 정책변화는 한국에도 당장 영향을 주었다. 한승주 당시 외무장관은 2월 17일 미국을 방문한 자리에서 IAEA 사찰 결과, 설사 북한이 핵물질을 핵무기 제조에 전용했음이 드러난다 해도 과거 행적을 문제 삼아 무조건 제재에 나설 필요는 없다고 말했다. 그는 "북한 핵문제에 대한 우리의 목적은 북한이 핵무기를 개발, 보유하지 않도록 하는 것인 만큼 설사 핵물질이 전용됐다 해도 앞으로 전용되지 않을 것임을 보장받고, 이미 핵무기가 제조됐다면 해체시키도록 해야 할 것"이라고 말했다.[141] 한 장관의 이 발언 역시 상당히 모호했다. 북한이 핵무기를 가졌다고 할 경우 그것이 한국사회에 몰고 올 파장을 예견해 "핵무기가 제조됐다면 해체시키도록 해야 할 것"이라고 단서를 달았을 뿐, 과거 핵물질 전용여부에 대해서는 더 이상 따지지 않겠다는 뜻이 포함되어 있는 것이다. 과거 핵활동을 규명하기 위해 특별사찰이 무엇보다 우선순위가 되어야 한다는 당초의 논리가 상당히 퇴색했다.

1994년 4월 페리 국방장관은 마침내 미국의 대북 핵정책에 대해 미국의 당근정책은 북한이 결정적 핵무장 능력을 가지지 못하도록 하는 방향으로 설정되어 있다고 밝혔다.[142] 북한의 결정적 핵무장 능력이란 무엇을 의미하는 것인가. 결정적 핵무장 능력이란 보복과 억지수단으로 사용이 가능한 핵무기의 수를 말하는 것이다. 페리 장관은 북한이 1~2개 정도의 핵무기를 가졌을지도 모른다는 우려에 대해 "그 점에 대해서는 무엇을 할 수 있을지 우리는 모르고 있다. 뭔가 더 할 수 있는 것이 있다면 그것은 더 이상의 제조를 중지시키는 것밖에 없다"고 말했다. 페리 장관의 그와 같은 발언 속에는 북한이 비록 1~2개의 핵무기를 갖고 있다 하더라도 결정적 핵무장을 했다고 보기는 어려우며,

---

140) 이정민, "북한은 핵카드를 포기하지 않는다," 〈신동아〉 1994/4, p. 164.

141) 위의 글, p. 170.

142) 〈동아일보〉 1994년 3월 4일자.

따라서 그 이상 제조를 하지 못하게 하면 될 일이지 더 이상 무엇을 할 수 있겠느냐는 역설이 포함되어 있었다.

미국은 그러나 공개적으로 북한의 핵을 기정사실화한다는 표현은 삼갔다. 북한이 1~2개의 핵무기를 가졌고, 그것으로는 동북아의 안보를 위협할 만한 요소가 되지 않는다고 해도, 북한정권의 불확실성 때문에 1~2개의 핵무기도 엄청난 위협이 될 수 있는 것이었다. 북한정권이 붕괴될 경우 그 핵무기의 사용이나 소재에 대한 논란은 또 다른 핵확산의 단초가 될 수 있다. 이에 따라 미국 행정부는 미국이 북한의 핵을 용납한다거나 특별사찰을 포기한 것이 아니라는 점을 강조했다.

미국이 특별사찰은 협상 이전의 최소한의 요구라고 하면서 당장은 '현재와 미래의 핵확산 방지정책'에 중점을 둔 이유는 무엇인가. 첫째, 미국이 특별사찰을 실시하기 위해 엄격한 잣대를 들이댈 경우에 들어갈 비용이 너무 컸기 때문이다. 즉, 군사적 제재나 경제제재 등 물리적 수단을 동원할 경우 그것은 바로 한반도의 전쟁, 한국 민주주의의 실패, 그리고 북한의 붕괴와 값비싸고 폭력적인 통일을 가져와 미국은 일본·중국·러시아와 새로운 긴장관계에 들어 갈 것이기 때문이었다.[143] 둘째, 북한이 이미 플루토늄을 갖고 있다면 그것을 강제로 포기하게 만들기보다는 더 이상 플루토늄을 축적하지 못하게 하는 것이 현명한 방법이라는 실용적 판단이 작용했다. 북한이 이미 한두 개 핵무기를 갖고 있다고 하더라도 그것을 내놓을 가능성이 없는 상황에서는, 현재 갖고 있는 핵물질을 더 이상 축적하지 않는다는 전제 아래 허용하는 것이 실질적이고 현실적인 정책이라는 판단이었다.[144]

미국은 또 북한 핵문제를 외교적 틀로 해결하겠다는 방침을 굳혔다. 당초 생각했던 국제법 차원의 해결은 어렵다고 판단한 것이다. 외교적 해결은 결국 정치적 해결을 뜻하는 것이기 때문에, 북한과의 대화에서 제시할 '당근'도 구체적으로 제시할 필요가 생겼다. 미국이 북한의 핵

143) Mazarr, *op. cit.*, p. 103.

144) Stephen J. Solarz, "Next of Kim," *The New Republic*, August 8. 1994, p. 27.

문제에 대해 이처럼 정책방향을 바꾸게 된 배경에는 우크라이나의 핵문제 해결과정에서 얻은 경험이 작용한 것으로 알려졌다. 과거 양극체계에서처럼 핵무기 통제와 비확산정책이 아주 당연한 것으로 보고 국제법적 차원에서 그것만 집중적으로 해결하려 할 때는 지났다는 것이다. 즉, 우크라이나의 핵문제는 경제적·정치적 개혁과 안보까지 포함하는 광범위한 정책을 추구함으로써 성공적으로 해결될 수 있는 길을 열었다는 주장이었다. 여기에는 우크라이나 안보에 키예프의 핵무장 해제까지 연관시킴으로서 미국의 비확산정책이 성사됐다는 분석이었다.[145] 핵문제는 포괄적 외교문제로 해결할 수밖에 없다는 새로운 정책을 선택해야 할 입장이었다는 논리다. 남아프리카공화국의 핵포기도 좋은 선례로 작용했다. 남아공은 1989년 민주화정부가 들어서고 대외적으로는 유엔의 인종차별관련 경제제재 해제 및 이웃인 나미비아, 앙골라 사태의 진정 등으로 안보위협이 사라지자 1990년대 초 스스로 6개의 핵무기를 폐기했다고 발표했다. 특히, 남아공의 경우에는 NPT 가입국으로 정기적인 IAEA의 사찰을 받기도 했으나 그와 같은 핵개발 사실이 노출되지도 않았는데도 스스로 핵보유를 포기한 것이다.

미국은 북한이 NPT 탈퇴선언을 할 때만 해도 무엇보다 핵문제가 최우선적으로 해결되어야 한다는 입장이었지만, 군사제재나 경제제재 등 종국적이면서도 결정적 해결수단이 갖는 한계 때문에 결국 북한과의 전반적 관계를 개선하는 가운데 핵문제를 해결한다는 쪽으로 선회했다. 그와 같은 선회는 북한이 의도한 대로 핵협상이 정치협상이 됐으며, 북미관계 개선에 무게가 실리는 합의를 탄생시킨 것이다. 반면 미국이 당초 법적 차원에서 해결하려 했던 북한의 핵문제는 특별사찰을 일정기간 유예하면서 현재와 미래의 핵확산을 저지한다는 선에서 합의가 이뤄졌다.

145) Sherman W. Garnett, "Ukraine's Decision to Join the Npt," *Arms Control Today* 25-1 (January · February, 1995), pp. 10~12.

5) 한미공조와 갈등

(1) 공조(共調, *coordination*)의 의미

공조, 특히 한미공조라는 말은 1993~1994년 북미 핵협상과정에서 널리 사용되기 시작한 용어로 사전에도 그 뜻이 없는 조어다. 서로 돕는다는 뜻이 아니라, 한자말 그대로 서로 조율한다는 의미다. 즉 A, B 두 나라 또는 그 이상의 나라가 의견을 맞춰보고 차이가 있는 의견은 서로 고치면서 공통된 정책을 마련한다는 뜻이다.

공조가 이뤄지자면 우선 복수의 국가들 사이에 공조해야 할 목표가 있어야 할 것이다. 그와 같은 목표가 없으면 공조의 필요성이 없다. 또 그 목표는 A, B 복수의 국가들이 공유할 수 있는 것이어야 한다. 공유할 수 없는 목표는 공조대상이 될 수 없을 것이다. 말하자면, 둘 이상의 국가들이 공통된 이해관계를 갖고 어떤 목적을 추구할 때 공조가 가능하다고 하겠다. 따라서 공조는 대체로 상호신뢰의 분위기가 형성되어 있으며 긴밀한 교류를 하고 있을 때, 성공적으로 유지될 수 있을 것이다.

'공조'의 개념을 확실히 하기 위해 구태여 공조와 비교해 볼 수 있는 개념을 찾는다면 '동맹'(*alliance* 또는 *alignment*)을 들 수 있다. 동맹에 대해서는 다양한 이론들이 나와 있다. 스티븐 월트(Stephen M. Walt)는 동맹을 '두 개 이상의 자주국가들간의 안보협력을 위한 공식적 또는 비공식적 협정'이라고 정의했다.[146] 동맹은 체약국간에 법적 구속력이 있는 조약이나 협정이며, 그 기간도 장기적 성격을 갖고 있다. 그러나 공조는 법적 성격보다 정치적 성격이 더 강하며, 기간도 고정적으로

---

146) Stephen M. Walt, *The Origins of Alliances*(Ithaca: Cornell University Press, 1987), p. 12, 김우상, 《新한국책략 : 동북아시아 국제관계》(서울: 나남출판, 1998), p. 32에서 재인용. 김 교수는 동맹의 유형으로 방위조약(*defence pact*), 중립조약(*neutrality pact*) 또는 불가침 조약(*nonaggression pact*), 협상(*entente*)으로 구분하면서, 동맹국간의 자율성이 가장 낮은 것은 방위조약이고 가장 높은 것은 협상이라고 주장했다.

정해지는 것이 아니라 사안과 상황에 따라 수시로 이뤄지는 특성을 갖고 있다 하겠다. 특히 공조는 공통된 목적과 공통된 이해관계를 필수적 구성요소로 하고 있는 데 비해, 동맹은 꼭 그와 같은 공통된 이해관계나 목적 없이도 형성될 수 있다. 동맹은 안보를 공동목표로 하여 대등한 국가들간에 형성되는 국력 집합적 동맹(*capability aggregation*)이 있는가 하면, 약소국은 강대국의 지원에 의해 안보를 보장받고 강대국은 약소국의 자치권의 일부를 확보하는 자치·안보 교환동맹(*autonomy-security trade-off*) 도 있다. 즉, 약소국은 안보를 목적으로 하는 대신 강대국은 약소국의 자치권 일부를 확보하는 데 목적을 둘 수도 있는 것이다.[147]

그러나 공조는 공통된 목표나 이해관계를 구축하기가 불가능하다면 이뤄질 수가 없다. 국력이 비슷한 국가간의 대칭적 동맹이 아닌, 강대국과 약소국 간의 비대칭적 동맹과 같은 형태, 즉 한쪽은 안보를 제공하고 다른 쪽은 자치권 일부를 확보하는 것과 같은 상태는 공조라고 할 수 없다. A국은 자신의 안보를 위해, 그리고 B국은 자신의 경제적 이득을 위해 서로 협력하기로 한다면, 그것은 공조가 아니다. 공조는 어느 쪽의 이해가 다른 쪽에 종속되거나 편승되지 않는 대등한 관계에서 이뤄져야 하며, 추구하는 목적이 동일해야 효과를 거둘 수 있다.

북한의 핵문제를 둘러싸고 거론된 한미공조도 마찬가지였다. 한미공조의 근본목적은 북한의 핵문제 해결이었다. 당초 미국은 탈냉전 후 핵확산 방지라는 세계전략적 시각으로, 한국은 민족문제 차원에서 북한 핵문제에 접근했지만 북한의 핵문제는 해결되어야 한다는 목표를 양국은 공유하고 있었던 것이다. 한미 양국간의 접근 차이를 조율하고 핵문제를 해결하자는 것이 한미공조의 목적이었다. 그러나 한미공조는 북한 핵문제에 접근하는 그러한 양국간의 차이와 이를 이용한 북한의 정책 때문에 뚜렷한 성과를 거두지 못했다. 국가간의 공조는 서로 주

---

147) 또 위협세력에 대항하여 힘의 균형을 유지하기 위한 목적의 동맹을 균형적 동맹이라고 하고, 우세한 세력 쪽으로 참가하여 맺는 동맹을 편승동맹이라고 한다(위의 책, p.37).

고받는 것이 있을 때 가능할 것이다. 협력도 서로간에 이익분배에 대한 확신이 설 때 가장 효과적으로 이뤄질 수 있다. 한국은 북미 핵협상에 주도적 역할을 자임하며, 이익분배를 적극 기대하고 공조에 나섰지만 결과는 그렇지 못했다. 북미협상이 진행되는 동안 한국이 추구했던 남북대화나 북한과의 화해·협력이라는 대북정책의 목표는 전혀 진전을 보지 못했던 것이다. 이처럼 한미공조는 양국간의 외교적 목표에 차이가 있었고, 그 목표를 조정할 힘의 간격 때문에 완벽하게 작동하지 못했다.

(2) 한미공조의 원론적 문제

북한의 NPT 탈퇴선언은 한국이나 미국 모두에게 충격을 줄 만한 사건으로, 북한이 핵을 개발해서는 안 된다는 공통인식과 그에 따른 공동목표를 설정해주었지만, 내부적으로는 그에 접근하는 자세와 입장이 달랐다. 북한의 핵문제는 기본적으로 남북한간의 문제이자 북미간의 문제라는 양면성을 갖고 있었기 때문이다. 그와 같은 문제의 양면성은 결국 한미 양국간 갈등의 원인이 됐다.

북한의 핵문제를 두고 한국과 미국 사이에 균열을 보인 이유는 모두가 각각 자신의 입장에서 북한 핵문제에 접근하려 했기 때문이다. 북한 핵문제는 미국이나 한국 모두에 중대한 현안이라는 전제 아래 어느 쪽이 나서서 해결하든, 해결만 하면 된다는 입장은 아니었다. 미국은 세계전략적 차원에서 북한의 핵문제에 접근했고 한국은 남북한관계와 민족 내부의 문제라는 인식을 갖고 북한 핵문제를 다루려 했기 때문에 그 해결과정에 서로가 민감한 입장을 보일 수밖에 없었다.

냉전종식과 더불어 북한은 미국의 관심사인 한반도 안정에 위협을 주는 존재로 남아있기는 하지만, 더 이상 미국의 핵심적 국익을 직접적으로 침해할 능력은 없었다. 그러나 한국의 경우 북한으로부터의 위협은 과거와 다름없이 당장이라도 국가를 황폐시킬 수 있는 잠재성을 갖고 있었다. 미국과 한국은 동맹국으로서 전략적 목표를 공유하고 있었지만, 냉전종식 후 양국은 안보위협에 대한 인식에 균열이 생기기 시작했다. 우선적 목표달성을 위해서는 근본적으로 다른 전략을 가질 수밖에 없었다. 북한은 각각의 상대에게 이중적 전략을 구사하고 달리 대응했다. 이처럼 상이한 구조적 입장은 한미갈등의 근본원인이 되는 것이다. 이외에도 미국과 한국의 문화적 차이에 의한 선입관이나 해석 오해로 인해 양국간의 접근법에서도 괴리가 컸다.[148]

그런 상황에서 북한은 NPT 탈퇴선언을 할 당시부터 핵문제가 남북한간의 문제가 아니라 북미간의 문제라고 주장했다.[149] 미국만을 상대하겠다는 것이었다. 북한의 그와 같은 입장표명 배경에는 이미 밝힌 대로 핵개발문제를 갖고 자신들의 생존이나 안보문제를 미국과 담판지어 해결하겠다는 목표가 있었다. 나아가 미국만을 상대함으로서 한반도문제를 북미 양자의 현안으로 만들어 해결해 나가겠다는 원대한 계획도 가질 만했다. 또 단기적으로 볼 때는 그와 같은 대미 접근책이 한국에 소외감을 갖게 하고, 한미간의 갈등을 부추김으로써 대남정책에 유리한 결과를 가져올 수 있게 할 것이라는 계산도 했을 것이다.

반면 한국은 어떻게 하든 한반도문제의 핵심 해결 당사자라는 위치를 지키려 했으며, 북한의 핵문제에 대해서도 소외자나 방관자 또는 제3자 위치로 떨어지는 데 대한 우려와 불안감을 갖고 있었다. 김영삼 정부는 국내적으로도 북한 핵문제에 대해 아무런 발언권을 행사 못하는 데 대한 정치적 저항을 의식하지 않을 수 없는 입장이었다. 김영삼 정부는 출범초기 북한에 대한 적극적 대화 제스처를 취하면서 남북한 문제에 대한 주도권을 잡으려 했다. 민족문제 해결을 앞세운 진보세력을 배경으로 그런 주도권을 행사하려 한 것이다. 사실 김영삼 정부는 출범 초기 냉전의 해체와 민주화로 인한 한국 내의 대북한 보수강경세

148) Snyder, 안진환・이재봉 역, 앞의 책, p. 182.

149) 북한은 남북한의 한반도비핵화 선언이 한국의 의무 불이행으로 파기됐다며, 비핵화 선언 문제를 논의하자는 김영삼 정부의 주장을 거부했다. 그러나 체제의 생존과 안보를 위해 핵문제를 이용하기로 한 북한에게는 더 이상 한국과 핵문제를 논의할 필요가 없었다. 자신들의 핵문제는 미국과의 협상에서 이용할 카드였지, 한국을 대상으로 한 카드가 아니라는 입장이었다.

력의 입지 약화, 그리고 정통성이 확고한 문민정부라는 자신감과 개혁 드라이버에 힘입어 민족중심적 패러다임에 기초한 전향적 대북정책을 추진할 수 있었다.[150] 그러다 보니 북핵문제에 대해서도 한국이 미국보다 앞선 직접 당사자라는 입장을 항상 강조하지 않을 수 없었다. 즉, 한국은 미국이 한국의 에이전트로 활동해 주기를 바랐던 것이다. 그러나 미국은 핵문제 해결이라는 세계전략적 차원에서 북한을 대하는 만큼 결코 한국의 에이전트로만 만족할 수 없는 입장이었다. 북한 핵문제에 관한 한 워싱턴도 주도권을 갖고 해결해야 할 상황이었다.

하지만 김영삼 정부는 북한에 직접 접근할 수 있는 방법이 없었다. 김영삼 정부는 화해와 협력이라는 화두를 내걸고, 미전향 장기수인 이인모를 북한에 보내는 등 전향적 대북정책을 추진했다.[151] 또 쌀도 15만 톤을 지원하기로 하는 등 남쪽에 민주정부가 들어섰다는 체제의 자신감과 함께 북한과 대화를 할 의사가 있음을 노골적으로 나타냈다. 그러나 북한은 김영삼 정부와의 대화를 철저히 거부하는 태도를 보였다. 북한은 김영삼 정부를 파쇼독재정부로 규정하고, 국가보안법과 같은 악법을 철폐하라고 요구했다. 북한은 나아가 도발행위를 하는 등 김영삼 정부의 '접근'을 외면하는 정책을 계속했으며, 북한의 그와 같은 정책은 한국사회를 분열시키는 작용을 했다. 즉 한국 내의 보수강경세력을 자극해 김영삼 정부의 대북정책 선택 폭은 좁아질 수밖에 없었고, 대북정책은 온건노선과 강경노선을 무원칙하게 반복하기 시작했다. 민족중심주의적 사고를 갖고 북한에 접근을 시도하던 김영삼 정부는 아무리 같은 민족이라도 핵을 가진 자와는 악수할 수 없다는 태도로 급변했고, 외국의 쌀을 사서라도 주겠다던 적극적 지원론은 민간차원의 쌀 지원도 불허한다는 방향으로 바뀌었다. 그 결과 남북한관계

150) 최완규, "김영삼 정부의 대북정책: 반성과 제언," 백영철 외, 《21세기 남북관계론》(서울: 법문사, 1999), p. 32.

151) 김영삼 정부는 3월 11일 이인모의 송환을 발표하면서 대북접근책을 구사했으나, 북한은 하루 뒤인 3월 12일 NPT 탈퇴선언을 했다. 그러나 김영삼 정부는 3월 19일 이인모를 북한에 송환했다.

는 다시 냉전시대로 돌아가 긴장과 갈등 교착의 연속이 됐다.[152]

남북한관계가 그런 상황이고 보니, 김영삼 정부는 북한에 대해 핵문제를 거론조차 할 수 없는 입장이 된 것이다. 따라서 김영삼 정부가 북한의 핵문제에 대해 한국 내부의 요구에 조응할 수 있는 유일한 길은 미국을 통해 북한에 압력을 넣는 수밖에 없었다. 그래서 김영삼 정부는 북미협상에 나서는 미국에 '고리'를 걸어 핵협상의 주도권을 간접적으로나마 행사하려 했고, 북미 핵협상을 이용해 남북한 핵협상을 유도하려 했다. 더구나 남북한간의 오랜 경쟁과 대립으로 한국정부는 북미간의 거래에 항상 의구심을 갖고 있었고, 그것이 북핵문제에 주도권을 잡아야 한다는 김영삼 정부의 욕심을 더욱 자극했다. 한국을 따돌리고 북미간에 무슨 합의라도 이뤄지지 않을까, 그리고 그것이 남북한관계에서 한국에 불리한 요소로 작용하지 않을까 의심하지 않을 수 없는 상황이었다. 북미회담의 전제로 남북대화를 병행해야 한다는 요구조건이 항상 등장한 것도 김영삼 정부가 처한 이와 같은 미묘한 입장 때문이었다.

관료주의적 요소도 한미간의 갈등을 불러일으키는 요인이 되기도 했다. 북미 핵협상의 미 국무부 주무부서는 갈루치 차관보가 소속된 정치군사국이었다. 정치군사국의 최우선 목표는 범세계적 차원에서의 핵확산 금지체제의 유지였다. 그 때문에 정치군사국 소속직원들은 북핵문제를 한반도문제라는 차원에서 보려 하지 않거나 등한시하는 경향이

152) 최완규, 앞의 글, p.36. 최 교수는 김영삼 정부의 대북정책이 혼선을 빚어온 것은 대북한 인식의 혼란 때문이었다고 지적했다. 즉, 북한을 '민족주의적 시각'으로 보면 북한은 틀림없는 민족의 일원으로서 포용과 공존공영의 대상이지만, '국가중심주의 시각'을 중시하면 북한은 대한민국이라는 국가에게 최대의 위협을 가하는 갈등 및 대결의 대상으로서 극복 내지 타도의 대상이라는 것이다. 또 법적인 차원에서 볼 때 북한정권은 대한민국 국민과 영토의 일부를 불법적으로 점유하고 있는 반란단체이나, 현실적으로는 북한을 하나의 독립된 주권국가로 대우하고 있으며 국제사회도 그렇게 인정하고 있다는 것이다. 바로 이러한 상황인식의 이중성 때문에 한국정부와 국민들은 때로는 북한을 동반자로, 때로는 타도의 대상으로 간주했다는 것이다.

있었다. 이들은 한국에 북한관련 정보를 제공하면 할수록 문제만 꼬인다고 생각해 한국의 정보채널인 국무부 한국과에 대한 정보제공을 제한하기 시작했다. 한국과에 제공되는 정보량이 줄어들자 자연히 서울의 주한 미국대사관에 제공되는 정보량도 줄어들었으며, 미국대사관이 한국에 제공하는 정보량이 줄자 김영삼 정부는 이에 대해 의구심을 갖게 된다. 뭔가 숨기는 것이 있으니까 정보를 제한하는 것이 아니냐고 의심하게 되고, 한미간의 신뢰에 금이 가기 시작한 것이다.[153] 사실 미국은 내부적으로 대북 무력제재안을 마련하면서 청와대에 아무런 통보를 하지 않았다. 미국은 북한에 대해 강경조치를 취하지 않을 수 없다는 입장만 전달했을 뿐, 군사적 제재안을 만드는 중간과정에서는 한국정부에 일체 상의하지 않고 실행하려 했다.[154] 당시 정종욱 외교안보수석은 1994년 6월 클린턴 행정부가 본격적으로 대북한 폭격을 검토하고 있을 때, "주한 미국대사관이 수일 내로 미군 가족들에게 소개령을 내리려고 준비중이다"라는 정보를 우연히 듣고 와 바로 미국대사 대리를 불러 사실을 확인했다는 것이다.[155] 이처럼 한미 양국은 서로가 상당한 불신감을 갖고 있었다.

특히, 김영삼 대통령 개인의 특유한 정치적 처세는 가끔 한미공조에 장애가 되기도 했다. 김영삼 대통령은 대북정책에 확고부동한 철학이나 나름대로의 논리를 갖추고 있지 못했다. 그렇기 때문에 항상 국내여론에 민감하게 반응하는 모습을 보였다. 보수세력이 강한 발언을 하면 그쪽으로 쏠리는 등 여론의 장단에 따라 움직이다 보니, 그는 초유화발언과 초강경발언을 반복하면서 대북정책에 혼선을 보였던 것이다.

북한과의 대화 자체도 한국이 항상 먼저 요청해야 할 입장에 있었다. 김영삼 정부가 북미 핵협상을 이용해 어렵게 북한과의 대화 문을 열어도 대화에 조건을 붙이는 쪽은 항상 북한이었고, 한국은 그러한 조건을 수용할 수밖에 없는 처지에 있게 됐다. 대화를 간절히 바라는

153) Quinones, 노순옥 역, 앞의 책, pp. 138~139.

154) 당시 고위관계자의 증언.

155) 박관용, 앞의 책, p. 142.

쪽은 한국이고 대화에 별 뜻이 없는 쪽은 북한이었기 때문에 어쩔 수 없는 일이었다. 김영삼 정부는 미국과 북한이 1993년 5월 제1단계 고위급회담 개최에 합의하자 핵문제 등을 해결하기 위한 남북한 고위급회담을 제의했으나, 북한이 특사교환회담을 하자고 해 그대로 북한의 제안을 수용했다. 그러나 북한은 자신이 제의한 한국과의 특사교환회담도 팀스피리트 훈련 중지 등 북핵문제와는 직접 관계가 없는 다른 목적에 이용했고, 북미회담 개최를 위한 분위기 조성이나 또는 회담 후 남북대화의 약속을 지킨다는 명분용으로 활용했다. 북한은 그러다가 1994년 3월 불바다 발언을 하며 특사회담을 깼고, 한국은 스스로 남북대화가 북미 핵회담의 전제조건이 아니라는 발표를 하지 않을 수 없는 처지까지 몰리게 됐다. 한국이 줄곧 주장하던 선(先)남북대화 정책이 하루아침에 바뀐 것이다. 당시 김영삼 정부는 선 남북대화 주장이 북미 고위급회담의 장애가 되고 있다는 미국의 권유가 있었던 데다가 어떻게 하든 북미 고위급회담을 열게 해 한반도에 엄습해오는 긴장분위기를 해소해야겠다는 절박한 심정으로 그와 같은 정책을 표명한 것으로 알려졌다. 사실 북한의 위협은 곧바로 한반도의 긴장을 유발했고, 그 직접적 피해자는 한국이었다. 한국의 사회·경제상황이 북한의 위협에 너무나 취약한 상태였기 때문에, 한국은 너무 쉽게 벼랑끝 정책의 피해자가 될 수밖에 없었다. 따라서 북미협상이나 남북대화과정에서 조금만 긴장분위기가 조성되어도 어쩔 수 없이 그 긴장의 도를 앞장서 낮추어야 하는 것이 김영삼 정부의 숙명이었고, 또 북미대화가 속도를 내는 분위기이면 그것에 감시의 눈을 뗄 수 없는 것이 김영삼 정부의 처지였다.

한미공조의 불협화음도 그와 같은 김영삼 정부의 독특한 입장과 취약성 때문에 나오는 경우가 많았다. 미국이 북한과의 협상에서 조금 더 강경한 입장을 취하려 하면 한국정부가 뒤에서 허리춤을 잡고, 북한과 대화로 나가려 하면 다시 의혹의 눈길을 보내는 김영삼 정부의 이중적 태도를 도저히 이해할 수 없다는 미국의 불만은 당연한 것이었다. 미국 협상대표였던 갈루치는 다음과 같이 술회했다.

> 솔직히 말해, 미국은 김영삼 정부의 협상방식에 대해 주관이 없고 까다로우며 국가안보에 대한 배려보다는 국내정치에 의해 이끌려 다니고 해결보다는 대결을 초래한다고 생각했다. 내 스스로도 한국의 반응이 자동차의 '온도조절 밸브' 같다는 데 충격을 받았다. 미국이 북한과 협상을 진전시키기 위해 다소 관계개선을 꾀하려 하면, 김영삼 대통령은 조절 밸브를 열면서 찬물을 끼얹는 식이었다. 반대로 미국이 강경하게 나가며 국제적 제재조치를 취하려 하면 그는 미국의 방식을 유화시키려 들면서 북한과의 충돌을 피하는 협상을 권유하기도 했다. 미국은 김영삼 정부와 보조를 맞추는 데 어려움을 겪었다.[156]

북한의 핵문제를 세계전략적 차원에서 해결하려 한 미국은 한편으로는 자신들에게 일방적으로 접근하는 북한과 직접 문제해결의 실마리를 찾아야 했고, 다른 한편으로는 그에 대한 불만을 갖고 협상에 참여해서 영향력을 행사하려는 한국의 입장도 무시할 수 없는 처지에 있었다.

(3) 핵협상과정에서의 갈등

북한의 NPT 탈퇴선언은 김영삼 정부에게도 큰 충격을 주었다. 냉전체제가 붕괴된 이후 남북한관계의 진전과 북한의 내부 사정 그리고 평양측의 북미관계 개선에 대한 희망 등을 고려할 때 북한의 NPT 탈퇴선언은 예상하지 못한 사건이었다. 김영삼 정부는 북한이 남북한 화해라는 기대를 무너뜨리고 핵무기를 보유하겠다는 전면적 도전을 천명한 것으로 받아들이지 않을 수 없었다. 비록 북한에 대해 화해와 협력 정책을 제의해 놓고 있는 상황이었고 또 정권이 출범한 지 불과 며칠 되지 않는 상태여서, 북한이 NPT 탈퇴선언을 한 진정한 의도나 한국의 새 정권에 대한 정책을 정확히 파악할 수는 없는 상황이기는 했으나 핵문제라는 그 자체가 엄청난 충격파를 몰고 왔다. 북한 핵문제는 미국의 세계전략의 핵심을 차지하는 대량 살상무기 확산방지정책에 대한 도전이라는 점에서 북미간의 문제임에 틀림없지만, 한국에게도 전략적

156) 갈루치, 앞의 글, p. 34.

으로 심각한 영향을 미치는 것이었다. 즉, 북한이 핵개발을 할 경우 한반도의 힘의 균형은 북한 쪽으로 기울게 되어 한국에 의한 한반도문제의 주도가 아닌, 북한 주도의 남북한관계가 성립될 가능성이 적지 않았다. 탈냉전 이후 한반도 정세에 대한 주도권이 한국 중심으로 굳어지는 마당에 북한의 NPT 탈퇴선언이 있었고, 그 선언이 한국의 주도권에 영향을 미친다면 심각한 문제가 아닐 수 없었던 것이다. 그러나 북핵문제의 위험성에 대한 인식의 근저에는 한국과 미국 간에 근본적 차이가 있었다. 즉, 한국의 상당수 인사들은 북한이 핵무기를 개발하더라도 그것은 민족적 문제로 해결이 가능할 것이라는 기대를 갖고 있었다. 그들은 북한을 불량국가로 낙인찍어 위험의 대상으로 삼기보다는 오히려 돕고 지원해야 할 자선의 대상으로 여기는 경향도 있었다. 북한의 경제사정과 주민생활에 대한 보도는 한국인들에게 동정심과 휴머니즘을 자극해 더욱 그와 같은 분위기를 고조시켰다. 따라서 북한이 핵무기를 개발함으로써 그것이 국제 핵질서와 미국의 세계주도에 어떤 영향을 미칠 것인지를 판단하는 문제는 2차적 관심의 대상이 될 수밖에 없었다. 상당수 한국 국민들의 1차적 관심은 북한과 미국 간의 갈등이 자신들의 생명과 물질적 성취에 대한 엄청난 위협이 되고 있으며, 그것이 남북대화와 화해·협력 그리고 한반도의 장래에 어떤 영향을 미칠 것인가에 있었다. 즉 북한 핵문제는 한국 국민 자신과 민족적 차원의 문제이지, 미국처럼 세계전략적 차원에서 검토할 가치나 의미가 있는 것은 아니었다.

또 하나는 북한이 정말로 핵무기를 개발할 경우, 한국은 여전히 미국의 핵우산만 믿고 있어야 하느냐는 문제도 일부에서는 대두될 가능성이 있었다. 특히, 군부나 일부 보수강경세력은 독자적 핵개발을 들고나올 가능성이 없는 것도 아니었다. 한국이 핵개발을 하려 할 경우 미국이 어떤 반응을 보일 것이냐 하는 것은 이미 1970년대 중반 핵개발을 시도했을 때의 경험으로 충분히 짐작할 수 있었다. 한마디로 북한이 핵개발을 본격적으로 추진할 경우, 한국정부도 국내의 찬반론에 휩싸여 어려운 정책적 결단을 내려야 할 상황이 올지도 모를 일이었다.

김영삼 정부가 북한의 핵문제를 민족적 문제로 규정하면서 주도적 역할을 통해 풀어나간다는 계획을 세운 것도 이러한 전반적 국내 분위기를 고려했기 때문이었다. 이를 위해 ① 북한의 NPT 잔류, ② 특별사찰을 포함한 IAEA 핵안전조치의 전면 적용, ③ 한반도비핵화 공동선언의 실천 등이 이뤄질 수 있도록 북한과 대화를 해나가겠다는 것이었다. 이에 따라 ① 강온 양면의 전략을 통한 북한의 핵사찰을 실현하고, ② 유엔안보리나 IAEA 또는 기타 우방국을 통한 압력을 가중시키며, ③ 중장기적으로 북한에 이익이 될 수 있는 제반 정치·경제적 유인책을 제시한다는 전략을 세웠다.[157]

김영삼 정부의 그와 같은 목표와 대책은 북한의 NPT 탈퇴 당시에는 당연히 그렇게 되어야 한다는 당위론처럼 보였지만, 북미간 협상이 진행될수록 그 당위성이 퇴색됐다. 북핵문제가 북미간의 협상대상으로 좁혀지면서 한국은 그 사이에 낄 입지조차 마련 못하는 입장이 된 것이다. 사태가 그런 식으로 발전하자 한미간의 갈등도 자연히 격화될 수밖에 없었다. 북한의 핵문제를 둘러싼 이와 같은 남북한과 미국의 미묘한 입장차이는 북미 핵협상과정에 그대로 반영이 되어 한미공조에 대한 논란을 불러일으켰고, 협상 자체에도 적지 않은 영향을 미칠 수밖에 없었다.

북미협상과정에서 나타난 한미공조문제를 초기(1993. 3~7), 중기(1993. 8~1994. 5), 말기(1994. 6~10)로 나누어 분석해보겠다. 초기는 북한이 NPT 탈퇴를 선언한 직후부터 1단계 고위급회담이 열리기 전 시기이며, 중기는 1, 2단계 고위급회담이 개최되고 다시 협상이 교착상태에 빠져 있다가 결국 3단계 고위급회담이 열릴 때까지, 그리고 말기는 3단계 고위급회담이 열리고 제네바합의가 이뤄질 때까지의 시기다.[158]

---

157) 외교통상부, 《한반도문제 주요 현안 자료집》(서울: 외교통상부, 1998), p. 9.

158) 이와 같은 시기구분은 사실 북한의 핵문제를 둘러싼 위기와 진정기간의 반복과 일치한다. 북미 고위급회담이 열린 시기를 진정국면이라고 한다면, 그 고위급회담이 열린 전후 시기는 긴장시기였다. 긴장고조가 고위급회담을 위

① 1993년 3월~1993년 7월

북한이 NPT 탈퇴를 선언한 초기, 한미공조는 자연스럽게 형성됐다. 우선 그 과정부터 살펴보자. 북한이 1993년 3월 12일 NPT 탈퇴선언을 발표하자 한반도는 곧바로 긴장이 고조됐다. 한승주 외무부장관이 미국을 방문한 것은 그로부터 약 10일 후인 3월 23일이었다. 한 장관은 3월 31일까지 미국에 머물면서 미국과 대북정책을 조율했다. 당시 미국과 한국 사이에는 표면적 공조표명과는 달리 관점에 대한 근본적 차이가 있었다. 갓 출범한 김영삼 정부는 무엇보다 북한의 NPT 탈퇴선언으로 인한 국내의 동요를 우려했다. 사회적 불안감이 신생정권에 미치는 영향은 결코 적지 않았다. 우선 이 불안감부터 해소하는 작업을 해야 했다. 미국이 강경자세로 나올 경우 그와 같은 불안감은 더욱 고조될 수밖에 없었던 것이 한반도의 현실이었다.

미 국무부는 비교적 협상을 선호하는 분위기였지만 국방부나 의회 일부의 입장은 달랐다. 한미연합 사령관마저 "어떠한 경우에도 북한과 협상을 해서는 안 된다. 북한에 보상해서는 안 된다. 그들에게 벌을 가해야 한다"고 말했을 정도였다.[159] 한국정부로서는 미국이 북한과 결전도 불사할 강수를 두는 것에 대해 우려하지 않을 수 없는 상황이었다. 이에 따라 한 장관은 압력일변도의 강경책으로는 일이 해결되지 않으며, 북한이 NPT 탈퇴선언을 번복하고 핵안전협정의 의무를 준수할 경우 얻게 될 혜택과 거부할 경우 돌아갈 불이익을 분명히 해, 우선 대화로 나서도록 하는 것이 중요하다는 한국의 입장을 전달한 것이다.[160] 또 북한이 NPT체제로 돌아갈 수 있도록 그들의 체면을 살려주는 것이 중요하다는 점을 지적했다. 한 장관은 이른바 '당근과 채찍'

해 의도적으로 조성됐는지, 아니면 긴장고조가 자연적으로 고위급회담을 출현하게 한 것인지를 분석하는 것은 또 다른 문제가 될 것이다. 그러나 북한은 벼랑끝 외교를 통해 고의적으로 긴장을 고조시켜 결국은 고위급회담으로 이어지게 한 것이 아니냐는 추론을 할 수 있겠다.

159) Oberdorfer, *op. cit.*, p. 282.

160) *The Washington Post*, March 30. 1993.

정책을 미국에 제시했다. 한 장관은 북한이 NPT 탈퇴선언을 철회하고 핵사찰을 받을 경우 ① 한미 팀스피리트 훈련 조정, ② 미북간 대화채널 확대 격상, ③ 미국의 대북한 핵무기 선제 불사용 약속, ④ 한국 내 군사기지 사찰 허용, ⑤ 남북한 및 미북 경제교류 확대 등 5개의 '당근'을 제시했다.

클린턴 행정부도 출범한 지 얼마 안 되어 각료 인선조차 끝내지 못한 상태였다. 구체적 대북정책을 마련할 충분한 시간이 없었기 때문에 한 장관이 제시한 해결책이 상당한 설득력을 가졌다. 4월 초 서울을 방문한 애스핀 미 국방장관도 미국의 군사행동에 대한 한국 지도층의 우려가 어떤 것인지 확인할 수 있었다.[161] 또 강경론자들이 주장하는 대북 응징론은 사실상 실천할 방도가 없었다. 북한에 대해 응징한다면 어떻게 한다는 것이냐는 질문에 대해서는 답변이 궁색했다. 특히, 우선 대화로 문제를 해결하겠다는 한국의 입장에 대해 중국이 동의했다는 대목이 미국에게는 고무적이었다.[162] 대북한 외교전략에 걸림돌 같은 위치에 있는 중국과 공동보조를 취할 수 있는 것은 북한 핵문제를 국제적 문제로 부각시키는 데도 크게 도움을 줄 것이 분명했다.

이렇게 해서 북한의 핵문제를 협상으로 풀어가야 한다는 원칙에 한미 양국이 의견을 같이 하였다. 군사적 공격은 아무런 실익 없이 북핵문제를 더욱 어렵게 만들 뿐이라는 양국간의 공감대가 형성됨에 따라 한미공조도 별 이견 없이 자연스럽게 이뤄졌다.

그러나 한국이 미국의 등을 떠밀 듯이 해서 이루어지던 북미접촉에 대해 김영삼 정부는 또 다른 상황을 생각하지 않을 수 없었다. 북한의

161) 당시 권영해 국방장관은 영변의 원자로에 대한 국지적 폭격을 해 성공한다고 해도, 그것은 곧 한반도에 전면전을 초래할 것이라고 주장했다. 또 그와 같은 군사적 대응으로 북한의 플루토늄을 다 파괴할 수도 없을 것이라고 말했다는 것이다(Oberdorfer, *op. cit.*, p. 282).

162) 한승주 장관은 1993년 4월 21일 방콕에서 첸치천 중국 외교부장과 만나 우선 대화로 북핵문제를 해결하겠다며 중국의 협조를 요청했고, 중국도 이에 동의했다(〈동아일보〉 1993년 4월 23일자).

핵문제를 논의하는 자리에서 핵심 당사자인 한국이 소외되지는 않을까 하는 우려였다. 그래서 김영삼 정부는 회담 전이나 후의 상황을 미국은 자세히 한국에 알려야 하며, 회담의제가 북한 핵문제에 국한되어야 하고, 회담 자체가 정례화되어서는 안 된다는 점을 강조했다. 미국도 한국의 우려를 고려해 고위급회담은 1회로 끝나며, 의제도 핵문제에만 국한한다는 입장을 밝혔다.[163] 리처드 바우처(Richard A. Boucher) 대변인이 밝힌, 핵문제에 국한한다는 고위급회담의 의제와 단 1회만 회담을 한다는 회담 횟수는 사실 한국 주장을 전적으로 반영한 것이었다.

한미 양국의 공조는 1단계 고위급회담이 열리기까지는 아무런 문제가 없었다. 두 나라는 적어도 한국이 제시한 '당근과 채찍' 전략을 북한도 받아들이지 않을 수 없을 것이라는 낙관적 기대를 했고, 그런 기대가 있었기 때문에 공조에도 별다른 이견이 생기지 않았던 것이다. 하지만 당초 예상대로 회담이 진행되지 않고, 핵문제에 대한 한국의 소외감이 깊어짐에 따라 한미간 갈등의 폭도 넓어지기 시작한다.

김영삼 대통령이 미국에 대해 공개적으로 불만을 터트린 것은 1단계 고위급회담이 끝나고 2단계 고위급회담의 날짜가 잡혀 있던 6월 말이었다. 영국의 BBC방송이 6월 25일 김 대통령과의 인터뷰를 보도했다. 미국의 북한정책에 대한 불만이었다. 김 대통령은 이어 7월 2일자 〈뉴욕 타임스〉와의 회견에서도 비슷한 불만을 토로했다. 북한은 핵무기개발에 필요한 시간을 벌기 위해 미국과의 협상을 교묘히 이용하고 있다며, 미국이 2단계 고위급회담에서는 북한에 끌려다니지 않기를 바란다는 것이었다.

한국의 불만은 당연히 나오게 되어 있었다. 첫째, 미국은 1단계 고위급회담이 시작되기 전 ① 북한의 NPT 탈퇴선언 철회, ② 특별사찰 수용, ③ 남북한 비핵화 실천 등 세 가지 목표를 추진하겠다고 밝혔다. 그러나 회담결과는 북한이 NPT 탈퇴선언을 일시적으로 유보하겠다는 입장만 표시했을 뿐, 나머지 두 가지 문제는 하나도 진전이 없었다.

163) 바우처 대변인의 1993년 6월 1일 국무부 정례브리핑.

NPT 탈퇴선언 유보도 당초 목표로 했던 NPT 탈퇴선언 철회와는 거리가 있는 것이었다. 둘째, 김영삼 정부는 북미 1단계 고위급회담을 계기로 삼아 북핵문제를 해결하기 위한 고위급회담을 북한에 제의했으나 북한은 이를 거절하고 최고위급 특사교환 제의를 내놓았다. 결국 남북한은 한 달 동안 핵문제 협의를 두고 논란을 벌이다가 북한이 일방적으로 대화중단을 선언해 한국을 완전히 따돌리는 분위기가 됐다. '당근과 채찍'론을 내세워 남북한관계와 북한 핵문제에 주도적 역할을 하겠다고 장담한 김영삼 정부로서는 크게 자존심 상하는 일이었다. 셋째, 김 대통령의 불만 표출은 국내정치상황을 의식한 의도적 측면이 적지 않았다. 취임 후 인기가 급상승했던 김 대통령은 대북정책과 한미관계에 대한 일부의 불만을 무마할 수 있는 명분을 찾아야 했다. '대등한 한미관계', '자주외교', '민족적 자존심' 등 탈냉전 후 특히 많이 사용된 용어들은 당시 한국사회의 분위기를 대변하고 있었다. 체제경쟁에서의 승리와 국력 신장에 대한 자부심, 민족적 우월감의 고취 등 탈냉전 이후의 한국 국민들의 정서는 북핵문제의 주도적 역할과 보다 대등한 대미관계를 요구했다. 김 대통령은 이러한 정서에 부응할 필요가 있었다. 넷째, 클린턴 대통령의 방한을 염두에 둔 외교적 발언이기도 했다. 한국의 불만을 미리 미국에 알리고 그에 따른 외교적 실익을 얻기 위한 것이었다.[164]

결국 한미 양국간의 갈등은 클린턴 대통령의 방한으로 일단 가라앉았다. 두 나라 정상은 "북한 핵문제의 완전한 해결을 위한 공동노력을 긴밀히 논의하고 확고한 추가조치를 취하기로 했다"고 밝혔다. 한미공조의 원칙을 재확인한 것이다. 클린턴 대통령은 방한을 통해 북한의

164) 클린턴 대통령은 7월 11일 김영삼 대통령과 정상회담을 갖고 발표문을 통해 "우리는 북한의 핵무기개발 계획에 주목했으며, 이들 문제를 다루는 데 있어 긴밀한 협조를 계속해나가기로 합의했다"며 한미공조를 다짐했다. 두 정상은 또 북핵문제가 해결될 때까지 주한미군을 현 단계수준으로 유지한다는 데 합의하는 등 미국의 대한 방위공약을 재확인했다(〈동아일보〉 1993년 7월 11일자).

핵무기개발을 미국은 결코 방관하지 않을 것이라는 경고의 메시지를 남기면서 한미공조를 다지는 제스처를 취하는 등 한국정부의 불만을 해소시키는 데 각별한 신경을 썼다.

이와 같은 한미공조의 결과로 7월 14일부터 19일까지 제네바에서 열린 제2단계 북미 고위급회담에서는 미국이 북한에 대해 ① IAEA 및 한국과 핵문제를 진지하게 논의하지 않거나, ② 북한이 NPT로부터 탈퇴할 경우, ③ 추가로 핵처리작업을 실시하거나, ④ 일반사찰을 수락하지 않을 경우 더 이상 대화하지 않겠다는 뜻을 분명히 한다. 즉, 북핵문제 해결을 위한 남북한 대화를 3단계 고위급회담의 전제조건으로 내세운 것이다.

② 1993년 8월~1994년 5월

한미 두 나라가 북미 3단계 고위급회담의 전제조건으로 내세운 남북대화나 IAEA의 사찰이 제대로 진행되지 않자, 3단계 고위급회담의 개최여부는 불투명하게 되고 북핵문제 해결을 둘러싼 이해 당사자들간의 갈등은 다시 고조됐다. 그러던 중 북한은 미국에 핵문제 일괄타결안을 공식적으로 내놓았다(1993. 11. 12). 이 일괄타결안은 3단계회담을 열어 북미간의 모든 현안을 한꺼번에 해결하자는 것이 주요 내용이지만, 그 안에는 미국을 유인하기 위한 북한의 '당근'이 들어 있었다. 즉 북한은 "일괄타결 방식이 합의될 때까지 담보의 연속성을 계속 원만히 보장하려는 우리의 입장에는 변함이 없다"는 입장을 밝힌 것이다. 이는 3단계 고위급회담이 열릴 때까지 핵안전조치의 연속성을 보장하겠다는 뜻이었다.

이와 같은 북한의 입장표명은 바로 미국의 호의적 반응을 얻었다. 미국은 핵안전조치의 연속성을 보장하겠다는 북한의 얘기에 관심을 기울이면서 3단계 고위급회담에서는 핵문제에 관한 '포괄적 해결책'을 도모할 의사가 있다는 뜻을 밝힌 것이다.[165] 그러나 미국의 그와 같은

---

165) 1993년 11월 12일 미 국무부 대변인의 정례브리핑. 북한이 제의한 일괄타결

의사는 바로 한국의 불만을 불러일으켰고, 급기야는 11월 23일의 한미 정상회담에서 논란의 핵심이 됐다. 김영삼 정부는 북핵문제가 미국과 북한 사이에 탁구공처럼 오가며 처리되는 데 대해 불만이었다. 그런 상황을 체크하자는 의도가 다분히 있었다. 즉, 한국의 발언권을 높여 보자는 생각이었다.

한승주 외무부장관은 북한이 일괄타결안을 내놓은 그 다음날인 11월 13일 "북한이 IAEA의 사찰을 수용하고 남북대화에 실질적 진전이 있어야만 핵문제에 관한 다른 해결방안을 고려할 수 있다"며 현 단계에서는 일괄타결 방식을 고려할 단계가 아니라고 밝혔다.[166] 미국이 밝힌 '포괄적 해결안'도 일의 순서나 진행과정을 보면 북한의 '일괄타결안'과 차이가 있었다. 미국은 이미 3단계 고위급회담의 전제조건으로 내세운 실질적 남북대화와 IAEA 사찰이 이뤄지고 난 후, 그 다음 단계로 3단계 고위급회담이 이뤄지면 북한이 주장하는 일괄타결 형식의 협상을 갖자는 것이었다. 여기에서 미국은 북한이 실질적 남북대화와 IAEA의 사찰을 받도록 유인하기 위해 팀스피리트 훈련 중단문제를 제기했다. 즉, 첫 단계로 북한이 남북대화 재개와 통상사찰을 수용하겠다고 약속할 경우 그와 동시에 팀스피리트 훈련 중단을 약속하고, 그 다음 단계로 팀스피리트 훈련이 실시되는 시점(통상적으로 2, 3월)에 가서 북한의 통상사찰이나 남북대화 재개여부를 보고 훈련중단을 확정한다는 것이었다.[167] 클린턴 행정부가 이처럼 팀스피리트 훈련을 북한과의 3단

안은 영어로 package deal로 표현됐으며 국무부 브리핑에서 나온 '포괄적인 해결책'은 comprehensive solution이었다. 그러나 comprehensive deal 또는 comprehensive package 등의 용어도 혼용됐다.

166) 〈동아일보〉 1993년 11월 13일자.

167) 남찬순, 앞의 책, p. 157. 클린턴 대통령은 1993년 11월 19일 아시아태평양 정상회담(APEC)에 참석하기 전인 11월 15일 국가안보회의(NSC)를 열게 해 북한 핵문제에 대한 논의를 하게 했다. 논의된 안을 갖고 APEC에 참석, 관계국 정상들에게 협력을 요청하기 위해서였다. NSC에서 국방부는 팀스피리트 훈련문제를 결부시키는 데 반대했고 국무부는 "미국이 북한에 대한 핵위협을 중단하겠다는 실질적 군사행동을 취할 경우 사찰을 수용하겠다"는

계 고위급회담 개최 전제조건과 결부시킨 것은 커다란 정책적 변화였다. 미국이 북미 3단계 고위급회담의 전제조건으로 내세웠던 실질적 남북대화와 IAEA 사찰은 양보나 타협이 불가능한 절대적 조건으로 인식됐기 때문이다.

한국이 생각했던 절대적 전제조건까지 포기하며, 어떻게 하든 빨리 북핵문제를 해결하려는 미국의 그와 같은 정책변화에 한국이 불만을 갖는 것은 당연한 일이었다. 한국은 자신들을 제쳐놓고 북한과 미국 사이에 오가는 협상방안에 대해 우려하지 않을 수 없는 입장이었다. 한국의 불만은 11월 23일 워싱턴에서 있었던 한미 정상회담에서 폭발하게 된다. 결국 두 정상은 35분간 가지려 했던 단독 정상회담을 1시간 30분 동안이나 끌면서 북핵문제를 '철저하고도 광범위한 접근'(*thorough and broad approach*)으로 해결한다는 새로운 원칙을 만들었다. 이 원칙에 따르면 미국이 포괄적 해결안에서 의도했던 팀스피리트 훈련문제는 더 이상 3단계 고위급회담의 전제조건인 실질적 남북대화와 IAEA 사찰에 결부되어 있지 않다. 3단계 고위급회담의 전제조건으로 남북한간의 대화와 핵안전조치의 계속성이 다시 강조된 것이다.168)

김영삼 대통령은 정상회담을 마치고 특히 팀스피리트 훈련문제에 대해 그동안 한미간에 이견이 있었던 점을 확인했다. 김 대통령은 주미 한국특파원들과 가진 기자회견에서 팀스피리트 훈련의 중단여부는 한

12일의 북한 발표를 들어 팀스피리트 훈련중단 의사를 밝혀야 한다고 주장했다. 결국 국무부 주장이 채택된 것이다.

168) 1993년 11월 23일 백악관 이스트룸에서 있었던 김영삼 대통령과 클린턴 대통령의 공동기자회견에서 클린턴 대통령은 다음과 같이 말했다.

"Our goals in this matter are clear: a non-nuclear peninsula and a strong international non-proliferation regime. To these ends we are prepared to discuss with North Korea a thorough, broad approach to the issues that divide us, and once and for all to resolve the nuclear issue. But we can not do that in the absence of a dialogue between North and South Korea and while there is still growing doubt about the continuity of IAEA safeguards."

국이 결정하기로 했다고 주장했다. "팀스피리트 훈련문제는 북한의 태도를 보아가며 상황에 따라 중단여부를 결정하자는 것이 20일 전 서울에서 열린 SCM의 합의사항이었다. 그런데 느닷없이 워싱턴에서 남북대화와 IAEA의 사찰수용, 즉 3단계 고위급회담 개최의 전제조건과 교환하는 것으로 얘기가 나왔다. 우리로서는 받아들일 수 없는 일이었다."[169)]

김 대통령은 또 3단계 북미 고위급회담이 열리자면 그 전제조건 중 하나인 남북대화 재개부분에서는 단순한 특사교환 논의뿐만 아니라 상호사찰 협의까지 병행해야 한다는 점을 확인했고, 용어도 워싱턴에서 나온 포괄적이라는 말은 북한의 일괄타결이라는 말과 비슷하기 때문에 '철저하고도 광범위한 접근'이라는 말을 사용하기로 했다고 말했다.[170)] 김 대통령이 스스로 정상회담의 성과라고 주장한 이와 같은 내용은 사실 그동안 한미 양국간에 있었던 갈등의 본질이기도 했다.

이렇게 해서 한미 양국은 '철저하고도 광범위한 접근'이라는 새로운 협상도식을 마련했다. 철저하고도 광범위한 접근의 내용은 북한의 남북대화와 IAEA 사찰수용 → 핵문제와 한반도 안보에 관한 모든 사항 처리 → 북미간 양자문제 해결 등의 단계적 해법이라고 할 수 있다. 〈표 5-6〉은 일괄타결과 포괄적 타결 그리고 철저하고도 광범위한 접근책의 차이를 비교한 것이다.[171)]

---

169) 정상회담이 끝난 후 앤서니 레이크(Anthony Lake) 백악관 안보담당 보좌관은 기자회견에서 팀스피리트 훈련문제에 대해 "팀스피리트 훈련에 관해서는 북한이 우리가 제시한 기준, 즉 국제적인 규범에 일치하는 행동을 할 경우 우리는 상황을 재검토하면서 한반도의 안보정세를 판단해 한국에 우리의 뜻을 건의할 것이다"라고 밝혔다. 김 대통령의 발언과는 약간의 차이가 있으나 어떻든 팀스피리트 훈련문제는 더 이상 논란이 되지 않았다.

170) 김 대통령이 북한이 제의한 일괄타결안이라는 용어를 싫어하는 이유 중 하나는 그의 정치적 라이벌인 김대중 씨가 제의한 북핵해결방안과 내용이나 이름이 비슷하기 때문이었다는 지적도 있다(Oberdorfer, *op. cit.*, p. 296).

171) 김영삼 대통령과 클린턴 대통령이 정상회담 예정시간을 넘기며 논란을 벌였던 것은 내용 때문이 아니라, 단순히 용어선택 문제 때문이었다는 당시 관

〈표 5-6〉 북핵 해결책 용어의 차이

일괄타결(북한)	3단계 고위급회담에서 핵문제와 북미관계 등을 모두 동시에 해결
포괄적 타결(미국)	북한이 남북대화와 IAEA 사찰을 수용하고, 미국이 팀스피리트 훈련을 중단 → 일괄타결
철저하고도 광범위한 접근책 (한미 정상 합의)	북한의 남북대화와 IAEA 사찰수용 → 핵문제와 한반도 안보에 관한 모든 사항 처리(팀스피리트 훈련 포함) → 북미관계 해결

그러나 이와 같은 구분은 한미공조과정이나 실제로 전개된 북미협상 과정에서는 그렇게 엄격하게 적용된 것이 아니다. 애써 논리를 구분한 것에 불과할 뿐, 북미간의 협상과정에서는 별다른 의미를 갖지 않았다. 정상회담 이후 '철저하고도 광범위한 접근'안은 곧 실종되고 용어조차 사라진다. 포괄적 접근이나 일괄타결안이 다시 등장한 것이다.

한미 정상회담이 끝난 지 10일 후인 1993년 12월 3일, 북한은 IAEA가 요구하는 통상사찰을 받겠으나 미국과 한국이 먼저 팀스피리트 훈련을 취소한다는 것을 공동성명 형식으로 발표하고, 북미관계 개선을 위한 3단계 고위급회담 날짜를 미리 확정하자는 제안을 했다. 미국은 3일 후인 12월 6일, 백악관에서 안보관련 긴급회의를 열고 북한의 제안을 검토했다. 이어 12월 7일, 김영삼 대통령과 클린턴 대통령은 전화통화를 갖고 "두 정상은 북한의 새 제의가 미흡하기는 하지만 우리측이 반응을 보여야 할 긍정적 측면이 있으며, 한반도 장래에 대해 근본적 고려가 있다는 데 의견이 일치했다. 두 정상은 합리적 범위 내에서 주어진 기회를 활용하기로 했다"고 합의한다.[172]

이는 '철저하고도 광범위한 접근'을 하자고 한 정상회담의 합의와는 다르다. 팀스피리트 훈련을 3단계 고위급회담에 연계한 미국측의 '포

계자의 증언도 있다.

172) 당시 청와대 이경재 대변인의 발표문(〈동아일보〉 1993년 12월 7일자).

괄적 타결안'에 가까운 내용인 것이다.

김영삼 대통령이 워싱턴 정상회담에서 구태여 철저하고도 광범위한 접근이라는 용어를 고집하고 팀스피리트 훈련문제를 들고 나온 것은 북미 핵협상에서 소외감을 느끼던 한국정부의 심정을 반영한 것이었다. 김 대통령이 클린턴 대통령과의 회담 후 "이제 북한의 핵문제에 관한 한 그 주도권은 서울로 돌아왔다"고 한 발언을 보면 한국정부가 북한의 핵문제에 대해 제3자적 위치가 되어 가는 상황에 얼마나 전전긍긍했던가를 알 수 있다. 이처럼 워싱턴 정상회담에서 우여곡절을 겪으며 만든 '철저하고도 광범위한 접근'안이 열흘 만에 사라진 것은 북한에 대한 강경분위기가 고개를 들고 그에 따른 긴장이 고조됐기 때문이다.[173] 한국정부는 다시 일고 있는 긴장분위기를 우려하지 않을 수 없었고, 클린턴 행정부는 북한과의 대화 움직임을 보이며 국내 강경분위기를 가라앉히려고 노력했다.[174] 어떻든 북미간 협상에 주도권을 행사하려던 한국정부의 노력은 수포로 돌아가고 핵협상은 다시 미국과 북한의 의도대로 움직여 가는 형국이 된 것이다.

한국은 나아가 1994년 4월 15일 3단계 고위급회담의 전제조건으로 강조했던 남북대화도 스스로 철회했다.[175] 이는 명분보다는 현실적 계

---

173) 〈뉴욕 타임스〉는 12월 2일자에 1면 머리기사로 "클린턴 대통령은 북한에 대한 외교적 노력이 실패할 것에 대비해 미 국방부의 한국방위계획을 보고토록 지시했다"고 보도했고, 북한이 1, 2개의 핵폭탄을 이미 보유하고 있다는 얘기도 다시 나왔다.

174) 1994년 1월 들어 북핵문제를 둘러싼 긴장분위기는 더욱 고조되고 미국 내 강경파들의 목소리가 힘을 얻는다. 한승주 외무장관은 미국 내의 이와 같은 강경분위기를 가라앉히기 위해 2월 5일 취임 후 세 번째 미국을 방문했다.

175) 3월 북한의 '불바다 발언'으로 한반도의 긴장이 또 고조되면서 3월 21일 열기로 날짜까지 합의한 북미 3단계 고위급회담이 무산되고, 안보리는 북한의 사찰수락을 촉구하는 의장성명을 채택(3. 31)했다. 이렇게 되자 김영삼 정부는 4월 15일 북미 3단계 고위급회담의 전제조건으로 내세운 남북대화 요구를 스스로 철회하기도 한다. 즉, "남북특사교환 추진방침을 무조건 철회하고 특사교환을 포함한 어떤 남북대화도 더 이상 북한과 미국의 3단계 회

산을 한 결과인 것 같다. 즉, 3단계 고위급회담의 전제조건으로 이뤄지지도 않는 남북대화를 내세워 회담을 지연시키고 그로 말미암아 한반도의 긴장을 고조시키기보다는 아예 3단계 고위급회담이 열릴 수 있도록 길을 터 주자는 것이었다. 북핵문제를 둘러싼 한반도의 긴장에 극도로 예민한 한국으로서는 북핵문제 해결이 우선이라는 미국의 정책을 수용하지 않을 수 없는 입장이었다.

결과적으로 한국정부는 미국과 북한 간의 핵협상에 한국이 더 이상 개입할 여지가 없다는 것으로 스스로 인정한 셈이었다. 또 그토록 강조했던 북핵문제의 주도권을 포기하겠다는 의미로도 받아들여졌다. 이로써 북미 핵협상과 남북대화 간의 연계고리는 서울의 특사교환 포기 발표로 끊기게 된다. 남북대화는 핵문제와 별개의 사안으로 떨어져나가는 계기가 됐다. 그것은 미국의 압력이라기보다는 한국 스스로 택할 수밖에 없었던 길이었다. 한반도의 안보, 특히 동북아정치체계가 한국으로 하여금 그러한 선택을 하지 않을 수 없게 만든 것이다.

③ 1994년 6월 이후

북한이 국제여론에 아랑곳없이 폐연료봉을 인출하고, 미국이 중심이 되어 유엔이 북한을 제재하는 쪽으로 상황이 급박하게 돌아가던 1994년 6월, 한국도 일단 유엔의 물리적 제재에 동의하는 형식을 취했다. 유엔의 대북제재가 몰고 올 한반도의 위기를 의식하지 않을 수 없는 상황이었지만, 이제는 더 이상 북한의 태도를 용납하기 어려운 처지였다. 그와 같은 상황을 극적으로 전환한 것이 카터 전 대통령과 김일성 주석의 1994년 6월 17일 회담이었다.

그러나 카터-김일성 회담은 또 다시 한미공조에 대한 갈등을 불러일으켰다. 이 두 사람의 회담에서 ① 미국이 유엔안전보장이사회의 대북제재 결의안 추진을 중단하고, ② 북미 3단계 고위급회담을 갖기로

담 전제조건으로 삼지 않겠다"며, 북한과의 대화재개보다는 핵문제 해결이 우선이라는 입장을 공식으로 밝힌 것이다(〈동아일보〉 1994년 4월 15일자).

잠정 결정했다는 발표가 나온 것이다. 한국 외무부는 일단 "카터는 미국의 공식입장을 전달할 위치에 있는 사람이 아니며, 미국이 결의안 추진을 중단했다는 보도는 사실이 아니다"라고 부인했다.[176] 한승주 외교부장관은 "워런 크리스토퍼(Warren Christopher) 국무장관으로부터 그와 같은 발표에 대한 배경설명을 듣고 미국이 대화 쪽으로 급선회한 태도에 대해 한국정부는 내부 검토를 거쳐야 하며, 한미 양국의 의견조율이 필요하다"는 점을 강조했다. 한 장관은 김일성 주석이 한 얘기가 사실인지 외교경로를 통해 정확히 확인될 때까지는 신중한 입장을 보이는 게 좋다는 견해를 밝혔다.[177] 한국은 미국이 갑자기 대화국면으로 전환해 곤혹스런 입장이었다.

한국의 기본입장은 '대화우선 원칙'이기는 했다. 그러나 한미 양국을 주축으로 북한에 대한 제재 쪽으로 의견을 맞춰 한참 이를 추진하는 마당에, 미국이 왜 일방적으로 대화국면으로 전환했는지에 대해 한국은 의구심을 갖지 않을 수 없었다. 한국은 '왜 미국이 지금 북한의 평화공세를 적극 수용하려 하는가' 라는 궁금증을 가지면서 이 과정에서 한국의 목소리가 얼마나 반영됐는가 하는 의문과 함께 소외감을 갖지 않을 수 없었다.[178] 그럼에도 불구하고 카터의 방북은 북미간 3단계 고위급회담의 길을 터놓는다. 1994년 7월 8일 제네바 북한대표부에서 3단계 고위급회담이 개최된 것이다.

3단계 고위급회담이 열리는 과정에서도 한미 양국간의 공조문제는 꾸준히 제기됐다. 김일성 사후인 1994년 8월 12일 나온 북미 양국의 합의발표문(*agreed statement*)에는 경수로 지원문제가 부각되고 북한의 과거 핵활동을 규명할 수 있는 특별사찰에 대한 언급이 명확히 규명되어 있지 않았다.[179] 한국의 일관된 입장은 북한 핵의 과거 투명성이

---

176) 〈동아일보〉 1994년 6월 19일자.

177) 〈동아일보〉 1994년 6월 19일자.

178) 〈조선일보〉 1994년 6월 21일자.

179) 북미간 합의발표문에는 "북한은 핵비확산조약(NPT)에 당사국으로 잔류하고 동 조약에 따른 안전조치협정 이행을 수락할 준비가 되어 있다"(*The DPRK*

철저하고 완벽하게 보장되어야 한다는 것이었으나, 미국은 장래의 북한 핵을 동결하는 데 중점을 둔 분위기여서 과거 문제를 묵인하려는 것이 아니냐는 분석이 제기됐다.[180] 여기에다 미국은 경수로 지원의 경비부담을 한국에 맡기려는 움직임이었으나 북한은 한국형 경수로를 받겠다는 말을 전혀 하지 않고 있었다. 합의문에도 물론 한국형 경수로라는 용어는 없다.

이렇게 되자 김영삼 정부는 국내적으로 상당한 정치적 공격을 당했다. 한국은 합의문에 있는 '연락사무소를 상대방 수도에 설치한다'는 내용을 미국으로부터 사전통보 받지 못했고, 일본 NHK방송이 이를 보도한 이후에나 알았다는 주장도 나오는 등 한미공조체제의 이상기류에 대한 의문이 제기되기도 했다.[181] 특히 양국의 합의발표문에는 한미 방위조약과 상충되는 부분이 있다는 지적도 없지 않았다. 미국이 북한에 대해 핵을 포함한 군사력 사용을 하지 않는다면 북한이 한국을 침범할 경우 어떻게 할 것인가에 대한 논란이었다. 한미 방위조약에 따르면 미국은 분명히 한국을 지원하도록 되어 있기 때문이었다. 일부에서는 북한이 무력침공을 당할 경우 중국이 지원한다는 조중 우호조약이 있음에도 중국과 한국은 국교정상화를 했다며, 북미간의 불가침적 요소도 그런 견지에서 보면 될 것이라고 주장했다. 그러나 보수진영 내부에서는 북미 합의문에 불가침조약이나 평화조약 내용이 함축되

---

is prepared to remain a party to the Treaty on the Non-Proliferation of Nuclear Weapons and to allow implementation of its safeguards agreement under the Treaty)고 되어 있다. 이것이 특별사찰과 관련된 합의조항이다. 이 조항에서 한국측 번역은 "… 수락할 준비가 되어 있다"고 했으나, 북한은 "… 허용할 용의를 표명하였다"고 번역했다. 특히 강석주 북한대표는 합의문 발표를 마친 직후 "우리는 현 단계에서 특별사찰을 인정해본 적도 없고 인정하지도 않고 있다. 특별사찰은 IAEA가 우리에게 불공정한 요구를 하는 데서 연유된 것이다"라며, 특별사찰을 완전히 부인했다(남찬순, 앞의 책, pp. 324~325).

180) 〈한국일보〉 1994년 7월 30일자.

181) 〈동아일보〉 1994년 8월 18일자.

어 있다며, 강력히 비난하고 나섰다. 또 북한의 핵투명성이 완전히 보장되지 않은 상태에서 미국이 북한에 대해 핵 불사용 약속을 한 것은 크게 잘못됐다는 주장도 있었다. 즉, '북한이 핵투명성을 보장하고 대남 위협이 되지 않는 한'이라는 단서가 핵 불사용에 전제되어야 했다는 것이었다. 거기에다 40~50억 달러로 추정되는 경수로 건설경비를 한국이 대부분 부담해야 하는 덤터기만 썼다는 비판도 뒤따랐다. 일은 미국이 저질러놓고, 뒤처리는 한국이 하는 것 아니냐는 주장이었다.

한미간의 갈등이 깊어질 조짐을 보이자 클린턴 대통령이 8월 16일 김영삼 대통령에게 전화를 했다.[182] 이 통화에서 양국 정상은 "영변의 미신고 2개 시설에 대한 특별사찰 등이 이뤄져 북한의 핵투명성이 보장되어야 경수로 지원이 가능하다"고 합의했다는 것이 청와대의 발표였다.[183] 클린턴 대통령이 의도적으로 나서 한미공조의 균열을 봉합하는 작업을 한 것이고, 그와 같은 클린턴 대통령의 행동은 그대로 효과를 나타냈다. 김영삼 정부는 '한미 양국간의 공조를 재확인한 통화'라고 해석하면서, 한미공조에 대한 국내의 정치적 공세와 불만을 무마시키려 했다.

한미 양국 정상이 전화로 확인한 공조가 얼마나 의례적인 것이었는지는 바로 3일 후에 드러난다. 북한 외교부 대변인은 1994년 8월 20일 관영중앙통신과 가진 기자회견에서 "특별사찰을 전제로 경수로를 지원하겠다면 받아들일 수 없다"는 공식입장을 표명한 것이다. 이어 일주일 후인 8월 27일에는 한국형 경수로는 거부한다고 명백히 밝혔다. 북한의 이와 같은 거부와 반박에도 불구하고 북미간의 협상은 계속 앞으로 나아갔다. 한국정부로서는 북한과의 협상에 가속도를 붙이고 있는 클린턴 행정부에 다시 불만을 가질 수밖에 없는 처지가 됐다.

한국은 미국이 11월 중간선거를 의식해 북미협상을 가급적 빨리 매

---

182) 한미 양국정상의 전화통화는 1993년 12월 초, 1994년 3월 말에도 있었다. 정상간의 전화는 대부분 양국간의 갈등을 해소하고, 한미공조를 과시하기 위한 대내외용으로 이용됐다.

183) 〈동아일보〉 1994년 8월 18일자.

듭지으려 한다는 인식을 갖고 있었다. 그 때문에 미국이 북한의 페이스에 말려들고 있는 것이 아니냐는 의구심이 짙었다. 북한의 한국형 경수로 거부, 북미 연락사무소 설치를 위한 평양의 북미 전문가회의, 중국의 군사정전위 철수 등 한국으로서는 달갑지 않은 현상들이 여기저기 나타나는 상황이었다. 북한의 한국 배제전략은 사실상 실천에 옮겨지는 것 같은 분위기였다. 한국은 북핵문제 해결과정에서 미국의 진정한 목표와 정책의 우선순위가 어디에 있는지 확인할 필요가 있었다.[184] 당시 미국은 한국정부가 북미간 관계진전에 대해 너무나 민감하게 반응하고 나아가 불필요할 정도로 견제한다고 불쾌히 여겼고, 이에 반해 한국은 미국이 한국의 이익을 무시한 채 북한과의 교섭을 마무리 지을지도 모른다는 우려감을 갖고 있었다. 한미 양국간에는 북한의 과거 핵투명성 문제, 남북대화 문제, 북미 연락소 문제, 경수로 지원문제, 그리고 한반도 평화협정 체결문제라는 5개의 현안에 대한 의견조율이 필요했다.

한국의 입장은 북한이 먼저 특별사찰을 통해 과거의 핵투명성을 보장하고 또 남북대화가 이뤄져야 북미 연락사무소와 경수로문제가 해결될 수 있다는 것이었다. 미국의 입장은 남북대화 재개나 북한의 과거 핵투명성 문제가 북미 연락사무소 개설이나 경수로 지원의 전제조건이 될 수 없다는 것이었다. 선(先) 남북대화나 선(先) 특별사찰이 아니라, 병행하든지 아니면 약간의 시차를 두고 선후가 바뀔 수 있다는 것이었다.[185] 한미 양국간의 결론은 ① 북한이 과거 핵투명성을 보장하는 실질적 조치에 합의만 해도 북미 연락사무소 설치가 가능하고, ② 남북대화는 이 연락사무소 개설과 병행하여 재개되어야 하지만 남북대화 재개가 연락사무소 개설의 전제조건은 아니며, ③ 경수로는 한국형으로 한다는 것을 원칙으로 하나 경수로 제공을 확약하는 단계에서는 북한의 과거 핵활동이 규명되어야 하고, ④ 미국은 북한이 아무리 요구해도

184) 〈한국일보〉 1994년 9월 7일자.

185) 남찬순, 앞의 책, p. 336.

2자간의 평화협정 체결은 거부한다는 것이었다.

이와 같은 한미 양국의 합의는 그러나 여러 가지 논란거리를 내포하고 있었다. 다섯 개의 현안이 뒤섞여 있고 거기에다 선후개념이나 순차개념 그리고 장기적 시간개념까지 혼재되어 있기 때문이다. 한승주 장관의 당시 설명을 보면 사정을 잘 알 수 있다. "경수로 문제를 놓고 본다면, 경수로 건설을 착수하기 전까지 어느 단계에서 과거 규명이 이뤄져야 하느냐를 생각해보자. 경수로 건설은 10년 가까이 걸리는 사업이다. 수 없는 과정과 단계가 있다. 그 와중에 빠를 수도 있고 늦을 수도 있지만, 그러나 확실한 작업이 시작되는 시점에서는 북한 핵의 과거가 규명되어야 한다는 것이다. 북미관계 개선도 어느 한순간에 완전히 이뤄지는 것이 아니다. 시간을 두고 점진적으로 진행되는 것으로 본다면 그 과정에 맞춰 적절하게 과거 규명이 이뤄져야 한다는 것이다. 연락사무소 개설문제도 점진적 과정이 있고 과거 핵규명도 점진적 과정이 있다고 볼 때, 그것들을 꼭 어느 특정시점과 서로 연관시키는 것은 어렵지만 병행해서 이뤄져야 한다는 것이 미국의 입장이다."[186]

이론적으로는 연락사무소 개설이 예를 들어 70% 진척되었으니 북한의 핵과거 규명이나 남북대화도 70% 진척시킨다는 것이 성립되지만, 현실적으로는 그런 '병행론'이 불가능하다. 일의 진척속도를 그렇게 자를 재듯 할 수 없는 노릇인 데다 서로가 불신하고 있기 때문에 자칫하면 약속이나 합의가 깨질 수 있다. 경수로 건설만 하더라도 10년이나 걸리는 공정인데 그 과정에서 무슨 돌발변수가 발생할지 모를 일이다.

한국이 요구한 선 남북대화, 선 특별사찰은 이렇게 해서 다시 아무런 효과를 거두지 못했다. 미국의 의도대로 북미협상은 진행된 것이다. 한미 양국 고위당국자들이 만나면 항상 한미공조가 굳건히 이뤄지고 있다고 강조했다. 한 장관이 1994년 9월 초순 워싱턴을 방문했을 때도 마찬가지였다. 한 장관과 클린턴 대통령은 이례적으로 만나 다시 공조를 과시했다.[187] 그러나 그와 같은 한미공조는 겉과 속이 다른 이

186) 한승주 장관의 1994년 9월 7일 워싱턴 기자회견.

면성을 갖고 있었다. 양국의 대통령이 정상회담을 하고 전화나 친서를 통해 공조를 확인했다고 하는 발표는 다분히 국내외적 과시효과를 노린 측면이 많았다. 정상회담이나 외무장관 회담이 열릴 때마다 한미공조가 잘 유지되고 이를 강화하겠다는 발표를 하지 않은 적이 없다. 하지만 북미 핵협상과 관련된 한미공조에는 미국의 역할과 한국이 담당할 수 있는 역할 사이에 엄청난 힘의 차이가 있었다. 한국은 미국이라는 자석에 끌려가는 공조였고, 미국은 한국을 끌어가는 공조였다. 미국은 한미 정상간의 회담이나 친서 등을 통해 공조의 외형을 복원하고 유지하면서, 실질적으로는 자신들의 정책목표에 맞게 북미 핵협상을 이끌어간 것이다.

그와 같은 현실 때문에 한국에서는 자주 불만의 목소리가 터져 나왔다. 제네바 북미 핵협상이 막바지에 접어들 때인 1994년 10월 8일 〈뉴욕 타임스〉에 실린 김영삼 대통령의 인터뷰도 그런 종류의 것이었다. 김 대통령은 클린턴 행정부가 북한을 잘 모르고 있으며, 북한과의 타협에만 집착하고 있다고 주장하면서 그것은 북한에 잘못된 신호를 보내는 것이라고 말했다. 미국은 북한에 더 이상 이용당하지 말라는 것이었다. 당시 이홍구 통일원장관도 같은 날 〈뉴욕 타임스〉에 실린 인터뷰에서 "미국은 북한 전문가가 아닌 핵확산 금지 전문가에 의존함으로써 입장을 약화시키고 있다. 갈루치 차관보는 핵문제를 다룬다는 관점에서 북한과의 협상에 뛰어들었다. 이것은 앞뒤가 바뀐 것으로 미국은 먼저 남북관계 전반을 이해해야 한다"고 주장했다.[188] 김영삼 대통령의 요구는 결국 북미 합의문에 남북대화 부분이 들어가야 한다는 것이었다. 갈루치를 비롯한 미국의 협상대표들은 대부분 남북대화문제를

187) 한 장관은 당시 클린턴 대통령과의 면담을 요청했고, 미국이 이를 수락해 이뤄졌다.

188) 〈뉴욕 타임스〉의 1994년 10월 8일자 김영삼 대통령의 인터뷰에 대해 미국이 항의하자, 청와대측은 정식 인터뷰가 아니라 〈뉴욕타임스〉 간부 일행이 청와대를 방문해 의례적인 자리에서 한 얘기일 뿐이었다고 해명했다. 그러나 김 대통령의 발언은 미 행정부를 겨냥한 다분히 의도적인 것이었다.

합의문에 포함시키는 것이 무리라며 반대의견을 표시하고, 특히 김영삼 대통령이 〈뉴욕 타임스〉와 같은 언론을 이용해 그와 같은 불만을 털어놓는 데 대해 못마땅해했다는 것이다.[189]

미국이 김 대통령의 〈뉴욕 타임스〉 기사에 불만을 표시하고 미국언론들이 한국의 불만에 초점을 맞추자 한국정부의 태도는 다시 바뀐다. 김 대통령은 11일 CNN방송을 통해 한미공조를 강조했다. 같은 날 〈월 스트리트 저널〉과의 회견에서는 김 대통령이 '한미간의 긴밀한 협력'이라는 말을 일곱 번이나 사용하는 등 태도를 바꾸었다. 북미협상이 마무리되어 가는 순간에도 한국정부는 협상의 결과에 대해 불안감을 갖고 있었으나, 공개적으로 한미공조에 부정적 영향을 미치는 행동은 할 수는 없었다.

결국 북미 핵협상은 한국이 주장한 선 남북대화와 특별사찰, 그리고 후 경수로 지원과 연락사무소 개설이라는 마지노선은 하나도 반영되지 않고 합의가 이뤄졌다.[190] 다만 한국의 강력한 불만제기로 기본합의문 제3조 3항에는 "본 합의문이 대화를 촉진하는 분위기를 조성해나가는 데 도움을 줄 것이기 때문에 북한은 남북대화에 착수한다"는 내용만 실렸다. 그와 같은 북미간의 합의는 사실 예견된 것이었다. 한미 양국이 아무리 한미공조를 강조해도 북미 핵협상에서 한국이 쓸 수 있었던 지렛대는 한계가 있었기 때문이다. 한국은 "선 투명성 확보 없이는 경수로 지원에 드는 돈을 댈 수 없다"며 마지막으로 경수로 지원비를 들고 버텼지만, 그것도 결국 관철시킬 수 없었다.

한미공조는 한국과 미국의 북한 핵문제에 대한 외교목표가 달랐기 때문에 서로 일치되기는 어려운 측면이 많았다. 탈냉전 이후 새롭게 야기된 국제적 핵문제를 해결하려는 미국의 세계적 전략과, 북한의 핵문제를 한반도문제로 국한해 민족의 문제와 안보문제로 국한한 한국의 전략이 일치될 리 없었기 때문에 서로 갈등이 생기고 마찰이 발생했

189) Quinones, 노순옥 역, 앞의 책, p.333.

190) 〈동아일보〉 1994년 10월 20일자. 한 장관은 기회 있을 때마다 '선 투명성 확보'가 우리의 양보할 수 없는 마지노선이라고 강조했었다.

다. 북한 핵문제에 대한 미국의 주도적 역할은 한국의 국회나 연구기관, 대학, 그리고 정부 내에서조차도 공격대상이 되면서 반미 분위기를 불러일으키기도 했다. 미국은 일방적 항복을 했다는 주장도 나왔다. 그럼에도 북미 핵협상은 결국 미국에 의해 주도되고, 미국의 외교적 목표에 따라 김영삼 정부는 끌려가는 형국이었으며, 그렇게 움직일 때마다 한미공조의 불협화음이 더욱 노골적으로 나타났던 것이다.

강대국 손에서 논 국제기구 제6장

신현실주의 학자들은 국제기구의 역할에 대해 냉정한 시각을 갖고 있다.[1] 국가는 국제기구를 자국의 이익을 실현하는 하나의 수단으로

1) 국제기구(*International Organizations*)에 대한 연구는 20세기 초 창설된 국제연맹의 등장으로 국제정치학의 중요부분으로 자리잡았으며, 그 이론도 다양하게 전개됐다. 국제기구는 "국가들이 서로간의 관계 중에서 어떤 부문의 수행을 위해 공식적이고 지속적인 제도적 구조를 수립하고 발전시키는 과정"으로 이해됐다(Inis L. Claude, Jr., "International Organization," *International Encyclopedia of the Social Science* 8, 1974, p. 33). 그러나 이제는 그런 개념의 틀이 정확하게 적용되지 않는다. 과거의 국제기구는 국가와 정부대표들이 수행하는 활동을 전제로 했으나, 이제는 한 국가내의 개인이나 집단들이 다른 국가의 개인이나 집단들을 상대로 활동하는 경우도 많기 때문이다. 국경을 초월한 개인과 개인 간 또는 집단 사이의 활동도 국제기구라는 틀 속에서 활발히 전개되는 게 오늘의 현실이다. 이에 따라 클라이브 아처(Clive Archer)는 "국제기구란 회원들의 공동이익을 추구할 목적으로 2개 혹은 그 이상의 주권국가들 사이에 정부간이든 비정부간이든 그들간에 이뤄진 합의에 의해 수립된 하나의 공식적이고 지속적인 구조"라고 정의했다(Clive Archer, *International Organizations*, London: George Allen & Unwin, 1983, pp. 32~35, 강성학, "현대 국제기구이론과 포스트냉전시대의 유엔헌정질서," 《국제정치학의 새로운 영역과 쟁점》, 김달중 · 박상섭 · 황병무 편, 서울: 나

간주하며, 국가이익에 불리하다고 판단되면 언제든지 그것을 도외시하거나 탈퇴한다는 것이 그들의 주장이다. 따라서 국제기구의 영향력이나 가치는 독자적으로 존재하지 않으며, 결국 국제기구는 주권국가의 종속물에 불과하다는 것이다.

1993~1994년 북미 핵협상과정에서의 국제원자력기구(IAEA)나 유엔안보리도 북핵문제에 대해 별다른 해결능력을 보이지 못했다. 미국은 북한의 핵문제를 해결하기 위해 IAEA와 유엔안보리를 동원했고, 중국은 그러한 미국을 견제했다. 북한은 IAEA 탈퇴선언까지 하며 핵사찰을 거부했다. 미국이 아무리 IAEA를 앞세워 북한의 핵실체를 규명하려 해도 IAEA의 공정성문제를 내세워 사찰을 거부하는 평양당국의 주장을 극복할 수 없었다.

제6장에서는 IAEA나 유엔안보리가 왜 영향력 행사를 제대로 할 수 없었는지에 대해 분석하면서 이들 국제기구를 매개로 한 미국과 북한 및 중국의 갈등양상에 초점을 맞추었다. 특히 북한이 IAEA의 압력을 견뎌낼 수 있었던 것은 IAEA 자체의 한계가 있었던 것도 사실이지만, 동북아의 정치정세 때문에 미국도 북한의 그와 같은 저항을 제어할 수

남출판, 1995, pp. 100~101에서 재인용). 또 국제기구라는 용어는 국제제도(*international institution*)나 국제레짐(*inter-national regimes*)이라는 용어와 혼용되는 경우가 적지 않다. 이와 같은 용어들에 대한 정의나 해석에서도 견해가 다양하다. 코헤인은 국제제도를 다른 개념의 상위개념으로서 '역할을 규정하고 행동을 구속하며 기대를 구체화시키는 지속적이고 상호연관된 공식적·비공식적인 규칙의 집합'으로 정의하고 구체적으로 국제관계의 특정 쟁역(爭域)에서 국가들에 의해 합의된 명시적 규칙을 지닌 제도인 국제레짐, 행위자들의 기대하는 바를 규정짓는 묵시적 규칙들과 이해(*understanding*)를 지닌 비공식적 제도로서의 관습, 그리고 공식적이고 지속적인 구조물을 가지고 있는 국제기구가 포함된다고 주장했다(Robert O. Keohane, *International Institutions and State Power: Essays in International Relations Theory*, San Francisco and London: Westview Press, 1989, pp. 4~5). 코헤인은 국제제도에 국제레짐과 국제관습, 그리고 국제기구를 포함시키는 광의개념을 주장했으나, 국제제도 속에는 국제기구가 포함되지 않는다는 협의개념을 주장하는 사람도 있다.

없었다는 점을 강조했다.

1. 부지런한 심부름꾼 IAEA

1) IAEA의 활동 내용

IAEA는 북한이 1993년 3월 12일 핵확산금지조약(NPT) 탈퇴선언을 하자 3월 31일, 북한에 대해 핵안전협정 불이행 국가로 규정하는 결의안을 채택하고 이를 유엔안보리에 넘겼다. 이는 북한 핵문제가 국제무대에 본격적으로 상정된 것을 의미하며, 그 역할을 IAEA가 맡았다는 의미도 된다.

북한은 1992년 1월 30일 IAEA와 핵안전협정에 서명하고 약 3개월 후인 1992년 5월 4일 보유중인 핵시설에 관한 〈최초보고서〉(Initial Report)를 제출했다. 이 보고서에 따라 IAEA 사찰단은 5월 25일부터 6월 5일까지 제1차 대북 임시사찰을 실시했다. 이를 시작으로 여섯 차례의 임시사찰이 실시되는데 IAEA는 그 과정에서 북한의 핵활동에 대한 여러 가지 의문점을 발견하게 된다.

북한이 NPT 탈퇴선언을 하고 난 이후 IAEA가 세운 목표는 북한의 NPT 잔류를 확보하면서, 특별사찰을 포함해 IAEA의 핵안전조치를 전면 적용할 수 있도록 한다는 것이었다.[2] 즉, IAEA의 임시사찰과 통상사찰을 완전히 정상화하고 핵물질 생산활동을 중단시키는 것은 물론 완전통제하에 둔다는 것이었다. 이를 위해 5MWe 원자로 연료봉 교체시 IAEA 사찰단이 입회를 하며, 핵재처리를 중단시키고 재처리시설에

---

2) IAEA 사찰단이 사찰기간 중에 수행하는 주요 사찰업무는 대체로 다음과 같은 여섯 가지 유형으로 구분된다. ①핵물질에 관한 취급기록의 검사, ②안전조치대상 핵물질에 대한 독자적인 계량측정, ③기기의 작동확인 및 교정상태의 확인, ④시료의 수거·수집·실험·취급 및 선적에 대한 감독, ⑤IAEA 감시장비의 사용 및 점검, ⑥IAEA 봉인의 부착점검 및 제거 등이다.

대한 검증을 분명히 해 폐기물을 확보하려 했다. 또 미신고시설 두 곳에 대한 특별사찰을 실시해 북한의 과거 핵활동을 규명하겠다는 것이 당면목표였다.

북한은 NPT 탈퇴선언 이후 1993년 5월 3일, 미국과의 대화분위기가 익어가자 갑자기 임시사찰을 수용했다. 미국과의 고위급대화를 추진하기 위한 선의의 제스처였다. 그러나 그후 IAEA와 북한은 줄곧 냉랭한 줄다리기를 계속한다. 북한의 과거 핵활동을 규명해야 한다는 IAEA의 끈질긴 요구에 북한은 "IAEA가 공정성을 잃고 일부 국가의 하수인 노릇을 하고 있다"며 거절했다. 북한의 표면적 주장은 IAEA가 미국의 지시에 따라 움직이기 때문에 사찰을 거부한다는 것이지만, 사실은 IAEA와의 대화가 미국과의 대화를 촉진시키는 데 방해물이 된다는 인식을 갖고 있었다.

1993년 7월 19일 제2단계 북미 고위급회담을 끝낸 로버트 갈루치(Robert L. Gallucci) 대표는 북한이 IAEA와 진지한 대화를 해 사찰을 수락해야 할 것이라고 강조했지만, 북한은 여전히 IAEA와 사찰과 관련된 공정성문제를 먼저 토의하고 그후 사찰문제를 논의하겠다는 입장을 견지했다. 북한의 주장은 우선 IAEA의 불공정행위에 대한 잘못부터 따지겠다는 것이다. 사실 사찰실시를 위한 실질적 논의는 제쳐두고 IAEA의 공정성 문제를 따지겠다는 것은 주객이 전도된 주장이었다. 그러나 여기에는 북한의 다른 속셈이 있었다. 북한은 IAEA가 불공정행위를 했다는 점을 전제로 하고 그런 불공정행위를 한 IAEA의 사찰은 받을 수 없다는, IAEA 사찰의 거부 명분을 만들겠다는 계산이었다.

제2단계 고위급회담 이후 2개월 안에 열기로 한 3단계 고위급회담에 대한 기대가 아직 살아있던 1993년 8월 3일 IAEA 사찰단은 다시 평양에 들어갔다. 북한은 사찰단이 평양에 도착하자마자 그동안 IAEA가 북한에 대해 한 행동을 사과해야 한다는 등 공정성문제를 제기했고 사찰팀은 미신고시설 두 곳에 대한 특별사찰을 요구했다. 북한은 영변의 미신고시설 두 곳에 대한 사찰팀의 접근을 허용하지 않았다. 사찰팀은 영변의 다른 시설에 설치된 감시장비의 점검 등 일부 기술적 사찰만 하고, 8월 10일 거의 빈손으로 평양을 빠져 나왔다. 당시 IAEA 사찰단은 북한으로부터 상당한 수모를 받은 것으로 밝혀졌다. 북한은 사찰팀에 외교적 대우를 전혀 해주지 않았다. 핵시설을 방문하는 것도 한밤중에, 그것도 불도 켜주지 않아 손전등을 비춰 감시장비의 필름과 전지를 교체했다는 것이다. 북한은 의도적으로 사찰단을 냉대하고 무시했다.[3)]

그렇게 냉대했던 북한이 IAEA측에 불공정문제를 다시 논의하자며 1993년 8월 31일 IAEA 사찰팀을 평양으로 불러들인다. 미국이 제 3단계 고위급회담의 전제조건으로 IAEA의 사찰을 내세웠기 때문이다. 제 3단계 북미 고위급회담을 열기로 합의한 회담시한이 불과 20일도 채 남지 않은 때였다. IAEA 사찰팀은 역시 아무런 성과도 거두지 못하고 9월 4일 비엔나로 귀환했다. 북한은 제 2단계 고위급회담에서 미국이 3단계 고위급회담의 전제조건으로 요구한 IAEA와의 대화를 'IAEA 활동의 공정성문제에 관한 대화'로 변형시키면서 본질적인 특별사찰문제는 피해 갔다.

상황이 이처럼 악화되자 IAEA는 9월 21일부터 3일 동안 열린 정기이사회에서 북한의 핵문제를 9월 27일부터 시작되는 제 37차 연차총회에 긴급안건으로 올렸다. 북한의 핵문제가 IAEA총회에서 논의되기는 처음이었다. IAEA로서는 그만큼 강도를 높인 것이다. IAEA 37차 총회는 10월 1일 북한에 대해 즉각 완전한 핵사찰 수용을 촉구하고 북핵문제를 다음해 38차 정기총회의 공식안건으로 다시 다루기로 하는 것을 골자로 하는 결의안을 회원국들의 압도적 지지로 통과시켰다.[4)]

---

3) 남찬순, 《평양의 핵미소》(서울: 자작나무, 1995), p. 125.

4) IAEA총회 결의 제 1085호

제목: 핵확산금지조약(NPT) 부속 핵안전협정의 적용을 위해 북한과 IAEA 간 체결된 협약의 이행에 관하여

총회는 ① 이사회의 지난 2·3·4월 결의를 상기하고, ② 사무총장의 이번 37차 정기총회보고서 내용에 주목하여, ③ 동시에 북핵문제를 IAEA 사무총장이 안보리에 보고토록 요청한 지난 5월 안보리 결의 제 825호를 되새기면

그러나 북한은 외교부 성명을 통해 IAEA가 채택한 결의문은 “협상을 통한 문제해결을 가로막고, 우리의 인민을 질식시키려는 정치적 음모의 소산으로밖에 볼 수 없다”며, “이 결의안은 조선민주주의인민공화국의 주권을 터무니없이 침해하는 것이며 우리나라에 국제적 압력을 가하기 위해 꾸며진 음흉한 정치적 공격이므로 이를 결연히 거부한다”고 밝혔다. 북한은 공개적으로 IAEA보다는 미국과의 회담을 통해 직접 문제해결을 해야 한다고 강조했다.[5] 북한은 나아가 10월 12일 일방적으로 IAEA와의 협상을 중단한다고 발표했다. IAEA의 결의가 문제를 해결하는 것이 아니라 사태를 더욱 악화시킨 셈이다.

당시 IAEA는 북한의 핵개발이 어떤 상태에 있는지 전혀 알 수 없었다. 8월 초 핵시설에 장치한 카메라 배터리와 필름 교체 등 장비의 작동여부만 점검했을 뿐 북한의 핵활동이나 변동사항은 일체 확인할 수 없었다. 그것도 일부 카메라는 9월 이후에는 작동조차 되지 않을 것이라고 주장했다. IAEA는 북한의 핵시설과 핵물질이 평화적 목적에만 사용한다는 보장을 할 수 없게 됐다고 강조했다. IAEA의 이와 같은

서, ④이상의 결의들의 핵심적 내용이 아직 이행되지 않고 있는 데 깊은 우려를 표명하면서 다음과 같이 결의한다.

1. 아직 유효한 북한과 IAEA 간의 핵안전협정의 이행을 위해 이사회와 사무총장 사무국이 벌인 공정한 노력과 지금까지의 조치를 강력히 지지한다.
2. 북한이 핵안전협정상의 의무를 이행하지 않은 데서 나아가 최근 협정의무사항인 예정된 임시사찰과 통상사찰도 수락하지 않음으로써 협정불이행의 폭을 심화시키고 있는 데 깊은 우려를 표명한다.
3. 북한에 대해 안전협정의 완전한 이행을 위해 IAEA와 즉각 협력할 것을 촉구한다.
4. 다음 번 제38차 정기총회 의제에 ‘NPT 부속 핵안전협정의 적용을 위해 북한과 IAEA 간 체결된 협약의 이행에 관하여’라는 제목의 안건을 포함시킬 것을 결정한다(〈국민일보〉 1993년 10월 2일자).

* 결의안은 119개국 회원국 중 불참국과 투표권이 없는 나라를 제외한 85개국이 투표, 찬성 72, 반대 2(북한과 리비아), 기권 11표로 통과됐다.

5) 〈대한매일〉 1993년 10월 3일자.

불만은 곧 국제사회에 점화됐고, 북한의 핵문제를 둘러싼 국제사회의 우려는 더욱 고조됐다. 그럼에도 북한은 임시사찰이나 통상사찰은 수용할 수 없으며 감시카메라 장비 교체를 위한 입국만 허용하겠다는 입장을 밝힌다. 그러면서 1993년 10월 12일 IAEA와는 일체의 협상을 중단하겠다고 발표했다.[6] IAEA는 어떻게 하든 북한이 핵사찰을 수용토록 해 국제적 위상을 확보하려는 의도였지만, 북한은 그런 IAEA의 속내를 완전히 무시하는 태도를 취한 것이다.

북미대화가 교착상태에 빠지고 북핵문제에 대한 미국 내의 강경분위기가 격화되자, 북한은 느닷없이 1993년 12월 3일 신고한 핵시설 7개 중 5개 시설에 대한 통상사찰을 받겠다고 미국에 제의했다.[7] 북한은 그 조건으로 3단계 고위급회담의 일정을 확정하고 팀스피리트 훈련을 취소해야 한다고 주장했다.[8] 북한의 이와 같은 제의를 바탕으로 1994년 1월 들어 북한과 IAEA는 여섯 차례에 걸친 회담을 가졌다. 그러나 IAEA와 북한 간의 근본적 의견차이는 좁혀지지 않았다. 1994년 1월 31일 평양 중앙방송을 통해 발표된 북한 외교부 성명은 "… 기구(IAEA) 서기국은 핵무기전파 방지조약(NPT) 탈퇴효력을 일시 정지시킨 우리의 특수한 지위를 의도적으로 무시하고 담보의 연속성 보장을 위한 사찰이 아니라, 조미회담을 통해 해결될 수 있는 조약 복귀에 맞먹는 전면사찰을 실현해보려고 어리석게 시도하였다"며 IAEA를 비난

---

6) 북한은 IAEA가 갈리 유엔 사무총장의 이름을 날조한 서한을 만들어 북한이 핵사찰을 받도록 압박하고 있다고 주장하면서, IAEA와의 대화를 중단한다고 밝혔다. 그러나 IAEA는 그런 사실이 없다고 반박하면서, 아마 당시 유엔 사무총장이 IAEA총회에 보낸 메시지를 그렇게 해석한 것 같다고 밝혔다(남찬순, 앞의 책, pp. 126~127).

7) 7개의 신고시설은 ① 5MWe원자로, ② 방사화학 실험실, ③ 핵연료저장시설, ④ 핵연료봉 제조공장, ⑤ 8MWe 원자로, ⑥ 50MWe 원자로, ⑦ 준 임계시설을 의미한다(외교통상부, 《한반도문제 주요 현안 자료집》, 서울: 외교통상부, 1998, p. 12).

8) 팀스피리트 훈련은 대개 1월 중하순에 일정이 발표되기 때문에, 북한은 그 일정을 노려 12월 초 그와 같은 조건을 내건 것으로 보인다.

했다.[9]

당시 북한은 7개 신고시설에 대한 사찰을 허용하겠지만, 각 시설 가운데 일부사찰 수단은 절대로 수용할 수 없다는 입장이었다. 반면 IAEA는 특히 문제가 되는 5MWe 원자로와 방사화학실험실 등 2개의 시설에 대해서는 감시장비 교체뿐만 아니라, 시설의 운전일지와 시료채취를 요구했다. 북한과 IAEA 간의 대화는 북한이 1994년 2월 15일 IAEA가 요구하는 사찰을 받겠다고 밝혀 다시 계속된다. 당시 IAEA는 북한이 2월 21일까지 사찰을 수용하지 않을 경우 유엔안보리에 이 문제를 회부하겠다고 밝혀놓은 상태였다.

1994년 2월 25일 미국과 북한이 IAEA의 사찰, 남북특사 교환, 팀스피리트 훈련 중단, 북미 3단계 고위급회담 개최 등을 합의하자 IAEA 사찰단 7명은 3월 1일 7개 핵시설을 사찰한다는 명목으로 평양에 들어갔다. IAEA 사찰단은 5MWe 원자로와 방사화학실험실에 대한 사찰을 먼저 할 것을 요구했다. 그러나 북한은 이를 거부하고 그들이 주장하는 안전장치의 계속성 담보를 위한 사찰만 해야 한다고 주장해, 처음부터 사찰은 벽에 부딪쳤다. 북한은 핵시설의 봉인장치나 카메라 등이 훼손됐거나 작동이 중지됐을 경우 이를 수리하거나 재작동시키는 것이 안전장치의 계속성 담보라며, 사찰은 그 이상을 벗어나서는 안 된다는 것이었다. 반면 IAEA측은 NPT상 규정된 안전조치체제 전체가 유지되어야 한다며, 5MWe 원자로와 방사화학실험실의 시료채취를 요구했다. 이러한 의견대립으로 IAEA 사찰단은 다시 아무런 소득 없이 2주만인 3월 15일 철수했다.

그렇게 되자 IAEA는 1차로 북한 핵문제를 유엔안보리로 넘긴 지 거의 1년이 된 시점인 1994년 3월 21일 특별이사회를 열어 다시 북핵문제를 유엔안보리에 넘기는 안건을 의결한다. 결의안 횟수로만 따진다면 당시 결의안은 북핵문제가 처음 IAEA의 논의대상이 됐던 1993년 2월 이후 여섯 번째였다.[10] 이 특별이사회에서도 북핵문제에 강력한 우

---

9) 〈동아일보〉 1994년 2월 1일자.

려를 표명하고 유엔안보리에 보고하는 것을 골자로 하는 결의안이 채택됐다.[11)] [12)]

북한과 IAEA 간의 논란은 북한의 5MWe 원자로 폐연료봉 인출을 계기로 다시 불붙기 시작했다. 북한은 특별사찰이 한창 논란이 됐던 1994년 4월 19일 또 느닷없이 영변에 있는 5MWe짜리 원자로의 연료봉 교체에 IAEA 요원의 입회를 요청했다. 원자로의 핵연료봉 교체시

---

10) 북한은 IAEA 사찰단이 문제의 초점이었던 영변의 방사화학실험실(재처리시설) 사찰을 하려 하자 이를 거부했다. IAEA는 1994년 2월의 이사회에서 3월의 사찰과 관련, ① 사찰단의 입북이 아예 저지되는 경우, ② 사찰단의 입북 후 활동에 방해를 받는 경우, ③ 사찰결과 핵물질의 군사적 전용이 확인되는 경우에는 특별이사회를 소집하기로 했는데, 3월 21일 특별이사회는 그 두 번째 경우에 해당했다(〈동아일보〉 1994년 3월 18일자).

11) 결의안의 주요 내용은 다음과 같다(〈대한매일〉 1994년 3월 22일자).

1. 북한이 IAEA이사회와 총회의 기존 결의에 담긴 핵심적 요소들을 이행하지 않고 있는 데 대해 심각한 우려를 표명한다.
2. 북한이 추가로 핵안전협정을 이행하지 않고 있으며, IAEA 사찰단에게 필수적인 활동을 허용하지 않아 상황이 더욱 악화되고 있다. 따라서 IAEA는 북한 핵물질들이 핵무기나 다른 핵폭발장치에 전용되지 않았음을 검증하기가 불가능하다는 점을 지적한다.
3. 핵안전협정을 이행하려는 사무총장과 사무국의 참을성 있고 공정한 노력을 강력히 지지한다.
4. 유엔안보리가 요청한 바 있는 북한 핵문제의 해결이 북한의 협조부재로 답보상태에 빠져 있는 데 유감을 표명한다.
5. 북한은 IAEA의 모든 사찰활동을 즉각 허용하고 핵안전협정을 전면 이행할 것을 촉구한다.
6. 헌장 12조 규정에 따라 이번 특별이사회의 결의안을 IAEA 전회원국과 유엔총회 및 안보리에 보고할 것을 사무총장에게 요청한다.
7. 사무총장은 북핵문제를 계속 주시해 나갈 것이며, 북핵문제에 어떤 의미 있는 진전이 있으면 사무총장은 다음에 열리는 이사회에 이를 보고, 필요하다면 헌장 12조에 따른 후속조치를 검토할 것을 요청한다.

12) 16개국이 공동제안한 결의안은 찬성 25, 반대 1, 기권 5표로 통과됐다. 반대표는 리비아가 던졌으며, 중국·인도·인도네시아·브라질·레바논은 기권했다.

IAEA가 입회하는 것은 핵안전협정상의 기본의무다. 북한은 ① 5MWe 원자로의 연료봉 교체시 사찰단의 입회를 허용한다, ② 방사화학실험실의 사찰은 허용할 수 없다, ③ 방사화학실험실을 제외한 나머지 핵시설에 대해서는 감시장비유지 차원의 후속 사찰활동을 허용한다는 내용의 제의를 IAEA에 했다. 북한은 5월 12일부터 폐연료봉 인출작업을 시작했다.[13] 북한은 그러면서 연료봉이 교체되는 기간 중에도 미국과 3단계 고위급회담이 열릴 수 있다면, 핵문제를 일괄타결하는 범위 안에서 IAEA가 요구하는 연료봉 교체와 관련된 사항들을 들어줄 수 있다고 밝혔다.[14] IAEA는 우선 인출되고 있는 폐연료봉에서 플루토늄 추출작업을 하지 않는지의 여부를 감시하기 위해서도 사찰단을 평양에 보낼 필요가 있었다.

IAEA는 사찰단을 보내기 전 교체되는 연료봉의 시료채취를 요구했으나 북한은 이를 거절했다. IAEA의 의도는 시료채취를 통해 북한의 과거 핵활동을 파악하려는 것이고, 북한은 이를 허용하지 않겠다는 것이었다. 결국 IAEA와 북한은 3월 실시된 사찰의 후속작업과 방사화학실험실에 대한 추가사찰을 실시하기로 하는 대신 인출되는 연료봉의 시료채취는 할 수 없다는 선에서 합의한다.[15] 방사화학실험실에 대한 추가사찰은 IAEA가 거둔 성과였다.

IAEA 사찰단 5명은 5월 15일 평양에 들어갔다. 북한은 국제적 참여나 승인 없이 이미 8일부터 연료봉을 인출하기 시작했다. 그러나 북한은 방사화학실험실에 대한 추가사찰은 허용하면서 5MWe 원자로 연료

---

13) 북한 주장은 5MWe 폐연료봉 인출작업이 불가피한 것이었다고 말했다. 인출하지 않을 경우 심각한 안전상의 문제가 예견된다는 것이었다.

14) 북한의 박용남 원자력 총국장이 IAEA 사무총장에게 보낸 1994년 5월 13일 서한.

15) 추가사찰(*additional inspection*)은 1994년 3월 사찰시 실시하지 못한 방사화학실험실의 잔여사찰을 말하는 것으로, 이는 3월 31일 유엔안보리 의장성명의 요청사항이기도 했다. 후속사찰(*follow-on inspection*)은 1994년 3월 사찰 이후 카메라필름 배터리교체 등 감시장비의 유지를 위한 사찰을 말한다.

봉 교체에 대해서는 사찰단의 입회만 허용하고 시료채취활동은 완전히 봉쇄했다. IAEA는 북한이 5MWe 원자로의 8천여 개 연료봉을 모두 인출함에 따라 이 연료봉 인출작업을 중단시키는 일이 중요했지만, 북한은 계속 작업을 했다. 결국 5월 27일 IAEA는 북한과의 연료봉 인출과 관련된 협상이 결렬됐고, 유엔안보리에 정식 보고를 했으며, 6월 2일에는 북한의 폐연료봉에 대한 추후 계측 가능성도 상실했다고 발표한다. IAEA도 이제는 더 이상 어쩔 수 없는 상황에 도달했다는 것이었다.[16)]

IAEA는 1994년 6월 10일 마지막 수단으로 대북제재수단을 강구해 본다. IAEA는 그동안 북한에 지원해온 연간 30~40만 달러 상당의 기술원조를 중단하는 결의안을 채택했다.[17)] 북한은 IAEA 역사상 네 번째로 제재받는 나라가 됐다.[18)] 그러나 이와 같은 IAEA의 결정은 사태를 더욱 심각하게 만든다. 북한은 닷새 후인 6월 15일 돌연 IAEA 탈퇴를 선언한 것이다. 북한은 탈퇴선언을 하면서 어떠한 사찰도 받지 않겠다고 밝혔다.[19)]

---

16) 북한은 1994년 6월 8일 5MWe의 폐연료봉 수거작업을 완료했다. 연료봉 수거현장에는 IAEA 사찰단 2명이 끝까지 남아 수거가 완료되는 것을 목격했다.

17) IAEA가 협정 불이행국에 가할 수 있는 제재는 두 가지이다. IAEA 헌장 12조 C항은 협정 불이행행위를 수정치 않는 회원국에 대해, 적절한 시기 내에 회원국 자격박탈과 원조중단을 결정할 수 있다고 규정하고 있다(〈한국일보〉 1994년 6월 10일자).

18) 첫 번째 나라는 1986년 기술중단조치를 받은 이스라엘이다. 이스라엘은 이라크의 오시라크 원자로를 폭파해 그와 같은 조치를 받았다. 또 1986년에는 남아공화국이 인종차별 정책으로 회원자격 정지조치를 받았고, 1990년에는 이라크가 유엔의 결의에 따라 IAEA의 기술원조중단 처분을 받았다.

19) IAEA의 가입과 탈퇴 절차를 규정한 IAEA 헌장 18조는 회원국이 탈퇴통고를 서면으로 제출하면 제출하는 순간부터 탈퇴할 수 있다고 명시해 북한의 조치는 국제법적 하자가 없는 행위였다. 또, IAEA 탈퇴가 NPT 회원국 지위에 영향을 미치는 것은 아니다. IAEA는 NPT 회원국의 약속이행 여부를 감시하는 임무를 대행하는, 일종의 NPT체제의 용역기관이지만 둘의 관계는 완전히 독립적인 것이다. 그러나 IAEA 헌장 26조는 NPT 조약 당사국으로 남아 있

〈표 6-1〉 북한의 핵시설 현황(1998년 현재)

	시 설 명	수량	소 재	비 고
1	8MWe 실험용 원자로 및 임계시설 (제 1원자로)	1기	평북 영변	-1965년 소련에서 도입 -교육용 원자로
2	5MWe 실험용 원자로 (제 2원자로)	1기	평북 영변	(북한 주장) -1987년 자체기술로 완공 -전력생산 난방용 열공급 (미국 평가) - 플루토늄 생산용 원자로 - 폐기물 재처리시 플루토늄 연간 7Kg 생산 * 제네바합의에 의거 운용 및 연료 재장전 중단
3	50MWe 발전소 (제 3원자로)	1기	평북 영변	(북한 주장) - 1984년 착공 (미국 평가) - 플루토늄 대량생산 목적 - 폐기물 재처리시 연간 18~50Kg 플루토늄 생산가능 * 제네바합의에 의거 건설중단
4	200MWe 발전소	1기	평북 태천	(북한 발표) -1980년대 말 착공 *제네바합의에 의해 건설중단
5	방사화학실험실 (핵재처리시설)	1기	평북 영변	- 동결당시 공정 80%, 내부시설 공정 40% * 제네바합의에 의거 가동중단 및 봉인
6	준 임계시설	1기	김일성대학	- 가동중, 60년대 초 소련에서 도입
7	우라늄 광산	2개	평남 순천	- 가동중 - 고품위 우라늄 원광 2,600만 톤 매장 추정
8	우라늄 정련공장	2개	평남 박천, 황북 평산	- 가동중
9	핵연료봉 생산시설	1기	평북 영변	* 제네바합의에 의거 가동중단

출처: 외교통상부, 《한반도문제 주요 현안 자료집》(서울: 외교통상부, 1998), pp. 22~23.

으면 핵안전협정은 계속 유효하다고 못박고 있어 IAEA를 탈퇴하더라도 NPT를 탈퇴하지 않는 한 IAEA 사찰은 계속 받도록 하고 있다.

IAEA는 이어 1994년 9월 23일 제38차 연차회의에서도 북한의 핵안전협정 이행을 촉구하는 결의안을 채택하지만, 그때는 이미 북미회담이 거의 완결된 상태여서 주목을 끌지 못했다.

2) 북한과 미국 그리고 IAEA

(1) IAEA 자체의 한계

전통적으로 국제기구에 대한 연구는 국제기구의 설립헌장과 조직에 대한 법적·제도적 연구라는 정태적 연구로부터 시작하여, 국제기구의 의사결정과정과 같은 동태적 연구로 방향을 옮겨가면서 연구의 주된 초점을 국제기구의 성과, 즉 주어진 과업을 얼마나 효율적으로 수행했는가에 두었다.[20] 그러나 신현실주의는 국제기구나 다국적기업 등 초국가적 단위들이 국제체계 내에서 점점 더 역동적으로 기능하고 있다는 사실을 인정하면서도 전통적 현실주의와 마찬가지로 국가의 주도적 역할을 강조하고 있다.[21] 주권국가는 국제기구의 법규나 결정에 구속될 것을 사전에 동의했을 때를 제외하고는 국제기구의 결정에 구속받지 않는다. 주권국가는 그들이 가입한 국제기구로부터 실제로 탈퇴하거나 탈퇴할 것이라는 위협을 가함으로써, 그들이 원하지 않는 국제기구의 결정을 궁극적으로 저지할 수 있는 능력을 갖는다는 게 신현실주의자들의 견해다. 즉, 국가와 국제기구의 관계는 국제기구의 종속성과 주권국가의 자율성이 특징을 이루고 있다는 것이다.[22] 이와 같은 신현

20) 그러나 학자들의 연구의 중점은 국제레짐이론이 등장하면서 국제기구가 아닌, 국제레짐과 같은 국제제도가 국제적 결과에 미치는 영향으로 전환되었다(박재영, 《국제정치패러다임》, 서울: 법문사, 2002, p. 294).

21) 진장철, "냉전과 신현실주의: 월츠의 구조이론을 중심으로," 우암평화연구원 편, 《정치적 현실주의의 역사와 이론》(서울: 화평사, 2003), p. 106.

22) 그러나 코헤인과 나이는 국제기구가 국제정치에서 중요한 역할을 수행하는 것이 아니라 주변적이라는 현실주의의 시각에 반대한다. 다중채널의 존재로 인해 세계정치에서 국제기구는 보다 차별적인, 중요한 역할을 수행할 것이라

실주의의 견해는 북미 핵협상과정에서 나타난 북한과 IAEA 그리고 IAEA와 미국 간의 관계를 볼 때도 상당히 적실성이 있어 보인다.

북미 핵협상과정에서 IAEA가 취할 수 있었던 행동이나 역할 역시 북한이나 미국 등 이해 당사국들의 정책이나 협상전략에 큰 제약을 받아 독자적 기능을 충분히 발휘하지 못했다. 북한이나 미국은 IAEA를 자신들이 설정한 협상의 목표를 성취하는 하나의 보조물로 이용하려 했고, 또 그와 같은 시도는 IAEA의 기능을 사실상 크게 제한했다. 이는 IAEA 역시 다른 국제기구처럼 독자적 행동의 영역을 확보하지 못하고 주요 국가들의 이해관계에 얽매여 있었기 때문이다. IAEA는 그러한 이해관계를 벗어날 수 없는 자체의 한계를 갖고 있었다.

IAEA는 개별협정을 통해 실시해 오던 핵사찰을 담당하기 위해 설립된 국제기구로, 주권침해문제 등과 관련된 핵사찰의 공정성과 공평성을 보장하면서 평화적 핵활동을 확보하기 위해 설립됐다.[23] 즉 IAEA의 임무는 원자력에너지의 이용을 증진시키고, 이 에너지가 군사목적으로 이용되는 것을 방지하는 일이라고 할 수 있다. 전자는 주로 IAEA 사무국이 맡아서 하는데 구체적으로는 핵기술의 지원, 관련장비 및 정보제공을 비롯해 전문가의 파견과 훈련, 개발계획 등을 담당하고 있다. 후자의 역할은 관련국가의 핵시설과 사용되는 핵물질을 감시하는

고 강조한다. 즉, 국제제도는 국제적 의제를 설정하는 데 유용하고 약소국들에 의한 연합형성의 촉매제로서, 그리고 정치적 발의와 연계의 장으로서 기능한다는 것이다. 국제기구가 특정문제에 대해 국가들간의 투표를 동원할 수 있는 능력은 중요한 정치적 자원이라고 말한다(Robert O. Keohane & Joseph S. Nye, Jr., "Power and Interdependence Revisited," *International Organization* 41-4(Autumn, 1987). pp. 725~753). 이들 외에도 국제기구에 대한 신현실주의를 비판하는 학자들은 많다. 그들은 무엇보다 국제기구의 역할이 실질적으로 존재하고 국제사회에 영향을 미치고 있다는 사실을 중시한다.

23) 미국과 소련은 1954년부터 국제원자력기구(IAEA)의 설립을 추진해오다가, 1957년 7월 29일 70여 개국의 서명을 얻어 기구설립을 확정했다. IAEA는 1958년부터 정상적인 활동을 시작했다.

안전조치, 즉 사찰업무를 담당하는 일이다.[24)]

그러나 이러한 IAEA의 역할에는 기능적으로 한계가 있다. 기록, 봉인, 감시 등과 같은 방법을 사용하는 IAEA의 안전조치는 기술부분에서 많은 진보를 이룩했지만, 안전조치의 대상에 오른 핵시설이 너무 많기 때문에 실제로는 제 기능을 다하지 못하는 것이다. 현재의 IAEA 사찰요원이 장비를 갖고 세계 핵시설을 다 관리하기는 역부족이다. 또 현 체제로는 사찰방법인 계량, 봉인, 감시 등을 통해 플루토늄의 축적 과정을 어느 정도 감시할 수 있지만, 이를 적시에 발견하기는 어렵다. 왜냐하면 플루토늄을 핵무기로 전용하는 데 그렇게 많은 시간이 걸리지 않기 때문이다. 따라서 일단 상당량의 플루토늄을 보유하고 있다는 의혹이 가는 경우, 이를 조기에 발견하지 않으면 무기전용을 막기 어렵다.[25)]

특히, IAEA는 핵확산국가의 핵활동을 스스로 탐지하고 규제할 만한 수단이 없다. IAEA는 그 자체에 인공위성 탐지나 국가정보 수집기능이 없기 때문에 행동을 시작하기 위해서는 어떤 국가의 정보에 의존할

---

24) NPT의 기본목적은 핵에너지의 평화적 이용으로부터 핵무기나 기타 핵폭발장치로의 전용을 방지하는 것으로 IAEA의 목적과는 다소 차이가 있다. 이에 따라 NPT와 IAEA는 사찰범위에 있어 차이가 있다. 첫째, 원자력을 이용하여 가동되는 군함, 잠수함 및 군사위성에 대한 검증의 문제다. NPT에 의하면 원자력 추진 군함 등은 핵무기 그 자체가 아니므로 검증의 대상이 되지 않는다. 그러나 IAEA에서는 군사목적으로 사용되는 시설로의 전용도 사찰의 대상이 된다. 둘째, NPT가 평화적 폭발장치를 금지의 대상으로 삼는 데 비해 IAEA 현장에서는 이를 규제하지 않고 있다. NPT는 당초 무기목적이 아닌 핵폭발장치는 금지하지 않았으나, 핵기술이 발전하여 그 규모면에서 양자의 구별이 없어지면서, 평화적 핵폭발장치도 규제하게 된 것이다(황영채, 《NPT, 어떤 조약인가》, 서울: 한울아카데미, 1995, pp. 100~101).

25) 위의 책, pp. 108~110. 만약 피사찰국이 무기전용 의사를 갖고 있다면 우라늄의 경우에는 수일 내지 수주일 내에, 사용된 연료에서 추출해낸 고방사능의 플루토늄인 경우에는 수주일에서 수개월 전에, 그리고 천연우라늄이나 저농축우라늄인 경우에도 1년 이내에 발견하지 않으면 무기전용 방지의 기회를 놓치는 수가 있다는 것이다.

수밖에 없다.[26] IAEA가 갖고 있는 전문적 기술은 일단 국가 차원에서 제공된 정보를 바탕으로 해서 발휘될 수 있다.[27] 실제로 북한에 대한 특별사찰 요구도 미국이 제공한 정보에 의존한 것이며, 1992년 북한의 영변에서 채취한 시료도 미국 플로리다의 패트릭 공군기지에 있는 미 공군 기술센터에서 분석했다.[28] 더구나 사찰실시 여부는 핵확산국가와 핵확산에 이해관계를 가진 국가들간의 합의에 의해서만 이뤄질 수 있는 것이다. 미국 등 국제사회가 북한에 대해 아무리 핵사찰을 강요해도 북한이 이를 수용하지 않았기 때문에 IAEA는 속수무책으로 국가간 합의가 선행되기를 기다리는 수밖에 없었다. 이 밖에 프랑스를 비롯한 7개 유럽국가들은 자체적으로 유럽원자력공동체(European Atomic Community)를 결성해 상호간의 핵연료, 기술, 장비 등을 공동관리하고 있으며, 이들 나라들은 IAEA의 안전조치협정에 크게 구애되지 않는 특권을 누리고 있어 그렇지 않은 가입국가들과 차별문제도 대두되고 있다.

비가맹국에 대한 사찰도 아직 해결되지 않은 문제다. 비가맹국이 핵개발능력을 보유하는 경우는 첫째, 스스로 그런 능력을 갖고 있거나, 둘째, 핵무기국의 기술원조로 자체 내에서 핵무기 제조기술을 확보하는 경우, 셋째, 비합법적 방법으로 핵기술을 습득한 경우를 들 수 있다. 이러한 비가맹국에 대한 사찰문제는 여전히 국제적 논란거리가 되

---

26) 국제원자력기구 규정 제8조는 "가입국이 '기구'에 유익하다고 사료되는 정보를 제공해야 한다"는 정보교환의 의무를 규정해놓고 있다.

27) John Simpson, "Nuclear Non-Proliferation in the Post-Cold War Era," *International Affairs* 70-1(1994), p. 28. 남아공화국의 경우, IAEA는 1992년 남아공이 스스로 핵장비와 계획을 제거할 때까지 아무런 사찰도 하지 못했다.

28) Don Oberdorfer, *The Two Koreas*(Washington D. C. : Basic Books, 1997), p. 270. IAEA가 미국의 사찰정보를 이용하는 데 대해서는 일부 국가들이 반발한 사례도 있다. 1991년 12월에 열린 IAEA이사회에서 알제리·쿠바·인도·이란·멕시코·북한·파키스탄 등은 IAEA가 미국이 제공한 정보에 따라 이라크의 핵의혹시설을 잇달아 추가하는 데 반대하고, 이러한 행위는 IAEA를 미국 CIA에 넘겨주는 것이라고 비난했다.

고 있다. 또 북한처럼 가맹국이 탈퇴할 경우, 이를 말릴 법적 장치나 제재가 사실상 없다. 북한이 NPT 탈퇴를 선언하고 종국에는 IAEA 탈퇴를 발표해도 그것을 번복시킬 수단이 없는 것이다. 북미간 핵협상을 보면 어떤 나라가 국제 핵질서를 거부하고 나설 경우, 그에 대응할 수 있는 방법을 찾는 것이 얼마나 어려운가를 알 수 있다.

이와 같은 IAEA의 제한된 기능을 보강하기 위해 1990년 이라크 전 발발이후 IAEA의 안전조치제도에도 중대한 변화가 이뤄지기는 했다. 1992년 2월 IAEA이사회는 회원국의 미신고 핵활동에 대한 특별사찰을 하게 하고 새 시설과 시설개조에 대해서는 가능한 한 빠른 시일 안에 그 변경사항을 제출하도록 했다. 핵활동의 투명성을 강화한 것이다. 여기에다 NPT체제를 강화하기 위한 유엔안보리의 활동도 보강됐다. 유엔안보리는 1992년 1월 핵확산은 유엔헌장 12조에 의해 평화에 대한 위협으로 간주한다고 선언했다. 이는 1993년 3월 북한이 NPT 탈퇴를 선언했을 때 곧바로 적용됐다. 경제적으로 고립된 나라에 대해서는 외교적 압력이 핵확산을 막는 데 효과적이지 않다는 사실을 확인하고 국제사회가 공동대응하겠다는 것이다. 핵확산국은 평화를 위협하는 나라이기 때문에 그와 같은 공동대응의 명분이 서는 것이다.[29] 그러나 IAEA와 유엔안보리는 이와 같은 기능강화에도 불구하고 북한 핵문제를 해결하는 데 별다른 위력을 나타내지 못했다.

법률가인 IAEA의 한스 블릭스(Hans Blix) 총장이 북한의 핵문제에 남다른 의욕을 보인 것은 사실이다. 그는 이라크의 핵프로그램을 억제하는 데 실패했다는 비난을 받았기 때문에, 북한에 대해서는 어떻게 하든 철저히 핵의혹을 파헤치겠다는 생각이었던 것 같다. 이에 따라 1993~1994년 북미 핵협상에서 IAEA는 북한의 핵개발 상황에 대한 국제사회의 관심과 주의를 환기시키는 데 상당한 역할을 했다. 이사회와 특별이사회 또는 정기 총회를 통해 북한의 특별사찰 수용을 촉구하는 결의안을 일곱 차례나 채택했고 네 차례에 걸친 대북사찰도 실시했다.

---

29) Simpson, *op. cit.*, p. 29.

IAEA는 또 북한이 IAEA가 요구하는 사찰을 받지 않자 유엔안보리에 두 번이나 보고했으며, 1994년 1월에는 북한과 일곱 차례의 단독회담을 갖고 사찰문제를 논의했다.

그러나 IAEA의 그와 같은 활동이 북한의 핵문제 해결에 큰 기여는 하지 못했다. 우선 지적할 것은 북한의 핵문제에 접근하는 IAEA의 융통성 없는 태도였다. 블릭스 총장은 국제적 비확산체제에 필요한 법률적 모델을 확립하는 데만 역점을 두었다. 북한과 타협가능한 정치적 협상을 하는 데는 관심을 두지 않았다는 것이다.[30] 정치적 해결 가능성을 배제하고 법률적 접근만 한 결과, 문제를 더욱 어렵게 만들었다는 지적을 받았다.

말하자면 IAEA는 북한의 핵문제를 해결하는 데 촉매역할은 했다고 하지만, 해결주체로서의 역할은 전혀 한 것이 없었다. 여타 국제기구처럼 주요 이해 당사국의 이해에 좌우되어 정작 독립적 행동을 못하고 주요 국가들의 정책을 대리하는 역할만 한 것이다.

(2) IAEA 활동에 대한 구조적 제약

미국은 IAEA를 앞세워 북한의 핵문제를 해결하기 위한 노력을 폈으나 그 노력은 성과를 거두지 못했다. 오히려 북한이 IAEA의 사찰을 교묘히 이용해 북미협상을 유리한 방향으로 끌고 갔다. IAEA를 중간에 두고 벌인 미국과 북한 간의 신경전에서 약소국인 북한이 어떻게 그와 같은 능력을 발휘할 수 있었는가. 그 원인은 IAEA 자체의 강제력 부족 등 능력의 한계도 있었지만, 무엇보다 IAEA에 대한 북한의 적대적 행동을 규제할 방법이 없었다는 데 있다. IAEA가 북한의 핵문제에 대한 심각성을 밝혀내고 국제여론을 조성하는 역할은 했지만, 북한의 의도적 방해로 IAEA는 무능함을 드러낼 수밖에 없었다. 사찰단이 사찰하려 해도 전혀 편의를 제공해 주지 않아, 냉대만 받고 되돌아

---

30) Selig S. Harrison, *Korean Endgame: A Strategy for Reunification and U.S. disengagement*(Princeton: Princeton University Press, 2002). p. 327.

온 경우가 몇 차례 있었다.

반면 북한은 IAEA의 특별사찰문제를 둘러싼 구조적 제약과 한계를 이용해 핵사찰문제를 IAEA가 아닌 미국과의 대화 의제로 삼았다. 그렇게 함으로써 자신들의 생존과 안보를 담보하는 도구로 이용하는 데 성공했던 것이다. 그와 같은 북한의 전략은 핵위기가 등장한 이후 일관된 것이었다. 김일성 주석은 1993년 12월 31일 발표된 1994년도 신년사에서 북한의 핵문제에 다음과 같이 말했다.

> 미국과 그 추종자들이 떠드는 우리의 핵문제에 대해 말한다면, 그것은 미국이 집요하게 추구하는 반사회주의, 반공화국 책동의 산물이다. 있지도 않은 북의 핵개발 의혹을 들고 나온 것도 미국이며, 조선반도에 실제로 핵무기를 끌어들여 우리를 위협하는 것도 미국이다. 그러므로 조선반도에서의 핵문제는 어디까지나 조미회담을 통해 해결되어야 한다.

이는 북한이 핵개발 사실을 부인하면서, 핵문제는 IAEA와 협상할 일이 아니라 미국과 협상할 일임을 분명히 밝힌 것이다. 북한은 또 자신들이 NPT 탈퇴를 유보한 특수한 지위에 있기 때문에 IAEA가 주장하는 특별사찰은 받을 수 없다고 주장했다.

북한의 이와 같은 IAEA 배제입장은 북미 핵협상과정에서 줄기차게 견지됐다. 그러나 미국은 이와 반대로 북한의 핵문제를 해결하기 위해 끊임없이 IAEA의 사찰을 앞세웠다. 그것은 이미 앞장에서 밝힌 대로 미국은 북한의 핵문제를 가능한 한 국제법의 테두리 안에서 해결하려 했기 때문이었다. 한국은 당시만 하더라도 북한과 미국이 핵문제 외에 일반 정치적 현안을 논의하는 것에 대해 환영하는 분위기가 아니었다. 냉전시대에 국제무대에서 북한과 경쟁하던 습성이 완전히 가시지 않은데다 정치적 현안 논의과정에서 소외되지는 않나 하는 우려가 있었기 때문이다. 그래서 김영삼 정부도 어떻게 하든 IAEA에 의한 북한의 핵사찰이 북미접촉의 전제가 되어야 한다며, 북미접촉의 선결과제로 IAEA의 사찰을 내세웠던 것이다. 정치적 해결보다는 법적으로 해결

〈표 6-2〉 IAEA의 활동 내용

날 짜	회의 종류	결의 내용
1993. 2. 25	이사회	1개월 내 미신고 2개 지역 특별사찰 수락 촉구 결의안 채택
3. 18	특별이사회	특별사찰 수용 촉구 결의안 채택
4. 1	특별이사회	북한의 핵안전협정 불이행 유엔안보리에 보고, 결의 채택
9. 21~24	이사회	IAEA 연차 총회에 긴급안건으로 상정
10. 1	37차 연차 총회	대북 사찰수용 촉구 결의안 채택
1994. 3. 21	특별이사회	북핵문제 유엔안보리 상정 결의안 채택
6. 10	특별이사회	대북제재 결정(대북한 기술협력 중단)

되기를 기대했다.

북한의 핵문제를 북미 양자간의 협상으로 해결할 경우, 다른 국가들에게도 좋지 못한 선례를 남기게 될 것이라는 점을 우려했던 미국은 북한이 NPT를 탈퇴하기 직전인 1993년 2월의 IAEA이사회에서도 CIA가 수집한 북한의 영변지역 정보를 자신들이 직접 밝히지 않고 IAEA의 '입'을 통해 국제사회에 노출시켰다. 이어 미국은 1993년 6월 북한과 제1단계 고위급회담을 가질 때도 그 전제조건으로 IAEA에 의한 북한의 핵사찰 수용을 내걸었고, 2단계 고위급회담이나 3단계 고위급회담이 열리기 전에도 꾸준히 IAEA에 의한 사찰이 실시되어야 한다는 점을 강조했다.

이처럼 미국과 한국은 계속 IAEA의 등을 떠밀어 북한과 핵문제에 대한 대화를 하게 하고 사찰을 실현시키려 했다. 반면 북한은 그런 미국과 한국의 입장에 맞서 가급적 IAEA와의 접촉은 피하면서 미국과의 직접적 대화를 추구하려 했다. 말하자면 IAEA는 미국과 한국 및 북한 사이에서 이리 밀리고 저리 밀리는 입장에 있었다.

한 걸음 더 나아가 북한은 IAEA를 이용해 미국과의 대화를 추구하는 전술을 보이기도 했다. 미국과의 대화가 임박했음을 실감하거나 여러 주변 여건상 대화가 어려워지고 있다는 사실을 인지할 때는 자진해서 IAEA의 사찰을 받겠다는 의사를 표명했다. 이는 북한이 IAEA 사찰단의 입국을 허용한 시기와 당시의 분위기를 비교해보면 확연히 드러난다. 북한은 1993년 3월 12일 NPT 탈퇴선언을 한 후, 한국정부가 미국에 '당근과 채찍' 전략을 제시하고 이어 북미 고위급회담을 위한 분위기가 무르익어 갈 때인 5월 초 IAEA 사찰단의 북한 방문을 허용했다. 북미간 대화 분위기를 자극하기 위한 호의적 조치였다.

미국과의 2단계 고위급회담이 끝난 직후인 1993년 8월 초, 북한이 다시 IAEA 사찰단의 방북을 허용한 것도 3단계 고위급회담을 겨냥한 것이었다. 당시 IAEA 사찰단의 방북은 북미 3단계 고위급회담의 전제조건이 북한에 대한 사찰이었기 때문이다. IAEA는 북한의 미신고시설에 대한 특별사찰을 위해 사찰단을 보냈지만, 북한은 IAEA가 사찰을 하기 전에 IAEA자체의 공정성문제부터 논의하자고 주장해 사찰단은 결국 아무런 성과를 거두지 못하고 되돌아왔다. 이는 북한이 사찰단을 들어오게 해 의도적 마찰과 갈등을 만들고, 그러한 마찰과 갈등을 통해 다시 자신들의 주장을 국제사회에 알리려는 정책의 하나였다. 북한이 1993년 12월 3일 신고한 핵시설 7개 중 5개에 대한 통상사찰을 받겠다고 느닷없이 제의한 것도 미국 내 강경파의 목소리가 더욱 높아지고 북미대화가 어려워지자 긴장상태를 완화해보려는 속셈이었다.

1994년 1월 들어 북한이 IAEA와 가진 여섯 차례의 협상도 결국은 그와 같은 마찰과 갈등을 재연시키기 위한 의도적 노력의 하나였다. 미국은 1993년 12월 북한과의 뉴욕 실무접촉에서 '안전조치의 계속성 유지에 필요한 범위의 사찰'에 대해 IAEA와 협의를 하도록 요구했고, 북한은 이를 받아들이는 형태로 IAEA와 협상했다. 그렇기 때문에 그 협상결과가 어떠하리라는 것은 결과를 보지 않아도 뻔한 상황이었다. IAEA와 북한 간의 이와 같은 1994년 1월의 연쇄접촉은 북한의 '담보의 연속성' 주장과 시료채취 등 미신고시설 두 곳에 대한 특별사찰을 주장하는 IAEA 사이의 이견으로 합의를 이끌어 내지 못했다. 미국이 평양측에 끈질기게 IAEA와의 접촉을 촉구하자, 북한은 미국과의 대화를

〈표 6-3〉 IAEA의 대북사찰 일지

	일 시	쟁 점	사찰 내용	북의 사찰 수락 이유
1	1993. 5. 10 ~ 5. 14	IAEA: 미신고시설 두 곳 특별사찰 요구 북한: 핵사찰 장비 점검	핵사찰 장비 교체 및 점검	북미 1단계 고위급회담 분위기 고조시기
2	1993. 8. 3 ~ 8. 10	IAEA: 미신고시설 두 곳 특별사찰 요구 북한: IAEA의 공정성에 대한 협상 요구 * IAEA의 공정성에 대한 북한과 IAEA의 평양협상(8. 31 ~ 9. 4)이 결렬됨	특별사찰 못하고, 일부 기술적 사찰만 함	북미 3단계 고위급회담의 전제조건으로 특별사찰을 요구함에 따라
3	1994. 3. 3 ~ 3. 14	IAEA: 5MWe 원자로와 방사화학 실험실 우선 사찰 요구, 시료채취 주장 북한: 안전장치의 계속성 담보를 위해 핵감시시설 수리, 재작동 점검만 가능 * 북한과 IAEA는 94년 1월 여섯 차례에 걸쳐 제네바에서 안전조치 유지에 필요한 사찰문제를 실무 차원에서 협의(1. 7, 1. 10, 1. 17, 1. 19, 1. 24, 1. 25,)	핵물질의 비전용 확인불가	북미간 2·25 뉴욕합의
4	1994. 5. 15 ~ 6. 8	IAEA: 시료채취 및 추후 계측 가능한 연료봉 교체 요구 북한: 추가 및 후속 사찰, 연료봉 교체 입회 허용	후속사찰과 추가사찰 실시, 연료봉 교체 입회 추후 계측을 위한 조치는 실패	북의 일방적 폐연료봉 인출에 대한 국제사회의 비난 고조

위해 이를 들어주는 태도를 취하면서 기존에 해온 IAEA의 공정성문제를 집요하게 주장했다.

앞서 이미 언급한 대로 북한이 주장하는 IAEA의 공정성문제는 사실 북한과 IAEA 간에 합의가 될 수 없는 사안이었다. 북한이 주장하는 대로 IAEA가 공정성을 잃었다고 스스로 시인한다면, IAEA의 국제적 권위는 땅에 떨어질 뿐만 아니라 더 이상의 활동도 할 수 없게 될지도 모를 일이었다. 다른 나라들도 IAEA의 불공정성을 들고나올 가능성이 얼마든지 있어 IAEA의 존재 자체와 관련된 문제로 비화될 가능성이 있었다.

미국과 북한의 2월 25일 뉴욕합의에 따라 IAEA 사찰단은 3월 3일 다시 평양에 들어갔지만, 북한은 이때도 IAEA와의 '진실된 대화'를 거절했다. 당시 북한과 미국은 3단계 고위급회담을 3월 21일 열기로 합의한 상태였다. 북한은 2월 25일 합의대로 IAEA 사찰단의 방북은 허용했으나, 3단계 고위급회담이 열릴 가능성이 희박한 상태였기 때문에 IAEA 사찰단에 성의 있는 태도를 보이지 않았다.[31] 합의사항을 실천한다는 의례적 방북 허용일 뿐이었다.

북한이 1994년 5월 연료봉을 교체하면서 IAEA 사찰단의 방북을 허용한 것은 국제사회의 비난과 미국 내에서 일고 있던 대북 강경책을

---

31) 1994년 2월 25일 합의는 미국측 발표문과 북한 발표문 사이에 미묘한 차이가 있다(남찬순, 앞의 책, p. 209).

- 미국측 발표문: 미국은 IAEA 사찰이 완전히 실시되고 핵문제 및 여타문제 논의를 위한 남북한 특사교환이 이뤄진다는 전제하에, 1994년도 팀스피리트 훈련중단 및 제3단계 미북회담에 동의한다.
- 북한 발표문: 북한은 1994년도 팀스피리트 훈련이 중단되고 제3단계 북미간 대화가 개최될 것이라는 전제하에, 안전조치 계속성 유지에 필요한 사찰을 완전히 이행하고 핵문제를 포함한 여타 현안문제에 관해 남북대화 개최에 동의한다.

* 미국과 북한은 IAEA의 사찰, 남북특사교환, 팀스피리트 훈련중단, 북미 3단계 고위급회담 개최에 합의했으나, 그와 같은 각 현안의 시행이나 실천시기에 차이를 보여 근본적으로 합의가 이행되기는 어려웠다.

〈그림 6-1〉 북한과 미국 그리고 IAEA 간의 갈등순환

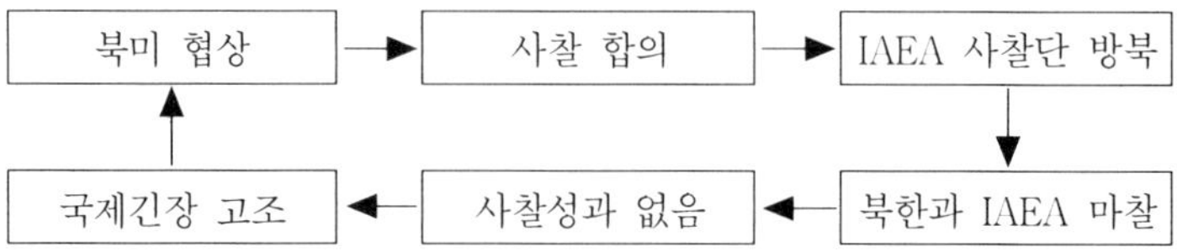

완화하려는 의도가 다분히 있었다. 당시 미국은 북한에 대한 물리적 공격을 심각히 고려하던 때였고, 북한의 계속된 연료봉 인출로 국제사회의 모든 관심이 평양에 쏠려 있었다. 국제사회의 압력 수위가 높아지자 북한은 과거 핵을 규명하기 위한 IAEA의 시료채취는 허용하지 않으면서, 연료봉이 완전히 인출될 때까지 IAEA 사찰단이 입회하는 것을 허용했다. 그러나 IAEA는 6월 2일 북한의 5MWe 원자로 사용 후 연료봉에 대한 추후 계측이 불가능해졌다고 유엔안보리에 보고했다. 사용 후 연료봉의 원위치 파악과 최초 노심(爐心)이 어느 것인지 확인이 불가능해졌다는 것이다.[32] 이에 대해 북한은 외교부 대변인 담화를 통해 유엔안보리가 제재결의안을 통과시킬 경우 '결정적 조치'를 취하겠다며 맞섰고, 강석주 외교부 부부장은 북한에 대한 대북제재조치는 북한에 대한 선전포고로 간주한다고 밝히는 등 국제사회의 요구에 대해 노골적인 저항 움직임을 보였다.

이처럼 IAEA는 북한의 핵문제에 대한 심각성을 밝혀내고 국제여론을 조성하는 역할은 했지만, 문제해결에 결정적 역할을 하지는 못했다. 주변적 역할만 한 것이다. 북한이 IAEA와 힘겨루기를 하면서 버텨도 그것을 제재할 수 있는 수단이 없었기 때문이다. IAEA 스스로 그런 수단을 확보하지 못하고 있었을 뿐 아니라, 미국 등 서방국가들

32) IAEA는 추후 검측이 가능하도록 채널의 지름선상을 따라 연료봉들에 일련의 번호를 붙여 보관하자고 주장했다. 그러한 번호를 붙여두면 나중에라도 그 번호에 따라 연료봉이 원래 있던 위치대로 배열할 수 있고, 그 배열에 따라 과거사를 캐는 검측을 할 수 있기 때문이다. 그러나 북한은 이를 거부했다.

이 그런 북한을 제재할 방법이 없었다.

북한이 IAEA의 직접적 사찰을 거부하고 미국의 압력을 견뎌낼 수 있었던 것은 북한의 그러한 반발에 대한 적절한 국제적 제재수단이 없었기 때문이다. 북한의 독특한 위치가 평양당국의 독자행위에 대한 보호막 구실을 할 수 있었다.

2. 큰소리 한번 못 친 유엔

1) 북한의 NPT 탈퇴 직후

냉전 종식 직후 걸프 전에서 수행한 유엔의 역할은 마치 '팍스 유엔'의 시대라도 도래한 것처럼 유엔의 필요성과 중요성을 부각시켰다. 자연히 유엔의 강화 및 기능향상을 위한 많은 제안들이 등장하기도 했다. 당시 등장한 유엔헌장으로의 복귀운동은 기존의 유엔을 통해 새로운 국제헌장질서를 구축하자는 움직임으로 나타나기도 했다.[33] 북한 핵문제는 그러한 유엔에 대한 새로운 인식과 경향이 나타나는 가운데 국제적으로 이슈화 됐다. 그 때문에 북한의 핵문제 해결을 위한 유엔의 역할에도 상당한 기대가 모아졌던 게 사실이다. 그러나 유엔은 북한 핵문제에 관한 한 냉전시대와 다름없는 무능함을 드러냈다.

이니스 클로드(Inis L. Claude, Jr.)는 "유엔은 목적이 없고 또한 유엔 자체의 목적을 가질 수도 없다. 다른 어떠한 도구와 마찬가지로 유엔은 국제정치체계 내의 도구로서 어떤 가능성과 한계성을 지니고 있을 뿐이다"라고 말했다.[34] 즉, 유엔은 많은 가능성과 한계를 동시에 지닌 국제정치상의 도구로 이해되어야 한다는 것이다. 그 이유는 국가나 국가 정치지도자들이 그들의 국제정치 개념을 유엔에 반영시키고

---

33) 강성학, 앞의 글, p. 117.

34) Inis L. Claude, Jr., *The Changing United Nations* (New York: Random House, 1967), p. 152.

있을 뿐 아니라, 유엔의 기능상의 수단이나 목적도 결정하고 있다는 현실에 있다. 따라서 유엔은 주권국가인 회원국들이 허용하는 범위 이상의 목적기능을 수행할 수 있는 수단을 지니지 못하기 때문에, 회원국들이 목적으로 하는 기능 이상의 갈등해소나 분쟁 및 전쟁해결에 별 도움을 줄 수 없다는 것이다. 유엔의 역할에 대한 이와 같은 분석은 북핵협상 과정에서 유엔이 취한 태도와도 상당한 유사성을 가진다.

1993년 4월 1일 북한의 핵문제가 처음 유엔무대에 등장한 이후 유엔 안보리는 여러 차례 대북제재방안을 논의하지만 구체적 결실을 맺지는 못했다. 북한이 3월 12일 NPT 탈퇴를 선언하자 IAEA는 4월 1일 이 문제를 유엔안보리에 처음으로 보고했다.

IAEA가 이처럼 유엔안보리에 북한 핵문제를 처음 넘길 때만 해도 당장 북한에 대한 제재조치가 나올 것 같은 위기감이 감돌았다. 한국은 물론 국제사회가 긴장하는 분위기가 역력했다. 그러나 이미 설명한 대로 IAEA는 회부된 지 일주일 만인 4월 8일 아무런 구속력이 없는, 상징적인 안보리 의장성명만 내놓는다. 당초 결의안을 채택하려 한 미국 등 서방진영의 계획을 중국이 적극 반대했기 때문이다. 더구나 한반도의 긴장을 우려한 한국이 이른바 로드맵을 제시하며 북핵해결의 단계적 전략을 내놓고 있는 터였다. 안보리의 결의안은 한번 통과되면 제재 등 강제행동이 수반되기 때문에 좀더 신중한 것이 좋다는 분위기도 작용했다.

유엔안보리는 곧이어 5월 11일 미국·영국·프랑스·러시아 등 상임이사국이 중심이 되어 대북 결의안을 채택했다. 이 결의안은 유엔안보리가 북한의 핵문제와 관련해 최초로 채택한 결의문으로 안보리 의장성명과는 달리 구속력을 갖는 것이다. 즉, 유엔이 제재조치 등 물리적 조치를 취할 수 있는 근거를 제공하는 결의안이었다. 결의안은 북에 대해 "NPT 탈퇴선언을 철회하고 IAEA의 특별사찰을 수락할 것"을 촉구하면서 "필요하다면 안보리가 추가적 제재조치를 취할 것을 결정한다"는 내용을 담고 있었다.

하지만 이 결의안 역시 바로 북한에 물리적 제재를 가한다는 것을 규정한 것이 아니라 일종의 대북경고 결의안이었다. 당장 어떤 조치를 결정한 것이 아니라, 북한이 6월 12일까지도 NPT 탈퇴선언을 철회하지 않을 경우에는 추가적 제재조치를 취하겠다는 것이다. 이처럼 결의안이 변질되어 통과된 것은 북한 핵문제를 둘러싼 이해 당사국들의 주장이 엇갈려 편의에 따라 타협했기 때문이다. 이 결의안이 추진된 배경에는 직접 북한을 제재하려는 의도가 아니라 미국과 한국이 유리한 입장에서 북한을 대화의 장으로 끌어들이고, 그렇게 함으로써 NPT 탈퇴선언을 철회토록 한다는 고도의 전략적 계산이 깔려 있었다. 당시의 전후 사정을 고려하면, 다분히 북한에 대한 심리적 압박을 가하기 위한 것이었지 어떤 행동을 구체적으로 실천에 옮기겠다는 의도가 아니었다. 북한 핵문제는 유엔이 어떤 행동을 구체적으로 실천할 단계에 있지 않았다.

미국과 북한은 이 결의안이 채택되기 전인 5월 5일부터 이미 뉴욕에서 북미 고위급회담을 위한 접촉을 하고 있어 북미대화에 대한 전망이 무르익던 시점이었다. 미국은 북한과의 고위급회담이 북핵문제의 시급성에 비춰 어쩔 수 없는 것이라는 입장을 국제사회에 인식시키면서, 결의안 통과를 핵문제 해결을 위한 하나의 고리로 삼겠다는 것이었다. 결의안이 "안보리가 필요하다면 추가적 제재조치를 취할 것을 결정한다"고 규정한 것은 북한이 계속 NPT 탈퇴를 고집할 경우, 6월 초부터 2단계 조치를 강구해 평화적인 해결 모색단계에서 물리력 동원단계로 넘어간다는 점을 분명히 한 것이었다. 즉, 평화적 해결단계인 북한과의 대화를 전제로 했다.[35)]

한국 역시 유엔안보리의 경고성 결의안 채택에 반대할 이유가 없었다. 한승주 당시 외무부장관은 유엔안보리의 결정에 대해 ① IAEA 특별이사회의 유엔안보리 보고, ② 유엔안보리 촉구 결의안 채택, ③ 유

35) 북한이 유엔안보리의 결의안을 계속 거부하면, 유엔안보리는 헌장 제7장(39조~42조)에 따라 대북제재를 가할 수 있게 된다. 39조는 '평화에 대한 위협'이나 '평화의 파괴', '침략행위'를 규정해놓고 있고, 41조는 비군사적 제재, 42조는 군사적 제재 등을 규정하고 있다.

엔 회원국의 대북제재로 이어지는 정해진 수순의 2단계라고 설명하면서, 북미 고위급회담과 남북대화 재개가 북한이 선택할 수 있는 두 가지 변수가 될 것이라고 말했다.[36] 한 장관의 이와 같은 발언은 북한이 남북대화를 재개해야 한다는 점을 강조한 것으로, 안보리의 결의안은 실천에 옮겨지는 것이 아니라 실천에 옮기기 위한 여러 단계의 한 단계라는 점을 분명히 한 것이었다.

안보리 결의안 통과여부에 결정적 역할을 할 수 있었던 중국은 어떤 입장을 취했는가.[37] 중국은 국제사회의 구속력을 갖는 안보리의 결의안 채택에 적극 반대하는 입장을 표명하면서, 다시 의장성명 형식을 취하자고 주장했다.[38] 결국 중국은 기권해 15개 이사국 중 13개 이사국의 찬성(파키스탄 기권)으로 북핵과 관련된 안보리의 최초 결의안은 통과됐다. 그러나 이 결의안 역시 그 이후 북미 고위급회담이 진전됨에 따라 별다른 효력을 발휘하지 못하고 유야무야로 끝났다.

2) 유엔총회 결의안(1993. 11. 1)

유엔총회가 북한의 핵문제에 대한 결의안을 채택하기로 한 것은 안보리 차원에서 논의되던 것을 총회 차원으로 올려 북한에 대한 압력을 가중시켜 보자는 의도였다. 국제사회의 거듭된 사찰요구에도 북한은 계속 자신들의 입장만 강조하고 있었기 때문이다. 북한과 미국이 7월에 2차 고위급회담을 하고 2개월 안에 열기로 한 3차 고위급회담이 지연되자 북한 핵문제를 둘러싼 국제 분위기가 다시 긴장되고 있는데도 북한은 그동안 받아온 임시사찰(4회)과 통상사찰(2회)조차 받지 못하겠다고 밝혔다. 북한은 10월 12일 일방적으로 IAEA와의 협상중단을 선언하는 대담성을 보였고, 이에 대해 IAEA는 10월 말까지 사찰장비

---

36) 〈한국일보〉 1993년 5월 13일자.

37) 유엔에서의 중국 역할에 대해서는 뒤에 다시 자세히 설명한다.

38) 중국의 역할에 대해서는 이 장의 제3절 "미국의 길 막고 선 중국"에서 다시 자세히 분석한다.

의 점검이 이뤄지지 않을 경우 핵안전조치의 계속성마저 담보할 수 없다고 주장할 정도로 북한과 IAEA 사이의 갈등과 대립은 악화됐다.

사태가 이렇게 악화되자 유엔총회는 11월 1일 150개 회원국이 참석한 가운데 북한이 IAEA의 사찰을 받을 것을 촉구하는 결의안을 채택했다.[39] 그러나 이 결의안은 법적 구속력이 없었으며, 다만 IAEA의 입장을 지지해주고 북한의 핵문제에 대한 국제사회의 경각심을 높이는 데 목적을 두고 있었다. 따라서 이 결의안은 북한만 유일하게 반대하고 140개국이 찬성한 결의안이었지만, 상징적인 것에 불과했다. 이 결의안은 IAEA의 상위기구이자 범세계적 의결기구인 유엔총회의 표결에 의해 채택됐다는 점에서 주목을 끌었으나, 북한에 대한 결정적 압박수단이 되지는 못했다.

3) 안보리 의장성명

유엔안보리는 북한이 NPT 탈퇴선언(1993. 3. 12)을 하고 그 대응책으로 의장성명을 채택(1993. 4. 8)한 지 거의 1년 만에 다시 의장성명을 채택했다. 북한과 미국이 1994년 2월 25일 합의[40]한 대로 IAEA 사찰단은 3월 1일 평양에 들어가 사찰활동을 시작했으나, 북한이 문제의 핵심이었던 방사화학실험실에 대한 시료채취를 거부하는 바람에 아무런 성과를 거두지 못하고 3월 15일 철수함에 따라 IAEA는 특별이사회를 열고 이 문제를 유엔안보리에 회부했다.

미국·프랑스·러시아·영국 등 4개 안보리 상임이사국은 당초 결의

39) 표결내용은 찬성 140, 반대 1, 기권 9표였다. 반대표를 던진 나라는 북한 하나였고, 기권은 중국·이라크·쿠바·베트남·앙골라·세네갈·가나·기니였다.

40) 미국과 북한은 1993년 2월 25일 뉴욕에서, 한국은 3월 1일 팀스피리트 훈련중단을 발표하고, IAEA는 북한에 대한 사찰을 시작하며, 남북한 특사교환을 위한 실무자회담이 판문점에서 재개되고, 미국은 3월 21일 제네바에서 북한과 3단계 고위급회담을 갖는다는 데 합의했다(남찬순, 앞의 책, p.224).

안을 통과시키려 했다. 그러나 역시 상임이사국의 하나인 중국은 이를 적극 반대해 다시 의장성명이 된 것이다. 결의안이냐 의장성명이냐를 놓고 팽팽히 맞서던 미국과 중국은 결국 타협안을 마련했다. 미국은 4월 30일까지 북한에 시한부로 재사찰을 촉구하고 필요할 경우 추가조치를 고려한다는 내용의 결의문을 주장했으나, 중국은 의장성명을 고집하며 사찰 시한을 정하는 것에 반대했다.[41] 그래서 결국 "안보리가 북핵문제를 계속 적극적으로 다루며, IAEA와 북한 간 핵안전협정의 완전이행을 이루기 위해 안보리의 추가심의(*further consideration*)가 있을 것"이라고 명시하고 "핵안전협정의 계속성을 유지하기 위해 IAEA가 실시해야 할 재사찰의 완료문제를 안보리에 추가보고 해주도록 IAEA 사무총장에게 요청한다"는 단서가 붙은 의장성명이 채택된 것이다.[42] 추가조치(*further action*)가 추가심의로 완화되고 시한도 IAEA 사무총장이 재사찰의 완료문제를 추가보고 해달라는 선에서 타결이 됐다.[43]

이렇게 해서 유엔안보리는 1년 전과 거의 비슷한 구속력이 없는 의장성명을 다시 채택했다. 북한의 핵문제는 지난 1년 동안 수많은 긴장과 갈등을 유발하며 국제사회의 시선을 모았으나, 유엔안보리는 의장성명 채택이라는 똑같은 행동만 반복한 셈이었다.

북한은 2차 안보리 의장성명에도 불구하고 5월 12일부터 5MWe 원자로의 연료봉 수거작업을 시작했다. IAEA는 그와 같은 연료봉 수거작업을 즉각 중단하도록 촉구했으나 북한은 거절했다. 5월 27일 IAEA는 북한과의 연료봉 수거관련 협상이 결렬됐고 8,010개의 연료봉 가운데 이미 절반 가량의 연료봉이 수거됐다고 유엔안보리에 정식 보고했다. 이에 따라 유엔안보리는 5월 30일 5개 상임이사국 비상회의를 소집한

---

41) 중국은 "현재 북한이 사찰수용에 진전을 보이며 잘해오고 있는데, 안보리에서 이 문제를 다루는 것 자체가 역효과를 부른다"며 결의안 채택을 반대했다(〈조선일보〉 1994년 4월 2일자).

42) 〈대한매일〉 1994년 4월 2일자.

43) 미국대표와 중국대표는 7시간 동안 줄다리기 막후접촉을 벌여, 다음날 새벽 4시 30분에야 문안에 합의했다(〈동아일보〉 1994년 4월 2일자).

데 이어 전체회의를 열고 추후 계측이 가능하도록 연료봉을 교체하라는 의장성명을 채택한다. 이 성명은 또 북한이 이를 받아들이지 않는 경우 추가심의를 한다고 경고했다.[44] 그러나 구속력이 없는 의장성명이고 보니 별다른 효력이 없었다. 북한은 연료봉 수거작업을 계속했다.

그렇게 되자 유엔안보리는 북한 제재문제에 대한 본격적 논의에 들어갔다. 결의안 내용도 경고 결의안이 아닌, 경제제재조치가 될 것이라는 등 유엔 주변에서는 과거와는 다른 실질적 조치가 나올 것이라는 분석이 많았다. 미국은 6월 15일 드디어 대북 경제제재 결의안 초안을 상임이사국에 회람시켰다. 즉, 북한에 30일간의 시한을 주고 이 시한 내에 북한이 IAEA의 전면적 사찰에 응하지 않을 경우 리비아나 이라크에 대한 국제적 경제제재와 같은 혹독한 조치를 취하겠다는 것이었다. 우선 북한 영토에서 나오는 비행기나 들어가는 비행기가 다른 나라의 영해에 진입하는 것을 금지시킨다는 것이었다. 다만 사전에 유엔의 동의를 얻은 박애주의 목적의 비행은 예외로 허락하기로 했다. 또 유엔 회원국들과 관련기구들은 북한에 대한 모든 원조를 보류하고, 특히 안보영역에서 북한과 상호원조조약을 맺은 국가 역시 조약이행을 보류해야 한다는 것이었다. 유엔 회원국들은 이 밖에 자국에 있는 북한 공관의 인력을 줄이고, 북한 외교관의 활동을 제약하고 통제하도록 되어 있었다. 결국 유엔 회원국들은 결의안이 채택되면 모든 종류의

---

44) 의장성명 요지는 다음과 같다(〈동아일보〉 1994년 4월 2일자).
①안보리는 북한이 IAEA 사찰단의 추가사찰을 허용함으로써 진일보한 조치를 취했음을 유념한다. ②안보리는 5월 27일자 IAEA 사무총장의 서한을 심의했으며, 북한의 5MWe 원자로의 연료봉 교체작업이 지금과 같은 속도로 계속된다면 IAEA 기준에 따른 추후 계측을 위해 연료봉을 선택·분리·보관할 수 있는 기회가 수일 내에 상실될 것이라는 IAEA의 평가에 심각한 우려를 가진다. ③안보리는 북한이 연료계측의 기술적인 가능성을 유지할 수 있는 방법으로만 연료봉 교체작업을 실시하도록 강력히 촉구한다. ④이사회는 필요한 기술적 조치에 대해 IAEA와 북한 간의 즉각적인 협의를 요구한다. ⑤안보리는 IAEA 사무총장에게 5MWe 원자로작업을 감시하기 위해 IAEA 사찰관을 북한에 유지시킬 것을 결정한다.

핵 · 화학 · 생물학 · 전략 · 재래식 무기 및 미사일과 미사일장착 시스템, 그리고 이런 항목에 부속되는 하부 시스템과 재료 · 수송장비 등을 북한에 수출하거나 수입할 수 없다. 모든 형태의 문화적 · 기술적 · 과학적 · 상업적 그리고 교육적 교역도 중단토록 되어 있었으며, 북한을 대표하는 단체나 개인의 회원국 입국도 금지시키도록 했다. 미국은 이처럼 무기금수는 물론이고 항공기의 이착륙까지 규제하는 등 사실상의 봉쇄조치를 생각하고 있었다.[45]

이와 같은 결의안 초안에 대해서도 영국이나 프랑스는 전폭적 지원 의사를 밝혔으며, 한국과 일본도 표면적으로는 찬성하고 나섰다. 그러나 중국과 러시아의 입장은 달랐다. 중국은 "북한이 핵무기를 개발했다는 사실이 명백히 밝혀지기도 전에 제재조치를 취한다면 종국에는 전쟁이 일어날 수도 있을 것"이라고 주장했고, 러시아는 러시아와 상의하지 않은 급격한 대북제재안은 동의하지 않을 것이라고 밝혔다.[46] 당시 러시아의 입장은 만약 북한이 IAEA에 협력을 거부하고 NPT에서 완전히 발을 빼려 하면, 그때는 제재가 불가피하지만 그 제재는 약한 것으로부터 점진적으로 바꾸어야 한다는 것이었다. 즉, 약한 것에서 강한 제재로 가는 목록을 만들어 실천하자는 주장이었다.[47] 하지만 미국으로서는 더 이상 물러설 수 없는 입장에 있었다. 대북제재 결의안을 통과시키지 못하면 중국과 러시아의 덫에 걸려, 결국은 아무것도 하지 못하고 있다는 비난을 받지 않을 수 없었다. 특히 대외문제에 취약하다는 지적을 받던 클린턴 행정부로서는 어떻게 하든 단호한 자세를 보여야 했다. 중국과 러시아의 반대를 극복할 수 있는 방안을 찾는 데 고심하던 시기였다.

그러던 차에 지미 카터(Jimmy Carter) 전 대통령이 평양을 방문한

---

45) Vladimir F. Li, "북한과 핵확산 금지조약 체제," 박명서 · 정지웅 역, 《북한 핵프로그램》(서울: 사군자, 2000), pp. 222~223.

46) 〈한겨레〉 1994년 6월 17일자.

47) 안드레이 코지레프(Andrei Kozyrev) 소련 외무장관의 〈이즈베스티야〉 인터뷰(박명서 · 정지웅 역, 앞의 책, p. 226).

다. 카터의 방북은 미국이 마련한 대북제재조치를 휴지조각으로 만들었다. 유엔안보리에 계류중이던 미국측 안은 빛을 보지 못하고 그대로 사장됐다. 또 카터의 북한 방문으로 남북 정상회담 분위기가 급격히 뜨거워지면서 북한에 대한 국제사회의 시선도 갑자기 달라졌다. 대북제재 분위기가 하루아침에 사라진 것이다.

4) 북핵문제와 유엔

북한 핵문제에 대한 유엔안보리의 제재는 그것이 실행될 경우 형식과 내용이 어떤 것이든 핵문제와 관련된 안보리의 '정책'이라는 점에서 주목을 끌었다. 즉, 안보리가 강제력을 동원해 핵확산 방지에 나섰다는 것은 안보리의 기능과 역할이 확대 강화됐다는 측면에서 좋은 선례가 되는 것이었다. 그러나 국제적 역학관계에 밀려 아무런 대책도 마련하지 못하고 무기력하게 물러난다면, IAEA와 안보리의 연계도 별 의미가 없을 뿐 아니라 안보리 자체의 기능과 역할에 중대한 타격이 될 수 있었다.

더구나 북핵문제와 관련된 안보리의 제재 논의는 국제테러리즘이나 내전, 인종차별과 같은 문제해결에 아무런 도움을 주지 못했다. 안보리가 그와 같은 기능을 수행하기에는 역부족이라는 취약점만 노출시켰다. 북한에 대한 안보리의 제재는 군사공격과 같은 응징 차원의 대응조치가 아니라 핵확산으로 인한 평화위협을 사전에 예방한다는 차원에서 유엔의 평화유지 기능 중 '예방기능'에 속하는 것으로 그 명분과 파급적 효과를 충분히 갖고 있었던 것이다. 유엔이 '예방기능'을 성공적으로 수행한다는 측면에서 탈냉전 이후 선례를 남길 수 있는 기회였던 것이다. 그러나 북한의 핵문제를 다루는 과정에서 그러한 '예방적 기능'은 한계에 이르렀고 급기야는 '응징적 기능'으로 전환하는 단계에까지 갔으나 결과는 아무것도 없었다. 안보리도 IAEA와 마찬가지로 스스로의 역할과 기능을 강화할 수 응징을 실질적 행동으로 옮기지는 못했던 것이다.

〈표 6-4〉 유엔 안보리의 활동내용

날 짜	형 식	내 용
1993. 4. 8	안보리 의장성명	북한의 NPT 복귀 촉구
5. 11	안보리 대북 결의 (825호)	북한의 NPT 탈퇴 재고 및 준수 촉구
11. 1	유엔총회 결의안	북한의 핵사찰 수용 촉구
1994. 3. 31	안보리 의장성명	북한에 사찰수용 촉구, 4월 말까지 수용하지 않을 경우 안보리가 추가심의한다고 밝힘
5. 30	안보리 의장성명	추후 계측이 가능하도록 연료봉 교체 촉구 제재결의안 가능성 제시

안보리는 호전적 적대행위에 대처할 수 있는 능력이 제한되어 있어, 오히려 북한의 오만한 자세를 부추기고 북한이 의도했던 위기상황을 조성하는 데 한몫을 했다.[48] 이해당사국, 즉 미국과 중국의 갈등은 안보리의 통일된 결정을 방해했고 타협과 협상을 하다보니 항상 아무런 실효가 없는 결정만 내린 셈이 됐다. 1994년 6월 초 북한이 국제여론을 무시하고 연료봉 수거를 계속할 때 미국이 안보리를 통해 취하려 했던 제재조치도 중국과 러시아의 반대의사가 이미 표명된 시점이었기 때문에 그대로 통과되기는 어려웠을 것이다. 이미 3월 31일 통과된 안보리 의장성명의 경우를 생각하면 그것은 충분히 예측할 수 있는 일이다. 미국의 결의안은 중국과 러시아의 반대에 부딪쳐 그 내용이 상당히 변질되어 무기력한 것이 되거나 아예 통과되지 않았을 가능성이 컸다. 그럴 경우 미국은 안보리의 반대에 아랑곳없이 독자적인 행동을 감행했을지도 모르나, 클린턴 행정부로서는 그에 대한 외교적 부담을 감당하기 쉽지 않았을 것이다.

48) Chuck Downs, *Over the Line: North Korea's Negotiating Strategy* (Washington D. C. : The AEI Press, 1999). 송승종 역, 《북한의 협상전략》(서울: 한울아카데미, 1999), p. 330.

반대로 미국이 자기들 계획대로 중국이나 러시아의 반대를 설득하거나 극복하고 안보리 결의안을 통과시켰다면 어떻게 됐을까. 현실과는 반대로 카터의 북한 방문이 이뤄지지 않고, 미국이 적극 추진하던 그 결의안이 안보리를 그대로 통과해 북한에 대한 제재조치가 취해졌다면, 북한의 핵문제는 다른 양상으로 평화롭게 해결됐을까. 안보리의 제재를 받은 국가들, 예를 들어 이라크, 리비아, 아이티 등의 경우를 보면 북한도 그 결과를 예측할 수 있을 것이다. 즉, 그들 나라에 대한 안보리의 제재조치는 문제를 일으킨 정권의 평화로운 퇴진이나 평화적 해결방법을 도모한 것이 아니라, 오히려 그 나라 국민들에게 더 큰 고통만 안겨준 게 사실이다. 유엔안보리가 1990년 8월 2일 쿠웨이트를 무력침공한 이라크에 대해 곧바로 무기금수와 해외자산 동결에 관한 결의안을 채택했으나 후세인 정권은 건재했었다. 1992년 4월 유엔안보리에 의해 무기금수조치와 항공기 이착륙 및 영공 통과 금지조치를 당한 리비아의 카다피 정권도 마찬가지였다.

냉전시대의 유엔은 미소 양국의 대립과 이기주의로 세계평화 유지에 별다른 기여를 하지 못했고, 때로는 유엔 무용론까지 나왔다. 냉전체재가 붕괴되자 유엔의 평화역할에 대한 기대가 어느 때보다 커진 것은 사실이다. 그러나 그런 기대와는 달리 유엔은 냉전 붕괴 후에도 여전히 무기력증만 보였으며, 북한의 핵문제 해결을 둘러싼 논란은 유엔의 그와 같은 무기력증을 보여 준 대표적 예가 됐다. 북한의 핵문제는 결국 정상적 방법으로 동원할 수 있는 외교적 설득과 경제적 압력수단이 모두 고갈됐을 경우, 국제사회가 어떻게 할 수 있고 해야 하는가에 대한 의문을 남겼다.

3. 미국의 길 막고 선 중국

1) 중국의 선택

북한의 핵문제에 관해 중국의 영향력이 가장 강력하게 반영된 곳은 바로 유엔안보리였다. 중국은 안보리 상임이사국의 지위를 이용해 미국의 대북한 핵정책을 견제하면서 자국의 국제적 입지를 강화했다.

유엔헌장은 모든 회원국들이 헌장에 입각한 안보리의 결정을 수락하고 행하도록 구속한다.[49] 따라서 안보리는 유엔헌장의 성공적 운영에 가장 큰 책임과 부담을 지고 있는 것이다. 그 중에서도 특히 5개 상임이사국의 역할은 유엔의 전반적 활동에 결정적 영향을 미친다. 5개 상임이사국이 각각 갖고 있는 거부권은 유엔의 행동을 좌우하는 키(*key*) 역할을 하고 있다. 강대국간의 합의가 없으면, 안보리는 아무것도 할 수 없으며 유엔의 역할도 그 만큼 정지된다. 유엔이 결국은 강대국의 영향력 안에서 벗어나지 못한다는 지적도 그래서 나온다. 중국은 북미핵협상과정에서 바로 그와 같은 상임이사국 역할을 하면서 대북제재문제에 결정적 영향을 미친 것이다.

북한의 핵문제에 대한 중국의 입장은 북한이 NPT 탈퇴를 선언한 다음 날인 1993년 3월 13일 바로 나왔다. 중국 외교부는 "중국은 한반도의 비핵화를 일관되게 지지했다. 그러나 이 문제의 실현은 무리나 강압을 쓰기보다 완화(緩和)와 온정적으로 추진할 것을 희망한다. 그래야만 문제해결에 도움이 될 것으로 생각한다"는 성명을 발표했다.[50] 3월 23일 첸치천(錢基琛) 외교부장은 기자회견에서 유엔안보리가 북한에 대한 제재를 논의하는 것을 반대한다고 밝혔다. 그는 북한의 핵문제를 안보리에서 논의하면 사태를 더욱 복잡하게 만들 것이라고 말하고, 특히 NPT 규정상 탈퇴를 선언한 국가에 대해 처벌할 수 있는 조

49) 헌장, 제25조.

50) 〈동아일보〉 1993년 3월 13일자.

항은 없다고 주장했다.[51] 첸치천 외교부장은 1993년 5월 27일 서울을 방문했을 때도 "우리는 북한과 미국, 북한과 IAEA, 그리고 남북한간의 대화를 지지한다. 그와 같은 대화가 진전을 이루기를 바라며 압력을 사용하는 것은 반대한다"고 말했다.[52] 중국은 처음부터 북한의 NPT 탈퇴가 한반도의 안정을 해치지 않도록 대화와 협상으로 문제를 풀 것을 주장했다. 중국이 북핵문제 해결에 대화와 협상을 유별나게 강조하는 데는 그렇게 하는 것만이 중국의 국익에 부합되는 유일한 길이기 때문이었다.

북핵문제는 중국의 입장을 어렵게 만든 게 사실이다. 〈뉴욕타임스〉의 1993년 4월 11일자 보도는 중국의 난처한 입장을 잘 기술했다.

> 중국으로서는 악몽과 같은 사태를 맞게 됐다. 중국은 북한이 핵무기를 보유하는 것을 결코 원하지 않는다. 그 이유 중 하나는 한국과 일본의 핵무기개발을 유도할 것이기 때문이다. 만약 안보리에서 북한에 대한 제재결의안이 표결에 붙여질 경우 중국은 괴로운 딜레마에 봉착할 것이다. 거부권을 행사하면, 서방을 분노케 하고 북한의 핵무기개발을 부추기면서 국제사회에서 북한의 보호자로 비칠 것이다. 기권함으로써 제재결의안이 통과되도록 할 수도 있으나 그렇게 되면, 과거의 우방인 북한과 단절할 수밖에 없으며 북한의 경제적 붕괴를 가속화시킬 것이다.

사실 중국은 북한의 NPT 탈퇴선언으로 핵문제가 불거지자 ① 그것이 자신들의 개방·개혁정책에 미치는 영향, ② 동북아의 전반적 정세문제, ③ 미국과의 관계문제 등을 복합적으로 생각해야 하는 어려움에 직면하게 됐다. 중국은 이러한 복합적 어려움을 해결할 수 있는 길이 대화와 협상에 의한 타결뿐이라는 것을 확신하고 있었다. 특히 중국은 냉전이 종식되자 1980년대 초반부터 마련했던 신외교전략을 구체적으

51) 〈동아일보〉 1993년 3월 23일자.
52) 〈연합통신〉 1993년 5월 27일자.

로 적용했다. 중국의 신외교전략 기본원칙은 ① 자국의 국가이익을 최대한 실현하려는 자주독립 외교, ② 신국제질서 수립의 촉진을 기본목적으로 하는 평화적 외교전략, ③ 평화공존 5원칙 준수와 패권주의 반대, ④ 세계 각국들과 광범위한 유대관계를 형성하는 전방위 외교전략 등을 들 수 있다.[53] 자주독립과 평화, 패권주의 반대와 지역안정 우선이라는 신외교전략의 내용을 보더라도 중국의 입장에서는 북한 핵문제를 대화와 협상으로 푸는 길 밖에 없었다. 북한의 핵문제로 인한 갈등은 어느 측면으로 보나 중국에 불리했다. 현실적으로 중국이 택할 수 있는 모든 정책을 검토해봐도 결론은 어떻게 하든 갈등을 줄이는 길 밖에 없었다.

우선 미국이 북한에 대해 물리적 제재조치를 취할 경우 중국이 선택할 수 있는 길은 ① 미국의 제재조치에 적극 동참해 북한에 대한 경제지원을 중단하는 것, ② 제재조치에 동참하지 않지만 그렇다고 대북지원을 더 증가하지는 않는 것, ③ 제재조치에 대항에 북한에 대한 지원을 늘리고 무기 등을 공급하는 것 등 세 가지일 것이다.[54] 미국의 제재조치에 적극 동참하는 길은 미국과의 관계에 긍정적 영향을 미칠 것이 분명하다. 미국과 중국은 당시 최혜국대우(MFN) 연장문제와 인권문제 등 여러 가지 현안이 있었다.[55] 미국과 중국 간의 관계가 더욱

53) 이영주, 《중국의 신외교전략과 한중관계》(서울: 나남출판, 1998), pp. 153~154.

54) Larry A. Niksch, "Comprehensive Negotiations with North Korea-A Viable Alternative for a Failed U.S. Strategy," *Korea & World Affairs* 18-2(Summer, 1994), p. 260.

55) 최혜국대우(MFN)란 GATT의 기본원칙 중 하나로, 회원국이 서로에게는 가장 낮은 관세율을 적용하는 것을 말한다. 중국은 당시 GATT 회원국이 아님에도 불구하고 1980년부터 미국의 최혜국대우를 받아왔다. 그러나 1989년 9월 천안문사태를 계기로 미 의회는 MFN 연장조건으로 중국의 인권개선, 죄수들의 강제노동으로 생산되는 대미수출 금지, 중국의 무기수출 금지 등을 내세웠다. 부시 미 행정부는 의회의 그와 같은 제동에 항상 거부권을 행사했다. 클린턴 대통령은 선거 당시 중국의 인권문제를 MFN과 연계시켜야 한다

긴밀해지고 미국의 대중국 지원도 강화됐을 것이다.

그러나 이는 중국으로서는 도저히 선택할 수 없는 정책이다. 중국은 미국이 탈냉전 이후 동아시아에 대한 전략적 지배를 강화하고 있다는 부정적 인식을 갖고 있었다. 그렇기 때문에 미국과의 협력은 미국에 굴종하는 것을 의미하며, 그것은 중국의 위상을 크게 저하시키는 것으로 판단했다. 또 미국의 패권정책에 동조한다는 대내외적 비난을 피할 길이 없었다. 중국은 그동안 "어느 초강대국과도 동맹을 맺지 않고, 전략적 관계를 수립하지 않으며, 어느 한 측만을 지지하고 다른 한 측을 반대하지 않는다"는 것을 대외정책의 원칙으로 삼았다. 어느 강대국이나 국가집단에 의존하지 않고 동시에 타국이 중국카드를 이용하는 것도 반대하는 자주독립 외교정책을 강조했다. 그런 중국이 미국의 대북제재에 동참하는 것은 신외교전략의 기본을 바꾸는 것이나 마찬가지였다.

중국은 미국의 제재조치에 적극 동참하지 않더라도 북한이 붕괴의 길로 가는 것은 막아야 할 입장에 있었다. 중국은 한반도의 지정학적인 전략적 가치로 인해 한반도의 긴장완화와 안정이 중국의 안보와 직결되어 있다고 인식하지만 한반도의 안보에 대해서는 낙관적이지 못한 상태였다. 중국은 한반도를 대만, 남사군도에 이어 세 번째로 중국이 개입할 가능성이 큰 분쟁지역으로 인식하고 있었다.[56] 북한체제가 하루아침에 붕괴하거나 아니면 체제붕괴과정으로 들어갈 때 중국은 어떻게 해야 할 것인가. 북한의 고립이 심화되거나 체제붕괴의 과정에 들어갈 경우, 평양정권은 한국에 대한 군사도발을 강행하는 등 비이성적 행동을 할 여지가 많다. 중국의 입장은 어려워질 수밖에 없다. 중국은 한반도 정세에 개입하지 않을 수 없는 최악의 상황에 직면하게 될 것이다. 중국과 국경을 맞대고 있는 북한에 대한 미국의 물리적 제재가 가해진다면 당장 중국의 경제에도 그 파급효과가 미칠 것이다. 중국은

고 주장했으나, 1994년 6월 다시 이를 연장시키는 조치를 취했다.

56) 이홍표, "중국," 백종천 · 김태연 편, 《탈냉전기 한국 대외정책의 분석과 평가》(서울: 세종연구소, 1998), p. 303.

그동안 국내 개혁 · 개방조치를 위해서는 한반도의 안보와 안정이 중요하다는 입장을 취했다. 미국의 북한에 대한 물리적 제재는 중국의 대외교류에 치명적인 타격이 될 것이라는 판단을 베이징당국은 하고 있었다.

국가의 자존심으로 봐도 중국으로서는 미국의 대북 물리적 제재를 인정하기 어려운 측면이 많았다. 우선 중국은 북한을 혈맹으로 보고 있었다. 국제관계에서도 신의와 의리를 강조하는 중국이 그와 같은 제재를 보고 있어야만 하는가. 또 미국이 물리적 제재조치를 발동하는 것 자체가 중국의 자존심을 자극하는 일이 될 것이다. 중국은 강대국의 약소국에 대한 고압적이고 우월적 태도를 반대하면서, 세계 모든 국가는 대소 강약과 빈부를 막론하고 평등한 국제사회의 일원임을 강조해왔다. 그런 마당에 바로 코앞에서 그것도 혈맹의 우의를 강조하는 북한에 대해 미국이 제재조치를 취한다면 중국은 어떻게 대응해야 할 것인가. 국가적 체면을 살릴 뚜렷한 방도가 없었다.

중국이 미국의 대북한 제재조치에 적극 맞서는 일도 상상하기 어려운 일이었다. 미국의 제재조치에 맞서 북한에 대한 지원을 늘리고, 무기를 공급한다면 그것은 미국과의 대결로 직결될 것이다. 중국이 탈냉전 이후 유일 강대국이 된 미국과 직접적 대결을 해 이득될 것이 아무것도 없다. 제재에 동참하지도 않고, 그렇다고 북한에 대한 지원도 늘리지 않는 현상유지 정책도 중국으로서는 명분이 서지 않는다. 이는 북한이 붕괴되든, 미국의 무력과시가 확대되든, 방관자적 입장에 서는 것에 불과했다.

중국은 북한과의 관계에서도 난처한 입장에 있었다. 북한에 영향력을 행사하는 데 한계가 있어 국제사회의 기대에 부응하기 힘든 상황이었다. 당시만 하더라도 국제사회는 북한의 핵문제를 해결하는 데 중국의 역할이 결정적일 것이라는 일종의 '믿음'을 갖고 있었지만, 내부적으로는 중국이 그런 기대에 부응할 만한 위치에 있지 않았다. 탈냉전 이후 중국이 개방 · 개혁정책을 본격적으로 추진하면서 북한과의 거리는 멀어졌기 때문이다. 1992년 중국이 한국과 수교하자 북한은 노골적으로 배신감을 드러내는 등 양국간의 주요 교섭과 왕래는 눈에 띄게 줄어들었다. 양국간의 의사교환은 주로 북한 로동당과 중국 공산당의 당 대 당 교류에 국한됐다. 1993년 3월에는 김정일이 중국을 방문하려 했으나, 중국이 고위지도자들과의 면담을 거부함으로써 취소됐다는 보도도 있었다.[57] 또 북한과 중국 사이에 긴급사안이나 국내외로 중요한 일이 있을 때 이를 상대방에 알려주는 '사전통보 제도'도 한중 수교를 기점으로 퇴색했다.[58] 한국이나 서방과 적극적 관계개선 움직임으로 중국이 북한에 대해 행사할 수 있는 영향력은 상당히 제한됐던 것이다. 특히 북한은 NPT 탈퇴를 선언할 때도 중국과는 아무런 사전상의가 없었던 것으로 알려졌다. 중국은 1993년 2월 IAEA가 북핵문제를 유엔안보리로 넘기려하자, 대화로 문제를 해결하자며 안보리 회부를 3월 25일까지 연기시켜 놓았던 것이다. 그러던 차에 북한이 느닷없이 NPT 탈퇴선언을 했다. 중국으로서는 당황할 수밖에 없었다.[59]

중국에게 북한이 핵보유국이 되는 것은 용납할 수 없는 일이었다. 중국이 생각하는 북핵문제의 평화적 해결이란, 평화적 방법으로 북한이 핵을 가지지 못하게 하는 것이었다. 북한이 핵을 가지지 못하도록 평화적으로 설득했으나 실패하고, 북한이 결국 핵을 가지면 중국은 어떻게 할 것인가가 바로 중국의 고민이었다. 중국은 처음부터 공식적으로 한반도의 비핵화를 지지하는 입장을 취했다. 중국은 만일 북한이 핵을 보유할 경우 동북아에서 유일한 핵보유국인 자신의 입지가 약화

---

57) *The New York Times*, April 13. 1993.

58) '사전통보제'는 김일성 주석이 사망한 1994년 7월 이후 유명무실한 것이 됐다(〈중앙일보〉 2003년 9월 8일자).

59) 중국은 1984년에 IAEA에 가입했으며 NPT는 1992년에 가서야 가입했다. 중국이 그동안 NPT 가입을 거부한 이유는 제3세계 지도국으로서 독자적인 핵정책을 추구하여, 국제적 위신과 영향력을 행사하고자 했기 때문이다. 그러나 냉전종식 후 핵무기 감축과 전면폐기에 주도적 역할을 하기 위해 가입을 했다. 중국은 1995년 11월 NPT의 무기한 연장결정에 찬성하는 등 적극적인 자세를 보였다(정병호, "북핵: 중국의 시각," 〈외교〉 65호, 서울: 한국외교협회, 2003/4, p. 45).

될 수 있고, 북의 핵개발이 주변국의 핵개발 도미노현상을 초래하여 지역의 긴장을 고조시킬 것이라는 우려를 하지 않을 수 없었다. 특히 일본의 핵무장은 동북아시아의 정치체계상 중국이 가장 우려하지 않을 수 없는 시나리오였다.

이러한 고민 때문에 중국으로서는 미국의 물리적 제재를 반대하며, 협상과 타협을 통한 평화적 해결을 강조한 것이다. 중국으로서는 선택할 수 있는 길이 대화를 통한 북핵문제의 평화적 해결뿐이었다. 중국은 북한에 대해서는 핵개발 포기를 권유하고 한국에 대해서는 북한과 지속적 대화를 촉진하는 한편 유엔에서는 대북 경제제재를 적극 반대하는 등 다층적 외교전략을 구사했다.

2) 유엔에서의 역할

1993년 3월 12일 북한이 NPT를 탈퇴하고 유엔안보리가 4월 8일 처음으로 의장성명을 채택할 때, 상임이사국인 중국은 찬성표를 던졌다. 이 의장성명은 회원국이 NPT의 중요성을 재확인하고 남북한의 비핵화 선언을 지지하며 북한의 핵문제를 해결하려는 IAEA의 노력을 환영한다는 극히 의례적인 것이었다. 중국은 당초 4월 1일 IAEA 특별이사회가 북핵문제를 유엔안보리에 회부하는 결의안을 채택할 때 반대표를 던졌다.

중국이 IAEA 특별이사회에서 반대표를 던진 이유는 당시만 하더라도 북핵문제가 유엔안보리로 회부될 경우 제재조치가 뒤따르게 될 것이라는 분위기가 지배적이었기 때문이다. 그러나 한승주 외무부장관이 미국을 방문해 이른바 '당근과 채찍'론을 제시하며 우선 북한과 대화를 해야 한다는 한국의 입장을 제시함에 따라 분위기가 급변했다. 북한에 대한 제재보다는 협상과 대화 쪽으로 분위기가 바뀌었다. 따라서 중국은 일주일 전의 IAEA 특별이사회 결의 때와는 달리 구태여 안보리 의장성명을 반대할 이유가 없었다. 더구나 이 의장성명은 아무런 구속력이 없는 상징적인 것에 불과했다. 중국으로서는 15개 상임이사국이 전원 찬성한 이 의장성명 채택에 동참함으로서 스스로의 명분을 세울 수 있었을 뿐만 아니라, 서방국가들과의 관계에서도 부정적 이미지를 남기지 않았다. 그러나 5월 13일 유엔안보리가 채택한 대북결의안은 그 내용이 다른 것이었다. 이 결의안은 북한의 NPT 탈퇴가 효력을 발생하는 6월 12일을 한달 앞두고 채택된 것으로, 그때까지 북한이 아무런 긍정적 조치를 취하지 않을 경우 안보리는 물리적 제재를 하지 않을 수 없다는 내용을 담고 있었다. 중국은 구속력이 있는 결의안보다는 다시 의장성명을 채택하자고 제의했다. 구속력이 없는 의장성명에 결의안에 들어갈 내용을 다 넣자는 것이었다. 중국의 요구는 수용되지 않았다. 이 결의안은 중국이 기권한 가운데 통과됐다.

〈표 6-5〉 안보리에서의 중국의 입장

날짜	형식	미국 주장	중국 주장	결과
1993. 4. 8	안보리 의장성명	대화를 통한 해결	대화를 통한 해결	안보리 15개국 전체 합의
5. 11	안보리 대북 결의	북 NPT 복귀 촉구	북핵문제는 북한과 IAEA, 북한과 미국, 그리고 남북한의 문제	찬성: 13 기권: 2 (중국, 파키스탄)
11. 1	유엔총회 결의안	북 핵사찰 수용 촉구	북핵문제는 유엔에서 다룰 일 아님	찬성: 140 반대: 1(북한) 기권: 9(중국 등)
94. 3. 31	안보리 의장성명	6주간 시한, 추가조치 결의안 추진	구속력 없는 의장성명 주장	15개국 전체 합의(중국과 미국 추가심의하기로 타협)
5. 30	안보리 의장성명	추후 계측 가능토록 연료봉 교체		15개국 전체 합의
6. 15		대북제재 결의안 초안 마련	결의안 반대	미, 중국 제외한 3개 상임이사국에 초안 회람

중국의 기권은 예상된 일이었다. 우선 중국은 1972년 안보리 상임이사국이 된 이후 파키스탄과의 국경문제에 단 한 차례 거부권을 행사한 적이 있지만, 그 이후 거부권 행사를 자제해 온 전통을 갖고 있었다. 또 중국은 북한 핵문제에 세계적 관심이 집중된 마당에 혼자 북한의 손을 들어 줄 수 없는 입장이었다. 미국과의 MFN 연장문제도 약 1개월 후인 6월 10일까지 결정되어야 하는 등 클린턴 행정부의 눈치를 봐야 할 형편이었다. 한국이나 일본과의 관계도 고려해야 했다. 또 당시만 하더라도 북미 고위급회담 개최가 눈에 띄게 진행되던 중이었다. 이러한 여러 가지 정황 때문에 중국으로서는 구태여 반대할 이유가 없었다. 그렇다고 찬성을 할 수도 없는 입장이니 기권한 것이다.

1993년 11월 1일 유엔총회는 150개 회원국이 참석한 가운데 북한의 IAEA 사찰수용을 촉구하는 결의안을 채택했다. 구속력이 없었던 이 결의안은 표결 결과, 140국의 찬성으로 채택됐으나 중국은 기권했다. 1994년 3월 31일 유엔안보리는 1년 전인 1993년 4월 8일과 마찬가지로 구속력이 없는 의장성명을 채택했다. IAEA가 북한에 대한 결의안을 유엔안보리에 제출하자, 미국 내의 여론은 이제야말로 안보리는 북한에 대한 제재조치를 의결해야 한다는 의견이 지배적이었다. 중국으로서는 또다시 제재조치를 막아야 할 입장에 처했다. 그래서 구속력이 없는 의장성명 제안을 대안으로 내놓은 것이다. 중국은 북한이 거듭 IAEA 사찰을 거부하고 유엔안보리의 분위기가 제재 방향으로 나가자 더 이상 그것을 거부할 명분이 없었기 때문에, 의장성명이라는 제안을 내놓으면서 북한에 대한 유엔의 제재를 막겠다는 의도였다.

미국을 비롯한 서방국가들도 중국의 그와 같은 제안에 일단 호응했다. 안보리 의장성명이 채택되면 중국이 자발적으로 북한에 대한 영향력을 행사하지 않을까 하는 기대 때문이었다. 문제는 의장성명의 내용이었다. 미국·영국·러시아·프랑스 등 4개 상임이사국들은 "북한에 앞으로 6주간의 시한을 주고, IAEA와 추가사찰에 합의할 것을 요구하면서 만일 북한이 이를 거부할 경우 안보리가 추가조치를 취한다"는 문안을 확정하고 이 문안 내용이 받아들여진다면, 형식은 결의안 대신 구속력이 없는 안보리 의장성명으로 할 수 있다는 입장이었다. 그러나 중국은 북한에 시한을 제시한 것과 추가조치를 취할 수 있다는 부분을 삭제해야 한다고 주장했다.

결국 유엔안보리는 북한에 IAEA가 사찰을 완료할 수 있도록 허용하라고 촉구하고 북한이 4월 말까지 이에 응하지 않을 경우 안보리가 '추가심의'(*further consideration*)한다는 의장성명을 발표했다. '추가조치'(*further action*)가 '추가심의'로 바뀐 것이다. 추가심의는 북한이 계속 사찰을 거부할 경우 제재방안을 원칙론적 입장에서 다시 논의한다는 것이었다. 추가조치를 취한다는 내용과는 큰 차이가 있는 것이다.

1994년 5월 30일 유엔안보리는 북한에 대해 핵연료봉의 추후 계측을 가능하게 하는 조치를 취하라고 다시 의장성명을 내놓았다. 중국도 더 이상 여기에 반대할 명분이 없었다. 이 의장성명은 북한이 국제사회의 요구를 거절할 경우, 제재결의안 채택 쪽으로 갈 수밖에 없다는 경고를 담고 있었다. 미국은 북한이 계속 폐연료봉을 인출하고 마침내 IAEA를 탈퇴한다는 선언을 하자, 대북한 제재결의안 초안을 만들어 추진할 뜻을 강력히 밝힌다.

빌 클린턴(Bill Clinton) 대통령은 장쩌민(江澤民) 주석에게 유엔안보리의 북한 제재조치에 동참해 달라는 서한을 보냈다. 그러나 장쩌민 주석은 일본의 NHK와의 회견에서 북한에 대한 유엔의 제재를 반대한다는 기존 입장을 밝히면서, 다만 중국은 북핵문제 해결을 위해 적극적 역할을 할 의사가 있다고 말했다.[60] 미국은 중국이 북한에 대한 제재조치에 찬성은 않지만 기권을 통해 그들의 체면도 살리고 사실상 결의안 통과에 협조할 것이라는 기대를 갖고, 유엔의 대북 결의안 채택을 강력하게 밀고 나갔다. 그러나 이 결의안 추진은 앞서 설명한 카터의 북한 방문으로 자연히 무산됐다.

중국은 이처럼 유엔에서 북한의 핵문제에 대한 거부권을 행사하지

---

60) David Schlesinger, "China Assures Japanese on Role in Korea," *The Washington Post*, June 13. 1994, p.A14.

않고 기권을 하거나 아니면 결의안을 의장성명 쪽으로 돌리는 등 유연한 정책을 취했다. 그 배경에는 물론 북한 핵문제를 대화와 협상으로 해결해야 한다는 원칙과 명분이 있었다. 거부권을 행사하지 않음으로써 서방측의 핵사찰과 핵안전협정 준수요구에 동조하고 있다는 입장을 살리면서, 북한과의 관계도 주도적으로 이끌겠다고 판단했다. 또 미국과의 관계를 고려해 적극적으로 클린턴 행정부의 정책에 맞서기보다는 적절한 선에서 타협과 협상을 하는 정책을 취했다. 중국의 그와 같은 행동은 북한에 대한 유엔의 기능과 영향력을 무력하게 만드는 직접적 원인이 됐다. 유엔은 국제정치에서 주요 역할을 수행하는 것이 아니라 주변적 역할만 수행하며, 강대국의 정책에 따라 움직일 수밖에 없다는 현실주의적 시각이 그대로 적용됐다.

제 3 부

태생적 한계 가진 4자 회담

제 7 장 • 자리잡는 90년대 후반 동북아정치체계
제 8 장 • 4자회담의 등장 비밀
제 9 장 • 쌀 주고 막 올린 4자회담
제 10 장 • 4자회담의 태생적 한계

자리잡는 90년대 후반 동북아정치체계 제7장

동북아정세에 결정적 영향을 미쳤던 탈냉전의 효과는 1990년대 중반에 접어들면서 진정됐고, 동요했던 각국간의 역학관계도 표면적으로는 안정되는 모습을 보였다. 한반도 주변 4대 강국간의 힘의 균형상태가 깨지면서 생긴 세력의 진공상태는 새로운 관계로 대체되었다. 불안정하고 불투명했던 동북아지역의 전체적 정세는 지엽적인 분쟁과 갈등의 불씨가 여전히 존재했으나, 대체로 질서와 안정의 틀을 유지했다. 냉전 때의 팽팽한 세력균형이 아닌, 미국과 중국에 의한 현상유지상태는 냉전시대와 같은 대결과 갈등이 핵심인 상황은 아니었다. 정치적·이념적 이해보다는 경제적 이해를 우선시하는 화해와 조화를 모색하면서 비교적 긍정적 형태로 진행됐다. 자본주의의 확대는 필연적인 것이었으며, 국가간의 관계도 경제적 국익추구가 무엇보다 우선 정책이 되었다. 4자회담이 태동하기 시작했던 1990년대 중반, 동북아는 이처럼 각국간의 관계가 통상과 교역 중심으로 이동하는 과도기적 양상을 보였다. 그러한 질서가 잡히기 시작한 계기는 1996년 상반기부터 시작된 강대국들의 잇단 정상회담이었다.

제 7장에서는 한반도 주변 4강 사이의 갈등구조가 정리되는 과정을 추적하면서 북한의 외교적 선택에 대해 분석했다. 탈냉전 이후 생존과

체제안보에 심각한 도전을 받았던 북한은 1994년의 제네바 핵합의를 통해 스스로의 위치를 나름대로 확보할 수 있는 발판을 마련했다. 그러한 '자리매김'에 따라 북한은 러시아나 중국과의 관계에는 별다른 의미를 두지 않으면서, 대미 일변도의 정책을 꾸준히 추구했다. 미국과의 관계개선만이 북한이 선택했던 유일한 외교적 목표였다.

1. '확대와 개입'정책으로 꾸민 미국의 패권정책

1994년 7월에 발표된 빌 클린턴(Bill Clinton) 대통령의 '확대와 개입전략'(*Strategy of Enlargement and Engagement*)은 미국이 국익을 극대화하기 위해 강력한 군사력으로 전세계적 개입을 유지하고 자유시장과 민주주의를 확대시킨다는 것이었다.[1] 미국이 냉전시대와 같이 전세계적 안보개입을 강조한 것은 냉전체제 붕괴 이후 야기될지도 모르는 안보공백을 해소함으로써 동맹국들의 안보불안감을 불식시키고 패권을 유지하기 위해서였다. 그러면서 공산주의붕괴라는 역사적 전환점을 맞아 과거 적대국가들에게도 자유시장과 민주주의가 확대될 수 있도록 한다는 것이다. 미국은 자유주의와 민주주의는 인류의 보편적 가치일 뿐만 아니라, 그것을 확산하고 장려하는 것은 미국의 세계적 지도력 유지에도 필수적이라고 판단했다. 공산주의의 붕괴로 자유주의와 민주주의의 우월성이 확립된 데다가 미국은 바로 그러한 자유주의와 민주주의의 상징적 역할을 했기 때문이다.

이러한 미국의 '확대와 개입전략'은 다음 해인 1995년 2월 27일 발표된 〈동아시아 전략보고서〉(EASR)에서도 그대로 반영됐다. 미국은 이 보고서를 통해 동아시아태평양 지역의 미군을 감축하지 않고 현 상태로 유지하겠다는 정책을 밝혔다. 미국은 1990년 발표된 부시 전 행정

---

1) The White House, *A National Security Strategy of Engagement and Enlargement*(Washington D.C.: U.S. G.P.O., 1994).

부의 '동아시아 전략구상'(EASI)에 따라 1992년 말까지 1단계로 주한미군 7천 명을 감축했고, 2단계 감축계획은 북한 핵문제로 일단 '동결'됐다. 이와 같은 동결상태를 유지하던 미국은 EASI를 전면 백지화하고 그 대신 동아시아태평양 지역에 있는 현재의 10만 미군을 유보조항 없이 상당기간 유지한다는 새 전략을 채택했다.[2)]

EASR은 "미국이 아시아 지역에서 동맹관계를 유지하는 것은 그것이 지역 안정에 바탕이 될 뿐만 아니라, 주요 아시아 문제에 미국의 영향력을 증대시키는 수단이 되기 때문이다"라며, 한미 방위체제와 미일 안보협력이 중요하다는 점을 강조했다. 미국은 강력한 동아시아태평양 지역 개입정책의 목표를 지역안정의 유지와 아시아문제에 대한 미국의 영향력 증대에 둔 것이다. EASR은 미국의 아시아 및 태평양에 대한 교역이 미국 전체 무역의 36% 이상이나 된다면서, 이러한 미국의 국익을 위해서도 이 지역에 대한 개입이 불가피하다고 설명했다. 특히, 북한의 위협이 사라진다 해도 강력한 한미 방위관계는 동북아의 안정을 위해 계속 유지될 것이라고 밝혀, 주한미군의 존립이유가 북한의 위협에 대한 소극적 대응 차원을 넘어 동북아 전체의 안보유지라는 적극적 맥락으로 확대되고 있음을 보여주었다.[3)] 중국에 대해서도 "중국과의 관계를 증진시켜 중국이 국제공동체 건설에 통합되도록 지원하겠다"며, 그러나 "탈냉전에도 불구하고 중국은 일본과 러시아와는 달리 국방비를 계속 늘리고 있다. 중국과 군사유대를 확대하는 것이 시급하다"고 언급했다.[4)] EASR은 결국 탈냉전 후 미국의 동아시아태평양 지

2) 〈한겨레〉 1995년 3월 1일자.

3) 위의 글.

4) 1997년 중국의 공식적인 국방예산은 97억 달러였으나, 실제예산은 공식예산의 최소 3~4배에서 최대 10배에 이를 것으로 추정됐다. 중국의 실제 군사비를 공식 국방예산의 약 3배로 보는 경우에는 일본 방위예산의 절반에 근접하는 수준이며, 10배로 볼 경우 미국 국방예산의 약 3분의 1에 육박하는 액수다(고대원, "탈냉전이후 동북아시아의 갈등구조와 군사력 변화양상," 김달중·문정인·이석수 외, 《새천년 한반도 평화구축과 신지역질서론》, 서울: 오름, 2000, p. 232).

역에 대한 패권유지가 지역의 안정과 미국의 국익을 위해 불가피하다며 강력한 개입을 정당화했다. 반면, 중국의 적극적인 국제사회 개방정책을 지지하지만 이 지역의 새로운 패권세력으로 등장하는 것은 용납할 수 없다는 뜻을 밝힌 것이다. 1997년 미 국방부가 의회에 제출한 〈4년주기 국방전략보고〉(QDR: *Quadrennial Defense Review*) 역시 1995년의 EASR에서 밝힌 '개입과 확대전략'을 계속 추구할 것이라고 언급했다. 또 동아시아태평양 지역의 미군을 10만 명 수준으로 유지하고, 1993년 9월 확정한 이른바 윈-윈 전략(*Win-Win Strategy*)도 견지하겠다고 밝혔다.[5] 이로써 탈냉전 이후 확고한 방향을 잡지 못했던 미국은 패권유지를 위한 강력한 군사력을 보유하면서, 동시에 자유주의와 민주주의라는 이념을 확산시켜 동아시아의 평화와 안정을 유지한다는 뚜렷한 정책목표를 설정했다.

미국이 중국의 군사력 증강에 대한 우려를 갖고 있던 가운데 발생한 것이 대만해협의 긴장상태였다. 1995년 7월 21일 중국은 대만 동북부에서 1차 미사일 훈련을 실시했다. 이어 약 1개월 후인 8월 15일 2차 미사일 훈련을 하자 대만은 전투태세에 돌입했고, 미국은 중국과 대만이 전쟁을 할 경우 개입하지 않을 수 없다는 입장을 표명했다.[6] 1996

---

5) 엄태암, "미국 클린턴 2기 행정부의 아·태전략," 〈국방논집〉 37호(1997년 봄), pp. 152~187.

6) 미국이 중국과 대만이 분쟁에 개입할 수 있는 근거로 삼고 있는 것은 '대만관계조정법'이다. 대만관계법으로 통칭되는 이 법은 1979년 1월 미국이 대만과 국교단절조치를 취한 직후인 그해 4월에 제정·발효됐다. 대만의 평화를 유지하기 위해 미국이 방위물자를 제공한다는 것 등을 골자로 하고 있는 이 법이 토대가 되어 미국은 대만에 무기를 판매했다. 중국은 이 법에 대해 '하나의 중국' 원칙을 저버린 채 실질적으로 두 개의 중국을 용인하는 이중적 태도의 표출이라고 비난했다. 그러나 이 법은 관계국의 위난(危難)시 자동적으로 무력개입을 할 수 있는 안보동맹조약과는 차원이 다른 미 국내법일 뿐이다. 게다가 미국은 1979년 중국과 수교하면서 대만을 중국의 일부로 인정했다. 이에 따라 중국은 대만과의 문제를 중국 국내문제라며 미국의 개입을 내정간섭이라고 비난했다(〈한겨레〉 1996년 3월 14일자).

년 들어서도 중국과 대만관계는 풀리지 않고 긴장이 고조됐다. 대만 국방부는 중국군 13만 명이 대만 인접지에 집결하고 있다고 밝혔고(1996. 2. 13), 중국은 대만 인근지역 주둔군에 1급 경계령을 하달했다는 보도도 있었다. 미국은 중국이 군사훈련을 빙자해 대만에 가하고 있는 무력위협을 중단하고 평화의지를 보이라고 촉구하는 반면, 중국은 대만과의 긴장이 완화되려면 미국이 대만에 최신무기를 파는 행동을 중단해야 할 것이라고 반박했다.[7] 중국은 이어 3월 8일 대만 주변 공해에 세 발의 미사일 발사훈련을 강행했고, 이에 대해 대만이 즉각 전쟁준비에 돌입하자 미국의 태평양 함대 역시 중국을 견제하기 위한 목적으로 기동훈련에 돌입했다. 이러한 군사적 움직임은 미국과 중국 간의 직접적 무력충돌로 발전하지는 않았지만, 탈냉전 이후 새로운 세력의 재편과정에서 일어난 일이었기 때문에 양국이 서로 물러설 수 없는 자존심이 걸린 사건이기도 했다.

미국이 아시아태평양 지역의 군사적인 움직임에 대해 적극적으로 개입하겠다는 의사를 밝힌 가운데 벌어진 중국과 대만 간의 대립은 사실 미국의 입장을 어렵게 만들었다. 미국은 중국의 어떠한 도발도 좌시하지 않겠다는 강력한 메시지를 베이징에 보내면서 태평양 함대까지 동원했지만, 중국은 예정했던 군사훈련을 조금도 흔들림 없이 다 마쳤다.[8] 이는 탈냉전 후 아시아태평양 지역에서 미국이 처음으로 당면했던 군사적 도전이었으며, 미국의 패권의지를 시험하는 장(場)이 되었다. 그러나 이러한 중국과 미국 간의 군사적 갈등은 중국이 당초 계획했던 대만에 대한 군사적 시위를 끝마치고 그 이상의 행동을 자제함으로써 물리적 충돌상태로 발전하지는 않았다. 개방·개혁정책을 활발히 추진 중이던 중국도 미국과의 물리적 충돌이 초래할 불이익을 중시하

7) 〈한겨레〉 1996년 2월 9일자.

8) 중국은 세 차례에 걸친 군사훈련에서 대만 인근해역에 4발의 미사일 발사실험을 했으며, 대만해협 남부해역에서 약 53㎞ 떨어진 광둥성과 푸젠성 외곽해상에서 해·공군합동 실탄훈련을 실시했다. 또 대만해협 북부에서는 육·해·공 모의합동 상륙작전을 실시하기도 했다(〈한겨레〉 1996년 3월 26일자).

지 않을 수 없는 입장이었다. 미국과 중국은 서로가 강대국의 자존심을 살리는 선에서 사태를 마무리 지은 것이다. 사실 미국과 중국의 그와 같은 군사적 갈등은 냉전시대와 같은 살벌한 경쟁이나 국익이 걸려 있던 것이 아니었기 때문에 주변의 위기의식 강도는 크게 떨어졌다. 사태의 성격이나 동북아 정치질서를 감안하면, 미국과 중국 사이에 물리적 충돌이 일어나기보다는 타협이나 협상을 하거나 아니면 일정 시간이 경과한 후 자연히 문제가 해결될 것이라고 예측할 수 있었고, 실제로 사태는 그렇게 풀렸던 것이다.

각국의 군비경쟁도 냉전 때와는 다른 양상을 보이기 시작했다. 강대국들은 공통적으로 군사력을 양적으로는 축소하면서 그 절약되는 자원으로 군사력의 질적 정예화를 추구하는 경향을 보였으나, 심각한 수준의 군비경쟁 현상은 일어나지 않았다. 미국의 동북아시아에 대한 지속적인 군사적 개입과 러시아의 온건한 외교안보정책 추구가 역내 국가들의 군비경쟁 가속화를 억제하는 가장 중요한 요인이 됐다.[9] 러시아의 군사비는 1992년 1,400만 달러, 1995년 820만 달러, 1997년 700만 달러로 매년 줄어들었다. 러시아는 심각한 예산부족으로 군사력증강을 위해 더 이상 예산을 사용할 수 없는 상황이었다. 그러면서 러시아는 동북아시아 각국들과의 신뢰구축과 군사적 협력을 적극 추진, 안보위협을 감소시키고 군사력 감축을 보완하는 방법을 택했다.[10] 중국 역시 탈냉전으로 인해 경제력 강화에 의한 국력 증대의 호기를 맞던 때였다. 이미 확정된 실용노선에 따라 군사력에 의한 국익 추구보다는 개방과 개혁정책에 의한 국부(國富)를 추구하였기 때문에, 군사력보다는 대외 통상관계를 더 중시하는 정책을 취하던 시기였다.

특히 미국은 한반도의 평화장치를 마련하기 위한 4자회담에 중국을 포함시킴으로서 중국과의 대결보다는 국제문제 해결의 파트너십을 강조하는 자세를 보였다. 중국 또한 미국의 패권의지에 반발하면서도 경

9) 고대원, 앞의 글, p. 241.
10) 위의 글, p. 229.

제발전 지속 등을 위해 주변지역의 안정과 평화를 절실히 바라는 입장이었으므로, 미국과 함께 한반도문제 해결에 적극 참여하는 열성을 보였다. 중국은 대만과의 갈등을 통해 자신들의 군사력을 과시하고 미국의 패권을 그대로 수용할 수 없다는 입장을 행동으로 보이면서, 다른 한편으로는 탈냉전 후 질서 재편과정에 미국과 함께 적극적인 역할을 자임한 것이라고 해석할 수 있다.

2. 정상들이 숨가쁘게 만든 동북아의 새 질서

김영삼 대통령과 클린턴 대통령이 북한에 대해 4자회담을 제의한 1996년 4월은 한반도 주변 4강들이 빈번한 교차 정상회담을 통해 각자의 새로운 '위치확보'에 전력을 다하던 시기였다. 대체로 정상회담은 이해가 첨예하게 대립되거나 적대적인 국가 사이에서는 이뤄지기 어렵다. 정상회담은 그것이 갖는 상징성 때문에 조정이 가능한 현안이나 타협이 가능한 갈등을 실무 차원에서 정리하고, 이를 국가간의 합의 형태로 발표할 때 사용하는 외교적 수단이라고 할 수 있다. 따라서 정상회담을 갖는다는 것 그 자체는 적대적 대립관계나 제로섬(*zero sum*) 게임의 상황을 나타내는 것이 아니라, 우호와 협력 그리고 타협과 조정이 가능한 국가간 분위기를 반영한다고 할 수 있다. 1996년 봄에 활발히 전개됐던 한반도 주변의 정상회담도 전체적으로는 바로 그런 긍정적 의미가 있었다.

우선 김영삼 대통령은 북한의 대남 공세와 그로 인한 국내정치적 압박을 피하고 한반도문제의 주도권을 행사하기 위해 미국과 함께 4자회담을 제의했다. 클린턴 대통령도 기존의 북미 제네바합의가 유지되도록 북한과의 관계에 유의하면서, 한반도의 안정과 평화를 위한 새 틀을 마련하기 위해 김영삼 대통령과 제주도 정상회담을 가졌다. 이 자리에서 1990년대 후반 한반도문제 논의의 핵심이 되는 남북한과 미국, 중국의 4자회담이 제의된 것이다. 한미 정상회담 다음날인 1996년 4월

17일의 미일 정상회담은 탈냉전 이후 한반도 주변 정세에 새로운 변화를 모색하는 계기가 됐다. 양국 정상이 발표한 안보공동선언은 "미일 안보조약에 바탕을 둔 양국 안보체제가 21세기의 공동안보 목적과 아태 지역의 안정 및 번영을 위한 환경개선 유지에 중요한 역할을 하는 초석임을 재확인하고, 이를 위해 양국이 공동적·개별적 노력을 해나간다"고 밝혔다. 또 ① 한반도의 긴장해소를 위해 미국과 일본은 한국과 긴밀히 협력해야 하고, ② 미일 안전보장관계는 아태지역에서 미국의 긍정적 관여를 유지하는 중심축이라는 점에서 현재 수준의 주일미군을 비롯해 이 지역에 10만 명의 미군병력의 전방전개태세를 유지해야 하며, ③ 양국 정부는 국제안보정세의 변화에 대응하여 가장 효과적인 방위정책을 만족시키는 방향으로 일본 내 미군의 병력구성을 포함한 군사배치에 대해 계속 협의한다고 밝혔다.[11] 한마디로 탈냉전 후 동아시아지역에 대한 미국의 개입정책의 축은 미일 안보동맹이며, 그 때문에 일본의 역할도 과거 자위수준에서 동아시아 전체의 안보와 평화를 고려하는 적극적 차원으로 확대하기로 했다는 것이었다. 미국이 아태지역에 대한 개입과 확대전략을 확정한 후 그 구체적 행동의 파트너로 일본을 정해 기존의 동맹관계를 더욱 강화하는 정책을 발표한 것이다. 미국은 1995년 2월 미 국방부가 발표한 EASR을 통해 미일 안보체제를 아시아의 안보를 확보하기 위한 핵심요소로 규정했고, 일본은 1995년 11월 28일 '신방위계획 대강'을 개정해 미국의 동아시아 전략에 적극 동참하는 정책을 취했다. 과거 미일 안보체제는 '일본에 대한 침략을 사전에 방지하기 위한 수단'으로 규정, 그 역할을 자국 방위에 국한했으나 신방위계획 대강은 "미일 안보체제가 일본은 물론 주변지역의 평화와 안정, 안전보장 환경구축을 위해 중요하다"며 그 역할을 확대했다. 이는 일본이 미일 안보체제의 틀 속에서 자국방위라는 소극적 역할에 머물지 않고 아시아 지역에서 적극적으로 군사적 영향력을 행사할 수도 있다는 새로운 '의도'가 반영된 것이다.[12] 전후 일본열도에

11) 〈조선일보〉 1996년 4월 18일자.

머물러 있던 일본의 군사력이 동아시아로 진출할 수 있는 발판이 마련된 것이다. 과거 일본 제국주의에 피해를 보았던 지역국가들로서는 심각하게 받아들이지 않을 수 없는 상황변화였다.

이러한 미일 공동안보선언은 중국과 한국의 관심과 우려를 자극할 수 있는 내용이었다. 공동선언은 중국에 대해 "아태지역의 안정과 번영에 중국이 긍정적이고 건설적인 역할을 수행하는 것이 극히 중요하다"고 명시했지만 자위대의 군사력 강화와 역할 확대 그리고 미일 안보체제의 강화는 일본과 역내 경쟁관계에 있는 중국의 안보에도 직접 영향을 미칠 수 있는 요소들이었다. 특히 중국은 동아시아지역에서의 미국의 패권 추구를 반대했으며, 대만과의 관계로 미국의 군사력에 대해 아주 민감한 반응을 보이던 중이었다. 그렇기 때문에 미일 공동안보선언은 베이징당국의 의구심을 불러일으키기에 충분했다. 미일 안보강화가 중국을 겨냥한 것이라든지, 중국을 적대시한 개념이면 곤란하다는 것이 베이징당국의 공식 입장이었다. 한국 역시 미국이 동아시아 전략의 중심축으로 일본의 중요성을 높이고 일본의 군사적 역할을 확대하는 것에 대해서는 달갑지 않은 반응을 보일 수밖에 없었다. 한국에게는 미일 공동안보선언이 일본의 재무장이라는 개념으로 비춰질 여지가 적지 않았기 때문이다.

미국과 일본의 정상회담이 있은 일주일 후인 4월 25일 장쩌민(江澤民) 중국 국가주석과 보리스 옐친(Boris N. Yeltsin) 러시아 대통령은 베이징에서 정상회담을 갖고 중러 공동성명을 발표했다.[13] 중러 정상회담의 핵심은 미국의 패권추구에 대한 중국과 러시아의 공동전선 구축이었다고 볼 수 있다. 이 공동성명은 "현재 국제사회는 평화와 안정이 주된 흐름이기는 하나 평화롭지는 못하다"며, "아직도 패권주의와 압력행사 강권정치가 이뤄지고 있으며 이 때문에 세계 평화와 발전이 엄중한 도전을 받고 있다"고 규정했다. 양국 정상은 한편으로는 미국

---

12) 〈조선일보〉 1995년 11월 30일자.

13) 중러 정상의 공동성명은 1992년과 1994년 두 차례 발표됐고, 이번이 세 번째 공동성명이다.

의 영향력 증대를 겨냥하면서 다른 한편으로는 핫라인을 개설하는 등 정치·군사적 협력관계를 과시했다.[14] 1996년 4월에 열린 서방선진 7개국(G7) 정상회담에서도 일러, 미러 정상회담이 열렸다. 1996년 11월 아태 정상회담에서도 클린턴 대통령과 장쩌민 국가주석이 회담하는 등 한반도 주변국가들의 정상회담이 빈번히 개최됐다.

1997년에도 한반도 주변국가들의 정상회담은 활발히 펼쳐졌다. 1997년 10월 29일 클린턴 미국 대통령과 장쩌민 중국 국가주석 간의 워싱턴 정상회담은 1996년의 분위기와는 달리 미국과 중국의 새로운 관계를 정립하는 계기가 됐다.[15] 또 실질적으로 탈냉전 후 동북아지역의 질서를 잡고 다지는 정상회담이 된 것이다. 동아시아지역에 대한 미국의 패권추구와 이에 대한 중국의 반발도 해소되면서 양국의 관계는 화해국면으로 전환됐다. 이 정상회담을 통해 양국은 ①정상회담의 정례화, ②외무, 국방 등 핵심각료들과 고위실무자 간의 정기적 회동, ③클린턴-장쩌민 핫라인 설치, ④군 관계자들의 상호방문 등 군사부문 협력, ⑤환경·마약·과학 등 각 분야에서의 협력을 약속했다. 미국과 중국 사이의 인권문제와 대만문제 등에 대한 갈등이 해소된 것은

---

14) 4자회담에 대해서는 중국외교부 대변인이 "두 나라 정상은 한반도와 동북아지역의 안정과 평화유지를 위한 각종 제의를 어떤 것이든 적극 검토한다는 입장이지만, 이번에 한반도 4자회담에 대해 깊이 논의하지는 않았다"고 밝혔다. 이는 중국이 4자회담에 '초대'된 반면, 러시아는 배제되어 이 회담에 대한 두 나라간 입장 차이가 있었다는 점을 시사했다. 4자회담 초기 러시아는 자신들이 4자회담에 배제된 데 대해 유감의 뜻을 나타냈다. 러시아 외무부는 4자회담 제의가 발표된 1996년 4월 16일 "한반도 평화논의에 러시아를 배제한 것을 유감스럽게 생각한다"며 공식적으로 불만을 표시했다(〈조선일보〉 1996년 4월 23일자).

15) 클린턴 대통령과 장 주석은 1996년 11월 마닐라에서 열린 APEC 정상회담에서 회담을 가졌지만, 중국 국가원수가 미국을 공식 방문한 것은 1985년 리셴녠(李先念) 주석에 이어 12년 만에 처음이었다. 덩샤오핑이 1979년 미국과 수교한 그해 워싱턴을 처음 방문했고, 이어 1984년 자오쯔양 총리와 로널드 레이건 대통령이 각각 워싱턴과 베이징을 방문했다.

아니지만, 서로가 강대국으로서의 협력관계를 다짐했다. 양국이 현재의 위치에서 갈등과 마찰을 빚을 경우, 그것이 동북아는 물론 세계적으로 미치는 영향이 어떠할 것인가는 서로가 잘 알고 있었기 때문에 협력관계를 모색하는 길 외에 다른 대안이 없었다. 양국의 정책관계자들은 그와 같은 협력관계가 서로의 국익에 부합한다는 사실을 탈냉전 이후의 경험을 통해 확인한 것이다. 특히 4자회담에 대해서도 양국 정상은 한반도의 안정적 관리를 위해 4자회담이 필요하며, 북한에 회담 참가를 촉구하기로 합의했다.

그동안 중국은 "우리와 협의 없이는 국제문제의 진정한 해결이 있을 수 없다"는 입장을 보였는데, 장쩌민 주석의 워싱턴 방문으로 세계정치 무대에서의 강대국임을 과시하게 됐다. 미국 역시 중국을 고립시키는 것은 미국에 더 이상 이득이 될 수 없다는 계산을 했다. 특히, 중국과의 교역은 미국의 경제에 상당한 영향을 미칠 수 있는 요소였다.[16] 장 주석의 미국 방문으로 중국과 미국은 탈냉전 후 세계질서를 재편하는 전략적 동반자관계로 접어들었다.

1997년 11월에는 옐친 대통령이 다시 중국을 방문, 다섯 번째 중러 정상회담을 가졌다. 이보다 앞서 4월 장 주석은 모스크바를 방문해 옐친 대통령과 정상회담을 가졌고, 하시모토 류타로(橋本龍太郎) 일본 총리는 9월 베이징을 방문했다. 중국의 리펑(李鵬) 총리는 이에 대한 답방 형식으로 1997년 11월 일본을 방문해 하시모토 총리와 회담했다. 하시모토 총리는 11월 2일 시베리아 중부지역 휴양지에서 옐친 대통령과 정상회담을 가졌다.

탈냉전 후 갈등과 대립 그리고 미래에 대한 불확실성이 내재해 있던 한반도 주변 정세는 1996년과 1997년의 잇단 교차 정상회담들을 통해 질서를 잡아갔다. 냉전체제의 붕괴로 군사문제보다는 경제와 통상문제에 각국의 관심이 더 많이 쏠렸고, 그렇기 때문에 대립보다는 화해와

16) 중국의 경제력을 의식한 클린턴 행정부는 1994년 5월 중국의 인권문제와 최혜국대우문제를 분리, 인권문제와 상관없이 최혜국대우를 연장했다.

조정이 더 강조됐다. 미일 정상회담이나 미중 정상회담에서는 교역문제가 군사문제 못지않은 의제로 등장했으며, 각국의 경제문제가 냉전체제 붕괴 후의 질서 재편과정에 핵심적 요소로 작용한 것이다.

3. 멀어지는 북한의 혈맹들

1) 북중관계

동북아 질서가 재편성되고 새로운 환경이 구축되어 가면서 평양당국은 더욱 미국 쪽에 외교력을 집중시킬 수밖에 없었다. 1990년대 전반기 중국과 러시아가 한국과의 관계를 정상화하자 소원해지기 시작했던 북한과 중국과의 관계는 1990년대 후반기 다시 복원되는 듯한 양상을 보였으나, 그것은 한반도에서 영향력을 상실하지 않으려는 중국의 일방적 움직임에 불과했다. 북한은 중국이 기본적으로 자신들의 생존과 체제유지에 결정적 도움을 줄 것으로 판단할 수 없는 상황이었다. 중국은 한국과 접촉을 확대하는 데다가 개방과 개혁정책을 선도하고 있었기 때문이다. 북한으로서는 중국식 개방·개혁정책을 따를 수 없는 처지였다. 따라서 오로지 미국과의 관계개선만이 유일한 선택이었다.

북한과 중국과의 관계는 한국과 중국이 서로 접근하는 속도와 반비례해 악화되는 양상을 보였다. 중국은 북한의 개혁·개방정책을 지지했다. 북한이 경제개혁과 대외 개방으로 국제사회에서 고립을 피하는 것이 중국의 국익에 부합한다는 판단이었다. 즉, 한반도의 평화와 안정이 중국의 발전에 필수적이라고 생각한 베이징당국은 북한이 더 이상 '문제아'로 남거나 붕괴해, 한반도에 힘의 공백이 생기는 것을 원치 않았으며 그러한 '비극'을 피하기 위해서는 개방과 개혁뿐이라는 생각을 갖고 있었다. 중국은 북한이 탈냉전의 충격에서 벗어나 안정을 되찾고 국제사회에 성공적으로 편승해 중국의 안보에 완충지대로 남기를 바랐다. 이에 따라 중국은 북한에 대한 경제적 지원을 계속하고 국제사회에서도 북한의 입장을 옹호하면서도 남북관계 개선과 북미, 북일 관계 정상화를 지지했다. 반면, 북한의 군사적 도발이나 군비증강에 대해서는 거부반응을 보였다. 김정일은 1996년 7월 초 주창준 베이징 주재 북한대사를 통해, 장쩌민 주석에게 중국이 북한에 미그 21기의 개량형인 중국제 '섬 7' 전투기 12대와 미사일 40기, 미사일 쾌속정 3척을 요구하는 친서를 보냈으나 중국은 이를 묵살했다.[17] 또 같은 시기 북한의 김윤혁 정무원 부총리가 북중 우호협력 상호원조조약 체결 35주년을 맞아 중국을 방문했을 때, 리펑 총리는 북한의 식량난 극복을 위해서는 중국식 개혁정책을 취해야 한다고 강조했다.[18] 리펑 총리의 북한에 대한 그와 같은 '충고'는 북한 지도부의 심기를 건드렸다. 북한의 입장에서 볼 때 리펑 총리의 발언은 북한 지도부가 당면한 속사정을 전혀 모르고 하는 말처럼 들렸다. 북한 지도부는 리펑 총리의 말과는 전혀 다른 생각을 하고 있었다.

김정일은 1996년 6월 〈로동신문〉 기고에서 중국의 경제자유화과정이 북한 안보에 해로울 것이라는 입장을 피력했다. 김정일은 사회주의 혁명의 배반자들이 사회주의의 이상을 왜곡한 결과, 사회주의가 자본주의 형태를 취하는 등 변질되고 있다고 중국의 개혁·개방을 간접적으로 비난했다.[19] 중국은 북한에 대해 경제지원을 꾸준히 늘렸지만, 북한의 중국에 대한 정치적·이념적 반발은 가시지 않았다.[20] 북한으

17) 〈조선일보〉 1996년 7월 20일자.

18) 조중 우호협력 및 상호원조조약 체결 37주년(1996. 7. 11)을 맞아 북한 김윤혁 정무원 부총리가 중국을 방문했고, 중국 라간 국무원 비서장이 북한을 방문했다. 또 중국 북해함대 사령관이 인솔한 중국해군 함선편대가 남포항에 축하정박을 하는 등 양국간의 우호를 과시했으나, 내면적으로는 중국의 대북 개방·개혁정책 요구와 대북 군사지원 거부로 불화가 쌓였다.

19) 최춘흠, 《중국과 한반도 평화과정》(서울: 통일연구원, 연구총서 99-22, 1999), pp.6~7.

20) 중국은 북한에 대한 무상지원을 계속 늘렸다. 1996년에는 곡물 12만 톤, 1997년에는 옥수수 19.5만 톤과 쌀 1.2만 톤, 1998년에는 곡물 10만 톤과 화학비료 2만 톤을 무상지원했다(〈북한동향〉 390호, 서울: 통일부, 1998/

로서는 중국이 취하던 개방·개혁정책이 북한사회에 어떤 영향을 미칠지 확신하지 못한 상태였기 때문에, 중국의 개방·개혁 요구를 그대로 따를 수 없었다. 더구나 중국이 한국과 적극적 관계증진을 도모하자, 북한은 중국을 더 이상 의존하거나 도움을 받을 수 있는 상대로 보지 않았다. 그 반대로 미국과의 관계증진에 더욱 기대를 걸 수밖에 없었다. 북한의 체제보장은 중국의 지원에 달려 있는 것이 아니라, 미국의 정책에 달려 있다는 절박감이 북한의 대중국 관계를 발전시키지 못하는 원인이 되었다.

북한이 1999년부터 중국과의 관계개선에 큰 관심을 갖게 된 것은 일차적으로 북미관계가 북한의 예상대로 잘 진전되지 않았고, 한반도문제에 대한 중국의 역할이 증대됐기 때문이다. 중국은 1997년 미국과의 정상회담을 통해 한반도문제를 비롯한 동북아문제 해결에 공동보조를 취하기로 하고 특히 남북한문제 해결에 큰 관심을 표시했다. 한반도문제에 중국의 정치·외교적 역할이 증대되자, 평양당국도 대미 일방외교의 한계를 느끼기 시작했다. 북한은 또한 체제의 생존과 안보에 대한 탈냉전 직후의 위기감을 어느 정도 벗어나, 다시 주변국들과의 관계를 되돌아 볼 수 있는 여유를 갖던 시기였다. 중국도 북한에 대해 실질적 영향력을 행사할 수 있는 자신들의 위치를 강화하는 것이 대미관계나 동북아 국가들간의 상호관계에서 유리하다고 판단했다. 중국의 입장에서 볼 때, 북한 지도부는 문제의 소지를 안고 있기는 하나 국제사회에서 중국의 영향력을 증대시키고, 또 경우에 따라서는 중국의 국익을 위해 유용하게 활용할 수 있는 집단이기도 했다. 중국이 북한에 대해 꾸준히 우호적 제스처를 취해왔던 것도 바로 그런 계산이 작용했다고 볼 수 있다.

1999년 6월 김영남 북한 최고인민회의 상임위원장의 베이징 방문은 탈냉전 이후 소원했던 북중관계가 회복되는 신호로 보였다. 김 위원장은 1991년 김일성의 중국방문 이후 북한 최고위 인사로 베이징을 방문

7/4~7/10, p. 29).

했다. 김 위원장의 베이징 방문을 통해 양국은 정상이 상호 방문해 회담을 갖기로 합의했다. 또 김 위원장은 중국 고위인사들에게 "조선은 중국의 개혁·개방정책을 지지하며, 20여 년 동안의 거대한 성취에 대해 고도평가를 한다"는 발언을 해 중국의 개혁·개방 충고에 대한 북한 지도부의 거부반응을 씻는 듯했다. 이는 북한도 중국식 개혁·개방정책을 받아들일 수 있다는 신호로 해석되기도 했다.[21] 주룽지(朱鎔基) 중국 총리 또한 "중국은 북한의 조선식 사회주의경제 건설에 가능한 지원을 다 할 것"이라고 말해, 개방·개혁문제를 둘러싼 양국간의 갈등을 해소하려는 입장을 보였다. 중국은 1996년 리펑 총리처럼 중국식 경제발전 방식을 직접 대놓고 제시하지 않는 등 북한과의 관계복원에 세심한 배려를 했다. 북한대표단도 중국의 최대 경제금융도시인 상하이(上海)를 방문해, 중국식 개혁·개방의 결과를 둘러보는 등 중국의 경제개발 방식에 대해 노골적 거부반응을 보이지 않았다. 이어 1999년 10월 탕자쉬안(唐家旋) 외교부장이 평양을 방문해 양국간의 우호증진 문제를 논의했다. 중국 외교부장의 북한 방문은 첸치천(錢基琛) 전 외교부장이 1991년 6월 평양을 방문한 이후 8년 만의 일이었다.

북중관계는 2000년 6월 김정일 국방위원장의 중국 방문 등을 통해 탈냉전 이후 소원했던 관계를 회복했으나, 1990년대 중후반의 불편했던 관계는 4자회담을 비롯한 한반도문제 현안에 영향을 미치는 변수로 작용했다. 당시 북한은 중국식 개방·개혁정책에 대한 자신감 부족, 한국과 중국 간의 급속한 관계증진 등으로 인해 중국과 소원한 관계를 유지하며, 모든 외교 역량을 미국과의 관계개선에 주력하는 바람에 중국의 권유나 충고를 귀담아 듣지 않았다. 그만큼 북한에 대한 중국의 영향력은 축소됐다. 북한 지도부는 미국의 확대개입정책의 결과로 중국의 국제적 역할이 강화되자, 다시 중국과 관계복원에 나섰던 것이다. 중국은 4자회담에서 적극적 역할을 함으로써 한반도문제에 대한 영향력을 확대했으며, 미국과 거의 동등한 동북아 지도국가의 위상을

21) 〈한국일보〉 1999년 6월 7일자.

확립할 수 있었다. 이러한 중국의 위상변화는 1990년대 말 북한과 중국 간의 관계 복원에도 영향을 미쳤다고 분석할 수 있다.

2) 북러 관계

북한은 러시아가 탈냉전 이후 한국과 수교하는 등 급격히 관계증진을 모색하자 모스크바와의 우호관계를 더 이상 강조하지 않았다. 이후 북한과 러시아의 관계는 ① 관계재정립 모색기(1994년 후반기~1996년 후반기), ② 정체기(1997년 전반기~1999년 후반기), ③ 재정립기(2000년 이후)로 그 변화를 특징지을 수 있다.[22] 전반적으로 4자회담이 논의되고 진행되던 1990년대 후반기는 북한과 러시아의 관계가 과거의 우호관계를 회복하지 못한 정체기에 있었다. 북한은 중국과의 관계에서도 체제위기를 극복할 수 있는 별다른 대안을 찾지 못했고 러시아와의 관계에서는 더욱 그와 같은 체제위기 극복수단을 발견할 수 없었다. 러시아는 북한의 생존에 필요한 동력을 제공할 수 있는 처지에 있지도 않았고, 또 그렇게 할 적극적 의사도 없었다.

1990년대 중반 한반도문제와 관련해 러시아가 관심을 보인 것은 북한의 붕괴로 인한 한반도 사태의 불안정과 미국의 영향력 증대, 그리고 그러한 상황에서 자신들의 영향력 축소문제였다. 러시아가 당면한 외교적 과제도 자연히 그와 같은 사태진전에 따라 영향력 회복을 도모할 수 있는 길을 찾는 것이었다. 그러나 러시아는 북한과 미국의 제네바 핵합의, 미일동맹의 강화, 4자회담에서의 배제 등으로 동북아시아 지역에 대한 영향력이 급격히 감소되는 추세를 막을 외교적 수단이 없었다. 또 국내 경제사정도 외교적 열세를 보완해 줄 처지가 되지 않아 대외관계가 크게 위축됐다. 러시아는 대내적으로는 개방과 개혁을 표방한 이후 극도로 불안했던 정국의 안정을 되찾는 것이 우선 목표였으

22) 여인곤, 《러북관계 변화추이와 푸틴의 대북정책 전망》(서울: 통일연구원, 연구총서 00-20, 2000), pp. 25.

며, 대외적으로는 중국과 밀접한 관계를 유지하면서 동북아시아 지역에 대한 미국의 패권주의에 대응해야 했다. 또 한국과의 관계를 강화하고 북한과의 관계도 돈독히 함으로써, 한반도문제에 대한 잃어버린 발언권을 키울 수 있는 방도를 마련해야 했다. 그러나 러시아는 쉽게 그와 같은 난제를 해결할 능력도 기회도 갖지 못한 외교적 무기력증을 보였다.

러시아의 입장에서 볼 때, 한국과의 관계는 큰 문제가 아니었다. 수교 이후 경제적 교류가 엄청나게 늘고 있어 정치·외교적인 관계는 자연히 그 경제적 교류에 편승하여 별다른 문제없이 비교적 순탄하게 진행됐다. 그러나 경제적 교류와 지원이 과거보다 축소되고 있던 북한과의 정치·외교적인 관계는 전후 어느 때보다도 불편한 상태가 됐다. 한국과의 수교 이후 악화된 대북 관계를 어떻게 하든 복원해야 할 처지였으나, 현실은 그렇지 못한 방향으로 나아갔다. 1994년 10월 12일 러시아 외무부는 대북한 수교 46주년을 맞아 북한과 이념에 구애되지 않는 새로운 관계 수립을 강조하면서 대북관계 개선의사를 밝혔다. 북한도 6일 후인 10월 18일 러시아가 북한과 옛 소련 수준의 관계를 복원하기를 희망하고 있다며, 이를 적극 환영한다는 입장을 표명했다.[23] 그러나 1995년도에 들어와 북한과 러시아 관계는 별다른 진전을 보이지 않았다. 오히려 북한이 판문점에서 중립국 감독위원회 폴란드 대표단을 1995년 2월 철수시키자 3월 1일 모스크바방송은 "미국과의 직접적 대화를 진행하며, 한미 사이에 쐐기를 박으려는 북한의 의도에 따른 것"이라고 분석했다.[24] 모스크바방송의 그와 같은 분석은 북한 입장에 동조하기보다는 상당히 냉정한 평가를 한 것이다. 1996년 4월에는 미국의 클린턴 대통령이 한국 및 일본과 정상회담을 갖는 등 활발한 외교 활동을 벌인 반면, 러시아는 4자회담에서 배제되는 상황을 맞는다. 러시아는 4자회담에서 배제된 데 대해 처음에는 강한 불만을 표

23) 〈내외통신〉 1994/10/1~12/31(종합판, 54), pp. 175~176.

24) 여인곤, 앞의 책, p. 28.

〈표 7-1〉 남북한에 대한 러시아의 교역 실적

(단위: 백만 달러)

	한 국			북 한		
	수 출	수 입	합 계	수 출	수 입	합 계
1994	1229.7	961.9	2191.6	51.4	43.7	95.1
1995	1892.9	1415.9	3308.8	70.1	15.3	85.4
1996	1810.3	1967.5	3777.8	35.8	29.0	64.8
1997	1503.6	1767.9	3271.5	73.5	17.2	90.7
1998	998.6	1113.8	2112.4	66.9	17.0	83.9
1999	637.0	1590.5	2227.5	75.1	24.6	99.7

출처: 여인곤, 앞의 책, p. 22.

시했으나, 그것이 외교적으로 큰 파장을 불러일으키거나 4자회담 자체를 방해하는 위력을 갖지는 못했다. 러시아는 한반도문제에서 이미 2선으로 물러난 듯한 상황이었다.

러시아는 북한과 제1차 경제무역 및 과학기술 협조위원회를 평양에서 개최(1996. 4. 10～12)했고, 러시아 연방하원 의장을 단장으로 하는 대규모 의회대표단을 북한에 보내는 등(1996. 5. 26～29) 적극적 대북 접근책을 폈다. 그러나 교역규모는 한국과의 교역규모에 비교하기 어려울 정도로 적었다. 1994년 이후 러시아와 남북한간의 교역상태를 보면 러시아의 대한국 교역규모는 북한에 비해 20～30배 이상이었다. 러시아가 본격적으로 북한과 경제교류를 시도했던 1996년 이후 1997년의 대북한 교역규모는 전년도에 비해 상당규모 늘어났고, 반면 한국과의 교역규모는 줄어들었으나 전체 양으로 볼 때는 여전히 엄청난 격차가 있었다. 4자회담에 대한 논의가 본격화되었던 1997년 이후 러시아의 대한국 교역규모는 줄어들었다. 그렇다 하더라도 러시아가 갖고 있던 남북한간의 외교 비중은 한국 쪽으로 쏠려 있었고, 북한과의 관계는 더 이상 발전할 수 없는 한계에 와 있었다.

이는 반대로 북한의 입장에서 판단해도 러시아가 과거처럼 북한이 의존해야 할 그런 상대는 아니었음을 의미한다. 러시아 연방의회 대표단이 평양을 방문했을 때 북한의 김영남 외교부장은 러시아와의 관계 발전에 객관적 장애는 없으나 심각한 어려움이 있다고 밝히고, 북한 지도자들을 모욕하는 러시아언론 기사들과 한국에 대한 러시아 무기 수출 등을 예로 들면서 양국간의 관계가 순탄치 못함을 시인했다.

당시 북한과 러시아의 관계를 극명히 보여준 것이 양국간의 군사동맹 조약의 폐기였다. 1961년 7월 6일 체결된 조소 우호협력 및 상호원조조약은 냉전의 산물이었다. 즉, 소련은 당시 공산권에 대한 봉쇄정책을 추진하던 미국과 국경분쟁상태에 있던 중국을 견제하고 극동지역에 대한 영향력을 확대하기 위해 북한과 이 조약을 맺었다. 조약의 핵심은 체약국 일방이 무력침공을 당하는 경우, 다른 체약국이 지체 없이 모든 원조를 제공한다는 제1조 자동군사개입 규정이었다. 그러나 러시아는 이 조항이 탈냉전시대에 맞지 않는다는 판단 아래 삭제하기로 하고 북한과 '신우호관계 조약'을 체결키로 제의한 것이다.[25] 그러나 1998년 내에 실현될 것으로 예측했던 신우호관계 조약은 양측이 서두르지 않아 매듭을 짓지 못하다가, 1999년 3월 마침내 '북러 친선선린 및 협조조약'이라는 이름으로 가조인 했고 2000년 2월에야 정식 체결됐다.[26] 이처럼 대체조약을 체결하는 데 4년이 걸린 것을 보면 북한과 러시아의 관계가 어떠했는가를 짐작할 수 있다. 1990년대 중반 이후 북한과 러시아의 관계는 그만큼 소원한 상태였다. 조약의 내용도 자동군사개입 조항이 빠진 것은 물론이고, 이념적 연대조항도 삭제됐다. 다만 "쌍방 중 일방에 침략당할 위기가 발생할 경우 또는 평화와 안정

25) 조소우호조약 및 상호원조조약은 체결 이후 10년간 효력을 가지며, 체약국 일방이 기한만료 1년 전에 조약폐기의사를 표시하지 않는다면 5년씩 유효기간이 계속 연장되도록 했다. 이 조약은 1991년 다시 갱신되어 1996년 9월 10일까지 유효한 상태였으며, 러시아는 1년 전인 1995년 8월 조약폐기의사를 북한에 통보했다.

26) 북러친선선린 및 협조조약이 체결된 것은 2000년 2월 9일이었다. 이바노프 당시 외무장관이 평양을 방문해, 전문과 12조로 구성된 신조약을 백남순 북한 외상과 공식 조인했다.

을 위협하는 상황이 발생하는 경우, 그리고 협의와 협력이 불가피한 경우 쌍방은 즉각 접촉한다"는 조항이 삽입됐다. 그러나 과거 우호조약이 "체약국 일방이 무력침공을 당했을 경우 다른 체약국이 지체 없이 모든 원조를 제공한다"고 규정한 반면, 신우호조약은 "침략당할 위기나 평화나 안정을 위협하는 상황 그리고 협의와 협력이 불가피할 경우 즉각 접촉한다"고 규정했다. '지체없이 모든 원조를 제공한다'고 규정한 과거 조약과 비교해보면, '즉각 접촉한다'는 표현은 내용상 엄청난 차이가 있는 것이다. '접촉'은 무조건 원조를 제공한다는 것이 아니라 협의를 해본다는 뜻으로, 협의결과가 원만하지 않으면 지원해주지 않을 수 있다는 상황도 염두에 둔 것이라고 분석할 수 있다. 냉전시대에 공수동맹관계였던 북한과 러시아의 관계는 신조약 체결을 통해 이처럼 보편적 국가간 관계로 전환된 것이다.

북러 관계의 정체기라고 할 수 있는 1997년 전반기부터 1999년 후반기에는 평양당국이 주로 러시아 공산주의자들과 교류를 확대하는 경향을 보였다. 1998년 2월 북한 로동당 중앙위원회 부부장을 단장으로 하는 대표단이 러시아에 파견되어, 러시아 공산당 중앙위원회와 유대를 강화했다. 북한 지도부의 입장에서는 러시아정부보다 러시아 공산당과 교류를 하는 것이 대내외적 명분에 맞았다. '우리식 사회주의'를 내세워 내부적으로 이념적 일탈을 방지하기 위해 노력했던 북한당국은 자연히 러시아 공산당과 연대를 강화할 수밖에 없었다. 러시아정부는 이미 개혁과 개방정책을 대외정책의 골간으로 삼고 추진 중이었기 때문에, 북한은 러시아정부와의 공식관계를 기피하는 경향을 보였다.

양국간 경제관계 역시 뚜렷이 증진되지는 않았다. 1996년 6,480만 달러로 최저수준에 달했던 양국간 교역은 1997년 9,070만 달러로 증가하다가, 러시아의 모라토리엄(*Moratorium*)이 선언되던 1998년에는 다시 8,390만 달러로 감소됐다. 1999년에는 9,970만 달러로 증가했다.[27] 국내적으로 러시아는 엄청난 경제적 고통을 당하고 있었다.

---

27) 여인곤, 앞의 책, p. 59.

1994년 국내총생산(GDP) 성장률은 −12.7%, 1995년에는 −4.2%, 1996년에는 −3.5%였다가, 1997년에 와서야 최초로 0.9%가 됐다. 1998년에는 다시 −4.9%가 됐으며, 1999년에 3.2%의 성장률을 기록했다. 이러한 상황에서 북한은 러시아에 대해 50억 달러의 빚을 지고 있었고, 북한은 이를 상환할 여력이 없었다. 반면, 한국에 대해 14억 7천만 달러의 경협차관을 갚아야 했던 러시아는 경협차관의 일부를 전차, 장갑차 등 러시아제 무기로 상환하기로 하고, 1996년 한국에 T-80U 전차 등 1억 5천만 달러 상당의 군사무기를 제공했다.[28] 평양측 입장에서 볼 때는 러시아의 그와 같은 조치에 유감을 표명하지 않을 수 없었고, 러시아는 빚을 갚을 생각을 하지 않는 북한에 대해 불만을 표시할 수밖에 없는 상황이었다.

1990년대 후반기 북한과 러시아는 이처럼 서로가 불편한 관계에 있었다. 러시아는 미국이나 중국에 비해 상대적으로 한반도문제에 영향력을 상실한 자신들의 처지를 실감하면서도, 국내외적 상황악화로 북한에 대해 냉전 때와 같은 정치·경제·군사적 도움을 줄 만한 위치에 있지 못했던 것이다. 북한 또한 그러한 러시아와 긴밀한 협력관계를 수립할 필요성도 의사도 절실히 갖고 있지 않았다. 특히, 미국과 제네바 핵합의로 생존의 위기를 막 벗어난 평양당국은 그들의 생존기회를 미국으로부터 찾아야 하는 절박한 상황에 있었다. 북한의 입장에서 볼 때는 러시아가 자신들의 생존을 보장해 주거나 결정적 도움을 줄 만한 대상이 아니었다.

---

28) 위의 책, pp.77~80.

4. 평양과 워싱턴 간의 거리

1) 제네바합의 이행

1994년 북미간 제네바 핵합의로 탈냉전 이후 야기됐던 한반도 긴장상태는 크게 완화됐다. 합의의 점진적 이행과정은 평양과 워싱턴 간의 접촉빈도를 높였고, 양국관계는 비교적 안정적인 상태를 유지했다. 제네바합의의 핵심은 북한의 핵활동 동결이었지만, 그 동결에 대한 대가는 대북 경수로 제공과 대북제재 완화를 비롯한 북미관계 개선이었다. 특히 북한은 제네바 핵합의 이후 모든 외교력을 미국에 집중하며 체제유지를 위한 길을 모색했고, 미국 또한 북한의 그와 같은 노력을 이용, 한반도에서의 새로운 질서형성과 동북아에서의 패권 유지를 위한 발판을 구축했다.

미국은 제네바합의에 따라 1995년 1월 20일 제1차 대북제재 완화조치를 발표했다. 미국의 대북제재 완화조치는 탈냉전 이후 북한이 가장 강력히 추진하던 대미정책의 핵심이었다. 우선 미국은 동결자산의 일부를 해제했다. 북한과 관련된 2천만 달러 상당의 동결자산 가운데 제3국인 소유자산 520만 달러에 대해 동결을 해제했다. 다만 북한당국이 외국정치인에게 융자했거나 송금과정에서 동결된 7백만 달러는 융자목적이 불분명한 점을 들어 제외시켰다. 미국은 또 미국은행과 북한 간의 금융거래를 청산할 수 있도록 미국은행 시스템을 이용하게 했고, 북한산 마그네이트 수입도 허용했다. 1995년 4월 10일에는 미국의 AT&T사가 북한과 직통전화교신 서비스를 시작했다. 미국인의 북한 여행도 자유화했으며, 개인이 여행할 경우 신용카드로 경비를 지출할 수 있게 조치했다. 언론기관의 사무소 개설도 허용했다.

미국은 이와 함께 개별적 완화조치도 취했다. 1995년 6월 스탠턴 그룹(Stanton Group)이 나진 선봉지역에 정유공장을 운영할 수 있도록 허가했다. 특히 미국은 1995년 6월 국제농업개발기금(IFAD)이 북한에 대해 차관제공 여부를 결정하는 표결을 할 때 의도적으로 불참했다.

〈표 7-2〉 제네바합의 후 북미간 주요 접촉

주 제	논의 기간	횟수	결 과
경수로 회담	1994. 11~1995. 6	6	한국형 경수로 수용
연락사무소 개설 협의	1994. 8~1997. 12	6	사무소 개설 합의, 그러나 북한의 소극적 태도로 실행 안 됨
미사일 협상	1996. 4~1999. 9	7	북한이 실험 유예에 합의
테러지원국 해제 문제	1996. 11~2000. 8	11	북한의 조명록 방미(2000. 10)시 '국제테러리즘에 대한 북미 공동발표문' 발표
금창리 지하시설	1998. 8~1999. 2	5	미 조사단 방문 합의

주: 회의의 주제는 아니었으나 관심이 처음 표명됐던 회의도 횟수에 포함시킴.
출처: 외교통상부, 《한반도 주요 문제 자료집》(외교통상부, 2004)에서 발췌.

북한은 그동안 차관 1,570만 달러를 얻기 위해 노력했으나, 미국이 총회 안건상정 자체를 저지해 뜻을 이루지 못했었다. 1997년 1월에는 미국적 항공기가 북한 비행정보구역을 통과하게 했고, 1997년 1월에는 카길 사의 대북 곡물구상무역을 허용했다.[29]

미국과 북한은 또 1994년 8월 12일 상대방의 수도에 외교창구(*diplomatic representation*)를 개설하기로 하고 연락사무소(*liaison offices*) 개설을 추진하기 위한 전문가회의를 열기로 합의했다. 북미 제네바합의는 "전문가회의를 통해 기술적 문제를 해결한 후 연락사무소를 개설하고, 공동 관심사항이 진전되면 양국관계를 대사급 쌍무관계로 격상시킨다"고 명시되어 있었다. 미국은 북한과의 수교조건을 부시 행정부 때부터 제시한 상태이지만, 그러한 조건이 충족되지 않더라도 연락사무소는 개설할 수 있다는 유연한 입장이었다.[30] 이러한 제네바합의에

29) 카길 사와의 거래는 북한의 광물상환 불이행으로 성사되지 못했다. 카길 사와의 거래실패는 4자회담 예비회담 개최를 지연시키는 원인이 되기도 했다.

30) 미국은 조지 부시 전 대통령 당시 6개항의 대북 수교조건을 천명했으며, 클

따라 북한과 미국은 1994년 9월부터 1995년 4월까지 평양과 워싱턴을 오가며 네 차례 전문가회의를 갖고 양측은 사무소의 명칭이나 규모 그리고 영사통신 행정지원 등 기본사항에는 의견 접근을 보았다. 1997년 12월 15일 회의에서는 연락사무소 개설 사전 준비를 위한 임시요원 상호교환문제도 합의했다. 이에 따라 미국은 주 평양 연락사무소장 내정자를 1998년 1월 15일부터 24일까지 평양에 파견했다.

그러나 북한은 미국이 연락사무소 개설을 위해 적극적 움직임을 보이자 오히려 소극적 입장을 보여 연락사무소 개설은 이뤄지지 않았다. 북한은 ① 미국이 평양에 연락사무소를 설치할 경우 광범위한 정보수집을 할 가능성이 있으며, ②북한의 주 유엔 대표부가 사실상 대미 연락사무소 역할을 수행하는 만큼 별도로 연락사무소를 개설할 필요가 없을 것이라고 판단했고, ③ 사무소 설치를 위한 재원 확보에도 어려움이 있으며, ④ 연락사무소 설치가 양국간 외교관계 수립을 오히려 지연시킬 것이라고 생각해 연락사무소 개설에 적극적 자세를 보이지 않았다는 분석이었다.[31] 어떻든 북한과 미국은 제네바 핵합의를 통해 부단한 접촉을 했다. 이러한 접촉에서 제네바합의 이행의 가장 큰 난관으로 등장한 것이 경수로 설치문제였다.

2) 한국형 경수로문제

제네바합의 이후 바로 등장한 이슈가 한국형 경수로문제였다. 한국과 미국은 북한에 제공할 경수로를 한국산으로 하기로 합의했다. 그러나 북한은 한국산 경수로 공급을 거부했다. 북한은 제네바합의 당시에는 한국형 경수로를 제공한다는 데 뚜렷한 거부의사를 표현하지 않았

린턴 행정부도 이 6개항 조건을 재확인했다. ① 남북대화 진전, ② 미군유해송환, ③ 대미비방 중지, ④ 무기수출 중지 등 군사적 신뢰구축조치, ⑤ 테러지원포기 보장, ⑥ 인권개선(외교통상부, 《한반도문제 주요 현안 자료집》, 서울: 외교통상부, 1998, p. 112).

31) 위의 자료집, p. 113.

다. 묵시적으로 양해한 것이다. 그러나 북한은 경수로 제공문제가 공식적으로 표출되자 한국형 경수로는 수용할 수 없다는 입장을 보여 제네바 핵합의의 핵심인 경수로 건설문제가 또 다른 난관으로 등장했다.

클린턴 대통령은 김정일 위원장에게 경수로를 제공하겠다는 약속편지를 보내기도 했지만, 매년 경유 50만 톤을 북한에 주기로 했기 때문에 추가로 비용을 부담하기는 어려운 형편이었다.[32] 이에 따라 미국은 한국표준형 원자로를 제공하고 한국이 중심적 역할을 할 수밖에 없다고 주장했다. 그러나 북한은 ① 한국형 원자로가 북한사회를 무너뜨리기 위한 트로이 목마 역할을 할 것이기 때문에 받아들일 수 없고, ② 주 계약자는 미국기업이 주도하는 합작회사가 되어야 하며 한국기업은 배제되어야 하고, ③ 핵연료 제조공장 및 송전망 개선 등을 공급조건에 포함시켜야 한다고 주장했다.[33] 한편 김영삼 정부는 북미간 경수로문제가 합의되지는 않았지만, 미국이 경수로는 한국이 부담해야 한다는 의사표시를 하자 자진해서 경수로를 제공하겠다고 나섰다.[34] 사실 처음부터 미국은 한국이 일본과 함께 40~50억 달러가 드는 경수로 비용을 부담하라고 요구하고 있었다. 그러나 북한은 한국이 제공하는 것을 거절했기 때문에 베를린과 베이징에서 열린 북미 경수로 회담은 진전을 보지 못하고 있었다.[35]

북미간 협상을 통해 경수로문제가 타결된 것은 제네바 핵합의 이후 거의 8개월 만인 1995년 6월 13일이다. 콸라룸푸르에서 열린 북미 회담은 이날 북한에 제공될 경수로는 두 개의 냉각재 유로를 가진 약 1,000MWe급 발전용량의 가압 경수로 2기로 하기로 합의했다. 경수로

---

32) 제네바합의문에는 미국이 2003년까지 총 2000MWe 용량의 경수로를 북한에 제공하기 위해 국제컨소시엄을 조직한다고 되어 있다.

33) 외교통상부, 앞의 자료집, p. 21

34) Don Oberdorfer, *The Two Koreas* (Washington D. C. : Basic Books, 1997), p. 365.

35) 1994년 11월부터 1995년 4월까지 다섯 차례 열렸다. 1차 회담은 베이징에서, 2차·3차·4차·5차 회담은 베를린에서 개최됐다.

노형은 미국의 원 설계와 기술로 개발되어 현재 생산 중인 개량형으로 한다고 합의했다. 이 표현은 노형을 미국형을 개량한 한국표준형 경수로로 선정하고 참조 발전소로 한국이 현재 건설중인 울진 3, 4호기를 채택한다는 것을 뜻했다.

북한은 미국과 건설공사 중인 울진 3, 4호기를 북한에 제공할 경수로 참조 발전소로, 한국전력을 주 계약자로 선정한다는 데 사실상 합의했으나 합의문 표현에는 이를 밝히지 않았다. 김계관 북한 수석대표는 "미국 설계 및 기술을 발전시킨 개량형을 받아들였으며, 그 밖의 문제는 한반도 에너지 개발기구(KEDO)[36]가 알아서 결정할 사안"이라고 합의 직후 가진 기자회견에서 밝혔다.[37]

한국은 북한이 이렇게 합의한 것은 한국이 북한에 한국형 경수로를 제공하고 한국이 중심적 역할을 하겠다는 주장이 관철된 것이라고 강조했다. 한국의 주장을 보면 북한이 왜 한국형 경수로 수용을 거부했는지 그 이유를 짐작할 수 있다. 북한은 한국형을 제공받을 경우 무엇보다 한국에 의해 기술적으로 종속될 가능성이 있다는 점을 우려했다. 또 한국을 배제하고 미국과 단독협상을 통해 생존의 탈출구를 찾으려 하는 북한의 입장에서는 한국형 경수로를 받아들일 수 있는 명분을 찾기가 쉽지 않았다. 북한은 한국의 원자로를 받아들인다는 사실이 대내외적으로 체면과 자존심을 상하게 하는 일로 생각했다. 그러나 북한은 미국과의 관계개선이 무엇보다 시급한 일이었기 때문에 한국형 경수로를 받아들이는 것이 어쩔 수 없는 선택이라고 판단했다. 경수로 제공 문제가 해결되지 않을 경우 제네바 핵합의는 지체될 것이며, 그럴 경우 북한의 사정은 더욱 절박해질 수밖에 없다는 계산을 평양당국은 하지 않을 수 없는 상황이었다.

사실 북한이 한국형 경수로 수용을 거부하자 미국 내에서는 북한에

36) 한반도에너지개발기구(Korean Energy Development Organization: KEDO)는, 북미 제네바합의에서 합의한 경수로 지원사업의 재정조달과 공급을 담당하기 위해 1995년 3월 9일 국제컨소시엄 형태로 한·미·일 3국이 설립했다.

37) 〈한국일보〉 1995년 6월 14일자.

대한 압박론이 다시 고개를 들었다. 당시 3만7천 명이던 주한미군 수준을 7만5천 명 수준으로 증가해 북한에 대한 압력을 가중해야 한다는 주장이었다.[38] 이 주장은 게리 럭(Gary Luck) 주한미군 사령관 등이 현실적으로 그와 같은 증파를 필요로 하는 위기가 없다는 이유로 반대해 실현되지 못했다. 그러나 평양당국으로서는 미국 내 강경파의 목소리가 강해지고 제네바합의에 대한 비판이 거세질 경우, 사태는 더욱 불리하게 돌아갈 것이라는 실리주의적 판단을 한 것으로 분석된다. 또 현실적으로도 한국형이 아닌 다른 노형의 원자로는 대안이 될 수 없다

〈표 7-3〉 경수로 협상일지

1994. 12. 15	한·미·일 한반도에너지개발기구(KEDO) 구성 고위협의회
1995. 3. 9	KEDO 발족
3. 11	북한외교부, 한국형 경수로 수용 및 KEDO와의 협상거부
3. 23	한미 고위협의회 한국형 제공 재확인
3. 25 ~27	미 북 경수로회담(베를린)
4. 20	미 북 경수로 회담 결렬
5. 19 ~6. 12	미 북 준고위급회담(콸라룸푸르)
6. 13	미북 준고위급회담 타결, 한국형 및 KEDO와의 협상 수용
6. 14	KEDO, 한국형 경수로와 한전을 주계약자로 채택
9. 11 ~13	KEDO와 북한 1차고위급회담(콸라룸푸르)
10. 16	KEDO와 북한 2차고위급회담(뉴욕)
12. 5	KEDO와 북한 경수로 공급협정체결(뉴욕)
1997. 8. 19	신포에서 부지 정지공사 착공

38) Oberdorfer, *op. cit.*, p.367 .

는 내부적 분석이 있었으며, 한국형을 받아야 한다는 중국과 러시아의 의견표현도 상당한 영향을 미친 것으로 보인다.[39] 북한의 한국형 경수로 수용은 명분외교에 치중해 온 북한이 실리외교를 선택하지 않을 수 없게 된 하나의 선례이기도 하다.

미국도 북한의 입장을 살려주기 위해 합의문에서 한국형이라는 표현을 사용하지 않았다. 북한은 표면적으로는 명분을 살리면서 사실상 한국형 경수로를 수용한 것이다. 어떻든 이 합의로 한국은 KEDO에서 주도적 역할을 할 수 있는 위치를 확보했으며, 대북관계에서도 주도권을 상당히 회복하는 계기를 마련했다. 경수로 사업과 관련된 북미협상은 이로써 종결되고 KEDO가 경수로 사업의 주체로 등장했으며 한국은 그 KEDO를 주관하게 됐다.

39) 중국과 러시아는 수차례 북미 제네바합의를 지지하면서, 이를 실천해야 한다는 입장을 북한에 밝혔다(〈동아일보〉 1995년 4월 5일자).

4자회담의 등장 비밀 제8장

북미 제네바합의로 일단 위기국면을 넘긴 동북아정세는 북한과 미국의 제네바합의 이행을 위한 조치들이 비교적 순조롭게 추진되는 듯 했다. 그러나 제네바합의 이행에 맞물려 한국은 계속 한반도문제의 제3자적 위치로 '자리매김' 되는 데 대한 우려와 불만을 갖고 있었고, 북한은 미국과의 관계를 이용해 한국을 소외시키면서 대남관계에서 유리한 위치를 확보하려는 움직임을 노골적으로 보였다. 남북한간의 오래된 경쟁의식과 구조적 갈등은 북미 제네바합의와는 별개로 또다시 긴장을 불러일으키는 불씨를 안고 있었다.

4자회담은 근본적으로 그와 같은 갈등과 경쟁의식의 산물이었다. 4자회담은 결과적으로 별다른 성과를 이루지 못했지만 의의를 찾는다면, 갈등과 분쟁 당사국들이 만남의 장을 꾸준히 만들어 놓고 대화의 단절을 막기 위해 노력했다는 점일 것이다. 좀더 구체적으로 분석하면, 우선 한반도의 긴장이 완화됐다. 신뢰구축조치 및 평화체제 구축문제를 논의한 국제적 포럼으로서의 의의가 있다. 둘째, 북한을 한반도 평화체제 구축에 목적을 둔 긴장완화과정에 계속 참여·개입시켰다는 점이다. 셋째, 한반도의 안정증대와 평화체제 구축에 중국의 건설적 역할을 확보할 수 있는 공간제공의 효용성을 지닌 것으로 평가됐다.[1]

제 8장에서는 4자회담이 등장하기까지의 과정을 추적했다. 북한의 대남 평화공세와 이에 대한 김영삼 정부의 대응과 선택, 그리고 4자회담을 제의하기까지의 전략적 고려 등을 분석했다. 한국을 궁지로 몰기 위한 북한의 의도적 평화공세와 북미 제네바합의 이행과정에서의 외교적 일탈이라는 두 가지 도전을 동시에 받던 김영삼 정부는 4자회담을 제의하면서 다시 한반도문제의 이니셔티브를 취하려 하지만 이 회담은 결국 미완의 정치적 회담으로 끝났다.

1. 목소리 요란한 북한의 평화공세

1) 정전협정문제

4자회담을 탄생시킨 요인은 한반도 정전협정문제였다. 동북아정세 변화와 함께 북한은 그 변화의 기류에서 새로운 외교적 이니셔티브를 추구하려 했으며, 그 중 하나가 바로 정전협정 폐기 주장이었다. 북미 제네바협상의 분위기를 타고 한반도 정전협정문제를 더욱 활발히 제기한 것이다. 북한이 정전협정을 폐지하고 미국과 직접 평화협정을 체결하겠다고 나선 것은, 한국을 배제하고 단독으로 미국과 한반도문제를 해결하겠다는 평양당국의 의도를 드러낸 것이었다. 체제의 생존과 안보위기를 맞이했던 북한은 미국과 핵문제를 논의하기 위한 접촉이 잦아지자, 한반도 평화체제 수립이라는 정치적 슬로건을 다시 들고 나왔으며 이는 한국과 미국이 4자회담을 제의하게 된 직접적 동기를 제공했다.

정전협정은 한국전 발발 이후인 1953년 7월 27일 유엔군 사령관, 중국의용군 사령관, 북한인민군 사령관이 서명한 협정으로 "최후적인 평

1) 이서항, 《4자회담과 한반도 신뢰구축 방안 : 4자회담 유용성 평가를 중심으로》(서울: 외교안보연구원, 2000), p. 38.

화적 해결이 달성될 때까지 한반도에서의 적대행위와 일체 무장행위의 완전한 정지를 보장한다"는 것을 내용으로 하고 있다. 이 협정에 따라 군사정전위원회(MAC)와 중립국 감독위원회를 설치, 정전협정의 이행 상태를 확인하고 감시하는 기능을 수행해온 것이다.

그러나 북한은 1992년 5월 이후 군정위 본회담에 공공연히 불참하면서 정전협정의 대체를 주장하고 나섰다. 탈냉전 이후 극도로 불안했던 체제의 안보를 유지하고 위기를 극복하기 위한 카드로 정전협정문제를 제기한 것이다. 북한은 1991년 3월 군정위 유엔사 수석대표를 미군장성에서 한국군 장성(황원탁 소장)으로 교체한 것을 문제 삼아 본회담 불참을 선언했다. 당시 미국의 부시 행정부는 탈냉전으로 주한미군의 3단계 감축방안을 발표하면서 유엔군 수석대표도 한국군 장성으로 교체했다.[2] 북한은 1991년 5월 중립국 감독위원회 활동에 불참한다는 뜻을 밝히고 1992년 8월에는 군사정전위원회 수석대표를 평양에 소환하기도 했다. 이어 1994년 4월 28일에는 군사정전위원회의의 판문점 철수를 발표했다.

북한이 이처럼 정전협정체제를 문제삼고 나오자 중국도 1994년 12월 15일 군사정전위 대표단을 철수했다. 또 북한은 체코와 슬로바키아공화국이 분리되자 체코공화국의 중립국 감독위원회 승계 자격을 부인했으며, 이에 따라 1993년 4월 체코 중감위 대표단이 철수했다. 폴란드 역시 1995년 2월 대표단을 철수했다. 이에 따라 중립국 감독위원회는 한국 위원국인 스위스와 스웨덴만 잔류한 상태가 된 것이다.[3] 북한은 군사정전위 해체작업을 하면서 의도적으로 군사적 충돌을 유발하는 등

---

2) U.S. Department of Defence, *A Strategic Framework for the Asian Pacific Rim: Looking toward the 21st Century*(1990 · 1991 · 1992). 부시 행정부는 1단계로 1992년 주한미군 7천 명을 감축했고, 2단계 감축은 북한의 핵문제로 일단 동결했다. 그리고 클린턴 행정부는 동북아지역 미군 10만 명을 그대로 유지하기로 결정, 더 이상의 주한미군 감축은 없었다.

3) 폴란드는 바르샤바에 대표단을 상주시키면서 중감위 활동에 계속 참여했다. 1995년 4월부터 매년 두세 차례 대표단이 방한해 회의에 참석했다.

한반도의 긴장분위기를 조성하는 모습을 보였다. 북한은 그러면서 한반도에서의 무력충돌과 전쟁을 막기 위해 최소한의 제도적 장치로 새로운 평화보장체제를 만들어야 한다고 주장했다. 1994년 4월 28일 북한은 외교부 성명을 통해 "휴전협정은 평화를 보장할 수 없는 빈 종잇장으로 되고 군사정전위원회는 사실상 주인 없는 기구로서 유명무실해졌다"며 한반도의 진정한 평화와 안전을 보장하기 위해 정전기구를 대신하는 평화보장체제를 수립할 것을 미국에 제의하면서 본격적으로 북미간의 외교현안으로 문제화시켰다.

1996년 2월 북한은 외교부 성명을 빌어 새로운 평화보장체제의 내용을 구체화하는 잠정협정(Provisional Agreement) 제안을 내놓았다. 북한이 미국에 제의한 잠정협정은 ① 군사분계선과 비무장지대의 관리, 무장충돌과 돌발사건 발생시 해결방도, 군사공동기구의 구성과 임무 및 권한, 잠정협정의 수정·보충 등 안전질서 유지와 관련된 문제들을 그 내용으로 하며, ② 잠정협정은 반드시 북미간에 체결되어야 하고 완전한 평화협정이 체결될 때까지 정전협정을 대신하며, 잠정협정을 이행·감독하기 위해 판문점에 현 군사정전위원회를 대신하는 북미 공동군사기구를 조직·운영하고, ③ 잠정협정 체결과 북미간 공동군사기구 설치문제를 논의하기 위해 해당 쪽에서 협상이 진행되어야 한다는 것을 내용으로 하고 있다.[4] 한국은 휴전협정의 당사자가 아닌 만큼 전적으로 배제하고, 미국과 한반도의 평화장치를 만들겠다는 것이 북한의 표면적 명분이었다. 북한은 1995년 6월과 8월에 김영남 외교부장이 유엔 사무총장 앞으로 보낸 서한을 통해, 유엔군 사령부를 해체하고 한반도로부터 외국군대를 철수시키며 한반도의 새로운 평화체제 수립의 필요성을 강조하기도 했다.

이러한 북한의 정전체제 무력화 공세에 대해 미국은 한국이 포함되지 않은 북한의 제의는 어떠한 것도 수락할 수 없다는 입장을 보이며 평양측의 잠정협정 체결을 거부했다. 그러나 북미 핵협상을 통해 미국

4) 통일부, 〈북한동향〉 268호(1996/2/18~2/24).

과 직접 접촉하면서 워싱턴측과 대화의 채널을 구축한 평양측은 한국을 배제한 북미 평화체제 수립에 더욱 열성을 보였다.[5] 북한은 미국과의 평화협정 체결과 관계정상화가 자신의 생존을 위한 필수적 조건이라는 인식을 갖고 모든 외교역량을 집결시켰다. 미국과 평화협정만 체결되면 미국의 북한체제 위협에 대한 두려움을 떨쳐버릴 수 있으며, 한반도문제의 주도권을 행사할 수 있을 것이라는 것이 북한 지도부의 판단이었다. 정전체제 무력화를 도모하려는 북한의 외교적 공세는 그만큼 거셌다.

2) 한반도 평화체제문제

역사적으로 볼 때 한반도의 평화협정문제를 두고 보인 남북한의 시각 차이는 사실 접점을 찾기 어려운 측면이 없지 않았다. 북한은 근본적으로 한국을 평화협정의 상대로 인정하지 않았기 때문이다.[6] 북한은 1970년대 중반부터는 그 전형으로 미국과 베트남의 평화협정을 염두에 두었다. 미국과 소련이 냉전의 팽팽한 대결을 벌였던 동북아정세로 볼 때, 한국을 적화통일할 수 있는 유일한 방식은 베트남식 통일이라는 인식을 평양당국은 갖고 있었다.

1973년 미국과 북베트남이 파리에서 월남평화협정(파리협정)을 체결하자, 북한은 1974년 3월 25일 북한 최고인민회의가 채택한 미 의회 앞 서신을 통해 '북미' 평화협정 체결을 정식 제의했다. 미국은 1975년 9월 헨리 키신저(Henry A. Kissinger) 미 국무장관의 유엔총회 연설을 통해 남북한과 미국, 중국 간의 4자회담을 제의했으며, 북한은 4자회담이 영구 분단의 술책이라며 거부했다. 북한은 한국을 배제한 채 미

---

5) 북한은 사실 정전체제를 무실화시키기 위한 수단으로 미국에 군사정전위를 대체할 장성급회담을 제의(1995. 3. 28), 2000년까지 열한 차례 장성급회담을 가졌다.

6) 북한은 1960년대에는 남북한간 평화협정 체결을 주장했다. 그러나 1970년대 이후부터는 줄곧 미국을 상대로 평화협정 체결을 주장했다.

국을 상대로 협상하고 베트남과 같은 공산주의 통일을 하겠다는 의도였다.

1979년 7월 1일 박정희 대통령과 지미 카터(Jimmy Carter) 미국 대통령은 서울에서 열린 정상회담 공동성명에서 남북한과 미국이 모두 당사자로 참석하는 3당국 회담을 열어 이 회담에서 한반도 통일문제를 논의하자고 제의했다. 그러나 북한은 9일 후인 7월 10일 외교부 성명을 통해 한국은 당사자 자격이 없다며, 미국과 북한 간의 회담을 통해 주한미군 철수와 평화협정문제를 논의하자고 역제의를 했다. 한국은 옵서버(*observer*) 자격으로 참석할 수 있다는 것이었다.

북한이 다시 3자 회담을 제의한 것은 1984년 1월 10일 '미국정부와 의회에 보내는 편지'에서다. 표면적으로는 1979년 한미 정상이 제의한 3자 회담을 수용하는 것처럼 보였다. 북한은 이 서한에서 남북한과 미국이 동등한 자격으로 참여하는 3자회담 개최를 제의했다. 그러나 북한의 이 제의에는 역시 한국은 평화협정 체결 당사자로 인정할 수 없다는 종래의 입장이 숨겨져 있었다. 즉 평화협정은 미국과 북한 간에 논의하고, 남북한간에는 불가침 선언을 논의하는 이원적 회담을 갖자는 제의였다. 평화체제문제에 관한 한 북한은 여전히 한국의 자격을 인정하지 않았다. 북한은 한국과 평화협정을 체결하더라도 군 작전권이 미국에 있기 때문에 그 협정이 아무런 실효가 없을 것이라고 주장했다. 북한과 실효성 있는 평화협정을 체결하기 위해서는 한국의 군사적 실권을 장악한 미국이 나서야 한다는 논리였다. 한국은 하루 만인 1월 11일 북한 제의를 거부하고 남북한간 직접대화를 촉구했으며, 북한은 그해 3월 7일 한국이 국군통수권을 회복하고 주한미군이 철수할 경우 남북한간 직접대화가 가능하다고 주장했다. 이와 같은 북한 주장대로라면 남북한간의 직접대화나 평화체제 논의는 불가능한 일이었다.

이렇게 평화체제문제에 대해 평행선을 달리던 남북한은 공산체제 붕괴와 북한의 외교적 고립상태 등의 급격한 환경변화를 맞자 1992년 1월 20일 남북한기본합의서를 만들게 된다. 이 기본합의서는 '평화상태가 이룩될 때까지는 현 정전협정을 준수한다'고 되어 있으나, 평화협정 당사자문제에 대한 북한의 입장은 전혀 바뀌지 않았다. 북한은 남북기본합의서와 부속합의서들이 채택됨에 따라, 이제 남은 것은 미국과 북한 간의 평화협정 체결뿐이며 남북한간에는 더 이상 논의할 사항이 없다고 주장했다. 즉 북한의 기본 인식은 남북기본합의서가, 1984년 북한의 미국정부와 의회에 보내는 편지에서 밝힌 남북한 간의 불가침 선언에 해당하기 때문에 남은 평화협정 체결문제는 미국과 논의할 수밖에 없다는 논리였다.

〈표 8-1〉 평화협정 체결 제의 내용

일 시	제의한 측	내 용
1974. 3. 25	북한	북미간 평화협정 체결 (북 최고인민회의가 미 의회에 보낸 서신)
1975. 9. 22	미국	남북한과 미국, 중국의 4자회담 (키신저 미 국무장관의 유엔총회 연설)
1979. 7. 1	한국과 미국	남북한과 미국의 3자 회담 (박정희 대통령과 카터 대통령의 서울 정상회담 공동성명)
1984. 1. 10	북한	남북한과 미국의 3자 회담: 북미간에는 평화협정, 남북한간에는 불가침협정 (북최고인민회의의 미 의회서신)
1984. 1. 11	한국	남북한 직접대화 촉구
1992. 1. 20	한국	남북한기본합의서 채택 (1990년 9월 4일 이후 남북한 고위급회담 결과)
1994. 4. 28	북한	북미간 평화보장체제 수립 촉구 북미간 잠정협정체결 주장

2. 외길에 선 김영삼 정부의 책략

한국이 4자회담을 제의하고 추진한 데는 다음과 같은 배경이 있었다. 우선 김영삼 정부는 북미 제네바 핵합의 이후 한반도문제에 대한 주도권을 상실할지도 모른다는 위기감을 갖고 있었다. 북한의 핵문제가 북미간의 구도에 의해 진행되고 있고, 이러한 분위기를 타고 평양 당국은 미국과의 평화협정 체결이라는 이슈를 더욱 강하게 내걸고 있던 상황이었다.

김영삼 정부는 북한과의 대화가 교착상태에 빠지자 대북정책에 대한 초조감을 갖지 않을 수 없었다. 제네바합의 이후 한반도문제는 미국과 북한 간의 문제로만 변질되는 양상을 띠고 있는 데다, 국내에서는 한반도문제가 미국과 북한만의 협상으로 처리되고 한국은 완전히 제3자적인 입장에 처해 있다는 비판여론이 적지 않았다. 김영삼 정부는 이를 의식, 의도적으로 한반도문제의 주도적 역할을 하려 했지만 현실은 그렇게 진행되지 않는 분위기였다. 한국이 배제된 채 미국과 북한이 한반도의 안보와 평화의 틀을 만들 가능성이 있다는 우려가 국내 전문가들 사이에 적지 않게 나타났다. 미국과 북한이 구체적으로 군사협상을 할 여지도 보였다. 김영삼 정부로서는 어떻게 하든 그와 같은 의구심을 해소하고 한반도문제의 주도권을 행사하고 있다는 점을 과시할 필요가 있었다.

이러한 상황에서 북한은 정전협정 무효와 미국과의 평화협정 체결을 노골적으로 들고 나온 것이다. 한국은 당초 한반도의 평화체제문제는 남북한이 당사자가 되어 해결해야 한다는 원칙을 세우고, 이는 신뢰구축과 단계적 군비통제 등을 거친 후 마지막 단계에서 논의될 수 있다는 점진적 방식을 주장했다. 또 중국이나 미국 등 주변국들은 남북한이 당사자로 합의를 하면 이를 보증하는 제3사적 역할만 해야 한다는 입장이었다.

그러나 미국과의 평화협정 체결만 주장하는 북한은 정전협정이 무효화됐다는 점을 강조하기 위해 의도적으로 도발을 자행했다. 특히 1996년 4월, 4자회담이 제의된 빌 클린턴(Bill Clinton) 대통령의 제주도 방문을 앞두고 북한은 비무장지대에서 무력시위를 하기도 했다. 북한의 이와 같은 의도적 도발은 북한에 대한 비판여론으로 비화되기도 했지만, 김영삼 정부의 국방력 부실과 대북정책의 부재로 인한 것이라는 주장이 적지 않았다. 이에 따라 대북정책에 대한 국내 비판기류가 거세게 일어났다. 1996년 4월 총선을 앞둔 김영삼 정부는 대북정책으로 인해 상당한 어려움에 직면했다. 김일성 사망에 따른 조문문제로 국내 여론은 양분된 상태였다. 운동권학생들을 중심으로 김일성 추모 분향소가 설치되는가 하면, 일부 인사들은 평양에 직접 조의를 보내기도 했다. 국회에서도 의원들 사이에 조문논쟁이 불붙었다.[7] 강원도의 일부 도의원들은 북한 김정일에게 "김일성 주석께서 서거하신 이후 애통한 나날을 보내셨을 총사령관께 삼가 위로와 격려의 말씀을 드린다"라는 말로 서두를 시작한 편지를 보낸 일도 있었다.[8] 전반적 분위기는 조문에 대해 비판적이었지만, 북한이 김영삼 정부와의 대화 단절을 선언하고 나와 남북한간의 대화통로가 막히는 사태까지 다다랐다. 북한과의 대화 단절은 오히려 한국사회의 민족주의 의식을 자극했다. 국내에서는 김영삼 정부의 대북정책에 대해 민족적 염원을 배반한 것이라며 규탄하는 목소리가 적지 않았다. 북한 또한 김일성 조문파동 이후 격렬히 한국을 비난했다. "남조선의 소위 문민정부가 반인륜적 대죄를 지었다"고 비난하면서[9] 제네바합의서에 명기된 남북대화 재개 자체를 거부했다.[10]

---

7) 국회정보위 소속인 민주당의 이부영 의원은 직접 조문을 주장해, 정치적 논란이 됐다(〈동아일보〉 1994년 7월 11일자).

8) 〈동아일보〉 1995년 4월 11일자. 강원도 의원 3명은 북한의 강원도 지역과 자매결연, 합동세미나 등을 여는 데 김정일이 적극 협조해 달라는 편지의 서두에서 그같이 조의를 표했다.

9) 김일성 사망 100일이 지난 1994년 10월 16일, 중앙추모위에서 로동당대표 연설자인 김기남 당비서의 발언.

정전체제를 무력화하겠다는 북한의 의도가 분명한 행동으로 나타나고 미국 내 일부 여론도 이에 동조하는 듯한 분위기가 살아나자, 김영삼 정부도 어떤 대책을 내놓아야 할 입장에 몰리게 됐다. 특히 미국의 클린턴 행정부는 대선을 앞둔 시점이었기 때문에 북미 제네바합의의 성과를 내세워야 할 처지에 있었다. 공화당은 클린턴 행정부가 북한과의 핵협상에서 아무것도 얻은 것 없이 양보만 했다고 대대적으로 선전을 하고 있어서, 북한이 핵합의의 궤도를 조금이라도 이탈하는 분위기가 조성되면 집권 민주당은 엄청난 정치공세를 당할 위치에 있었다. 그렇기 때문에 클린턴 행정부는 표면적으로는 북한의 잠정협정체결 제의를 거부했지만 그와 같은 거부가 북미 제네바합의에 부정적 영향이 미쳐서는 안 된다는 조심스런 태도를 유지할 수밖에 없었다. 북미 제네바합의 이후 공세를 한층 강화하기 시작한 북한의 정전협정 무력화 시도는 동북아의 전반적 정치정세로 볼 때 상당한 힘을 얻고 있는 상황이 된 것이다.

한국정부 내에서도 북한의 정전협정 폐기주장에 대해 '정전체제 고수'라는 기존 입장만 지키다가는 잃는 것이 더 많을 것이라는 우려가 나타났고, 따라서 정전체제문제를 원점에서 다시 생각해보자는 주장도 있었다. 이미 중국과 체코 등이 철수한 중립국감독위원회의 활동에 대한 회의론과 북한이 참석하지 않는 군사정전위의 무용론에 대한 비판이 나타나기 시작한 것이다. 미국이 겉으로는 휴전협정의 준수를 강조하며 한국정부의 입장을 지지하고 있으나, 내부적으로는 북한의 정전체제 무력화를 묵인하고 있다는 주장도 제기됐다. 상황이 이처럼 급변해가자, 김영삼 정부도 이에 적극적으로 대처할 수 있는 새로운 카드를 만들기 위해 고심하지 않을 수 없었다.

한반도문제에서 한국은 엄연한 한 당사자로 문제해결의 주역을 맡아야 할 처지다. 미국과 북한의 협상에 모든 것을 맡기고 거기에 의존한

---

10) 북미 제네바합의문 3조 3항에는 "본 합의문이 대화를 촉진하는 분위기를 조성해나가는 데 도움을 줄 것이기 때문에 북한은 남북대화에 착수한다"고 되어 있다.

다면 북한이 꾸준히 추진해온 대남전략은 결정적 성과를 거두는 반면, 한국의 대북정책은 완전히 그 주도권을 상실하는 것이나 다름없다. 탈냉전 이후 북한에 대해 확고히 우위를 지키게 됐던 한국의 위치가 역전된다면, 이는 김영삼 정권에 대한 국민의 신뢰를 크게 추락시킬 것이 분명했다. 한국은 북한이 주장하는 것처럼 평화협정 체결의 옵서버로 남을 수는 없었다.

한마디로 대내외적 상황이 김영삼 정부를 어렵게 만들었다. 한미동맹관계라는 구조가 어느 정도 김영삼 정부의 입지를 마련해주기는 했지만, 그것으로 대세에 영향을 미치기는 어려운 상황이었다. 김영삼 정부의 대북정책은 한국 내의 북한에 동조적인 세력이나 적대적인 세력 어느 곳으로부터도 지지를 받지 못했다. 북한동포의 실상에 초점을 맞추면서 민족주의적 관점에서 통일을 강조하는 진보세력은 김영삼 정부의 대북정책이 반민족적이며 반통일적이라고 비난했다. 반면, 김정일 정권과 북한의 과거 행위에 대해 부정적 견해를 갖는 보수세력은 김영삼 정부의 대북정책이 지나치게 유화적이라는 시각을 갖고 있었다. 여기에다 북한 지도부는 김영삼 정부의 이러한 곤혹스러운 입장을 더욱 어렵게 만드는 대남정책을 구사했다. 김영삼 정부를 의도적으로 외면하면서 무력도발을 일으키는 등 여러 방면으로 한국 내부의 갈등을 조장하는 대남 선전·선동정책을 취하고 있었다. 북미 핵협상에서도 제3자적 위치로 전락했다는 비판을 받던 김영삼 정부는 이와 같은 북한의 집요한 외교 공세와 선동·선전전술에 몰리는 처지가 되자 적극적으로 대응할 수 있는 새로운 대북정책을 내부적으로 추진하지 않을 수 없었다.

한국정부가 취할 수 있는 조치는 대충 세 가지로 요약이 됐다. 첫째는 북한의 정전위 무력화정책을 국제법 위반행위로 규정하고 이를 유엔에 제소하자는 주장이었다. 북한이 정전협정의 규정에 따라 설치한 기구를 유엔과 합의 없이 일방적으로 무력화시키는 것은 협정위반이라는 것이다. 또 '남과 북은 평화상태가 이룩될 때까지 현 군사정전협정을 준수한다'는 남북기본합의서 제5조를 위반한 행위라는 것이다. 특히 유엔가맹국인 북한이 이와 같은 협정을 위반하는 것은 유엔헌장에 저촉되기 때문에 국제법적으로 따지자는 주장이었다.

그러나 이러한 국제법상 위반행위를 어떻게 효과적으로 제재할 수 있는가. 설사 제재수단이 강구된다고 해도 그것이 북한에 대해 실질적 영향을 미치기는 어려운 상황이었다. 유엔을 비롯한 국제기구는 북한이 핵확산금지조약(NPT) 탈퇴선언을 하고 난 후에도 별다른 대응을 하지 못했다. 더구나 북한의 NPT 탈퇴선언과 정전협정 위반을 비교해 보면 사안의 중요도에 엄청난 차이가 있었다. 북한이 추진하는 정전협정 폐기가 국제사회에 미칠 파장은 북한의 NPT 탈퇴 때와 같은 국제사회의 우려와 관심을 불러일으킬 수 있는 사안이 아닌 것이다. 정전협정문제는 당사자간의 이해관계가 얽혀있는 문제에 불과하다. 여기에다 국제여론을 주도할 수 있는 미국은 정전협정문제를 한반도에 국한된 문제로 보고 있기 때문에, 세계적 문제로 여긴 북한의 NPT 탈퇴선언 때와는 전혀 다른 입장을 갖고 있었다. 따라서 정전협정문제를 유엔으로 끌고 가거나 국제사회의 여론을 불러일으키는 쪽으로 유도하기란 거의 불가능한 상태였다. 국제법상 효과적으로 규제할 수 있는 방도가 없었고, 문제의 크기나 사안의 중요성도 국제적인 것이 될 수 없었다.

둘째는 정전협정을 대신할 평화협정 체결을 좀더 적극적으로 검토해볼 필요가 있다는 주장이 제기됐다. 남북한간에 먼저 평화체제 구축에 합의하고 이를 관련국들이 지지 또는 보장하는 분리 접근방식으로 2+2(남북한과 미국, 중국) 방식과 2+4(남북한과 미국, 일본, 중국, 러시아) 방식 또는 2+유엔 방식을 추진해보자는 제안이 나왔다.[11] 이는 어디까지나 남북한간의 대화와 협상이 선행되어야 한다. 남북한이 협정의 주체가 되고 미국이나 중국, 일본, 러시아 또는 유엔이 북한과의 협정을 보장한다는 것이다. 그러나 북한이 한국을 평화협정 체결의 당사자로 인정하지 않는 한 이 방안 역시 실현될 가능성은 거의 없다.

---

11) 〈세계일보〉 1995년 8월 9일자.

셋째, 북한이 한국의 당사자 자격을 부인하는 만큼 좀더 변형된 제안을 해보자는 의견도 있었다. 남북한이 먼저 평화체제 구축에 합의하는 것이 아니라 한반도 주변국들이 동시에 평화협정을 체결하자는 주장이었다. 즉, 과거 북한이 제의한 것과 같은 남북한과 미국의 3자 회담, 그리고 남북한과 미국, 중국의 4자회담이 그것이다. 그러나 이 제안 역시 한국이 북한이나 미국 또는 중국과 같은 동등한 자격으로 참석하는 것이 되는 것인 만큼 북한이 받아들일 가능성은 적었다. 어떻든 이 세 번째 방안이 결국 남북한과 미국, 중국이 참여하는 4자회담으로 진전됐다.

3. 기형아로 태어난 4자회담

1) 2+2 회담

김영삼 정부가 북한의 정전협정 폐기 공세에 대응하기 위해 당초 마련한 대북정책은 2+2 회담이었다. 즉, 남북한이 먼저 정전협정을 평화협정으로 전환하는 회담을 하고 그 결과에 대해 정전협정의 서명 당사자인 미국과 중국이 보증하는 형식을 취하자는 것이었다.

물론 이러한 형태를 북한이 찬성할 가능성은 거의 없었다. 북한은 한국이 평화협정 체결의 당사자가 아니라는 입장을 줄기차게 견지했고, 평화협정 체결은 미국만이 유일한 당사자이기 때문에 미국과 협상해야 한다는 평양측의 주장이 하루아침에 바뀔 리는 없었다. 더구나 북한은 미국과 제네바 핵합의의 후속조치를 위해 어느 때보다 미국과 외교접촉을 넓히고 있었다. 그 때문에 평양당국은 미국과의 한반도 평화협정 협상이 비록 실현되기는 어려울 것이라고 판단하고 있었더라도, 제네바 핵합의의 분위기를 타 실현 가능성이 있을 것이라는 생각을 할 수 있었던 시기였다. 특히 북한의 미국에 대한 평화협정 체결 제의는 미국과의 대화통로를 확장한다는 의미를 갖고 있었다. 평양당국은 미국과의 접촉을 활성화시킬 수 있는 또 다른 소재로 활용할 수 있을 것이라고 계산하고 있었을 것이다. 그런 상황이었기 때문에 김영삼 정부가 내놓은 2+2 협상방식을 평양당국이 받아들일 여지는 거의 없었다.

그런데도 김영삼 정부는 2+2 방식을 다시 준비하지 않을 수 없었다. 다른 대안이 없었다. 김영삼 정부는 1995년 7월 김 대통령이 워싱턴의 한국전 참전기념비 제막식에 참석할 때 2+2 구상을 발표하기로 했다.[12] 김 대통령은 자신의 워싱턴 방문 의미를 부각시키면서 클린턴 대통령과의 정상회담 성과를 의식해 그 같이 제의하기로 한 것이다. 그러나 김 대통령의 한국전 참전기념비 제막식 연설은 이뤄지지 않았다. 워싱턴의 날씨가 너무 더워 연설할 수가 없었다. 결국 김 대통령과 클린턴 대통령은 정상회담에서 2+2 방식을 김 대통령의 8·15 광복절 연설을 통해 북한에 제의하기로 의견일치를 보았다. 미국이 한국의 2+2 방식 제의에 합의한 것이다.

김 대통령은 클린턴 대통령에게 8월 15일 이를 발표하겠다고 밝혔으며, CNN방송과의 회견에서도 공개적으로 "8월 15일 획기적인 대북제안을 하겠다"고 말했다. 김 대통령의 광복절 기념사 준비팀에 참석했던 한 인사는 이렇게 증언했다.[13]

> 기념사에서는 우선 남북이 긴장을 완화하고 평화로운 가운데 교류와 협력을 강화하기 위해서는 한반도에 항구적 평화체제를 구축해야 한다는 점을 강조하기로 했다. 이어 미국과의 평화협정 체결을 요구하고 있는 북한의 입장을 고려해서 남북한이 합의한 뒤 미국과 중국도 참여시키는 2+2 회담을 추진하자고 제안하기로 했다.

김 대통령이 방미기간 중 CNN과의 인터뷰에서 중요한 대북제안을

---

12) 〈동아일보〉 1998년 8월 25일자. 김 대통령은 1995년 7월 25일부터 28일까지 미국을 방문했다.

13) 〈한국일보〉 1995년 8월 1일자; 〈경향신문〉 1995년 8월 3일자.

하겠다고 스스로 밝힘에 따라, 국내 언론에서도 2+2 회담에 관한 기사가 실리기 시작했다. 국내 언론은 김 대통령이 2+2 방식의 분리접근방식을 추진하고 있다고 보도하는가 하면, 북한이 한국을 평화협정 체결의 당사자로 인정하지 않기 때문에 동시해결방식인 4자회담을 제안할 것이라고 보도하기도 했다. 워런 크리스토퍼(Warren Christopher) 미국무장관과 중국의 첸치천(錢基琛) 외교부장도 1995년 8월 1일 브루나이에서 외상회담을 갖고 "한반도에 영구협정이 체결될 때까지 현 정전협정의 유지를 지지한다"고 발표했다. 김 대통령과 클린턴 대통령이 2+2 방식을 논의했고, 이에 대한 미국과 중국 간의 의견교환이 있었다. 말하자면 2+2 방식은 중국의 양해까지 구한 제안이었다.[14]

하지만 1995년 8월 광복절 행사 때 2+2 방식은 발표되지 않았다. 표면적으로는 북한에 쌀을 싣고 갔던 삼선비너스 호가 억류되는 등 남북한간에 긴장이 조성되면서 광복절기념사에서 2+2 제안이 빠졌다는 것이다. 그러나 사실은 그 제안에 대한 북한의 부정적 반응이 먼저 드러나 발표하지 않았다는 분석도 있다. 북한이 2+2 방안에 대해 미리 부정적 반응을 보이자 대북 제안으로서의 유용성을 잃었을 뿐 아니라, 제안해 보았자 북한이 즉각 거절하면 제안의 효력은 말할 것도 없고 제안한 김영삼 정부의 입장이 오히려 궁색해지지 않을까 하는 우려가 작용했을 것이라는 것이다.

사실 2+2 방식에 대한 보도들과 외교적 움직임을 북한이 모를 리 없었다. 북한은 1995년 8월 4일 〈로동신문〉 논평을 통해 "미국이 최근 한미 정상회담을 계기로 한국을 평화보장체제 수립의 당사자인 듯 내세우면서 책임을 회피하려 한다"고 비난하고, "이 문제는 반드시 조미(朝美) 협상을 통해 해결되어야 한다"고 주장했다. 한국정부는 평화협정 체결문제에 '관여할 자격도 실권도 없다'고 밝혔다.[15] 북한은 김 대통령이 광복절 경축사에서 밝힐 대북 제안을 미리 거부하는 태도를 취

14) Oberdorfer, *op. cit.*, p. 383.

15) 〈동아일보〉 8월 6일자.

한 것이다. 김영삼 정부로서도 그러한 대북 제안의 실효성을 감안하지 않을 수 없는 입장이었다. 여기에다 북한에 쌀을 싣고 간 삼선비너스호 사건까지 터져 남북한간의 관계가 순탄치 못했다. 특히 한국 내 여론은 북한의 삼선비너스 호에 대한 강압조치에 크게 반발하는 분위기였다.[16]

김영삼 정부의 2+2 회담 제의 배경에 대해 주목할 만한 다른 견해도 있다. 김 대통령이 클린턴 대통령과의 정상회담을 위해 의도적으로 만들어낸 제안이라는 설명이다. 김 대통령은 워싱턴의 참전기념비 제막식에 참석하면서 미국에 국빈방문을 요청했다. 그러나 백악관은 김 대통령이 1993년 11월 이미 국빈방문을 했기 때문에 특별한 현안 없이는 국빈방문이 어렵다는 반응을 보였다. 이때 한국이 내놓은 것이 2+2 제안이며, 백악관도 이를 중요한 제안으로 받아들여 양측 정상이 논의하는 형태를 취했다는 것이다. 2+2 제안은 한미 정상회담을 갖기 위한 한국의 계획된 제안이었다는 것이다.[17]

어떻든 김 대통령이 발표하기로 한 2+2 제안은 결국 햇볕을 보지 못했다. 김 대통령은 8·15 경축사에서 "정전협정을 준수하는 가운데 남북이 적절한 대책을 함께 강구해나가자"라고만 말했다.

2) 4자회담의 등장

북한이 2+2 회담을 거부할 것이라는 것은 누구나 예측할 수 있는 일이었다. 한국을 평화협정 체결의 당사자로 인정할 수 없다는 북한이 우선 남북한이 평화체제를 구축하고 미국과 중국으로부터 이에 대한

16) 북한에 지원할 쌀을 싣고 청진항에 입항한 삼선 비너스호의 항해사 이양천 씨가 1995년 8월 2일 사진촬영을 하자, 북한이 정탐행위라며 선원과 배를 억류한 사건. 북한은 이를 빌미로 10일로 예정됐던 남북 베이징당국자회담도 불참하겠다고 통보했다. 한국정부도 7일 쌀을 싣고 북한에 갈 예정이던 선박의 출항을 중단시키는 등 남북관계가 악화됐다.

17) 〈경향신문〉 8월 6일자.

보증을 받자는 2+2 방식을 받아들일 가능성은 거의 없었다. 그럼에도 김영삼 정부는 이미 언급했듯이 다분히 의도적으로 2+2 회담을 북한에 제의하려 했다. 4자회담이 등장한 배경에도 국내정치적 고려가 깔려 있다. 김영삼 정부가 남북한문제를 해결하기 위한 본질적 정책목표를 추구하려는 의도도 있었겠지만, 국내정치용으로 이용하기 위해 서둘러 내놓은 감이 없지 않았다.

한미 정상회담에서까지 논의했던 2+2 회담 제의를 아무런 설명 없이 백지화시킨 김영삼 정부가 다시 4자회담 제안을 고려하기 시작한 것은 1996년 2월경이었다. 당시 클린턴 대통령은 두 달 후쯤 일본을 국빈방문하기로 되어 있었다. 그 국빈방문에 한국방문은 빠져 있었다. 한국은 4월 11일 총선을 앞둔 시점이었다.

김영삼 정부는 클린턴 대통령이 일본을 방문하면서도 한국을 방문하지 않을 경우, 야당으로부터 대미외교의 실패라는 정치공세를 받지 않을까 하는 점에 대해 고민하지 않을 수 없었다. 실제로 야당은 클린턴 대통령이 일본만 방문할 경우 김영삼 정부를 공격할 태세를 갖추고 있었다.[18] 유종하 당시 청와대 외교안보수석의 증언도 이를 뒷받침한다.

> 클린턴 대통령이 1996년 4월 일본을 방문하기로 되어 있는데 일정상 한국에는 올 수 없다는 것이 미국의 입장이었다. 그러나 미국 대통령이 일본까지 왔다가 한국에 오지 않으면, 한미관계에 문제가 있다는 지적이 나올 수 있는 상황이었다. 특히 4월에는 15대 총선이 있기 때문에, 야당이 한미간에 불화가 있는 것처럼 공격하면 여당이 피해를 볼 위험성도 있었다. 그래서 클린턴 대통령이 한국을 다녀가도록 요청했지만, 특별한 현안이 없는 상황에서는 올 수 없다는 것이었다. 그래서 4자회담 카드를 사용하게 됐다.[19]

유 수석은 그해 2월 앤서니 레이크(Anthony Lake) 백악관 안보담당

18) Oberdorfer, *op. cit.*, pp. 384~386.

19) 〈동아일보〉 1998년 8월 25일자. 유종하 청와대 외교안보수석과의 인터뷰.

보좌관을 제주도로 비밀리에 초청, 막후 교섭을 벌였다. 그 결과 양국 정상이 4자회담을 공동제의하기로 하고 클린턴 대통령이 먼저 제주도를 방문한 후 일본을 방문하기로 합의했다는 것이다.

그러나 중요한 것은 이 과정에서 느닷없이 4자회담 카드가 등장한 점이다. 김 대통령이 1995년 광복절 경축사에서 발표하기로 한 대북제안은 남북한이 먼저 협상하고, 평화협정을 체결하게 되면 미국과 중국이 보증하는 2+2 형식의 협상이었다. 이는 정전체제를 항구적 평화체제로 전환하기 위해서는 남북한이 주도적 역할을 해야 한다는 분명한 원칙을 견지한다는 것이 전제조건이었다. 4자회담을 할 경우 북한이 미국만 상대해 대화를 하려 하면 한국은 다시 들러리 역할만 할 가능성이 있다는 우려 때문이었다.

그럼에도 당시 한미 양국이 4자회담 형식에 합의한 배경에는 첫째, 우선 북한을 대화의 테이블로 끌어들여야 한다는 현실적 필요성이 제기됐다. 4자회담이라는 형식을 이용하면 일단 북한이 거부하는 '한국 당사자론'을 어느 정도 피해 갈 수 있었다. 비록 4개국이 동등한 자격으로 참석한다고는 하나, 남북한이 우선적인 당사자가 되어 항구적 평화체제를 유지하는 틀을 만든다고 하는 것보다는 좀더 유연한 제안이라고 할 수 있다. 한국을 평화체제 수립을 위한 협상 당사자로 인정하지 않는 북한이 2+2 회담에 동의할 가능성은 전혀 없지만 4자회담은 '한국 당사자 불가론'을 주장하는 북한의 명분을 어느 정도 살릴 수 있었을 것이다.

둘째, 4자회담에서 북한이 미국과의 대화만 고집할 가능성도 있으나 일단 4자회담이라는 틀이 완성되면, 4자가 동등한 입장에서 논의할 수 있어서 얼마간 북한의 대미대화 고집을 충족시킬 여지가 있고, 한국이 주장하는 대북대화도 할 수 있는 분위기가 조성될 것이라는 점이었다. 가능하면 미국과의 대화 통로를 확장하려 했던 북한으로서는 4자회담도 또 다른 하나의 대화통로로 활용할 수 있는 기회를 갖게 되는 셈이다. 즉, 서울과 워싱턴에서는 4자회담에 대한 북한의 반응이 2+2 회담과는 다를 수 있을 것이라는 기대가 없지 않았던 것이다.

셋째, 중국의 적극적 역할을 유도해 평양정권에 대한 영향력을 증가시킬 수 있을 것이라는 기대도 작용했다. 북한과 중국 간의 관계는 한중 국교 정상화 이후 소원해진 것은 사실이나, 그래도 북한에 가장 큰 영향력을 행사할 수 있는 주변국은 중국뿐이었다. 중국도 이러한 역할을 기꺼이 수락하지 않을 이유가 없었다. 중국으로서는 한반도문제 해결에 미국과 동등한 자격으로 참여할 수 있는 기회를 얻었고, 또 국제적으로도 위상을 격상시킬 수 있는 계기를 만들 수 있었다. 미국의 입장에서는 한반도문제 해결에 중국을 끌어들임으로써 국제문제에 중국의 역할을 강조하는 효과도 계산했을 것이다. 미국의 대외정책 원칙이 '확대와 개입'으로 정해진 이상 중국이 4자회담에 참가해 지역의 안보와 평화를 위해 노력하는 것은 이 원칙에도 부합된다고 할 수 있다.[20]

넷째, 한미 양국 정상이 공동제안 한다면 그 제안의 실효성이나 권위도 고려해야 할 입장이었다. 북한이 한마디로 거절할 제안이라면 양국 정상의 입장이 대내외적으로 어려워져, 오히려 제안하지 않는 것보다 못한 결과를 가져 올 수가 있었다. 김영삼 대통령이나 클린턴 대통령 모두 국내적으로 정치적 타격을 받을 가능성이 적지 않았다. 이는 반대로 평양당국이 제안의 비중을 염두에 두지 않을 수 없게 만드는 효과도 있었다. 미국과 관계 정상화를 위해 노력하는 북한 지도부로서는 한국과 미국의 공동제안을 한마디로 거절할 입장에 있지 않았다. 북한 지도부가 미국에 대해 냉전 때와 같은 극도의 부정적 시각을 갖고 있었다면 아무리 한미 정상이 공동으로 제의한 것이라고 해도 별다른 고려 없이 거절했을 것이지만, 북미 핵합의가 이뤄진 후의 북한의 입장은 그렇지 못했다.

김영삼 대통령과 클린턴 대통령은 4월 16일 제주도 정상회담에서 공동성명을 통해 ① 양국 정상은 항구적 평화협정에 의해 대체될 때까지 현 정전협정이 유지되어야 하며, ② 새로운 항구적 평화체제를 추구하

20) 당초 미국은 남북한과 미국의 3자회담을 제의했으나 한국은 그럴 경우 북미대화가 더욱 긴밀해질 수 있다고 판단, 견제자의 역할로 중국도 참여하는 4자회담을 주장해 관철했다고 한다(〈동아일보〉 1996년 4월 17일자).

는 것은 남북한이 주도해야 하고 한반도 평화와 관련하여 미국과 북한 간의 별도 협상은 고려될 수 없다고 합의한다, ③ 중국의 협력이 크게 도움이 될 것이다, ④ 4자회담은 항구적 평화협정을 이룩하는 과정을 개시하기 위한 것이다 라고 밝혔다.[21]

즉, 4자회담을 제의하면서도 정전협정과 당사자문제 그리고 회담의 성격 등을 비교적 분명히 했다. 한국의 입장을 대부분 수용한 것이다. 그러나 남북한이 회담의 주도적 역할을 해야 한다는 것은 한국의 강력한 희망사항에 불과한 수사적 성격이 짙었다.

이렇게 해서 2+2 회담은 사라지고 4자회담이 한반도문제 해결의 방식으로 등장하였다. 반면 한국정부는 어디까지나 남북한이 주도적 역할을 해야 한다며 2+2 회담의 유효성을 강조했다. 권오기 통일원 장관은 "4자회담이 완전한 4자회담인가, 아니면 2+2 회담인가"라는 기자들 질문에, "우리 생각은 4자회담 첫 단계는 우선 4자가 모여 회담을 어떻게 굴려나갈 것인가를 협의하고 회담이 열린다고 할 때 남북이 주로 협상과 합의를 하고 그 과정에서 미국과 중국이 돕고 보증하는 방식이 되어야 한다는 것이다"라고 말했다. 권 장관은 "2+2 방식이 여러 가지 문제를 풀어가는 데 좋은 방식이라고 생각한다"고 말했다.[22] 그러나 이와 같은 답변은 국내 여론을 의식하지 않을 수 없는 상황 때문에 나온 것이었다. 한반도문제의 당사자 자격을 어떻게 하든 유지해야 한다고 강조한 김영삼 정부로서는 실질적으로 2+2 회담 형식이 이뤄지지 못한 데 대한 설명이 필요했다. 그래서 처음에는 4자가 모여 회담 진행에 대해 논의하고, 회담 진행방식이 결정되면 남북한이 주도가 되는 2+2 회담으로 전환한다는 것이었다. 그러나 현실적으로 4자가 모여 회담 진행방식을 합의하고, 그후에 본질적 문제는 남북한이 주도적으로 한반도 평화체제 수립문제를 협의한다는 설명은 전혀 설득력이 없었다. 4자회담을 그렇게 진행하려 할 경우 한국의 당사자 자격을 완

21) 〈국민일보〉 1996년 4월 16일자.
22) 〈서울신문〉 1996년 4월 17일자.

강히 거부하는 북한이 수용할 가능성은 전혀 없었고 4자회담 자체도 본 회담이라기보다 형식과 절차를 정하는 준비회담의 수준으로 격이 떨어진다.

또 한국은 일단 4자회담을 열고 주요 문제는 남북한이 협의·해결해 나갈 수 있으므로 당사자 해결원칙을 훼손하지 않을 수 있다고 설명했으나, 일단 4자회담을 연 이상 남북한이 따로 협의하기는 사실상 불가능한 것이었다. 권 장관도 '2+2가 더 좋은 방식' 또는 '남북이 주로 협상과 합의를 하는 방식이 되어야 한다'는 등의 표현으로 2+2가 한국의 희망사항에 불과하다는 사실을 시사했다. 김영삼 정부가 4자회담을 제의한 것은 남북한문제의 당사자 해결원칙을 사실상 스스로 포기한 것이나 다름없었다.

쌀 주고 막 올린 4자회담 제9장

한미 정상이 제의한 4자회담은 설명회와 예비회담을 거쳐 본회담으로 진행됐다. 이 과정에서 북한은 경제적 지원 확보와 대미관계 확대를 위해 4자회담을 활용하려는 의도를 노골적으로 나타냈다. 한국과 미국은 북한의 이러한 요구를 이용해 6차에 걸친 본회담을 개최하는데 성공한다. 그러나 한반도의 평화와 안정을 정착시키기 위해 실행가능한 문제부터 순차적으로 해결하자는 한국 및 미국의 주장과 한반도의 평화체제 수립과 주한미군 철수문제 등 근본적 문제부터 해결하자는 북한의 주장이 맞서 6차에 걸친 본회담은 아무런 구체적 결론을 내리지 못한 채 폐막했다.

여기에다 북한의 금창리 핵시설 의혹사건과 미사일 발사로 4자회담은 급격히 위축됐다. 이 사건들을 해결하기 위한 북미간 접촉에 모든 관심이 집중된 데다가 경제지원과 대미접촉 창구를 확대한 북한이 4자회담을 도외시하면서 한반도문제는 새로운 방향으로 전환된다. 특히 김대중 정권의 새로운 대북정책 추구와 클린턴 행정부의 〈페리 보고서〉(*Perry Process*) 등장으로 4자회담은 더 이상 기능을 갖지 못했다. 한마디로 동북아 정치정세는 김영삼 정부로 하여금 4자회담을 제의하게 만들었으나, 북한과 미국이 주도한 동북아정치체계의 새로운 변화는 4자회담을 퇴색시켰다. 제 9장에서는 회담의 진행과정과 퇴색요인을 분석했다.

1. 북한의 시간 벌기

1) 북한의 초기 반응

북한은 한미 정상의 1996년 4월 16일 4자회담 공동제의 이후 이틀 만인 4월 18일 외교부 대변인 회견을 통해 4자회담의 제의 취지와 목적이 불분명하다며, 이 제의의 현실성 여부 등을 검토하고 있다는 첫 반응을 보였다. 또한 4자회담 제의에 대한 미국의 설명을 요구했다. 북한의 반응이 극단적 부정이 아니라, 긍정도 부정도 아닌 묘한 대답이어서 한미 관계자들은 상당히 고무된 분위기였다. 김영삼 정부가 1995년 8월 15일에 2+2 회담을 제의할 것이라는 보도가 나갔을 때와 같은 북한의 강력한 비난반응은 아니었기 때문이다. 이에 따라 한미 양국은 4월 29일 북한이 원한다면 한미 두 나라가 공동설명회를 할 수 있다는 답변을 보냈다. 평양당국은 미국에 설명회를 요청했지만, 미국은 4자회담이 한국과 미국의 공동제안인 만큼 설명도 한국과 미국이 함께 해야 한다는 입장을 보였다.[1)]

사실 북한도 4자회담을 선뜻 받아들일 상황은 아니었다. '한국 배제 대미 직접대화'를 고수해온 북한은 4자회담이 비록 남북한이 주도적 역할을 하는 2+2 회담 방식은 아니라 하더라도, 어차피 한국과도 마주 앉아 한반도 평화체제에 대한 대화해야 한다는 점에서 기존의 대남정책과는 거리가 있는 회담이라고 생각하지 않을 수 없었다. 그러나 한국과 미국이 식량지원을 비롯한 대북지원을 4자회담과 연관시키겠다는

---

1) 〈한국일보〉, 1996년 5월 15일자, 5월 13·14일 제주에서 열린 한·미·일 고위정책협의회 후 가진 기자회견에서 미 국무부의 윈스턴 로드 동아시아태평양 담당 차관보 답변.

입장을 보이자 4자회담 제의를 수용도 거부도 하기가 어려운 처지였다. 당시 북한의 식량사정에 대해서는 다시 상술하겠지만, 북한으로서는 감당하기 어려운 식량부족상태에 있었다. 여기에다 중국과 일본도 4자회담을 적극 지지하는 등 북한은 대내외적으로 4자회담을 당장 거부할 수 없는 어려운 상황에 직면했다.[2] 동북아 정치정세는 북한으로 하여금 4자회담을 수용하는 쪽으로 몰고 간 것이다. 이 때문에 북한은 "4자회담을 거부한 적이 없다"[3]는 등 계속 유보적 태도를 취하다가 〈로동신문〉 논평(1996. 5. 24)을 통해 "남조선이 동족에 대한 국제적인 인도주의적 지원문제를 4자회담 제안과 결부시킴으로써 그 제안의 취지와 목적에 대한 우리의 의심을 크게 해 주었다"고 비난하면서도, 4자회담을 대북지원과 연계시키려는 움직임을 노골적으로 보였다. 북한은 공동설명회를 거부하지 않는다며 곡물지원과 미국이 대북 경제제재 완화에 성의를 표시한다면 공동설명회에 응할 수 있다는 뜻을 시사했다.[4] 그러다가 곡물 1백만 톤을 지원해 주면 한미 공동 4자회담 설명회에 참석할 수 있다고 공식적으로 밝혔다.[5]

북한이 4자회담 설명회 참가조건으로 곡물지원을 노골적으로 요청한 가운데 1996년 9월 18일 북한의 소형 잠수함이 동해안에 침투하는 사건이 발생했다. 북한은 이보다 4개월 앞선 5월 17일 무장병력을 군사

---

2) 일본 외무성 고위관리는 1996년 5월 20일 "일본은 한반도의 4자회담이 실현되지 않는다면 북한과의 수교협상을 재개하지 않을 것"이라고 말했다(〈국민일보〉 1996년 5월 21일자).

3) 1996년 4월 25일 방미중이던 북한의 이종혁 아태평화위 부위원장 발언.

4) 1996년 7월 11일 북한관리들이 미 국무부관리와 뉴욕에서 접촉하며 밝힌 것임(〈조선일보〉 1996년 7월 16일자). 북한은 1995년에 이어 1996년 7월에도 막대한 홍수피해를 봤다.

5) 북한의 전금철 대외경제협력추진위원회 고문은 한국과의 '북경식 쌀회담'을 제의하며 곡물지원이 이뤄질 경우, 4자회담에 적극적인 자세를 보일 수 있다는 서신을 서울에 보냈다. '북경식 쌀회담'은 1995년 6월 한국이 북한에 15만 톤의 쌀을 무상제공할 때의 회담형식으로 한국은 당국자간 회담으로 북한은 비당국자간 회담으로 각기 해석했다(〈조선일보〉 1996년 8월 29일자).

분계선 남쪽으로 내려보내 공포탄을 발사하는 등 한반도에 긴장분위기를 조성했다. 또 5월 23일에는 북한 해군 경비정 5척이 서해상 북방한계선을 넘어 남쪽으로 5㎞나 침투한 사건이 벌어졌다. 이러한 북한의 의도적 도발은 북한에 대한 안보 우려를 불러일으키며, 공동설명회 개최 움직임을 완전히 무산시키고 한국에 대북 강경론을 강화시키는 등 남북한 관계를 크게 악화시켰다.[6)]

한국 내에서는 북한에 대한 강경기류가 득세하자 김영삼 정부는 북한의 공식사과와 재발방지 약속을 요구했다. 4자회담의 선행조건으로 북한의 사과가 등장한 것이다. 잠수함사건 발생 후 약 3개월 동안은 이 사건에 대한 사과문제가 남북한과 미국 사이의 최대 현안이 됐고 4자회담 문제는 더 이상 논의할 상황이 되지 못했다. 김영삼 정부는 대북 안보의 취약성에 대한 내부 비판에 직면했고, 그와 같은 비판을 완화시키기 위해서도 평양당국이 직접 사과해야 한다는 카드를 제시한 것이다. 미국 역시 북한의 잠수함 침투사건으로 남북한 관계가 악화되고 4자회담 문제가 교착상태에 빠지자 적극적 중재에 나서지 않을 수 없었다. 그러나 중재에 나선 미국의 태도는 김영삼 정부의 강경자세와는 상당한 거리가 있어 주목됐다. 윌리엄 페리(William Perry) 국방장관은 남북한 양측의 자제를 요청하며 사건을 확대하지 않는 것이 중요하다고 말했고,[7)] 글린 데이비스(Glin Davis) 국무부 대변인은 "잠수함문제는 한국과 북한이 풀어야 할 문제"라며, "우리는 핵합의가 진전되는 것이 중요하다고 생각한다"고 말했다.[8)] 잠수함사건에 대한 미국의 인

6) 북한의 강릉 잠수함 침투사건에 대해서는 미국 대선 이전 클린턴 행정부로부터 안보대화채널을 보장받기 위한 행동, 대남 심리전, 한국전복을 노린 북한의 오랜 전술 등 다양한 분석이 있었으나, 대남 정보수집과정에서 일어난 해프닝이라는 주장도 있었다.

7) 〈경향신문〉 1996년 9월 25일자. 페리 장관이 남북한 양측의 자제를 요청한 것은 잠수함 침투사건이 자칫 한반도에 또 다른 긴장의 불씨가 될 것이라는 우려 때문이었다.

8) 〈경향신문〉 1996년 11월 22일자.

식은 이처럼 김영삼 정부의 정서와는 차이가 있었다. 미국으로서는 잠수함사건이 4자회담의 걸림돌이 되는 것은 물론이고, 자칫 북미 핵합의 이행에도 큰 장애가 되지 않을까 우려했다. 따라서 이 사건에 대한 미국의 적극적 중재는 당연한 것이었다.

미국이 적극적 중재에 나서자 북한도 미국의 요구를 거절할 수 없었다. 북한 지도부는 미국과의 관계개선에 중요한 고비를 맞이하던 시기였기 때문에, 되도록 미국과 좋은 관계를 유지하는 것이 필요했다. 더구나 우선 식량지원을 받는 일도 급했다. 미국과 부단한 접촉 끝에 평양당국은 마침내 1996년 12월 잠수함사건에 대한 사과 및 재발방지 약속을 하고 1997년 1월 29일로 예정된 4자회담 공동설명회에 참석하겠다고 밝혔다.[9] 북한의 사과는 외교부 대변인이 위임받은 형식으로 발표해 사과수준이 너무 낮다는 비판도 일었으나, "잠수함사건에 대해 깊은 유감을 표시한다", "그러한 사건이 다시 일어나지 않도록 노력한다"는 등 솔직한 표현을 사용했다. 북한의 자존심이나 대남정책 노선을 감안할 때 그와 같은 내용의 사과는 특기할 만한 일이었다. 김영삼 정부도 큰 이의 없이 이 사과를 받아들였다. 이로써 4자회담문제는 다시 본 궤도에 올라 추진됐다.

2) 설명회 단계

남북한과 미국은 예비회담을 갖기 앞서 공동설명회를 갖는다. 1997년 3월 5일 뉴욕에서 열린 남북한과 미국 3자간 공동설명회는 1월 29일 열기로 한 공동설명회 약속을 어긴 북한이 먼저 동의해 열리게 됐

9) 북한 외교부 대변인은 1996년 12월 29일 평양방송과 조선중앙통신을 통해 "조선민주주의 인민공화국 외교부대변인은 위임에 의하여 막심한 인명피해를 초래한 1996년 9월 남조선 강릉해상에서의 잠수함사건에 대해 깊은 유감을 표시한다. 조선민주주의 인민공화국은 그러한 사건이 다시 일어나지 않도록 노력하며 조선반도에서의 공고한 평화와 안정을 위하여 유관측들과 함께 힘쓸 것이다"라고 말했다(〈문화일보〉 1996년 12월 30일자).

다.[10] 북한이 이처럼 태도변화를 보인 것은 날로 악화되는 식량난 때문이었다. 북한은 한미 양국이 3자설명회에서 식량문제도 함께 다룰 수 있다고 하자 이를 수락한 것이다.[11] 여기에다 미국은 3자설명회가 끝나는 즉시 북한이 희망했던 북미간 준고위급회담을 뉴욕에서 갖겠다고 약속했다.

이 설명회에서 우선, 북한은 4자회담에 참여한다고 할 때 '동등한 지위'를 보장받을 수 있는가에 대해 큰 관심을 보인 것으로 알려졌다. 한국과 미국은 동맹관계이고 또 한국과 중국은 이미 국교를 정상화한 상태에서 북한만 불리한 처지에 있지 않느냐는 의구심이었다. 둘째, 북한은 4자회담에 나와야 대북제재 완화가 가능하다고 한 미국의 약속을 어떻게 믿을 수 있느냐는 의문을 제기했다. 셋째, 북한은 4자회담에서 미국과 중국이 어떤 역할을 할 것인지 물었다.[12] 1차 설명회에서 한국과 미국은 4자회담의 목표가 항구적이고 공고한 한반도의 평화체제 구축에 있다는 설명과 함께 실질적인 북미관계 진전과 대북 식량지원도 4자회담이 열려야 가능하다는 점을 강조했다.

그러나 북한이 이 설명회보다도 더 관심을 가진 것은 바로 이어 열린 북미 준고위급회담이었다. 이 자리에서 북한은 ① 대북 해외자산 동결조치 철회, ② 국제금융기구 가입 지원, ③ 미국기업의 대북 직접투자 촉구, ④ 한국기업의 대북 진출 확대 등을 요구했다.[13] 북한이 3자

---

10) 북한은 자신들의 사과를 전제로 미국이 약속한 카길 사와의 곡물구상무역 거래가 성사되지 않았다는 이유로, 1997년 1월 29일의 공동설명회에는 참석을 거부하다가 1997년 3월 5일 처음으로 공동설명회에 참석한다. 북한은 당초 카길 사와의 곡물거래가 무조건 성사되는 것으로 알고 있었으나, 미국측은 카길 사에 북한과의 상담만 허용한다는 것이었고, 카길 사는 북한과 상담을 했으나 조건이 맞지 않아 이를 취소했다.

11) 유엔 식량계획(WFP)은 북한의 호소에 따라 4,100만 달러의 원조를 해주기로 했으나 이는 턱없이 부족한 것이었다. 북한은 앞서 4자회담 성사를 위해 식량 50만 톤을 요구했다. 그러나 이 문제가 성사되지 않자 무조건 설명회부터 참석해보자는 다급한 입장을 보인 것이다(〈한국일보〉 1997년 2월 23일자).

12) 〈한겨레〉 1997년 3월 8일자.

설명회 등 대화에 나선 주된 이유가 경제문제였음을 단적으로 보여 주었다.

북한의 제의에 따라 약 40일 후 열린 3자공동설명회 후속협의(1997. 4. 16~21)에서 북한은 4자회담에 대해 원칙적 수락의사를 보이면서도, 회담 개최와 대규모 사전 식량지원을 사실상 연계하는 입장을 보였다. 이 자리에서 북한은 또 미국과 북한의 관계개선이 이뤄질 때까지 당분간은 중국을 제외한 한국과 미국 그리고 북한 간 3자회담을 먼저 진행하고 적절한 시기에 중국을 포함시키자는 3+1 형식의 회담을 제의했다. 북한이 이처럼 새로운 회담형식을 제의한 것은 식량지원을 먼저 얻기 위한 의도였다. 한국과 미국은 북한이 4자회담에 먼저 참석해야 식량지원과 기타 경제적 조치를 취하겠다는 주장이었지만, 북한은 중국까지 참석한 가운데 4자회담 예비회담이 열리면 4자회담의 의제와 일정 등 광범위한 사항을 논의해야 하는 자리이기 때문에 실제로 북한이 필요로 하는 식량지원문제 등은 논의할 자리가 안 될 것이라고 판단했다.[14]

그러나 북한은 그와 같은 3+1 회담 제의도 곧 수정한다. 유엔주재 북한대표부 이근 대사는 "모든 것을 4자회담 틀 안에서 논의할 수 있다"며 3+1 회담 방식을 더 이상 고집하지 않겠다는 입장을 밝혔다.[15] 북한이 다시 입장을 전환한 것은 식량문제를 더 이상 미룰 수 없는 절박한 상황에 있는 데다 중국이 북한 지도부에 대해 4자회담 참석을 적극적으로 종용한 결과라는 분석이었다. 이에 따라 4자회담은 비교적 순조롭게 일정이 잡혀 나갔다. 남북한과 미국의 3자 실무자들은 6월 말까지 3자 준고위급회담, 8월 중 예비회담 개최 및 본회담 합의, 본회담 개최의 단계별 일정에 합의했다.

---

13) 〈동아일보〉 1997년 3월 9일자.

14) 〈조선일보〉 1997년 4월 25일자.

15) 〈동아일보〉 1997년 5월 29일자.

3) 예비회담

뉴욕 컬럼비아대학에서 열린 제1차 예비회담(1997. 8. 5~7)에서는 예비회담 종료 후 6주 이내에 본회담을 열기로 하고 장소도 제네바로 하기로 합의했다. 대표수준에 대해서는 원칙적으로 외무부장관으로 하되 외무장관이 참석하지 못할 경우에는 그가 지정하는 고위급관료로 하기로 했다.

그러나 의제에 관해서는 북한이 주한미군 철수와 미국과 북한의 평화협정 체결을 들고 나와 합의를 이루지 못했다. 북한은 예비회담이 열리기 전 이미 "예비회담에서는 조선반도의 정전체제를 평화체제로 바꾼다는 기본취지에 맞게 평화협정 체결문제와 남조선주둔 미군처리 문제가 기본의제로 설정되어야 한다"고 밝혀[16] 의제문제에서는 난항이 예상되었다. 1차 예비회담에서 북한은 "한국과는 불가침협정이 있기 때문에 앞으로 평화협정을 체결할 때는 북한과 미국이 당사자가 되어야 한다"는 종래 주장을 되풀이했다.

의제문제를 협의하기 위해 2차 예비회담을 약 40일 후인 9월 중순 뉴욕에서 다시 열기로 해 이 문제가 협상의 핵으로 떠올랐다. 1차 예비회담에서 한국과 미국은 남북한이 당사자가 되는 평화협정 체결, 한반도 긴장완화, 남북한간의 신뢰구축문제를 의제로 상정한 반면 북한은 북미 평화협정과 주한미군 철수문제를 의제로 하자는 것이었다. 여기서 관심을 끈 것은 중국대표의 주장이었다. 중국은 '유관국가간 관계개선'을 의제로 제시했다. 유관국가간 관계개선이란 남북한간 관계개선을 포함해 북한과 미국 간의 관계개선도 포함하는 의미여서, 한반도 등거리 외교를 추구하던 중국의 기본입장이 잘 드러났다.

북한은 또 본회담 참여조건으로 한국과 미국에서 먼저 150만 톤에 이르는 식량지원을 해야한다고 주장한 반면, 한국과 미국은 회담을 먼저하고 그 뒤에 지원하겠다는 '선(先)회담, 후(後)지원' 입장을 고수했

16) 유엔주재 북한대표부 이근 차석대사가 1997년 7월 31일 발표한 성명.

다. 이 밖에 북한은 미국의 대북제재로 제네바합의문의 이행이 어렵게 됐다며, 미국이 이를 해제할 것을 요구했다.17)

같은 장소에서 열린 2차 예비회담(1997. 9. 18~19)에서도 북한은 종전의 의제를 계속 주장하면서 먼저 식량지원을 해야 한다고 주장해 합의를 보지 못했다. 북한은 특히 종전의 '주한미군 철수'와 '북미 평화협정 체결' 주장 외에 '한반도 내 무기반입 금지'라는 새로운 의제를 추가로 제시했다. 한국은 예비회담에서 세부의제를 설정하려 할 경우 회담이 지연될 수 있다면서, 본회담에서 '한반도 평화체제 구축과 긴장완화에 관한 제반문제'라는 포괄적인 단일의제를 채택하자고 제의했으며, 미국과 중국도 한국의 이 제의에 동의하는 입장을 보였다. 또 한미 양국은 북한의 정전체제 인정 및 남북기본합의서 실천, 그리고 본회담 참가를 조건으로 매월 10만 톤 정도의 식량을 제공하고 본회담 개최와 함께 대규모 식량지원을 할 용의도 있다는 점을 밝혔다.18) 이와 같은 식량지원 용의표명은 사실 기존의 한국과 미국 입장을 변경한 것이었다. 이미 설명한 대로 한국과 미국은 선 4자회담, 후 식량지원 입장을 고수했다. 그러나 한국과 미국은 이제 대북 식량지원문제도 4자회담에서 다뤄 일괄타결하자고 제의한 것이다.

그러나 북한은 2차 예비회담 때까지만 하더라도 4자회담을 성사시키려는 의도가 없어보였다. 당시 4자회담 미국 대표로 활약한 찰스 카트먼(Charles Kartman) 국무부 동아태 담당 부차관보는 "2차 회담을 앞두고 여러 정황상 북한 수석대표인 김계관이 합의를 막고 있는 쟁점 사안에 대해 보다 유연한 지침을 받았을 것으로 믿었다. 그러나 그는 1차 회담 때와 똑같은 주장을 반복했다. 평양에서 4자회담을 성사시키라는 지침보다는 막으라는 지침을 가져 온 것이다. 얼마간 시간이 흐른 후 평안도 로동당이 김정일을 총비서로 추대한 것을 보고, 북한정권 내부의 일정 때문에 협상이 진전을 보지 못한 것이라는 점을 깨달았다"

17) 〈로동신문〉 1997년 8월 8일자.

18) 〈중앙일보〉 1997년 9월 19일자.

고 말했다.[19]

의제에 대한 갈등은 미 국무부와 주 유엔 북한대표부 간의 대화를 통해 조정되면서 제3차 예비회담이 1997년 11월 21일 뉴욕에서 열렸다. 이 회담에서 북한은 마침내 한국이 제시한 '한반도 평화체제 구축과 긴장완화에 관한 문제'를 의제로 삼자는 데 동의한다. 또 1차 본회담도 1997년 12월 9일 제네바에서 갖기로 합의했다.

북한이 4자회담 의제에 합의할 수 있었던 내부적 이유는 우선 김정일이 권력승계를 완료했기 때문으로 풀이됐다.[20] 권력승계가 공식화되지 않은 상황에서 4자회담 의제에 합의하기에는 과정상의 문제가 있었던 것으로 보인다. 즉, 김정일이 공식적으로 권력을 승계한 후 내부적으로 4자회담에 대한 결정이 내려진 것으로 분석된다. 이 밖에도 몇 가지 외부적 요인이 작용했다. 첫째, 미국과 중국의 정상회담(1997. 10. 29)에서 양국은 북한의 4자회담 수락을 강력히 촉구했고, 또 정상회담 직전에는 4자회담 중국 수석대표를 평양에 파견해(10. 25~11. 1) 북한을 설득했다. 둘째, 토니 홀(Tony Hall) 미 하원의원 일행의 방북(10. 14~17), 미국정부 식량대표단의 방북(10. 25~11. 4), 그리고 미국의 500만 달러 규모의 대북 의약품 지원 등이 북한의 회담참가 환경을 조성했다. 셋째, 미국이 세계식량계획(WFP)을 통한 형식으로 100만 톤 규모의 식량을 북한에 제공하기로 비공개 약속을 했다.[21]

---

19) 〈조선일보〉 1997년 10월 5일자(찰스 카트먼과의 인터뷰).

20) 김정일은 김일성 사후 3년 3개월간의 유훈통치를 마치고, 1997년 로동당 창건일인 10월 10월에 맞춰 총비서직을 승계한다고 북한 관영방송이 9월 22일 보도했다. 이처럼 북한은 김정일이 공식적으로 권력을 승계하기 전에는 4자회담 예비회담에서 어떠한 합의도 하지 말라는 지시를 내린 것으로 풀이된다(〈조선일보〉 1997년 10월 5일자, 카트먼과의 인터뷰 참조. 카트먼은 북한정권 내부의 일정이 협상에서 유연함을 발휘할 수 없도록 만들었던 것으로 여겨진다고 말했다).

21) *The Washington Post*, November 25. 1997.

4) 본회담

(1) 제1차 본회담 (1997. 12. 9～10)

북한은 3차 예비회담에서 '한반도의 평화체제 구축과 긴장완화를 위한 제반문제'를 포괄적 의제로 하자는 한국 주장에 동의했으나 한반도의 평화보장 체제를 만들고 긴장완화와 신뢰조성을 위해서는 4자회담에서 북미 평화협정 체결과 주한미군 철수문제를 우선적으로 논의해야 한다는 종래의 주장을 다시 내세웠다. 이에 대해 한국은 한반도 평화체제 구축은 우선 당사자인 남북한이 주도하고, 미국과 중국이 보장하는 형태가 되어야 하며, 남북한간에는 긴장완화와 신뢰구축조치가 강구되어야 하고, 남북기본합의서와 정전협정 등 기존 합의는 존중되어야 한다는 입장을 강조했다. 또 상호주의에 바탕을 둔 평화체제 구축과 긴장완화조치의 이행 그리고 회담의 효율적 운영을 위해서는 분과위 구성이 필수적이라는 점을 주장했다.

미국은 역시 한반도 평화체제 구축과 긴장완화과정에서 정전협정이 준수되어야 하며, 남북기본합의서의 이행이 중요하다고 밝히고, 주한미군은 바로 북한의 위협 때문에 존재한다는 점을 강조했다. 중국도 한반도에 새로운 평화체제가 수립될 때까지 정전체제가 준수되어야 한다는 한국과 미국의 주장에 동조하면서, 4자회담의 틀 안에서 상호 단계적인 관계개선과 신뢰조치가 이뤄져야 한다고 말했다. 중국은 특히 남북한간 그리고 미국과 북한 간에 꾸준히 관계개선을 위한 노력이 있어야 하며, 그와 같은 관계개선은 한반도에서의 긴장완화와 평화체제 구축을 위해 긍정적 환경을 조성할 것이라고 주장했다.

분과위원회 구성문제에 대해서도 한미 양측은 합의한 의제에 상응하는 방향으로 분과위원회를 먼저 구성할 것을 제의했고, 북한은 분과위 구성보다는 본회담 의제를 구체화하고 이를 위해 상호간 근원적인 토론을 갖자고 주장했다.

1차 본회담에서는 의제와 분과위 구성문제에 합의하지 못했지만, 2차 본회담을 1998년 3월 16일 제네바에서 갖기로 하고 차기회의 의장

〈그림 9-1〉 동북아체계 변화에 따른 각국의 4자회담 참석 동기

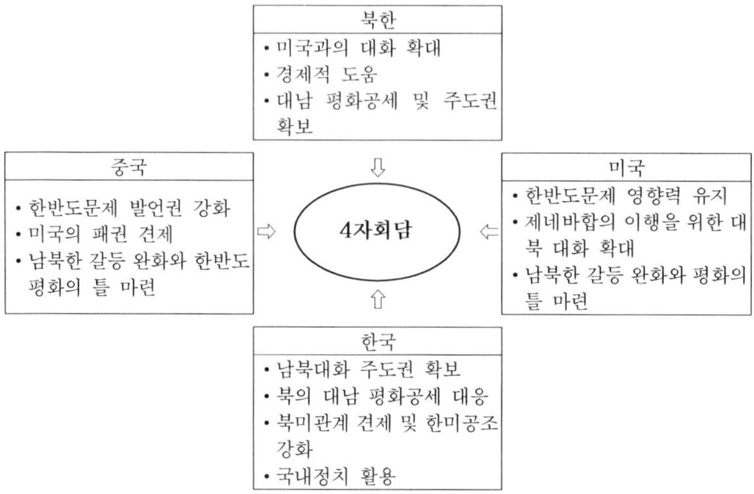

국은 중국·한국·북한·미국 순으로 하기로 했다. 본회담에서 논의할 사안들을 검토하고 건의하기 위해 특별 소위원회(Ad-hoc subcommittee)를 두기로 했다. 또 북한의 입장에 어느 정도 변화가 있다는 점도 감지됐다. 김계관 북한 수석대표는 기조연설을 통해 "4자회담을 수락한 것은 이를 통해 조미관계 개선과 북남대화를 동시에 추구할 수 있다고 판단했기 때문이다"라고 밝혀, 남북대화를 4자회담과 함께 별개의 대화로 활용하겠다는 의도를 비쳤다. 북한은 그동안 남북간에는 기본합의서가 있으므로 별개의 대화가 필요 없다는 입장이었다. 따라서 4자회담에서는 북미간 평화체결문제와 주한미군 철수문제만 다루면 된다고 주장했다.[22]

그러나 이 특별 소위원회는 당초 한국이 주장한 분과위원회와는 성격이 다르다. 분과위는 쟁점별로 구성하는 것인 만큼 합의가 이뤄지면 쟁점에 대한 의견이 일치했다는 것을 뜻하지만, 특별 소위원회는 차기

22) 〈동아일보〉 1997년 12월 11일자.

본회담을 준비하는 모임의 성격이 강하며 결국 이 소위원회에서 다시 분과위 구성문제가 토의될 것이기 때문에 분과위보다 한 단계 더 아래의 위원회에 불과했다.

(2) 제2차 본회담 (1998. 3. 16~21)

제2차 본회담 역시 북한과의 이견은 크게 좁혀지지 않았다. 한국과 미국은 먼저 분과위부터 구성하자고 제의했다. 평화체제 분과위와 긴장완화 및 신뢰구축 분과위 등 2개의 분과위를 만들자는 것이었다. 그러나 북한은 주한미군 철수와 북미 평화협정 체결 등 우선 세부의제부터 확정하자고 주장하면서도 원칙적으로는 분과위 구성에 동의하는 움직임을 보였다. 다만 북한은 분과위 내에서 주한미군문제를 논의해야 한다는 점을 명시하자는 조건을 내걸었다. 주한미군문제를 고리로 사실상 분과위 구성을 불가능하게 하자는 의도였다.

한국과 미국은 주한미군문제의 경우 북한과 논의할 대상이 아니라는 입장이었다. 주한미군문제는 한반도의 전반적인 군사적 상황과 남북관계, 그리고 동북아정세를 전반적으로 고려해 장기적으로 논의할 사안이라는 것이었다. 다만 미국은 주한미군문제가 협상대상은 아니지만, 장기적으로 논의할 수 있는 사안이라는 다소 융통성 있는 자세를 보였다. 결국 2차 본회담은 의장성명조차 채택하지 못하고 종료했다.

(3) 제3차 본회담 (1998. 10. 21~24)

제네바에서 열린 3차 본회담에서는 어느 회담보다 가시적 성과를 얻었다. 한반도 평화체제 구축과 한반도 긴장완화를 각각 논의하는 2개의 분과위 구성에 합의한 것이다. 중국은 2차 본회담 때까지 1개 분과위를 주장했으나 3차 회의에서 2개 분과위 구성안을 수용해 북한도 여기에 동의했다. 중국은 앞서 예비회담에서 각국의 관계개선문제를 의제로 채택할 것을 제의했다. 다소 북한의 입장에 동조하는 자세였으나 3차 본회담에서는 한국과 미국의 입장에 동의한 것이다. 이에 따라 분과위 작업에 지침이 될 〈분과위 설립 및 운영에 관한 각서〉(*Memorandum on the Operation of the Subcommittees*)를 채택했다. 이 각서는 각 분과위 수석대표를 본회담 대표 가운데 1인이 맡고 제4차 본회담부터 실질적 작업을 개시하며, 분과위는 본회담 종료 이전 작업결과를 본회담에 보고한다는 것이 주요 내용이었다.

(4) 제4차 본회담(1999. 1. 18～23)

분과위 의제문제가 다시 논란의 대상이 됐다. 각 측은 모든 문제에 대한 논의의 문을 열어놓자고 합의했으나 논의의 선후문제에서 견해차이를 보였다. 북한은 주한미군문제나 평화협정 체결 등 근본문제부터 해결하자고 주장한 반면, 한국과 미국은 쉬운 문제부터 해결해나가자는 입장을 보였다. 즉, 한국은 남북 군사당국자간 직통전화 설치 및 운영, 주요 군사훈련의 통보 및 제한된 범위의 군사훈련 참관 허용, 군인사 상호방문 등 실천이 용이한 군사적 신뢰구축조치에 대한 협의와 평화적 체제의 내용을 먼저 논의하자고 제의했다.

중국은 한반도 긴장완화를 위한 5대 협상원칙을 제시했다.[23] 중국의 제안은 여전히 북한과 미국의 관계개선을 내세우면서 남북한 당사자간의 군사적 대결을 해소할 수 있는 방안 마련이 중요하다는 점을 강조했다.

---

23) 박영호·박종철, 《4자회담 추진전략: 분과위 운영방안을 중심으로》(서울: 통일연구원, 연구총서 99-17, 1999), p. 31. 중국이 제안한 것은 ① 상호신뢰구축조치를 향한 협력이 광범위하게 증진되어야 함. 여기에는 정치·외교·군사·경제·사회적 분야에서의 상호교환 및 호혜적 협력의 구축과 개선이 포함됨, ② 당사자간 관계증진이 이뤄져야하며 여타 국가들은 물론이고 북한과 미국 간의 점진적 관계정상화가 이뤄져야 함, ③ 당사국은 군사분야에서 복합적이고 다각적인 상호신뢰 구축조치를 위해 협력해야 함, ④ 당사국은 잠재적인 군사적 분쟁을 막기 위해 효과적이고 가시적인 조치를 취해야 함, ⑤ 당사국은 상대방에 대해 적대적이고 도발적인 군사행위를 자제해야 함.

〈표 9-1〉 4자회담 진행상황

구 분	기 간	장 소	성과 및 내용
1차 예비회담	1997. 8. 5~7	뉴욕	본회담 절차문제 협의
2차 예비회담	1997. 9. 18~19	뉴욕	본회담 의제문제 협의
3차 예비회담	1997. 11. 21	뉴욕	본회담 개최 시기 합의
1차 본회담	1997. 12. 9~10	제네바	의장성명 발표
2차 본회담	1998. 3. 16~20	제네바	분과위 구성 논의
3차 본회담	1998. 10. 21~24	제네바	분과위 구성 합의
4차 본회담	1999. 1. 18~22	제네바	본회담 및 분과위 개최
5차 본회담	1999. 4. 24~27	제네바	본회담 및 분과위 개최
6차 본회담	1999. 8. 5~9	제네바	공동 언론 발표문 채택

출처: 이서항, 《4자회담과 한반도 신뢰구축방안》(서울: 외교안보연구원, 2000), p. 11

(5) 제5차 본회담 (1999. 4. 24~27)

북한은 주한미군 철수문제와 북미 평화협정 체결을 의제로 할 것을 주장하면서 주한미군 철수문제는 긴장완화 분과위에서, 그리고 평화협정 체결문제는 평화체제 구축 분과위에서 의제로 다루자는 입장을 고수했다. 북한은 평화협정 체결이나 주한미군 철수문제는 근본적으로 미국과 북한 간의 문제임을 강조하면서, 미국과의 직접협상 의도를 공개적으로 드러냈다. 한국과 미국은 쉬운 문제부터 해결해나자는 4차 회담 때의 입장을 견지하면서, 남북한이 문제의 당사자이기 때문에 북한이 한국을 배제하고 미국과 직접 협상하는 것은 현실성이 없다는 점을 강조했다.

(6) 제6차 본회담 (1999. 8. 4~9)

한국은 이미 제의한 군사적 신뢰조치를 협의, 이행하는 방안을 강구하고 긴장완화문제를 협의하기 위해 판문점 장성급회담을 활성화시킬 것을 촉구하면서 남북 군사공동위원회 가동을 추가로 제의했다. 그리고 평화체제 구축에 대해서는 평화체제의 형식으로 남북한이 주 당사자가 되고 미국과 중국은 증인자격으로 서명하는 추가의정서를 채택할 것을 제안했다. 평화체제의 내용은 전쟁상태를 공식적으로 종식한다는 선언과 무력 불사용, 일정 수준의 군축조치를 담을 것을 제의했다.[24)]

이에 대해 북한은 주한미군 철수문제가 의제가 되어야 한다는 종래의 입장을 지키면서 한미간 전쟁연습 중지와 한반도 내 전쟁장비 반입 중지 등도 의제에 포함시키자고 주장했다. 특히 북한은 기조발언을 통해 미국이 주한미군 철수와 평화협정 체결문제에 용단을 내려야 한다며, "미국은 비본질적 문제로 장애를 조성하고 있다", "우리의 인내에도 한계가 있다"는 등의 강경한 표현을 구사, 4자회담에 더 이상 연연하지 않겠다는 의도를 내보였다.

결국 6차 본회담도 의제문제에 대한 기본적 견해차이를 줄이지 못하고 폐막했다.

이렇게 해서 여섯 차례에 걸친 4자회담 본회담은 별다른 성과를 내지 못하고 의제문제에 대한 서로의 입장 차이만 노출한 채 막을 내렸다. 북한은 다음 회담 개최일정조차 협의하기를 거부했다.

---

24) 위의 책, p. 33.

〈표 9-2〉 4자회담 분과위에서 각국의 입장

	평화체제 구축 분과위원회	긴장완화 분과위원회
한국	• 쉬운 문제에서 어려운 문제로 접근 • 내용과 형식을 구분, 선(先) 내용논의 • 일반적 평화협정 사안과 남북한 특수사정에 해당되는 사안을 포함 • 남북기본합의서를 기본지침으로 활용	• 쉬운 문제에서 어려운 문제로 접근 • 남북당국간 hot-line 설치 • 상호 훈련통보 및 참관허용 • 군인사 상호교류
북한	• 평화과정에서 엄중한 장애를 초래하는 문제 • 평화보장과 관련된 원칙적이고도 근본적인 문제 • 조미 평화협정 체결문제	• 미군의 한국 주둔 등 긴장완화를 위한 근본문제 • 미군 철수 등 긴장완화의 방법문제 • 조미간 정치적 신뢰 조성 등 긴장완화의 분위기 조성문제
미국	• 각 측은 어떤 의제도 제기 가능, 전원일치로 결정 • 쉬운 문제에서 어려운 문제로 접근 • 평화체제의 형식과 내용을 구분 • 선(先) 긴장완화 분과위 진전 추진	• 쉬운 문제에서 어려운 문제로 접근 • 초보적 신뢰구축조치 • 정보교환, 군인사 교류, • hot-line설치 등
중국	• 쉬운 것에서 어려운 것으로, 다른 의견을 존중하며 합의 도출(先易後難, 求同尊異) • 평화협정의 내용 -각 측간 관계개선, 궁극적으로 남북한의 자주적 평화통일 -평화적 분쟁해결, 무력사용 위협반대 -호혜평등 원칙 아래, 정치 · 경제 · 사회문화 · 과학기술 등 여러 분야에서의 협력 -군사적 신뢰구축조치 및 단계적 군비삭감	• 정치 · 군사 · 경제 · 사회 분야를 망라한 포괄적 신뢰구축조치 • 각국간 관계개선 • 각국간 다차원, 다형식의 신뢰구축조치 • 우발적 군사충돌 가능성 예방 • 적대적 · 도발적 군사행동 자제

출처: 박영호 · 박종철, 앞의 책, p. 49.

2. 북한은 쌀이 급했다

북한이 4자회담을 통해 챙기려 한 실리는 바로 식량확보였다. 북한은 김영삼 정부의 대북 압박정책과 1995년과 1996년의 홍수로 인한 식량부족을 4자회담을 통해 상당량 확보할 수 있었다. 1990년대 중반 북한의 식량문제는 한국과 미국이 북한을 4자회담의 장으로 끌어들이는 '당근' 역할을 한 것이 사실이지만, 북한 역시 4자회담문제를 식량난 해소에 이용했고 또 결과적으로 상당한 성과를 거두었다.

북한은 4자회담 공동설명회(1997. 3. 5) 참가조건으로 미국의 경제제재 완화, 대북 경제지원, 미 곡물회사인 카길 사의 대북한 곡물 물물교환 등을 요구했다. 북한은 또 4자회담 본회담 참가조건으로 150만 톤의 식량지원과 경제제재 완화를 요구했으며, 3차 본회담(1998. 10)에서는 미국으로부터 밀 30만 톤을 제공받는 대가로 두 개의 분과위 구성에 합의했다. 김영삼 정부도 4자회담을 빌미로 대내적으로는 대북 식량지원의 명분을 얻었으며, 북한은 이를 역이용해 한국으로부터 상당한 식량지원을 받을 수 있었다.

북한의 식량사정은 1995년과 1996년의 대홍수로 더 악화됐다.[25] 이 홍수로 농경지의 매몰피해가 1995년에 18,200ha, 1996년에 15,000ha로 모두 33,200ha가 발생했다. 이 밖에 침수면적과 유실면적을 합치면 피해면적은 전체 경지면적 1,999,000ha의 35%에 이르렀다.[26] 1995년

25) 북한의 홍수피해가 큰 원인은 ① 지형적으로 산이 많고 하천의 경사가 급해 홍수 유달시간이 짧으며, ② 다락밭, 뙈기밭 조성이 산사태와 표토 유실로 토사가 하천에 퇴적되어 하천을 범람시키고 이로 인해 농경지침수 유실 및 매몰의 피해를 늘리고, ③ 강우 강도가 1995년보다 비교적 적은 1996년의 홍수피해도 컸던 것은 1995년 홍수피해의 복구가 미진했기 때문으로 보인다(노건길 외, 《북한 농업의 생산기반에 관한 연구》, 서울: 통일연구원, 연구총서 01-15, 2001, p. 4).

26) 위의 책, p. 72.

〈표 9-3〉 북한의 식량 수급량 추이

(단위: 만 톤)

연 도	1994	1995	1996	1997	1998	1999	2000
수요량	667	672	673	670	639	650	606
공급량	388	413	345	369	349	389	422

주: 수요량은 정상배급 추정치이고 공급량은 전년도 곡물 수확량임. 따라서 많은 홍수피해가 났던 1995년과 1996년의 경우 수확량은 각각 345만 톤과 369만 톤으로 다른 해보다 큰 차이를 보이고 있다.

출처: 통일부, 《북한이해》(통일부 통일교육원, 2004), p. 151.

홍수 당시 수재민은 520만 명, 총 피해액은 150만 달러, 1996년 홍수 때는 수재민 327만 명에 피해액 17억 달러인 것으로 발표됐다.[27)]

북한의 쌀 수확량은 홍수피해가 컸던 1995년에 122만 9천 톤, 1996년에 134만 톤으로 평년작보다 대충 200~300만 톤 줄었다. 북한의 다급한 식량사정은 김정일 국방위원장이 스스로 밝혔듯이 식량사정이 무정부상태를 초래하는 상황이었다.[28)]

북한의 식량사정은 북한으로 하여금 어쩔 수 없이 4자회담에 참여케 하는 원동력이 됐다. 북한은 당초 1997년 1월 29일 4자회담 공동설명회에 참석하겠다고 했으나, 미국 카길 사와의 곡물거래문제가 성사되

27) 북한은 외교부 대변인 담화(1996. 8. 8)를 통해 "집중호우로 인해 8개도의 117개 시·군에서 공장 기업소와 논·밭 등이 침수·매몰·유실돼, 서해곡창지대 수확에 큰 영향을 끼쳐 17억 달러 상당의 피해를 봤다"며 국제사회의 지원을 공개적으로 요청했다(〈세계일보〉 1996년 8월 10일자).

28) 1996년 12월 7일 김일성대학 연설(〈로동신문〉 12월 8일자. 김정일은 이 연설에서 "천리마제강 연합기업소 쪽으로 가보니 식량을 구하려 다니는 사람들이 길가에 쭉 늘어섰고 다른 지방에 가보아도 어디에나 식량을 구하러 다니는 사람들로 차 넘치고 있다. … 식량문제로 하여 무정부상태가 조성되고 인민군대에 식량을 제대로 공급하지 못하고 있으며 … 아마 우리에게 군량미가 없다는 것을 알면 미 제국주의자들이 당장 쳐들어올 것이다"라고 말했다.

지 않자 이 설명회를 일방적으로 연기했다.[29] 그러던 북한은 미국과 한국이 식량지원에 대한 냉담한 반응을 보이자, 식량연계 주장을 철회하고 다시 4자회담 설명회 참석을 제의했다. 우선 4자회담 설명회에 참석하는 것이 식량지원을 얻을 수 있는 지름길이라고 판단한 것이었다. 4자회담 설명회 개최 전에 카길 사와 논의했던 규모인 50만 톤의 식량을 우선적으로 보장하라는 요구를 철회하면서 스스로 설명회 참석을 제안했다. 북한은 1997년 2월 14일 미국과의 뉴욕접촉에서 "유엔의 식량지원 계획이 발표되면 늦어도 2주 안에 4자회담을 위한 3자 공동설명회에 참석하겠다"고 밝혔다.[30]

북한의 다급한 식량사정을 보여준 또 다른 사례는 황장엽 망명사건에 대한 태도변화다.[31] 4자회담 설명회문제가 현안이 되던 시점에서 황장엽의 망명사건은 한반도 주변에 큰 파장을 몰고 왔다. 그러나 북한은 납치라고 주장하던 처음의 반응을 거두고, 황장엽이 한국대사관에 망명을 요청한 지 6일 만인 1997년 2월 17일 "변절자는 갈 테면 가라"는 외교부 성명을 발표했다. 황장엽의 망명을 기정사실화한 것이다. 4자회담 추진이 어려울 것이라는 예상과는 달리 북한당국은 황장엽의 망명을 순순히 받아들이는 입장을 취한 것이다. 이는 북한이 황장엽의 망명사건을 계속 문제삼고 나설 경우, 한참 무르익던 외부의

---

29) 미국은 카길 사에 북한에 대한 수출허가를 내주었으나, 북한은 이를 이미 거래가 성사된 것으로 판단한 것으로 보인다. 미 행정부의 거래허가는 거래성사와는 다른 것이다. 즉, 미 행정부는 거래허가를 내주었을 뿐, 거래성사를 보장한 것은 아니었다(〈한국일보〉 1997년 2월 3일자). 북한군부는 카길 사와의 협상이 깨지자 설명회 연기를 주장했고, 이에 따라 북한외교부 등 협상파들은 어떻게 하든 50만 톤의 쌀지원이 보장되어야 한다는 입장을 미국에 요구했다(〈조선일보〉 1997년 2월 1일자).

30) 〈조선일보〉 1997년 2월 20일자.

31) 황장엽은 1997년 1월 30일 일본 국제문제연구협회 주최 세미나 참석차 도쿄를 방문한 후 귀국길에 베이징 북한대사관에 머무르던 중, 2월 11일 한국대사관 영사부에 망명을 요청했다. 중국당국은 남북한관계를 고려해 황장엽을 3월 18일 필리핀으로 이송했으며, 황장엽은 4월 20일 서울에 도착했다.

식량지원 분위기가 가라앉을 가능성이 있다는 점과 황장엽의 망명은 이미 되돌릴 수 없는 상황이 됐다고 판단했기 때문으로 분석됐다. 이에 맞춰 한국과 미국도 세계식량계획(WFP)의 대북 식량지원 계획에 동참하겠다고 발표, 황장엽의 망명허용을 시사하고 4자회담 설명회 참석의사를 밝힌 북한을 지원한 것이다.[32] 실제로 황장엽이 서울에 도착하기 전, 중국은 1,600만 달러의 대북 식량지원금을 WFP에 기탁했다. 10만 톤을 목표로 하던 WFP의 목표량도 20만 톤으로 늘었다. 김영삼 정부도 민간 차원의 대북 쌀 지원을 허용했다.

김영삼 정부가 민간 차원의 대북 쌀 지원을 허용한 것은 대북정책의 큰 기조 변화였다. 김영삼 정부는 그동안 대북지원 품목을 계속 늘리면서도, 쌀과 현금에 대해서는 군량미 전용 가능성과 외화반출문제 등을 이유로 대북지원을 금지했다.[33] 김영삼 정부는 대북 식량지원과 관련, 세 가지 지렛대를 갖고 있었다. 첫째는 정부의 직접 식량지원이고, 둘째는 국제기구를 통한 정부의 간접지원, 그리고 셋째, 민간 차원의 지원이었다. 이미 간접지원은 WFP나 유엔인도지원국(UNDHA)을 통해 하고 있었고, 차제에 민간의 대북 쌀 지원도 푼 것이다.[34]

김영삼 정부는 북한과의 베이징회담을 통해 1995년 6월부터 10월까지 국내산 쌀 15만 톤을 북한에 직접 지원했다. 1995년 9월에는 대한적십자를 통한 민간의 대북지원도 허용했으나 북한 잠수함의 1996년 9월 강릉 침투사건으로 지원이 중단됐다. 그러나 1997년 3월 민간 차원의 대북지원을 재허용했고 남북 적십자사는 두 차례에 걸친 베이징회담을 통해 1997년 5월 26일 '남북 적십자 사이의 구호물자 전달절차에 관한 합의서'를 채택, 민간 차원의 대북지원은 남북간 직접전달 방식으로 전환됐다.[35]

---

32) 〈동아일보〉 1997년 2월 26일자.

33) 〈한국일보〉 1997년 4월 19일자.

34) 〈동아일보〉 1997년 3월 31일자.

35) 최수영 외, 《남북한 농업교류 협력방안 연구》(서울: 통일연구원, 연구총서 00-08, 2000), p.55.

〈표 9-4〉 연도별 대북지원 현황

(단위: 만 달러)

연도	정부 차원(국제기구)	민간 차원	합 계
1995	23,200	25	23,225
1996	305(300)	155	460
1997	2,667(2,053)	2,056	4,723
1998	1,100(1,100)	2,085	3,185
1999	2,825	1,863	4,688
2000	7,863	3,513	11,376

출처: 외교통상부, 《한반도문제 주요 현안 자료집》(외교통상부, 2004), p. 130.

김영삼 정부의 이와 같은 대북지원정책에 따라 1996년의 총지원액(정부 차원+민간 차원+국제기구)은 460만 달러에 불과했으나, 1997년은 무려 10배 이상인 4,723만 달러로 늘어났다. 1995년 2억 3,225만 달러에 이르던 대북지원 액수가 1995년에 60배나 급락한 것은 1996년 남북관계가 얼마나 경색됐는가를 반증한다. 이는 반대로 홍수피해까지 당한 북한이 김영삼 정부의 지원중단으로 얼마나 큰 압박을 받았는지를 짐작케 한다. 김영삼 대통령은 1996년 새해 국정연설에서 100만의 대군을 유지하는 북한이 국제사회의 구호를 바라는 것은 민족에 대한 배신이며 죄악이라고 비판했다.[36] 또 김영삼 정부는 1996년 1월 24일 호놀룰루에서 열린 한·미·일 정책조정협의회에서 남북대화가 재개될 때까지 대북지원은 유보되어야 한다고 주장, 미국과 일본의 대북지원을 중단시켰다. 북한에 대한 강한 압박을 가하면서 남북관계는 크게 경색됐다. 4자회담은 이런 가운데 제의됐고, 다시 회담개최 분위기가 무르익을 때 대북지원은 급격히 늘어났다. 김대중 정부가 들어선 1998년도 대북지원은 정부가 남북경협 활성화조치(1998. 4. 30)를 발표하는 등 적극적 자세로 나왔으나 한국의 국내 경제사정 때문에 액수가 크게

36) 〈조선일보〉 1996년 1월 9일자.

떨어졌다.[37)]

결국 한반도 안정과 항구적 평화장치를 마련한다는 4자회담의 목표는 외양적인 것에 불과했고, 내부적으로는 대북 식량지원문제가 회담의 성패와 방향을 좌우했음을 알 수 있다. 탈냉전 이후 북한의 식량사정은 4자회담의 중요한 변수로 작용한 것이다. 대북지원은 김대중 정부가 들어선 1999년도부터 다시 급증했으나, 이때는 이미 4자회담에 대한 기대가 거의 사라진 시점으로 대북정책이 4자회담에 의존하기보다는 새로운 방향으로 전개되기 시작했다. 김대중 정부는 4자회담과는 큰 연관이 없는 새로운 대북정책을 본궤도에 올려놓기 위해 대북지원액을 크게 늘렸다.

3. 무대 뒤로 사라지는 4자회담

1) 새로운 사건의 발생

김대중 정부가 들어서고 대북정책이 새로운 방향으로 전환하는 가운데 한반도에는 4자회담에 직접 영향을 미칠 또 다른 사태가 발생했다. 1998년 8월 북한의 금창리 핵의혹사건[38)]과 북한의 인공위성(미사일) 발사[39)]가 그것이다. 금창리 핵의혹사건은 북한이 대미관계의 국면을

---

37) 박형중 외, 《대북포용정책과 국내정치 여건조성 방안》(서울: 통일연구원, 연구총서 00-05, 2000), pp. 48~49.

38) 외교통상부, 《한반도문제 주요 현안 자료집》(외교통상부, 1998), p. 26. 이 시설들에 대한 초기 첩보는 한국이 미국에 미리 제공한 것으로 알려졌다. 탈북 귀순자들을 중심으로 "영변으로부터 40여 ㎞ 떨어진 금창리 일대에 제2의 핵단지를 건설중"이라는 증언이 나와 이를 미국에 알렸다는 것이다(〈조선일보〉 1999년 5월 29일자).

39) 미사일이냐, 인공위성이냐 라는 문제를 놓고 논란이 일었다. 북한은 처음부터 미사일이 아닌 인공위성이라고 주장했다. 미국은 이러한 북한의 주장을 일축했으나, 국무부는 사건발생(1998. 8. 31) 약 2주 후인 9월 16일 "북한은

전환하기 위해 의도적으로 만든 것인지, 아니면 스스로의 필요에 의한 작업이 대외적으로 불거진 것인지는 확실하지 않다. 그러나 북한의 인공위성 발사는 평양당국이 대미협상이나 대내외적 필요성에 의해 의도적으로 한 것이라고 볼 수 있다. 이 두 사건은 결국 '페리 보고서'로 연결되고, 다시 북미관계의 새로운 장을 여는 단초가 됐다. 반면 4자회담은 이러한 새로운 사건의 발생으로 가치가 크게 희석된 측면이 적지 않았다. 이 새로운 사건이 한반도 정세의 핵심 논란거리로 등장하고 관련국가들의 관심이 그쪽으로 쏠려갔기 때문이다.

우선 북한이 의도적으로 금창리 시설을 외부에 유출해 대미협상 카드로 활용하려 했는지는 분명치 않다. 북한이 이 시설들을 드러내기 이전에 한국과 미국이 탐지했고 문제의 발단도 미 의회의 정보유출에 의한 것으로 보이기 때문이다. 미 의회의 대북 강경파들이 의도적으로 금창리 시설에 대한 정보를 언론에 유출한 것이 아니냐는 분석이 적지 않았다. 북한의 금창리 지하시설문제에 대해 미국이 처음으로 한국에 브리핑한 것은 1998년 3월이었다. 미국은 핵관련 시설일 가능성이 있는 금창리 지하시설 공사와 용덕동의 고성능 폭발장비 연구실험 시설에 대해 자신들의 정보를 브리핑한 것이다.[40] 이어 미 행정부는 1998년 7월 말 이를 의회에 보고했으며, 약 10일 후인 8월 10일 시사주간 〈타임〉지가 보도했고 8월 17일 〈뉴욕 타임스〉가 보도해 관심의 초점이 됐다.

아주 작은 위성을 지구궤도 위에 올리려고 시도했으나 실패한 것으로 결론지었다"고 발표했다. 그러나 일본은 1998년 10월 31일 방위청의 대 국회 최종보고서를 통해 "북한에서 발사되어 일본 상공을 통과한 물체는 기술검증 등을 주목적으로 한 탄도미사일이었을 가능성이 높다"고 주장했다. 방위청은 미사일로 보는 근거로 ① 물체의 비행속도가 인공위성의 궤도진입에 필요한 제1우주속도(초속 7.9㎞)의 절반에 불과했고, ② 인공위성이라면 통상 감지됐어야 할 신호발신이 없었으며, ③ 인공위성의 방송이 발신되고 있다고 북한이 주장하는 27㎒ 주파수에 아무런 전파가 없다는 점을 들었다(〈조선일보〉 1998년 10월 31일자).

40) 〈동아일보〉 1998년 9월 1일자.

8월 31일에는 미국의 CNN방송이 국방부 소식통을 인용해 "북한이 발사한 미사일이 31일 일본열도 북부지방을 지나 일본 동쪽 태평양 상에 떨어졌다"고 보도했으며, 한국과 미국·일본·정부도 즉각 이를 시인했다. 한국은 "북한이 낮 12시 7분쯤 함경북도 동해안 대포동미사일 시험장에서 미사일을 시험 발사했으며, 이 미사일은 발사 지점에서 1,380㎞ 떨어진 일본 미사와(三澤) 동북방 580㎞ 지점에 떨어진 것으로 추정된다"고 밝혔다. 일본은 "북한 동부 연안지역에서 정오 조금 넘어 미사일이 발사되어 1단계 추진체가 일본과 러시아 사이의 해역에 떨어졌으며, 2단계 부분은 일본 영토를 넘어 태평양에 떨어졌다"고 밝혔다. 그러나 북한은 5일 후인 1998년 9월 4일 외교부 대변인 담화를 통해 미사일이 아니라 인공위성이며, 정상궤도에 진입해 정상운행 중이라고 주장했다. 결국 북한의 발사체는 노동미사일과 스커드미사일을 조합한 대포동 1호(사거리 1,800~2,500㎞) 미사일을 이용하여 위성(이른바 광명성 1호) 발사를 한 것으로 결론이 났다. 이 발사를 통해 북한은 당초 미국 예상을 벗어난 3단계 로켓 기술을 보유하고 있다는 사실이 드러났으며, 이 발사체의 일부 잔해는 알래스카 근해까지 총 6,500㎞를 비행한 것으로 드러났다.[41] 북한이 미국 본토까지 도달할 수 있는 미사일 기술을 보유하고 있다는 사실 때문에 문제의 심각성은 더욱 부각됐다.

1998년 8월에 발생한 이 사건들은 즉각 엄청난 파장을 일으켰다. 금창리의 경우 만약 북한이 대규모 지하 핵단지를 건설중이었다면, 이는 1994년 북미 제네바합의의 존폐를 위협하는 사안이었다. 1998년 8월 21일부터 9월 5일까지 장기간 계속된 북미간 회담에서 북한은 핵개발과는 무관한 민간시설이라고 주장하며, 민간시설로 밝혀지는 경우 3억 달러의 보상을 요구했다. 금창리 핵시설에 대한 의혹은 잇단 북미간 회담을 개최하는 동기를 마련해 북미회담은 이어 네 차례나 열렸다.[42]

---

41) 외교통상부, 앞의 자료집, p.89.

42) 1차 회담(1998. 11. 16~18, 평양), 2차 회담(1998. 12. 4~11, 뉴욕 및 워싱턴), 3차 회담(1999. 1. 16~25, 제네바), 4차 회담(1999. 2. 27~3. 15,

회담 결과, 미국과 북한은 금창리 현장 1차 방문을 1999년 5월중에, 2차 방문은 2000년 5월에 하기로 하고 미국이 요청할 때는 추가방문도 가능하다는 합의를 했다. 그 대가로 미국은 북한에 WFP를 통해 식량 50만 톤을 지원하고 감자재배 취로사업(就勞事業) 지원용 식량 10만 톤과 씨감자 1천 톤을 제공하기로 했다. 또 2차 현장방문 후에는 미국의 대북 경제제재를 일부 해제하기로 했다.

그러나 금창리 현장방문 결과는 처음 예측했던 대규모 핵시설 단지는 아닌 것으로 발표됐다. 미국 방문단은 1999년 5월 20일부터 22일까지 금창리를 방문하고 "이 시설은 미완성상태의 매우 큰 규모의 텅 빈 동굴로 현재로서는 북한이 제네바합의를 위반하지 않았으며, 여타 핵 관련 용도를 위해 건설되었을 가능성을 배제할 수 없으나 대규모 핵산업 시설로는 판단되지 않는다"고 밝혔다. 2000년 5월 24~25일 동안 실시된 2차 방문도 "이 시설이 지난 1년간 사용된 흔적을 발견하지 못했다"는 결론을 내렸다.[43] 결국 북한은 금창리 시설로 미국과 잇단 단독협상을 벌여 식량지원을 얻었다.

1998년 8월 31일의 북한 미사일 발사는 1996년 4월부터 계속하던 북미 미사일 회담에 더욱 박차를 가하게 했다. 1998년 10월 뉴욕에서 열린 3차 회담에서 북한은 미사일 수출을 중단하는 대신 매년 10억 달러

뉴욕).

43) 14명으로 구성된 전문조사팀은 다음과 같은 결론을 내렸다. ① 금창리 현장에 완공됐거나 건설중인 플루토늄 생산원자로 또는 재처리공장은 없다, ② 현 상태의 지하구역 크기와 형태로 미뤄볼 때 현장은 특히 영변에 건설한 흑연 감속원자로와 같은 유형의 플루토늄 생산원자로의 설치에 적합하지 않다, ③ 현장은 또 재처리 공장으로도 제대로 설계되지 않았지만 현장이 방대한 지하구역인 만큼 앞으로 실질적인 개조를 하면 그와 같은 시설을 수용할 수 있다, ④ 현장이 지금 당장 대규모 산업적 핵기능을 지탱할 수 있을 것으로는 보이지 않으나 미국은 현시점에서 이 현장이 다른 핵관련 용도를 위한 것일 수 있다는 가능성을 배제할 수 없다, ⑤ 미국은 현재로서는 금창리 지하현장이 1994년 미-북간 기본합의를 위반하지 않고 있다는 결론을 내렸다(〈조선일보〉 1999년 6월 28일자).

의 보상을 요구했다. 또 미국은 북한의 미사일 수출과 개발·생산·배치 등을 모두 논의하자는 입장인데 반해, 북한은 수출문제만 논의가 가능하며 다른 분야는 안보문제이기 때문에 논의할 수 없다고 거부했다. 1999년 3월 29일부터 이틀 동안 열린 4차 회담에서도 양측은 합의점을 찾지 못했다. 그러는 동안 북한의 추가 미사일 발사 징후가 계속 포착됐다. 한·미·일 세 나라는 정상회담과 외무장관 회담을 통해 북한이 미사일 발사를 계속할 경우, 대북 경협과 인적 교류를 대폭 줄이고 인도적 지원도 감축하겠다는 의지를 나타냈다.

이러한 긴장국면에서 등장한 것이 〈페리 보고서〉로 북미 미사일회담도 여기에 자동적으로 포함됐다. 1999년 5월 페리 전 미 국방장관의 북한방문 이후 세 차례 미사일회담이 더 열렸다. 북한과 미국은 1999

〈표 9-5〉 북미 미사일회담 일지

횟수	일 시	장소	내 용
1차	1996. 4. 20	베를린	미: 수출 및 개발·생산·배치 등 전반적인 논의요구 북: 수출문제만 논의 가능
2차	1997. 6. 11 ~13	뉴욕	1차 회담 입장 고수
3차	1998. 10. 1 ~2	뉴욕	미: 대북제재 완화방안 제시 북: 수출 포기 대신 매년 10억 달러 보상요구
4차	1999. 3. 29 ~30	평양	미: 미사일 수출 및 시험발사 모라토리엄 구상 제기 북: 안전보장을 위해 미사일 필요 주장
5차	1999. 6. 23 ~ 24	베이징	미: 페리 보고서에 포함 포괄적 대화에 참여 촉구
6차	1999. 8. 3 ~ 8	제네바	미: 대북제재 해제 가능성 시사
7차	1999. 9. 7 ~ 12	베를린	미: 대북제재 완화조치 북: 미사일 시험발사 잠정 중단 합의

주: 북미 미사일회담은 7차 회담 이후 2000년 1월 21~28일의 베를린회담, 3월 7~15일의 뉴욕회담, 5월 24~30일의 로마회담, 그리고 7월 10~12일 콸라룸푸르회담 등 2000년에만 네 차례 열렸으나 완전한 합의는 이루지 못했다.

년 9월 베를린회담에서 양국간 대화기간 중에는 북한이 미사일 시험발사를 잠정 중단(*Moratorium*)하기로 하고 미국은 대북제재조치 완화에 원칙적으로 합의해 미사일 위기상황은 일단 해소됐다.[44]

4자회담 와중에 발생한 이러한 사건들은 새로운 현안의 대두로 4자회담 자체를 활성화하기보다는 오히려 그 의미를 격하시키는 결과를 가져왔다. 북한의 금창리 지하동굴문제가 언론에 보도된 지 약 3개월 후에 열린 4자회담 제3차 본회담(1998. 10. 21~24)에서는 2개 분과위 구성에 합의했으나, 미국의 카트먼 수석대표와 북한의 김계관 수석대표는 네 차례나 단독으로 만나 미국의 금창리 방문문제를 협의했다. 한반도문제 논의의 중심은 4자회담보다는 자연히 이 두 사람간의 회합에, 즉 북미간 단독접촉에 쏠렸다. 여기서 카트만의 금창리 방문일정이 합의된 것이다. 그때까지만 해도 카트먼은 북한을 방문한 미 국무부 관리 중 최고위직 인사가 된 것이다. 미국과 북한의 단독회담은 북한의 의도가 크게 작용했지만, 당시 한반도 상황으로 보아서는 미국도 대북대화의 시급성을 느끼지 않을 수 없는 시점이었다. 그만큼 금창리 문제는 4자회담을 능가하는 현안으로 부상했던 것이다.

1999년 8월 4일부터 9일까지 열린 4자회담 제6차 본회담에서도 마찬가지였다. 이 회담을 이용해 카트먼 수석대표와 김계관 수석대표는 세 차례 단독접촉을 갖고 미사일문제를 협의했다. 두 수석대표는 6차 본회담 하루 전인 3일과 회담 중이던 4일, 그리고 9일에 회담을 갖고 북한은 미사일 실험을 잠정 중단하고 미국은 대북제재조치를 일부 완화한다는 원칙에 합의했다. 이 미사일회담 후 일주일이 지난 16일 미국의 CNN방송은 김용순 로동당 비서가 "미사일문제는 합리적으로 교섭되면 좋은 결과가 나올 것이다. 나는 낙관적이다"라고 말했다고 보

---

44) 미국 외교협회 로버트 매닝 선임연구원은 이 합의를 '無와 無의 교환'(*nothing for nothing*)이라고 평가했다. 즉, 북한이 미사일 개발계획을 포기하지 않는 한 발사실험 중지는 큰 의미가 없으며, 대북제재도 그동안 북한에 경제난의 핑계만 제공했을 뿐 큰 효과가 없었기 때문에 진작 해제해도 무방한 것을 해제했다는 것이다(〈동아일보〉 1999년 9월 2일자).

도했다.[45] 북한에 대해 강경입장을 보였던 미 국방부의 고위인사도 미사일회담이 끝난 직후인 11일 일본 NHK와의 인터뷰에서 대화를 통해 미사일사태를 해결할 여지가 있다고 발언하는 등 미 행정부에서도 긍정적 반응들이 나왔다.[46]

북미 수석대표간의 이러한 단독접촉이 성과를 거두는 가운데 정작 4자회담은 이 6차 본회담을 마지막으로 막을 내린다. 카트먼과 세 차례 단독 회담을 갖고 미사일문제를 논의했던 김계관 북한 수석대표는 4자회담 직후 가진 기자회견에서 4자회담은 한반도문제 해결에 아무런 도움이 되지 않는다며, 주한미군 철수와 북미 평화협정 체결 없이는 4자회담에 참가할 수 없다는 입장을 밝힌 것이다. 4자회담 6차 본회담 후 나온 〈공동언론발표문〉은 "4자회담의 정례적 개최 중요성에 인식을 같이 하고 가급적 조속한 시일 내에 차기회담을 준비하기로 했다"고 밝혔다. 그러나 북한 당국은 미국과의 단독접촉이 성공적으로 이뤄지는 상황이었기 때문에 더 이상 4자회담에 대한 필요성을 갖고 있지 않았다고 할 수 있다.

2) 김대중 정부의 대북정책

김대중 정부는 김영삼 정부와는 전적으로 다른 대북정책을 구사했다. 우선 북한에 대한 근본적 인식부터 달랐다. 김대중 정부의 대북정책은 전임 정권의 북한붕괴 기대가 잘못된 것이며, 이에 따라 전임 정권의 대북봉쇄정책도 사리에 맞지 않다는 판단을 전제로 한 것이었다. 김대중 대통령은 이와 같은 전제 위에서 1998년 2월 25일 취임사를 통해 대북정책 3원칙과 추진기조 및 세부추진과제를 제시했다.[47] 김대중

---

45) CNN의 홍콩지국장인 마이클 치노이 기자가 1999년 8월 16일 평양을 방문, 김용순 비서와 직접 인터뷰를 했다.

46) 〈한겨레〉 1999년 8월 18일자.

47) 대북정책 3원칙은 ① 한반도의 평화를 파괴하는 일체의 무력도발 불용, ② 흡수통일배제, ③ 남북간 화해협력의 적극 추진 등이다. 추진기조는 ① 안보와

정부의 대북정책은 ① 북한의 어떠한 모험과 도발도 저지·억제할 수 있는 근본적인 국방력, ② 흡수통일정책을 추구하지 않는 것, ③ 북한에 대한 포용정책(*Engagement Policy*) 등 세 가지 원칙을 갖고 있다.[48]

김대중 정부의 이러한 대북정책의 원칙은 남북한과 미국 간의 삼각관계에도 근본적 변화를 초래했다. 노태우 정부는 '선(先) 남북관계 개선, 후(後) 북미관계 개선'이라는 원칙을 갖고 탈냉전 이후 급변하는 한반도 정세에 대응했다. 한마디로 북한도, 미국도 아닌, 한국이 주도권을 행사하는 한반도문제 해결방식이었다. 이는 공산주의 몰락과 소련, 중국과의 국교정상화 등 노태우 정부의 북방외교 성공을 목격했던 당시 한국 내의 정치적 분위기와 여론에도 부합하는 것이었다. 김영삼 정부 역시 한반도문제의 주도권에 집념을 보였으나, 북한체제의 존속가능성에 대한 회의와 체제경쟁에서의 자신감을 확인했다. 그러면서 노태우 정부의 '선 남북관계 개선, 후 북미관계 개선'이라는 원칙에 다소 융통성을 보였다. 즉, 남북관계의 개선과 북미관계의 개선은 선후를 강조하기보다는 '조화와 병행'이라는 원칙을 갖고 추진할 수 있다는 입장이었다. 이미 북미관계는 제네바합의를 통해 상당한 외교적 관계가 축적된 상황이어서, 종래의 '선 남북관계 개선' 주장은 현실성이 떨어졌고 실리적이지 못하다는 판단에서였다. 김대중 정부는 이보다 한 발 더 나아가 '선 북미관계 개선'도 용인할 수 있다는 입장을 보였다. 그것이 북한체제의 개방과 개혁을 유도하는 데 큰 자극제가 될 수 있으며, 오히려 한반도의 평화와 안정에 긍정적 영향을 미칠 것으로 분

화해 협력의 병행 추진, ② 평화공존과 평화교류의 우선 실현, ③ 화해와 협력으로 북한의 변화요건 조성, ④ 남북간 상호이익의 도모, ⑤ 남북한 당사자 해결원칙하의 국제적 지지확보, ⑥ 국민적 합의에 의한 대북정책의 추진 등이다. 세부추진 과제는 ① 남북간 대화를 통한 남북기본합의서 이행 및 실천, ② 정경분리원칙에 입각한 남북 경제협력의 활성화, ③ 남북 이산가족문제의 우선적 해결, ④ 북한 식량문제의 해결을 위한 대북지원, ⑤ 대북 경수로 지원사업의 차질 없는 추진, ⑥ 한반도 평화환경 조성 등이다(통일부, 《1998 통일백서》, 서울: 통일부, 1999, pp. 35~45).

48) 빅터 차(조지타운대 정치학 교수), 〈조선일보〉 1998년 6월 5일자 기고.

석한 것이다. 흡수통일론 배제와 북한에 대한 포용정책은 김대중 정부가 제시한 대북정책 중 가장 특징적인 것이었다. 흡수통일론은 북한정권이 머지 않은 장래에 붕괴될 것이라는 점을 전제로 하고 있다. 그러나 김대중 정부는 북한이 과거 예상했던 것처럼 쉽게 붕괴하지 않을 수도 있으며, 가까운 장래에 붕괴하는 경우에도 종래의 봉쇄 및 대결정책은 북한을 다루는 데 효과적이 아닐 것이라고 판단했다. 특히, 김일성 사망 이후 김정일체제가 군부의 지원을 토대로 확고한 지지기반을 갖추고 있고, 이러한 체제의 안정성이 일반의 예상보다 오래 지속될 수 있다는 점이 김대중 정부의 흡수통일 배제정책의 기저에 깔려 있었다.[49] 또 흡수통일의 기회가 있더라도 그 후유증은 매우 클 것이기 때문에, 점진적으로 남북관계를 개선하면서 북한이 스스로 변하도록 해야 한다는 것이다. 따라서 당면한 정책목표는 남북관계 개선을 통하여 평화정착과 남북한 평화공존을 실현시킨다는 것이며, 법적 통일은 장기적 목표로 설정했다.[50]

김대중 정부는 북한의 극심한 체제위기가 한반도 불안의 원천이 될 수 있다는 판단 아래 당장은 그와 같은 체제위기를 오히려 완화시켜주는 노력이 필요하다는 인식을 갖고 있었다. 이에 따라 북한체제에 가장 위협이 되는 북한주민의 기아문제를 동포 차원에서 또는 인도적 차원에서 도와야 한다고 생각했다. 과거 김영삼 정부는 대북지원을 남북한간의 정치적 협상수단으로 삼았으나, 이제는 그러한 정치적 협상과 동포 차원의 인도적 지원을 분리하겠다는 정책이었다. 한국과 미국이 대북 식량지원을 담보로 4자회담을 이끌어왔고, 북한은 식량지원을 얻기 위해 4자회담에 참여했던 상황과는 전혀 다른 입장이었다. 이는 곧 4자회담을 하더라도 더 이상 대북지원을 담보로 하지 않겠으며, 또 4자회담이 성사되지 않더라도 대북지원만은 계속하겠다는 점을 밝힌 것

49) 황관희, "남북한 화해협력 촉진방안,"《남북한 화해협력 촉진방안》(서울: 통일연구원, 연구총서 00-02, 2000), p. 55.

50) 박형중 외,《대북포용정책과 국내정치 여건조성 방안》(서울: 통일연구원, 연구총서 00-05, 2000), p. 47.

이라고 할 수 있다. 결국 4자회담과 대북지원이라는 연결고리가 끊김으로써 북한은 4자회담에 대한 매력에 더욱 매이지 않게 됐다.

더구나 김대중 정부는 4자회담의 실효성에 대해 큰 기대는 갖고 있지 않았다. 김영삼 정부는 남북대화가 부재한 상태에서 북한이 정전협정의 무효를 주장하며, 대미 접근책을 펴자 이에 대응한 돌파구를 마련하기 위해 4자회담을 제의했다. 한반도문제의 남북한 당사자 해결원칙을 통해 남북대화의 실마리를 찾고 한반도문제의 주도권을 행사하며 평화와 안정을 꾀한다는 것이 김영삼 정부의 4자회담 목표였다. 그러나 김대중 정부는 4자회담의 틀을 이용해 남북한문제 해결의 실마리를 찾기보다는 북한에 대한 포용정책으로 해결의 바탕을 마련하겠다는 것이었다. 대북지원문제를 남북한간의 정치적 협상에 부차적인 것으로, 또는 정치적 협상의 목적을 달성하기 위한 수단으로 다루기보다는 정치문제와 대북지원문제를 완전히 분리해 해결하겠다는 것이었다. 김대중 정부가 세부추진과제로 제시한 정경분리원칙에 입각한 남북한경제협력의 활성화는 바로 그러한 포용정책의 핵심이었다.

김대중 정부가 출범 초부터 6개국 선언을 들고 나온 것도, 비록 4자회담의 유용성을 부인하지는 않았지만, 4자회담의 틀에 김영삼 정부처럼 그렇게 연연하지는 않겠다는 뜻으로 비쳤다.[51] 당시 김대중 정부는 6개국 선언과 4자회담을 동시에 추진하겠다며, 4자회담은 한반도의 정전체제를 항구적 평화체제로 전환하기 위한 정전협정 당사국간 협상이고, 6개국 선언은 동북아 전체의 안보문제를 다뤄 동북아의 평화를 구

---

51) 6개국 선언은 김대중 정부가 출범하기 약 보름 전인 1998년 2월 11일 당시 김종필 자민련 총재가 중국을 방문할 때 장쩌민 중국 국가주석에세 김대중 대통령 당선자의 친서를 전하는 자리에서 처음 언급됐다. 이는 1975년 헬싱키선언처럼 남북한과 미국·일본·중국·러시아가 참여해 '동북아 평화와 안정을 위한 6개국 선언'을 하자는 것이었다. 김 대통령은 유럽 35개국이 참여한 헬싱키 선언을 통해 구성한 유럽안보협력회의(CSCE)가 독일통일의 기반을 마련했다는 사실을 염두에 두고 이 선언을 구상했던 것으로 알려졌다(〈동아일보〉 1998년 2월 12일자).

축하기 위한 것이라고 설명했다. 김 당선자는 4자회담과 6자회담의 관련에 대해 "4자회담은 한반도문제만 다루지만 6자회담은 동북아 전체를 다루는 것"이라며, "4자회담은 6자회담과 실질적으로 연계된다" 고 말했다.[52)]

그러나 4자회담과 6자회담이 보완적으로 병행 추진된다는 김대중 정부의 설명에도 불구하고 미국과 중국은 당장 6자회담을 개최하자는 데 동의하지 않았다. 미국은 4자회담이 어느 정도 궤도에 오른 다음 일본과 러시아를 포함하여 6개국간 회담으로 발전시키는 데 반대하지 않는다는 입장이었다. 즉 미국은 병행추진이 아니라, 4자회담 다음 단계로 6개국 선언을 추진해야 한다는 점을 들어 반대의사를 표시했다. 미 국무부는 6자회담에 대해 "한국정부의 최근 6자회담 관련 입장표명은 한국의 종전 태도와 모순되지 않는다. 그러나 미국은 앞으로 4자회담을 지지할 것이며, 4자회담의 목적은 긴장완화와 한반도 평화체제 확립이다"라는 견해를 공식 표명했다.[53)]

중국 역시 6개국 선언을 진지하게 검토할 것이지만, 현재로서는 4자회담 추진을 위해 가일층 노력할 것이라고 밝혔다. 다만 4자회담에 참석하지 않던 러시아와 일본은 6자회담에 찬성한다는 뜻을 나타냈다. 1999년 5월 28일 발표된 김대중 대통령과 보리스 옐친(Boris N. Yeltsin) 러시아 대통령 간의 공동성명은 6자회담이 4자회담과 함께 성공하기를 기대한다고 밝혔다. 일본 역시 6자회담 구상을 지지하며 4자회담에 일본과 러시아가 참여하는 것은 동북아지역의 평화와 안정에 기여할 수 있을 것이라는 반응을 보였다.[54)]

이처럼 4자회담에 참석하는 미국과 중국이 6자회담에 대해 부정적 입장을 나타내고 4자회담에서 소외됐던 러시아와 일본이 6자회담에 긍정적 반응을 보인 것은 당연하다고 할 수 있다. 미국과 중국이 6자회

52) 〈한겨레〉 1998년 2월 13일자.

53) 〈조선일보〉 1999년 2월 22일자.

54) 한동만, "국제정치에서의 안보개념의 변화," 외교통상부, 《다자안보정책의 이론과 실제》(서울: 외교통상부, 2002), p. 141.

담에 부정적 반응을 보인 것은 한마디로 4자회담과 6자회담이 병행 추진될 수 없다는 입장을 나타낸 것이다. 미국과 중국은 4자회담에 참여하는 기득권을 그대로 유지하겠다는 의도를 보이면서도, 4자회담과 6자회담의 상충성을 염두에 두었던 것으로 풀이된다.

김대중 정부가 6개국 회담을 꺼낸 것은 4자회담이 사실상 북미 대화 구도로 고착화되어 가고 있다는 인식과 무관하지 않으며, 보다 크고 이완된 틀 속에서 남북대화를 본격적으로 추진하겠다는 의도가 내재되어 있다는 관측도 나왔다.[55] 김대중 대통령은 4자회담을 지속시켜야 한다면서도 남북대화 재개에 강한 집념을 보였다. 그는 "한반도의 긴장완화와 남북간 항구적 평화체제 구축을 위해 남북대화와 병행, 4자회담을 꼭 성사시켜야 한다"고 말했다.[56] 김영삼 정부는 당초 남북대화의 돌파구를 마련한다는 목적을 갖고 4자회담을 제의했다. 김영삼 정부가 4자회담에서 남북 당사자 대화를 우선시하는 2+2 방식을 의도적으로 고집했던 것도 그 때문이었다. 특히 4자회담과 같은 다자회담이 성사될 경우 한반도문제가 국제화될 가능성이 있으며, 그렇게 될 경우 남북한 당사자 대화원칙이 무너질지도 모른다는 우려가 적지 않았다. 그러한 우려는 김대중 정부도 갖고 있었다. 김대중 정부가 4자회담에 남북대화문제의 비중을 크게 두지 않으면서, 4자회담과 남북대화를 별도로 추진한다는 의도를 보인 것도 한반도문제의 국제화에 대한 우려를 반영한 것이라고 할 수 있다.

김대중 대통령은 1998년 10월 일본을, 1998년 11월에는 중국을, 1999년 5월에는 러시아를 방문, 정상회담을 통해 동북아 6자회담에 대한 동의를 구했지만 그후 6자회담은 별다른 진전을 보지 못했다. 4자회담은 김대중 정부 출범 직후 2차 본회담(1998. 3. 16~21)이 열렸고, 이어 6차 본회담(1999. 8. 4~9)까지 열렸으나 성과를 거두지 못했다. 미국과 중국은 4자회담에 적극 참여하는 움직임을 보였으나 김대중 정

55) 〈조선일보〉 1998년 2월 12일자.

56) 1998년 3·1절 기념사(〈동아일보〉 1998년 3월 2일자).

부는 김영삼 정부와 비교해 볼 때 4자회담에 대한 정책의 비중을 크게 두지 않았으며, 북한에 대한 새로운 정책에 집중하다 보니 4자회담은 그 매력을 더욱 상실했다.

3) 페리 보고서

1999년 9월 15일 미 의회에 제출된 〈페리 보고서〉(*Perry Process*)는 한반도문제의 새로운 지평을 여는 것으로, 김대중 정부의 대북 포용정책과 그 맥을 같이 하고 있어 한반도 정세에 더욱 큰 영향력을 발휘했다.[57] 〈페리 보고서〉는 클린턴 행정부의 대북정책을 총괄한 지침서의 의미가 있었기 때문에 4자회담도 이 보고서에 자연히 휩쓸려갔다.

〈페리 보고서〉는 첫째, 북한체제가 존속할 수 있다는 가정 아래 현 상태의 북한과 협상을 하지 않을 수 없다는 점을 강조했다. 북한사회의 현 구조나 김정일의 권력장악력으로 볼 때 정권이 단기간 내에 붕괴할 조짐은 없다는 것이다.

둘째, 이 보고서는 현상유지정책, 북한체제 붕괴방안, 북한 개혁방안, 경제적 보상 제공방안 등을 배제하고, 그 대신 포괄적·통합적 접근법(*comprehensive and integrated approach*)을 채택했다. 현상유지책(*status quo*)은 대북 억지력과 제한적 포용정책을 적용하여 제네바합의에 의한 핵동결을 유지하는 한편, 미사일문제는 북미 미사일회담에서 해결하자는 것이다. 이는 현재 진행되는 북미협상이나 한반도 관련회담을 그대로 유지하자는 내용이다. 그러나 현 상태에서 북한은 미사일 개발을 포기하려 하지 않는 등 한반도의 갈등이 원천적으로 해결될 가능성이 적고, 이에 따라 북한이 제네바합의를 파기하려 할지도 모른다

57) 미국의 클린턴 대통령은 대북정책을 전반적으로 검토하려는 목적으로 1998년 11월 전 국방부장관이었던 윌리엄 페리(William Perry)를 대북정책 조정관으로 임명했다. 페리 조정관은 북한을 방문(1999. 5. 25~28)해, 북한고위층과 면담을 하고 보고서의 기본골격을 만들었다. 보고서의 내용은 정책권고안과 대북협상안으로 되어 있으나, 공표된 것은 정책권고안이다.

는 점을 염두에 두지 않을 수 없다는 것이다. '북한체제 붕괴방안'(*undermining the DPRK*)은 김정일 정권을 의도적으로 붕괴시키는 방안이지만, 김정일의 북한사회 통제력이 강하고 조직적 반대세력이 없어 실현하기 어려우며 김정일의 반발로 자칫 한반도에 전쟁을 불러일으킬 가능성이 있다는 것이다. '북한 개혁방안'(*reforming the DPRK*)은 북한의 민주화와 시장개혁을 촉진하는 방안이지만, 이 역시 장기간의 시간이 걸려 장래를 예측할 수 없으며 북한당국이 개방과 개혁을 정권붕괴와 같이 생각할 가능성이 많다. 경제적 보상을 제공하는 '거래방안'(*buying the objectives*)은 북한의 미사일 포기에 대해 경제적 보상을 제공하는 방안이지만, 이는 북한의 공갈정책을 유발하고 다른 나라에도 선례를 남긴다는 것이다. 이에 따라 포괄적·통합적 방안이 유일한 대안이라고 할 수밖에 없다는 주장이었다. 북한문제는 북한의 핵과 미사일 개발, 한반도의 갈등 등 동아시아의 안보문제를 망라해 다루어야 하며, 정치적·외교적·군사적·경제적 수단을 모두 동원해 문제해결에 나서야 한다는 것이다.

셋째, 〈페리 보고서〉는 장기·중기·단기목표를 지니고 있다. 단기목표는 북한의 미사일 재발사를 중단시키는 것이며, 중기목표는 북한이 핵개발 계획을 중단하고 미사일 시험·생산·배치·수출을 못하게 하는 것이다. 장기목표는 한반도의 안정과 동아시아의 냉전종식을 촉진시키는 것이다. 이러한 목표에 맞춰 단계적으로 상호주의원칙에 따라 경제제재 해제, 관계정상화 등 다른 긍정적 조치를 취한다는 내용이다.[58)]

직접적으로는 북한의 금창리 지하시설과 미사일 발사가 원인이 되어 만들어진 〈페리 보고서〉는 김대중 정부의 대북 포용정책과 궤를 같이 하면서 한반도의 새로운 평화와 안정정책으로 위력을 발휘했다. 남북정상회담(2000. 6. 13~15)이 열렸고, 조명록 북한 국방위 제1부위원

---

58) 박종철, 《페리 프로세스와 한·미·일 협력방안》(서울: 통일연구원, 연구총서 00-05, 2000), pp. 5~7.

장은 김정일 위원장 특사로 미국을 방문해(2000. 10. 9~12) 빌 클린턴(Bill Clinton) 대통령에게 김정일 위원장의 친서를 전달했다. 조명록의 방미 기간 중 북미 양측은 두 나라간의 관계개선과 미국의 대북 적대정책 해소 등을 주요 내용으로 하는 공동성명을 채택했고, 이어 메들린 올브라이트(Madeline Albright) 미 국무장관이 답방형식으로 평양을 방문(2000. 10. 23~24)하는 등 북미관계는 급속히 진전됐다.

조명록 특사의 방미를 통해 발표된 양국 공동성명은 한반도의 평화체제 전환을 위해 4자회담 등 여러 가지 방도를 추진한다고 밝혔고, 김대중 대통령도 2000년 9월 〈뉴욕 타임스〉와의 회견 등을 통해 4자회담의 틀에서 남북한 주도로 평화협정을 체결하고 미국과 중국이 이를 지지하는 형태로 평화체제가 구축되어야 한다는 입장을 표명하였으나 더 이상 논의의 대상조차 되지 않았다. 4자회담은 그렇게 해서 역사 속에 묻힌 것이다.

4자회담의 태생적 한계 제10장

4자회담은 탈냉전의 충격이 완전히 진정되지 않았던 1990년대 중후반의 한반도 상황에서 대화의 장(場)을 마련하고 안보위협요소를 흡수했다는 점에서 의미가 있다. 그러나 4자회담은 그것이 원래 목표했던 한반도의 평화장치 마련에는 기여하지 못했다. 본질적 한계를 갖고 있었기 때문이다.

4자회담은 4개국이 참여한다는 점에서는 다자주의의 틀을 갖추었다. 그러나 당시 동북아정치체계의 특징을 감안하면 4자회담의 본질이나 내용은 양자주의적 요소를 다분히 갖고 있었다. 다자주의의 틀을 가진 4자회담은 이러한 양자주의적 요소 때문에 회담이 원래 목표했던 한반도 평화장치 마련에 기여하지 못했다. 다자주의적 틀과 양자주의적 요소가 서로 역기능을 한 것이다. 이는 4자회담이 갖고 있던 본질적 한계였다.

4자회담은 또 논의주제의 내용에서도 남북한간에 심각한 인식차이가 있었기 때문에 합의를 도출하기가 쉽지 않았다. 한반도의 긴장이나 남북한의 군사력문제, 그리고 통일의 실현방식 등에 대해서 남북한은 합의나 타협이 어려운 서로 다른 견해를 갖고 있었다. 제 10장에서는 4자회담의 형식과 논의주제의 본질 등에 대한 남북한간의 인식차이를 분석하면서 회담의 본질적 한계에 초점을 맞추었다.

1. 야누스의 얼굴 4자회담

1) 4자회담과 다자주의

국가와 국가 간 접촉은 일반적으로 두 나라간에 이뤄지는 형태를 취하거나 3개 이상의 국가간에 복합적으로 관계를 맺는 형태를 취한다. 그러한 접촉이 일정한 목적을 갖거나 가치를 공유하고 있을 경우 동맹이나 다자 대화체 등의 결성체로 발전하게 되는 것이다. 양자주의(*bilateralism*)나 다자주의(*multilateralism*)는 이러한 결성체의 양태를 특징적으로 구분해 일컫는 용어다. 4자회담은 한반도문제의 당사자인 남북한과 정전체제 참여국인 미국과 중국이 역할을 담당한 다자주의적 접근방식이다.[1] 동북아 정치정세로 볼 때 이와 같은 다자주의적 접근은 자연스런 현상이라고 할 수 있다.

양자주의는 다자주의와 대비된다. 양자주의는 대체로 ①차별적이거나 배타적이며, ② 한시적인 경우가 많고, ③ 구체적 호혜성에 기초를 두고 있다. 양자동맹을 생각해보면 동맹을 맺은 두 나라는 다른 나라에 대해 배타적 성향을 갖게 되고, 그 동맹은 양국이 구체적으로 호혜성을 실현할 수 있는 어떤 대상이나 목표를 기반으로 하고 있다. 이에 비해 다자주의는 "3개 이상의 국가들이 어떤 원칙, 규범 또는 국제적 기준을 만들어나가면서 이에 따라 국가정책을 상호 조정하는 것"이라고 정의할 수 있다.[2] 다자주의의 특징은 ① 일반화된 비차별성 원칙

---

1) 한반도에너지개발기구(KEDO)도 회원국이 집행이사국인 한국·미국·일본·EU 등 4개국과 일반회원국인 캐나다·호주·뉴질랜드·인도네시아·칠레·아르헨티나·폴란드·우즈베키스탄·체코 등 9개국으로 구성되어 있다. 다자주의 접근방식이라고 할 수 있다.

2) 한동만, "다자주의와 다자안보협력,"《다자안보정책의 이론과 실제》(서울:

(*generalized non-discriminatory codes of conduct*), ②관련된 가치의 불가분성(*indivisibility of values*), ③포괄적 호혜성(*inclusive reciprocity*)이라고 할 수 있다. 특히 강조해야 할 사항은 포괄적 호혜성으로 양자주의의 특징이라고 할 수 있는 구체적 호혜성과 구분된다.[3] 양자주의는 예를 들어 공통된 적이 있어 공동의 안보가 필요하거나 분명히 드러난 공통의 이익을 추구하기 위해 성립된다. 그러나 다자주의는 3개 이상의 국가가 참여하기 때문에 공통의 목적이나 이익이 양자주의처럼 분명하고 명확하게, 그리고 등가적으로 형성되기 어렵다. 다자주의는 참여국들 사이에 평등한 조건과 권리가 보장되어야 하며, 특정 국가의 이익을 배제하고 전반적 이익추구에 충실해야 한다.

먼저 4자회담이 최근 다자주의의 전형적 형태인 협력안보(*cooperative security*)의 개념을 갖고 있느냐 하는 문제부터 분석하기로 한다. 동구 공산권이 몰락하고 이념적 대립이 와해됨에 따라, 안보의 개념도 정치·군사적 개념에서 마약·테러·환경 등과 같은 비전통적 안보대상을 포함하는 포괄적 안보개념으로 변모했다. 이처럼 안보개념이 재정립되면서 과거의 블록간 집단안보나 군사동맹에 대한 관심은 사라지고, 이제는 군사·비군사 부문을 불문하고 각종 각양의 위협에 효과적으로 대처하기 위한 다수 국가간의 협력안보에 대한 관심이 높아지는 상황이다. 협력안보는 과거처럼 적대국가를 대상으로 하는 것이 아니라, 국제사회의 무수한 안보위협요소를 고려해 서로 협력하는 것이다. 따라서 이 협력안보는 보통 어떤 지역을 단위로 3개 이상의 국가가 참여하는 일종의 국가 군(群)이 형성되는 양상을 띠는 것이다. 오늘날 다자주의는 이처럼 새로운 특징을 갖고 있다.

4자회담의 경우 참여국가 수 등 외형을 보면 분명히 다자주의 형태임에 틀림없다. 그러나 4자회담은 당장 위와 같은 협력안보의 개념을 내포하지 않는다.[4] 안보논의의 주제가 협력안보가 가능한 마약이나

외교통상부, 2002), p. 107.

3) 한동만, 앞의 글, p. 108.

4) 4자회담이 더욱 발전되면 협력안보의 역할도 할 수 있겠지만, 1990년대 중반

국제적 범죄 또는 생태계문제 등과 같은 포괄적인 것이 아니라 과거의 전통적 안보내용인 정치·군사적인 것에 국한되어 있다. 더구나 4자회담에 참여한 남북한과 미국·중국 등 4개국은 어떤 공통된 객관적 안보위협에 직면했던 것이 아니었다. 공동으로 대응할 적대국이나 블록을 갖고 있지 않다. 서로가 스스로 안보위협적 요소를 내포하고 있으며, 그 때문에 상대의 정책에 대해 항상 안보불신을 느끼고 있는 상황이었다. 한국은 북한에 대해, 북한은 미국에 대해, 중국은 미국에 대해, 그리고 미국은 북한에 대해 안보에 대한 불신을 갖고 있었다. 서로가 서로에 대해 안보 불신을 하는 국가들간의 회담이 바로 4자회담인 것이다. 말하자면, 안보위협의 대상이 4개국이 공동대응해야 할 정도로 객관화되어 있는 것이 아니라, 서로간의 관계에 안보위협적인 요인이 내재해 있는 상태였다. 서로간에 안보위협적 요인을 내재하고 있거나 또는 그렇게 인식할 경우, 회담은 그러한 요인이나 인식을 불식시키는 것이 1차적 목적이 된다. 그러나 이 책의 제1장 국제정치체계이론에서 설명한 것처럼 이러한 국가들은 대체로 안보딜레마에 빠지기 쉽다. 즉, 협상의 결과가 갖고 올 이득에 대해 자신의 몫보다는 상대방이 가져갈 몫이 자신의 안보에 위해가 될 것이라는 선입관을 갖기 때문에 타협하지 않으려 한다. 즉 절대적 이득(*absolute gains*)이 아닌, 상대적인 이득(*relative gains*)에 관심을 두고, 그 이득의 격차가 바로 자신의 안보에 영향을 미칠 것으로 판단해, 합의되지 않고 결국은 안보딜레마에 빠지게 된다는 것이다. 오랜 대립과 갈등을 경험한 남북한과 냉전의 주역이었던 미국과 중국은 구성주의의 주장처럼 각자의 정체성과 관념, 그리고 인식에서 큰 차이를 갖고 있었으며, 그것은 상대방에 대한 불신으로 작용했다. 특히, 체제유지에 위기감을 갖고 있던 북한은 4자회담에서 그와 같은 상대적 이득에 민감한 반응을 보이면서 회담에 선뜻 응하지 않았다.

또 4자회담과 한국이 주도적으로 제의했던 동북아 다자 안보대화는

상황으로는 협력안보와 거리가 있었다.

상당한 차이가 있다.[5] 동북아 다자 안보대화는 동북아지역 내 신뢰구축을 위한 다자간 안보대화 채널이 없는 상태에서 역내 국가간 안보환경 개선과 평화정착을 위한 안보협력 대화를 하자는 것이었다. 그 범위도 동북아 전체의 갈등과 분쟁을 다루어 평화와 안정을 도모하자는 취지였다. 반면 4자회담은 우선 한반도에 국한된 갈등해소방안으로 제시됐으며, 그것도 1차적으로는 정전협정문제를 비롯한 한반도 평화체계 수립문제였다. 그럼에도 4자회담과 동북아 다자 안보대화는 상호보완적 측면이 많았다. 동북아의 안보문제에서 가장 시급히 해결되어야 할 사안이 바로 한반도 평화정착문제이며 남북한간의 군사대립이 동북아 다자 안보대화의 첫 현안이라고 할 수 있었기 때문이다. 4자회담의 목표도 바로 한반도에 항구적 평화체계를 만들자는 것이었다. 남북한간의 대립상태를 완화해 상호간 오인이나 오판의 여지를 없애며, 투명성을 제고해 한반도의 평화메커니즘을 확립하자는 것이었다. 4자회담의 형식이나 장기적 지향점은 다자주의의 전형이었던 동북아 다자 안보대화와 동일했다.

그러나 실제로 4자회담의 실체를 분석하면 동북아 다자 안보대화와 같은 다자주의보다는 양자주의적 요소를 더 많이 갖고 있는 게 사실이다. 4자회담은 외형적으로는 4개국이 참여했다는 점에서 양자주의 형태의 회담이라고 말하기는 어렵겠지만, 표면적으로는 다자주의의 틀을 갖추고 있었음에도 불구하고 내용적으로 볼 때는 다자주의적 접근이 거의 불가능한 목표를 세우고 있었다. 일반적으로 민감한 정치 · 군사

---

5) 한국은 탈냉전 이후 몇 차례 동북아 다자대화를 주창했다. 첫 번째가 노태우 대통령의 '동북아 6개국 평화협의회' 제안이다. 노 대통령은 1988년 10월 18일 유엔총회연설을 통해 한반도의 평화와 통일을 위해 국제환경을 조성할 필요가 있다며 이렇게 제의했다. 둘째, 김영삼 정부는 1994년 5월 24일 제 1차 아세안지역안보포럼(ARF)에서 동북아다자 안보대화(NEASED: *Northeast Asia Security Dialogue*)를 공식 제안했다. 김대중 정부도 출범을 앞둔 1998년 2월 11일 4자회담과 병행한 남북한 · 미국 · 일본 · 중국 · 러시아의 '6개국 선언'을 제안한 후 이를 적극 추진했다.

문제를 다자주의원칙에 입각해 해결하는 데는 각국의 이해상충과 현안에 대한 역사적 인식차이 등으로 실천성이 떨어지는 단점이 있다. 한반도문제와 같은 고도의 정치·군사적인 문제들을 실질적으로 다루는 데는 다자주의적 접근방식에 한계가 분명히 있는 것이다.

다자주의는 이미 언급한 것처럼 대체로 세 가지 특징에 기초를 두어야 한다.[6] 첫째는 무역협정의 최혜국조항(MFN)처럼 참여국 모두가 동등하게 대우를 받아야 한다. 참여국들의 비차별성이 특별히 강조되어야 한다. 차별적 대우가 있을 경우 다자대화가 성립될 수 없다. 불평등한 대우를 받는 어느 일방이 있다면 그 다자대화는 회원국들간의 갈등을 유발해 정상적으로 기능할 수 없을 것이다. 둘째, 다자간 협력체제 내의 보편적 연대성이 확립되어야 한다. 예를 들어 어느 한 나라에 대한 외부공격을 참여국 모두에 대한 공격으로 간주하는 공동체의식이 확립되어야 한다. 연대성이나 공동체의식은 어떤 가치에 대한 서로간의 인식차이나 제로섬게임식의 이익배분 가능성이 내재되어 있을 경우 성립될 수 없다. 따라서 셋째는 포괄적 호혜성이 있어야 한다. 관련국가들이 언제나 단기적이고 개별적인 이익을 기대하기보다는 장기적이고 공동의 이익을 확보한다는 인식을 갖고 있어야 한다. 또 다자 안보협력체는 힘의 대결 같은 전형적 안보문제를 다루는 데는 효과를 발휘하기 어렵기 때문에, 고도의 정치·군사적 대결구도 속에서는 성립하기가 어려우며 국내갈등이나 분쟁을 다루는 데는 한계가 있다.[7] 이러한 역학적 구도나 갈등 속에서는 불평등한 관계가 성립될 수밖에 없고 연대성이나 호혜성을 창출하기가 불가능하기 때문이다.

---

6) John Gerard Ruggie, "Multilateralism: The Anatomy of an Institution," *International Organization* 46-3(1992).

7) 한동만, 앞의 글, p. 124.

2) 4자회담의 현실

첫째. 4자회담은 이미 지적한 대로 독특한 동북아정치체계를 바탕으로 해서 출발했다. 1990년대 후반의 동북아정치체계는 동구공산권 몰락 이후 유럽안보협력회의(CSCE)를 출범시킨 유럽의 정치질서와는 전혀 달랐다. 유럽은 동구공산권 몰락 이후 국제정치 체계상의 대립상태가 거의 종식됐다. 민족적·인종적 분규는 있었지만, 전체적으로 보면 더 이상 군사적 대치나 이념적 갈등이 존재하지 않았다. 반면, 동북아의 상황은 여전히 냉전의 유물을 간직하고 있었다. 한국과 중국은 분단상황을 극복하지 못하고 군사적 대립과 갈등상태에 있었다.[8] 그 갈등상태는 다른 어느 지역보다 치열해 언제라도 폭발할 수 있는 내연성을 띠고 있었다. 북한은 한국에 대해 의도적 무력도발을 감행하기도 했고, 중국과 대만 사이에는 무력시위를 비롯한 군사적 대립으로 긴장이 고조됐다. 그와 같은 군사적 대립은 미국과 중국 간의 갈등으로 비화되기도 했고 북한과 미국 간의 관계도 여전히 적대적 관계를 해소하지 못했다. 따라서 4개국 서로간은 공동목표를 달성하기 위한 연대성이 결여되어 있는 데다, 그와 같은 연대의 필요성도 절실히 느끼고 있지 않은 상태였다. 서로간의 유대가 생성되기 전 단계이기 때문에 공동가치에 대한 절실한 추구 노력이 있을 수 없는 형국이었다.

둘째, 평화와 안정에 관련된 4개국간의 현실인식에 큰 차이가 있었다. 북한은 절대적 위기의식을 갖고 자신들의 생존을 위한 길을 찾는데 모든 외교적 노력을 집중했다. 반면, 한국은 탈냉전을 한반도문제의 주도권을 확보하는 기회로 활용하면서 대북관계의 확고한 우위를 자신하고 있었다. 그렇기 때문에 남북한간의 외교정책 방향이나 목표가 다를 수밖에 없었다. 다자대화에 나서는 어느 일방이 다른 구성국과는 비교가 될 수 없는 독특한 입장에 있다면, 이해를 조정하기가 더

8) 이근, "동북아 및 동아시아의 다자주의적 질서 모색," 《동북아의 정치적 다이내미즘 : 제14차 한일 동북아정세 연구회의 보고서》(서울: 외교안보연구원, 1999), p. 108.

욱 어려워진다. 4자회담은 이미 입장차이가 분명한 구체적 현안을 갖고 대화를 하려 했다. 한미 양국은 남북한 당사자 원칙이나 정전협정 유지 후 평화체계 구축이라는 목표를 분명히 한 반면, 북한은 평화체계 수립을 위한 대화에서 한국을 철저히 배제하면서 미국으로부터 탈출구를 확보하려 했다. 이 때문에 4자회담은 항구적 평화협정을 이룩하는 과정을 시작하기 위한 것이라며 서로가 공유할 수 있는 목표를 내세웠음에도, 그 실천방법에서는 공통된 입지를 마련할 수 없었다. 과도기적 상황이었기 때문에 상호의존관계의 필요성이 그렇게 강력히 정착될 수 없었으며, 새로운 연대나 공동체의식을 형성하는 것도 시기상조였다. 다자주의 성립원칙이라고 할 수 있는 포괄적인 호혜성을 창출할 수가 없었던 것이다.

셋째는 다자주의 성립의 결정적 저해요소이자 양자관계의 핵심이라고 할 수 있는 동맹관계가 서로 얽혀 있는 상황이었다. 미국은 여전히 미일동맹이나 한미동맹 등 양자주의를 선호하는 경향을 보이고 있다. 아무리 다자주의나 협력안보를 도모한다고 해도 동북아지역의 정치체계는 미국을 비롯한 강대국들의 양자동맹을 주축으로 하고 있는 게 사실이다. 북한과 중국, 그리고 북한과 러시아의 관계는 탈냉전 이후 급격히 냉각됐다고 하더라도, 미국을 염두에 둔 정책을 가정한다면 여전히 동맹관계라고 할 수 있었다. 서로간 차별적 대우가 원천적으로 불가피한 상황이었다. 이와 같은 동맹관계의 특징은 배타성이기 때문에 다자주의 성립을 저해한다는 것이다. 미국이 4자회담을 위해 한국과는 별도의 논의를 하면서 북한과는 별도의 협상을 하지 않겠다는 것은 서로간의 차별적 대우를 분명히 드러낸 하나의 실례다. 워싱턴 당국은 북미 미사일 협상이나 기타 협상은 가능한 것이지만, 4자회담의 의제인 한반도 평화체계구축과 정전협정문제에 대해서는 북한과의 협상을 완전히 거부했다.

넷째, 4자회담 참여국들은 한반도 분쟁해결과 항구적 평화체계 수립이라는 장기적 목표를 내걸고 있지만, 내부적으로는 단기적 이익을 최우선적으로 고려하고 있었다. 북한은 당면한 위기에서 탈출하는 것이 무엇보다 급했으며, 그것을 위해 미국과의 대화통로를 넓힐 목적으로, 그리고 경제적 실리를 취하기 위해 4자회담에 참석하는 모습을 보였다. 한국 역시 북한의 위기상황을 최대한 활용하면서 남북한 관계의 주도권을 잡기 위한 방안으로 4자회담을 제의했다. 미국도 당장 북미 제네바 핵협상 이행에 대한 부담을 갖고 4자회담에 참석했으며, 중국은 한반도에 대한 영향력 확대를 도모하며 미국의 일방적 독주를 견제하려는 의도를 갖고 있었다. 더구나 탈냉전으로 국제질서가 재편되는 과정에 있었기 때문에 공통의 안보이해를 갖기가 어려워 더욱 단기적인 이해관계에 매달리게 된 것이다.

다섯째, 동북아 및 동아시아에서는 다자주의가 제도화하기 힘들다는 일반적 주장도 유의해볼 만하다. 이러한 주장의 근거는 동북아나 동아시아지역의 정치체계는 서로간의 연대성이나 호혜성을 도모하기가 쉽지 않은 배경과 토양을 갖고 있기 때문에 다자주의 출현을 어렵게 하고 있다는 것이다. 우선 역내 국가들간에 경제발전수준과 속도가 큰 차이를 보이고 있고, 군사력 차이도 쉽게 바뀔 가능성이 적다는 점이 지적된다. 그러한 물리적 차이는 역내 국가들간에 심각한 불균형을 초래해 동등한 자격의 참여를 보장하기 어렵고, 따라서 어떤 연대나 호혜적 관계를 성립시키기가 쉽지 않다는 것이다. 또 역내 국가들 사이에는 역사적으로 형성되어 온 분쟁과 갈등의 요소가 여전히 남아 있다. 한국과 중국, 일본 사이에는 식민시대의 역사적 경험 등 과거사로 인한 상호불신이 팽배해 있어, 일본의 군사력 증강은 항상 인근국가들의 경계의 대상이 되고 있다. 일본은 또한 과거사에 대한 분명한 사과를 하지 않아 역내 국가들의 공동체 의식이나 연대감을 형성하는 데 방해가 되고 있다.

결국 양자주의의 요소를 내포한 상태에서 다자주의 틀로 문제를 해결하려 한 모순을 4자회담은 원초적으로 안고 있었다. 물론 일부에서는 양자주의와 다자주의가 상호 보완적이어서 충분히 실효성 있는 결과를 낼 수 있으며, 이는 전적으로 협상과 합의의 기술에 달려 있다고 주장하기도 한다. 양자주의와 다자주의는 안보 다원주의(*security plu-*

ralism)라는 포괄적인 틀 속에서 상호 발전할 수 있다는 것이다.[9] 4자회담도 1990년대 후반 안보 다원주의라는 포괄적인 틀 속에서 한반도의 안정에 긍정적 영향을 미친 것은 사실이다. 다자주의 형태인 4자회담은 탈냉전시대의 불확실성과 이에 따른 오인이나 오판의 잠재성을 논의하는 회담으로는 효용성이 있는 것으로 평가됐다.[10] 즉, 북한을 포함한 동북아국가간의 대화와 의사소통을 원활히 함으로써 투명성을 제고하고, 분쟁의 평화적 해결을 위한 메커니즘을 만들려 했던 것이다. 또 상호간 신뢰구축을 통해 역내 국가간 관계에 적용될 공동의 규범과 준칙을 마련함으로써 권력정치보다는 규범이 중시되는 지역질서 창출에 기여할 수 있었다.[11] 4자회담이 성공적으로 진행됐다면, 동북아지역에 새로운 질서를 확립하고 평화와 안정을 도모할 수 있는 규범과 원칙을 세울 수도 있었다. 갈등관계에 있는 양자는 다자의 틀 속에서 협상을 통해 긴장과 대결의식을 완화할 수 있고, 양자관계에서 동원하기 어려운 인적·물적 자원을 확보하기도 용이하다. 4자회담은 그와 같은 다자의 틀을 만들 수도 있었을 것이다.

그러나 한반도문제는 남북한 관계의 특수성에 따른 양자주의 요소가 그대로 내재되어 있으며, 그와 같은 요소는 4자회담의 한계로 작용했다. 이 때문에 4자회담은 어떠한 대화라도 없는 것보다는 낫다는 평범한 진리만 반영했을 뿐, 가시적 성과를 얻는 데 실패한 것이다.

---

9) Matthew Augustine, "Multilateral Approaches to Regional Security: Prospects for Cooperation in Northeast Asia," *The Korean Journal of Defence Analysis* 13-1(Autumn, 2001), pp. 303~307.

10) 다자대화기구로는 아시아 지역포럼(ARF), 유럽안보협력기구(CSCE) 등을 들 수 있다.

11) 박영호·박종철, 《4자회담 추진전략: 분과위 운영방안을 중심으로》(서울: 통일연구원, 연구총서 99-17, 1999), p. 15

2. 서로 다른 방향에서 시작한 협상

1) 갈등해소의 우선순위 문제

4자회담은 한국과 미국의 입장에서 볼 때는 한반도 평화체계를 위해 갈등규제(*conflict regulation*)장치와 갈등타결(*conflict resolution*)방안 마련이라는 이원적 목표를 추구했다. 갈등규제는 긴장완화를 통해 갈등이 발생할 수 있는 여지를 제한하는 것으로 휴전, 신뢰구축, 군비통제, 군축 등을 들 수 있다. 갈등타결은 갈등의 원인을 해결하는 것에 대해 타협하는 것으로 불가침조약, 평화조약 등을 들 수 있다. 4자회담의 긴장완화 분과위는 갈등규제장치를 마련하겠다는 것이었고 평화체계구축 분과위원회는 근원적인 갈등타결방안을 마련하기 위한 것이었다.[12)]

그러나 그와 같은 갈등규제장치와 갈등타결방안 마련은 한반도의 평화와 안정을 위한 한국과 미국의 정책목표이자 노선이었을 뿐이고, 북한이 추구하려는 대한반도 정책은 아니었다. 북한이 4자회담에 응한 것은 한반도의 갈등규제나 갈등타결을 직접목표로 했다기보다는 4자회담을 이용해 다른 부수적인 전략적 효과와 이득을 얻기 위한 것이었다. 즉, 한국을 배제하고 미국과 평화협정을 체결하면서 식량지원 등 시급한 현안을 해결해보자는 것이 북한의 의도였기 때문에 기본적으로 4자회담에 참여하는 당사자들의 목표가 달랐다.

그 결과 4자회담은 갈등규제장치 마련과 갈등타결책 마련이라는 목표의 우선순위에서도 당사국들간에 이견을 보일 수밖에 없었다. 한국과 미국은 갈등규제장치가 우선이행되어 남북한간의 신뢰구축이 마련된 바탕 위에서 평화체계 논의 등 갈등타결책이 다뤄져야 한다는 입장이었다. 반면, 북한은 미국과의 평화협정 체결이나 주한미군문제 등

---

12) 문정인, "김대중정부의 한반도 평화정책 구축,"〈국가전략〉 5-2(서울: 세종연구소, 1999), pp. 139~147.

갈등타결책이 먼저 마련되어 북한체제에 대한 위협이 해소되어야 갈등규제장치 마련이 가능하다는 입장이었다.[13)]

협상주체에 대해서도 이견을 보였다. 북한은 남북한간의 갈등규제문제는 남북기본합의서를 충실히 이행하면 된다는 원론적 주장을 하면서, 보다 근본적인 갈등타결책은 북한과 미국이 마련해야 한다는 입장을 보였다. 북한은 한국을 정전협정의 당사자로 인정하지 않았고, 또 평화체계 수립 등 갈등해결책은 미국과의 협의를 통해서만이 그 실효성이 발휘될 수 있다는 주장이었다.

이처럼 4자회담에 참석한 북한의 입장은 목표와 의제, 논의의 우선순위 그리고 당사자문제에서 한국 및 미국의 입장과 대치됐다. 4자회담 참가국들 특히 남북한간의 입장차이는 사실 탈냉전 이후 동북아정치체계가 변한 데 기인한다. 탈냉전 이전의 북한은 남조선혁명론에 기초해서 대남정책을 구사했으나 1990년대에는 내부자원의 고갈과 사회주의권의 몰락이 초래한 경제위기와 외교적 고립으로 인해 체제유지와 발전이라는 생존전략적 차원에서 대남정책을 추진할 수밖에 없었다. 따라서 북한의 대남전략은 냉전기와는 달리 방어적 성격을 띠며 추진됐다. 북한은 체제생존이라는 기본목표를 성취하기 위해서 과거보다 훨씬 주관적인 결정영역이 협소해지고 방어적 입장에서 대남 전략을 구사했다.[14)] 그와 같은 북한의 방어적 입장은 사실 곤혹스런 것이었다. 시급한 식량문제 해결과 미국과의 대화 확대를 추진해야 하는 북한 지도부로서는 4자회담을 당장 거절할 입장이 아니었다. 4자회담을 빌미로 식량지원을 받고, 미국과의 대화도 활발히 추진해야 했다. 그러나 방어적 입장에 있던 북한으로서는 4자회담을 선뜻 받아들이기도 어려웠다. 4자회담의 결과가 자신들에게 어떤 영향을 미칠지 확신을 하지 못하고, 체제위기를 가속화시키는 것은 아닐지 우려하고 있었기 때문이다. 한국과 미국의 4자회담 제의 자체를 음모론적 시각에서 볼

---

13) 박영호·박종철, 앞의 책, p. 60.

14) 이종석, 《새로 쓴 현대북한의 이해》(서울: 역사비평사, 2000), p. 390.

수밖에 없었다.

북한은 결국 4자회담을 수용하지만, 그 수용대가로 식량지원과 대미대화를 확대하면서 일종의 지연작전을 사용한 것이다. 그러면서 북한은 이미 앞에서 언급했듯이 기능적 접근보다는 구조적 접근을 했다. 기능적·점진적 방식을 택할 경우 점차 모든 것을 양보하게 된다는 우려 때문에 일괄타결 방식으로 근본적인 문제를 해결하자는 구조적 접근책을 구사했다.[15] 북한이 설명회와 예비회담을 요구하며 시간을 끌다가, 막상 4자회담 본회담에 참가해서는 한반도 평화체계 구축이라는 근본적 문제부터 해결하자고 나선 것도 바로 그런 이유에서였다. 4자회담의 의제나 논의의 순서 등에 대한 남북한간의 견해 차이는 그러한 전략·전술적 차이와 탈냉전 이후 전개된 양측의 체제문제에 대한 인식과 관념 차이에 그 뿌리를 두고 있었다. 말하자면 4자회담에서 보인 남북한간의 갈등해결방안의 순서와 주제에 대한 견해 차이는, 당시의 동북아정치체계에 대한 서로간의 다른 전략적 목표와 정책방향 때문에 생긴 것이어서 쉽게 타협할 수 없는 성질의 것이었다.

2) 한반도 긴장에 대한 인식차이

한반도에서의 군사적 긴장을 완화시키는 문제에 대해서도 남북한 당국자가 갖고 있는 기본입장이 달랐다. 긴장의 해소가 무엇보다 시급한 과제라는 한국의 생각과 긴장의 유효한 측면을 강조할 수밖에 없는 북한의 사정은 아무리 논의를 해도 결국 긴장완화를 위한 실질적 결론을 도출하기 불가능했다.

긴장을 완화하고 평화와 안정을 정착시키기 위한 보편적인 첫 조치는 군사대결을 하고 있는 양측의 군비를 축소하는 일일 것이다. 이론상 적대국들간에 군비통제라는 의제에 합의를 도출하기 위해서는 일단

15) 박동환, "양자주의와 다자주의: 4자회담에서의 미국외교정책에 대한 도전," 1999년 10월 15일, 국제정치학회주최 토론회 제출논문.

양측간에 군사력에 대한 통제문제를 협의해야 할 정도의 위협인식이 공유되어야 한다. 서로가 상대방에 대해 느끼는 위협의 공유가 군비통제의 절대적 전제조건이 되는 것이다. 위협인식의 공유를 바탕으로 군비통제의 대상이 설정될 것이며, 그 추진여부는 위협인식이 어느 정도 같은 수준을 유지해야 한다. 예를 들어 A국의 위협인식이 B국이 느끼는 위협인식보다 더 클 경우, A국은 군비통제를 더 절실히 요구하게 될 것이며, 그럴 경우 협상은 A국에 불리하게 전개되거나 B국이 의도적으로 A국의 군비통제 협상요구를 거부할 가능성이 많다. 그와 같은 위협인식의 불균형상태에서는 군비축소 회담이나 협상이 성과를 거두기 어려운 것이다.

4자회담의 핵심의제가 됐던 군비축소문제도 마찬가지였다. 남북한간에 존재하는 위협인식은 미묘한 불균형상태에 있었다. 양측 모두 상대방으로부터의 군사적 위협을 강조했으나 그 대상이 달랐다. 한국은 북한의 위협을 강조한 반면, 북한은 한국보다는 주한미군으로 대변되는 미국이 그 대상이었다. 북한은 주한미군의 군사력을 군비통제의 주된 대상으로 주장했고, 이 문제의 해결 없이는 남북한 군비통제를 진척시킬 수 없다는 전제조건을 설정했다. 북한은 한반도 긴장의 근원이 미국의 대북 적대정책에 있다고 주장하고, 구체적으로 미군 주둔이 긴장을 야기하는 결과를 낳고 있다는 입장을 고수했다. 그래서 한반도에서 외세인 미군을 몰아내야 평화가 보장된다면서 주한미군 철수를 강력히 요구한 것이다. 북한은 북한체제 도전세력이 미국이며, 한국은 미국의 사주를 받아 행동을 하고 있을 뿐이라는 인식 아래 끊임없이 미국을 겨냥한 정책을 취했다.

한국은 한반도의 긴장이 북한의 무모한 도발과 도발을 위한 준비과정에서 생긴 것이라고 주장했다.[16] 즉 북한은 핵무기와 화생방무기 등 첨단무기 개발에 여념이 없고 엄청난 재래식 무기를 보유하고 있으며,

---

16) 남만권, "한반도긴장완화의 저해요인에 대한 고찰," 〈국가전략〉 8-3(서울: 세종연구소, 2002), pp. 33~35.

끊임없이 한국에 대한 군사적 위협을 하기 때문에 평화가 정착되지 않고 긴장이 계속되고 있다는 것이다. 탈냉전 이후에도 북한의 군사적 행동은 대부분 한국을 인질로 한 도발이었고, 이는 바로 한반도의 긴장을 유발하는 직접적 원인이 됐다는 시각이다. 이 때문에 4자회담에서도 한국은 긴장완화를 우선 순위에 두고, 이를 위해 군비통제나 군사훈련 상호참관과 군인사 교류 등 실질적인 긴장완화조치를 우선적으로 취하자고 강조했다.

이러한 한반도 긴장의 원인에 대한 인식차이 때문에 자연히 긴장을 완화하기 위한 접근방식에도 차이가 생길 수밖에 없었다. 한국은 남북한간의 군사적 긴장완화를 중시하는 반면, 북한은 미국과의 적대관계 해소를 우선적으로 고려했다. 북한은 자신들의 체제유지를 위해서는 미국과의 신뢰구축조치가 절대적이며, 남북한간의 신뢰구축조치는 오히려 한국체제만 강화시켜줄 뿐이고 자신들의 체제유지에는 아무런 도움도 줄 수 없다고 판단했다. 북한 지도부는 북한체제 위협요소가 한국의 적대적 행동이라기보다는 미국의 적대적 행동이기 때문에 미국과의 관계개선이 무엇보다 시급하다는 인식을 갖고 있었다.

즉, 한반도에는 군비통제를 거론할 만한 충분한 위협과 긴장이 존재하는 것은 사실이나, 협상의 대상이 서로 불일치해 해결의 실마리를 찾기가 어려웠던 것이다. 이는 결과적으로 남북한간에 존재하는 군사적 긴장이 양측간의 군비통제를 추진할 수 있는 방향으로 발전될 가능성은 매우 낮다는 것을 의미한다.[17)]

남북한의 이러한 체제위협대상에 대한 인식차이는 사실 표면에 드러난 객관적 현상이라고 할 수 있다. 그러나 내부적으로 더 주목해야 할 것은, 북한이 대내외적으로 긴장을 이용하기 위해 오히려 위협인식을 조장하고 있다는 사실이었다. 긴장완화를 목표로 내세우는 한국과는 정반대의 정책을 추구한 것이다. 긴장완화를 남북한관계에서 무엇보다

---

17) 현인택 외, "한반도 군비통제의 새로운 접근," 〈전략연구〉 25호(서울: 한국전략문제연구소, 2002), pp. 19~20.

중요한 과제로 판단했던 한국은 한반도에서의 긴장이 한국사회에 치명적인 악영향을 미친다는 사실을 경험으로 알고 있었다. 실제로 북한이 NPT에서 탈퇴를 선언하고 '서울 불바다'를 주장했을 때인 1993년에는 생필품 사재기 등 한국사회가 크게 동요했다. 반면, 북한은 한반도의 긴장을 적절히 이용해 내부적으로는 체제유지의 수단으로 이용하고, 외부적으로는 전략적 우위를 차지하기 위한 카드로 활용했다. 북한 내부사회의 동요를 막고 주민을 정치적 목적에 동원하기 위해서는 일정 수준의 긴장된 분위기가 필요하다. 군사적 긴장은 한국당국이나 미국에 대해 적개심을 고취시켜 주민의 체제불만이나 이탈심리를 제어하는 작용을 했다. 긴장을 유지하면서 위기의식을 고취시키는 정책은 독재국가가 군중동원과 결속을 위해 항상 사용했던 수법이었다. 북한도 그 예외가 아니었다. 또 북한의 대외정책도 한반도의 긴장을 필요로 한다. 평양당국은 한반도에 긴장이 존재하지 않으면, 세계의 이목을 끌지 못해 기본적으로 자신들의 주장을 관철시킬 수 없고 생존에 필요한 군사적·외교적 수단을 효과적으로 활용할 수 없다고 판단했다. 즉, 한반도의 긴장은 세계의 이목을 집중시켜 북한의 존재를 부각시키고 그렇게 함으로써 자신들의 요구와 주장을 보다 효과적으로 내세울 수 있다. 북한은 한반도의 긴장이 자신들의 생존수단 강구에 중요한 도구라고 생각했던 것이다.

이처럼 한반도의 긴장을 해소해야 한다고 주장하는 한국과 긴장해소의 필요성은 느끼지 못하고 오히려 긴장을 이용하려는 북한이 4자회담을 열어 한반도 긴장문제를 논의했으니, 처음부터 어떤 합의를 기대하기는 어려웠다.

3) 군사력유지에 대한 인식차이

4자회담에서 긴장완화의 중요한 요소로 대두된 군축이나 군사훈련 상호통보와 참관, 군인사 교류문제 등도 남북한간에는 현격한 의견 차이가 있을 수밖에 없다. 군의 역할에 대한 인식에 남북한 당국은 큰 차이를 보이고 있기 때문이다.

김정일이 북한의 군 최고통수권자인 국방위원장을 맡고 선군정치를 강조하는 것을 보면 북한 내부에서의 군부의 존재가 어떤 것인가를 쉽게 알 수 있다.[18] 김정일이 자신의 통치기반으로 가장 중요시하는 것은 군부다. 4자회담이 제의됐던 1996년만 하더라도 김정일은 총 공식행사 참석 43회 중에 군관련 행사 참석이 14회, 군부대 현지지도가 17회나 됐다.[19] 북한의 군부는 탈냉전 이후부터 급격히 권력이 강화된다. 북한 통치기구의 핵심인 국방위원회는 원래 대내정책위원회, 대외정책위원회, 사법안전위원회, 법제위원회, 경제정책위원회 등과 함께 북한의 최고권력기관인 중앙인민위원회의 하부기관으로 존재했다. 그러다가 동구공산권이 몰락하자 최고인민회의 제9기 1차 회의(1990. 5. 24~26)에서 국방위원회는 중앙인민위원회와 동격으로 확대·개편됐다.[20] 김정일은 최고인민회의 제9기 5차 회의(1993. 4. 7~9)에서 마침내 국가주권의 최고군사지도기관인 국방위원회위원장으로 추대된 것이다.

김정일이 군부를 중시하는 선군정치를 통치노선으로 정형화한 이유는 세 가지로 나누어 볼 수 있다. 첫째는 대내적 차원으로 "과거 사회주의국가들의 붕괴원인이 노동계급의 중요성만 강조했을 뿐 총대 중시 선군혁명을 중요시하지 않은 데 있다"는 국가 또는 체제보위적 측면이다. 즉, 제국주의세력의 붕괴책동에 직면한 사회주의체제는 통일과 단

---

18) 선군정치라는 용어는 1997년 10월 중앙방송 정론을 통해 '선군후로'라는 말에서 비롯됐다는 것이 다수설이다. 그 이후 선군혁명사상, 선군혁명영도(1998. 4. 25, 군창건 66주년 〈로동신문〉 논설), 선군정치(1998. 10. 21, 중앙방송 논설)라는 용어가 차례로 등장했다. 또 1998년 4월 인민군 창건기념일에 나온 '선군혁명영도'에서 비롯됐다는 설도 있다(이기동, "북한의 신사고, 선군정치 그리고 정책변화," 〈통일정책연구〉 10-1, 2001, pp.277~288).

19) 정영태, 《북한의 국방위원장 통치체제의 특성과 정책 전망》(서울: 통일연구원, 연구총서 00-24, 2000), p.18.

20) 김정일은 국방위원회 제1부위원장(위원장은 김일성)을 맡아 실질적으로 군권장악에 나선다.

결의 중심을 군대에서 찾지 못해 비극적 종말을 맞았다는 것이다. 둘째는 내부자원이 고갈된 상황에서 경제회생을 위한 외부자원을 끌어들이려면 한반도와 동북아의 안정을 볼모로 잡을 필요가 있고, 이를 위해서는 군사력을 꾸준히 강화할 수밖에 없으며, 이를 대외협상의 중요한 '바겐 칩'(*bargain chip*)으로 활용하려는 의도에서 비롯됐다는 대외협상력 강화 측면이다. 셋째는 혁명과 건설의 과정, 특히 경제를 회생시키는 과정에서 오로지 믿을 만한 조직은 군대밖에 없다는 경제건설 과정에서의 군의 기여도 측면이다.[21]

김정일의 선군정치는 바로 이러한 군사력 강화를 목표로 했다. 이것이 공식적으로 현실화된 것이 1998년 8월 22일 발표된 강성대국론이다.[22] 당시 북한 언론매체들은 김정일을 "탁월한 선군혁명 영도로 우리 인민군대를 혁명의 기둥 주력군으로 억세게 키워주시고 혁명적 군인정신에 기초한 군대와 인민사상의 일치, 투쟁기풍의 일치로 만난을 뚫고 강성대국 건설의 국면을 열어나가시는 경애하는 장군님"이라고 칭송했다.[23] 즉, 군사지도자로서의 김정일의 위대성을 강조하면서, 군사력 강화를 김정일 통치의 핵심 정책노선으로 삼았다.

북한은 강성대국이 곧 '주체의 사회주의 나라'이며, "사상의 강국을 만드는 것부터 시작해 군대를 혁명의 기둥으로 튼튼히 세우고 그 위력으로 경제건설의 눈부신 비약을 일으키는 것이 우리 장군님의 주체적인 강성대국건설의 방식이다"고 주장한다. 그러면서 "군대의 지위와 역할을 높이는 것이 민족의 운명, 혁명의 승패를 좌우하는 사활적 문제"라고 강조했다.[24] 북한은 특히 사회통제의 수단으로도 군을 활용하고 있다. 경제난과 식량난으로 심화된 사회일탈현상을 효율적으로 단속하기 위해 군 사찰기관인 보위사령부를 확대해 당의 통제를 보완하는 차원에서 적극 활용하고 있다.

---

21) 이기동, 앞의 글, p. 279.

22) 〈로동신문〉 1998년 8월 22일자.

23) 〈북한 중앙방송〉 1999년 2월 5일.

24) 〈북한 중앙방송〉 1999년 2월 5일.

그러한 북한체제가 한국과의 협상에 의해 군사력을 축소하고 대량살상무기를 포기할 수 있겠는가. 그것은 바로 김정일 통치체제와 북한사회를 지탱해 주는 기반을 스스로 포기하고 무덤을 파는 일과 같다. 무력이 국가지탱의 유일한 수단일 뿐만 아니라, 무력에 의한 적화통일을 국가적 목표로 내세우는 북한당국이 군축을 하고 군사비밀을 한국에 공개한다는 것은 상상하기 어려운 일일 것이다. 현실적으로도 한국의 군비통제에 응할 경우, 북한 지도부는 유일한 비교우위인 그들의 군사력이 약화됨으로써 외부세계에 대한 외교적 지렛대를 상실하게 될 것이다.

그러나 한국은 군부의 입지가 북한과는 다르다. 국방력 강화는 항상 강조되기는 해도 그것은 어디까지나 자위적 수준이라는 점이 강조된다. 국방력 자체가 통치도구로 활용되지는 않는다. 정치와 군은 별개다. 북한을 군사적으로 협박하거나 군사력으로 한반도 상황을 바꾸겠다는 것이 아니다. 더구나 한반도의 긴장이 군사력의 첨예한 대치로 인해 고조되고 있고, 그 때문에 군사력의 상호감축이 절실하다는 것이 한국당국자들의 판단이다. 군사력에 대한 이러한 남북한 당국자들의 인식차이가 현존하는 이상 서로가 군축을 논의하고 군사력 대치상황을 해제하려는 협상은 무의미한 것이다.

1990년대 중후반에도 한국은 남북한의 군사력문제가 4자회담에서 풀리기를 희망했지만, 북한은 군사력 강화를 절실히 필요로 하는 정반대의 입장에 있었다. 결국 군부의 역할이나 위상에 대한 남북한간의 인식차이는 군사문제에 대한 협상을 하더라도 실질적 성과를 거둘 수 없는 장애요인이 됐다. 북한당국이 체제생존의 유일한 수단인 군사력을 한국과의 협상을 통해 동등한 입장에서 무장해제한다는 것은 기대하기 어려운 일이기 때문이다.

군사력에 대한 서로간의 인식차이 때문에 남북한이 느끼는 안보적 불안감에도 상당한 거리가 생긴다. 남과 북이 각각 상대방으로부터 느끼는 안보적 불안에 대한 인식이 상반되는 것이다. 한국이 북한으로부터 받는 안보불안은 군사적 수단에 의한 공갈·테러·협박·침투·도

〈그림 10-1〉 21세기의 설계도 : 북한의 강성대국

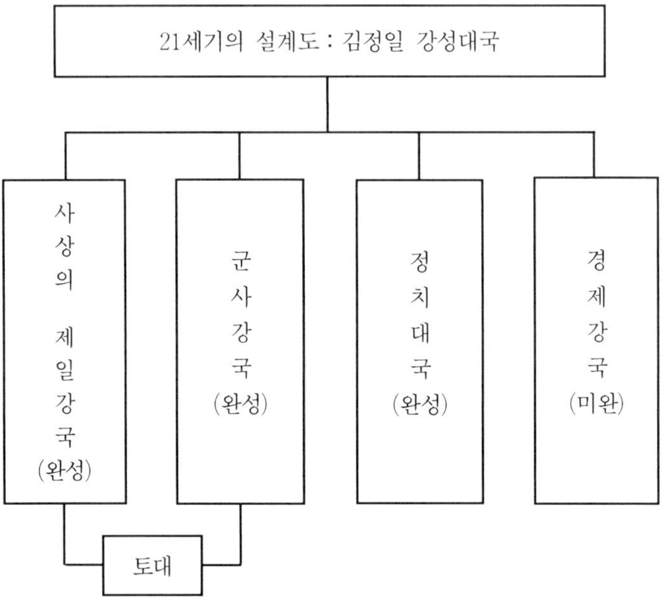

출처: 전현준, 《북한의 강성대국 건설 실태평가》(서울: 통일연구원, 연구총서 99~21, 1999). p. 9.

발 등이지만 북한이 느끼는 안보불안은 한국에 의한 흡수통일의 위험, 체제개방에 따른 북한주민의 사상적 동요, 경제의존도 심화 등으로 인한 체제상의 위기의식에서 오는 것이다.[25] 북한이 남쪽으로부터 받는 실제적인 군사적 위협에 대한 인식은 심각하지 않다고 볼 수 있다. 오히려 미국에 의한 군사적 위협을 북한은 더욱 절실하게 느끼고 있다. 전쟁을 하면 결국 미국과의 전쟁이지 한국과의 전쟁은 아니며, 그렇기 때문에 미국과는 아무런 평화보장장치가 없는 상황에서 한국과 불가침협정을 맺거나 군비축소 회담을 하는 것은 부질없는 일이라는 것이다.

25) 남만권, 앞의 글, p. 33.

한국은 군사적으로 미국에 예속되어 있기 때문에, 군사문제에 관한 한 협상상대자가 미국이지 한국은 아니라는 것이 북한 당국자들의 기본판단이다. 북한이 4자회담에서 조미평화협정 체결과 주한미군 철수문제를 내세우며 양측간의 국방회담을 꾸준히 요구한 이유도 여기에 있다.

4) 통일달성 과정에 대한 인식차이

통일달성과정에 대한 근본적 인식차이도 4자회담과 같은 협상이 뚜렷한 결과를 도출하지 못한 또 다른 원인이라고 할 수 있다. 북한이 미국과의 평화협정 체결과 주한미군 철수를 주장하는 배경에는 베트남식 통일방안을 추진하려는 의도가 깔린 것으로 분석된다.

미국의 존슨 행정부는 1967년 5월 베트남의 북위 20도 이북에 대한 북폭 중지안을 통해 월맹에 평화협상을 제안했고, 월맹이 이를 수용함으로써 1968년 5월 파리에서 제1차 미국-월맹 평화협상이 시작됐다. 국내 반전여론에 지친 존슨 행정부는 먼저 평화협상을 제안한 것이다. 북한이 미국에 먼저 평화협상을 제의한 것과는 대조가 된다. 이어 닉슨 행정부는 월남의 티우 정부를 배제한 채, 월맹과 비밀협상을 하고 베트콩의 합법성을 인정한다. 미군이 완전철수하고 티우 정권에 대한 지지를 철회하며, 남베트남에 월맹군을 배치하는 것을 보장하는 선에서 기본 합의를 한 것이다. 이러한 미군철수와 미국의 티우 정권에 대한 지지 철회 등을 통해 1973년 1월 '베트남에서의 전쟁 종결과 평화회복에 관한 협정' 및 4개 부속의정서가 체결되고, 마침내 베트남은 공산주의 통일이 달성된 것이다.

이러한 파리협정의 가장 큰 문제점은 월맹에 의해 조종되는 해방전선이 협정 당사자로 인정되고, 남베트남에 대한 안보장치가 전혀 마련되지 않았다는 점이다.[26] 남베트남으로부터 월맹군을 철수한다든지

26) 윤덕민, "한반도 평화협정에 관한 연구: 평화협정의 쟁점사항을 중심으로," 〈외교안보연구〉 4호(서울: 외교안보연구원, 2002), pp. 227~228.

월맹군에 침투를 중단시킨다든지 하는 규정이 없었다. 그러한 상태에서 미군이 철수한 것이다. 즉, 파리협정은 미국의 베트남전 개입 중단을 가장 시급한 현안으로 생각하고 맺은 것이기 때문에, 월남의 생존권과 협정이행을 보장하는 체제가 갖추어져 있지 않았다. 베트남 통일문제 역시 강압 혹은 일방에 의한 병합이 아닌 남북베트남간의 대화와 합의에 의거한 평화적 수단으로 점진적으로 이루어진다고(협정 제15조)고 규정했으나, 외국군이 완전 철수한 상태에서 남베트남은 사실상 협상력을 상실했다.

특히 미국의 군사개입 중단과 외국기지 철수(제5조·제6조), 그리고 신규병기나 군사요원의 반입 또는 충원금지(제7조)는 당시 상황으로 볼 때, 월맹에 절대적으로 유리한 것이었다. 남북베트남이 군사동맹 또는 군사블록에 가입하지 못하게 한 것(제15조)도 마찬가지다. 월

〈표 10-1〉 파리 평화협정 내용

정식명칭 (체결일자)	Agreement on the War and Restoring Peace in Vietnam (1973. 1. 17)
당사자	미국, 월남공화국, 월맹, 민족해방전선(베트콩)
평화관리기구 및 참여국	- 4자 공동군사위원회: 미국, 월남, 월맹, 민족해방전선 - 2자 공동군사위원회: 월남, 민족해방전선 - 국제통제 및 감시위원회: 캐나다, 헝가리, 인도네시아, 네덜란드
국제보장	파리 국제회의: 파리협정 당사국(미국, 월남, 월맹, 민족해방전선), 소련, 영국, 프랑스, 중국, 유엔사무총장
외국군 철수, 타 조약과의 관계	- 미국의 남베트남에 대한 군사개입 및 내정간섭 중지 - 외국군 외국군사기지의 60일 이내 철거 - 신규병기, 군사요원의 반입, 충원 금지 - 남북베트남은 군사동맹 또는 군사블록에 가입하지 않음
미국의 역할	협정의 당사자로서 협정에 서명

자료: 윤덕민, "한반도 평화협정에 관한 연구: 평화협정의 쟁점사항을 중심으로," 〈외교안보연구〉 4호(2002/12) (서울: 외교안보연구원, 2002), p. 237.

맹은 월남과의 전쟁 초반부터 자력으로 군사력을 강화했고, 민족해방전선도 엄청난 전투력을 갖고 있었다. 반면 월남의 군사력은 전적으로 미국과 외국군에 의존된 것이었다. 그러한 상황에서 외국군을 철수하고, 남북베트남은 신규병기를 들여올 수 없으며, 군사동맹도 맺지 못하게 규정한 것이다. 이는 바로 월남의 손발을 그대로 묶어놓은 것과 마찬가지였다.

4자회담에서 미국과의 평화협정과 주한미군 철수를 끈질기게 요구한 북한의 협상정책은 바로 베트남식 공산주의 통일정책과 무관하지 않다. 이는 북한이 미국을 상대로 처음 평화협정 체결을 제의한 시기를 보면 짐작할 수 있다. 북한은 1973년 월맹이 미국과 평화협정을 체결하자 1년 만인 1974년 미국을 상대로 북미 평화협정을 제기한 것이다. 반대로 한국은 한국대로 베트남의 공산주의 통일과정을 경험했기 때문에, 그러한 통일방안이나 논의는 항상 금기의 대상이 됐다.

북한이 베트남식 통일을 추진한 데 비해 한국은 북한의 자연스런 붕괴를 가정해 통일정책을 추진했다. 김영삼 정부는 사실 북한정권의 붕괴를 예측하고 있었다. 북한정권의 붕괴시나리오가 공공연히 논의되던 시기였다.

1992년 2월 발효된 남북기본합의서는 남북한 관계를 통일과정의 '잠정적 특수관계'로 규정하고 남북한이 당장 통일을 이룩할 수 없는 현실을 감안하여 상호 체제인정, 비방중지, 교류·협력을 통해 민족의 동질성을 회복함으로써 단계적으로 통일을 이룩해 나간다고 밝히고 있다(합의서 전문). 남북기본합의서는 통일될 때까지 남북한이 평화롭게 공존한다는 정신을 담고 있는 것이다. 그러나 그와 같은 남북기본합의서를 마련했던 한국의 판단은 북한사회의 붕괴를 전제조건으로 했다. 당시 북한의 장래는 극심한 경제난과 식량난에 시달리다가 내부폭발(*impulsion*), 외부폭발(*expulsion*) 그리고 연착륙(*soft landing*) 등으로 추측하기도 했다. 내부 폭발은 권력승계를 둘러싼 위기 속에서 쿠데타나 혁명, 경제 붕괴 등으로 가능하며, 외부폭발은 전쟁이나 경고 공격 또는 우발적 군사행동에 나서는 경우를 가정한 것이다. 연착륙은 북한이 국제사회에 문호를 개방하고 한국과 대화에 나서는 것으로 4자회담을 통해 이와 같은 과정으로 진입하는 게 가장 바람직하다는 견해였다.[27] 북한정권의 붕괴는 필수적이나 그 붕괴가 한국사회에 큰 영향을 미치지 않는 방식으로 되어야 하며, 그렇게 하기 위해서는 얼마간 남북한 사이의 평화적 공존관계가 유지되어야 한다는 논리가 남북기본합의서를 만든 한국의 의도에 내재되어 있었다.

반대로 북한은 한국과의 평화적 공존관계를 유지하는 것을 내심 거부하는 것으로 보인다.[28] 북한이 한국과의 평화적 공존관계에 별다른 관심을 두지 않는 이유는 다소 사변적이다. 북한은 남과 북은 원래 하나이고, 조선은 혈통과 민족을 중시하기 때문에 남북한간에는 평화공존이라는 말을 사용할 수 없으며, 평화공존이라는 것은 민족과 전통이 다른 국가들간의 관계를 규정하는 것이라고 주장한다. 그러면 북한이 평화공존을 주요 내용으로 하는 남북기본합의서에 서명한 이유는 무엇인가. 북한의 기본적 논리가 한국은 자신들과 평화공존을 논할 대상이 아니라면, 남북기본합의서에 서명한 것은 오로지 탈냉전 이후의 극심한 체제불안과 안보위기를 극복하기 위한 수단으로 이용하기 위한 행동이라고 해석할 수밖에 없다. 한국과의 평화공존을 목표로 했다기보다는 우선 자신들의 생존과 안보를 통일전선전략에 이용하기 위한 계산에서 취한 행동이라고 볼 수 있다.[29]

---

27) 〈동아일보〉 1997년 6월 28일자. 주한미군 고위관계자가 미국 메릴랜드대에서 한 강연. 이 관계자는 북한정세의 악화는 ① 식량·전력자원 고갈, ② 군에 배급 우선순위, ③ 통제력상실·지방독립, ④ 공개처형·내부탄압, ⑤ 관리암살·하부저항, ⑥ 권력층 분열·숙청사태, ⑦ 체제존속을 위한 재정렬로 진행될 것이라고 말했다.

28) 남만권, 앞의 글, pp. 41~42.

29) 이동복, "남북기본합의서 무엇이 문제인가,"《통일의 숲길을 열어가며(2)》(서울: 삶과 꿈, 1999), pp. 164~181.

1990년대가 주는 교훈

결론

1. 그래도 대화는 필요했다

탈냉전은 동북아정치체계에 결정적 영향을 미쳤다. 미국과 소련의 양극체계가 가장 분명하게 현시된 곳이 한반도였기 때문에 소련의 붕괴는 동북아정치체계에 어느 다른 지역보다도 큰 충격을 주었다.

북미 핵협상은 바로 그런 충격의 산물이다. 1990년대 초 탈냉전이라는 대외환경의 변화를 직접 경험하면서 생존과 안보를 위한 자구책을 마련해야 했던 북한은 미국과 협상에서 체제안전에 대한 보장을 받고 경제적 지원을 얻는 등 '상대적 이득'을 취했다. 양극체계의 붕괴로 생존마저 위태롭던 북한이 지구상의 유일 초강대국이 된 미국과의 협상에서 어떻게 그와 같은 이득을 얻을 수 있었는가. 핵카드를 적절히 사용한 북한 지도부의 협상기술도 작용했을 것이다. 그러나 북한 지도부가 그러한 협상기술을 발휘할 수 있었던 근본배경은 그들의 '협상재주'가 아니라, 바로 동북아정치체계의 특성 때문이라는 것이 필자의 판단이다. 당시 동북아정치의 질서와 환경이 북미협상에서 북한에게는 기회를, 그리고 미국에게는 상대적으로 제약과 규제를 가했기 때문이었다. 동북아정치체계의 불투명성과 불안정성, 그리고 북한이 직면했던 위기는 한반도에서 무력충돌의 가능성을 높여주었고, 평양당국은 그러한 외부의 인식을 이용해 벼랑끝 정책과 중개자 초청, 남북대화 등을 효과적으로 구사할 수 있었다.

반면 동북아정치체계의 불투명성과 불안정성, 그리고 한반도에서의 무력충돌 가능성은 미국의 협상력을 제한하고 규제하는 작용을 했다. 특히 잠재적 경쟁국이었던 중국의 존재는 미국의 한반도정책 결정에 항상 부담이 됐다. 미국은 일본과 비교적 단단한 정책공조를 취했지만, 한국은 표면적인 공조 다짐에도 불구하고 내부적 갈등이 적지 않았다. 한반도 안보의 핵심 당사자인 한국은 결정적인 순간마다 미국의 행동을 제약했다. 한미공조는 북한 핵문제에 대한 양국의 이견과 접근방법의 차이 때문에 제대로 이뤄지지 못했던 것이다. 이러한 동북아정치체계의 특성은 북한의 핵문제를 전세계적인 핵문제의 하나로 보고 핵확산금지조약(NPT) 체제 내에서 해결하려 했던 미국의 당초 정책을 북미 양자간의 지역적·정치적 문제로 변질시켰다. 북한 핵문제에 대한 정책선회는 북한이 의도했던 북미관계 개선의 발판이 됐다. 사실 북한의 주장을 거부하고 핵문제를 해결할 수단으로는 미국의 물리적 제재가 가장 효력을 발휘할 수 있었다. 이에 따라 클린턴 행정부는 북한과의 협상과정에서 경제적 봉쇄나 군사적 공격 등 물리적 제재수단을 여러 차례 검토했으나 실행에 옮길 수 없었다. 물리적 제재를 가할 경우 한반도에서 발생할 전쟁의 위험성이 컸고, 또 중국 등 주변 강대국들과의 관계도 고려하지 않을 수 없었기 때문이었다. 한반도에서의 전쟁은 인적·물적 피해도 엄청날 뿐만 아니라, 탈냉전 이후 미국의 대외정책에도 결정적 영향을 미칠 것이 분명했다. 한반도의 이해당사자라고 할 수 있는 중국이나 러시아, 그리고 일본 등과의 관계가 예측하기 어려운 방향으로 선회할 것이 분명했다.

국제원자력기구(IAEA)나 유엔안보리 등 국제기구도 제 역할을 하지 못했다. 미국은 IAEA나 유엔안보리를 동원해 북한에 압력을 가했으나 평양당국은 이에 굴복하지 않고 버텼다. 약소국인 북한이 그렇게 할 수 있었던 것도 바로 당시 동북아정치체계상 평양당국의 저항을 제어할 수단이 없었기 때문이었다. 말하자면 동북아정치체계는 북한에게 버틸 수 있는 힘의 바탕을 마련해 주었고, 미국과 IAEA에게는 제약을 가했던 것이다. IAEA는 결국 협상을 진행중인 미국과 북한 틈새에 끼어 제 기능을 발휘하지 못했다. 유엔무대에서의 중국과 미국 간의 갈등과 대립은 대북제재를 가하려는 유엔안보리의 기능을 무력화하는 요인이 됐다. 안보리 상임이사국인 중국은 북한 핵문제를 대화와 협상으로 풀어야 한다는 기본원칙을 고수했고, 그와 같은 기본원칙은 미국의 안보리 내 행동을 제약했던 것이다.

4자회담 역시 동북아정치체계의 독특성이 반영된 회담이었다. 김영삼 정부는 북미관계의 발전속도에 대한 의구심과 한반도문제에 대한 주도권을 상실할지도 모른다는 우려감, 북한의 잇단 평화공세, 그리고 대북정책에 대한 국내정치세력의 비판에 직면해 4자회담을 추진했다. 1990년대 중반의 한반도 주변 정치상황은 사실 미국과 북한의 제네바 핵합의가 국제관계의 핵심을 이루었고, 김영삼 정부는 그러한 합의과정에서 소외됐다는 인식을 갖지 않을 수 없었다. 미국은 북한과의 제네바 핵합의를 순조롭게 이행하는 한편, 동북아지역에 대한 패권확립을 위해 4자회담을 적극 추진했다. 동북아지역에 대한 미국의 패권은 북한이 제네바 핵합의를 이행하지 않고 합의의 틀을 벗어날 경우 큰 장애에 부딪치게 된다. 미국의 입장에서 볼 때, 4자회담은 북한이 제네바 핵합의를 준수토록 하고 한국의 대미 불신을 해소하는 데 기여할 수 있는 편익을 갖고 있었다. 중국 역시 4자회담에 참가하는 것이 한반도문제에 대한 영향력을 유지하고 미국의 패권을 견제할 수 있는 길이었다. 탈냉전 직후 방향설정을 하지 못했던 미국과 중국과의 관계는 일단 미국의 개입과 확대정책으로 안정을 찾아가는 모습이었기 때문에, 중국의 4자회담 참가는 워싱턴과 베이징 간의 새로운 관계를 설정하는 데도 자극제역할을 했다. 두 강대국이 국제문제 해결에 공동보조를 취하는 선례를 남겼다.

그러나 북한은 4자회담 제의를 당장 수용할 수 없는 입장에 있었다. 극도의 체제위기에 직면했던 북한은 탈냉전이라는 새로운 동북아 정치질서 내에서 "자신들이 무엇을 할 수 있을까" 하는 근본적 능력에 대한 모색 결과, 미국과의 관계개선을 정책의 목표로 설정하고 추진하던 중이었다. 제네바 핵협상은 북한이 그러한 정책목표를 설정하게 된 동기를 부여한 것은 물론이고, 그 정책목표를 성취하는 가장 유용한 수단이 됐다. 김영삼 정부에 대한 당시 북한 지도부의 인식은 한국이 자신들의 생존과 체제위기 극복에 전혀 도움이 되지 않는다는 것이었다. 한국은 오히려 흡수통일을 노리면서 북한체제를 압박하는 존재로 인식했기 때문에, 대미협상에서 적극적으로 한국을 배제하는 정책을 취했다. 한국과 미국의 4자회담 제의에 대해 북한이 적극 호응하지 않은 이유도 4자회담을 제의한 배경에 대한 의구심 때문이었다. 4자회담 제의의 배경과 그 회담이 미칠 영향에 대한 의구심을 갖고 있던 북한이 회담에 응하게 된 의도는 시급한 식량확보와 북미관계에 있어서 또 다른 대화채널을 확보하기 위한 것이었다. 4자회담에 대한 이와 같은 개별국가들의 속 다른 계산과 의도는 4자회담의 진행을 제약하는 요소로 작용했다.

4자회담이 갖고 있던 또 다른 제약 요소는 이 회담이 다자주의 형태를 갖고 있었으면서도, 본질은 양자주의적 색채를 띠고 있었다는 사실이다. 4자가 모였지만 연대성이나 호혜성을 공유하기 어려운 의제를 다루는 회담이었다. 공통의 객관적 대상에 대한 연대나 호혜가 성립된 것이 아니라, 각자가 서로에 대해 안보불안을 야기할 수 있는 카드를 갖고 있다고 전제하면서 그 카드를 해소하자고 협상을 한 것이다. 그렇기 때문에 신현실주의자들의 주장처럼 절대적 이득을 성취하기보다는 상대적 이득에만 집중해 협상타결이 이뤄지지 않았다. 특히, 북한은 안보에 극히 민감한 상태에 있었기 때문에 자신들이 차지할 수 있는 협상의 이(利)가 상대방의 그것과 어떤 연관성을 갖느냐에 관심을 표시했다. 신현실주의자들은 국가가 분쟁가능성(*possibility of conflict*)을 염두에 두며 최악의 상황에 대비하기 때문에, 항상 철저한 사전 방어조치가 침략에 대한 유일한 보장이라고 간주하고 경제적 능력이나 다른 목적 성취보다는 무엇보다 군사안보에 전력을 기울인다고 주장한다.[1] 북한이 협상과정에서 갈등규제장치 마련보다는 갈등타결방안을 우선적으로 주장하고 순차적 해결방식보다는 근본적 문제부터 해결하자는 논리를 편 것도 그런 안보불안감을 갖고 있었기 때문이다.

특히 4자회담은 탈냉전 이후 한반도 정세에 대한 근본적 인식차이를 내포한 회담이었다. 한반도의 긴장과 군사력, 그리고 궁극적으로 통일방안에 대한 남북한의 인식차이는 해결이 불가능한 것이었다. 군사력과 긴장이 필요한 북한으로서는 긴장을 해소하고 군비통제와 군사력에 대한 투명성을 확보하자는 한국의 제의를 받아들일 수 없었다.

4자회담은 결국 구체적 성과를 도출하지 못하고, 새로운 정치환경의 변화로 사라지게 됐다. 그러나 4자회담은 그 자체로 의미를 부여할 수 있는 측면도 갖고 있다. 즉, 대립과 갈등이 지속되고 있던 한반도에 대화채널이 얼마 동안만이라도 열렸고, 그러한 대화채널은 적대감과 긴장을 완화시켜 안보불안감 해소에 도움을 주었다는 사실이다. 아무리 적대국가간의 관계라도, 그리고 아무런 성과를 거두지 못한 회담이라도, 대화를 하는 것이 하지 않는 것보다 유익하다는 평범한 진리를 4자회담은 보여주었던 것이다.

2. 어떻게 될 것인가

그렇다면 1993~1994년 북미 핵협상에 영향을 미친 동북아 정치질서와 환경은 현재 어떻게 변하고 있는가. 4자회담이 아무런 성과를 거두지 못한 1990년대의 경험은 오늘날 북한의 핵문제와 6자회담에 어떤 교훈을 시사하고 있는가.

한반도 주변의 국제정세는 2000년대에 들어와 또 다르게 변하고 있다. 우선 2000년 6월에 있었던 김대중 대통령과 김정일 국방위원장 간

---

1) Stephen G. Brooks, "Dueling Realism," *International Organization* 51-3 (Summer, 1997).

의 남북한 정상회담은 기존의 남북한 관계에 전환점을 마련했다. 이라크 전을 감행한 미국은 2001년 역사상 유례없는 9·11 테러를 당했다. 2006년 10월에 실시한 북한의 핵실험은 동북아정치체계에 큰 파장을 일으키고 있다. 이러한 '사건'들은 그 자체로 한반도 주변의 국제질서와 정치환경을 변화시키면서 북한의 핵문제에 대한 새로운 접근을 요구하고 있다.

특히 북한의 핵실험은 탈냉전 이후 거의 15년 동안 하루도 쉼 없이 계속되어 온 북미 핵협상의 중요한 '결과'이자 교훈이 될 만한 사건임에 틀림없다. 평양정권은 이전에도 핵실험의 가능성을 노골적으로 내보였다. 북한은 2002년 10월 미국의 동아시아태평양 담당 차관보가 평양을 방문했을 때 고농축 우라늄(HEU) 프로그램을 비밀리에 추진한 사실을 시인했다고 한다. 북한은 2002년 말 핵시설 동결장치를 풀고 이를 지키던 IAEA 사찰단을 추방한 데 이어, 2003년 1월 10일 핵확산금지조약(NPT)을 탈퇴했다. 북한은 또 2003년 5월, 남한과 1992년에 체결한 비핵화 선언도 무효화하겠다고 발표했다. 북한은 2005년과 2006년에도 공공연히 핵무기를 보유하고 있음을 시사했다. 북한이 1993~1994년 핵협상 때와는 달리 이처럼 핵무기 보유와 핵실험 가능성을 공공연히 주장한 이유는 1990년대 핵카드로 자신의 생존과 안보를 확보한 것처럼 새로운 핵카드를 만들어 정권의 기반을 확고히 하려는 의도에서다. 평양당국은 1990년대 북미 제네바 핵합의가 더 이상 의미가 없게 된 상황이기 때문에 또 다른 생존의 발판을 마련할 필요가 생긴 것이다.

실제로 북한의 핵실험은 케네스 월츠(Kenneth N. Waltz)가 주장하는 국제정치구조의 한 특징인 개별국가의 능력배열에 변화를 가져올 수 있는 사건이다. 우선 북한의 국제적인 위상이 더욱 강화될 가능성이 있다. 이는 남북한 관계에도 적용되어 한국의 대북 억지력이 크게 떨어지는 상황이 올지도 모른다. 북한이 핵무기를 갖고 있지 않은 남한이나 일본에 대해 전략적 우위를 차지할 수 있다는 가정은, 결과적으로 한국과 일본의 핵무장을 촉진시킬 여지도 있다는 것을 의미한다.

이미 핵보유국가로 인정받고 있는 중국의 입장은 더욱 난처할 것이다. 경제적 성장과 지역 안정을 바라는 중국으로서는 동북아정세의 불안정과 불투명성을 어떻게 하든 해소해야 할 입장이다. 미국은 북한의 전례를 또 다른 지역의 개별국가가 따를지도 모른다는 우려를 하지 않을 수 없으며, 그렇게 될 경우 전세계적인 핵전략에 차질을 가져올 것이 분명하다. 특히, 북한이 핵능력을 가지면 이는 머지 않아 미국에 대해 이른바 2차 보복능력을 가질 수 있다는 것을 의미한다. 아무리 작은 나라의 보잘것없는 핵무기라도 국제정치질서를 변화시킬 수 있다는 사실은 2001년 미국에 대한 9·11 테러사건이 입증해 주고 있다.

북한의 핵문제를 해결하기 위한 국제적인 노력은 1990년대의 4자회담처럼 2000년대에도 6자회담을 통해 계속되고 있다. 2003년 1차 회담(8. 27~29)을 열었던 남북한과 미국·중국·러시아·일본의 6자회담은 4차회담(2004. 7. 26~8. 7, 9. 13~19)에서 북핵문제 해결의 원칙과 목표를 담은 공동성명을 채택하는 등 성과를 보였으나, 5차회담 1단계회의(2005. 11. 9~11)에서 북한이 미국의 금융제재조치 문제를 제기하고 나서 교착상태에 빠졌다. 그러다가 북한의 핵실험 이후 다시 활로를 모색하고 있는 중이다.

6자회담도 지금까지 진행결과를 보면 4자회담과 유사한 과정을 밟고 있는 것 같다. 북한은 회담이 목표로 하고 있는 자신들의 핵문제 해결보다는 그를 이용해 실리를 챙기는 데 더욱 급급한 양상이고, 미국을 비롯한 이해 당사국들은 북한에 대한 실리 제공을 미끼로 북한의 핵을 묶어두려 하고 있다. 회담 목적과 본질에 대한, 그러한 근본적인 차이 때문에 다자주의 형태를 갖고 있는 6자회담도 4자회담처럼 양자주의 틀에서 벗어나지 못하고 있다. 북한이 4자회담에서 신현실주의자들이 주장하는 '상대적 이득'(*relative gains*)을 우려해 쉽게 합의하지 못했던 정황은 6자회담에서도 마찬가지인 것 같다. 미국이 먼저 대북 경제제재를 해제해야 한다고 주장하는 평양측의 입장은 4자회담에서 식량지원을 회담 참가조건으로 내걸었던 때와 유사하다.

북한의 핵문제에 대해 국제사회가 가할 수 있는 '채찍'의 효용성도

1990년대와 큰 차이가 없다. 북한이 핵실험을 할 경우 어떠한 위험을 감수하고서라도 제재를 하겠다던 국제사회의 목소리는 '엄포'에 불과했다는 사실이 드러나고 있다. 미국은 국제해상에서 한두 건 북한의 선박에 대한 검문 검색을 실시하고 국제은행의 북한 구좌를 동결하는 등 경제적 봉쇄정책을 취하고 있으나, 북한에 미치는 타격은 미미한 상태다. 군사적 제재도 가끔 거론되고 있지만, 1990년대와 같은 강경론자들의 목소리는 크게 줄어들었다. 현재의 동북아정치체계는 1990년대의 북미 핵협상 때보다 오히려 더 분명한 제약을 미국에 가하고 있기 때문이다. 지금 미국의 북한에 대한 군사적·경제적 제재조치는 1990년대와 비교해 볼 때 선택하기가 더 어려울 것이라는 게 필자의 판단이다. 동북아정치체계 자체가 미국이 취할 수 있는 대북정책의 폭을 더욱 좁게 만들고 있다고 보기 때문이다.

우선 전반적으로 1990년대 초반과 비교해 볼 때, 동북아정치체계의 가장 뚜렷한 변화는 사회주의의 쇠퇴와 자본주의의 급속한 확대를 들 수 있다. 이에 따라 이데올로기보다는 경제적 실리관계와 이해타산이 역내 국가들의 핵심 관심사가 됐다. 이러한 변화는 사실 현실주의의 주장을 약화시키고 자유주의의 입장을 강화하는 측면이 없지 않다. 이념적 대결은 실리주의적 입장보다는 명분을 선택하는 경향이 많지만, 경제적 관계가 강화될 경우에는 항상 실리주의가 우선하는 경향을 보인다. 자본주의의 확대는 역내 국가들이 경제적 이해관계에 보다 민감하다는 것을 의미한다. 상대방이 취하는 이득, 즉 '상대적 이득'에 대한 우려보다는 내가 얻게 되는 이득, 즉 '절대적 이득'(*absolute gains*)에 관심을 갖기 때문에 국제관계가 상대적으로 화해와 협력을 추구하게 된다.

그와 같은 자본주의의 확대는 중국이 선도하고 있으며, 북한에도 상당부분 영향을 미치고 있다. 중국은 개혁·개방정책을 빠른 속도로 안착시켜 가고 있으며, 시장경제체제에 의한 경제발전도 괄목할 수준에 이른다. 중국사회는 자본주의의 특징이라고 할 수 있는 사유재산제도가 뿌리를 내리고 있고, 이윤 획득을 목적으로 하는 상품 생산은 거의 보편화되고 있다. 거의 모든 재화에 가격이 성립되어 있고 노동력도 대부분 상품화됐다. 사회주의혁명보다는 복지국가건설이 국가의 최대 목표가 된 지 오래다. 북미 핵협상이 열린 1990년대 초반까지만 하더라도 중국의 개혁·개방과 시장경제 도입정책은 지금처럼 본격적인 궤도에 오르지 못했다. 중국은 지속적인 외자유치정책을 펴나갈 것이며, 시장경제체제도 더욱 활기를 띨 것이 분명하다.

중국의 한반도정책에도 상당한 변화가 눈에 띈다. 지금도 중국은 표면적으로는 남북한간에 균형정책을 취하고 있으나, 실질적으로는 경제적 이해관계를 중시하는 쪽으로 정책이 변화하고 있다. 그에 따라 1990년대 초반 강조한 북한에 대한 동지애적 관계보다는 남한에 대한 실리정책 추구에 훨씬 더 무게를 싣고 있다. 한국과 중국의 경제적 상호의존관계는 정치적 장애를 완전히 뛰어넘고 있으며, 북한에 대한 중국의 관심은 이제 더 이상 이념적인 것이 아니다. 중국은 오히려 북한의 도발적인 핵정책과 김정일 정권의 붕괴가능성 그리고 북한난민의 유입 등 눈앞에 직접 벌어지고 있는 일에 더 관심을 쏟고 있다. 이제 중국은 북한에 대해 '골칫덩이'라는 인식을 점차 짙게 갖고 있는 반면, 남한에 대해서는 경제적 이득을 위해 관계를 강화해야 할 '필요의 대상'으로 인식하고 있는 것이다.

미국과 중국의 이해관계도 10여 년 전과는 다른 밀착성을 보이고 있다. 미국은 중국이 미국에 도전할 국가로 등장할 가능성을 경계하면서도 동시에 중국을 포용하려는 이중적인 대중국 정책을 취하고 있다. 하지만, 2001년 중국의 세계무역기구(WTO) 가입과 2008년 하계올림픽 개최에 대한 미국의 지원 등으로 양국간의 관계가 당장 큰 갈등을 겪을 것으로는 보이지 않는다. 무엇보다 양국간의 경제관계는 이제 서로 떨어질 수 없는 상호의존성을 보이고 있다. 미국시장은 중국의 전체 수출 중 30%를 차지하고 있다. 중국은 미국의 최대 투자국으로 부상했다. 중국과 미국과의 관계가 강화됨에 따라 베이징(北京) 정부는 북한 핵문제에 대해서도 워싱턴과 보조를 맞추는 움직임까지 보이고 있다.

2000년 6월의 김대중 대통령과 김정일 국방위원장 간의 남북한정상회담도 이러한 동북아정치체계의 전반적 기류와 무관하지 않다. 이른바 햇볕정책은 남북한간의 교역과 교류를 급격하게 증가시켜 한반도에 새로운 화해·협력분위기를 조성했고, 북한사회의 개방과 함께 대남의존도를 증가시켰다. 북한은 2002년 7월 1일 경제관리개선조치를 취하는 등 계획경제에서 시장경제로 전환하려는 움직임을 노골적으로 보였다. 특히, 북한사회는 남한과의 경제교류 등으로 자본주의적 요소가 빠른 속도로 스며들고 있는 것이다. 북한은 현재 정권의 안보문제를 심각히 고려하며 자본주의적 경제작동 메커니즘을 시험하고 있는 중이다. 남북한관계의 본질도 경제적인 측면에서는 경쟁관계가 아니라 공존관계로 바뀌었으며, 그로 인한 활발한 교류가 전개되고 있다. 2005년의 남북간 방문자 수는 남한을 방문한 북한인사가 1천3백여 명, 그리고 북한을 방문한 남한사람들이 8만7천여 명에 달해 인적교류가 엄청나게 확대됐다.[2] 남북한 교역량은 1990년 1억 달러 수준이던 것이 2005년에는 10억5천만 달러에 이르렀다.[3] 그만큼 북한경제의 대남 의존도가 높아졌다. 남북한간의 정치적 관계에도 큰 변화가 있었다. 더구나 남북한간의 사회적 이질성은 하루가 다르게 그 격차가 줄어들고 있다. 한국사회의 대중문화가 북한사회에 침투하는 속도는 놀랄 만하다는 것이 탈북 인사들의 공통된 주장이다. 자본주의의 물결과 바람이 북한사회에 널리 스며들면서 북한주민들의 의식과 생활방식도 '자본주의식'으로 바뀌고 있는 것이다.

1990년대 초만 하더라도 냉전시대 유물인 남북한간의 체제경쟁분위기가 남아 있었고, 남한은 그 경쟁에서 곧 '최후의 승리자'가 될 것이라는 자신감을 갖고 있었다. 이에 따라 북한 붕괴론이 자연스럽게 나오고 북한의 핵문제 해결에도 남한이 주도적인 역할을 해야 한다는 당위론이 주류를 이뤄 미국과 갈등을 일으키기도 했다. 그러나 현재 북

---

2) 외교통상부, 《2006년 외교백서》(서울: 외교통상부, 2006), p.64.

3) 외교통상부, 위의 책, p.64.

한 붕괴론은 사라지고 공존·공생의 대상이라는 인식이 늘고 있다. 북한은 1993년~1994년 북미 핵협상 당시에는 주로 남한을 '인질'로 한 벼랑끝 정책을 취하면서 남북대화를 북미 대화에 철저히 이용했지만, 지금은 대남 위협정책을 노골적으로 취하지 않고 있다. 부시 행정부와의 핵문제에 대한 갈등을 겪으면서도 경의선 연결이나 개성공단 조성, 금강산 육로개방 등 남한과의 경제교류는 꾸준히 추진하겠다는 의사를 표명하고 있는 것이다.

미국의 부시 행정부의 등장과 2001년 미국의 9·11 테러사건은 동북아정치체계에 또 다른 영향을 미친 외부적 요인이라고 할 수 있다. 동북아 4강의 관계도 9·11 테러사건 등을 거치면서 탈냉전 직후와는 큰 차이를 보이고 있다. 미국을 정점으로 중국과 일본, 러시아가 일정한 영향력을 행사하는 1+3 형태의 질서 속에 갈등적이기보다는 협력적인 관계를 보여주고 있으며, 평화공존과 안정유지를 중시하는 분위기인 것이다. 이는 탈냉전 직후 중국과 러시아가 미국의 영향력을 견제하기 위해 관계개선을 도모할 때의 분위기와는 사뭇 다르다. 특히 2001년의 9·11 테러사건은 4강의 안보문제에 대한 공감대를 형성하는 계기가 됐으며, 그것은 북한의 핵문제에 대한 인식을 바꾸어 놓았다. 9·11 테러사건은 테러를 방지해야 한다는 동북아 4강의 공동인식을 강화시킴에 따라 북한의 핵문제에 대한 새로운 공감대를 형성해주고 있다. 북한을 테러국가로 보든 보지 않든, 북한 핵무기가 테러에 이용될 수 있다는 우려를 모두가 하게 됐고, 그와 같은 우려 때문에 북핵문제 해결에 보다 적극성을 보이고 있는 것이다.

이와 같은 상황 아래 한국정부와 미국정부 간의 갈등도 심화되고 있다. 1993~1994년에는 남한이 북한 핵문제에서 소외되는 것을 가장 우려했다. 북한은 가급적 북미 핵협상에서는 남한을 제외하려 했다. 당시 남한은 북한의 그러한 의도를 의식하고 미국과 북한 간의 '뒷협상'을 우려했지만, 지금은 오히려 남한이 북한의 핵문제를 민족문제와 직결시켜 해결책을 찾으려하고 있는 것 같다. 1990년대의 한미 갈등은 북한 핵문제에 직접 당사자로서 관여하려는 한국의 입장과 세계전략

차원에서 이를 해결하려는 미국과의 견해 차이 때문에 생긴 것이었지만, 이제는 북한의 핵문제에 강한 민족주의의식이 개입되어 미국과 마찰을 빚고 있는 상황이 됐다. 한국사회 일부에서는 한미관계를 수혜자와 지원국, 또는 이탈할 수 없는 동맹관계라는 지금까지의 정형화된 사고에 변화가 생기고 있고, 북핵문제에 대해서도 오히려 무관심한 분위기마저 조성되고 있다. 이러한 경향은 친미정책에 익숙한 한국사회에 반미정책으로 투영되고, 계층간·세대간 분열과 대립의 원인이 되고 있다. 친미시위와 반미시위가 경쟁적으로 거리를 점거하는 것이 오늘의 현실이다. 미국과의 갈등은 이제 정책 차원이나 정부 차원이 아닌, 사회적 차원으로 확산되면서 양국관계를 더욱 어렵게 만들고 있는 것이다. 특히, 북한 핵실험을 둘러싼 대북제재 논란은 한미간의 갈등을 더욱 부추기는 요소가 됐다. 대량살상무기확산방지구상(PSI)을 두고 그 적용범위와 강도에 큰 인식차이를 보이면서 논란을 더욱 심화시켰다.

이처럼 동북아정치질서는 탈냉전 직후와는 다른 미묘한 변화의 과정을 밟고 있다. 그러한 변화는 동북아정치체계 내의 행위자들에게 1990년대와는 또 다른 제약과 기회를 가하고 있다. 이는 곧 북한의 핵문제 해결에 대한 관련국가들의 이해가 과거와는 같을 수 없고, 그 해결방안이나 협상행태도 새롭게 전개될 수 있다는 가정을 성립시킨다. 북한의 핵문제가 어떻게 해결될지는 아직 미지수일 수밖에 없다. 그러나 분명한 것은 동북아지역의 정치체계가 탈냉전 직후와 같이 개별국가들에 영향을 미치고 있다는 사실이다.

필자가 1990년대의 북미 핵협상과 4자회담의 분석수준을 동북아정치체계로 잡은 것은, 당시 동북아의 정치체계가 구성국가들의 대외행동에 다른 어떤 요인보다도 더 두드러지게 영향을 미쳤다는 판단 때문이었다. 그런 의미에서 현재 전개되고 있는 동북아정치질서의 변화도 북한의 핵문제를 어떤 방식으로 몰고 가고 어떤 해결책을 도모하게 될지, 그 해답을 제시해줄 가능성이 가장 큰 연구의 주제가 될 것이라고 생각하지 않을 수 없는 것이다.

참고문헌

갈루치, 로버트, “1994년 제네바합의에 또 다른 접근방법이 가능했을까?”〈평화논총〉 4-1, (서울: 아태평화재단, 2000년 봄/여름, 통권 7호).

강성학, “현대국제기구 이론과 포스트냉전 시대의 유엔헌정질서,” 김달중 외 편, 《국제정치학의 새로운 영역과 쟁점》(서울: 한국학술정보, 1998).

강원식 외, 《한반도 평화체제구축 방안》(서울: 민족통일연구원, 1996).

고대원, “국내정치가 위기시 외교정책 결정에 미치는 영향,” 서정갑 외, 《미국정치의 과정과 정책》(서울: 나남출판, 1994).

고병철, “북한 핵문제와 경수로 사업: 전망과 과제,” 백영철 외, 《21세기 남북관계론》(서울: 법문사, 1999).

과학기술처, 《원자력관계 법령집》(서울: 과학기술처, 1979).

곽태환 외, 《북한의 협상전략과 남북한 관계》(서울: 경남대 극동문제 연구소, 1997).

구갑우, “지역통합의 원인과 결과: 유럽의 사례,” 경남대 극동문제연구소 편, 《동아시아신질서의 모색》(서울: 경남대 극동문제연구소, 1996).

구갑우 · 박건영, “자유주의 입장에서 본 남북관계,” 〈한국정치학회 추계학술회의〉 발표논문, (2000/10/21).

구영록, 《인간과 전쟁》(서울: 법문사, 1976).

김계동, “북방정책과 남북한 관계의 변화,” 〈통일문제 연구〉 3-4, (1991년 겨울).

______, 《북한의 외교정책》(서울: 백산서당, 2002).

김달중, “외교정책론의 연구현황과 내용,” 김달중 편, 《외교정책의 이론과 이해》(서울: 오름, 1999).

김달중 · 문정인 · 이석수 외, 《새천년 한반도 평화구축과 신지역 질서론》(서울: 도서출판 오름, 2000).

김달중 · 이석수, “김일성 사후 북한체제의 전망과 정책변화,” 김달중 · 문정인 · 이석수 외, 《새천년 한반도 평화구축과 신지역 질서론》(서울:

도서출판 오름, 2000).
김덕중, "남북연합의 구성 방안," 구영록 · 임용순 편, 《한국의 통일정책》(서울: 나남출판, 1993).
김도태, 《남북한 협상형태의 비교》(서울: 민족통일원, 연구보고서 94-29, 1994).
김동성, "북한의 대 중국정책," 양성철 · 강성학, 《북한외교정책》(서울: 도서출판 서울프레스, 1995).
김동성, "4자회담 전개과정과 향후 전망," 〈한반도군비통제〉 25호, (서울: 국방부, 1998/8).
______, "신국제질서의 태동과 중국의 대응," 정진위 외, 《새로운 동북아 질서와 한반도》(서울: 법문사, 1998).
김사뮤엘, "북미협상과 북한의 전략," 곽태환 외, 《북한의 협상전략과 남북한관계》(서울: 경남대 극동문제연구소, 1997).
김성철, 《김정일의 퍼스낼리티, 카리스마, 통치스타일》(서울: 통일연구원, 연구총서 99-08, 1999).
김용호, "북한의 대미 핵 협상의 특성과 교훈", 〈통일경제〉(1995/3).
______, "비대칭적 국가간 협상이론과 북미 핵협상: 북한의 협상형태 분석," 한림대국제문제연구소 주최 〈협상 이론과 한반도〉 학술회의 발표논문, (1995/9/26).
______, "북한의 대미접근과 4자회담 전략," 민족통일연구원 편, 《4자회담과 한반도평화》(서울: 민족통일연구원, 1997).
김우상, 《新한국책략 - 동북아시아 국제관계》(서울: 나남출판, 1998).
김유남, 《두 개의 한국과 주변국가들》(서울: 학영사, 1999).
김재목, 《북핵협상 드라마》(서울: 도서출판 경당, 1995).
김태우, 《북핵, 감기인가, 암인가》(서울: 시대정신, 1998).
김태현 · 한태준, "남북한 관계의 이상과 현실: 현실주의 국제정치이론의 입장에서 본 남북한 관계," 〈한국정치학회 추계학술회의〉 발표논문, (2000/10/21).
______, 《양면게임의 논리와 세계화시대의 국제 협상전략》(서울: 오름, 1995).
김학성, "한반도 평화체제에 대한 이론적 접근-현실주의 자유주의 구성주의의 비교," (서울: 통일연구원, 연구총서 00-06, 2000).
김학준, 《한국문제와 국제정치》(서울: 박영사, 1999).
______, "미국우위의 세계질서 속에서 미국의 동북아시아 정책과 한반도,"

오기평 편저, 《21세기 미국패권과 국제질서》(서울: 오름, 2000).
남궁곤, "외교정책 결정이론," 우철구 · 박건영 편, 《현대국제관계이론과 한국》(서울: 사회평론, 2004).
남찬순, 《평양의 핵미소》(서울: 자작나무, 1995).
노건길 외, 《북한의 농업생산기반에 관한 연구》(서울: 통일연구원, 연구총서 01-15, 2001).
류재갑, "정전체제의 평화체제 전환문제," 〈평화논총〉 1-2, (1997년 가을/겨울).
만소로프, 알렉산드르 · 몰츠, 제임스 클레이, 박명서 · 정지웅 역, 《북한 핵 프로그램》(서울: 사군자, 2000).
문정인, "김대중정부와 한반도 평화체제구축," 〈국가전략〉 5-2, (경기: 세종연구소, 1999년 가을/겨울).
문정인 · 이석수, "한국의 안보환경, 무기체계 그리고 방위산업," 이기택 외, 《전환기의 국제정치 이론과 한반도》(서울: 일신사, 1996).
______, "한반도와 동북아 안보환경의 재조명," 김달중 · 문정인 · 이석수 외, 《새천년 한반도 평화구축과 신지역 질서론》(서울: 도서출판 오름, 2000).
미외교협회 한반도문제 태스크포스팀 보고서, 〈북한의 핵도전에 대한 대처〉(서울: 통일부, 2003).
박건영, 《한반도의 국제정치 - 평화와 통일을 위한 새로운 접근》(서울: 오름, 1998).
박관용, 《나의 삶, 나의 꿈, 그리고 통일》(서울: 중앙 M&B, 2003).
박길용 · 김국후, 《김일성외교 비사》(서울: 중앙일보사, 1994).
박상식, 《국제정치학》(서울: 집문당, 1998).
박영규 · 이교덕, 《한반도 냉전구조 해체의 과제와 추진 방안》(서울: 통일연구원, 연구총서 99-19, 1999).
박영호 · 박종철, 《4자회담 추진전략: 분과위 운영방안을 중심으로》(서울:통일연구원, 연구총서 99-17, 1999).
박재영, 《국제정치페러다임》(서울: 법문사, 2002).
박종철, 《페리 프로세스와 한 · 미 · 일 협력방안》(서울: 통일연구원, 연구총서 00-05, 2000).
박현모, 《국제정치학》(서울: 인간사랑, 2003).
박형중, 《90년대 북한체제의 위기와 변화》(서울: 통일연구원, 연구총서 97-19, 1997).

백경남, 《국제관계사》(서울: 박영사, 2001).

백광일, "미국의 아시아 태평양지역 안보 전략," 이기택 외, 《전환기의 국제정치 이론과 한반도》(서울: 일신사, 1996).

백봉종, "4대강국과 한반도," 이기택 외, 《전환기의 국제정치 이론과 한반도》(서울: 일신사, 1996).

백종천·김태현, 《탈냉전기 한국 대외정책의 분석과 평가》(서울: 세종연구소, 1998).

부잔, 배리, 김태현 역, 《세계화시대의 국가안보》(서울: 나남출판, 1995).

사회과학 출판사 편, 《정치용어사전》(평양: 사회과학출판사, 1970).

서대숙, 《김일성》(서울: 청계연구소, 1989).

서보혁, "탈냉전기 북한의 대미 정체성 정치," 〈한국정치학회보〉 37-1, (2003년 봄).

서진영 편, 《현대 중국과 북한 40년》(서울: 고려대학교 아세아 문제 연구소, 1991).

서진영, 《현대중국정치론》(서울: 나남출판, 1997).

셀리그, 해리슨, 이홍동 외 역, 《코리안 엔드 게임》(서울: 삼인, 2003).

______, "미국의 대북한 정책 갈등의 내막," 〈신동아〉 1994/3.

송종환, 《북한 협상형태의 이해》(서울: 도서출판 오름, 2002).

신동완 외, 《남북한 농업기술교류, 협력방안》(서울: 통일연구원, 연구총서 00-13, 2000).

______, 《남북한 농업기술교류, 협력세부실행계획》(서울: 통일연구원, 연구총서 01-14, 2001).

신상진, 《중·북관계 전망: 미·북관계와 관련하여》(서울: 통일연구원, 연구총서 97-04, 1997).

신상진 외, 《한반도 냉전구조해체: 주변국 협력유도 방안》(서울: 통일연구원, 연구총서 99-24, 1999).

신욱희, "미국동아시아 정책의 역사적 고찰," 국제관계연구회 편, 《동아시아 국제관계와 한국》(서울: 을유문화사, 2003).

______, "구성주의이론," 우철구·박건영 편, 《현대국제이론과 한국》(서울: 사회평론, 2004).

신정현, 《비교정치론: 이론 대상 사례》(서울: 법문사, 2000).

안병준, 《탈냉전기의 국제정치와 한반도 통일》(서울: 법문사, 1993).

양성철·강성학, 《북한외교정책》(서울: 도서출판 서울프레스, 1995).

양성철·이용필, 《북한체제변화와 협상전략》(서울: 박영사, 1995).

양준희, “현실주의 국제정치 이론과 남북관계,” 〈한국정치학회 추계학술회의〉 발표논문, (2000/10/21).

외교안보연구원, 〈동북아의 정치적 다이내미즘 - 제14차 한일 동북아 정세연구회의 보고서〉(서울: 외교안보연구원, 1999).

외교통상부, 《한반도문제 주요 현안 자료집》(서울: 외무부, 1998).

______, 《한국외교 50년》(서울: 외교통상부, 1999).

______, 《다자안보정책의 이론과 실제》(서울: 외교통상부, 2002).

______, 《2006년 외교백서》(서울: 외교통상부, 2006).

우암평화연구원 편, 《정치적 현실주의의 역사와 이론》(서울: 화평사, 2003).

우철구 · 박건영 편, 《현대국제관계이론과 한국》(서울: 사회평론, 2004).

우철구, “새 정부의 통일정책과 남북연합형성에 관한 문제,” 구영록 · 임용순 편, 《한국의 통일정책》(서울: 나남출판, 1993).

월츠, 캐네스, 박건영 역, 《국제정치이론》(서울: 사회평론, 2000).

위트, 질 · 폰먼, 다니엘 · 갈루치, 로버트, 김태현 역, 《북핵위기의 전말》(서울: 모음북스, 2005).

유현석, 《국제정세의 이해》(서울: 한울아카데미, 2006).

이교관, 《레드라인》(서울: 한울아카데미, 2002).

이기동, “북한의 신사고, 선군정치 그리고 정책변화,” 〈통일연구원〉 10-1, (서울: 통일연구원, 2001).

이기택, 《한반도의 정치와 군사: 이론과 실제》(서울: 가남사, 1984).

이기택 외, 《전환기의 국제정치 이론과 한반도》(서울: 일신사, 1996).

이동휘, “북한의 대미협상 사례 분석: 전략적 이해를 중심으로,” 〈외교안보연구〉 4호, (2002/12).

이삼성, “21세기 미국과 한반도,” 오기평 편저, 《21세기 미국패권과 국제질서》(서울: 오름, 2000).

이상우, 《국제관계 이론: 국가간 갈등원인과 질서유지》(서울: 박영사, 1987).

______, 《북한정치입문: 김정일정권의 특성과 작동원리》(서울: 나남출판, 2000).

이석수, “한반도 평화체제의 연계구조: 갈등관리의 다차원적 분석,” 〈국제관계연구〉 7집, (1994).

이영길, “미중관계의 파동과 영향,” 〈통일연구원〉 10-1, (서울: 통일연구원, 2001).

이영주, 《중국의 신 외교전략과 한중 관계》(서울: 나남출판, 1998).

이은철, 《북한 핵과 경수로 지원》(서울: 서울대학교 출판부, 1996).

이정민, "확산적 억지의 변화와 동북아안보," 이기택 외, 《전환기의 국제정치 이론과 한반도》(서울: 일신사, 1996).

이종석, 《새로 쓴 현대 북한의 이해》(서울: 역사비평, 2000).

이헌경, 《미국의 4자회담 전략과 한국의 대응책》(서울: 민족통일연구원, 1998)

______, 《미국의 4자회담 전략과 한국의 대응책》(서울: 통일연구원, 연구총서 98-23, 1998).

이홍표, "중국", 백종천·김태현 편, 《탈냉전기 한국 대외정책의 분석과 평가》(서울: 세종연구소, 1998).

장달중·임수호, "부시 행정부의 패권전략과 동아시아의 안보딜레마," 〈국가전략〉 10-2, (경기: 세종문화연구소, 2004년 여름).

장성민, 《부시행정부의 한반도 리포트》(서울: 김영사, 2001).

전 웅, "한국외교정책의 방향과 전략," 이기택 외, 《전환기의 국제정치 이론과 한반도》(서울: 일신사, 1996).

전득주 외, 《남북한 통일정책 비교》(서울: 숭실대학교 출판부, 2000).

전성훈, "북한의 핵개발의도와 변화", 《북한 핵문제와 남북관계의 진로》(서울: 통일 연구원, 2002).

전재성, "협상이론 관점에서 본 남·북·미 3국 관계: 이익, 권력, 정체성 다면게임의 요소 분석," 〈국제지역 연구〉 11-2, (2002년 여름).

전현준, 《북한의 강성대국 건설 실태 평가: 사상 정치 군사 분야를 중심으로》(서울: 통일연구원, 연구총서 99-21, 1999).

정병호, "북핵: 중국의 시각," 〈외교〉 65호, (서울: 한국외교협회, 2003).

정영태, "북한은 핵카드를 포기하지 않는다," 〈신동아〉 1994/3.

정옥임, 《북핵 588일》(서울: 도서출판 서울프레스, 1995).

정욱식, 《북핵 대파국과 대타협의 분수령》(서울: 창해출판, 2005).

정종욱·이홍영, 《신국제질서와 한국의 선택》(서울: 인간사랑, 1993).

정진위, "새로운 동북아 질서와 한국," 정진위 외, 《새로운 동북아 질서와 한반도》(서울: 법문사, 1998).

정충일, "동북아 안보 군사질서의 새로운 방향," 《국제정치의 패러다임과 지역질서》(서울: 오름, 1999).

조선로동당출판사 편, 《김정일 선집 제11권》(평양: 조선로동당출판사, 1997).

조순구, 《국제문제의 이해》(서울: 박영사, 2000).

진장철, "냉전과 신현실주의: 월츠의 구조이론을 중심으로," 우암평화연구원 편, 《정치적 현실주의의 역사와 이론》(서울: 화평사, 2003).
차두현, "한반도 4자회담의 새로운 접근법," 〈한반도군비통제〉 25집, (서울: 국방부, 1998/8).
차재훈, "약소국의 대강대국협상: 특징과 과제," 〈협상연구〉 5-2, (서울: 한국협상협회).
차종환, 《재미있는 핵 이야기》(서울: 좋은 글, 1995).
최수영, 《북한의 강성대국건설: 경제부문 중심으로》(서울: 통일연구원, 연구총서 99-10, 1999).
최수영 외, 《남북한 농업교류, 협력방안 연구》(서울: 통일연구원, 연구총서 00-08, 2000).
최완규, 《북한은 어디로: 전환기 '북한적' 정치상황의 재인식》(마산: 경남대학교 출판부, 1996).
______, "김영삼 정부의 대북정책: 반성과 제언," 백영철 외, 《21세기 남북관계론》(서울: 법문사, 1999).
최종기, 《신국제관계론》(서울: 박영사, 2000).
최종철, "미국의 동북아 안보정책," 정진위 외, 《새로운 동북아 질서와 한반도》(서울: 법문사, 1998).
최호중, "한국 북방외교의 현실과 과제," 《국제정세》(서울: 국제학술원, 1990).
퀴노네스, 케네스, 노순옥 역, 《2평 빵집에서 결정된 한반도 운명》(서울: 중앙 M&B, 2000).
통일교육원, 《통일문제의 이해 - 통일환경과 남북한관계》(서울: 통일교육원, 1999).
통일부, 《2000년 북한 개요》(서울: 통일부 정보분석국, 1999).
통일연구원, 〈통일정책연구〉 8-2, (서울: 통일연구원, 1999).
______, 《남북한 화해 협력촉진 방안》(서울: 통일연구원, 연구총서 00-02, 2000).
______, 《김정일 연구: 리더십과 사상》(서울: 통일연구원, 연구총서 01-32, 2001).
______, 〈통일정책연구〉 10-1, (서울: 통일연구원, 2001).
하영선, 《한반도의 핵무기와 세계질서》(서울: 나남출판, 1991).
하영선·이상우 편, 《현대국제정치학》(서울: 나남출판, 2003).
한국정치학회 편, 《21세기 국제관계연구의 쟁점과 과제》(서울: 박영사,

2000).

한동만, "국제정치에서의 안보개념의 변화," 외교통상부, 《다자안보정책의 이론과 실제》(서울: 외교통상부, 2002).

한승주, "전환기 한국외교의 과제와 선택," 〈계간사상〉(사회과학원, 1992년 여름).

한용섭, "남북한 핵협상과 북미 핵협상의 비교평가와 교훈," 〈한국국제정치학회 연례학술대회〉, (1994/12/9~10).

_____, "북한의 대미평화협정 협상전략: 본질과 대응책을 중심으로," 곽태환 외, 《북한의 협상 전략과 남북한관계》(서울: 경남대 극동문제연구소, 1997).

함성득, 《김영삼정부의 성공과 실패》(서울: 나남출판, 2001).

함택영, 《국가안보의 정치경제학》(서울: 범문사. 1998).

허만호, "북한의 협상행위의 특징: 이론적 괴리와 규칙성," 〈국제정치논총〉 36-2, (서울: 한국국제정치학회, 1996).

허문영, "북한의 대일·미 교섭현황과 수교전망," 〈통일연구논총〉 창간호, (서울: 민족통일원, 1992).

_____, 《북한외교정책 결정구조와 과정: 김일성시대와 김정일시대의 비교》(서울: 민족통일연구원, 연구총서 97-26, 1997).

_____, 《북한의 핵개발계획 인정과 우리의 정책방향: 대미협상 행태 변화를 중심으로》(서울: 통일연구원, 연구총서 02-24, 2002).

현인택, "한일관계," 정일영 편, 《한국외교반세기의 재조명》(서울: 나남출판, 1993).

홍용표, 《북한의 미사일 개발전략》(서울: 통일연구원, 연구총서 99-20, 1999).

_____, 《김정일 정권의 안보 딜레마와 대미, 대남 정책》(민족통일원, 연구보고서 97-10, 1997).

황관희, "페리 보고서 이후 대북 포괄적 접근방안의 현황과 과제," 통일연구원 〈통일정책연구〉 8-2, (서울: 통일연구원, 1999).

황병무, 《신중국군사론》(서울: 법문사, 1992).

황영채, 《NPT, 어떤 조약인가》(서울: 한울아카데미, 1995).

황진환, "북한 핵협상 행태에 관한 소고", 〈육사논문집〉 49집, (서울: 육사, 1995).

Aron, Raymond, "Homogeneous and Heterogeneous International System," in Phil Williams (ed.), *Classical Readings of International Relations* (Belmont: Wadsworth Publishing Company, 1994).

Allison, Graham T., "Conceptual Models and the Cuban Missile Crisis," in Phil Williams (ed.), *Classical Readings of International Relations* (Belmont: Wadsworth Publishing Company, 1994).

Archer, Clive, *International Organizations* (London: George Allen & Unwin, 1983).

Aspin, Les, *Report of the Bottom-Up Review* (Washington D. C.: Department of Defense, 1993).

Bailey, Kathleen C., "The Nuclear Deal with North Korea: Is the Glass Half Empty or Half Full?" *Comparative Strategy* 14-2 (April-June, 1995).

Baldwin, David A. (ed.), *Neorealism and Neoliberalism: The Contemporary Debate* (New York: Colombia University Press, 1993).

Brzezinski, Zbigniew, *The Grand Chessboard: American Primacy and Its Geostrategic Imperatives* (New York: Basic Books, 1997).

Bayer, James A., "The North Korean Nuclear Crisis and the Agreed Framework: How not to Negotiate with the North Koreans," *Asian Perspective* 19-2 (1995).

Brooks, Stephen G., "Dueling Realism," *International Organization* 51-3 (Summer, 1997).

Bull, Hedley, "The Idea of International Society," in Phil Williams (ed.), *Classical Readings of International Relations* (Belmont: Wadsworth Publishing Company, 1994).

Chauvistre, Eric, "The Future of Nuclear Inspections," *Arms Control* 14-2 (August, 1993)

Claude, Inis L. Jr., *The Changing United Nations* (New York: Random House, 1967).

______, "International Organization," *International Encyclopedia of the Social Science* 8 (1974).

Cohn, William S., "Secretary of Defence," *Report of the Quadrennial Defense Review* (1997).

Crowe, William J. Jr. and Romberg, Alan D., "Rethinking Pacific Security," *Foreign Affairs* 70-2(Spring, 1991).

Deutsch, Karl W., "Mass Communications and the Loss of Freedom in National Decision-Making: A Possible Research Approach to Interstate Conflicts," *Journal of Conflict Resolution*(June, 1957).

Downs, Chuck, *Over the Line: North Korea's Negotiating Strategy*(Washington D. C.: The AEI Press, 1999).

Durkheim, Emile, *The Rules of Sociological Method*, in George E. G. Catlin(ed.)(New York: Free Press. 1964).

Faust, John R., "East Asia's Emerging Security System," *The Journal of East Asian Affairs* 18-1(Winter/Spring, 1994).

Gaddis, John Lewis, "The Long Peace: Elements of Stability in the Postwar International system," in Phil Williams(ed.), *Classical Readings of International Relations*(Belmont: Wadsworth Publishing Company, 1994).

Garnett, Sherman W., "Ukraine's Decision to Join the Npt," *Arms Control Today* 25-1(Jan./Feb. 1995).

Grieco, Joseph, M., "Anarchy and the Limits of Cooperation: Realist Theory and the Problem of International Cooperation," *Journal of Politics* 50(Summer, 1988).

______, "Anarchy and the Limits of Cooperation: A Realist Critique of the Newest Liberal Institutionalism," *International Organization* 42-3(Summer, 1988).

Habeeb, William M., *Power and Tactics in International Negotiation: How Weak Nations Bargain with Strong Nations*(Baltimore: Johns Hopkins University Press, 1988).

______, *Korean Endgame: A Strategy for Reunification and U. S. Disengagement*(Princeton: Princeton University Press, 2002).

Hayes, Peter, "The Method in N. Korea's Madness," *Chicago Tribune*, 1993/3/18.

Herz, John, *International Politics in the Atomic Age*(New York: Columbia University Press, 1959).

Hoagland, Jim, "Containing North Korea," *Washington Post*, 1994/3/10.

Holbrooke, Richard, "Japan and the United States: Ending the Unequal Partnership," *Foreign Affairs* 70-5(1991/1992).

Holsti, Ole R., "Cognitive Dynamics and Images of the Enemy," in Phil Williams (ed.), *Classical Readings of International Relations* (Belmont : Wadsworth Publishing Company, 1994).

Huntington, Samuel P., "Why International Primacy Matters," *International Security* 20-1 (Spring, 1993).

______, *The Clash of Civilizations and the Remaking of World Order* (New York: Simon & Schuster, 1996).

______, "The Lonely Superpower," *Foreign Affairs* 72-2 (March/April, 1999).

Jehl, Douglas, "U. S. Agrees to Discuss Arms Directly With North Korea," *The New York Times*, 1993/4/23.

Jervis, Robert, "Cooperation Under the Security Dilemma," in Phil Williams (ed.), *Classical Readings of International Relations* (Belmont : Wadsworth Publishing Company, 1994).

______, "Realism, Game Theory, and Cooperation," *World Politics* 40 (April, 1988).

Kaplan, Morton A., *System and Process in International Politics* (New York: Wiley, 1957).

______, "The New Great Debate: Traditionalism vs. Science in International Relations," in K. Knorr and James N. Rosenau (eds.), *Contending Approaches to International Politics* (Princeton: Princeton University Press, 1969).

Kegley, Charles W. Jr., "The Neoidealist Moment in International Studies? Realist Myths and the New International Realities," *International Studies Quarterly* 37 (1993).

______, "The New Global Order: The Power of Principle in a Pluralistic World," *Ethics and International Affairs* 6 (1992).

Keohane, Robert O., *International Institutions and State Power: Essays in International Relations Theory* (Boulder, San Francisco, and London : Westview Press, 1989).

Keohane Robert O. and Nye, Joseph S. Jr., "Power and Interdependence Revisited," *International Organization* 41-4 (Autumn, 1987).

______, "International Institutions: Two Approaches," *International Studies Quarterly* 32 (1988).

Kim, Woosang, "Alliance Transitions and Great Power War," *American Journal of Political Science* 35(1991).

Krasner, Stephen D., "Are Bureaucrats Important? or Allison's Wonderland," *Foreign Policy* 7-2(1972).

______, "Regimes, Regionalism, and Changing Power Configuration," Paper presented at the International Conference on Globalization, Democratization, and Reunification by the Korean Political Science Association(1994/7/19~20).

Lake, David A., "Anarchy, Hierarchy, and the Variety of International Relations," *International Organization* 50-1(Winter, 1996).

______, *Power, Protection, and Free Trade*(Ithaca: Cornell University Press, 1988).

Lee, Dong-bok, "Dealing with North Korea: the Case of Agreed Framework," *Journal of Northeast Asian Studies* 14-2(Summer, 1995).

Legro, Jeffrey W. and Moracsik, Andrew, "Is Anybody Still a Realist?" *International Security* 24-2(Fall, 1999).

Lerner, Marc and Breen, Michael, "S. Korea: North must allow check," *The Washington Times*, 1993/6/13.

Lord, Winston, "A New Pacific Community: Ten Goals for American Policy," *Opening Statement at Confirmation Hearing*, 1993/3/31.

Levy, Jack S., "Theories of General War," *World Politics* 37(April, 1985).

Mazarr, Michael J., "Going Just a Little Nuclear," *International Security* 20-2(Fall, 1995).

______, "The U. S.-DPRK Nuclear Deal: Status and Prospects," *Korea and World Affairs* 19-3(Fall, 1995).

______, *North Korea and the Bomb*(Washington D. C.: St. Martin's Press, 1995).

Mearsheimer, John J., "Why We Will Soon Miss the Cold War," in Phil Williams(ed.), *Classical Readings of International Relations*(Belmont: Wadsworth Publishing Company, 1994).

______, "The False Promise of International Institutions," *International Security* 19-3(1994/1995).

Modelski, George, *Long Cycle in World Politics*(Seattle: University of Washington Press, 1987).

Morgenthau, Hans J., *Politics Among Nations: The Struggle for Power and Peace*, 5th ed. (New York: Alfred A. Knopf, 1973).

______, "Six Principles of Political Realism," in Phil Williams(ed.), *Classical Readings of International Relations*(Belmont: Wadsworth Publishing Company, 1994).

Nikch, Larry A., "Comprehensive Negotiations with North Korea: A Viable Alternative or a Failed U. S. Strategy," *Korea and World Affairs* 18-2(Summer, 1995).

Nye, Joseph S. Jr., *Understanding International Conflicts: An Introduction to Theory and History*(Longman, 2000).

______, "East Asian Security: The Case for Deep Engagement," *Foreign Affairs* 74-4(July/August, 1995).

______, "What New World Order?" *Foreign Affairs* 71-2(Spring 1992).

______, "Neorealism and Neoliberalism," *World Politics* 11-2(January, 1988).

Oberdorfer, Don, *The Two Koreas*(Washington D. C.: Basic Books, 1997).

Oh, Kongdan and Hassig, Ralph C., "The North Korean Bomb And Nuclear Proliferation in Northeast Asia," *Asian Perspective* 19-2 (Fall/Winter, 1995).

Organski, A. F. K., "Criticism of Balance of Power," in Phil Williams (ed.), *Classical Readings of International Relations*(Belmont: Wadsworth Publishing Company, 1994).

Powell, Robert, "Anarchy in International Relations Theory: The Neorealist-Neoliberal Debate," *International Organization* 48-2 (Spring, 1994).

______, "Absolute and Relative Gains in International Relations Theory," *American Political Science Review* 85(1991).

Putnam, Robert D., "Diplomacy and Domestic Politics," *International Organization* 42-3(Summer, 1988).

Rosecrance, Richard N., "Long Cycle Theory and International Relations," *International Organization* 41(Spring, 1987).

Rosenau, James N., "Pre-Theories and Theories of Foreign Policies," in Barry Farrell(ed.), *Approaches to Comparative and International*

Politics (Evanston: Northwestern University, 1966).

Rothgeb, John M., *Defining Power* (New York: St. Martin's Press, 1993).

Ruggie, Gerard J., "Continuity and Transformation in the World Polity: Towards a Neorealist Synthesis," in Robert O. Keohane (ed.), *Neorealism and Its Critics* (New York: Columbia University Press, 1986).

______, "Multilateralism: The Anatomy of an Institution," *International Organization* 46-3 (1992).

______, "The False Promise of Realism," *International Security* 20 (1995).

Sagan, Scott D., "Why Do States Build Nuclear Weapons?: Three Models in Search of Bomb," *International Security* 21-3 (Winter 1996/1997).

Sanger, David E., "North Korea Is Collecting Millions From Korean Who Live in Japan," *The New York Times*, 1993/11/1.

Schweller, Randall, "Bandwagoning for Profit: Bringing the Revisionist State Back in," *International Security* (Summer, 1994).

Scowcroft, Brent and Kanter, Arnold, "Korea: Time For Action," *The Washington Post*, 1994/6/15.

Sigal, Leon V., *Disarming Strangers: Nuclear Diplomacy with North Korea* (Princeton, N. J.: Princeton University Press, 1998).

Simpson, John, "Nuclear Non-Proliferation in the Post-Cold War Era," *International Affairs* 70-1 (1994).

Singer, David J., "The Level of Analysis Problem in International Relations," in Klaus Knorr and Sidney Verba (eds.), *The International System: Theoretical Essays* (Princeton: Princeton University Press, 1961).

Schlesinger, David, "China Assures Japanese on Role in Korea," *The Washington Post*, 1994/6/13.

Snidal, Duncan, "Relative Gains and the Pattern of International Cooperation," *American Political Science Review* 85 (1991).

Snyder, Glenn H., "Crisis Bargaining," in Phil Williams (ed.), *Classical Readings of International Relations* (Belmont: Wadsworth Publishing Company, 1994).

Snyder, Scott, *Negotiating on the Edge* (The Endownment of the United

States Institute of Peace, 1999).

______, "A Framework for Achieving Reconciliation on the Korean Peninsula: Beyond the Geneva Agreement," *Asian Survey* 35-8 (August, 1999).

Solarz, Stephen J., "Next of Kim," *The New Republic*, 1994/8/8.

Strange, Susan, "The Future of the American Empire," *Journal of International Affairs* 42-1(1988).

Taliaferro, Jeffrey W., "Security Seeking under Anarchy," *International Security* 25-3(Winter, 2000).

Trofimenko, G., "The U. S. National Interests and Russia," *International Affairs* 42-5(1996).

Wallerstein, Immanuel, "Three Paths of National Development in Sixteenth-Century Europe," in Phil Williams(ed.), *Classical Readings of International Relations*(Belmont: Wadsworth Publishing Company, 1994).

______, "Patterns and Prospectives of Capitalist World Economy," in Immanuel Wallerstein(ed.), *Politics of World Economy*(Cambridge: Cambridge University Press, 1984) .

Walt, Stephen N., *The Origins of Alliances*(Ithaca: Cornell University Press, 1987).

Waltz, Kenneth N., *Theory of International Politics, Reading*(Mass: Addison-Wesley, 1979).

______, "Structural Realism after the Cold War," *International Security* 25-1(Summer, 2000).

______, "The Stability of a Bipolar World," in Phil Williams(ed.), *Classical Readings of International Relations*(Belmont: Wadsworth Publishing Company, 1994).

______, "The Origins of War in Neorealist Theory," in Phil Williams(ed.), *Classical Readings of International Relations*(Belmont: Wadsworth Publishing Company, 1994)

______, "The Emerging Structure of International Politics," *International Security* 18-2(Fall, 1993).

______, "Reflections on Theory of International Politics: A Response to My Critics," in Robert O. Keohane(ed.), *Neorealism and Its*

Critics (New York: Columbia University Press, 1986).

Weber, Katja, "Hierarchy Amidst Anarchy: A Transaction Costs Approach to International Security Cooperation," *International Studies Quarterly* 41(1997).

Wendt, Alexander E., "The Agent-Structure Problem in International Relation Theory," *International Organization* 41-3(Summer, 1987).

______, "Anarchy is What Make of It: The Social Construction of Power Politics," *International Organization* 46-2(1992).

______, "Collective Identity Formation and the International State," *American Political Science Review* 88-2(1994).

Williams, Daniel, "U. S. Warns N. Korea On Nuclear Weapons: In Seoul, Clinton Demands Treaty Compliance," *The Washington Post*, 1993/7/11.

Yuan, Jing-Dong, "Studying Chinese Security Policy: Toward an Analytical Framework," *The Journal of East Asian Affairs* 13-1 (Spring/Summer, 1999).

PRC Mission to the United Nations, "China's Position on Certain International Issues," Press release, 1992/1.

The White House, *A National Security Strategy of Engagement and Enlargement* (Washington D. C.: U. S. Government Printing Office, 1994).

U. S. Department of Defence, A Strategic Framework for the Asian Pacific Rim: Looking Toward the 21st Century, 1990/1991/1992.

기 타

〈경향신문〉

〈국민일보〉

〈대한매일〉

〈동아일보〉

〈문화일보〉

〈세계일보〉

〈조선일보〉

〈중앙일보〉
〈한겨레〉
〈한국일보〉
〈로동신문〉

The Chicago Tribune
The Los Angeles Times
The New York Times
The U. S. and World Report
The Washington Post

찾아보기

(용 어)

ㄱ

가식적 현상 70
가치의 불가분성(*indivisibility of values*) 425
갈등구조 335
갈등규제(*conflict regulation*) 장치 .. 433
갈등타결(*conflict resolution*) 방안 .. 433
감시 301
감시장비 294
감시카메라 293
강권정치 343
강대국 36, 56
강대국 3각체계 36
강성대국 440
강성대국론 440
개방(*glasnost*) 97
개별국가 60
개별국가의 거부권 보유체계(*unit veto system*) 35
개별적 정책선택취향 74
개인(*first image*) 75
개인의사결정모델 32
개입(*engagement*) 56
개입전략 83
개혁(*perestroika*) 97
거래방안(*buying the objectives*) 420
거부권 241
거부권 행사 330
걸프 전 80, 175
게임이론 21, 74, 213
견고한 양극체계(*tight bipolar system*) 35
경수로 168, 174
경수로 핵심부품 175

경제무역 및 과학기술 협조위원회 ······ 352
경제봉쇄정책 ······ 239
경제정책위원회 ······ 439
경제제재 ······ 215, 233
경협차관 ······ 355
경화(硬貨) 결제 ······ 100, 102
계량 ······ 301
고슴도치 작전 ······ 119
고위급회담 ······ 161
곡물 물물교환 ······ 402
곡물구상무역 ······ 357
곡사포 ······ 231
공간문헌 ······ 73
공개사회 ······ 72
공급 ······ 61
공동설명회 ······ 386, 387, 389, 402
공생의 원리 ······ 82
공수동맹관계 ······ 354
공유지식 ······ 50
공정성문제 ······ 290
공조체제 ······ 186
공존관계 ······ 446
공중봉쇄 ······ 238
과정(*process*) ······ 37, 74
관념적 구조(*ideational structure*) ··· 49
관료정치 ······ 32
관료정치모델 ······ 33
광명성 1호 ······ 409
광복절기념사 ······ 377
구성주의(*constructivism*) ······ 24, 41, 61, 426
구조(*structure*) ······ 37, 39, 60, 61
구조와 행위자의 상호작용 ······ 74
구조적 불균형 ······ 97
구조적 접근 ······ 435
구조적 - 역사적 분석방법(*structural-historical analysis*) ······ 49
구조주의 ······ 38
구체적 호혜성 ······ 424, 425
국가보안법 ······ 261
국가의 힘(*power*) ······ 111
국가이익 ······ 69
국가적 과대망상증 ······ 131
국가정보지원팀 ······ 223
국경봉쇄 ······ 238
국군 통수권자 ······ 220
국력집합적 동맹(*capability aggregation*) ······ 258
국방위원장 ······ 439
국방위원회 ······ 439
국방정보국(DIA) ······ 221
국빈방문 ······ 378
국제 컨소시엄 ······ 174
국제공조 ······ 194, 195
국제공조체제 ······ 172
국제규범 ······ 71
국제금융기관법(International Financial Institution Act) ······ 236
국제기구 ······ 71, 299
국제기구의 종속성 ······ 299
국제농업개발기금(IFAD) ······ 356
국제레짐 ······ 37
국제원자력기구(IAEA) · 71, 162, 288
국제정치체계 ······ 67
국제제도 ······ 71

국제체계 ········ 34
국제테러 지원국 ········ 234
군비경쟁 ········ 340
군비축소 ········ 436
군비통제 ········ 435, 436
군사공격 ········ 209, 215
군사동맹 ········ 85
군사력 절대주의 ········ 111
군사력의 상호감축 ········ 441
군사력의 질적 정예화 ········ 340
군사분계선 ········ 366, 388
군사블록 ········ 85
군사안보 우선주의 ········ 80
군사요원 ········ 444
군사적 능력 ········ 111
군사적 대안 ········ 120
군사정전위원회(MAC) ········ 365
군사투자 ········ 110
군사패권 ········ 83
권력승계 ········ 109, 394
권위체 ········ 39
균형자 ········ 100
균형자 역할(*stabilizer*) ········ 81
극성의 변화 ········ 62
금창리 ········ 385
금창리 핵의혹사건 ········ 407
기능적 접근 ········ 435
기술원조 ········ 297, 302
긴급소개계획 ········ 225
긴장완화 및 신뢰구축 분과위 ········ 397
긴장완화 분과위 ········ 399
김대중 정권 ········ 385
김대중 정부 ········ 406, 413
김영삼 정부 ········ 155, 185, 191, 192, 260, 262, 267, 305, 359, 370, 413, 414
김용순-캔터 회담 ········ 249
깡패국가 ········ 249

ㄴ

나미비아 ········ 256
나진 선봉지역 ········ 356
남방삼각동맹 ········ 86
남베트남 ········ 443
남북 고위급회담 ········ 177
남북 군사공동위원회 ········ 399
남북 상호 핵사찰추진 ········ 123
남북 정상회담 ········ 192, 201
남북 특사교환 ········ 171
남북기본합의서 ········ 111, 165, 174, 395, 434, 445, 446
남북대화 ········ 130
남북비핵화 공동선언 ········ 123
남북통일 ········ 103
남북특사교환 ········ 172
남북한 당사자 해결원칙 ········ 416
남북한 등거리 외교 ········ 114
남북한 정상회담 ········ 201
남북한 특사교환회담 ········ 172
남북한기본합의서 ········ 368
남사군도 ········ 325
남아프리카공화국 ········ 256
내각총리 ········ 132
내부갈등관계 ········ 72

내부폭발(*impulsion*) ······ 445
내정 불간섭 ······ 165, 205
냉전상태 ······ 69
냉전시대 ······ 84
냉전적 구도 ······ 81
냉전체계 ······ 80
넌 - 워너 법안(Nunn-Warner) ······ 88
노동미사일 ······ 409
노동생산성 ······ 109
노심(爐心) ······ 310
노태우 정부 ······ 97, 102, 236, 414
노틸러스퍼시픽연구소 ······ 203
뉴욕접촉 ······ 161
뉴욕창구 ······ 161
느슨한 양극체계(*loose bipolar system*) ······ 35
능력배분 ······ 61
능력의 분포 ······ 39
니카라과 ······ 211

ㄷ

다국적기업 ······ 299
다극성 ······ 55
다극적 세력균형(*multipolar balance of power*) ······ 43
다극체계 ······ 36, 40, 53, 60
다른 수단의 전쟁(*war by other means*) ······ 191
다자간 논의 ······ 81
다자간 안보협력 ······ 84
다자주의(*multilateralism*) ······ 22
423, 424, 427
다자회담 ······ 74
다층적 상호의존체계 ······ 54
다층적 외교전략 ······ 328
단계적 군비통제 ······ 370
단계적 철수 ······ 71
단극체계 ······ 40, 53
단위 ······ 36
단일의석 공동가입 ······ 113
담보서한(*letter of assurance*) ······ 178
담보의 연속성 ······ 307
당근 ······ 248, 255
당근과 채찍 ······ 268, 270, 307, 328
당근과 채찍 전략 ······ 152
대결정(*Macro decision*, 세계전쟁) ······ 53
대공포 ······ 221
대공포 미사일 ······ 207
대남 선전 · 선동정책 ······ 373
대내정책위원회 ······ 439
대등한 한미관계 ······ 271
대량 살상무기 ······ 120
대량난민의 발생 ······ 241
대량살상무기 ······ 141
대량파괴무기 ······ 141, 145
대만 ······ 325
대만해협 ······ 338
대북 포용정책 ······ 249
대북한 제재결의안 ······ 331
대사급 수교 ······ 178
대외원조법(Foreign Assistance Act) ······ 236
대외정책위원회 ······ 439

대외협상력 440
대응전술 185
대포동 409
대포동 1호 409
대한적십자 405
대한항공(KAL) 폭파사건 236
대항동맹 82, 93
대화창구 166
대화통로 431
대화파 126
도미노현상 112, 244
도전세력 87
동결자산 356
동맹 네트워크 96
동맹(*alliance* 또는 *alignment*) 31, 257
동맹관계 430
동맹이론 30
동맹전략 87
동맹조약 86
동반자적 관계 88
동방정교문명(러시아) 92
동북아 다자 안보대화 426
동북아 비핵지대안 204
동북아질서 79
동아시아 전략구상(EASI) 337
동아시아 전략구상(*East Asia Strategic Initiative*, EASI - I) 88
동아시아 전략보고서(EASR) 336
동위원소 비율 135
두 개의 한국 101
두브나 핵연구소 116
등거리 외교 392
등화관제훈련 140
디퓨전(*defusion*) 장치 186

ㄹ ~ ㅁ

러시아 50, 340
로드맵 152, 312
루마니아 98
리비아 321
마그네이트 356
마지노선 285
명령 - 복종관계 62
모호성 정책 122
몸값 242
무역사무소 98
무정부 38, 60
무정부상태 31, 39, 42, 50, 119
문명충돌론 92
문민정부 371
물물교환 100
미 공군 기술센터 302
미국식 인권기준 95
미국중심의 판세(*hub-and-spokes*) 56
미군 유해 143
미그 29기(MIG-29) 101
미사와(三澤) 409
미사일 시험발사를 잠정 중단(*Moratorium*) 412
미사일수출통제규정(MTCR) 234
미시경제이론 41
미시적 분석 67, 75
미신고시설 164, 174

194, 290, 307
미일 공동안보선언 ················· 90, 343
미일 안보조약 ······························· 342
미일 안보협력 ······························· 337
미일 정상회담 ······························· 346
미일동맹 ································· 86, 89
미중 정상회담 ······························· 346
민족적 자존심 ······························· 271
민족주의 ··························· 70, 80, 88
민주적 시장경제체제 ······················· 87
민주주의 ······································· 336

ㅂ

바겐 칩(*bargain chip*) ···················· 440
바터(*barter*) ·································· 102
박애주의 ······································· 317
반전여론 ······································· 443
방관자적 입장 ······························· 326
방사능 누출 ································· 232
방사능 오염 ································· 232
방사화학(실험)실 ················· 134, 177
232, 294, 296, 315
방어적 개념 ································· 228
방위비 ··· 89
방위수혜국 ···································· 89
방위업체 ······································· 251
배열원리 ·· 39
범지구적 동반자관계(*global partner-ship*) ··· 89
범지구적 리더십분담(*global leadership sharing*) ····································· 89
법적 구속력 ·································· 315
법제위원회 ···································· 439
법칙 ·· 29
베를린회담 ···································· 412
베트남 ·· 367
베트콩 ·· 443
벨기에 ··· 50
벨라루스 ······································· 245
벼랑끝 전술 ·································· 182
벼랑끝 정책(*brinkmanship policy*) ·· 19
68, 72, 181, 182, 184
186, 189, 213, 214
병행론 ·· 283
보복공격 ······································· 145
보스니아 사태 ······························· 145
보위사령부 ···································· 440
보조적 가정 ··································· 63
보편적 국제체계(*universal international system*) ·································· 35
봉쇄정책 ······························· 85, 93
봉인 ··· 301
봉인장치 ······································· 294
부분핵안전조치협정 ······················ 116
부총리급 특사 ······························· 192
북러 친선선린 및 협조조약 ·········· 353
북미 고위급회담 ··························· 143
북미 공동군사기구 ························ 366
북미 미사일회담 ··························· 411
북미 연락사무소 ··························· 282
북미 준고위급회담 ························ 390
북미 핵협상 ·························· 66, 69
북미회담 ······································· 153
북방삼각동맹 ························ 86, 97

북방외교 414
북방정책 64, 97
북한 개혁방안(*reforming the DPRK*) 420
북한붕괴 103
북한의 보호자 323
북한인민군 사령관 364
북한체제 붕괴방안(*undermining the DPRK*) 420
분과위원회 395
분석수준 60
분쟁(의) 가능성(*possibility of conflict*) 43, 140, 450
분화 60
불가리아 98
불가측성 69
불가침선언 368
불가침조약 165
불량국가 247, 249, 266
불바다 발언 200
불안정성 149
불확실성 72, 149
비가맹국 302
비겁자게임 21
비대칭모델 20
비대칭이론 68
비무장지대 366
비엔나 167
비핵화 선언 124, 125, 162
비행정보구역 357
비확산체제 304

ㅅ

사법안전위원회 439
사전통보 제도 327
사활적 이익(*vital interests*) 96
사회간접자본 109
사회적으로 구성되는 것(*socially-constructed thing*) 48
사회주의적 시장경제체제 87
삼각동맹 87
삼각체계 54
삼선비너스 호 377
상대적 가치 250
상대적(인) 이득(*relative gains*) 44, 46, 68, 71, 426
상승작용 217
상임이사국 241, 322
상호의존(*interdependence*) 130
상호의존성 31
상호의존적인 안보복합체 149
상호주권존중 205
상호주의 89
생존(*survival*) 42, 64, 69
생화학무기 230
서구문명 92
서술적 분석 66
서울 불바다 173, 185, 187, 224, 438
선(先)회담, 후(後)지원 392
선군정치 439, 440
선군혁명 439, 440
선상(船上)검색 238

선전포고 ········ 239
선제공격(*preemptive strike*) ·· 184, 228
선제공격적 개념 ········ 228
선제불사용원칙 ········ 127
선제폭격 ········ 227
섬 7 전투기 ········ 347
세계사회주의 ········ 99
세계식량계획(WFP) ········ 394, 405
세계자본주의체계 ········ 47
세계주의(*globalism*) ··· 29, 38, 41, 47
세계질서 ········ 80
세력균형 ········ 31, 85
세력균형체계(*balance of power system*) ········ 35
세력의 진공상태 ········ 79
세력전이모델 ········ 35, 53, 64
섹스 스캔들 ········ 251
소형 연구용 원자로 ········ 116
소회담 ········ 205
송금차단 ········ 242
수요 ········ 61
수입대금 ········ 102
수출통제법(Export Control Act) ·· 235
스웨덴 ········ 365
스위스 ········ 50, 365
스커드미사일 ········ 223, 409
스탠턴 그룹(Stanton Group) ········ 356
스텔스 117A 전투기 ········ 150
스텔스기 ········ 227
슬로바키아공화국 ········ 365
승공통일 ········ 108
시료채취 ········ 294, 296, 307
시리아 ········ 236, 238
시장붕괴 ········ 109
식량배급 ········ 110
식량배급체제 ········ 110
식량지원 ········ 386
식민국 ········ 36
신고시설 ········ 294
신국제질서 ········ 94
신규병기 ········ 444
신뢰구축 ········ 370
신방위계획 대강 ········ 342
신사고 외교 ········ 91
신외교전략 ········ 323, 325
신우호관계 조약 ········ 353
신우호조약 ········ 354
신자유주의 ········ 47
신현실주의 ······ 41, 47, 74, 287, 299
신현실주의자 ········ 64
실용노선 ········ 340
실용주의자 ········ 182
실증적 설명이론 ········ 29
심상(*image*) ········ 217

ㅇ

아이티 ········ 321
아이티 사태 ········ 69
아파치헬기 ········ 223
아프리카문명 ········ 92
안건설정(*Agenda setting*, 비정통화) ········ 53
안보(*security*) ········ 42, 64, 69
안보공동선언 ········ 342

안보공백 336
안보 다원주의(*security pluralism*) 431
안보딜레마 44, 50, 70, 71, 129, 426
안보리 결의안 167
안보리 의장성명 312
안보복합체 148, 185
안보불신 426
안보의존도 88
안보책략 83
안보파 126
안전장치의 계속성 담보 294
안전조치의 계속성 170
안전조치협정 177
알라모 225
알라모국립연구소 231, 232
알래스카 409
알바니아 98
암상자 32, 74
앙골라 256
약소국 36
양극적 세력균형(*bipolar balance of power*) 43
양극체계 36, 40, 60
양면게임이론 20
양자주의(*bilateralism*) 423, 424, 427
양자회담 74
억지력 119
억지수단 145
억지이론 213
억지효과 145
에머리 대학 211
에티오피아 211
역할분담 89
연대성 428
연락사무소(*liaison offices*) 174, 178, 179, 280, 282, 357, 358
연례안보협의회(SCM) 198
연료봉 174
연료봉 수거작업 188, 316
연착륙(*soft landing*) 445
연합(*Coalitioning*, 분산화) 53
예방(적) 기능 319
예비이론모델 32
예비전쟁 139
오시라크 원자로 232
오일 커넥션 92
온건론자 247
온두라스와 엘살바도르 분쟁 31
옵서버(*observer*) 자격 368
완충지대 241, 346
외교수단 213
외교정책과정론 67
외국인 기업법 113
외국인 투자기업 및 외국인 세금법 113
외국인 투자법 113
외부폭발(*expulsion*) 445
외채상환 102
외화벌이 243
외환관리법 113
용덕동 408
우리식 사회주의 112, 354
우크라이나 50, 141, 245, 256
우호협력 및 상호원조조약 229

울진 3, 4호기 360
워치콘 2 .... 150, 221
워치콘 3 .... 150, 221
원유 61
월남 444, 445
월남평화협정(파리협정) 367
월맹 443
월맹군 443
위계 60
위계적 관계 62
위계적 국제체계(*hierarchical inter-national system*) 35
위기돌파수단 118
위협의 약효 214
위협인식 436
윈-윈 전략(*Win-Win Strategy*) 338
유고 98
유동성 81
유럽안보협력회의(CSCE) 429
유럽연합(EU) 55
유럽원자력공동체(European Atomic Community) 302
유실면적 402
유엔 71
유엔 가입 101
유엔개발계획 238
유엔군 사령관 364
유엔아동기금 238
유엔안보리 187, 188, 200, 241
유엔인구조사위 238
유엔인도지원국(UNDHA) 405
유엔총회 315, 330
유엔헌장 311
유엔헌장 12조 303
음모론적 시각 434
응징적 기능 319
의사(疑似) 대화 130
의사(疑似) 협상 191
의장성명 315, 316
의존(*dependence*) 130
이념적 연대조항 353
이념주의자 182
이라크 141, 175, 321
이란 236, 238
이스라엘 141
이슬람문명 92
이익확장 71
이중성 81
이중적 전략 260
이행(*Implementation*, 세계국가) 53
인공위성 409
인공위성 발사 408
인도 55, 141
인도적 물품 236
인도적 차원 415
인디펜던스 호 150
인민사상 440
인식하는 현실(*perceived reality*) 73
인출작업 297
일괄타결 221, 225, 273
일괄타결안(*package deal*) 199, 205, 206, 272
일류 강대국 82
일반체계이론 34
일반특혜제도(GSP) 235
일방적 수혜국 89

일본 ………… 55
일본 제국주의 ………… 343
일본문명 ………… 92
임시사찰(*ad hoc inspection*) … 134, 144, 289, 290, 293
입술과 이빨 ………… 186

ㅈ

자구(自求) ………… 80
자국방위 ………… 342
자급자족체제 ………… 46
자동군사개입 규정 ………… 353
자력구제(*self-help*) ………… 43, 45, 105, 115
자본주의경제 ………… 103
자본주의체제 ………… 31
자살공격 ………… 145
자원공급원 ………… 98
자위대 ………… 89
자유경제 무역지대법 ………… 113
자유주의 ………… 23, 29, 38, 70, 336
자유주의이론 ………… 70
자존(自存) ………… 80
자주노선 ………… 99
자주독립 외교 ………… 324
자주외교 ………… 271
자치·안보 교환동맹(*autonomy-security trade-off*) ………… 258
자치권 ………… 258
작동하는 현실(*operational reality*) ‥ 73
작전계획 5027 ………… 223
잠수함사건 ………… 388
잠재적 경쟁국 ………… 93
잠정적 특수관계 ………… 445
잠정협정(*Provisional Agreement*) ‥ 366
잠정협정체결 ………… 372
장거리 포대 ………… 183
장주기이론 ………… 35, 53
재처리 ………… 134
재처리시설 ………… 252
적대국가 ………… 425
적대적 상호의존관계 ………… 103, 149
적대적 의존관계 ………… 80, 86
적대행위 ………… 217
적성국 교역법(Trading with the Enemy Act) ………… 235
적화통일 ………… 367, 441
전개형게임 ………… 21
전략적 동반자관계 ………… 345
전면적(*full scope*) 사찰 ………… 175
전민족 통일전선 ………… 107
전방위 외교전략 ………… 324
전방전개태세 ………… 342
전술핵무기 ………… 123
전술핵탄두 ………… 123
전역미사일방위계획 ………… 89
전쟁으로의 행진(*progression*) ………… 217, 227, 228
전쟁으로의 행진궤도 ………… 218
절대적 이득(*absolute gains*) ………… 45, 46, 71, 171, 426
정부(*second image*) ………… 75
정부 부재의 정치 ………… 39
정전체제 ………… 380

정전협정 ··········· 375, 395
정책결정과정 ··········· 74
정책결정이론 ··········· 32
정책결정자 ··········· 32
정책공조 ··········· 448
정책적 인과관계 ··········· 66
정치군사국 ··········· 262
정치적 화해 ··········· 91
정치체계 ··········· 38
정치협상 ··········· 256
제 1단계 고위급회담 ··········· 166, 218
제 1단계 북미 고위급회담 ··········· 163
제 1차 본회담 ··········· 395
제 1차 예비회담 ··········· 392
제 2단계 고위급회담 ··········· 167
168, 169, 193
제 2단계 북미 고위급회담 ··········· 222
제 2차 본회담 ··········· 397
제 3단계 고위급회담 ··········· 170, 172
188, 189, 196, 222
제 3자 위치 ··········· 260
제 3차 본회담 ··········· 397
제 3차 예비회담 ··········· 394
제 4차 본회담 ··········· 398
제 5차 본회담 ··········· 399
제 6차 본회담 ··········· 399
제국주의 ··········· 112, 439
제국주의자 ··········· 108
제네바 ··········· 167
제네바 북한대표부 ··········· 168
제도론자들 ··········· 48
제로섬게임(*zero-sum game*) ··········· 45
140, 341
제로섬게임식 ··········· 428
제재결의안 ··········· 331
제주도 정상회담 ··········· 341
조국 평화통일위원회 ··········· 138
조국통일 5대 방침 ··········· 107
조국평화통일위원회 ··········· 187
조문논쟁 ··········· 371
조문문제 ··········· 371
조미회담 ··········· 293
조선민족 제일주의 ··········· 112
조선사회민주당 ··········· 138
조소 우호협력 및 상호원조조약 ·· 102
229, 353
조소(朝蘇) 원자력 평화적 이용에
관한 협정 ··········· 116
조중 우호협력 및 상호원조조약 ·· 102
조총련 ··········· 242
죄수의 딜레마게임 ··········· 21
주권국가 ··········· 299
주권국가의 자율성 ··········· 299
주민 동원체제 ··········· 243
주변부 ··········· 47
주체사상 ··········· 99, 112, 215
주한 미국대사관 ··········· 263
주한미군 ··········· 71, 88, 337, 361
준 전시상태 ··········· 151, 221
중개자 ··········· 202, 203
중국 ··········· 50, 55
중국 위협론 ··········· 95
중국의용군 사령관 ··········· 364
중국카드 ··········· 325
중대한 불일치(*discrepancy*) ··········· 134
중동 평화회담 ··········· 145

중러 정상회담 ········· 345
중립국 감독위원회 ········· 351, 365
중심고리 ········· 115
중심고리전략 ········· 115
중심부 ········· 47
중심축 ········· 342
중앙인민위원회 ········· 138, 439
중앙정보국(CIA) ········· 221
중위국 ········· 36
중유 ········· 174, 179
중층형태 ········· 62
중화문명 ········· 92
지각(*perception*) ········· 217
지배국가 ········· 36
지역경제질서 ········· 84
지역주의 ········· 80
지역주의자 ········· 246
지역주의자들(*regionalists*) ········· 246
지역체계 ········· 60, 67
지정학적 위치 ········· 69
지하동굴문제 ········· 412
직통전화교신 ········· 356
진의협상 ········· 191
집단의사결정모델 ········· 33

ㅊ ~ ㅋ

참사관급 접촉 ········· 154
참조 발전소 ········· 360
천안문사태 ········· 93
철저하고도 광범위한 접근(*thorough and broad approach*) ········· 274, 275, 276, 277
첨단 방위기술 ········· 89
첩보위성 ········· 223
청와대 ········· 263
청탁외교 ········· 108
체계 내의 변화(*within system change*) ········· 40
체계 차원의 변화(*a systemic change*) ········· 52
체계론자 ········· 60
체계변화(*a change of system*) ········· 40
체계적 대응전략 ········· 96
체약국 ········· 257
체제경쟁 ········· 190, 271
체제붕괴 ········· 325
체제생존 ········· 434
체코 ········· 98, 365
초강대국 ········· 64
총비서 ········· 393
총체적 이론 ········· 74
최고인민회 ········· 439
최초보고서(Initial Report) ··· 134, 289
최혜국대우(MFN) ········· 94, 235, 324
최혜국조항(MFN) ········· 428
추가사찰 ········· 296
추가심의(*further consideration*) ········· 316, 331
추가조치(*further action*) ········· 316, 331
추후계측 ········· 188
축구공 ········· 232
충격요법 ········· 131
취로사업(就勞事業) ········· 410
친북인사 ········· 202

침수면적 ············ 402
카길 사 ············ 357, 402
카자흐스탄 ············ 245
콸라룸푸르 ············ 359
쿠릴열도 ············ 118
쿠웨이트 ············ 321
크루즈 미사일 ············ 225
키예프 ············ 256

ㅌ ~ ㅍ

탈냉전 ············ 61, 64, 79
태평양 함대 ············ 339
테러국가 ············ 233
테러리즘 ············ 143
테러주의자 ············ 56
테러지원국 ············ 236, 237
통미봉남(通美封南) ············ 70
통상사찰 ············ 273, 289, 293, 307
통일달성과정 ············ 443
통일환경 ············ 98
투 트랙(*two track*) 정책 ············ 126
트로이 목마 ············ 359
특별 소위원회(*Ad-hoc subcommittee*) ············ 396
특별사찰 ············ 134, 137, 164, 166, 169, 175
특사교환 ············ 177
특사교환회담 ············ 173
틀라텔롤코(Tlatelolco) ············ 124, 125
티우 정부 ············ 443
팀스피리트 훈련 ············ 124, 127, 128
137, 150, 165, 172, 198, 276
파나마 ············ 211
파리 ············ 367
파리협정 ············ 443, 444
파쇼독재정부 ············ 261
파키스탄 ············ 141, 330
팍스 유엔 ············ 311
판문점 장성급회담 ············ 399
패권경쟁 ············ 64
패권경쟁국 ············ 79, 92
패권국 ············ 56
패권도전 ············ 81
패권도전국 ············ 93
패권동맹 ············ 82, 93
패권실험 ············ 56
패권안정론 ············ 35
패권유지 ············ 338
패권의지 ············ 339
패권이론 ············ 82, 93
패권정책 ············ 71, 325
패권체계 ············ 35
패트리어트 대공미사일 ············ 223
패트리어트 미사일 ············ 172, 207, 251
패트릭 공군기지 ············ 302
페리 보고서(*Perry Process*) ············ 385, 411, 419
편승동맹 ············ 114
편의적 접근 ············ 65
평시작전권 ············ 88
평화공존 ············ 415
평화적 외교전략 ············ 324
평화적 이행전략 ············ 108
평화정착 ············ 415

평화조약 ········ 165
평화주의자 ········ 209
평화체제 구축 분과위 ········ 399
평화체제 분과 ········ 위397
평화협정 ········ 70, 205
폐쇄정책 ········ 243
폐연료봉 ···· 178, 188, 225, 297, 331
폐연료봉 인출작업 ········ 296
포괄적 안보개념 ········ 80
포괄적 외교문제 ········ 256
포괄적 해결안 ········ 273
포괄적 해결책 ········ 272
포괄적 핵안전조치의 ········ 165
포괄적 호혜성(*inclusive reciprocity*) ········ 425, 428
포괄적 · 통합적 방안 ········ 420
포괄적 · 통합적 접근법(*comprehensive and integrated approach*) ········ 419
포용정책(*Engagement Policy*) ········ 414, 415, 416
폴란드 ········ 98, 365
프랑스 상업위성 SPOT ········ 117
플루토늄 ········ 301

ㅎ

하위체계 - 지배체계 ········ 62
한 · 미 · 일 정책조정협의회 ········ 406
한국 당사자론 ········ 380
한국전 참전기념비 제막식 ········ 376
한국표준형 원자로 ········ 359
한국형 경수로 ········ 280, 282, 358
한미 방위조약 ········ 280
한미 방위체제 ········ 337
한미갈등 ········ 89, 260
한미공조 ········ 89, 257, 258, 259, 264, 267, 268, 283, 285
한미동맹 ········ 86
한미연합방위체제 ········ 88
한민족 공동체 통일방안 ········ 99, 107
한반도 안보위기 ········ 151
한반도 에너지 개발기구(KEDO) · 360
한반도 위기설 ········ 207
한반도 정전협정 ········ 364
한반도비핵화 공동선언 ········ 111, 124
한소 영사처 ········ 98
합동군사훈련 ········ 101
합리적 계산 ········ 183
합작법 ········ 113
핫라인 ········ 344
해방전선 ········ 443
해상보급책 ········ 239
해상봉쇄 ········ 238
해상봉쇄조치 ········ 238, 239
해안봉쇄전략 ········ 238
핵 비확산론자들(*non-proliferationists*) ········ 246
핵강국 ········ 253
핵개발능력 ········ 302
핵경쟁 ········ 146
핵공갈 ········ 221
핵규명 ········ 251
핵기술 ········ 116
핵무기전파 방지조약(NPT) ········ 293
핵방어물 ········ 186

핵보유국 327
핵보호막 127
핵부재 선언 124
핵시험 전쟁 139
핵심변수 70
핵심장애요인 65
핵안전조치의 연속성 272
핵안전조치협정 123, 134
핵억지력 53
핵우산 127
핵전력 82
핵전쟁연습 196, 199
핵카드 64
핵탑재 전폭기 125
핵통제공동위원회 194
핵투명성 281
핵폐기물 샘플 135
핵항모 125
핵확산 303
핵확산금지조약(NPT) 72
80, 105, 162
행위자(*actor*) 39, 64
행위주체 66
행태주의 33
현실주의 23, 29, 31, 32, 38, 70
현실주의자 60
혈맹(血盟) 101
협력안보(*cooperative security*)
.... 425, 430
협상구조 65
협상기술 447
협상대안(*alternative*) 68
협상상대자 143
협상에 대한 집착력(*commitment*) .. 68
협상이론 30
협상이슈 65
협상자 65
협상창구 161
협상타결과정 65
협상통제력(*control*) 68
협정 당사자 443
호혜성 424, 428
호혜원칙 95
홍콩 242
화해와 협력분위기 70
확대(*enlargement*) 56
확대와 개입 141
확대와 개입전략(*Strategy of Enlargement and Engagement*) 83, 336
확대와 개입정책 93
확대전략 83
확률적 평가(*assessment of probability*)
.... 43, 140
환원주의이론 41
활동의 장 69
황장엽 망명사건 404
후견인 99
흡수통일 108, 442
흡수통일론 415
흡수통일정책 414
흡수통합 108
히로시마 원폭투하 232
힌두문명(인도) 92

기 타

15대 총선 379
1단계 고위급회담 163, 165
1민족 1국가 2정부 2제도 107, 108
2+2 회담 375, 377, 378, 382
2+2(남북한과 미국, 중국) 방식 374, 377
2+4(남북한과 미국, 일본, 중국, 러시아) 방식 374
2+유엔 방식 374
2차 본회담 395
2차 예비회담 392, 393
3+1 형식 391
3+1 회담 391
3단계 고위급회담 173, 211, 212, 251, 277
3자설명회 391
3차 본회담 402
4년주기 국방전략보고(QDR: *Quadrennial Defense Review*) 338
4자회담 67, 341, 363, 380, 382, 386, 390, 415, 438
6개국 선언 416
6자회담 417
7·7선언 142
B1B 폭격기 150
CNN 208, 212
IAEA 안전조치협정(*Safeguards Agreement*) 117
IAEA의 불공정성 164
IAEA의 불공정행위 290
IAEA이사회 139
NPT 탈퇴선언 145, 146, 244
NPT체제 145, 244
SR-71블랙버드기 225

찾아보기

(인 명)

갈루치, 로버트(Robert L. Gallucci) ····· 18, 132, 164, 180, 182, 189, 290

갈리, 부트로스(Boutros Ghali) ··· 206

강석주 ······ 156, 164, 182, 199, 310

고르바초프, 미하일(Mikhail S. Gorbachev) ······ 91, 100

고어, 앨(Albert Gore) ······ 210

권오기 ······ 382

그레이엄, 빌리(Billy Graham) ······ 207, 208

기든스, 앤서니(Anthony Giddens) ······ 51

길핀, 로버트(Robert Gilpin) ······ 35

김계관 ······ 360, 393, 396, 412, 413

김달현 ······ 168

김대중 ······ 417

김영남 ······ 100, 118, 207, 348, 353, 366

김영삼 ······ 226, 230, 341, 373

김용순 ······ 144, 203, 412

김윤혁 ······ 347

김일성 ······ 72, 207, 212

김정일 ······ 72, 327, 347

나이, 조셉(Joseph S. Nye, Jr.) ······ 37, 54, 133

노스, 로버트(Robert C. North) ·· 217

노태우 ······ 97, 124

다운스, 척(Chuck Downs) ······ 19

던롭, 해리(Harry Dunlop) ······ 117

덩샤오핑(鄧小平) ······ 95

데이비스, 글린(Glin Davis) ······ 388

도이치, 칼(Karl W. Deutsch) ···· 217

뒤르껭, 에밀(Emile Durkheim) ···· 51

러기, 제라드(Gerard J. Ruggie) ·· 51

럭, 게리(Gary Luck) ······ 361

레이니, 제임스(James Laney) 211, 225
레이크, 앤서니(Anthony Lake) ... 379
로즈노, 제임스(James N. Rosenau) 32
리펑(李鵬) 92, 101, 113, 345, 347, 349
마자르, 마이클(Michael J. Mazarr) 18
매케인, 존(John McCain) 225
모겐소, 한스(Hans J. Morgenthau) 31
모델스키, 조지(George Modelski) 35, 53
미어샤이머, 존(John J. Mearsheimer) 53
바우처, 리처드(Richard A. Boucher) 270
박관용 220
박정희 368
베이커, 제임스(James Baker) 117
부시, 조지(George H. Bush) 83, 123
부잔, 배리(Barry Buzan) 148
브룩(H. W. Bruck) 32
블릭스, 한스(Hans Blix) 168, 250
사핀, 버턴(Burton Sapin) 32
섈리캐슈빌리, 존(John Shalikashvili) 225
셰바르드나제, 예두아르트(Eduard A. Shevardnadze) 100, 118
스나이더, 리처드(Richard C. Snyder) 32
스나이더, 스콧(Scott Snyder) 19, 181
스칼라피노, 로버트(Robert A. Scalapino) 131
스코크로프트, 브렌트(Brent Scowcroft) 221, 224
스프라우트, 해럴드 & 마거릿(Harold Sprout and Margaret Sprout) 32
시걸, 레온(Leon V. Sigal) 18
싱어, 데이비드(J. David Singer) 36, 74
애스핀, 레스(Les Aspin) 252, 269
애커먼, 게리(Gary Ackerman) 204
옐친, 보리스(Boris N. Yeltsin) 92, 343, 345, 417
오갠스키, A. F. K.(A. F. K. Organski) 35, 53, 64
오버도퍼, 돈(Don Oberdorfer) 17
올브라이트, 메들린(Madeline Albright) 421
울시, 제임스(James Woolsey) 223
월츠, 케네스(Kenneth N. Waltz) 33, 60
월트, 스티븐(Stephen M. Walt) 91, 257
웬트, 알렉산더(Alexander Wendt) 41
위트, 조엘(Joel S. Wit) 18
유종하 379
이 근 391
이인모 261
이홍구 284
장쩌민(江澤民) ... 92, 101, 331, 343
정옥임 19

정종욱 ………… 263
조명록 ………… 420
조이, 터너(C. Turner Joy) ………… 22
존슨 ………… 443
주룽지(朱鎔基) ………… 349
주창준 ………… 347
첸치천(錢基琛) ………… 322, 349, 377
카다피 ………… 321
카터, 지미(Jimmy Carter) ………… 173, 188, 209, 210
카트먼, 찰스(Charles Kartman) ‥ 248, 393, 412
캐플런, 모턴(Morton A. Kaplan) ………… 34
캔터, 아놀드(Arnold Kanter) …… 143, 156, 224
코헤인, 로버트(Robert O. Keohane) ………… 37, 72, 133
퀴노네스, 케네스(C. Kenneth Quinones) ………… 18, 205, 210
크라즈너, 스티븐(Stephen D. Krasner) ………… 54
크리스토퍼, 워런(Warren Christopher) ………… 279, 377
클로드, 이니스(Inis L. Claude, Jr.) ………… 311
클린턴, 빌(Bill Clinton) ….. 336, 341
키신저, 헨리(Henry A. Kissinger) ………… 36, 221, 367
타노프, 피터(Peter Tarnof) ………… 153, 156
탕자쉬안(唐家旋) ………… 349
퍼트넘, 로버트(Robert D. Putnam) ………… 20
페리, 윌리엄(William Perry) ……. 225, 228, 230, 253, 254, 388
폰먼, 대니얼(Daniel B. Poneman) ………… 18
하비브, 윌리엄(William M. Habeeb) ………… 20, 68
하시모토 류타로(橋本龍太郎) ….. 345
한승주 ………… 151, 186, 254, 268, 273, 313, 328
해리슨, 셀리그(Selig S. Harrison) ………… 17, 209, 225, 226, 248
해이스, 피터(Peter Hayes) ………… 203
허 종 ………… 153, 210
허츠, 존(John Herz) ………… 44
헌팅턴, 새뮤얼(Samuel Huntington) ………… 92
호글랜드, 짐(Jim Hoagland) ……. 180
홀, 토니(Tony Hall) ………… 394
홀스티, 올리(Ole R. Holsti) ……… 73
황원탁 ………… 365
황인성 ………… 150
황장엽 ………… 405